陕西省科学技术厅 编

2010

陕西科技年鉴

SHAANXI SCIENCE AND TECHNOLOGY YEARBOOK

（总第4卷）

陕 西 出 版 集 团
陕西科学技术出版社

2009年3月16日，中共中央政治局常委、国务院副总理李克强在陕西省委书记赵乐际和省长袁纯清的陪同下在中钢集团西安重机有限公司考察

2009年11月1日，中共中央政治局委员、国务委员刘延东在陕西省委书记赵乐际陪同下视察第16届中国杨凌农业高新科技成果博览会展厅

2009年4月5日，全国人大常委会副委员长周铁农在陕西省长袁纯清陪同下参观、视察在西安曲江国际会展中心开幕的第十三届中国东西部合作与投资贸易洽谈会

2009年4月24日，全国政协副主席、科学技术部部长万钢在西安为陕西省领导干部作题为《自主创新与应对国际金融危机》的报告

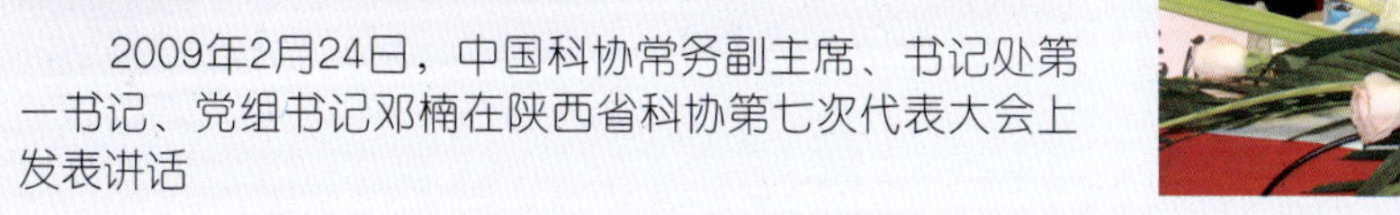

2009年2月24日，中国科协常务副主席、书记处第一书记、党组书记邓楠在陕西省科协第七次代表大会上发表讲话

2009年11月1日，陕西省委书记赵乐际出席“杨凌示范区工作汇报会”并做重要讲话

2009年6月10日，陕西省省长袁纯清出席陕西省科技资源中心开工奠基仪式并为工程奠基

2009年4月24日，陕西省委常委、常务副省长赵正永主持陕西省第十七届“科技之春”宣传月领导干部科技报告会

2009年1月16日，科技部副部长张来武、中宣部宣教局副局长董俊山在延安市安塞县参加“送科技下乡、促科学发展”主题示范活动启动仪式

2009年4月17日，陕西省副省长朱静芝带领由省科技厅、高校、科研院所负责同志组成的调研组，赴云南、贵州调研并出席科技项目合作签约仪式

2009年5月20日，陕西省委科技工委书记、省科技厅厅长张炜在安康市科研基地考察

2009年2月6日，陕西省委科技工委副书记张书玲在宝鸡市扶风县出席2009年文化科技卫生“三下乡”示范活动

2009年6月26日，陕西省委科技工委委员、省科技厅副厅长邱义路在西安出席欧盟第七框架计划2009年开标宣讲会并致开幕辞

2009年9月10日，陕西省科技厅副厅长许春霞在西北大学中药重点实验室考察

2009年6月2日，陕西省委科技工委委员、省科技纪工委书记郑明玺在咸阳市考察"13115"科技创新工程项目和陕西省重大科技创新专项资金项目

2009年5月26日，陕西省委科技工委委员、省科技厅副厅长孙科对榆林市建设国家可持续发展实验区的工作进行现场考察

2009年5月15日，陕西省委科技工委、省科技厅巡视员张志军出席延安市2009年科技活动周暨农业科技“110”启动和车辆交接仪式

2009年5月16日，陕西省科技厅总工程师安西印主持“2009年陕西省暨西安市科技活动周”启动仪式

2009年12月8日，陕西省委科技工委、省科技厅副巡视员方贤友在安康市旬阳县考察省级可持续发展试验区

陕西省委科技工委、省科技厅副巡视员穆宪龙在榆林市定边县考察“13115”科技创新工程项目

陕西省委科技工委、省科技厅副巡视员张正平参加陕西省科技资源中心开工奠基仪式

2009年4月14日，陕西省委科技工委、省科技厅副巡视员杜克飞为陕西省创新方法（TRIZ）培训基地揭牌、授牌

2009年1月16日，由中宣部、科技部、陕西省政府共同举办的“送科技下乡、促科学发展”主题示范活动在革命老区延安市安塞县正式启动

2009年2月19日，全省科技工作会议在西安召开

2009年3月10日，陕西省科技厅、省财政厅在西安联合召开2009年度陕西省重大科技创新项目专家评审会

2009年4月13日，陕西省科技厅在西安召开“13115”科技创新工程项目评审会议

2009年5月16日，2009年陕西省暨西安市科技活动周启动仪式在西安举行

2009年6月10日，陕西省科技资源中心建设项目开工奠基仪式在西安举行

2009年9月10日，由省科技厅主办的“陕西中药新药研究与产业化发展高层论坛”在西安召开

2009年11月1日，第16届中国杨凌农业高新科技成果博览会开幕

2009年12月11日，陕西省科技厅与榆林市人民政府在西安签约建立科技创新工作会商制度

2009年12月29日，陕西省发明协会第二次会员代表大会在西安召开

《陕西科技年鉴》编委会

《陕西科技年鉴》编辑部

编 辑 说 明

一、《陕西科技年鉴》是由陕西省科学技术厅批准，陕西省科技史志办公室承办的专业性年鉴。《陕西科技年鉴》（2010卷），是一本客观记述2009年度全省科技事业发生、发展、变化、现状和重大科技工作、科技活动与重大科技成果的权威性、指导性、综合性资料工具书与史料文献。《陕西科技年鉴》从2007年起，逐年出版一卷，公开发行。

二、《陕西科技年鉴》（2010卷）以马列主义、毛泽东思想、邓小平理论和"三个代表"重要思想为指导，深入贯彻落实科学发展观，坚持辩证唯物主义、历史唯物主义的观点和实事求是的精神。

三、《陕西科技年鉴》（2010卷）记述时限为2009年1月1日至12月31日。

四、《陕西科技年鉴》（2010卷）采用分类编辑法。全书共17个类目，类目下设栏目，栏目下设条目，条目下设子目，以条目为主体。全书内容的记述使用规范的语体文，文中涉及的计量单位、数字按国务院颁布的命令和国家相关条例、标准记述。

五、为便于查阅和研读，《陕西科技年鉴》（2010卷）卷首设 "目录"，卷末附主题词索引。根据目录，读者可按学科、行业或部门查找相关条目内容。主题词索引按首字笔画数排列，同画数的按起笔横、竖、撇、点、折的顺序排列，索引款后的数字表示该内容所在的页码。

六、《陕西科技年鉴》（2010卷）在编辑过程中，得到了省级各有关部门，10个设区市科技局、杨凌区科教局，省委科技工委、省科技厅直属各有关单位、机关各处室的大力支持和协助，对此一并表示诚挚的感谢！

七、《陕西科技年鉴》（2010卷）编辑工作中，编辑部在内容记述和文字表述上力求简练、规范。但由于《陕西科技年鉴》记述内容涉及行业多、领域广，加之编辑人员缺乏经验，疏漏之处在所难免，敬请批评指正。

《陕西科技年鉴》编辑部

2010年11月4日

目 录

特 载

领导同志谈科技工作

重要科技活动与事件

专　文

科技资源

科技管理

科技服务

科学普及与科技社团活动

自然科学基础研究与应用基础研究

工业科学技术

农业科学技术

医药卫生科学技术

能源科学技术

环境科学技术

公用服务科学技术

园区科技

区 域 科 技

科技人物

科技大事记

政策法规

索　引

特 载

领导同志谈科技工作

在国家科学技术奖励大会上的讲话

国务院总理 温家宝

（2009年1月9日）

同志们：

今天，我们在这里隆重召开国家科学技术奖励大会，表彰为我国科技事业和现代化建设做出突出贡献的科技工作者。我代表党中央、国务院向2008年度国家科学技术奖获得者表示热烈祝贺，向全国广大科技工作者表示诚挚问候和崇高敬意！

1978年召开的党的十一届三中全会，开启了我国改革开放的历史新时期。也是在这一年，我们召开了全国科学大会，迎来了科学的春天。30年来，伴随改革开放的伟大历程，我国科学技术取得了历史性发展。科学技术是第一生产力思想深入人心，科技投入大幅度增加，科技队伍发展壮大，创新体系建设取得重要进展。基础研究和应用开发得到加强，高新技术及其产业快速发展，自主创新能力明显提升。科技事业的发展为我国全面建设小康社会提供了有力支撑。

科技实力决定国家命运。一部社会发展史，也是一部科技进步史。在科学技术迅猛发展的今天，谁不重视科技，谁就要被淘汰。一个13亿人口的中国正在进行的现代化建设，是人类历史上最波澜壮阔的事业，必须充分依靠科学技术，支撑发展和引领未来。要坚持科教兴国战略，把提高自主创新能力、建设创新型国家作为国家发展战略的核心。只有这样，才能把发展的主动权牢牢掌握在自己手中，我国的现代化事业才有光明的前景。

当前，一场历史罕见的金融危机正在蔓延加剧，给全球金融体系和实体经济带来很大冲击。历史表明，每一次大的危机常常伴随着一场新的科技革命；每一次经济的复苏，都离不开技术创新。通过科学技术的重大突破，创造新的社会需求，催生新一轮的经济繁荣。

知识和科技是可持续发展的重要因素，是克服经济困难的根本力量。在应对这场金融危机中，我们已经出台了一系列扩内需、保增长的政策措施，但更要重视知识和科技的力量。这更带有根本性和长远意义，是我们的信心和力量所在。广大科技工作者要急国家之所急、想国家之所想，承担起历史赋予的重任。要深入到企业、农村中去，深入到经济建设第一线去，推动科技成果加快向现实生产力转化，帮助企业改善管理、开发产品、创新技术、解决困难。要把加快组织实施《国家中长期科学和技术发展规划纲要》，特别是16个重大专项与当前扩内需、保增长结合起来，突破制约经济社会发展的关键技术，培育新型产业和拥有自主知识产权的产品，做到人无我有、人有我优，推动发展方式转变和产业结构升级。要扶持科技型企业发展，促进科技创业，带动社会就业，开辟新的经济增长点，为经济平稳较快发展作出贡献。

坚持科学精神，是一个民族的希望所在，是我们应对危机、减少风险、正确抉择的思想基础。科学精神是人类文明的精华，指引着人类前进的方向。越是在困难的时候，越要坚持科学精神，这是一个民族成熟的表现。要用科学精神激励人民，坚定信心，团结一致，共克时艰；在全社会弘扬追求真理、大胆探索、开拓创新的科学品质；倡导遵循规律、尊重实践、实事求是的科学态度。我们要有宽广的胸怀和长远的眼光，真正让知识和科技在应对当前金融危机，推动我国现代化建设的伟大事业中大显身手。

同志们，我们相信，在以胡锦涛同志为总书记的党中央领导下，高举中国特色社会主义伟大旗帜，坚持以邓小平理论和“三个代表”重要思想为指导，深入贯彻落实科学发展观，解放思想，开拓创新，充分运用知识和科技的力量，一定能够战胜国际金融危机给我们带来的困难和挑战，我国的科学技术事业也一定能够取得新的更大发展。

在2009中国杨凌现代农业高端论坛上的演讲

中共中央政治局委员、国务委员 刘延东

（2009年11月1日）

各位来宾、各位朋友，女士们、先生们：

今天，我们齐集在中国农耕文明的发祥地，也是目前中国唯一的国家级农业高新技术产业示范区——杨凌，共同见证“2009中国杨凌现代农业高端论坛”开幕。我代表中国政府，对论坛的召开表示热烈祝贺，对各位嘉宾和朋友们表示诚挚欢迎和良好祝愿！

本届论坛是在全球气候变暖、生态环境恶化、资源能源约束增大等全球性重大问题日益突出的形势下举办的。论坛围绕“科技引领•创业推动•现代农业”这一主题，共同探讨发展现代农业的路径和模式，对于推动世界农业可持续发展、保障全球粮食安全、增进人类福祉具有重要意义。

现代农业是将现代科学技术、先进设施装备和科学管理方法广泛应用于生产经营的社会化大农业。科技进步是现代农业发展的决定性力量和根本途径。一部农业发展史，实质上是农业科技进步与创新的历史。每一次科技的重大突破，都带来农业发展的新飞跃。蒸汽机、内燃机的发明，推动了农业生产由人力、畜力向机械化的跃升；化肥农药等现代生产资料的使用，引发了农作物增产技术的重大变革；设施农业的蓬勃兴起、转基因作物地推广应用，丰富了农产品的种类，提高了抵御灾害的能力。近现代以来的三次农业科技革命，深刻影响着世界农业发展的进程。

当今世界，粮食安全问题已经成为全球性问题，引起各国的高度关注。特别是全球气候变化对人类生存和发展产生了深远影响，一个直接后果就是导致自然灾害频发，给农业生产带来很大风险，再加上人口增长、工业用粮增加，使世界粮食供给与需求之间存在着很大不确定性，不少人群处于饥饿状态。破解这些难题是传统农业无法实现的，必须发展现代农业，提高农产品稳定供给能力，为世界粮食安全进供有力保障。因此，农业科技发展正在而且必将展现出前所未有的价值与意义。

今年是新中国成立60年。新中国农业发展的不平凡历程充分证明，依靠科技进步推动农业发展是一条正确而卓有成效的道路。中国是一个拥有13亿人口的发展中大国，人均耕地面积不足0.1公顷。解决吃饭问题一直是中国的头等大事，高度重视科技在农业发展中的作用是新中国几代领导人一以贯之的战略思想。毛泽东同志强调，农业是国民经济的基础，农业发展离开科学技术不行。邓小平同志指出，农业最终要靠科学技术来解决问题。江泽民同志提出，要进行一次新的农业科技革命，使农业增长转到依靠科技进步和提高劳动者素质的轨道上来。进入新世纪，胡锦涛同志强调，加快建设现代农业，必须把加快农业科技进步作为一项关键措施来落实。60年来，中国出台了一系列促进农业科技发展的政策措施，支持重大技术和关键领域的科研攻关，取得了以杂交水稻为代表的一系列重大农业科技成就，成果转化应用水平不断提高，科技进步对农业增长的项献率稳步提升。我们用占世界9%的耕地养活了22%的人口，就是依靠科技进步推动农业发展的生动体现，这是中国对世界、对人类社会的一个巨大贡献。

当前，中国的发展已经站在新的历史起点上，正处于全面建设小康社会的关键时期。作为国民经济的基础产业和战略产业，农业的发展必须与现代化建设的进程相适应，为富强民主文明和谐的现代化强国提供坚实支撑。特别是目前，中国正在进行着人类历史上最为宏大的工业化、城镇化进程，人增、地减、水缺的趋势将在相当长一段时间不会改变（特别是中国水资源总体较为短缺，而且时空分布极不均衡，国土面积的56%、耕地面积的52%属于旱地农业区）；随着国民收入水平的提高和消费结构的升级，人民群众对农产品的数量和质量又提出了更高要求。农业发展承载着建设现代化国家和人民群众追求美好生活的双重期望，也面临着更加严峻的资源环境和市场供求关系的双重约束。解决农业发展的瓶颈制约，从根本上必须依靠科技进步发展现代农业，大幅度提高农业生产力水平，走中国特色农业现代化道路。我们清醒地看到，当前我国农业仍然是国民经济的薄弱环节，重要原因就在于科技创新能力不强。农业技术装备落后，科技推广体系不健全，成果转化率不高，农业科技贡献率只有50%，比发达国家低20个百分点。现在全球正处于新科技革命的前夜。重大科技创新将创造新的社会需求，改变全球产业结构和人类文明进程。农业是未来可能产生重大突破的科技领域之一。我们必须立足基本国情，把握时代潮流，运用先进科技建设高产、优质、高效、生态的现代农业，推动农业转向创新驱动的科学发展轨道，确保国家粮食安全，促进农民增收致富。这也是新农村建设的重要内容，将为国家的现代化打下更加坚实的基础。为此，我们将在以下五个方面重点开展工作：

第一，大力加强科技攻关，提高农业自主创新能力。围绕制约农业发展的关键领域集中攻关，力争尽快取得突破性成果。特别要加快运用生物技术培育优良品种，提高农产品产量；研发节水技术，解决水资源短缺问题；加强疫病防治，保障食品安全；开展食品精深加工，提高农产品附加值；开发生态环境保护和可再生能源利用技术，着力改善民生；突破防灾减灾难题，确保农业稳定增长。要优化农业科研院所、农业高校的科技资源配置，整合力量开展重大农业基础研究、共性技术研究和战略高技术研究，为发展现代农业提供有效支撑。

第二，加快农业科技推广，促进科研成果尽快转化为现实生产力。我们将选择当前农民急需、技术发展成熟的先进实用技术和优良品种，进行大面积推广和应用。完善以国家公益性服务机构为主导，以村级组织为基础，农业科研、教育机构、涉农企业等广泛参与的基层技术推广体系。发挥农业高新技术产业示范区集聚创新、产业示范等功能，建设现代农业技术推广服务平台。推进农业信息技术发展，加强信息技术在农业生产各领域的广泛应用，通过农业信息化创新服务模式，提高服务效率。重视农村一线科技力量建设，完善科技特派员制度，推动科技成果进村入户，培育特色产业，带动农民就业。

第三，推动农业科技体制改革，增强农业科技发展的活力。探索市场经济条件下农业技术创新的新模式新机制，支持高等院校、科研院所同农民专业合作社、龙头企业、农户开展技术合作，促进产学研、农科教结合，实现技术、资本和市场的有效对接。加快培育科技型农业企业，提高技术开发、集成创新和转化应用能力。鼓励大型农业龙头企业开展技术推广，通过更紧密的公司加农户的产业化模式，实现农户和企业的双赢。

第四，培养大批高素质农业科技人才，为农业科技进步提供人才保障。人才是加快农业科技创新与推广的第一要素。我们将依托重大农业科研项目和基地，培育农业科技高层次人才特别是领军人才，加快农业科技创新团队建设。鼓励科技人才扎根基层，形成稳定的农技推广队伍和农村实用人才队伍。开展形式多样的农民实用技术培训，培养大量的农民技术员和专业技术能手。加强农业科技人员的继续培育，建立网络化、开放式的终身教育体系。

第五，加大农业科技投入，使农业发展的基础更加牢固。农业是安天下的产业，又是比较薄弱的产业。中国政府将按照国际惯例支持农业发展，优化财政投入结构，加大对农业科研和推广的投入力度。鼓励企业增加研发投入，引导社会资金支持农业科技创新，逐步形成以企业投入为主体、多元化、高效率的农业科技投入格局。

科学技术的终极价值在于造福人民。我们充分认识到经济全球化深入发展和科学技术跨国界转移的必然趋势，我们将重视并一如既往地推进国际科技交流与合作，使先进的科学技术广泛惠及世界各国人民。吸收借鉴世界先进农业技术，提高自主创新的起点，是中国农业政策的重要取向，也是我们同世界各国优势互补、共同进步的需要，将对维护全球粮食安全带来重要影响。我们将加大对海外农业创新资源“请进来”的力度，鼓励农业跨国公司在华设立研发机构，欢迎外商投资发展现代农业，吸引外国专家学者来华进行科研项目合作，继续选派优秀人才到海外学习先进技术。我们还将推动农业科技“走出去”，推广先进技术，传授农业发展经验，支持企业在海外设立农业研发机构和产业化基地，为促进世界农业的可持续发展增添动力。

我相信，本届论坛将为我们架起一座友谊的桥梁，搭建一个合作的平台。希望通过各国农业科技工作者的共同努力，让全世界更多的人们摆脱饥饿的困扰，让农业发展成果泽被地球每一个角落。

最后，祝杨凌现代农业高端论坛取得圆满成功！祝各位朋友身体健康，工作顺利，事业兴旺！

在中国科学院建院60周年纪念会上的讲话（节选）

全国人大常委会副委员长、中国科学院院长　路甬祥

（2009年10月30日）

尊敬的刘延东国务委员，各位来宾，同志们：

在全国人民依然沉浸在庆祝新中国60华诞喜庆之际的金秋时节，在中国科学院即将迎来建院60周年纪念日的时刻，我们在这里举行纪念会，回顾总结中国科学院60年发展的光辉历程，展望未来发展的美好图景。在此，我谨代表中国科学院向党中央国务院、向胡锦涛总书记表示衷心的感谢，向出席纪念会并发表重要讲话的刘延东国务委员表示衷心的感谢，向韩启德副委员长、万钢副主席、王志珍副主席、宋健同志和各位领导、各位来宾表示衷心的感谢！

60年前，在新中国筹建之时，以毛泽东同志为核心的党的第一代中央领导集体高瞻远瞩，将发展新中国科技事业放在重要位置，做出了建立中国科学院、以集中全国科技力量加快科技发展的战略决策。

60年来，中国科学院始终得到党和国家领导人的指导、关怀和支持。1956年，毛泽东同志在中南海召集千人大会，听取中国科学院报告我国科技发展状况，其后中央做出了制定国家十二年远景规划的决策。周恩来同志指示，要“集中最优秀的科学力量和最优秀的大学毕业生到科学研究方面。用极大的力量来加强中国科学院，使它成为领导全国提高科学水平、培养新生力量的火车头”。陈毅、聂荣臻同志亲自指示和支持中国科学院成立高技术研究所。

1975年，邓小平同志指派胡耀邦等到中国科学院进行治理整顿，尽最大可能纠正“左”的错误，解决困扰科技工作者的实际问题，为“科学的春天”的到来提供了重要的思想基础和实践基础。1977年，邓小平同志委托中国科学院和教育部组织了科教工作座谈会，做出了全面恢复科研秩序和恢复高考等重大决策。1979年，在中国科学院建院30周年茶话会上，邓小平同志发表重要讲话，要求中国科学院“创造一切条件培养、发现、使用人才”，表示要“继续当大家的后勤部长”，并亲自关怀黄昆、陈景润等科学家的工作和生活。

1994年，江泽民同志为中国科学院建院45周年题词，要求“努力把中国科学院建设成为具有国际先进水平的科学研究基地、培养造就高级科技人才的基地和促进我国高技术产业发展的基地”。1998年，江泽民同志在中国科学院提交的《迎接知识经济时代，建设国家创新体系》战略研究报告上作了重要批示，其后中央做出了建设国家创新体系，支持中国科学院先走一步、开展知识创新工程试点的重大决策。1999年，江泽民同志视察知识创新工程进展时再次题词，要求中国科学院“攀登科学技术高峰，为我国经济发展、国防建设和社会进步作出基础性、战略性、前瞻性的创新贡献”，进一步明确了中国科学院的战略定位。

2004年，胡锦涛总书记视察中国科学院知识创新工程进展时发表重要讲话，要求“科学院作为国家战略科技力量，要站在抓住世界新一轮科技革命和产业革命带来的难得发展机遇的战略高度，提高把握世界科技发展态势的能力，要坚持以追赶世界先进水平谋划科技创新，以提高国际竞争力推进技术创新，努力在我国科技事业发展当中发挥骨干作用、引领作用”，并要求中国科学院“不仅要创造一流的成果、一流

的效益、一流的管理，更要造就一流的人才”，进一步指明了中国科学院的发展目标和方向。

60年来，中国科学院始终坚持将国家战略需求与世界科技前沿有机结合。建院之初，根据新中国建设的需要，中央确立了中国科学院以“培养科学建设人才，使科学研究真正服务于国家的工业、农业、保健和国防事业的建设”的基本方针。在十二年远景规划期间，中国科学院提出了“抓尖端科学技术，抓国民经济的重大科学技术问题，抓基本研究”的战略部署。在改革开放的新形势下，中央书记处明确了中国科学院“大力加强应用研究，积极而有选择地参加发展工作，继续重视基础研究”的办院方针。在科技体制改革中，提出了“把全院主要力量动员和组织到为国民经济和社会发展服务的主战场，同时保持一支精干力量从事基础研究和高技术创新”的办院方针。在实施知识创新工程中，确立了“面向国家战略需求，面向世界科学前沿，加强原始科学创新，加强关键技术创新与系统集成，攀登世界科技高峰，为我国经济建设、国家安全和社会可持续发展不断作出基础性、战略性、前瞻性的重大创新贡献”的新时期办院方针。

60年来，中国科学院不断前瞻，凝练科技目标，逐步形成具有特色和优势的科技布局。知识创新工程以来，进行了建院以来涉及面最广、意义最为深远的科技布局调整。按照更加适应我国经济社会发展战略需求和世界科技发展趋势的思路，重点加强重要前沿与交叉领域、多学科综合和战略高技术领域、人口健康研究、资源生态环境研究与监测，调整、优化、新建研究机构设置，培育新的科技生长点。以提升科技创新能力为主线，重点建设科技创新基地，发挥综合优势，集中力量做大事。重点领域方向从以学科为基础的科技布局，逐步聚焦到关系我国当前和长远持续发展的战略必争领域；科技创新目标由跟踪为主向原始创新为主转变，由模仿为主向自主创新与系统集成为主转变；科研组织模式由分散研究为主向加强跨学科跨所力量的组织与凝聚转变，形成了矩阵式网格化科技创新活动组织新模式。化学、物理、材料、数学、地学等主流学科已经进入世界前列，生命科学、信息科技、空间科技、交叉前沿等领域发展迅速，在先进功能晶体、激光物理、高温超导、生命进化、有机分子簇集、量子信息、神经科学、基因组测序、纳米科技等方向进入世界前沿。加强了大科学工程、科研装备体系、国家科学图书馆、科研与管理信息化、野外台站网络、植物园体系、标本馆、种质资源库等科教基础设施建设，园区环境发生巨大变化。

60年来，中国科学院尊重知识，尊重人才，立足科技创新实践，凝聚培养优秀科技创新人才。建院以来，全国先后有900余位科学家当选为中国科学院院士，他们是新中国科技工作者的杰出代表。更为可喜的是，知识创新工程以来，培养造就了近千名新一代科技领军人物和科技尖子人才，形成了一支高水平的科技创新队伍。他们中有600位国家重大科技任务的首席科学家或主要带头人，近700位国家杰出青年基金获得者，53个国家自然科学基金创新群体，900人在重要国际科学组织担任重要职务。向社会输送了大批高素质创新创业人才。成建制向国防部门、工业部门、行业、地方、大学等输送了大批科技人才，有力支持了我国科研体系的形成与发展。涌现出一批高科技企业的创业者和企业家。

60年来，中国科学院始终发挥科技体制探索和改革先行者的作用。十二年远景规划时期，向工业、国防和地方成建制转移了大批科研机构，形成了以中国科学院为学术领导核心，中国科学院、部门研究机构、高等学校和地方研究机构共同组成的我国科学研究工作体系。1964年，中央讨论通过了国家科委和中国科学院提出的《科学十四条》并以中央文件下发，确立了我国科研工作的基本制度，被誉为“科学宪法”。科技体制改革以来，率先设立了面向全国的科学基金，率先建立了开放实验室制度，率先实行了所长负责制，创办了新中国第一家高新技术企业、第一个科技工业园区，发展孕育出以联想集团等为代表的规模化高技术企业。

知识创新工程以来，大幅凝练提升科技目标，分期分批推动研究所进行知识创新工程试点。以人事制度改革为突破口，率先实行“按需设岗、按岗聘用、竞争择优、合同管理”的岗位聘用制度，建立岗位聘用、项目聘用和流动人员相结合的用人制度，建立体现绩效优先、以“三元结构工资”为主体的分配制度，形成了竞争择优的机制。改革科技创新活动的组织管理，按重大项目、重要方向和领域前沿三个层次组织实施科技创新活动。改革资源配置制度，坚持目标引导、宏观调控、择优支持，基本形成了符合定位、导向明确、分类管理、鼓励竞争、注重绩效的资源配置体系，鼓励有效集成社会创新资源，从根本上扭转了科技投入不足、创新资源短缺的局面。改革科技评价与奖励制度，重视质量、重视实质性贡献，建立了综合反映绩效、态势和需求的多信号反馈的评价体系，从奖励成果为主调整为奖励做出重大科技创新的个人与团队为主。改革经营性国有资产管理，基本实现院所投资企业股权多元化。制定了《中国科学院章程》和《中国科学院研究所综合管理条例》，发布了《关于科学理念的宣言》和科研行为规范，基本建立了“职责明确、评价科学、开放有序、管理规范”的现代科研院所制度。

60年来，中国科学院始终坚持联合合作，不断扩大对外开放。建院后，在中国工业化进程中，与有关部门通力合作，孕育和支持发展我国电子工业、原子能工业、石油工业、化学工业、钢铁工业、国防工业等国家基础和支柱产业。改革开放以来，随着社会主义市场经济体制的确立，面向国民经济主战场，组织力量，全面开展与企业的合作，解决生产中的科技问题，促进产学研结合。随着建设国家创新体系的深入实施，全面加强与国家创新体系各单元的联合合作，支持产业结构升级、发展高新技术产业，组织实施西部行动计划、东北振兴计划和科技援藏、科技支新等工程。与地方共建研究机构、区域技术转移转化中心和科技园，与企业共建联合实验室或工程中心，与大学共建国家重点实验室、联合研究中心，联合培养研究生、联合承担国家基础研究项目等。

不断扩大对外开放。知识创新工程以来，合作对象不断拓展，从科研机构为主拓展到重要国际科技组织、研究型大学和跨国公司；合作方式不断丰富，从常规的交流互访发展到联合建立研究机构、联合组织重大国际科技合作项目和构建战略合作伙伴关系，形成了全方位、多层次、高水平、宽领域、重实效的国际科技合作新格局。中国科学院已成为国际科技界一支十分活跃和有影响力的科研团体。

60年来，中国科学院充分发挥国家科学思想库作用。中国科学院学部和广大院士，团结带领全国科技工作者，围绕国家经济建设、社会发展、国家安全和科技进步的重大问题，开展科技咨询和评议，有力地支持了国家宏观决策，充分发挥了国家在科学技术方面最高咨询机构的作用。如：组织和动员全国科学家制定国家十二年远景规划，参与历次国家科学技术发展规划的研究制定和咨询工作，提出建立科学基金制度、跟踪研究外国战略性高技术发展、建立中国工程院、发展我国先进核能、建设可持续能源体系等一系列重大建议。

知识创新工程以来，中国科学院构建了学部与实体有机结合的战略研究体系，持续深入分析世界科技发展大势，前瞻思考中国经济社会发展和科技进步，提出了《迎接知识经济时代，建设国家创新体系》、《创新促进发展，科技引领未来》、《创新2050：科学技术与中国的未来》系列战略研究报告及18个重要领域科技发展路线图，在国家发展的关键时期提出了应对挑战的系统科学建议和系统解决方案，从而引领了中国科技发展的方向。

60年来，中国科学院做出了彪炳史册的重大创新贡献。在基础研究、战略高技术研究、可持续发展相关系统研究方面硕果累累。解决了一批国家重大任务中的关键核心科技问题，如两弹一星关键核心科技问题，载人航天和探月工程应用系统与有效载荷等任务，应用卫星系列有效载荷等。国防科技创新方面成果丰硕。取得了一批关系国家竞争力的重大自主创新成果，如曙光超级计算机，龙芯系列通用芯片，单精度千万亿次超级计算系统，无线传感器网络，高档数控技术与工业机器人，高性能晶体材料，顺丁橡胶工业生产新技术，煤制乙二醇技术，甲醇制烯烃技术，煤合成油技术等。取得了一批关系可持续发展的重大创新成果，如沙坡头流沙治理，青藏铁路冻土路基关键技术，塔里木沙漠公路筑路技术和防护林建设，全国自然资源综合科学考察，黄淮海中低产田改造，青蒿素、丹参多酚酸盐、盐酸安妥沙星、希普林等创新药物，生物农药与生物制剂，全国粮食产量预测，可持续发展评价，主体功能区划，全球气候变化应对研究等。取得了一批世界领先的科学成果，如人工合成牛胰岛素，哥德巴赫猜想，数学机械化证明，有限元方法，人类基因组1%测序，水稻基因组与功能基因测序，铁基超导体，量子中继器，iPS干细胞全能性证明等。60年来，作为第一完成单位共获得国家科技奖励1080项。其中，获得国家自然科学一等奖19项，占总数的59%；国家科技进步奖特等奖4项、一等奖30项；国家发明奖一等奖4项。

在新的历史时期，中国科学院作为国家战略科技力量，要致力解决关系国家全局和长远发展的基础性、战略性、前瞻性的重大科技问题，致力培养适应国家发展要求的高水平科技创新与创业人才，致力促进科技成果转移转化与规模产业化，致力发挥国家科学思想库作用，致力提升中国科学技术国际竞争力，引领我国自主创新和科技进步，支撑我国科学发展与和谐发展。

到2020年，中国科学院将在关系我国经济社会发展全局的战略必争领域实现创新跨越；培育形成一批对未来发展影响重大的前沿交叉新兴学科生长点，在若干前沿交叉新兴方向与领域发挥先导作用；一批研究所率先实现跨越发展，成为国际同领域具有重要影响和地位的一流研究机构；凝聚培养一大批德才兼备、国际一流的科技尖子人才和科技领军人物，拥有结构合理、动态优化的高水平科技创新团队，形成具有强烈创新意识和市场意识的科技产业化领衔人才群体，向社会输送一大批高素质人才；创造的社会经济效益大幅增长；大幅提升对国家宏观决策的科技支持能力。总体实现“创新跨越、布局合理、四个一流、和谐有序、开放合作、持续发展”目标，将中国科学院建设成为高水平、可依靠的“三个基地”和科学思想库，成为改革创新和谐奋进的中国科学院，在我国科技事业发展中有效发挥骨干引领和示范带动作用，成为面向世界、面向未来、支撑科学发展、服务现代化的科技创新基地，成为在世界上有重要影响的一流国家研究机构。

在杨凌示范区工作汇报会上的讲话

全国政协副主席、科技部部长　万　钢

（2009年11月1日）

（根据录音整理，未经本人审核）

同志们：

党的十七届三中全会明确提出要“继续办好国家农业高新技术产业示范区”。延东同志十分重视，去年10月21日在光强同志给她的来信上批示“杨凌作为全国唯一的农业示范区怎么样办好，要认真研究”。为贯彻落实十七届三中全会和延东同志的批示精神，去年11月以来，科技部和陕西省委、省政府对杨凌示范区进行了联合调研。在调研过程中，延东同志专门听过两次汇报。今年5月11日我们和乐际书记、纯清省长一起向延东同志做了汇报。根据延东同志指示精神，科技部、陕西省委、省政府在广泛征求有关部门意见的基础上，提出继续办好杨凌示范区的发展思路和政策建议。目前，报国务院的请示稿已送有关部门会签。会签后，我们将尽快争取国务院把这个文件批复下来。项秘书长也说尽快把这些政策批复下来，这批复下来有什么意义呢？国务院批复了就是继中关村的第二家，这也看得出来国务院对这里的高度重视，对现代农业发展的一个高度重视。

杨凌示范区是一个共建机制，这是党中央、国务院设立杨凌示范区之初确定的一项重要的建设机制，由科技部和陕西省委、省政府共同来主持这个工作。杨凌12年的发展实践证明了这一决策是完全正确的。12年当中我们开了六次会，上一次是在2006年12月份。这次会议和上次不同的意义是在党的十七届三中全会提出要继续办好国家农业高新技术产业示范区，同时又提出了现代农业，特别提出要把现代农业的建设和新农村的建设结合在一起的关键时刻召开的。各共建单位工作都很繁忙，过去都给予杨凌大力支持，但即使再忙今天还是都抽出时间来开会，一个是大家都很关注，来看农高会，来看我们农村和农业，尤其是我们西部地区、干旱半干旱地区农业的发展成果。同时也是为了开好这个会。看到杨凌发展的劲头，延东同志说了六个字：高兴、惊异、震撼。一个感到十分的高兴，看到了杨凌示范区的建设情况。农博会是真正汇聚农民的展会。她就在路上堵住一个农民问，你是从哪里来的？你今年种果子，种多少果子，能收多少钱？真正的汇聚农民。同时，她感到惊异，就是去年7月开会以来这七八个月时间，一下子就把杨凌本地的现代农业搞起来了，我自己也感到十分的惊讶，同时也感到十分的震撼。我们国家的农业，特别是干旱半干旱地区的农业，发展确实有很大的潜力。这体现了国务院高度的重视，体现了陕西省委、省政府高度的重视，也衷心地感谢国务院有关部委及省委、省政府对杨凌示范区大力的支持，特别是做出了巨大艰辛努力的引良同志、来武同志、光强同志，还有孙校长，我对我们杨凌示范区以及西北农林科技大学的同志们表示崇高的敬意和衷心地感谢！

下面，我谈四点意见。

一、充分肯定过去12年取得的成绩

12年前，杨凌是个什么样子，很多在座的同志都能记起来的。当时杨凌有10个农业科研院所、4000多名科教人员，基础条件差，没有红绿灯、没有公交车，汽车过去尘土飞扬。只有回到那个时间，才能想到那个时候环境下有多少科研人员在努力地工作，才能真正理解中央为什么要抓这么一个区，要建设个这样的区，没有比对过去就不能体会中央决策的重要性。

刚才引良同志也说了杨凌示范区设立后取得了很大成绩。一是在农科教、产学研怎样有效结合方面，取得较好进展，取得了一批科研成果。二是在农业科技推广模式方面，创造出了辐射全国的科研基地，把科技研究的成果辐射推广到全国各地，形成政府推动、院所为基础、基层农技力量为骨干的这样一个模式。三是农高会成为一个全世界都关注的博览会，为国际化打开了一个通道。四是在基础设施建设方面，现在是一个城市。正因为有一个这样的基础，在国际金融危机来临之后我们没有倒，没有跨，而且还吸引了一大批科研力量，近7个月大概就引进了100多个人。这些人在海外有过舒适的生活，有过稳定的收入，为了创业，为了祖国这一片热土，回到了祖国。这也说明我们国家有充分的吸引力。就杨凌自己讲，从一个落后的小镇变成一个初具规模的现代农科新城。在城市基础设施建设、高新技术产业化、农科教结合、产学研结合、科教体制改革、旱作农林畜牧业推广、广泛吸引人才、行政管理体制改革、西北农林科技大学建设、扩大对外开放等各个方面都取得了明显进展，作出了表率。特别是要注意的是这些都是在没有大城市作为依托，又是在从事农业这个弱势产业的情况下取得的，就更显得不容易。今年10月1日的时候，我在天安门城楼上见到岚清同志，岚清同志特别问起示范区的发展，特别问起杨凌的情况怎么样，我想明年一定请岚清同志来看一看，他总是惦记着杨凌。

二、充分认识继续办好杨凌示范区的重要意义

国家设立杨凌示范区，初衷就是要从长远和根本上探索破解“三农”问题。杨凌示范区从一成立，就肩负着党和国家赋予的重要使命。党的十七届三中全会明确提出要“继续办好国家农业高新技术产业示范区”，这既是对杨凌示范区发展的充分肯定，更是对其引领示范干旱半干旱地区现代农业发展的厚望。

要从贯彻十七届三中全会精神的政治高度，充分认识办好杨凌示范区的重要意义。中国已进入加快改造传统农业、走中国特色农业现代化道路的关键时刻，科技对现代农业的支撑作用更加突出。当前，在贯彻落实三中全会精神，应对金融危机、拉动内需，怎样更好地为“三农”服务等方面，示范区还要进一步总结经验、发扬成绩，积极探索如何为现代农业和新农村建设服务。

继续办好杨凌示范区是我国应对气候变化、推动干旱半干旱地区农业发展的要求。大家都说三大挑战，应对金融危机，全球气候变暖，粮食危机，这些都牵扯到民生。我们国家干旱半干旱地区509万平方公里，约占国土总面积53%，耕地面积大概占一半以上，粮食、棉花、木材生产都很重要。应对全球气候变化，大家一致认为干旱半干旱地区会增加，所以从这个角度上看，我们必须要考虑到这是为全球着想，国际化就有了道理。要把办好示范区作为中国政府应对气候变化，帮助干旱半干旱地区解决粮食问题，解决人民健康问题，这个高度来认识。刚才育才同志也讲了，西北地区是植树造林最多的地区，总书记这次明确地表明了应对气候变化中国的措施中植树造林也是重要的一方面。应对气候变化，我们辩证地来看，这几年西北地区统计资料显示，雨量在增加，气候变化并不是所有的地方都干旱，但是蒸发量没有减少。从这个角度来看，就是增雨减蒸发，那就植树造林。植树造林，绿色覆盖率就十分重要了，这个时候的蒸发就可能形成小气候了，就可能形成大的变化了。我想这是我们一再提出国际化的道

理，这个国际化就不光是把国外的东西引进来了，而是要把我们好的东西给输出去，更重要的是通过国际交流、使国际友人更多地了解中国，了解我们应对气候变化的举措，这也是我们的责任。

继续办好杨凌示范区是促进“关中—天水经济区”发展的要求。今年6月，国务院批准了《关中—天水经济区发展规划》，这标志着关中-天水经济区与上海浦东新区、天津滨海新区、广西北部湾、海西经济区等一起，成为国家经济区。国家对关中-天水经济区战略定位为“一个高地，四个基地”。其中一个重要的基地就是要依托杨凌示范区，建成“全国现代农业高新技术产业基地”。所以继续办好杨凌示范区，也是国家实施区域经济发展战略和推进西部大开发的需要。怎么解决问题，实际上胡锦涛总书记2004年视察杨凌时提出：“中国是一个人口大国、农业大国，农业发展的前景和根本出路是什么？实践表明：一方面，解决农业的出路问题是要靠政策，靠改革，靠调动广大农民的积极性；另一方面，从长远和根本上来讲，解决农业问题还要靠科学技术，要开辟我国农业发展的广阔前景，关键还在于农业的科技进步”。所以杨凌不仅12年前设立是有必要的，12年以后，讨论国务院为什么要批这个批复，也是重要的，它牵扯这个国家的发展。

三、充分认清形势，准确把握定位，进一步明确杨凌示范区的发展思路

杨凌示范区下一步发展，首先要准确把握定位。要围绕贯彻落实党的十七届三中全会精神，站在国家粮食安全和干旱半干旱地区现代农业发展的高度，把握好杨凌示范区的发展定位。经过12年的发展，杨凌示范区在干旱半干旱地区现代农业的示范、推广和发展方面进行了探索，积累了经验。在新的历史条件下，杨凌示范区完全能够为我国乃至世界干旱半干旱地区现代农业发展做出新贡献。因此，杨凌示范区下一步要聚焦干旱半干旱地区现代农业，总结发展经验，更新发展观念，拓宽发展思路，扎实做好推广服务、产业化示范、国际合作，努力搞好干旱半干旱地区现代农业示范，推进传统农业向现代农业转变。

一是要加强科技成果的转移、扩散和推广，带动广大干旱半干旱地区农村科技创业和服务。继续做好“政府推动下，以大学为依托，基层农技力量为骨干”的公益性推广的同时，要按照科技部、人力资源社会保障部、农业部等八部委《关于深入开展科技特派员农村科技创业行动的意见》，率先实施科技特派员农村科技创业行动试点，面向干旱半干旱地区，建立以杨凌示范区为龙头的信息化、社会化农村科技服务体系来加强推广。我的理解，农业体系不同于工业体系，首先它是一个公益性的问题，政府一定要承担责任，要对它进行投入，要率先投入，要完善投入。在社会主义市场经济条件下，农业推广实际上是一个农业产品商业化的过程，一定是这个过程的环节，只有理解这个商业化的过程，才能鼓动企业来积极参加，作为一个新的经济增长点来发展。同时对于科技人员本身来说是一个创业的过程，一定要把农业科技人员的积极性和推广农业成果捆绑在一起，把他们的利益和农民的利益捆绑在一起，使他们成为市场经济体系当中的一员，他就有积极性，他就会努力，以后我们的农民能够成为企业家，能够带头办起企业来，所以农业推广既是政府公益性的，又是产品的商业化过程，又是农业推广的创业过程，这样就能够推动产业的发展。

二是要按照发展现代农业的要求，不断提高现代农业产业化示范水平。三中全会上提出建设现代农业，现代农业明显的特色就是建立现代农业产业链。这个产业链从研发开始，从推广环节开始，通过播种、收获、加工、贮藏这些环节，以及与它相关的第三产业链，农贸、交易、传播等方面。从这个角度，我们无论从财政、政策、金融、资本市场、质量保证、标准化各方面都要对它进行大量的支持。我们要真正把农业当工业来办，把千家万户的农民引入到一个现代农业的体系当中，来保证我们的农业生产，保证我们的粮食安全，同时要提高我们的生活水平，很重要地就是要把它建成产业链，但是这是一个探索的过程。发达国家有经验，不一定符合我们的情况，本土没有经验，但是大家创造力很强，国家重视，政策支持。要在提高农业产业化、标准化、规范化、市场化水平方面先行先试，通过种、养、加、储、销、运以及配套服务，延伸带动区外农业发展，跳出杨凌，在广大干旱半干旱地区建立推广示范基地，成为我国干旱半干旱地区农业现代化的试验田，给全国做出样子，提供经验。今天光强特别谈到，我们的食品安全非常重要。你有标准，种出的东西吃下去才放心。去年的三鹿奶粉事件给我们最大的一个警示就是我们的食品安全特别重要。你的产业可以发展的很多，但是这一锅粥里面只要一颗老鼠屎就可以把一锅粥都破坏掉。食品安全怎么做，这就需要我们思考，就需要我们做好这方面的示范工作为全国作出榜样。另一个方面，我想这次我们要把杨凌的现代农业和农村的现代化结合起来。发展20万头猪和1万头肉牛的养殖基地，同时也要注意到它产生的负担，残物粪便可能就是一个大的污染。这个时候怎么考虑，把它做成沼气。我们看了一个小的实验，在生态校园里就是把它做成沼气。这个时候就将一个农业畜牧场变成沼气燃料厂、能源厂、有机肥料厂。现在发达国家讲有机肥料。从这个角度上看起来，一个产业就变成三个产业。所以我们最近在科技部启动一个清洁燃气工程，就是两大块，一块就是生物制气。我们国家的燃气供应是不足的，所以我们国家燃料的结构在影响着我们应对气候变化。很难，难就难在我们在用煤。我们国家的生物资源是巨大的，而且养殖业发展很快。如果我们能够抓住这一点，把面源污染变成能源，这样就解决我们新农村建设燃料供应的问题，公共卫生的问题，这是十分有意义的事，也希望杨凌在这一方面能够做好示范。

三是要着力加强国际农业科技合作，为示范区建设注入新活力。现在国际合作是一个很重要的环节，要通过政府、企业和社会组织等多个渠道，大力开展国际农业科技合作与交流。改革开放的巨大成功跟开放是分不开的。现在许多外国种子企业都想来中国发展，农业种子进来以后确实有一个生物安全的问题，所以要有序地进入。为国外的企业创造一个试验田，也有助于我们对各方面的掌握，使他能够有序地发展。同时也可以吸引国外的一些新鲜经验，比如说期货式、订单式的农业。现代农业的一个大问题就是丰产以后卖不出去，欠产以后不知道去哪儿买。期货市场最大的一个特点就是能将无序的生产变成有序的供应。同时，我们的干旱半干旱成果对于欠发达国家第三世界国家具有高度的吸引力，第一适用、第二成本低，所以我们的企业今后要走出去，可以先办培训班，这个政府要引导。同时将来要大胆地把我们的品种推出去，把我们的试验田先种出去，把我们的现代农业推广到国外去。

四是要吸引、集聚国内外农业科技人才，发挥科技引领作用。提升杨凌示范区的科技创新能力，既要发挥好西北农林科技大学等科教单位和现有人才的作用，更要充分发挥中组部已批准的人才创新基地的作用，吸引、集聚国内外的农业科技人才，特别是农业高科技领军人才和创业团队。要加强区内外科研院所、高校和企业等优势科技力量的联合，通过灵活的用人机制和激励机制，打造共建共享的开放式科研平台，吸引更多的人才到示范区创新创业，努力建成国际（旱区）农业科技创新中心，不断提升农业科技创新能力。

四、发挥优势，加强协作，推动杨凌示范区的建设再上新台阶

杨凌示范区12年的发展实践证明，省部协作共建机制是有效的。杨凌目前还存在一些困难，都是前进中的困难。我们还要进一步提高认识，统一思想，坚定信心，共同努力，把杨凌示范区办好，开创发展新局面。

一是示范区要在搞好示范推广中加快自身发展。作为国家唯一的农业高新技术产业示范区，最重要的职责是示范推广。这一点杨凌的同志要牢记，这是你们做好各项工作的出发点和落脚点，离开这一点，杨凌示范区将失去存在的意义和价值。但同时，加快当地经济社会发展也是你们的一项重要工作，自身的发展才能为示范推广提供载体和保障，杨凌的同志一定要创造性地处理示范与发展的关系。杨凌的发展一方面需要国家和各有关方面的大力支持，但从根本上和长远上来说，还是要靠自身的努力。你们现在已经有了一定的基础，今后仍要继续努力。

二是希望陕西省要进一步加强领导，加大统筹协调力度，为示范区的发展创造更好的条件。陕西省委、省政府对杨凌示范区的工作的重视、支持是继续办好杨凌示范区的重要保障。因此，希望陕西省进一步加强对杨凌示范区的领导，抓住《关中—天水经济区发展规划》带来的机遇，把杨凌作为全国现代农业高技术产业基地重要依托的战略定位和次核心城市的发展目标，抓紧研究制定示范区下一步发展的规划和配套政策措施，把杨凌示范区建设发展好。

三是要加强和完善省部共建机制。杨凌示范区12年来所取得成效，离不开有关部委的大力支持。新形势下，面对新任务，一方面，杨凌要切实加强自身的能力建设；另一方面，还需要有关部委再扶一把，继续给予资金、项目、政策支持和工作方面的指导。毕竟杨凌示范区是一个农业高新区，又是在一个北方小镇基础上发展起来，唯一没有大城市依托的国家高新区。而且，杨凌示范区所从事的农业科技和推广示范工作，自身实力的壮大与其他高新区相比要难得多。前一阶段，已经形成共识的各项工作，希望按照各自职责，协力推进落实。

杨凌示范区过去做了很多工作，有成就，也有不足，这个不足既有我们对一些创新理念的认识不足，也有当时政策和条件的障碍。例如解决不了职务发明享受的问题，就解决不了促进创业的问题；解决不了对科技创业的投入，特别是科技金融问题，就解决不了推广、发展的问题，等等。因此，各有关部委要在各自的项目资金渠道下和政策范围内，对杨凌示范区建立信息化社会化农村科技服务体系，进行现代农业产业化推广示范，开展国际农业科技合作与交流，加快农业科技创新平台和能力建设等方面给予重点支持。

同志们，12年时间，杨凌走过了艰苦的创业阶段，成就显著。今后的五到十年，是杨凌示范区实现跨越式发展的关键时期，不进则退。我们一定要站在贯彻党的十七届三中全会精神，建设社会主义新农村的高度，充分认识继续办好杨凌示范区的重要意义，抢抓机遇，团结拼搏，扎实工作，建设好示范区，发展好示范区，为保障国家粮食安全，为干旱半干旱地区现代农业发展做出更大的贡献。

谢谢大家。

在杨凌示范区工作汇报会上的讲话

陕西省省长　袁纯清

（2009年11月1日）

（根据录音整理，未经本人审核）

尊敬的万钢副主席，各位领导同志：

首先再一次对各个部委有关领导来杨凌参加第16届农高会表示欢迎，也感谢大家能够参加今天举行的示范区工作汇报会。

刚才相关部委负责同志做了很好的发言，很受启发、很受鼓舞。总的来讲，通过十几年的努力，杨凌从一个“农科小镇”应该说具备了一个农科新城的基本形态，特别是这一两年以来，也就是启动“二次创业”以来，在刘延东同志的直接关怀和重视下，在万刚副主席的直接指导之下，经过相关部委的共同努力，以及杨凌同志的努力，应该说杨凌的发展呈现了生机勃勃的景象，呈现了一个加快发展的势头，一个现代农业高新技术产业示范区势头已经显现出来，进入到发展的一个新阶段。这是一个基本的认识。刚才姚引良同志做了汇报，下一步的发展如何把握这么一个势头，能否有一个更快更好的发展，需要党中央、国务院的领导，需要各部委的支持。当然首先是我们陕西省委、省政府加强这方面工作把这件事情做得更好一些。从乐际同志开始，省委、省政府高度重视杨凌建设，对于我们现在来讲是有一个认识机遇、抓好机遇，能够加快杨凌这个作为中国的农业高新技术产业示范区建设的问题。所谓机遇，主要是两个重要文件中有表述：一个是三中全会决定中“继续办好国家农业高新技术产业示范区”，现在国家级的实际上就是指杨凌。第二个是六月份国务院批准的《关中—天水经济区发展规划》，里面有个定位，就是要建设全国现代农业高技术产业基地，这就是我们的机遇。尤其是国务院批的文件还是有点小小的提升，加了“现代”两个字即“现代农业”，过去叫园区，现在改成“基地”，我想一个是标准更高，第二个就是范围更大。我认为，这是我们要认识的机遇，把握的机遇。从陕西来讲办好杨凌的事情，已经超出了杨凌自身，超出了陕西省的范围，应该首先作为一种国家责任，所以我们今后要坚持基本的定位即“干旱半干旱地区”的现代农业，也就是说中国960万平方公里中的509万平方公里的国土。从杨凌来讲，应该首先担负起现代农业高科技示范的责任。从陕西省委省政府来说，我们应该是作为一个国家责任来担当，基于这样的情况，陕西省委、省政府根据国务院要求正在开展专门调查研究，也要专门颁布一个实施意见。在进一步加大工作力度上我们也有几个想法：

一是进一步加强领导。刚才乐际同志也专门和我讲，今后每年要作为省委常委会的议题，专题研究杨凌的工作和发展；省政府常务会议每年至少要两次专题研究杨凌的工作；省长应该有1-2次到杨凌召开专题现场办公会，解决加快杨凌发展的问题。

二是加大对杨凌发展项目的支持力度。在陕西所实施的现代农业项目首先要在杨凌实施、落地，既要把杨凌作为一个试验田，又要作为一个标准田，包括设施农业、信息化、基础设施，包括水电路气，农村物流工程，七大增收工程，首先在杨凌要落地实施。

三是要加大涉农资金项目的整合力度。以前各类专项资金都比较分散，今后我们将把杨凌作为一个改革试点，由财政厅牵头，农业厅、水利厅、商务厅等相关厅局配合，在下达项目资金之前由主管副省长牵头研究整合，变为集中的项目和资金下达，然后集中管理、集中投入，使有限的资金发挥更大的效益。

四是加快杨凌城市化步伐。这次国务院批准的《关中—天水经济区发展规划》里面，把杨凌确定为一个次核心城市来建设。实际上西安到宝鸡200公里中间缺一个城市，这是从空间布局来讲。第二是作为一个高新技术开发区，缺乏一个城市作为载体，是不完整的，也缺乏需求动力，也不具备更大的辐射能力。最近省政府决定，把杨凌作为次核心城市进行建设规划，加以推进，力争通过8-10年达到30万人口，那个时候就成为另外一个景象。

五是加大创新力度。看来我们还是要以改革作为主线，作为动力，来实施创新，包括产业化的创新，推进土地流转。我们要就杨凌的金融机构、产品拿出专门的方案，向银监会、证监会汇报。还要请各部委帮，把这个事情推动一下。这些都很关键。包括生产的组织形式，如何进一步推进西北农林科技大学产学研结合及城乡一体化等等问题，都应该本着改革的精神进行创新。这篇文章很大，我们现在做的是不够的。

六是如何加快农村的信息化进程，也就是三网合并的问题。总的来讲应该提出“加大杨凌信息化力度，建设一个信息化的杨凌”这样一个口号，形成以信息化为支撑、以西北农林科技大学为依托、以农科院和农技站为平台的一个比较完整的推广体系。省委、省政府将会按照这次会议精神和延东同志在考察当中提出的要求，加大工作力度，把杨凌这篇文章做好。

最后再提一点愿想。作为陕西省委、省政府要增强国家意识，对各个部委来说我恳请大家增强一点杨凌意识。什么叫杨凌意识，我想就是应该把杨凌作为各部委在推进农业现代化、农业产业化、市场化、工业化，在实施项目时的试验田，作为各部委的窗口，作为利用、可信任的平台。我们不找你们要钱，要多要项目。别的地方可以放，先在杨凌放一点。一是多给点项目，包括实验、示范、生产性的项目。二是多给点政策。财税、金融、土地、进出口政策。给政策比给钱管用，包括对外合作，比如果汁出口退税能不能给点政策？中关村的政策也可以在这里放下来。我认为支持农民致富，支持多少都不过分，帮助农民做事，怎么做都不过分。我请求各个部委增强杨凌意识，多给些项目，政策给点倾斜。在大家的支持下，我们一定加大工作力度，尽早让杨凌农业高科技成果更多的引领中国现代农业，产业化的产品不仅在杨凌生根开花，走出陕西，走出全国，甚至在整个世界的高新农业中占有一席之地，既为陕西争光也为国家争光。

最后，再一次感谢大家。

在实施关中—天水经济区发展规划高层论坛上的讲话

陕西省常务副省长 赵正永

（2009年7月28日）

今天，我们在北京人民大会堂欢聚一堂，隆重举行实施《关中—天水经济区发展规划》高层论坛。首先，我代表陕西省委、陕西省人民政府向出席本次论坛的各位嘉宾表示热烈的欢迎，向长期以来关心和支持陕西经济社会发展的各界人士表示衷心的感谢！

6月25日，国务院新闻办就《关中—天水经济区发展规划》的颁布实施召开了新闻发布会，标志着以西安为中心的关中—天水经济区成为国家级的经济区，将成为我国经济发展的又一重要区域。这是国家深入实施西部大开发战略、推动西北地区经济振兴、促进区域协调发展的一项重大举措，充分体现了党中央、国务院对陕甘两省人民的深切关怀和巨大支持，对于发挥经济区优势、有效应对金融危机、着力打造西部大开发战略高地，进而实现建设大西安、带动大关中、引领大西北的战略构想具有重大的现实意义和深远影响。

《规划》颁布一个多月来，在国内外引起了较大反响。国内30多家新闻媒体、境外10多家新闻媒体先后报道了80多篇，有7家报纸和20多家网站刊发规划全文并配发评论、图表，规划区七市区市长接受央视网访谈，谷歌、百度搜索引擎分别有17.2万条和15.2万条关于“关中天水经济区”的报道或评论，省内外网民通过发帖子发表言论、建议3万多条。关中板块股票在大盘下行的情况下一度走高。国家开发行等金融机构派出调研小组来陕，就规划重大项目融资事项进行商谈。省内外一批大型企业集团纷纷跟进，对经济区项目建设、产业集群发展、园区开发建设寄予热情期盼。关中—天水经济区已受到社会各界前所未有的关注，知名度快速提升，正在成为我国内陆地区新的热点区域。

陕西省委、省政府将《规划》的颁布实施作为覆盖全省的重大历史性机遇，精心安排，狠抓落实，在全省上下迅速掀起了贯彻落实规划的热潮。赵乐际书记在多种场合宣讲解读，袁纯清省长亲自部署推动，7月17日省委常委会专题研究，7月20日在全省领导干部会议上进行专项安排，并邀请国家发展改革委曹玉书同志作了辅导报告。7月21日在省政府全体会议上对贯彻落实《规划》又进行了全面的动员和部署。省级有关部门和经济区各市县通过召开专家座谈会、研讨会、学习动员会等多种形式进行宣传和动员，进一步明确本部门、本市区在规划实施中的职责定位，研究落实规划中提出的改革示范、基地建设、重点项目等事项，着手制定实施方案，谋划启动一批重大项目。陕西日报、陕西电视台开辟专栏，进行规划解读。目前，全省上下正在形成贯彻规划、落实规划的良好氛围，相关工作已全面启动。

蓝图已经绘就，关键在于落实。抓好《规划》的实施，将“设计图”变为“施工图”，是我省今后一个时期经济社会发展的一项战略任务。当前，着重从四个方面加以推进。

第一，以推进西咸一体化为突破口，加快西安国际化大都市建设，充分发挥核心板块的辐射带动作用。规划提出把西安建设成为国际化大都市，这对西安来说是千载难逢的机遇，如何按照国际大都市的要求，适当扩大城市空间，完善提升城市功能，优化生产力布局，努力把西安市建设成国家重要的科技研发中心、区域性商贸物流会展中心、区域性金融中心、国际一流旅游目的地、全国重要的高新技术产业和先进制造业基地，是我们需要认真思考和细心研究谋划的问题。推进西咸一体化是建设大西安，打造国际现代化大都市的关键之举，经过近年来的努力，西咸一体化工作取得了很大进展，这次规划又明确提出了实现西咸一体化建设的战略任务，使我们深入推进西咸一体化获得了国家层面上的支持。当前应尽快建立西咸共建区开发建设机制，完善运行机制，加快“三区一带”发展步伐，板块启动，整体推进，形成新的产业带和城市带。

第二，以支持西安统筹科技资源、提高自主创新能力为着力点，加快推进统筹科技资源改革，充分

发展科技的引领作用。建设以西安为中心的统筹科技资源改革示范基地，是国家赋予经济区的一项特殊重要任务，也为关中发挥科技资源优势提出了难得机遇。对此，省委、省政府高度重视，要求西安及省级有关部门尽快制定相关规划和方案，用足用好政策，着力解决科技资源条块分割、军民自成体系、研究与生产脱节等问题，通过体系创新、技术创新和机制创新，统筹中央与地方、军工与民用、国有与民营、政府与企业的科技资源，加快研发和掌握应用科技成果，提升主导产业的核心竞争力，促进科技资源向现实生产力的转化。

第三，以基础设施、生态环保和社会事业建设为切入点，促进关中经济发展与社会进步相协调，充分发挥经济区可持续发展示范带动作用。在着力抓好重大产业项目，形成经济竞争新优势的同时，从交通、水利、信息、市政等入手，构建完善的基础设施网络；以秦岭、渭河为重点，加大环境保护力度，建设生态关中，使关中成为国内人居环境最好地区之一；以民生八大工程为载体，全面提升公共服务水平，使关中在经济、文化、社会等各个领域都能率先发展，并努力走在全国前列。

第四，以陕北能源化工基地和陕南循环经济产业集聚区为重点，主动承接关中经济区的辐射和带动，形成三大区域协调发展的新格局。实施规划既有利于强化关中对陕北、陕南发展的科技支撑和人才支持，也有利于陕北的能源化工产业、陕南生物资源和清洁能源为关中发展现代工业提供原材料。陕北作为直接辐射区，坚持“深度转化”，按照大型化、国际化和可持续发展的要求，通过大项目支撑、大集团引领、集群化推进、园区化承载，做大做强煤炭、电力、油气和化工四大产业，建设国内一流、国际知名的能源化工基地。陕南地区，在依托良好的生态环境和丰富的生物资源发展生物医药、特色农产品种植加工、生态旅游以及水电开发等绿色产业的同时，结合规划实施，主动接受关中的辐射，立足优势资源，以循环经济为切入点，按照循环经济的模式，走规模化、集群化和园区化的发展路子，最大限度地提高资源综合利用和循环利用水平，实现经济发展与环境保护的双赢。

贯彻实施《规划》是一项长期的战略任务，是一项复杂的系统工程。《规划》内涵深刻，内容丰富，规划中提出的5个试验区和先行区、8个试点示范、9个重要基地、6个各类中心、7项改革任务都需要我们认真研究、深刻领会、扎实推进，需要国家有关部门和社会各界的指导和帮助，需要凭借各位领导、各位专家的智慧和思维。特别是规划中提出以下几个方面，既是长期困扰我们的难题，也是实现经济区快速崛起的重要途径。

1. 如何实施好统筹科技资源综合配套改革。《规划》中提出建立统筹科技资源改革示范基地，在全国率先构建创新型区域，这既是规划的亮点、重点，同时也是实施的难点。尽管经济区科技资源十分丰富，但由于条块分割、军民自成体系、研究与生产脱节等原因，科技优势一直未能转化为经济优势，实施规划必须破解这一难题。

2. 如何深入推进西咸一体化，将西安打造为一个具有国际竞争力、牵引作用大的核心大都市。经过近几年的探索和实践，西咸一体化取得了初步成效。但总的来看，力度不大，进展不快，特别是西咸结合部建设步伐缓慢，没有形成实质性、大规模的开发建设局面。如何在西咸共建区开发建设机制上取得实质性突破，如何把西咸接壤区高起点规划建设为西咸都市圈新兴产业带和城市带，建设为环境优美的宜居新城区，既是一篇大文章，也是一项十分紧迫的工作。

3. 如何挖掘和利用好规划中提出的各项政策。规划从财税、金融、投资、土地、环保、统筹城乡等六个方面提出一系列政策措施。如何创造性地运用政策，把规划中的一些政策思路转化为具体的政策方案，特别是对《规划》中赋予的留有探索空间的政策如何理解好、实施好，这也是我们能否实施好规划的关键之处。

4. 如何策划和实施一批大项目。《规划》围绕航空航天、装备制造、资源加工、文化、旅游、交通、能源、水利、信息、市政等10大类，提出了72个重大项目，把我们多年所争取的一些项目一揽子列入规划，这对我省今后争取国家支持，申请国家批复都有极大的好处。如何高起点、高水平策划实施这些项目，能否实施好这些项目，既是检验规划实施效果的重要内容，也是考验我们落实能力、组织能力的基本依据。此外，诸如如何以杨凌国家级农业高新技术产业示范区为依托，建设好全国现代农业高技术产业基地的问题；如何发挥关中历史文化资源集聚优势，建设彰显华夏文明的历史文化基地的问题；如何优化经济区对外开放格局，创新区域合作机制，提升对外开放水平的问题；如何促进经济区城乡一体化发展的问题；如何发展壮大经济区现代物流、金融、会展等现代服务业的问题等等，都是关乎规划实施效果的重要内容。希望与会专家和各位嘉宾为经济区的发展建言献策，发表真知灼见，多提宝贵意见。

女士们、先生们、朋友们，历史上的关中曾书写了中华文明最辉煌的篇章，今天的关中已迈入了加快发展的快车道，我们相信，只要各方齐心协力、携手奋进，关中经济区的明天一定会更加美好！

最后，预祝本次论坛圆满成功！

在加快推进西安高新区建设世界一流科技园区动员大会上的讲话

陕西省常务副省长　赵正永

（2009年4月9日）

去年，省政府多次认真研究支持西安高新区建设世界一流科技园区的问题，出台了《陕西省人民政府关于支持西安高新区建设世界一流科技园区的若干意见》，制定了十条支持政策。今天，又召开加快推进西安高新区建设世界一流科技园区动员大会，这是西安高新区再创业的新契机，是西安高新区进入世界级科技园区的起点。省政府要求全省上下，站在西安高新区既是西安的、又是全省的、也是国家的高度，以实际行动为西安高新区建设世界一流科技园区作贡献。省政府隆重召开动员大会，目的就是要统一思想，形成合力，贯彻落实好省委、省政府支持西安高新区建设世界一流园区的决策部署以及科技部与省政府部省会商议定事项，共同推进西安高新区向世界一流科技园区迈进。借此机会，我代表省委、省政府，向长期支持陕西科技发展和西安高新区建设的科技部领导表示衷心的感谢！向辛勤工作在西安高新区的管理者和建设者们表示诚挚的问候！

刚才，华峰同志介绍了西安高新区建设世界一流科技园区情况；纯清、清云同志为“西安半导体产业园”揭牌；宝根同志作了表态讲话，高新区入区企业代表分别发了言；王志学同志代表国家科技部讲了话，对西安高新区建设世界一流科技园区提出了希望，希望大家认真抓好落实。下面，我再讲三点意见：

一、充分认识加快推进西安高新区建设世界一流科技园区的重要意义

建设世界一流科技园区，是实践科学发展观、贯彻落实创新型国家战略的必然要求，是顺应世界科技园区发展趋势的必然选择。省委、省政府认为，西安高新区建设世界一流科技园区，对建设创新型陕西、推进西安率先发展、应对金融危机影响和加快高新区自身的转型升级等，都具有十分重要的意义。

第一，把西安高新区建设成为世界一流科技园区，是落实国家自主创新战略、建设创新型陕西的需要。提高自主创新能力，建设创新型国家，是党中央放眼世界、面向未来作出的一项战略决策，省第十一次党代会提出了建设西部强省的奋斗目标，但是，作为科教大省，目前我省的科教优势还远未转化为发展优势，全省经济增长的方式还没有真正转到依靠科技进步和提高劳动者素质上来。以西安高新区为代表的全省各高新区自设立以来，充分发挥了经济增长和科技创新的主阵地作用，主要经济指标和技术创新能力一直保持领先水平，为全省经济社会发展作出了重要贡献。去年，西安高新区实现GDP618亿元，占到了全省的9%；实际利用外资4.21亿美元，占到全省的30%；知识产权的申请数量达7765件，其中发明专利1551件，占到全省的41.1%。西安高新区已成为我省高新技术产业发展的先行区、新体制的试验区以及现代化城市建设的示范区。省委、省政府决定支持西安高新区建设世界一流科技园区，是在新形势下为建设创新型陕西而采取的一项重大举措，省直有关部门和西安市要充分认识西安高新区建设世界

一流科技园区的重要意义，切实增强把西安高新区建设成为世界一流科技园区的责任感和紧迫性，全力以赴支持西安高新区建设世界一流科技园区。

第二，把西安高新区建设成为世界一流科技园区，是西安做大做强、实现关中率先发展的需要。关中能否率先发展，取决于西安，而西安能否率先发展，在很大程度上又取决于高新区能否快速发展。西安高新区从2.25平方公里起步，经过18年的滚动开发，形成了35平方公里的科技新城，园区的创新能力和产业发展能力得到了长足的提高，各项主要经济指标在西安市所占的比重越来越高，对地方经济的贡献越来越大，区内GDP由2000年的75.45亿元，增加到2008年的618亿元，平均增速达30.08%；出口创汇由2000年的1.04亿美元，增加到2008年的19.67亿美元，平均增速达44.06%；实际利用外资由2000年的0.51亿元，增加到2008年的4.21亿美元，平均增速达30.12%。加快推进西安高新区建设世界一流科技园区，目的就是要把西安高新区作为实现西安率先发展的突破口，通过其良好的示范引导和辐射带动作用，把西安建设成为关中地区率先发展的“排头兵”和“增长极”，进而成为带动陕西经济发展的“火车头”。

第三，把西安高新区建设成为世界一流科技园区，是积极应对金融危机影响、保持经济平稳较快增长的需要。在金融危机的影响下，全球经济一片萧条。然而，以科技创新、自主研发为核心的高新技术产业却一枝独秀，傲立经济“寒冬”，包括我省西安等高新区在内的全国54个国家高新区逆势而上，实现营业总收入6.5万亿元，工业增加值达到1.27万亿元，比上年增长18.6%，占全国工业增加值的8.8%，出口创汇1957亿美元，占全国全部出口创汇额的14%，成为抵御金融危机洪流的“定海神针”。事实证明，只要我们立足陕西的科教优势，紧紧抓住提高自主创新能力、提升综合竞争力这两个重点，就可以促进我省优势产业的振兴和特色经济的壮大，进而实现我省今年13%左右的增长目标。因此，举全省之力，聚全省之才、集全省之智，共同支持西安高新区建设世界一流科技园区，使其继续发挥在我省经济社会发展中的“领头羊”作用，显得极为迫切和必要。

第四，把西安高新区建设成为世界一流科技园区，是西安高新区转型升级、提高发展水平的需要。西安高新区经过18年的发展，无论从产业规模、企业实力，还是园区环境等方面都已经取得了很大的进步，不仅起到了制度创新的“试验田”作用，而且为全省的改革发展探索了路子、积累了经验。但是，随着信息、生物、新材料、新能源等领域的技术突破，加上国际分工的调整和创新型国家战略的实施以及金融危机后的重新洗牌，西安高新开发区面对的挑战越来越多，压力越来越大，转型升级和提高发展水平的要求越来越高。但目前还存在一些明显的问题，如市场主体的培育进展缓慢，一流大企业的数量不多，产业结构不尽合理，特色产业集群实力不强，关键领域拥有自主知识产权的成果还比较少，资本市场和投融资环境不够完善以及一流人才缺乏等等，都需要西安高新区按照“四位一体”的发展定位，采取发展壮大特色优势产业、提升技术创新能力、增强辐射带动功能、培育引领新兴业态、优化园区发展环境等措施加以解决。

二、扎实做好西安高新区建设世界一流园区的各项工作

西安高新区建设世界一流科技园区，目标就是到2020年左右，把西安高新区建设成为高端人才荟萃、创新创业活跃、产业集群发达、孕育新兴业态的创新之城；拥有一批世界一流的科技企业，拥有一批世界一流的自主创新成果，拥有一批具有国际影响的知名品牌，成为具有一流机制、一流环境、一流要素、一流绩效的科技园区。为此，要重点做好以下几项工作：

一要创新发展方式。要着力提升发展的质量和内涵，创新发展的方式方法，重点在高科技企业快速启动、快速成长上做文章，培育园区发展的内生动力和生态系统。要充分发挥科技园区的资源优势，在原始创新上有所作为，通过集成创新和引进消化吸收再创新等方式，完善产业配套服务设施，强化创新成果、产业化的服务体系、公共技术服务平台、技术转移与交易体系建设，提高创新成果的产业化能力和辐射能力，培育具有较大的引领和辐射能力、较强的支撑与带动作用的高新技术产业集群。

二要完善体制机制。要结合园区建设和发展特点，认真落实省政府30号文件精神，重点在体制、机制、制度等方面进行大胆的改革、创新和试验，进一步建立符合市场经济规则和国际惯例、适应世界一

流科技园区建设的新型管理体制和运行机制。要进一步加大创新的力量，建立比较完善的投融资体制；要进一步整合创新资源，推进以产学研用为基础的协同创新，以实现资源共享；要进一步健全知识产权的保护制度，营造良好的法制环境，市场环境，文化环境；要继续完善技术创新平台，不断把科技优势转化为现实的生产力。

三要整合群体优势。省市要联动起来，发挥合力，把省市有关高新技术产业发展的项目、资金、信息都向高新区倾斜，对西安高新区发展中遇到的问题，要采取有效措施实实在在地加以解决。要整合关联资源，引导省内大学和科研机构以及大型企业与西安高新区开展合作，形成群体优势。要全力支持西安高新区开展“产业链”招商，推进高新技术企业和优势产业向高新区集中，增强行业整体竞争力，形成大中小企业配套，上下游产业联动的模式，提高西安高新区的综合竞争力。

四要突出发展特色。西安高新区要立足自己的区位优势和已有的特色产业，强化园区发展动力，既要做到速度、质量、效益相协调，又要做到又好又快、好中求快。要在特色产业领域的关键技术上取得创新和突破，实现产业集聚，形成各具特色的高新技术产业集群。还要在产业的发展上有所区别，没有区别就没有重点，没有重点就没有突破。同时要牢固树立生态环保、循环经济和清洁生产的理念，保护好高新区及周边地区的生态环境和资源，努力实现经济、社会和生态效益的和谐统一。

五要用足用活政策。西安高新区要认真贯彻国家和省、市出台的有关政策，尽力将政策用好、用足、用活。要紧紧抓住东部和国外产业转移的机遇，大力吸引世界知名企业和产业巨头，在高新区建立国际化的研发中心、产品采购中心及产业基地。要充分利用国家实施创业板的机遇，力争把更多的科技创新型企业推向市场管理的轨道。要继续实施人才高地战略，完善人才成长的激励机制，锤炼一支优秀的团队。要以建设西部重要的金融中心为战略目标，打造立足高新、支撑西安、服务陕西、辐射西北、连通国际的区域性金融商务聚集区，促进金融资本与高新技术产业的融合，形成适应世界一流科技园区发展需要的金融环境。

三、齐心协力推进西安高新区建设世界一流科技园区

建设世界一流科技园区，既是一项十分艰巨的任务，又是一个复杂的系统工程。省级有关部门和西安市要齐心协力，共同推进西安高新区建设世界一流科技园区。

一要减政放权。省级部门要在不违背国家法律和有关规定的前提下，尽可能地下放审批权，减少办事程序，提高工作效率。要按照省政府30号文件精神，重点在投资决策、项目审批、产业培育等方面拿出具体的落实措施，采取实际行动，一般化的支持不行，要延伸出新的政策。对于高新区建设用地指标要单列，对于高新企业认定要从快组织评审。尽量做到权限能宽则宽，手续能简则简，真正让高新区放开手脚去发展。

二要搞好服务。省级有关部门要按照责权利相统一的原则，简化办事程序，提高工作效率，为高新区发展创造良好的外部环境。既要依法行政，又要高效便捷，既要靠产业引人，更要靠服务留人。要对高新区派出机构充分授权，对确需区外办理的事项，要搞好服务，限时办结。执法执纪部门对干扰开发区发展和企业正常运营的行为要及时严肃处理。新闻宣传部门要加强对西安高新区发展的宣传，积极创造良好的舆论环境。总之，省市要树立发展是第一要务、企业客户为第一服务对象的意识，主导搞好服务，提高服务水平，推进行政改革，共同形成建设世界一流科技园区的强大合力。

三要辐射带动。支持西安高新区建设世界一流科技园区，关系着全省创新发展的大局，要通过建设国家一流科技园区，进一步探索建设高新区的重要经验。要充分发挥西安高新区对其他高新区的带动和示范作用，在管理、信息、招商引资等方面相互支持、配合，扩大高新区在转变全省经济增长方式、培育产业集群和调整经济结构中的作用和影响。

同志们，把西安高新区建设成为世界一流的科技园区，是省委、省政府赋予我们的一项崇高使命，任务艰巨，责任重大。希望大家振奋精神，扎实工作，掀起高潮，形成氛围，早日把西安高新区建设成为世界一流的科技园区，为建设西部强省作出新的更大的贡献！

在全省科技工作会议上的讲话

陕西省副省长 朱静芝

（2009年2月19日）

同志们：

省政府召开的这次全省科技工作会议，主要任务是总结2008年全省科技工作，部署2009年的各项任务。首先，我代表省政府向所有受表彰的先进集体和先进个人表示热烈的祝贺！向全省广大科技工作者表示诚挚的问候和崇高的敬意！

下面，我讲几点意见。

一、我省科技工作取得显著成绩

在省委、省政府的正确领导下，近年来，我省科技事业进入全面提升自主创新能力、推动科教大省向科教强省转变的新阶段，亮点频闪、捷报频传。

（一）以“13115”科技创新工程为标志，科技支撑引领经济社会发展成效显著。

“13115”科技创新工程是省委、省政府贯彻落实国家创新发展战略的重大举措，是实现科教强省、建设西部强省的重要途径。自2006年启动实施以来，各项工作进展良好。

一是全社会自主创新意识明显增强。省委、省政府先后制定了旨在增强自主创新能力，推动科技大省向科技强省转变的一系列政策措施，省级相关部门结合工作实际，认真落实，提出了强化自主创新的具体办法和实施方案；各市、县、区积极响应，谋划新阶段科技发展规划，大幅增加了科技投入；高等院校、科研院所投身经济建设、转化科研成果的积极性显著增强；更多的企业把依靠科技创新提升核心竞争力作为企业发展的核心战略；民间资本、社会资本更加关注和投资科技产业，全面建设创新型陕西的热潮正在加快形成。

二是继续保持陕西位居全国前列的科技发展水平。在李振声院士、张立同院士、舒德干教授等一批杰出“大师”荣获全国科技大奖的基础上，2008年，我省获国家科学技术奖励37项（其中主持15项），占国家自然科学奖、技术发明奖、科学技术进步奖授奖总数的11%。攻克了一批影响我省科技经济社会发展的重大科学技术难题，填补了一批国内空白，形成了一批科技成果，2008年专利申请量首次突破万件。

三是科技成果转化及产业化步伐加快。“13115”科技创新工程已在10个技术领域，组织实施科技专项、工程技术中心、重大科技产业化项目和科技园区4大类、325个项目，省政府资助金额5.4亿元，调动全社会资金上百亿元，部分已进入产业化生产，形成了一批新的经济增长点。民营科技企业成为科技产业发展的生力军，注册企业12500家，实现技工贸总收入1400多亿元。2008年，全省技术合同成交额突破46亿元，较上年增长47.5%。按照新的认定标准，2008年全省有387家企业成为第一批高新技术企业。

（二）以科技园区为载体，催生新的经济增长极。

西安、宝鸡、杨凌等5个国家和省级高新区初步形成了以自主创新为鲜明特色的内生型发展机制，成为全省自主创新要素的密集区、高新技术产业发展的核心区和全省经济社会发展的强大引擎。预计2008年5个科技园区实现营业收入3208亿元，同比增长32.1%；总产值2341.1亿元，同比增长26.9%；实现外贸出口37.4亿美元，同比增长36.5%。

一是创新创业要素加快聚集。2008年，5个高新区从事研发工作人员占全省研发人员的30%以上；科技经费占全省40%以上；其中3个国家级高新区申请专利4700多件，占全省申请总数40%以上。以西安高新区为龙头的关中高新技术产业开发带，建成创业服务中心、大学科技园等各类企业孵化器30多家，各级各类生产力促进中心81家。

二是科技企业数量较快增长。海天天线、陕鼓集团、秦川机床、西部材料、西重所等一大批企业发展成为科技龙头企业。科技园区企业的技术性收入占企业总收入的比重一直处于全国前列。2008年以来，美国应用材料公司、中兴通讯、华为分别在高新区建设高水平的研发中心，科技园区已经成为集聚国内外研发资源的重要区域。

三是主导产业集群加快发展。西安高新区的软件、集成电路、生物医药等产业集群优势明显；宝鸡高新区以钛产业及钛合金为基础的新材料产业集群被列为国家50个重点打造的产业集群之一。2008年，5个高新区实现产品营业收入、工业总产值、工业增加值、上缴税金、出口创汇额分别占全省规模以上工业企业的46.2%、31.9%、24.9%、33.3%和69.2%，五大指标年均递增达30%以上。

四是辐射带动作用显现。5个科技园区通过技术、人才、项目、制度的溢出，已经成为全省经济社会发展的“孵化器”和动力源，曲江、浐灞、大明宫、航空航天、陕北能源化工等园区发展顺利。

（三）深化科技体制改革，提高科技资源集成度。

一是不断推动应用开发类科研院所建立现代企业制度。我省17家转制院所成功转制，目前设立子公司53家，其中注册资本上亿元的有4家。西北有色金属研究院控股的西部材料股份公司在深交所成功上市，开创了我省乃至西北地区首家转制院所上市融资的先例。

二是创新服务能力不断增强。截至2008年底，我省大型科学仪器协作共用核心网的网员单位57家，共享仪器设备285台（套），总价值4.6亿元。科技图书文献资源共享平台稳步发展，原文提供量连续4年位居全国第一。以企业孵化器、生产力促进中心为代表的创业服务机构向专业化、网络化发展。5家工业技术研究院、省科技资源中心相继成立，实现了科技资源的有效集成和科技成果的高效转化。

三是加强科技计划管理。2008年，我们调整科技计划管理体系，更加强调科技对经济社会发展支撑作用；更加强调突出重点和整合集成；更加强调重大项目与平台建设相结合、产业化项目与基地园区建设相结合、市县项目与能力建设相结合，进一步集中力量，解决重点问题。

四是上下联动，形成科技发展新格局。去年11月19日，省政府与科技部签订“部省会商”工作协议，标志着科技部与陕西省互动合作进入新的阶段，为实现国家科技整体发展战略与我省科技发展的有效对接，调动全国科技资源为我省服务开辟了新渠道。

（四）市县科技工作的显示度明显提高。

2008年，中省下达的市、县、区陕南突破发展专项、陕北扶贫专项、科技富民强县、科技特派员基层创业等计划项目经费8223万元；争取国家科技富民强县专项支持1529万元，比上年增长35.7%。2008年全省新建5个省级星火技术密集区，使我省星火技术密集区数量增加到34个。建成31个农业科技专家大院，开通为农服务热线“12396”，建立10个市级呼叫中心和47个示范县。在全省10个市、35个县开展“科技特派员”试点工作，全年派出科技特派员1631人。

总结回顾近年来的科技工作，成果丰硕，经验宝贵。我们的体会：

一是坚持解放和发展社会生产力。从科学技术是第一生产力，是生产力的集中体现和主要标志，到科教兴陕、建设创新型陕西的重大战略部署，依靠科技进步和创新、实现科技先行、科技引领、科技支撑，已经根植社会实践，成为促进区域跨越发展重要的、现实的路径选择。

二是坚持以重大科技工程为指引。用重大科技工程凝练一个时期科技事业发展的主题，把省委、省政府的战略意志与全社会的广泛参与紧密结合起来，以局部的突破和跃升，带动相关学科、技术和产业的发展，形成新的经济增长点，可以有效放大科技的社会功能。

三是坚持服务于经济建设主战场。科技发展必须面向区域经济社会发展的重大需求，把解决发展中的重大瓶颈问题作为优先任务，着力提升科技对国民经济和社会发展的支撑能力。

四是坚持把科技园区作为科技成果转化及产业化的重要载体。高新区等科技园区通过局部优化的创新创业环境，支持科技人员领办创办科技型企业，发展高新技术产业，是科技事业改革开放的试验区，是科技资源的密集区，也是科技支撑引领经济发展的重要阵地，必须一如既往地加强对科技园区的指导、支持与服务。

五是坚持以改革为动力。深化科技体制改革，最根本的是促进科技与经济社会发展更紧密结合，充分发挥市场配置科技资源的基础性作用。要更多地利用政策的、经济的、市场的手段，优化资源配置，培养创新人才，培育创新文化，激发全社会的创造活力。

六是坚持上下联动，形成合力。不仅要积极争取科技部在项目、经费等方面的支持，还要加强省级部门之间的协调，加强与市县的联动，充分调动科研院所、高等学校、企业等各类创新主体的积极性，形成科技事业发展的大合唱。

二、当前科技工作面临的形势

凡事谋则立，不谋则废。我们要准确把握科技工作面临的外部形势与内部趋势，不断提升挑战意识、机遇意识和发展意识。

去年下半年开始的全球金融危机，给我们带来的影响是立体的、全方位的，涉及到政治、经济、社会、文化方方面面。从政治方面讲，引发了世界各国新的政治布局；从经济方面讲，带来全球经济深度下跌，同时亦宣告了上世纪80年代末由“华盛顿共识”所确立的新自由主义经济理论的基本破产；从社会方面讲，经济衰退、就业困难，容易引发新的社会动荡；从文化方面讲，“超前消费”这一广受追捧的美国人消费理念受到直接冲击。

党中央、国务院采取了一系列有力措施，积极应对金融危机带来的挑战。2月16日，温家宝总理召集天津、辽宁、浙江、河北、广东、云南、陕西七省市的省（市）长，在天津紧急召开应对金融危机、促进经济发展座谈会。2月18日，袁纯清省长召开由全省各设区市、各部门、部分企业主要负责人参加的专题会议，传达、贯彻、落实温家宝总理的重要指示。

从国家层面讲，今年以来，政策效应逐步显现，经济形势出现了一些积极的因素，但从整体上看，经济危机仍在蔓延，远远没有见底，外部环境严峻，经济下行的压力较大，我们要做长期应对的准备。为此，国家将进一步采取一揽子计划，主要包括6项措施：一是大幅增加政府投资规模，进一步发挥其调整经济结构和导向的作用；二是重点做好产业调整和产业规划；三是进一步发挥科技的支撑功能，中央将下达重大科技专项资金5000亿元，今明两年落实750亿元；四是保障就业，改善民生；五是加大金融对经济的支持力度；六是深化改革开放，提供体制、机制保障。中央所采取的以上6项措施，将成为今年全国“两会”政府工作报告的主线。但这些措施还将通过时间和实践的检验，不断调整和深化。

从我省的情况看，今年以来，在国家保增长、扩内需、调结构、惠民生等一系列政策措施的推动下，省委省政府狠抓落实，各市各部门积极行动，效果初步显现，尽管还存在诸多不确定因素，面临的困难不少，但经济运行总体比较平稳，并有一些积极的变化和苗头。一是投资拉动的政策效应明显，固定资产投资增势强劲；二是工业经济运行显现出一些积极的苗头；三是夏粮总产仍有望与去年持平；四是信贷投放力度明显加大；五是财政收入保持增长；六是消费明显升温，市场稳中趋旺；七是价格指数逐月回落，物价运行较为平稳。存在的困难和问题，一是投资力度仍然不够，二是工业经济低速运行，三是能源产品销售和效益下降，四是“三农”问题依然突出，五是财政增收压力加大，六是生产资料价格涨幅较高，七是就业形势严峻。

我给大家讲全国和我省当前的经济社会发展形势，就是要启发大家，科技工作要善于在大势中找准位置，在金融危机的背景下重视审视自我，振奋精神，明确目标，锲而不舍，再立新功。我认为，在当前金融危机大形势下，科技工作面临着千载难逢的发展机遇。大力发展科技工作，不仅是化解金融危机的有效手段，更是预防金融危机的有效途径。

首先，化解与预防金融危机，对增强自主创新能力提出了更加迫切的需求。胡锦涛总书记最近指出，党和国家事业发展，比以往任何时候都更加迫切地需要坚实的科学基础和有力的科技支撑，更加迫切地需要广大科技工作者不懈地进行创造性实践。温家宝总理多次指出，应对国际金融危机，要标本兼治，体现近期和长远结合，归根结底要靠科学技术。历史表明，每一次大的危机常常伴随着一场新的科技革命。知识和科技是可持续发展的重要因素，是克服经济困难的根本力量。一方面，国际金融危机引发出对重大技术突破和产业变革的需求。另一方面，从科学技术发展看，信息技术、生物技术、纳米技术、新能源技术不断取得重大突破。可以预见，在这些领域或更多领域将孕育和诞生一批新兴产业，成为全球经济增长新的引擎。

其次，化解与预防金融危机，对加快产业结构调整、转变发展方式提出了更加迫切的要求。当前是我们贯彻落实科学发展观、加快结构调整、促进经济发展方式转变的攻坚阶段。国际金融危机对加快我国“三高一低”发展方式的转变已形成一种倒逼机制。在全球市场残酷竞争的压力下，在国家和省上一系列政策措施的感召下，科研院所、企业、中介等创新主体基于生存、着眼发展，将高新技术与节能降耗作为自觉的、共同的价值取向，创新活力得以激发、释放，必将推进科技成果有效转化，推动产业结构不断升级，促进发展方式快速向创新驱动型转变，实现高水平的可持续发展。

第三，化解与预防金融危机，对发展和壮大战略性高新技术产业提出了更加迫切的要求。刚刚闭幕的全国科技工作会议，对进一步发挥知识和科技在应对国际金融危机，扩内需、保增长、调结构、上水平中的重要作用进行了部署。科技工作不仅要围绕扩大内需和产业振兴，加大重大科技项目的攻关力度，加速推广和应用高新技术和产品，为扩内需、保增长做出直接贡献；而且要适应既立足当前、又着眼于长远的战略需求和下一轮的国际竞争需要，发展和壮大战略性高新技术产业，培育和形成新的经济增长点。

第四，化解与预防金融危机，对我省加快实现由科教大省向科教强省转变提出了更加迫切的要求。省委、省政府一贯高度重视科教工作。赵乐际书记、袁纯清省长多次指出，科教优势是陕西的最大优势，科教资源是陕西的最大资源。近年来，在全省科技战线广大同志们的努力下，我省的科技工作正处于重要历史跃升期。省委十一届三次全会和刚刚闭幕的省“两会”明确提出，要扭住第一要务、保增长，集中精力抓好项目建设，发展循环经济，壮大装备制造业和航空航天产业，促进光伏产业和LED照明产业，振兴9个重点产业，2009年实现13%的经济增长目标。要实施这些战略部署、实现这些战略目标，必须由科学技术作为强大支撑，必须由科教大省向科教强省转变作保障。

同志们，无论我们是否意识到，又一个科技发展的春天正向我们走来。机遇偏爱有准备之人。我们要敏锐地洞察和把握这场危机带给我们的发展机遇，深刻认识科技创新在应对危机中至关重要的作用，深刻认识科技创新促进经济发展的巨大空间和潜力，自觉增强科技界在应对国际金融危机、保持经济平稳较快发展中的责任感和使命感。

诚然，我省的科技工作还存在着许多挑战，主要表现在：一是科技资源隶属结构不合理。我省科技资源丰富，但明显存在中省分割、院所和企业分割、国防科技与民用科技分割的“三分割”现象。中央在陕科研机构数量虽然仅占1/3，但其科技经费筹集额、科技经费支出额、承担的课题量均占2/3以上。这种资源布局影响了创新资源的整合，阻碍了资源优势向产业优势转变的路径。二是我省科技发展正面临全国兄弟省份“前甩后追”的激烈竞争格局。三是我省的科技优势还没有转化为经济优势，科技与经济“两张皮”的难题尚未破解。四是我省科技发展水平和自主创新能力不能满足经济社会发展的需要。

通过上述分析，我们认为，在当前及今后一段时期，我省的科技工作既面临严峻挑战，亦拥有难得的历史机遇，总体而言，机遇大于挑战。面对当前严峻而复杂的经济形势，我们必须坚定信心，沉着应对，化压力为动力，化挑战为机遇，着力提高自主创新能力，充分发挥科技的支撑引领作用，大力推进创新型陕西建设，努力建设科教强省。

三、认真处理好科技发展五个方面的关系

基于以上对当前科技工作面临形势的正确把握，我们在具体工作中，要认真处理好以下五个方面的关系。

（一）处理好原始创新与集成创新的关系，更加注重集成创新。

原始创新是指前所未有的重大科学发现、技术发明、原理性主导技术等创新成果。原始创新是提

升竞争力的源头和主导力量。19世纪自然科学的三大发现（细胞学说、生物进化论、能量守恒和转化定律），20世纪相对论、原子结构和基本粒子的发现、电子计算机的发明以及控制论、信息论、系统论等，都从根本上影响着现代经济社会发展的各个领域。集成创新是把已有的技术单项有机整合、融会贯通，构成一种新产品或经营管理方式，创造出新的经济增长点。系统论中有一道著名的问题:1+1等于几?答案是，在一个适合的系统中，整体会大于部分之和，也就是1+1＞2。在经济生活中、在科技研发中，让1+1迸发出大于2的能量，这就是集成创新的力量。

就我省来讲，我省高校及院所的国家级重点学科、重点实验室，要想取得一批在国际上产生重大影响的原始性创新成果，继续保持我省在国内及国际上科学界的地位，推动我省经济又好又快发展，必须加强集成创新工作：一是加强核心技术、关键技术的技术集成，培育更多的企业技术中心、科技孵化器，特别要重视创新型企业试点工作，显著提升企业和产业的竞争力；二是加强产学研合作，使更多的科技成果在陕落地。以企业技术需求为导向，通过政府与骨干企业联合招标等多种方式，双向互动，联合攻关，进一步动员和组织高校和研发机构的科技人员，携带科技项目到企业去，共同研发新技术、新产品、新工艺，共同解决行业共性问题，加快技术研发及创新成果转化和规模化应用，帮助企业改善管理、开发产品、创新技术、解决困难，加快发展；三是充分发挥省上已经建立的5个工研院集成创新的功能，在推动产业结构优化升级上取得新突破；四是大力提倡和鼓励开门办学与开放式科研。高校及院所的科技资源，既要在内部相互开放，还要向企业开放，向社会开放。

（二）处理好项目与平台、基地建设的关系，更加注重平台、基地建设。

科技项目是组织研究与开发的基本方式。科技平台、创新基地，如同经济基础设施对于经济综合实力的重要性一样，是增强科技自身发展实力、实现科技事业科学发展的基本保障，是“铁打的营盘”。实践证明，建好平台、基地不仅有利于开发产业共性、关键或前瞻性技术，保障科技成果的扩散和产业化，而且有利于优化配置科技资源，达到政府引导支持科学研究的目标。

一是坚持统筹兼顾。一方面要通过实施重大科技项目，破解重大关键、共性技术瓶颈制约，强化成果就地转化和省内技术转移，提升科技对经济的支撑力；另一方面要有战略规划，把科技创新公共服务平台建设放在更加突出的地位，建设开放共享的研究开发、成果转化的创新服务平台。

二是做好顶层设计，科学稳步推进。充分运用信息网络对科技基础条件资源进行优化重组，构建区域科技创新体系、提高政府公共服务效能。

三是要在长效运行机制上下功夫。需要全省各级科技管理部门在实践中积极探索，从科技资源的整合效果、提高产学研结合、服务功能的相对独立性和开放性、利益协调机制等多方面来综合考虑，最大限度地发挥科技资源的效能。

（三）处理好全面推进与突出重点的关系，扭住重点不放松。

科技工作涉及到经济社会的方方面面，层次很多，在一个时期、一个阶段，要集中力量，突出重点，选准科技与经济社会紧密结合的切入点，进而扩大科技工作的社会影响，全面提升各领域的科技进步与创新水平。

在工业领域，要以重大科技项目为依托，攻克一批技术难题，培植一批高新技术产品和知名品牌，培育一批具有自主创新能力的国内知名企业。一方面要运用先进技术改造提升传统产业，另一方面要大力发展电子信息、新材料、生物医药、先进环保等新兴产业，使高新技术产业在新型工业化过程中的引领作用进一步凸显。

在农业领域，要始终把粮食生产放在现代农业建设的首位。支持农业基础性、前沿性科学研究，力争在良种选育、旱作农业、疫病防控、农产品加工等重点领域取得突破，扶持农业产业化龙头企业成为技术创新主体。加快农业科技创新体系和现代农业产业技术体系建设。推广科技特派员、农业科技专家大院、星火科技“110”、农村科技合作组织等新型农村科技服务模式，建立健全多元化农村科技服务体系。加强新型农民科技培训，培育乡土人才，壮大农村科技致富带头人队伍。

在社会发展领域，要以服务民生八大工程为出发点，加强医药卫生领域的自主创新。加快具有自主知识产权的创新药物产品的开发和产业化，组织好重大疾病、高发病率疾病和传染病的治疗及防治技术研究等。加强城市垃圾处理、环境保护、渭河流域综合治理等方面关键技术与设备的开发和应用。大力推动中药现代化。积极开展循环经济技术体系研发与示范。

（四）处理好制度创新与管理规范之间的关系，更加重视制度创新。

管理规范要求科技工作建立健全各类规章制度，不断适应科技事业发展的新形势、新任务，根据自身特点和外界环境的变化加以调整、修订、补充完善，协调各类创新主体的发展，调动全社会科技创新的积极性。

一是要进一步调整完善科技计划管理制度。按照着眼自主创新、着眼建设科技强省和集中力量、突出重点的原则，不断完善科技计划管理制度。2009年，省级科技计划体系已作适当调整（三个层次，即“13115”科技创新工程计划、科技发展计划和重大科技创新计划），这一计划体系还要在实践中不断完善。

二是要健全有利于创新的制度安排。要不断完善与创新直接相关的技术标准、风险管理制度、知识产权制度、奖励制度、评价体系、科技咨询和服务体系、税收制度以及金融制度、分配制度等。

三是要努力营造公平、自由、宽松、和谐的创新文化氛围。要在科技系统进一步倡导爱国奉献、诚实守信、崇尚竞争、追求卓越、勇于变革、宽容失败和团队协作的精神。

（五）处理好政府投入与社会融资的关系，积极拉动社会投入。

政府科技投入作为一项科技财力资源，是科技资源、科技环境的重要组成部分，也是衡量一个区域综合实力的重要指标。但是政府投入不是唯一渠道，政府投入更要拉动社会投入，促进企业真正成为技术创新的投入主体，发挥“四两拨千斤”的作用，带动形成多元化的科技投入体系。

近两年来，省级、部分市、县（区）财政科技经费有了较大幅度的增加。省级财政建立稳定增长的财政科技投入保障机制，同时，要继续争取科技部等国家部委的项目支持和经费支持。市、县（区）要把科技经费作为财政预算保障的重点，确保财政科技投入依法稳定增长，稳步提高科技投入在财政支出中的比例。我们需要共同努力，力争到2010年全省财政科技拨款占财政支出的比例达到或超过全国平均水平。在增加科技投入的同时，科技部门还要加强管理，不断提高财政资金的使用效率。

要努力形成多元化的科技投入体系。首先，要确保企业实实在在增加科技投入。经济部门要加大对企业创新的考核，科技部门可以采取与企业联合开展难题招标、鼓励企业牵头承担重大科技项目、组建工程技术中心等方式，引导企业加大研发投入。其次，要大力发展风险投资事业。充分发挥已有的创业投资引导基金的作用，继续争取西安（杨凌）股份代办系统试点，努力使西安、杨凌、宝鸡3个国家级高新区成为最具人气、最具吸引力的风险投资聚集区、科技金融示范区。第三，要通过定期举办银企对接会、建立科技金融合作协议等方式，落实国家促进自主创新的金融支持政策。第四，要学会利用资本市场融资，特别要抓住国家开设创业板的有利时机，组织、培育、推荐符合条件的科技型企业上市融资。

四、突出重点，切实做好2009年的科技工作

上面所讲的五个关系，既是我们做好科技工作需要长期秉持的工作方针，亦是我省科技工作的中长期发展目标和中心工作。对今年而言，我们的重点工作主要有以下几个方面。

（一）以贯彻落实新《科技进步法》为契机，切实加强对科技工作的领导。

新修订的《科学技术进步法》针对当前制约科技进步的制度性问题，进行了一系列体制、机制和制度方面的创新。各市、县、区和各部门要把贯彻落实《科技进步法》作为今年的一项重要工作抓紧抓好。要积极实施知识产权战略，帮助企业建立起知识产权管理制度，进一步提升知识产权创造、运用、管理和服务的能力。各级各部门要建立健全科技工作目标责任制，切实加强部门协调。省级综合部门、经济部门、财税部门、金融机构要主动合作，研讨建立重大科技问题共同推进机制，形成发展合力。要抓紧落实部省会商议定的各项任务，积极争取更多的国家创新资源在陕西布点。

要继续高度重视和加强推进市县科技工作。市县科技是我省区域创新体系的重要组成部分，要紧紧围绕地方党委和政府工作的中心任务，找准结合点，加强与省内科研院所、大专院校的联合，破解影响

区域经济发展的技术难题，为区域经济跨越式发展提供不竭动力。省科技厅等部门要在总结与宝鸡市建立科技会商工作制度的基础上，扩大试点范围，延伸和加强对市县科技工作的指导。

（二）不断提升实施“13115”科技创新工程的成效和水平。

各级政府和科技管理部门要自觉将“13115”科技创新工程作为工作主线和重中之重。要及时总结3年来的工作实践，加强项目跟踪检查，积极开展项目评估和绩效考核，探讨奖励淘汰机制，不断提高管理水平，力争“13115”科技创新工程的实施取得更大成效。要坚持以重大科技创新工程为指引，更加突出工程技术研究中心和科技园区建设，突出产学研结合和科技产业化发展；紧密围绕我省经济社会发展的重大科技问题和优势学科建设，择优选择和支持重大专项。要进一步加强工程技术研究中心和科技园区管理，发挥工程技术中心和园区科技创新平台的作用。要以打造产业链和产业集群化、规模化为目标，发挥财政资金的杠杆作用，更多地运用贷款担保、贴息、风险投资等手段，吸纳社会资本，做强重大科技产业化项目。

（三）加快陕西省科技资源中心建设。

去年11月，省政府决定建设“陕西省科技资源中心”，这是我们2007年调研的成果，也是省政府加强科技工作的重大举措。一定要精心谋划，加快建设进度，力争建成一流精品工程，真正形成有效集成科技资源的信息网络和服务体系。要积极探索体制机制创新，探索先进运行管理模式，促进政府资助形成的大型仪器设施、科学数据等科技资源开放共享，提高科技资源集成水平。继续加大科技基础条件平台建设力度，完善和拓展陕西省科技文献共享平台、大型科学仪器设备共享平台的服务能力。加快推进科学数据共享平台、自然科技资源共享平台、科技成果转化平台的建设运行试点工作。加强科技成果转化服务平台建设，积极实施技术转移科技行动，发展技术市场，促进科技成果就地转化，进一步提高技术合同成交额。研究建立在陕重点实验室、工程技术研究中心绩效考核和择优扶持政策，发展专业化技术服务。按照政府引导、市场运作的原则，加快发展以企业孵化器、生产力促进中心为代表的各类科技中介、创业投资、创新服务机构，引导其专业化、规模化、规范化发展，建立健全社会化、网络化的创新服务体系。

（四）不断强化科技园区的增长极效应。

2008年7月，省政府制定下发了《关于支持西安高新区建设世界一流科技园区的若干意见》。2009年1月，经国务院领导同志同意，国家科技部制订了《关于进一步加快杨凌示范区发展的意见（征求意见稿）》，此稿已征求了20个国家部委以及我省的意见。这是我们加快发展的一次难得的机遇，我们要以此为契机，按照“营造环境，集聚资源，提升能力，培育产业，辐射带动”的工作思路，进一步提升自主创新能力，努力打造创新型陕西新的增长极。要加强分类指导，实施互补式错位发展战略，优化各园区重点产业和特色产业布局。西安高新区要在创建世界一流科技园区上迈开新步伐。杨凌示范区要在研究一流成果上下功夫、在加快产业发展上求突破、在示范推广上见成效。鼓励和支持宝鸡高新区二次创业。加快推进渭南高新区、咸阳高新区发展。研究和推动陕北能源化工产业可持续发展试验园区建设，支持陕南发展循环经济产业园区。各类工业园区、生态园区、高技术产业化基地、大学科技园、星火技术密集区要着眼于提升创新服务平台和能力建设，进一步优化创新环境，创新体制机制，健全一流服务体系，采取特殊政策措施，提升核心竞争力。

（五）着力加强人才队伍建设。

提高自主创新能力，关键在人才。要坚持人才资源是第一资源的思想，把培养人才、吸引人才和用好人才作为科技工作的根本任务，依托科研项目，加强科技领军人才培养。省上将设立“三秦学者”奖，对做出突出贡献的创新型人才给予重奖。按照省政府统一部署，省科技厅正在加快设立科技“启明星计划”，有关部门和单位要给予积极关注。要热情鼓励以联合建立研发机构、重大项目合作、技术入股、短期聘用等灵活多样的方式，吸引省外人才、留学人才和海外人才到我省创新创业。不断优化使用和留住人才的环境，对于急需的人才要给予特殊的政策，重点引进一批能够突破关键技术、带动新兴学科、发展高技术产业、新型服务业短缺的科技大师、领军人才、科技企业家，建设一支高水平的科技人才队伍。

（六）超前部署“十二五”科技发展规划。

要认真总结我省“十一五”科技规划进展情况，抓紧落实“十一五”科技规划确定的各项重大战略任务。同时，要超前部署科技工作。省科技厅从现在起，就要启动“十二五”科技规划调研工作，提早在现代农业、能源化工、先进制造、电子信息、航空航天、生物医药、新材料等领域开展产业技术需求分析，研判技术发展趋势，深入开展规划调研工作。各级科技管理部门也要着手本地区、本部门相关规划调研工作，为编制“十二五”规划打下坚实基础。

同志们，新年新起点，让我们在省委、省政府的领导下，深入贯彻落实科学发展观，振奋精神，再接再厉，锐意进取，不断开拓科技事业新局面。我们相信，有广大科技人员的共同努力，有各级各部门的团结协作，我们就一定能够在建设西部强省和创新型陕西的伟大进程中不断创造新的辉煌，做出更大的贡献。

谢谢大家！

在“13115”科技创新工程重点科技产业园区现场会上的讲话

陕西省副省长 朱静芝

（2009年9月15日）

同志们：

7月15日，袁纯清省长主持召开省科教领导小组第10次会议，专题听取了省科技厅关于“13115”科技创新工程进展情况的汇报；高度评价了这项工程对于调动全省广大科技工作者积极性，加快科技创新和科技成果产业化步伐，整合科技资源、发挥财政资金的引导作用、推动体制机制创新等方面所起的积极作用；会议要求明年乃至“十二五”期间，继续实施“13115”科技创新工程，不断创新工作方式方法，加大经费投入，完善体制机制，加强科技园区建设。省科技厅今天在澄城召开“13115”科技创新工程重点科技产业园区现场会，主题就是贯彻落实省科教领导小组第10次会议精神，总结交流经验，完善机制措施，做好科技产业园区和县域工业园区的升级达标工作，推动园区建设上水平。一会儿，张炜同志将就相关工作进行部署，一些单位将作经验交流；下午，同志们还要现场观摩学习。下面，我先讲三点意见，供大家参考。

一、科技园区已成为我省经济社会发展的重要增长极

重点支持建设科技产业园区是“13115”科技创新工程的重要组成部分。省政府高度重视科技产业园区的发展工作。去年我牵头组成《提升科技园区自主创新能力打造创新型陕西增长极》课题组，用了4个多月时间，对西安、杨凌、宝鸡3个国家级高新区和咸阳、渭南2个省级高新区，以及大学科技产业园、农业科技示范园、星火技术密集区、专业科技产业园等科技园区进行系统地调查研究。调研显示：经过近20年的发展，我省科技园区发展势头迅猛，已初步形成了以自主创新为鲜明特色的内生型发展机制；科技园区已经发展成为我省自主创新要素的密集区，成为高新技术产业发展的核心区，成为全省经济社会科学发展的强大引擎，为建设创新型陕西探索和积累了有益的经验。

（一）科技园区集聚了全省主要的创新创业要素。

截至2007年，5个高新区技术活动人员占到全省的30%以上；科技活动经费筹集额为91.5亿元，研究与发展支出50.2亿元，分别占到全省的40.9%和41.7%；专利申请3284件、授权636件，分别占全省总数的38.6%和18.4%；建有28家科技企业孵化器；容纳了各类创业风险投资机构210多家，注册资本总额近80亿元。

（二）入区企业创新能力不断增强。

我省科技园区企业数量从2004年的3024家上升到2007年的4189家，年均增速为9.0%，高于全国高新区7.9%的平均水平，其中已认定的高新技术企业1700家，占入区企业的40.6%，年均增长6.2%。园区涌现出一批具有核心竞争力的科技龙头企业，如电子信息领域的海天天线、西电捷通、富士达，装备制造领域的秦川机床、陕鼓、比亚迪、法士特、庆安冷机、大金庆安，生物医药领域的步长、力邦、麦迪森，新材料领域的西部材料、金堆城钼业、宝钛集团，现代农业领域的银桥科技、恒兴果汁等。从企业的技术创新投入方面看，我省科技园区研究与发展支出占销售收入的比重为4.1%，高于全国高新区2.9%的平均水平；从企业的技术创新活动方面看，据对200家企业的抽样调查显示，我省科技园区42.9%的企业有两个或两个以上的产学研合作伙伴，76.3%的企业主动联系产学研合作对象，西安高新区企业创办科技机构数量位列全国第4位；从企业的技术性收入看，我省科技园区企业的技术性收入占企业总收入的比重一直处于全国前列。2004年—2006年，我省科技园区年度技术性收入占当年总收入的比重分别为12.7%、18.5%和11.1%，分别居全国的第4、第1、第5位。

（三）高新技术主导产业集群初步形成。

经过近20年发展，以TD-SCDMA技术、移动通信基站天线、无线局域网络安全国家标准为代表的一大批具有国际领先水平和自主知识产权的高新技术在科技园区实现产业化，并形成了多项国际标准和100多个国家标准、行业标准。科技园区通过政策创新、资金扶持、招商引资、平台搭建等措施，加速打造装备制造、软件、新材料、现代农业等一批特色鲜明的主导产业集群。2007年，西安高新区的电子信息产业、先进制造产业、生物医药产业、新材料产业等四大主导产业实现营业收入1622.8亿元，占全区全部营业收入的76%。杨凌示范区以干旱半干旱地区农业技术示范推广为依托的现代农业发展势头良好，其生物制药、绿色食品、环保农资产业等三大产业完成工业总产值25.5亿元，占全区规模以上工业总产值的92%。宝鸡高新区以钛产业及钛合金为基础的新材料产业集群被列为国家50个重点打造的产业集群之一。

（四）园区辐射带动作用凸现。

2008年，西安等5个主要高新区实现总收入3148亿元，同比增长30%；工业总产值2589亿元，同比增长40%；工业增加值696亿元，同比增长16%。5个高新区实现产品销售收入、工业总产值、工业增加值、上缴税金、出口创汇额分别占全省规模以上工业企业的45.3%、35.4%、21.1%、43.5%和52.9%。各项指标年度增长率均高出全省同期水平5—18个百分点，其中西安、宝鸡、杨凌三个高新区工业增加值占当地工业增加值的比重达到72.1%、42.9%、96.6%。同时，园区通过技术、人才、项目、制度的溢出，带动区域经济快速发展，促进经济发展方式转变，已经成为全省经济社会发展的"孵化器"和动力源。杨凌示范区积极探索农业科技推广新模式，杨凌农高会已成为国际知名的会展品牌。西安高新区围绕主导产业和优势企业，延伸产业发展空间，在长安区、碑林区、雁塔区等联合建设专业园区，在户县草堂、浪滩打造服务外包产业基地。科技园区之间及其与相关区县紧密合作，以线串点，以点带面，有力地推动了区域经济协调发展。

二、充分发挥科技园区载体功能，带动县域经济又好又快发展

县域经济是国民经济的基本单元和重要层次，发展壮大县域经济是陕西实现跨越式发展的重大战略。2003年，省委、省政府出台《关于加快发展壮大县域经济的决定》；今年3月份，省委、省政府召开了全省县域经济发展工作会议。发展壮大县域经济，产业化是基础，工业化是核心，城镇化是最高表现。在县域经济的发展中，要充分发挥好科技担负着支撑和引领的重任，就必须依靠好科技园区这一有效载体。

"13115"科技创新工程实施以来，省政府先后批准建设了52个重点科技产业园区。这些园区已经成为我省承接产业转移、吸纳劳动力就业、促进土地集约利用和统筹城乡发展的重要载体，在优化经济结构、转变发展模式、推动改革开放、加快县域经济工业化进程等方面发挥了重要作用。

（一）布局合理，特色鲜明的园区体系基本形成。

各园区按照发挥优势、错位竞争、差异发展的原则，在选址布局上充分结合了各地的产业基础和资

源条件，初步形成分工合理、功能互补、区域性产业协作配套的园区网络格局。以关中经济圈为主，西安为中心，以西宝、西延、京昆高速公路等重要交通通道为主干，呈现放射型网状分布的园区体系已基本形成。临渭区新型工业园区累计投入建设资金3亿元，各项基础设施日趋完善，2009年初被渭南市批准为经济技术开发区。丹凤县商龙星火技术密集区沿312国道和沪陕高速公路两边进行布局，涉及3个乡镇，总面积378平方公里，规划建设畜禽养殖、中药材种植、杂果、农副产品深加工等四大功能区，园区发展迅速。

（二）经济发展迅速，辐射带动作用明显增强。

园区各项主要经济指标的增长幅度均高于当地经济发展平均水平，已成为县域经济发展的重要支撑力量。2008年，18个县级工业园区实现工业增加值188亿元，上缴税金31亿元，占当地财政收入的比重平均达到29%。韩城市紧紧围绕煤、焦资源，不断延伸产业链，形成了“煤炭－炼焦－焦油－炭黑－橡胶制品”等8个循环经济产业链，创建了以煤化工为主的循环经济工业园，2008年，进区企业数达到119家，实现总收入213亿元；澄城县高新科技产业园与西安理工大学等院校开展合作，2008年，入园企业达到35家，其中3家收入过亿元，园区工业总产值15亿元。洛川绿色苹果科技产业园区、安康月河农业科技园等21个县级农业类园区着力发展设施农业、果品加工、畜牧养殖、中药材种植、苗木花卉等特色产业，为当地经济发展和农民增收作出了重大贡献。

（三）园区科技服务体系建设日益完善。

通过科技企业孵化器、生产力促进中心、创业投资机构、资产评估机构、产业（技术）联盟、企业加速器等多种形式，工业类园区的创新创业服务机构向多元化、专业化、网络化方向发展。如凤州科技产业园以建设一流数字园区为目标，坚持园区建设“科技先行、信息先行”的原则，初步搭建起“四平台一中心”的园区公共科技服务体系框架，实现了园区内企业网上办公的良性互动。通过科技特派员、农业科技“110”、农业科技专家大院、农民科技培训等多种模式，农业类园区进一步加大为农村提供科技服务的力度。如乾县星火技术密集区开通了“12396”农技信息服务平台，咨询服务农民达3000多人次。

（四）加大投入，园区投资环境日益优化。

在各级财政投入有限的情况下，各园区按照“统一规划、分步实施”的原则，促进土地集约利用和产业集聚发展，使园区的承载能力和投资环境不断改善。蓝田工业园近年累计投资5.6亿元，完成了启动区4平方公里区域综合开发，吸引了蔚蓝陶瓷、华钼钼业、西威铝业、斯太尔传动轴等众多企业前来投资。2008年，该园区实现总产值6.4亿元，税收1260万元。宝鸡市迁出市区工业企业进入姜潭工业园区，腾出大量土地用于第三产业，为城市合理建设发展创造了条件。

（五）高效规范的管理体制和运行机制基本形成。

大多数县域园区都成立了由政府主要领导挂帅的园区建设领导小组和管理委员会，积极探索管理体制、运行机制和发展模式的创新，努力构建“精简、统一、高效”的管理体制和运行机制。蔡家坡经济技术开发区始终按照“小政府、大社会”和“小机构、大服务”的原则，建立了“一站式”服务体系，成为全省机构最精简、办事效率最高、服务质量最好的区域之一。

三、做好科技园区和县域工业园区的升级达标工作，推动园区建设上水平

基于对我省科技园区和县域工业园区发展阶段的准确把握，省政府提出要做好科技产业园区和县域工业园区的升级达标工作，建立健全升级达标机制，形成能上能下的动态管理机制。对于积极开展工作，成效显著的园区，要继续采取后补助的形式给予支持；对于实施不力，问题较多的园区视情况给予相应处理，直至摘牌。另外，需要强调的是，要高度重视环境保护问题，禁止不符合国家产业政策、产能过剩、排放不达标的项目进入园区，对于检查验收时未通过环评以及在环保上出现重大问题的园区要实行一票否决。

（一）做好科技园区的升级达标工作。

从整体上讲，科技园区可以分为两个层次，其升级达标工作要分清层次，各有侧重，稳步推进。

第一个层次是国家级和省级5个高新区的升级达标。要采取切实措施，克服园区普遍存在的创新创业要素结构不合理、企业规模小、高新技术产业比重低、主导产业趋同、产业结构难以提升等突出问题。具体目标是，到2015年，西安高新区建设世界一流科技园区要取得实质性进展；杨凌示范区要建成现代农业领先、创新能力突出、示范效应显著的全国示范辐射高地和国际知名、国内一流的现代农科城；宝鸡高新区要建成国家一流创新型园区；渭南、咸阳省级高新技术产业开发区要建成特色产业园区。

第二层次是“13115”科技创新工程实施以来新设立的重点科技产业园区的升级达标。“13115”科技创新工程原定的任务是建设50个重点科技产业园区，虽然目前在数量上这一目标已经完成，但质量上与省委、省政府的要求还有很大差距。主要表现在：重管理机构，轻服务配套体系；重眼前开发，轻长远建设；重招商引资，轻人才引进；重企业数量，轻产业链接；重发展规模，轻科技支撑引领等，严重影响了园区后续开发潜力。实施重点科技产业园区升级达标，就是要按照“产业发展集群化、集群发展园区化”的原则，着重抓好以下四项工作。一是要加强园区科技创新服务平台建设。通过增加科技投入，重点建设创业服务中心、技术转移中心、生产力促进中心、企业孵化器、专家大院、科技110等各类科技服务平台，为企业发展和产业升级提供全面的资金、人才、技术服务。二是要加强产学研合作。园区要主动加强与科研院所、高等院校、省工研院的沟通和联系，从目前零散的、短期的项目式合作，转向系统的、有规模的、中长期和共建基地等多种形式的合作，建立长期、互惠、共赢的合作机制。三是要重视人才引进工作。鼓励科技人员深入基层创新创业，支持企业实行股权、期权奖励等多种分配方式，多渠道、多层次引进管理和技术人员。四是要发挥科技管理部门整合科技资源的作用。各级政府要将科技管理部门纳入园区的主要管理机构中，赋予更多的职责和权利。科技管理部门要创新方式方法，整合集中各类科技资源，加强日常管理和指导。

（二）做好县域工业园区的升级达标工作。

近年来，各县（市、区）依托资源优势，规划建设了一批县域工业园区。截至2007年底，全省共建成县域工业园区187个，入驻企业11.8万户，当年实现销售收入2078.2亿元、工业增加值623.5亿元、利润总额99.8亿元、上缴税金55.1亿元，园区主要经济指标增长幅度明显高于全省中小企业平均水平。实践证明，发展县域工业园区有利于集约利用土地资源、降低企业生产成本，有利于集聚生产要素、形成产业集群，是发展壮大县域经济的重要抓手，是加快推进县域工业化、城镇化进程的重要途径。正因为如此，省政府决定，2008年至2012年，重点建设完善100个县域工业园区，使其成为区域布局合理、产业优势突出、基础设施齐全、管理服务优良的县域工业集聚区，园区主要经济指标年均增长20%以上，力争到2012年全省县域工业园区实现工业增加值1500亿元。按照袁纯清省长在省科教领导小组第10次会议上的要求，要在充分发挥现有科技产业园区作用的基础上，尽快启动县域工业园区升级达标工作。对符合条件的工业园区加挂科技产业园区的牌子，每年10个，每个补助资金200万元。相信通过这一措施的实施，将会有效地解决一些工业园区普遍存在的缺乏科学规划、产业定位不明确、服务功能不完善、建设水平偏低等突出问题。

科技产业园区和工业园区升级达标工作是一项系统工程，需要各相关方面统筹协调，合力推进。各地各有关部门要站在推动城乡统筹发展、全面建设小康社会的战略高度，充分认识重要性和紧迫性，扎实工作，务求实效。

省科技厅要商省中小企业局等相关部门，抓紧制定园区升级达标指标体系及管理机制；调动省上各类科技资源，支持各类科技项目到科技产业园区实施转化；积极整合现有科技产业园区，培育区域特色优势产业和产业集群，提高产业集聚能力和技术扩散能力。

各级政府要进一步完善园区管理体系，成立相关领导小组，同时给予科技管理部门更大的职责和权利，保证管理监督长效机制的落实；要引导企业向园区集聚，加强关联产业链接，培育发展专业分工突出、协作配套紧密、规模效应显著的产业集群；要积极实施“一区多园”战略，依靠园区发展，推动开发区的规模扩张、空间扩散、实力增强和辐射带动功能的发挥，增强产业集聚能力。

各园区要按照“总体规划、市场运作、因地制宜、突出特色、错位发展”的原则，加强规划的修订并严格执行；要加强投资环境建设和社会化、市场化中介服务体系建设；要强化农业科技园区孵化、示范、辐射带动、培训教育以及观光休闲等功能，以科技开发、示范、辐射和推广为主要内容，以体制创新和机制创新为动力，着力调整农业结构，促进区域产业升级。

同志们，最近，国务院颁布实施了《关中—天水经济区发展规划》，标志着以西安为中心的关中—天水经济区成为国家级的经济区，将成为我国经济发展的又一重要区域。《规划》涉及我省西安、宝鸡、咸阳、渭南、铜川、商洛、杨凌等广大区域，《规划》中的一项重要内容就是以支持西安加快推进统筹科技资源改革，通过体系创新、技术创新和机制创新，统筹中央与地方、军工与民用、国有与民营、政府与企业的科技资源，加快研发和掌握应用科技成果，提升主导产业的核心竞争力，促进科技资源向现实生产力的转化。希望同志们把握机遇，按照省政府的统一部署，采取有效措施，做大做强科技园区，为实现科教大省向科教强省顺利转变、为我省建设西部强省贡献更大的力量。

重要科技活动与事件

“送科技下乡、促科学发展”主题示范活动在安塞县举办

1月16～18日，由中宣部、科技部、陕西省政府共同举办的“送科技下乡，促科学发展”主题示范活动在革命老区安塞县取得圆满成功。科技部副部长张来武、中宣部宣教局副局长董俊山等中省市领导参加了启动仪式。省政府办公厅副巡视员徐春华宣读了副省长朱静芝的贺信，省委科技工委书记、省科技厅厅长张炜主持启动仪式。

此次“送科技下乡，促科学发展”主题示范活动，是继2006年“科技列车陕北行”之后，中宣部、科技部、陕西省人民政府又一次联合举办的大型科技活动。活动紧紧围绕加快建设社会主义新农村这一主线，送科技下乡，促科学发展，深入老区，服务“三农”，开展了一系列丰富多彩、形式多样、深受农民欢迎的科技活动。

来自中国农业大学、西北农林科技大学、第四军医大学等单位的20多名果树种植、家禽养殖、温室蔬菜管理以及生态环境治理、医疗卫生等领域的专家教授，以及科技部17名团员青年组成的“践行科学发展观，青春建功新农村”科技扶贫青年志愿者服务队，深入安塞县11个乡镇、15个村庄，针对农民需求举办科技大集1场，实用技术培训36场，医疗义诊活动6场，组织建设新农村青年科技创业论坛1场，“新农村建设中的科技工作”社会调查1次，安塞科学发展专家建言献策座谈会1场。此次活动还向安塞县捐赠“万村书库”图书室3个、青少年科技创新操作室1个、青少年“龙芯”电脑教室1个，向安塞部分科技特派员赠送“龙芯”笔记本电脑10台，赠送科普年画3000张、科技对联2000幅、环保手提袋2000个、科技图书1000册以及慰问品等物资。

科技部副部长张来武实地考察了安塞县生态农业示范园、科技特派员示范点、科技信息服务站，视察了农村中小学科技信息教室，听取了安塞县汇报。他指出，科技下乡活动既要立足当前，又要着眼长远，既要常下乡，又要长在乡，把科技下乡同农民最迫切的需求结合起来，同农民工返乡创业的需求结合起来，同农村本土人才培养结合起来。要通过科技下乡活动，将城市资金、科研院校的科技人才、技术等优势资源向农村流动、聚集，促进城乡统筹发展。他表示，科技部将大力支持安塞县农村科技信息化建设。

副省长朱静芝在贺信中说，陕北的发展离不开科学技术，陕北人民热切期盼科技的恩惠。我们一定要认真贯彻落实党的十七大和十七届三中全会精神，深入学习实践科学发展观，进一步弘扬科学精神，普及科学知识，送科技到基层、到农户，携手建设创新型陕西，为实现陕西经济社会又好又快发展做出

更大贡献。

张炜表示，省科技厅将认真落实张来武副部长指示，深入开展“科技富民强县”工程，建立健全农村科技服务体系，推动农村科技“重心下移”。继续支持延安科技发展，积极配合科技部实施安塞县农村科技信息化项目。

全省科技工作会议在西安召开

2月19～22日，全省科技工作会议在西安召开。副省长朱静芝出席会议并讲话，省委科技工委书记、省科技厅厅长张炜做了工作报告。会议回顾总结了2008年全省科技工作，对2009年全省科技工作进行了具体安排部署。设区市政府有关负责人，市县（区）科技局负责人及部分科研院所、高校和企业负责人参加了会议。

朱静芝在讲话中首先代表省政府对陕西省科技工作取得的成绩给予充分肯定。她说，近年来，在省委、省政府的正确领导下，全省科技工作以“13115”科技创新工程为标志，科技支撑引领经济社会发展成效显著；以科技园区为载体，催生了新的经济增长极；深化科技体制改革、科技资源集成度得以提高；市县科技工作显示度明显提升。她强调，在全球金融危机的背景下，科技工作要找准位置，明确目标，化挑战为机遇，充分发挥科技支撑引领效应，推动陕西省经济平稳较快发展。

朱静芝指出，当前的金融危机对科技工作既是挑战更是机遇，总的来说机遇大于挑战。化解金融危机对增强自主创新能力、加快产业结构调整和转变发展方式、发展和壮大战略性高新技术产业、加快实现陕西省由科教大省向科教强省转变都提出了更加迫切的要求。科技界要敏锐洞察和把握机遇，自觉增强应对国际金融危机、保持平稳较快发展的责任感和使命感，在国家和省上一系列政策措施的引导下，推动企业、科研院所、高校、中介机构等创新主体基于生存，着眼发展，将高新技术与节能降耗作为自觉的、共同的价值取向，激发并释放其创新活力。在具体工作中，要认真处理好五方面的关系。一是处理好原始创新与集成创新的关系，更加注重集成创新；二是处理好项目与平台、基地建设的关系，更加注重平台、基地建设；三是处理好全面推进与突出重点的关系，扭住重点不放松；四是处理好制度创新与管理规范之间的关系，更加重视制度创新；五是处理好政府投入与社会融资的关系，积极拉动社会投入。

朱静芝提出，今年陕西省科技工作重点是，继续深入推进“13115”科技创新工程；加快陕西省科技资源中心建设；不断强化科技园区的增长极效应；不断优化使用和留住人才的环境，建设一支高素质的科技人才队伍；超前部署“十二五”科技发展规划，提早储备科技能量。

会议表彰了2008年度科学技术奖获奖人员、全省科技管理系统先进集体和个人、科技系统抗震救灾先进集体和个人。

2009年度陕西省重大科技创新项目评审会在西安召开

3月10～11日，陕西省科技厅、财政厅在西安联合召开了2009年度陕西省重大科技创新项目评审会。会议由省科技厅副厅长许春霞主持，省委科技工委书记、省科技厅厅长张炜出席会议并讲话。省科技厅副厅长邱义路、省委科技纪工委书记郑明玺、省科技厅总工程师安西印、省科技厅副巡视员方贤友等厅领导及省财政厅经济建设处副处长赵生民等领导出席了会议。中信银行西安分行派员列席了会议。评审会聘请电子信息、装备制造、新材料、能源化工、生物医药、农业等领域的50多位资深专家，按照《陕西省重大科技创新项目及专项资金管理暂行办法》的有关规定，本着公正、公平、公开的原则，对各设区市及省级部门申报的300多项项目从项目的技术创新水平、项目承担单位的实施环境条件及保障能力、项目产品的预期市场前景与经济效益进行技术评审和评估。

张炜在讲话中提出，评审要准确把握陕西省重大科技创新项目专项资金计划的功能定位和支持重点，有效发挥财政资金的引导与支持作用。省重大科技创新项目专项资金计划功能定位和支持重点：一是促进和完善科技产业化环境建设，集中支持一批科技创新创业的公共服务平台和产业化基地建设，加快科技成果转化进程，推动科技与经济的密切结合，为陕西省高新技术产业和区域经济发展做出贡献；二是有效支持和培育一批科技创新型企业，提高企业的自主创新能力和水平，促进技术水平高、市场前景好的新产品的研制和产业化，增强企业的发展动力和核心竞争力。三是围绕重点产业的发展，特别是高新技术产业的发展，重点支持和组织实施一批高新技术产品研制及产业化项目，提升产业技术竞争力，为促进产业技术升级和产业结构调整，为全省支柱产业的发展壮大提供有效的科技支撑。

张炜指出，省重大科技创新项目支持要突出重点，明确方向，努力为应对金融危机、促进经济平稳快速发展做出积极贡献。重点要做好以下几项工作，一是要按照今年科技部和省委、省政府对科技工作的部署和要求，突出对实施扩内需和保增长紧密相关的重点科技产业化项目的倾斜支持，特别是能够创造新的市场需求和促进就业有效增加项目的倾斜支持；二是要切实加强科技与金融合作，共同推进科技产业发展。按照省科技厅、省财政厅与中信银行西安分行联合签署的《关于共同推进陕西科技产业发展的合作协议》，省科技厅将会同省财政厅根据这次评审的结果和专家建议，向中信银行西安分行推荐一批符合支持方向与基本条件的科技成果转化和产业化项目，提供中信银行西安分行进行考察并给予贷款支持。希望今年这项工作能深入推进，并取得实效。三是要加大对五个工研院的支持力度。按照省政府的要求，将对陕西、西北、电子、农产品、能源化工等五个工研院遵循“依托大学，围绕重点产业，服务骨干企业”的原则所组织实施的关键性科技创新与产业化项目给予积极支持。

张炜强调，这次评审工作的结果对提高我们今年计划项目选项的准确性、计划资金安排的合理性、计划实施的效益都至关重要、非常关键，要严肃认真、科学客观、公平公正做好评审工作。希望参加会议的工作人员和专家严格遵守《陕西省科技计划项目评估评审行为准则及督查办法》，保质保量按时完成评审任务。

省财政厅经济建设处副处长赵生民在会上针对重大科技创新项目的支持方式、与银行等金融投资机构的合作提出了改进意见。

陕西省委科技工委、省科技厅研究部署科技人员服务企业行动

3月26日上午，科技部等7部委联合召开“动员广大科技人员服务企业工作视频会议”。根据科技部统一部署，陕西省科技厅在分会场组织收看了会议实况。陕西省委科技工委书记、省科技厅厅长张炜，副厅长邱义路以及省教育厅、省国资委、省科协负责同志出席分会场会议。来自西安交通大学等9所高等学校，中国电子科技集团公司第二十研究所等10家科研院所，陕西延长石油（集团）有限责任公司等7家企业，西安高新技术产业开发区，陕西工业技术研究院、西北工业技术研究院代表，以及省科技厅有关处室、直属单位负责人50余人参加了会议。

27日下午，省委科技工委、省科技厅召开委、厅联系（扩大）会议，学习传达了视频会议精神，研究讨论了《陕西省科技人员服务企业行动实施方案》（草案）。初步方案提出，从8个方面全面推进科技人员服务企业行动。要征集千项企业技术需求，发布百项科技成果信息，重点建设10个技术转移服务载体，强化和提升5个工业技术研究院的创新服务功能，建设100个产学研结合的工程技术研究中心，选择60家企业开展创新型企业试点，继续实施农村科技特派员基层创新行动，加快陕西省科技资源中心建设，加强大型仪器设施、图书文献等公共服务平台建设，计划3年内组织和推动百家科研院所和高校的

科技人员，深入企业开展创新创业活动，推动科研成果向现实生产力转化，强化企业技术创新的主体地位，帮助企业改善管理，开发产品，创新技术，解决困难，加快发展。

会议认为，动员科技人员深入基层服务企业，积极探索产学研用结合的新模式，促进科技成果就地转化和省内技术转移在陕西更具有现实意义。省委科技工委、省科技厅要快速反应，认真贯彻落实国家和省上有关部署和要求，充分发挥科技第一生产力和人才第一资源在应对当前经济困难、促进产业转型升级中的重要作用，积极推动科研院所和高校的科技人员深入企业开展创新创业服务，帮助企业提升创新能力和核心竞争力，促进经济发展方式转变和结构调整。

张炜厅长强调，要在进一步修改完善的基础上，尽快组织实施《陕西省科技人员服务企业行动实施方案》；要加强与陕西省“13115”科技创新工程等科技计划的对接，注重集成现有科技资源，加强统筹协调，通过设立专项，采用奖励、后补助、政策激励等方式，加大投入，积极引导科技人员服务企业，促进产学研用结合。

2009年度陕西大型科学仪器设备协作共用工作会议在西安召开

4月1日，省生产力促进中心举办的“2009年度陕西大型科学仪器设备协作共用工作会议”在西安召开，来自全省大型科学仪器设备协作共用核心网网员单位共140余人参加了会议。会议总结了2008年度陕西大型科学仪器设备协作共用核心网的工作，并对2009年度工作目标和任务做了具体安排部署。

会议肯定了陕西大型科学仪器设备协作共用核心网管理办公室在盘活仪器存量、提高大型科学仪器设备利用率等方面发挥了重要作用，希望陕西大型科学仪器设备协作共用核心网管理办公室充分发挥自身优势，加强大型科学仪器资源的整合，加大核心网管理办公室的协调力度，加快专业化分析检测中心及培训基地建设。进一步提升全省大型科学仪器的运行效率，以便更好地为中小企业、民营科技企业提供有效的服务。

第十三届中国东西部合作与投资贸易洽谈会在西安开幕

4月5日，第十三届中国东西部合作与投资贸易洽谈会在西安曲江国际会展中心隆重开幕。全国人大常委会副委员长周铁农，省长袁纯清，新疆维吾尔自治区党委副书记、新疆生产建设兵团党委书记、政委聂卫国，省人大副主任杨永茂，副省长姚引良、景俊海等领导在省委科技工委书记、省科技厅厅长张炜，省科技厅总工程师安西印、副巡视员穆宪龙的陪同下视察了由省科技厅牵头，省知识产权局、省教育厅、省国防科技和航空工业办公室共同负责的科技成果专利交易馆。张炜向视察领导介绍了展馆布局及参展项目情况。在“13115”科技创新项目展板前，周铁农、袁纯清等领导认真听取了参展项目介绍，对科技成果专利技术交易馆的组织工作给予了肯定。

该馆设有233个展位，分序厅、西安高新区、航天产业基地、航空产业基地、专利技术、高校科技、国防科技等七个展区，以文字、图片及实物模型等形式，展示了近年特别是2009年以来陕西在科技和知识产权等方面取得的重大成果和陕西的科技实力。省科技厅组织参展的项目集中在序厅，分“13115”科技创新工程、重大科技成果、科研院所三个部分展示。本届洽谈会科技成果专利交易馆的特点：一是参展单位多、项目多，展馆规模大。共有200多家单位的660余项科技成果、专利技术项目、航空航天等军转民项目、海外归国人员创业项目以及高新技术企业服务外包项目参展。展区首次设立了科研院所区，31家科研实力强、在行业处于领先地位、取得过重大成果的科研院所集中展示。二是参展成果水平高、涉及领域广。参展的“13115”科技创新工程项目是从近两年来“13115”科技创新工程中精选的29个攻关目标明确、转化前景好、产学研结合有效的重大科技成果项目，涉及能源化工、电子信息、良种培育、装备制造等领域，绝大多数是陕西省近两年来获国家、省、部奖励的应用类成果。三是技术合同成交量多，合同金额较高。展区首次将5个技术转移机构引入，其中有4个国家级技术转移示范机构，为陕西省科技成果与省内外企业的交易提供现场咨询和服务。据统计展出期间，成交技术合同103项，合同金额达10346万元。

2009年陕西省“13115”科技创新工程项目评审会在西安召开

4月13日，陕西省2009年“13115”科技创新工程项目评审会议在西安召开。省科技厅组织有关部门，在科技部的大力支持下，从国家“863”专家库聘请44位评审专家，从省内聘请11位专家，共分11个专业小组，按照管理办法要求，本着公开、公正、客观的原则，对项目进行严格评审。初步审查后确定了280个项目，包括重大科技专项、重大科技产业化、工程技术研究中心三个类别。

副省长朱静芝出席会议并讲话。她说，发挥好陕西省的科教优势，把科技做强，必须紧紧扭住服务经济社会这个中心，集中力量，重点突破，把先天优势变为后发优势，把局部优势变为整体优势，把条块优势变为聚合优势，把技术优势变为产业优势，实现潜在优势向现实优势的突变。她要求切实做好项目评审工作，充分发挥科技支撑作用，促进陕西省经济平稳较快发展。希望各位专家按照确定的评审标准，真正把那些攻关目标明确、转化前景广阔、产学研有效结合、对全省经济发展有巨大推动作用的科技专项、重大科技产业化和工程技术研究中心项目选出来，真正解决行业、区域发展中的重大技术瓶颈问题。

朱静芝强调，省级有关部门要统一思想，通力配合，支持“13115”科技创新工程各项任务的落实。省科技厅要切实加强对项目的管理，提高工作透明度，建立起长期有效的管理机制，保证每个项目的按期顺利实施。省财政厅要统筹安排好经费预算，确保经费支持足额、按时拨付。新闻单位要加大宣传力度，吸引更多的社会力量支持和投身“13115”科技创新工程。

陕西省现代农业科技创业服务体系建设现场会议在宝鸡召开

4月16日，陕西省现代农业科技创业服务体系建设现场会议在宝鸡召开，副省长朱静芝出席会议并讲话。朱静芝说，在省委、省政府的领导下，近年来，全省各地组织广大科技工作者，积极探索农业科技服务体系新模式，先后打造了农业科技专家大院、农业科技“965110”信息服务、科技特派员等一系列有效平台，取得了显著成效，有力地支撑了陕西省现代农业发展，为建设西部强省做出了重要贡献。

朱静芝指出，必须充分认识科技在新时期农业和农村经济发展中的战略作用，进一步加强农村科技工作，积极应对金融危机，推动陕西省农村经济结构战略性调整，实现农业可持续发展。要调整科技发展目标，实现由注重学术目标向注重产业目标转变，由注重农产品产量向注重农产品质量转变。要调整技术发展方向，致力解决重大关键技术问题，提高农业产业竞争力。要拓展科技发展范围，实现农业科技创新与创业相结合，科学研究与技术示范相结合，创新平台建设与科技企业发展相结合，人才培养与农民技术骨干培训相结合，促进“小农业科技”向“大农业科技”转变。要加快体制与机制创新，探索建立激活农业研究与开发体系，激活企业创新能力、激活农业科技创业服务的新型体制和运行机制。

朱静芝强调，省委、省政府高度重视农业科技工作，对广大农业科技工作者寄予厚望。各级政府、各相关部门要以科学发展观为指导，团结协作，求真务实，攻坚克难，进一步实施好“科技惠农”专项，创办农业科技创新基地，创新服务模式，抓好农民技术培训和农业科技宣传，充分释放全省农业科技创新、转化和推广服务的活力，充分发挥农业科技的支撑和引领作用，促进全省农村经济平稳较快发展，开创全省农村科技工作新局面。

朱静芝还在宝鸡市委书记唐俊昌、省科技厅厅长张炜的陪同下，考察了宝鸡高新区、陕西宝光真空电器股份有限公司、宝钛集团有限公司等有关企业和陈仓区太公庙设施蔬菜农业科技专家大院。

2009年陕西省暨西安市科技活动周启动仪式隆重举行

5月16日，由省科技厅、省委宣传部、省科协、西安市人民政府主办，省科技厅政策法规处、省科技信息研究所、西安市科技局、碑林区政府等单位承办的2009年陕西省暨西安市科技活动周启动仪式在西安碑林区万达广场隆重举行。科技活动周以弘扬科学精神，传播科学思想，普及科学知识、倡导科学方法为宗旨，重在提高全民族的科学文化素养，使经济社会的发展真正转向依靠科技进步和提高劳动者素质的轨道上来，推动科学发展、创新发展、可持续发展。省委宣传部副部长薛保勤、省科技厅厅长张炜、省科协副主席王前进、省地震局副局长刘晨、西安市市长助理黄海清等出席。启动仪式由省科技厅总工程师安西印主持，西安市碑林区区长董劲威致欢迎词，张炜厅长讲话，薛保勤副部长宣布陕西省2009年科技活动周开幕。来自陕西省、西安市和碑林区科技、教育、卫生等方面50多个部门和单位在广场上开展了环保宣传、免费义诊、科普咨询、科普大篷车展示等丰富的科普活动，吸引了上万名群众参加。

启动仪式上，省市有关部门的领导共同为“西安市能源与环境新技术创业中心”“西安碑林863大学生就业实训基地”“西安碑林大学生创业孵化基地”授牌；为“电脑医院”进社区、高陵县农业科技“965110”现场工作队授旗；向碑林区大学南路小学“科普活动教室”授牌，并赠送科普器材及科普读物。

张炜在讲话中说，按照“携手建设创新型国家”的主题，今年陕西省的科技活动周将突出“推进自主创新、促进和谐发展”，在一周的活动时间里，全省各地围绕节能减排、可持续发展、绿色环保、安全健康等广泛内容，展开一系列丰富多彩、形式多样、各具特色的科技活动。通过各种渠道，加强科学技术的推广与应用，推动科技界与社会公众之间的有效沟通和交流，让科学技术成果惠及广大人民群众，让群众性的科技活动长期坚持下去。

张炜强调，深刻理解和认识科技在应对国际金融危机、促进经济平稳较快发展中的强大支撑作用，要求我们勇敢面对挑战，紧紧抓住机遇，坚持以应用为导向的自主创新，集成科技资源，提升创新能力，建设科技强省；要求我们大力推动科技发展更多地面向市场，面向经济社会发展的多层次需求，更加惠及民生；要求我们主动服务经济建设主战场，引导科技人员服务企业，建立产、学、研、用合作互动机制，促进结构调整和产业升级，让科技在化危为机中彰显作用。籍此2009科技活动周启动仪式在西安举办的机会，要大力宣传陕西省和西安市自主创新取得的新进展和成效，努力营造全社会支持创新更加良好的氛围，以改革、创新的精神状态，求真务实，大力推进创新型陕西建设步伐。

陕西省“13115”科技创新工程项目资金预算评估评审会议在西安召开

5月19日，陕西省“13115”科技创新工程项目资金预算评估评审会议在西安召开，省科技厅副厅长邱义路出席会议并讲话。会议由省科技厅副厅长孙科主持。省内财务专家、技术专家、管理专家，省财政厅教科文处、省委科技工委、省科技厅机关有关处室负责同志等参加了会议。

邱义路在讲话中说，省委、省政府十分重视科技工作，财政投入力度不断加大。特别是2006年全省科学技术大会召开后，省财政科技投入不断增加，2009年，省财政拿出2.6亿元专门支持“13115”科技创新工程项目的实施。前不久，省科技厅组织有关部门，邀请省内外专家对“13115”科技创新工程项目中重大专项、重大产业化项目和工程技术研究中心项目进行了技术评估。今天，我们又邀请在座的各位财务专家、技术专家及科研管理专家，对初步确定的“13115”科技创新工程重大科技产业化项目和工程技术研究中心项目进行经费预算评估评审，对资金预算与技术开发目标的相关性、项目资金预算与现行财务政策和项目管理办法的相符性、项目资金预算的经济合理性、项目其他渠道资金筹措的可行性、项目资金使用计划安排等方面，进行系统、科学、严密的评价，确定财政资金支持额度。

邱义路要求：每位评估评审专家都要按照经费预算管理办法、评估评审的有关规定和要求，遵守“评估评审专家行为准则”，以公正、公平、严谨的科学态度和高度的责任心评好每一个项目。要在经费支持额度上严格把关，使我们有限的财政资金能真正用在刀刃上，提高财政科技资金使用效益，切实为推动全省的科技进步发挥积极作用。

陕西省科技资源中心开工奠基仪式在西安举行

6月10日，陕西省科技资源中心开工奠基仪式在西安举行。省长袁纯清下达开工令，科技部副部长张来武，省委常委、西安市委书记孙清云，省人大副主任张道宏，副省长朱静芝，省政协副主席周卫健等出席开工仪式并为工程奠基。西安市市长陈宝根，省政府秘书长秦正，省级有关部门、高校、科研院所、企业负责人，西安市政府、西安高新技术产业示范区管委会负责人参加了奠基典礼。

开工建设的陕西省科技资源中心位于西安高新区，建设用地53.75亩，规划总建筑面积79600平方米，项目总投资2.5亿元。该中心2008年经省政府批准，由省及西安市共同建设，并被列为科技部、省政府“部省会商”共建内容。科技资源中心将主要搭建资源共享、研究开发、成果转化和综合业务服务四大科技创新服务平台，其中包括仪器设施、科技文献、科学数据、自然资源共享服务系统，研发基地协作、公共检测服务系统，专业技术、技术转移、创新创业服务系统，综合业务管理系统等十个子系统。科技资源中心的建设将有效整合陕西省特别是西安地区的科研机构、高校和企业的科技资源，以最大限度地发挥其综合效益，有效促进科技成果的转化。

省委科技工委书记、省科技厅厅长张炜，西安市委常委、西安高新区管委会主任岳华峰在奠基仪式上分别致辞，表示要把省委、省政府的决策落实好，将科技资源中心建设好，使之尽快发挥其综合效用。

第十六届中国杨凌农业高新科技成果博览会隆重开幕

11月1日，第十六届中国杨凌农业高新科技成果博览会在杨凌国际会展中心广场隆重开幕。中共中央政治局委员、国务委员刘延东宣布第十六届农高会开幕。全国政协副主席、科技部部长万钢出席开幕式并致辞。国务院副秘书长项兆伦，省委书记、省人大常委会主任赵乐际，省政协主席马中平等出席开幕式，省长袁纯清致开幕词。加拿大农业与农业食品部副部长马可·福汀代表国外来宾致辞。教育部副部长陈希主持。国家部委和有关单位领导、北京市、内蒙、广西等省区市领导出席开幕式。加拿大、美国、以色列等45个国家和港、澳、台地区嘉宾及数万群众参加了开幕式。

万钢在致辞中说，党的十七届三中全会明确提出要继续办好国家农业高新技术产业示范区。杨凌农高会是加快农业技术示范与推广的重要平台，为促进去全国农业科技发展、推动农业和农村经济发展作出了重要贡献。在新形势下，要紧紧围绕干旱、半干旱地区农村改革发展这一中心任务，努力把农高会办成“国际知名、国内一流、企业信赖、专家认可、农民喜爱”的农业科技盛会。杨凌示范区共建部委和农高会主办单位将一如既往地支持办好杨凌示范区，支持农高会向国际化迈进。万钢希望，杨凌示范区立足西部，面向全国，走向世界，扎实做好集聚创新、专业化示范、产业链推广、国际合作等工作，充分发挥示范、辐射、带动作用，在发展干旱半干旱地区现代农业、建设社会主义新农村方面做好表率，为推进我国农村改革发展作出新贡献。

袁纯清代表省委、省政府向参会来宾表示欢迎。他说，农高会作为享誉全国、国际关注的科技展会，为干旱半干旱地区乃至全国广大地区的农业增产、农民增收、农村发展及中外农业交流发挥了重要作用。国务院批准《关中——天水经济区发展规划》，明确提出建设全国现代农业高技术产业基地的战略任务，这既是国家赋予杨凌示范区的新使命，也是提升农高会影响力的新机遇，陕西将与各共建部委共同努力，把农高会办成更富实效、更具辐射带动作用的品牌展会。

同日上午，由科技部、农业部、国家外国专家局和陕西省人民政府共同主办，主题为“科技引领·创业推动·现代农业”的第十六届农高会’2009杨凌国际合作周暨现代农业高端论坛同时开幕。中共中央政治局委员、国务委员刘延东出席并发表主旨演讲。全国政协副主席、科技部部长万钢，国务院副秘书长项兆伦，省委书记、省人大常委会主任赵乐际，省政协主席马中平出席开幕式，省长袁纯清致辞。国家人力资源和社会保障部副部长、国家外国专家局局长季允石，加拿大农业与农业食品部副部长马可·福汀，联合国粮食计划署驻华代表安西雅·瓦波，美国农业部前部长斯盖弗，欧盟前农业专员弗茨分别演讲。科技部副部长张来武主持开幕式。教育部、农业部、水利部等国家部委负责人，北京、内蒙古、广西壮族自治区等省市区领导，加拿大、以色列澳大利亚、荷兰等国家和地区的政府官员以及来自海内外的专家学者、企业界人士参加了论坛。

陕西省公共检测中心　陕西省化学品检测中心揭牌

11月14日，陕西省公共检测中心、陕西省化学品检测中心揭牌授牌仪式在陕西省生产力促进中心举行。科技部科研条件与财务司司长王伟中，科技部中国二十一世纪议程管理中心副主任周元，陕西省科技厅副厅长邱义路出席会议，仪式由省科技厅副巡视员杜克飞主持。

建立公共检测中心和专业化检测中心，是响应省政府进一步整合科技资源，改变目前大型科学仪器设备开发共享总量较低、服务范围相对较窄、仪器设备资源分布不平衡、开展配套服务能力较弱的状况，探索大型科学仪器设备协作共用工作的一项新的举措。新建的陕西省公共检测中心，以陕西省大型科学仪器设备协作共用网为基础，联合省内60多家专业技术先进的科研、教学和生产单位，通过有效整合相关领域、行业、区域的大型仪器设备及科研技术力量，逐步实现陕西省部分科研实验室设备整体对社会开放与共享共用，从而在更广大的范围和更深入的领域实现全省科技资源的共享共用，更好地为广大中小企业服务。

目前，陕西省公共检测中心有陕西省材料分析研究中心、陕西省地质资源与环境检测中心、陕西省化学品检测中心和陕西大仪科技检测中心4个实体机构开展日常分析检测服务业务，陕西省大型科学仪器设备协作共用网的数百台（套）大型科学仪器设备及陕西省分析测试协会近千名专业技术人员作为公共检测服务的技术支撑，可向全社会提供分析检测领域的信息交流、检测服务、专业培训、技术咨询等方面的服务。中心还将继续整合、建立若干行业专业化检测中心，增强分析检测服务能力；在完善现有分析测试培训体系基础上，在陕西省内其他地区新建若干培训基地；探索建立公共检测远程服务系统。

新组建的陕西省化学品检测中心是由西安近代化学研究所分析测试中心、陕西应用物理化学研究所分析测试中心、西北大学分析测试研究中心、陕西师范大学化学实验教学中心、西安工程大学环境与化学工程学院分析测试中心、陕西省大型科学仪器设备协作共用网管理办公室等六个省内从事化学品科学研究试验机构组成的科技资源协作共享联合体。现有大型科学仪器设备100多台（套），总价值约1.3亿元，技术专家100余名。中心将联合省域内化学品分析测试技术力量，发挥协作单位大型科学仪器设备的资源优势，提高综合科技资源的利用率，以科学、公正、准确的检测手段，面向社会开展广泛的专业检测服务、学术交流和技术合作，为化学品研发培养分析测试技术人才，提供技术咨询、工程示范和化学危险品的应急处置故障分析等服务。

陕西省创新方法研究会在西安成立

11月14日，陕西省创新方法研究会在西安成立。科技部科研条件与财务司司长、创新方法研究会副理事长王伟中，中国二十一世纪议程管理中心副主任、创新方法研究会秘书长周元，陕西省科技厅副厅长邱义路，副巡视员杜克飞，省民政厅民间事务管理局副局长张波，西北工业大学副校长魏炳波，西北大学副校长朱恪孝出席了成立大会。创新方法研究会理事单位代表和关心支持创新方法工作的知名专家、学者、企业家参加了大会。王伟中对陕西省创新方法研究会的成立表示热烈的祝贺。他希望，陕西创新方法工作能在科技部、省委、省政府的领导、支持下，在专家们的帮助以及陕西省广大科技人员的共同努力下，更上一层楼。

创新方法研究会的主要任务是，协助科技部门开展创新方法相关领域战略、方针、法规、政策和规划的研讨交流；开展科学思维、科学方法、科学工具等领域的重大问题的研究、评价工作，推动科学思维层面的教育工作、科学方法的研究与应用和科学工具的自主创新；针对全国创新方法领域存在的问题与实际需求，开展科学普及、宣传教育、培训活动和能力建设项目，增进公众的创新意识和创新能力；引进、消化、吸收国外先进的创新方法工具并加强实践，努力开发符合全国创新方法发展的工具；接受政府主管部门委托，承担创新方法相关领域的调研、科技项目论证、科技规划编制、科技成果鉴定、科技咨询服务、技术职称评审，可行性方案研究和评议等咨询服务工作；编辑出版会刊和与本会有关的图书、音像等资料，介绍国内外创新方法发展动态，推广普及创新方法；组织国内国际会议、考察、合作项目和学术交流活动，扩大同国际相关组织及科技工作者的友好往来。为陕西创新方法工作的全面开展提供一个更高的平台，为建设创新型陕西发挥积极的推动作用。

会议选举中共陕西省委科技工委书记、省科技厅厅长张炜为陕西省创新方法研究会理事长，邱义路等二十三人为常务理事，杜克飞、奚正平、魏炳波、朱恪孝为副理事长，刘占明为理事会秘书长。

陕西省科技特派员创业工作培训会在西安召开

11月30日，陕西省科技特派员培训会在西安召开，省科技厅副厅长许春霞出席会议并讲话，来自全省10市、杨凌示范区及25个县（市、区）科技管理部门负责人和科技特派员代表近200人参加了会议。会议表彰奖励了18名全国优秀科技特派员和4家先进集体，对《陕西省科技特派员农村科技创业行动实施方案》和《陕西省科技特派员管理办法》（征求意见稿）进行了讨论。

从2003年，陕西省响应科技部号召，推行科技特派员制度试点工作以来，截止2009年，陕西省共选派科技特派员1702人，推广新技术875项，引进新品种829个，实施科技开发项目474项，培训科技特派员3500余人次，培训农民59万人次，发放技术资料78万份，吸引调动社会各方面投资4.7亿元，实现利润1.5亿元，创建利益共同体192个，形成龙头企业72家，安置农村劳动就业人员40余万人，创办专业协会和合作社28个，科技特派员派驻的村（场）、镇农民人均收入增幅平均超过10%。

会上，许春霞就各地、市科技局如何做好下一步科技特派员农村科技创业行动提出了六点要求：一要结合当地实际，认真分析对比和研究思考，把学习的经验和做法消化吸收。二要研究制定各项促进科技特派员农村科技创业行动的配套政策措施，加强监督检查，切实保障科技特派员的自身利益。三要加大陕西省科技特派员工作在全省的覆盖面，争取3年内覆盖面达到90%的县区。四要集思广益做好《陕西省科技特派员农村科技创业行动实施方案》和《陕西省科技特派员管理办法》修订完善工作，全面落实科技特派员农村创业行动的各项任务。五是科技特派员不仅要加强示范创新，更要加强示范创业；不仅要示范技术扩散，更要示范产业发展；不仅要示范给农民看，更要使更多的农民学会和掌握；不仅要示范服务做贡献，也要创业致富见效益。六要采取形式多样的宣传方式，加强陕西省科技特派员工作的宣传。

陕西省科技厅与西安市科技局共商关中—天水经济区统筹科技资源改革工作

12月8日，西安市科技局局长徐可为、副局长高继平一行4人专程到陕西省科技厅，与省科技厅副厅长邱义路、总工程师安西印及办公室、政策处有关同志进行座谈，共商建设以西安为中心统筹科技资源改革示范基地工作。

西安市科技局局长徐可为首先介绍了西安市近期统筹科技资源改革筹备工作的有关情况，重点介绍了拟定的西安统筹科技资源改革示范基地建设工作方案。省科技厅副厅长邱义路、总工程师安西印分别就认真落实《关于切实抓好〈关中—天水经济区发展规划〉实施的意见》（省委、省政府陕发[2009]17号）文件精神，以及最近一段时间陕西省科技厅在副省长朱静芝领导下开展专项调研、起草相关指导性文件等工作情况做了介绍说明。

通过座谈讨论，省市科技部门就进一步紧密配合，发挥优势，拓宽思路，积极争取各方面支持，加快推进以西安为中心统筹科技资源改革示范基地建设工作达成了共识，并明确了双方推进统筹科技资源改革的工作小组。

陕西省科技厅与榆林市人民政府建立科技创新工作会商制度

12月11日，陕西省科技厅、陕西省榆林市人民政府建立科技创新工作会商制度议定书签约仪式暨第一次工作会议在西安召开。陕西省委科技工委书记、省科技厅厅长张炜，榆林市市长胡志强、副市长兰新哲出席会议并讲话，省科技厅副厅长孙科主持会议。省科技厅计划处、农业处等业务处室负责人、榆林市科技局、财政局等政府部门代表40余人参加了会议。

为深入践行科学发展观，充分发挥科学技术在区域经济社会发展中的支撑引领作用，贯彻落实省委、省政府《关于进一步促进榆林跨越发展的若干意见》文件精神，陕西省科技厅和榆林市人民政府决定建立科技创新工作省市会商制度。陕西省科技厅将围绕推进榆林国家级可持续发展实验区建设、榆林高新技术产业开发区建设、现代特色农业科技示范基地建设、能源化工基地科技创新与产业升级换代工程建设、榆林科技创新体系及科技资源共享平台建设等五个方面，协调整合省内、国内相关科技资源，以科技项目为载体，共同推进榆林跨越式发展。

张炜在讲话中表示，面对榆林跨越式发展的形式和机遇，陕西省科技厅将以建立科技工作会商制度为契机，进一步支持榆林实施“科技引领、创新转型”战略，加强省、市相关科技计划的衔接，加大经费的支持力度，进一步加强与榆林的合作和互动，共同推进榆林科技创新体系建设，为榆林的发展作出实实在在的贡献。

签约仪式结束后，双方进行了第一次会商。

陕西省科技厅召开关中—天水经济区统筹科技资源改革工作座谈会

12月14日，为认真贯彻省委、委省政府“关于切实抓好《关中—天水经济区发展规划》实施的意见”精神，加快推进关中—天水经济区统筹科技资源改革工作，陕西省科技厅作为统筹科技资源改革工作牵头单位召集有关市、区和省级部门召开了工作座谈会，省科技厅统筹科技资源调研组有关成员参加了座谈会。

座谈会上，陕西省科技厅总工程师安西印首先表示，省科技厅将按照省委、省政府的要求，加强与有关市、区和省级部门的协调配合，发挥好牵头组织作用，认真做好关中—天水经济区统筹科技资源改革工作。安西印还介绍了陕西省科技厅统筹科技资源改革专项调研情况，对正在起草修改的相关指导性文件做了说明。陕西省政府办公厅科教处负责人传达了省长袁纯清最近在听取省科技厅工作汇报时对统筹科技资源改革工作的讲话精神。

会议围绕如何高起点、高质量地做好统筹科技资源改革展开了热烈讨论和交流。宝鸡市副市长徐强提出要进一步加强顶层设计，找准关键问题，务求取得实效。陕西省发改委、教育厅、工信厅、人力资源和社会保障厅以及西安市科技局、杨凌示范区科教局的参会人员也都提出了很多建设性的意见和建议。最后，安西印总结指出，统筹科技资源改革是一项任务艰巨的新事物、新挑战，一定要跳出原有的工作思路和模式，要用好国家给予的先行先试政策，突破过去的条条框框，希望各有关单位进一步研究提出自己的工作思路和建议。近期，各市、区要抓紧制定本地方的工作方案，各部门要抓紧做好本系统科技资源的摸底调查工作，制定工作方案。

陕西省科技成果推介对接活动现场交流会在西安举行

12月22日，为加强陕西省产学研的互助合作，促进陕西省科技成果在省内的转化，由陕西省政府主办，省科技厅、省商务厅、省发改委等部门共同承办的“陕西省科技成果推介对接活动现场交流会”在西安举行。省科技厅总工程师安西印出席开幕仪式并向与会代表介绍近年来陕西科技工作进展及科技成果转化情况。

安西印说，陕西是科教资源大省，科技力量雄厚，人才众多，是中国重要的科研教育基地。近年来，在陕西省委、省政府的领导下，陕西省科技厅以提升自主创新能力，建设创新型省份，实现科技大省向科技强省跨越为目标，以实施“13115”科技创新工程和提高科技资源集成度为重点，采取一系列积极有效的措施，使各项科技工作取得了良好的成绩，科技对经济社会发展的支撑作用明显增强。今年，陕西省科技厅进一步加大对陕西科技成果推广转移支持力度，启动了“陕西省技术转移与重点科技成果推广计划”，重点支持了一批行业共性技术、关键技术项目，重点科技成果项目，产学研结合以及为陕西搭建技术转移公共服务平台、提供技术经纪服务、开展技术市场专业人才培训的项目。经过各方共同努力，陕西的技术市场发展迅速，技术交易空前繁荣和活跃。据全国技术市场统计，2009年陕西技术市场已签订技术合同6000余项，成交金额有望突破70亿元，连续三年增幅超过40%以上。

现场交流会上，省科技厅组织了100个陕西省在科技和知识产权等方面取得的成果，各地代表400多人参加了开幕式及现场交流活动。

专　文

关于加强我国科研诚信建设的意见

国科发政[2009]529号
（2009年8月26日）

为深入学习实践科学发展观，贯彻落实《中华人民共和国科学技术进步法》，推动科研诚信建设，充分调动广大科技人员的积极性、创造性，保障我国科技事业的健康发展，促进创新型国家建设，提出如下意见。

一、充分认识加强科研诚信建设的重要性和紧迫性

1. 科研诚信主要指科技人员在科技活动中弘扬以追求真理、实事求是、崇尚创新、开放协作为核心的科学精神，遵守相关法律法规，恪守科学道德准则，遵循科学共同体公认的行为规范。

2. 科研诚信是科技创新的基石。科研诚信建设是社会主义精神文明建设的重要组成部分，是弘扬科学精神的重要举措，是维护科学的社会信誉、促进科技事业发展的内在要求，是营造良好科研环境、提升自主创新能力、建设创新型国家的迫切需要。

3. 加强科研诚信建设刻不容缓。随着经济全球化和国际科技竞争的不断加剧，科技与经济和社会发展的关系更加密切，科研诚信问题愈益引起各国的高度重视。长期以来，我国广大科技人员坚持真理、开拓创新、诚实劳动、爱国奉献，为国家科技事业发展和社会主义现代化建设作出了突出贡献。但是，由于我国相关法制不健全、体制机制不完善、道德观念和行为规范教育不够，以及个人自律不严等因素的影响，违反科学道德的行为时有发生。防止急功近利、浮躁浮夸等不良学风的滋长，避免滥用学术权力等学术失范现象的发生，遏制伪造、篡改、抄袭、剽窃等科研不端行为的蔓延，已成为保障我国科技事业健康发展的紧迫任务。

二、科研诚信建设的指导思想、原则和目标

4. 加强科研诚信建设，要以邓小平理论和“三个代表”重要思想为指导，深入学习贯彻科学发展观，坚持社会主义核心价值体系，弘扬科学精神，维护科学道德，塑造创新文化，为增强自主创新能力、建设创新型国家奠定基础。

5. 推进科研诚信建设，要坚持教育引导、制度规范、监督约束并重的原则，惩防结合、标本兼治。政府部门加强统筹与管理，科技机构、高等学校和企业承担教育、监督和惩戒的主要责任，科技社团发挥规范制定和行为约束方面的积极作用，科技人员严格自律、互励共勉。

6. 我国科研诚信建设的主要目标是，建立有关部门、科技机构和高等学校、科技社团各司其职、齐抓共管，社会参与，科技人员自觉行动的科研诚信建设体系；完善科研诚信相关的科研管理制度体系；有效遏制科研不端行为，显著提高科技人员的科学道德素质和科研诚信意识，形成有利于自主创新和科技事业健康发展的良好环境。

三、推进科研诚信法制和规范建设

7. 加强科研诚信的法制建设。深入开展科研诚信相关的法制研究，逐步完善科研诚信相关的法律制度，明确科研诚信各相关主体的责任，界定科研不端行为，惩处科研不端行为责任人，保护科技人员合法权益。

8. 制定和完善科研行为准则和规范。政府部门引导和支持科技界加强科研行为规范建设，科技社团和有关科技行业组织应积极制定有关准则和行为规范，科技机构、高等学校及相关管理部门应研究制定处理科学研究、同行评议、成果发表、决策咨询、技术转移等活动中利益冲突的管理规定。

四、完善科研诚信相关的管理制度

9. 完善科技研究开发项目管理制度，使科研诚信的要求贯穿于项目管理的全过程。政府部门和相关管理机构要建立适合不同科技活动特点的项目管理模式，完善目标责任制、专家评审制度及程序等，健全计划管理中的决策与监督机制，建立和落实问责制。建立和完善科研项目资助、评价等方面的信息公开制度，提高科技管理透明度。

10. 改革考核评价与奖励制度。政府部门和科技机构、高等学校要不断完善适用于不同领域和机构类型的考核评价与奖励制度，充分发挥科学共同体的作用，完善评审、监督、管理机制，提高透明度和公开性。建立符合科技发展规律和科技人才成长规律的评价指标体系，引导科技人员和科研管理人员树立正确的价值取向和政绩观，提倡严谨治学，反对急功近利，防止简单量化、重数量轻质量等倾向。

11. 建立健全科技信用管理体系。利用财政性资金设立的科技计划项目、基金项目的管理机构，应当为申请、执行、评估评审项目的单位和个人建立科技信用档案，作为审批其申请项目、承担评估评审工作的依据。建立和完善科研诚信承诺制度。科技机构和科技人员在申请、执行、评估评审财政性资金资助科研项目时，应当签署科研诚信承诺书。推进科技信用信息的共享，完善有利于诚实守信的激励和约束机制。科技机构和高等学校应当将科技信用状况作为科技人员职务聘任和职称评定中对职业道德要求的重要内容。

五、加强科研诚信教育，提升科学道德素养

12. 建立科研诚信教育制度。各级各类院校要将科研诚信纳入日常教育内容和活动。将科研诚信教育作为本专科学生和研究生教育的必修内容和科技人员继续教育的重要内容，着力提高青年学生和科技人员的科学道德素养，增强知识产权保护等法律意识，健全人格。加强科研诚信课程和教材建设，充实教育内容，完善教育手段。重视并加强科研诚信教育和研究人才的培养。

13. 积极开展多种形式的科研诚信教育活动。科研诚信教育是青少年思想政治教育、公民基本道德规范教育、法制教育等的有机组成部分，要突出科学精神、科学思想、科学方法的养成教育。导师和科研项目负责人等，要充分发挥在科研诚信方面的言传身教作用。要采取宣传治学典范和明德楷模、进行案例警示教育等多种方式开展教育活动，引导科技人员严格自律并加强科学道德修养。

六、完善监督和惩戒机制，遏制科研不端行为

14. 建立健全科研不端行为调查处理制度。政府部门、相关管理机构、科技机构和高等学校应根据各自的管理职责制定科研不端行为处理规定和程序，并设立专门渠道受理有关科研不端行为的举报。

15. 完善防范科研不端行为的监督机制。政府部门、相关管理机构、科技机构和高等学校应强化对科研活动和科研管理主要环节的监督。充分发挥科学共同体内部监督和社会监督的作用。充分利用现代信息技术等，完善监督手段。

16. 加强对科研不端行为的惩戒。政府部门、相关管理机构、科技机构、高等学校和企业要根据职责权限和有关规定，加强对科研不端行为的调查处理力度。对经查证属实的科研不端行为责任人给予行政处罚或纪律处分，并将处理情况在适当范围内予以公布。必要时，依法追究其民事或刑事责任。

七、加强组织领导，共同营造科研诚信环境

17. 完善科研诚信建设工作协调机制。国务院科技行政部门通过与其他有关部门和单位建立科研诚信建设联席会议制度等方式，对全国科研诚信建设工作进行宏观指导和统筹协调。各部门、各地方要大力协同，建立与完善适当的工作机制，逐步建立全国性的科研诚信建设工作网络。

18.全面营造有利于科研诚信建设的制度环境。各部门、各地方要进一步完善科研项目和经费管理、科研诚信教育、科技人员评价等制度，把科研诚信作为引导和推进诚信社会建设的重点工作，齐抓共管。

19.科技机构、高等学校和企业要切实履行科研诚信建设的主体责任。将维护科研诚信、弘扬科学道德作为重要职责，加强组织建设，建立健全教育、制度、监督并重的科研诚信建设工作体系。科技社团要将维护科研诚信作为加强自身建设的重要内容，完善内部监督约束机制。

20.加强科研诚信建设工作的国际交流合作。积极开展与国际组织、有关国家和地区在科研诚信建设方面的交流与合作，积极参与国际科研行为规范和科研诚信规范的研究制定，共同遏制国际科技合作中的各种不端行为。

21.推动科研诚信文化环境建设。坚持社会主义核心价值体系，大力弘扬求真务实、勇于创新的科学精神；不畏艰险、勇攀高峰的探索精神；团结协作、淡泊名利的团队精神；报效祖国、服务社会的奉献精神。强化诚信意识，恪守诚信规范；发扬学术民主，倡导公正透明；鼓励自由探索，激发创造活力，为建设创新型国家奠定坚实的社会文化基础。

陕西省科技人员服务企业行动实施方案

陕科政发[2009]45号

（2009年4月28日）

一、工作目标

针对我省产业技术升级和企业技术需求，面向高新区内的企业、重点行业骨干企业、创新型（试点）企业、中小企业等，按照“政府推动，市场导向，双向选择，合作共赢”的原则，计划3年内组织和推动百家科研院所和高校的千名科技人员（含硕士、博士毕业生），深入企业开展创新创业活动，共同研发新技术、新产品、新工艺，共同解决企业技术难题，加快技术研发及创新成果转化和规模化应用，帮助企业改善管理，推动科技成果向现实生产力的转化，强化企业技术创新的主体地位，提升企业核心竞争力，促进发展方式。

——以人才流动促进产学研合作，提升企业战略规划和布局，加强企业科学管理，加快科研院所和高校先进适用技术成果在企业的推广应用和产业化。

——科研院所和高校科技人员直接参与企业关键技术攻关和产品开发，优化企业研发队伍结构，完善企业研发体系，提供技术咨询、管理与信息服务，帮助企业解决技术难题。

——搭建促进产学研结合的技术创新平台。重点建设技术转移服务载体，强化和提升省级工业技术研究院、工程技术研究中心的创新服务功能，开展创新型企业试点，推动产业技术创新联盟构建。

——逐步形成具有地方特色的产学研人才交流互动的长效机制和制度保障。

二、主要任务

1.征集千项企业技术需求。在有关部门指导下，面向高新区内的企业、重点行业骨干企业、创新型（试点）企业、中小企业等四类重点企业，省市科技管理部门、高新区管委会共同组织，征集重点企业技术需求信息，依托陕西省、西安市、西安高新区生产力促进中心3个技术转移网络系统，建设网上信息发布平台，发布企业的技术及人才需求信息、科研院所和高校的成果及人才供给信息，促进双方沟通交流。

2.重点建设10个技术转移服务载体。在促进技术转移行动中，重点建立国家级技术转移示范机构和技术转移交易中心，引导和支持建立若干个省级技术转移示范机构，面向我省重点行业和领域，推动共性技术成果、关键技术的扩散和转移。

3.强化和提升5个工业技术研究院的创新服务功能。立足和充分发挥5个工业技术研究院依托高校、服务地方的基本职能，加大政府支持力度，着力推动产学研合作模式创新，搭建为重点行业骨干企业、科技中小企业服务的知识和技术转移平台。

4.建设100个产学研结合的工程技术研究中心。发挥工程技术中心在校企合作上的优势，深化产、学、研、用结合，加强评估和绩效考核，以项目为纽带，构建特色鲜明的产学研合作联盟，形成面向不同行业和技术领域的技术创新平台。

5.选择60家企业开展创新型企业试点。联合省国资委、总工会、知识产权局等，开展陕西省创新型企业试点工作，3年内全省创新型企业试点数达到60家，推动国家和省上自主创新政策措施的落实，支持企业加大研发投入，吸引科技人员入企联合攻关，显著提升企业创新发展能力。

6.实施“现代农业科技创业服务基地专项”。扩大科技特派员覆盖面，探索法人科技特派员对口服务机制，加强农业服务信息服务，在全省建设好30个基地。

7.实施“陕西省产学研合作引导专项”。及时掌握我省高校和科研院所的科技人员服务企业情况，对已经实施，以企业为主体、共同研究、合作开发急需的关键技术和项目，每年选择其中的100项，编制“陕西省产学研合作引导专项”。

三、保障措施

1.加大资金投入。省科技厅设立“科技人员服务企业行动专项”，重点采取产学研结合、联合招标等方式，加强与“13115”科技创新工程等各类科技计划的衔接，积极吸引社会资金投入，3年内筹集经费100亿元，其中省级科技计划经费中政府投入5亿元，对服务企业的科技人员与企业联合提出的研发项目，优先给予立项支持；同时积极申报国家相关专项计划资助，大力支持以企业为主体、产学研结合的科学研究与技术开发、技术转移及科技成果产业化项目。

2.制定配套政策，鼓励科技人员服务企业。

确保派出的科技人员原职务、工资、福利、待遇、岗位保留不变，工资、职务晋升和岗位变动与派出科研院所和高校在职人员一样进行，并把科技人员服务企业的成果列入业绩考核内容。

派出单位与驻在企业应签订合作协议，明确科技成果转化的效益分享，鼓励派驻科技人员与企业开展多种形式的合作。驻在企业要为科技人员安排合适岗位，提供必要的生活和工作条件以及岗位津贴等，并协助组建研发团队。

各级科技管理等部门要为进入企业的广大科技人员提供积极的指导和支持，组织沟通和交流，解决工作、生活中遇到的实际问题。

3.建立考核机制。对组织科技人员服务企业工作积极主动、成效显著的高等学校、科研院所给予表彰。对工作期满做出突出贡献的科技人员，给予表彰奖励。

四、组织领导

1.科技厅成立“陕西省科技人员服务企业行动”推进协调领导小组，安西印总工程师担任组长，由政策处、计划处、高新处、农业处、社发处、成果处、科领办、宣教处等参加，明确分工，共同推进。办公室设在政策法规处。

2.建立合作联动机制。市一级科技管理部门、高新区管委会也应建立相应的协调机构，落实具体工作人员，并在部门协调小组的指导下，组织征集企业人才技术需求，推动本地院所和高校科技人员深入企业，负责在本地企业的派出科技人员的协调与服务工作。

3.陕西省生产力促进中心作为科技人员服务企业行动的执行机构，具体承担此项工作的组织、管理和服务工作。

陕西省创新型企业试点工作实施方案

陕科政发[2009]14号

（2009年2月17日）

为了深入贯彻省委省政府建设西部强省的一系列重大决策和全省科技大会精神，根据科技部、国务院国资委、全国总工会《关于开展创新型企业试点工作的通知》（国科发政字〔2006〕110号）要求，省科技厅、国资委、总工会、知识产权局决定在我省开展创新型企业试点工作，现提出实施方案如下：

一、指导思想

以科学发展观为指导，着力构建以企业为主体、市场为导向、产学研结合的技术创新体系，大幅度提高我省企业的自主创新能力，全面培养企业创新人才，积极营造企业创新环境，大力弘扬企业创新文化，整体推动我省企业技术创新、管理创新和机制创新，为加快推进新型工业化进程、建设创新型陕西、实现西部强省的战略目标奠定坚实基础。

二、主要目标

从2009年起，未来五年在全省范围内按照不同行业、不同区域选择100家企业作为陕西省创新型试点企业，通过试点工作的开展，大幅度提升企业的自主创新能力和综合竞争实力，突破一批关键、共性技术，培育一批拥有自主知识产权和持续创新能力的企业，形成比较成熟的、可推广应用的自主创新成功经验，为广大企业的自主创新提供借鉴和典型示范，并积极争取一批企业成为国家级创新型试点企业。

三、工作原则

（一）突出引导，协同推进。突出政府的引导作用，充分发挥市场在配置资源中的基础性作用，促进企业成为研究开发投入的主体、技术创新活动的主体和创新成果应用的主体。在试点工作中，加强省级相关部门的协同配合，形成推动的合力。

（二）分类指导，重点推进。选择不同类型的企业开展试点工作，根据各自特点探索具有针对性的支持措施和相应的评价办法；试点工作重点支持企业加强技术创新，提升自主创新能力，发挥其对各类企业的辐射和示范作用。

（三）注重集成，上下联动。整合各级政府资源，把扶持企业技术创新的科技计划、基地建设、人才培养以及试点推动等措施有效集成起来，加大对企业自主创新的支持力度。

四、建设内容

（一）加强企业研发能力建设。建立和完善试点企业研发机构，支持企业与高等学校、科研院所开展多种形式的产学研合作，共建产学研联合体，发展形成技术创新战略联盟，发起或参与技术标准制定。提高企业对关键、共性技术的研发能力，以及对引进技术的消化、吸收和再创新能力。

（二）加大企业研发投入力度。切实增加企业的技术经费开发投入，特别是科学研究与试验发展经费投入，改善科研仪器设备及中试装置，提高研发投入占销售收入的比重。

（三）培养企业创新人才队伍。结合重大科技专项的实施，加强对企业创新人才的培养，着力建设自主创新带头人和企业创新团队，培养具有创新思维的优秀企业家和经营管理队伍。

充分发挥职工技术协会和陕西省高技能人才演示团的作用，不断总结推广新技术、新工艺、新操作法，善于发现人才、培养人才、提高企业职工的创新技能。

（四）加强企业创新管理体制建设。实施知识产权、技术标准和品牌战略，鼓励发明创造，建立健全企业的技术标准体系、质量保证体系、品牌建设体系和财务核算体系等，培育拥有自主知识产权、具有较强国际竞争力和影响力的知名品牌，提高企业信息化水平。

（五）完善企业创新机制政策。改革和完善激励创新的机制，以深化技术要素参与收益分配为核心，支持试点企业对技术骨干和管理骨干实施期权等激励政策，将企业技术创新投入、创新能力建设和节能减排达标作为企业负责人业绩考核的重要内容。鼓励职工开展技术革新、技术攻关、技术发明等创新活动，营造创新氛围，建设创新文化等。

（六）推进创新基地开放共享。对于财政性资金支持建设的试点企业研发机构，建立和完善向行业和社会开放共享的机制，把面向行业和社会提供服务，作为运行绩效考核的重要指标

五、遴选条件

在陕西重点骨干企业、重点非公有制企业、转制科研院所、高新技术企业和农业产业化龙头企业中选择，选择在技术创新、品牌创新、体制机制创新、经营管理创新、文化理念创新等方面成效突出的企业进行试点。试点企业必须具备以下基本条件：

（一）拥有自主知识产权的核心技术。近三年内通过自主研发、受让、受赠、并购等方式，或通过5年以上的独占许可方式，对其主要产品（服务）的核心技术拥有自主知识产权。

（二）拥有较强的持续创新能力。最近一年销售收入在20，000万元以上的企业，企业研发投入比例不低于3%；最近一年销售收入在20，000万元以下的企业，企业研发投入比例不低于5%。建有较为完善的知识产权管理体系、技术标准体系和质量保证体系，并参与国际、国家或行业技术标准的制定工作。原则上建有省级以上工程技术研究中心或企业技术中心、博士后工作站等研发机构。

（三）具有自主品牌和较强的盈利能力。企业注重自主品牌的管理和创新，通过竞争发展，形成了企业独特的品牌，主导产品市场占有率高并享有相当知名度。企业盈利能力较强，近三年连续盈利，整体财务状况良好，销售收入和利润总额呈稳定上升势头，完成节能减排达标要求，发展前景好。

（四）重视人才队伍建设。企业具有良好的培育和吸引人才机制，重视国内外优秀人才的引进，大专以上科技人员占企业职工总数的比例超过30%，其中研发人员占企业当年职工总数的10%以上。

（五）重视企业创新文化建设。企业制订较为完善的创新发展战略或发展规划，努力营造并形成企业的创新文化，把技术创新和自主品牌创新作为经营发展战略的重要内容。

六、支持措施

根据试点企业技术创新的实际需要，对试点企业给予倾斜支持，建立绿色通道，加大扶持力度。

（一）陕西省“13115”科技创新工程计划、科技发展计划、重大科技创新计划等科技计划优先支持试点企业申报的研发项目。

鼓励和支持试点企业申报和承担国家各类科技计划项目，支持企业研究制定切实可行的创新型企业试点方案；试点期暂定两年。

（二）贯彻落实促进科技创新的政策。重点落实企业技术开发费税前扣除优惠政策；科技金融工作重点支持试点企业；积极推荐开展创新型试点企业的产品进入《国家自主创新产品目录》。

（三）优先试点企业独立或联合院所建立重点实验室和工程技术中心，对进入国家重点实验室和国家工程技术研究中心的，在承担科技项目上给予重点倾斜。支持试点企业成为技术标准制定的牵头单位，并优先支持试点企业参与企业标准试点工作。

（四）强化对省属国有试点企业的业绩考核，将企业技术创新投入、创新能力建设和节能减排达标作为企业负责人业绩考核的重要内容。

（五）对试点企业优先安排和组织职工经济技术创新活动，共同推动并协助企业进行技术创新、管理等方面的培训。

（六）支持试点企业实施知识产权战略和自主品牌战略，建立健全知识产权管理体系，对试点企业

获得受理的重大发明专利以及向外国申请专利的，可以按照《陕西省专利申请专项资金管理办法》的规定优先予以资助。

（七）支持试点企业加强创新人才队伍建设，培养国际化人才、复合型人才，鼓励试点企业与高等学校、科研院所进行科技人才的交流与互动，组织试点企业开展技术创新管理、创新方法、知识产权管理、标准化管理和高技能人才等方面的培训。省科技人才扶持专项，向试点企业倾斜。

（八）加大对企业技术创新的表彰和奖励。对成绩特别突出且符合条件的试点企业优先申报“全国五一劳动奖状”。对在创新型企业试点中取得显著创新成效的企业或个人，省科技厅、国资委、总工会、知识产权局联合授予“陕西省创新型企业先进单位”“陕西省经济技术创新标兵”荣誉称号。

七、组织实施

（一）省科技厅牵头，省国资委、省总工会、省知识产权局组成联合工作组，负责组织并指导全省创新型企业试点工作的开展。

（二）试点企业的申报。按照“自愿申报、择优遴选”的原则，由企业填写《企业开展创新型企业试点工作申报书》和《企业开展创新型企业试点工作申报表》，并准备有关证明材料。经企业所在市科技局会同市国资委、总工会、知识产权局等部门初审后，报省科技厅。中央在陕企业、省属企业通过省国资委申报，省属转制院所直接报省科技厅。

（三）试点企业的确定。省科技厅将会同省国资委、总工会、知识产权局等有关部门对推荐企业组织审核和优选后发布试点企业名单。

（四）试点工作的开展。列入试点企业名单的企业要制定本企业的具体试点方案，明确试点任务、具体措施、工作进度以及年度目标，试点方案经四部门联席会议批准后实施，试点期为2年。企业要认真组织实施试点方案，不断增加企业创新投入、增强企业创新能力、提高企业创新绩效。

对试点期满成效突出的企业，采取后补助的方式给予奖励。

（五）试点企业的考核评估。按照“公平、公正、科学、客观”的原则，省科技厅会同省国资委、总工会、知识产权局，对运行满两年的试点企业进行评估，对评估合格的企业，将授予“陕西省创新型企业”匾牌并进行动态管理，具体评估实施办法另行制定。

（六）省科技厅、国资委、总工会、知识产权局将加强对创新型试点企业的指导，及时组织试点情况的调研和交流，及时向国家科技部、国务院国资委、全国总工会报告在试点工作中遇到的情况和问题。

中共陕西省委科技工委　陕西省科学技术厅2009年工作要点

2009年工作的指导思想和总体思路是：深入学习实践科学发展观，认真贯彻落实全国科技工作会、陕西省委十一届三次全会和省人大十一届二次会议精神，以建设科技强省为目标，实施以应用为导向的自主创新战略，把应对金融危机、促进经济平稳较快发展作为首要任务，加快技术转移和高新技术产业化，集成科技资源，提升创新能力，为建设创新型陕西做出更大贡献。

一、深入学习实践科学发展观

1.深入学习实践科学发展观。按照中央和省委的部署，认真做好第一批开展深入学习实践科学发展观活动整改落实阶段各环节工作，组织37家科研院所开展第二批深入学习实践科学发展观活动。

2.启动“十二五”科技发展规划的前期准备和调研工作。从全省经济社会发展全局出发，结合我省科技事业发展现状和面临的形势，开展产业技术发展规划调研，组织相关软科学课题研究，为编制“十二五”科技发展规划做好准备。

二、全面推进“13115”科技创新工程

3.抓好已经确定的160个重大科技专项项目的实施工作，进一步加强项目全程管理以及经费的全程监督管理，加强中期检查和结题验收工作，逐步开展绩效考核，推进项目尽快取得实效。2009年围绕我省经济社会发展的重大科技问题、优势学科和创新平台建设，在重点领域择优支持一批重大科技专项，启动实施项目80个。

4.做强已实施的56个重大科技产业化项目，发挥财政资金的杠杆作用，更多地运用贷款担保和贴息等手段，吸纳社会资本，推进产业集群化和打造产业链。2009年在我省重点发展产业及技术领域，选择技术成熟，拥有自主知识产权，对区域经济发展拉动力强的项目，启动实施项目25个。

5.加强已确定69家工程技术研究中心的建设，进一步发挥促进“产学研”结合和高新技术产业化发展的作用。2009年，根据我省重大产业发展需求和现有工程技术研究中心的布局，围绕优势和新兴产业，启动20家工程技术研究中心筹建工作，力争有10家挂牌运行。

6.加强对已确定的39个科技产业园区的管理，加强评估和绩效考核，进行奖励和通报。在2008年工作的基础上，2009年择优启动建设13家科技产业园区。启动“13115”科技创新工程科技公共服务平台专项。

三、认真落实会商议题

7.推进杨凌农业高新技术产业示范区发展，建设国际知名、国内一流的现代农业示范园区。健全完善农业科技创新体系、农业科技产业技术示范体系，推动吸引和集聚国内外农业科技资源、科研成果机制的建立。提升科技创新能力，实现关键领域重大科技成果新突破。组织实施干旱半干旱地区节水农业综合技术研究与示范。开展陕南灾后绿色乡村社区建设技术集成与示范。

8.推动西安高新区创建世界一流科技园区，加快关中自主创新产业区建设。推进西安阎良国家航空高技术产业基地、西安国家民用航天产业基地建设，促进相关企业、科技企业孵化器、民用科技产业基地发展。协调有关部门加大金融机构对高新区的支持力度，推进西安、杨凌高新区（示范区）成为非上市股份公司股份报价转让试点。加快国家级关中高新技术产业开发带、星火产业带建设，推进各高新区和星火技术密集区科学定位，完善创新服务机制，促进民营科技企业、星火企业快速健康发展。

9.组织开展煤化工产业关键技术攻关，发展煤化工产业，推动陕北能源化工可持续发展实验区建设。组织实施大型煤化工多联产示范工程和兰炭大型化生产关键技术及示范工程。实施陕北能源化工基地建设专项。

10.发挥钼、钛产业科技优势，推动以钼、钛为主的新材料产业基地建设。开展钛及钛材关键技术攻关，推动钛材及其制品产业化开发。集成钼材采选矿、冶炼中的研究成果，解决制约难题，优化生产工艺，推动高性能钼制品开发。

11.加大对市县科技工作的指导和支持力度。落实与宝鸡市建立科技创新会商制度有关议题内容，积极推进与榆林市开展科技会商，大力支持商洛市实施“科技带动”战略。优化整合科技富民强县计划。加大投入，集中力量支持市县科技工作。加大对基层科技管理干部的培训。继续与省考核办开展各设区市科技投入的量化考核工作。

四、加强科技创新服务平台和服务能力建设

12.加快建设陕西省科技资源中心。启动省科技资源中心实体工程建设，加快基建工程进度，开展科技资源整合调研，研究相关事业单位改革和业务整合方案，选择有条件的单位进行运行试点。

13.稳步推进科技资源共享平台建设。大型科学仪器设备共享平台成员单位达到60家、入网仪器设备达到290台（套）。加快专业化分析检测中心及培训基地建设，成立“陕西省化学品研究检测中心”。新增2家省科技图书文献中心共享成员单位，并使共享平台数据量达到480余万条。完善实验动物共享平台管理，制定“陕西省实验动物管理办法”。加快科学数据共享平台建设，建立更多具有特色的数据资源

中心。制定陕西省大型科学仪器和设施共享管理办法。

14.争取新建省部共建国家重点实验室培育基地和企业国家重点实验室1－3个。依托省级重点实验室，支持10个以上重点项目，组织团队力量开展研究，促进省级重点实验室的发展。

15.发挥五个工研院联席会议制度的作用，加强工研院的联络服务工作，支持工研院依托大学，围绕重点产业、骨干企业组织实施关键性重大科技创新和产业化项目。继续开展技术转移行动方案的调研论证，加大对技术转移服务机构的支持力度，对高校、院所、企业之间完成的技术交易和成果转化项目，择优纳入省科技计划立项管理，2009年下达技术转移专项2批。全省技术合同交易额突破50亿元。

16.重点抓好以创业中心、大学科技园、特色产业基地为主体的科技孵化器和生产力促进中心的能力建设，结合国家生产力体系建设重点省行动，在提升12家国家级示范生产力促进中心功能的基础上，大力发展一批主要为区域经济、特色产业服务的行业生产力促进中心。

17.会同有关部门启动陕西省创新型企业试点工作，评选试点企业30家。推动国家支持自主创新的企业研发投入抵扣等税收激励政策、金融支持政策、政府采购等优惠政策落实。继续加强与银行、风险投资等金融机构的合作，完善科技创新投融资机制。以财政资金为引导，吸引社会资本参与科技创新。

五、组织实施科技计划

18.实施科技惠农工程专项。在粮食安全、优质果业、高效畜牧、节水农业、循环农业等领域，安排10个农业科技攻关专项，20项农业应用技术研发课题；转变农业增效和农民增收方式，创建30个高水平、标准化的农业科技示范基地，建立10个高标准现代农业科技示范园，转化100项先进适用的农业新技术成果。继续完善适应现代农业发展的农业科技专家大院、农业科技110、农业科技特派员、星火学校和远程培训等新型农业科技服务体系。继续开展科技下乡活动，扩大科技特派员活动试点范围，加大农村实用人才培训力度。加大科技扶贫力度，继续实施“五大科技扶贫示范工程”，组织实施密植枣园节水灌溉技术、专用马铃薯栽培技术等20个技术专项，加快农业新技术、新品种、新产品引进示范和推广。

19.实施产业振兴科技工程专项。以高新技术和产业发展关键技术的研发为先导，重点推动电子信息、先进制造、新材料和能源化工四大产业发展。全省认定高新技术企业数量达到1000家。积极推进陕西省制造业信息化科技工程，做好示范企业验收总结，发挥示范企业的带动作用，推广2～3项共性关键技术。加强信息技术在服务业中的研究开发和推广应用，加快现代服务业的发展。根据国家重点产业振兴规划，结合我省科技规划，选择相关细分行业，启动发布2～3个细分行业关键共性技术的“产业技术升级路线图”。

20.实施民生科技工程专项。结合我省特色生物资源和社会公益研究优势领域，在社会发展领域安排20个科技攻关专项、15个研发课题、20个示范推广项目，创建20个节能减排示范企业。制定《陕西省可持续发展实验区管理办法》，启动一批省级可持续发展实验区。深入推进国家中药现代化科技产业（陕西）基地建设，建成2个具有显著示范作用的中药材优势品种规范化栽培示范园（或示范基地）。通过对骨干企业研发的重点新药的支持，培育具有市场竞争力的中药品种。

21.在应用基础研究领域，通过组织实施青年人才项目和重点项目，优化省基础研究计划资助结构，促进项目—人才—基地的有机结合，加强对青年科研人才、学科带头人以及创新团队的培养。进一步做好国家重大基础研究项目的组织推荐和管理工作，积极推进国家自然科学基金项目的申报和实施工作，确保资助项目和经费的稳步增长。

22.继续组织实施重大科技创新专项资金项目计划。在装备制造、电子信息、新材料、能源化工及高效节能、生物技术与新医药、中药现代化、现代农业、科技基础条件平台和科技创新创业基地建设、陕南突破发展等领域，加大高新技术产品开发和产业化力度，启动一批对全省重点产业领域（行业）和区域经济发展有引领和带动作用的重大科技产业化项目。

23.加强软科学研究和计划管理工作。启动实施《实现科技强省战略目标的关键因素分析及路径选择研究》等重点项目8项以上，资助出版优秀软科学研究专著8册以上。开展“送科技下乡，促科学发展”

主题示范活动，积极举办2009年“科技活动周”。

六、开展科技合作交流

24.进一步加强国家、省际、地区间科技合作。组织境外科技合作交流活动，建立互惠互利、互相促进、共享效益的科技合作长效机制。配合科技部，在我省挂牌共建部省国际科技合作示范基地（研发中心）3个，争取科技部国家重大国际科技合作项目4—5项。落实与有关省（市）签订的科技合作协议，扩大国内科技合作交流的范围和内容，引导、鼓励高校、科研院所、企业对外开展广泛科技合作。

25.继续做好中国东西部投资与合作贸易洽谈会、杨凌农业高新技术成果博览会、中国北京国际科技产业博览会、中国深圳高新技术成果交易会等科技展会的组展和推介工作。

七、深化科技管理和科研体制改革

26.按照“突出重点，加强集成，反应快捷，注重实效，强化监督，公开公正”的原则，以提高科技资源利用效率和科技计划管理水平为目的，优化科技计划结构，加大项目组织和检查监督力度。启动网上申报、网上初评及信息化动态管理，进一步缩短项目申报审批周期。征集产业、区域和企业发展的重大技术需求，面向全社会公开招标，组织高校、科研院所定向研发。制定“科技人员服务企业技术创新行动方案”，鼓励科技人员带技术和项目深入基层服务，并通过各类计划等形式给予支持。

27.结合国有经营性资产的科学运营管理，鼓励科研院所利用优良资产进行局部产权制度改革。积极探索转制科研院所联合、重组等发展模式，鼓励有条件的转制科研院所组建科技型产业集团或进入大型企业集团。做好委厅系统科研院所项目申报和科技成果的服务工作。

28.修订《陕西省科学技术奖励办法》。与省人大教科文卫委员会共同开展《陕西省实施〈科技进步法〉条例》立法调研。

八、加强科技系统自身建设

29.加强委厅系统思想文化建设。组织工委中心组集体学习10次以上。做好科技人员、干部职工的思想政治工作。

加强政工队伍建设，开展政工人员职称评审工作。修改完善委厅系统《文明单位管理办法》。组织开展企业文化建设。组织开展委厅系统纪念建国60周年活动。

30.加强委厅系统基层党组织和党员队伍建设。认真落实党建工作责任制和党组织主要负责人第一责任人的责任。健全党的组织机构，及时做好有关单位党委换届和调整补充工作。重视在科研生产工作一线和青年科技工作者中发展党员。加强党务干部培训。坚持“党建带工建”，“党建带团建”的方针，做好工会、共青团工作。

31.加强委厅系统领导班子和干部队伍建设。做好部分单位领导班子调整和换届工作，进一步优化班子的年龄、知识和专业结构，增强班子的整体能力和活力。加强对直管院所、直属单位领导班子的科学研判。修改完善目标责任考核办法，建立健全领导班子和领导干部考核评价机制和激励约束机制。坚持“民主、公开、竞争、择优”的原则，进一步完善干部选拔任用工作程序和制度，加强委管干部轮岗交流。加强对年轻干部的选拔培养和教育，开展后备干部补充调整工作。进一步做好老干部工作。

32.启动实施“科技新星培育”专项。做好2009年度“两院”院士地方遴选和推荐工作。制定委厅系统干部培训规划。协调委厅系统科研院所引进省内外高层次人才。

33.加强对科技工作的宣传。按照构建科技大宣传格局的要求，围绕省委、省政府关于科技工作的重大决策部署；集成科技资源、提升创新能力，建设科技强省的成绩和经验；科技在扩内需、保增长、调结构、上水平方面的支撑引领作用；“13115”科技创新工程等科技计划的实施、成效及重大成果；基层科技工作先进集体和先进个人的经验和事迹等进行广泛宣传，争取全社会对科技工作更大的支持和关注。认真办好《陕西科技信息》，积极探索新形势下加强科技工作宣传的新载体和新途径。

34.扎实推进反腐倡廉建设。深入贯彻落实中央建立健全惩治和预防腐败体系2008-2012年工作规划。加强对党员领导干部的教育。坚持标本兼治、综合治理、惩防并举、注重预防的方针，努力构建惩治和预防腐败体系。认真落实党内监督各项制度，推进党务公开，深化民主管理、院所务公开，落实党风廉政建设责任制，试行委厅系统各单位党政主要负责人（包括协管院所）向省科技纪工委述廉制度。坚持把解决损害人民群众利益的突出问题作为党风党纪建设的重点工作，及时处理来信来访，加大查办案件力度，纠正不正之风。

35. 全力维护稳定安全。组织实施好《陕西省科技系统突发公共事件应急预案》。严格落实安全生产责任制，加强管理和监督，做好隐患排查治理工作，确保安全生产。认真落实《矛盾纠纷化解排查暂行办法》，完善矛盾纠纷排查调处机制和预警机制，切实预防群体性事件的发生。做好反邪教工作。

36. 加强和改进机关建设。组织安排机关、直属事业单位理论学习，加强党的思想、组织、作风建设。开展文明机关创建活动，参加省直机关工委安排的各项活动。协调做好机关调研工作。进一步改进机关作风，构建机关作风建设长效机制。继续做好委厅机关年度目标责任制考核工作。坚持依法行政，强化服务意识，完善机关工作制度。加快电子政务建设步伐，改版科技厅门户网站，建设好全国科技信息网陕西节点。继续做好档案资料的收集整理归档，科技志、科技年鉴的编纂和编辑工作。推进科技政务信息公开，完善陕西省科技厅政府信息公开目录，做好依申请信息公开工作。努力改善机关办公条件，开展节约型机关建设。继续做好对科技部的联系和信息沟通工作。

省委科技工委　省科技厅2009年工作总结

2009年全省科技工作在省委、省政府领导下，深入开展学习实践科学发展观活动，认真贯彻落实全国科技工作会、省委十一届三次、四次全会和省人大十一届二次会议精神，以建设科技强省为目标，实施以应用为导向的自主创新战略，把应对金融危机、促进经济平稳较快发展作为首要任务，加快技术转移和高新技术产业化，集成科技资源，提升创新能力，各项工作进展顺利。

（一）加强科技工委系统班子和队伍建设

一是认真开展学习实践科学发展观活动。按照学习实践活动的安排部署，完成了第一批学习实践科学发展观活动整改落实工作。从今年3月中旬开始至8月，组织工委系统12个直管科研院、12个党委、3个党总支、96个党支部、2155名党员参加参加第二批学习实践活动，取得了良好的效果，在7月10日召开的部分科研院所深入学习实践科学发展观活动座谈会上受到了省委王侠副书记的充分肯定。

二是发扬民主集中制原则，加强领导班子建设。加强和完善科技工委和基层党组织的学习制度，全年工委中心组学习10次。在党的十七届四中全会召开后，及时在科技工委中心学习组会议上进行学习，安排部署贯彻落实工作，并组织了宣讲组在科研院所巡回宣讲。坚持重大问题集体研究决定，全年共召开26次委厅联席会议、10次工委会议。

三是加强系统干部管理和培训。研究制定了《中共陕西省委科技工委关于进一步加强协管科研院所干部管理工作的意见》。协助和配合省委组织部完成了对4个直管单位和委厅领导班子的研判。顺利完成机构改革，落实“三定”规定的情况得到验收小组的肯定。协助中央有关部门对7家科研院所的领导班子进行了调整换届。全年共调整使用干部16名。坚持任前谈话制度，委厅领导与新任干部任前谈话36人次，廉政谈话14人次。加强科技人才建设工作，形成了《创新型陕西与科技人才队伍建设专题调研报告》。制定了干部培训计划和方案，组织了系统干部党委书记、青年干部、纪检监察干部和市县科技局长等多期培训班。

四是创新科技宣传工作形式，加大宣传力度。组织开展了纪念建国六十周年系列活动及西部大开发十周年陕西科技事业成就宣传活动。创新科技宣传工作形式，全年制作电子杂志15期，创新特刊10期，送阅件27期，省委、省政府有关领导多次给予批示。

五是认真落实党风廉政建设责任制有关要求。3月13日，召开了系统2009年纪检监察工作会议，委厅系统院所、单位和机关的负责人签订了《省委科技工委、省科技厅2009年反腐倡廉工作责任书》。9月，省科技纪工委组织7个调研组，对系统所有单位开展落实党风廉政建设责任制情况进行了检查调研。在省科技资源中心建设启动后，制定专项制度，召开专题会议，坚决防止腐败问题的出现和发生。认真开展治理“小金库”工作，并配合有关部门，顺利完成对系统“小金库”的检查。

（二）继续深入实施“13115”科技创新工程

“13115”科技创新工程实施两年多来，已争取到国家科技部等有关部委相关科技项目100余项，获得资助经费超过5亿元；共引导社会资金投入99.1亿元。预计将产生经济效益1015.88亿元。今年，我们紧紧围绕我省经济社会发展的需求，充分发挥科学技术在扩内需、保增长、调结构、上水平、惠民生中的重要支撑作用，结合我省产业振兴规划的实施，组织实施“13115”科技创新工程。

一是抓好2007、2008两年已下达项目的实施。两年来共安排项目326项，资助经费5.4亿元。今年共对220个项目进行了中期检查及验收。

二是通过技术评审、财务评审、现场考察等环节，经7月15日省科教领导小组第十次会议审定，启动实施项目151项，经费21330万元。其中重大科技专项项目88项，安排资金5410万元；重大科技产业化项目29项，安排资金5860万元；工程技术研究中心21家，安排资金7460万元；科技产业园区13家，安排资金2600万元。

三是按照省科教领导小组第十次会议要求，我们于9月15日在渭南组织召开了“13115”科技创新工程重点科技园区现场会。对39个设在县区的科技产业园区情况进行了总结和交流，重点是对科技园区在优化产业结构、转变发展模式、推动农业增收与农民致富、加快县域经济发展等方面的好的做法进行了推广。

四是为提高我省科技公共服务平台向企业和农村提供科技资源共享服务、公共技术服务、创新创业服务的能力，做好省公共服务平台建设工作，经省科教领导小组批准，我们在今年启动实施了“13115”科技创新工程科技公共服务平台专项，下达项目17项，经费3670万元。

（三）积极推动部省会商各项议题的落实

按照2008年11月19日省政府与科技部签订的《部省会商议定书》和《第一次会商议题》，我们逐项推动，抓好落实。

一是支持杨凌农业高新技术产业示范区发展。组织实施了国家科技支撑计划“西部优势农产品生产精准管理关键技术研究与示范”与“节水农业综合技术研究与示范”两个项目及“陕南灾后绿色乡村社区建设技术集成与示范”课题，获得国家支持经费为10217万元，项目实施进展顺利。开发出《西北优势农作物生产精准管理系统》，应用于精准农业生产；集成山地微灌节水技术和雨水利用技术，研究形成了山地红枣节水技术体系的“孟岔模式”，目前示范面积已超过5万亩，为陕北红枣增产增收提供了技术支撑。

二是推动陕北能源化工产业基地可持续发展。组织专家编写了《榆林市国家可持续发展实验区建设规划》，经过多方努力和积极争取，榆林市已经获准建设国家级可持续发展实验区。组织开展煤化工产业关键技术攻关，组织实施“兰炭（半焦）清洁生产和碳氢尾气合成天然气关键技术开发与示范”、“陕北能源化工基地生态退化修复的示范研究”科技支撑计划项目，经费2500万元；设立了陕北能源化工基地建设专项，支持项目52项，经费1849万元，为能源化工产业持续发展提供科技支撑。

三是建好以钼、钛为主的新材料产业基地建设。支持钼、钛类科技创新专项项目18项，经费1246万元；支持和推荐宝鸡高新区新材料产业基地申报国家钛材料高新技术产业化基地；支持商洛市实施科技带动战略，支持各类科技计划项目24项，经费1251万元，加快区域特色产业发展。

（四）积极应对金融危机，为产业振兴提供科技支撑

为了贯彻落实国务院《关于发挥科技支撑作用，促进经济平稳较快发展的意见》（国发[2009]9号文件），结合我省有关产业振兴规划实施方案，组织起草了《陕西省人民政府贯彻〈国务院关于发挥科技支

撑作用促进经济平稳较快发展的意见》>实施方案》，经省政府第13次常务会议审定后印发。同时，我们围绕省上的有关产业振兴规划，建立了21个工程技术研究中心，支持了一批科技产业化项目。

（五）加快建设陕西省科技资源中心

一是正式启动陕西科技资源中心实体工程建设。6月10日，袁纯清省长等领导参加了科技资源中心开工奠基仪式。建设项目在省发改委、财政厅、高新区等部门的大力支持下，已顺利完成立项、初步设计的审批、报建工作，并已开始进行基础工程的建设。存在的问题是，由于拆迁户不能按时拆除，可能会影响建设进度。

二是提出了资源中心建设运行实施的初步方案。进一步对兄弟省市进行调研，了解平台建设和资源整合的具体做法，通过调查和实地走访，基本摸清了全省科技资源情况。研究起草了《陕西省科技资源集成、利用、开放共享的若干意见》（讨论稿）。

三是积极推进科技创新服务平台建设，对外服务窗口已经正式运行。陕西大型科学仪器设备协作共用核心网61家成员单位的293台（套）全面开展对外服务工作，今年服务单位已达到1400家，检测样品已达到30万件以上。陕西地方科技文献资源共享平台原文订购量在全国8个镜像站城市中连续4年排名第一。制定了《陕西省大型科学仪器协作共用管理办法》、《大型科学仪器、科学数据两项试点方案》和《陕西省实验动物管理办法》，成立了“陕西省材料分析研究中心”和“陕西省化学品检测中心”。

（六）组织开展“关中－天水经济区”统筹科技资源改革示范基地建设相关调研论证工作

根据省政府的安排，由委厅主要负责人牵头成立了调研小组，主要处室负责人参加，明确要求围绕统筹科技资源改革，结合“十二五”规划的起草，认真做好调研工作。根据袁纯清省长的要求，我们就改革示范基地调研方案向科技部和省政府做了专题汇报。同时，加大对关中自主创新产业区的支持力度，推动高新技术产业集群发展。落实与宝鸡市建立科技创新会商制度有关议题内容，支持渭南高新区申报国家级高新区。

（七）支持市县科技工作，加快县域经济发展

一是加快现代农业科技创新服务体系建设。制定了《陕西省现代农业科技创业示范基地管理办法》，启动苹果、核桃、樱桃、肉牛、生猪等18个创业示范基地。大力推动县（市）科技工作。4月16日在宝鸡召开了现代农业科技创新服务体系建设现场会，总结推广了我省农业科技专家大院、农业科技“12396”信息服务，科技特派员等一系列农业科技服务平台的先进经验，积极探索农业科技体系新模式。全省107个县（市、区）全部开通农业科技“12396”服务热线，科技特派员人数达到1702人，已审定建设农业科技专家大院23个，基本形成了覆盖全省的农业科技服务网络。

二是抓好核桃等特色优势产业。9月2日在黄龙县召开了陕西省渭北优质核桃科技示范基地建设工作现场会，组成了陕西省渭北核桃产业科技专家服务团，印发了《陕西省渭北核桃产业科技发展规划》，对推动我省渭北核桃产业跨越式发展将产生重要作用。

三是编制了《陕西省科技富民强县计划实施方案》。完成了2009年陕西省科技富民强县计划项目的组织工作并向国家科技部、财政部进行推荐，7个项目批准立项，经费1250万元。12月11日，召开了陕西省科技厅与榆林市人民政府科技创新工作会商会议。

四是2009年各类科技计划支持各设区市项目672项，经费24258万元，占到总量的一半以上。

（八）加快推进西安高新区和杨凌示范区建设

贯彻省政府“推动西安高新区建设世界一流园区动员大会”精神，省科技厅多次到西安高新区考察调研、组织项目、搭建平台，与西安高新区进行全方位、多渠道的对接与协商，双方建立了工作协商机制。明确支持西安高新区技术创新体系、公共服务体系建设。支持建立了西安电力电子技术产业联盟、西安石油服务产业联盟、西安生物医药产业研发联盟、西安卫星导航产业联盟等5个产业技术联盟。启动了太阳能光伏与半导体照明关键技术的“产业技术升级路线图”。省级各项科技计划支持西安高新区发展的项目超过6000万元。

多次到科技部汇报加快杨凌示范区建设的有关意见，邀请科技部领导到杨凌视察，会同杨凌示范区

管委会等部门代科技部、省政府起草了《关于继续办好杨凌农业高新技术产业示范区若干政策建议的请示》，编制论证了《杨凌现代农业示范园区》总体规划。全年省级计划支持杨凌示范区项目89项，资助金额1987.5万元，争取到科技部项目45项，经费6507万元。建设了8个专业科技示范园区，5个万亩（万头）种殖、养殖基地，打造现代农业示范的核心区和农业科技交流推广的平台，探索现代农业发展新途径，为干旱半干旱地区乃至全国农村改革、农业发展、农民增收做出示范。

（九）加快企业成为技术创新的主体

一是加快高新技术企业认定推荐工作，今年已对815家企业进行了评审，其中573家上报科技部进行认定。截止目前，我省已有612家企业通过了科技部的认定，349家正在审批中。

二是启动创新型企业试点工作，联合省国资委、省总工会、省知识产权局下发了《陕西省创新型企业试点工作实施方案》和《关于组织申报首批陕西省创新型试点企业的通知》，25家企业为我省首批创新型试点企业，使我省国家级和省级创新型（试点）企业达到了36家。

三是制定印发了《“陕西省科技人员服务企业行动”实施方案》，并正式启动了“陕西省科技人员服务企业行动”工作，争取到“国家科技人员服务企业”项目50项。

四是支持企业建立工程技术研究中心8家，经费2810万元，为解决行业重大技术问题和共性问题，提供了平台和支撑。

（十）加大对重点领域的科技支撑力度

2009年科学研究与发展计划共下达项目830项，经费7217万元。省重大科技创新专项资金项目174项，通过贷款贴息、资本金投入等形式，安排财政补助资金12440万元，拉动社会投资50亿元，其中银行贷款近20亿元，自筹30亿元。

一是加大对装备制造、能源化工、新材料、电子信息等领域的支持力度。装备制造支持项目33项，经费2490万元；能源化工支持项目19项，经费1510万元；新材料支持项目19项，经费1400万元；LED半导体照明和太阳能光伏产业支持项目13项，经费1780万元，拉动社会投资4.8694亿元。同时，协助西安市和宝鸡市申报国家“十城万盏”半导体照明应用工程试点城市，西安已获批。推荐咸阳硅电子产业园申报国家火炬计划咸阳硅电子特色产业基地，推荐西安国家民用航天产业基地申报西安国家半导体照明工程产业化基地。举办了“2009年中国制造业信息化论坛”，就“新一代制造业ERP应用”等技术成果进行了推广。

二是加大对现代农业的支持力度，农业科技创新和技术推广取得新突破。秦优11号、陕垦6号、陕单2551、等油菜、小麦、玉米新品种，通过了国家和省农作物品种审定委员会审定。榆林市定边县10088亩示范田，实测平均产量为1023.2公斤/亩，实现了万亩大面积玉米单产超过吨粮的突破。苹果杂交育种研究取得重大突破，已选出有希望的优系20多个，今后2－3年可连续审定3－5个品种，将为陕西苹果品种结构优化调整提供技术保障，新优品种粉红女士、秦阳、金世纪、艳嘎、玉华早富等，示范推广面积超过50万亩。在肉牛、奶牛遗传改良与种质创新方面取得重要进展，组建肉牛、奶牛育种核心群，加快良种牛扩繁及配套养殖技术示范，新建高产肉牛、奶牛示范基地10个，示范规模达5万头以上，新建标准化肉牛、奶牛养殖小区30个，养殖规模达到15000头以上。

三是加快社会发展科技工作。省级可持续发展实验区建设工作全面启动，制定下发了《陕西省可持续发展实验区管理办法》、《陕西省可持续发展实验区规划大纲》，组织召开了宝鸡市渭滨区国家级可持续发展实验区建设现场会和工作座谈会，批准九个单位建立省级可持续发展实验区。今年“13115”科技创新工程安排社发类项目20项，经费2570万元，带动社会投资5.6亿元。建成了我省具有原始和集成创新能力的药物创新体系，取得了一批重要的科研成果和新药批号。完成了“陕西省中药产业发展状况”、“陕西省医药产业发展状况”调研，举办了“陕西中药新药研究与产业化发展高层论坛”。2009年我省在社发领域争取到国家863计划、国家科技支撑计划和自然科学基金201项，经费1.06亿元。

四是积极争取国家我省科技工作的支持。2009年我省主持国家973计划项目3项、973计划前期研究专项5项、国家自然科学基金项目859项，获得国家资助经费近3亿元。争取国家科技型中小企业技术创新基金1.7亿元，排名全国第六位。

（十一）完善我省成果管理和技术转移体系

一是技术市场交易额连续三年保持40%以上的增长，2009年全省共签订技术合同6163项，成交金额67.98亿元，较上年增长47.8%，居西部第一，全国第九。争取到两家单位为第二批国家技术转移示范机构，使我省的国家级技术转移示范机构达到6家。进一步落实《陕西省技术转移实施方案》，设立技术转移与重点科技推广计划，使技术市场环境得到进一步优化。二是宝钛集团、陕西省文物保护中心等5家单位成为部省共建国际科技合作示范基地。列入国家重点国际科技合作项目15项，争取科技部专项资金3400多万元。三是圆满完成2009年中国东西部合作与投资贸易洽谈会、中国北京国际科技产业博览会、杨凌农业高新技术成果交易会、中国深圳高新技术成果交易会、陕西省科技成果推介对接交流会等交流活动任务。四是《陕西省科学技术奖励办法》（修订稿）经省政府第31次常务会议审定通过。推荐20项重大科技成果申报国家科学技术奖，其中已有8项建议授奖，创《国家科学技术奖励条例》颁布实施以后的历史新高。

（十二）推进科技体制和机制改革

一是按照“突出重点，加强集成，反应快捷，注重实效，强化监督，公开公正”的原则，我们今年对省级科技计划体系进行了调整。新的科技计划体系分为三个部分，即“13115”科技创新工程计划、重大科技创新计划和科学技术研究发展计划。

二是不断深化科研院所内部体制改革，积极做好经营性资产的运营管理工作。13家直管科研院所各项经济指标都有较大幅度增长，总收入预计突破35亿元（08年30亿），资产总额将突破45亿元（08年40亿），产业销售收入预计突破30亿元（08年27亿）。协助西北有色金属研究院成功地完成了西部金属材料股份有限公司股票定向增发事项，募集资金总额50475万元，其中西北有色院以3028.5万元现金认购150万股，西安航天科技工业公司以47446.5万元现金认购2350万股，为公司发展提供了有力的资金保障，也为该院拓展航空、军工等高端钛材市场打开了通道。

三是启动实施了“陕西省青年科技新星”培育工作，为我省科技发展人才储备提供支持。12月31日已召开了专家评审会议。

回顾近两年全省科技工作，2008年全省科技工作的特点是“突破”和“规范”，我们以加强机关作风建设、规范内部管理和运行制度为基础，以促成省政府与科技部会商，以及筹建省资源中心为突破，圆满完成各项目标任务。2009年，我们工作的重点是“改革”与“推进”，加大了对省级计划结构、内设机构设置、科研院所体制机制等方面的改革力度，加快推进“13115”科技创新工程、部省会商和资源中心建设，各项工作进展顺利。明年我们要按照中央经济工作会议的安排部署，聚焦“关中一天水经济区”统筹科技资源改革，大力培育战略型新兴产业，圆满完成“十一五”各项任务，积极谋划“十二五”科技工作，为下一时期科技工作选准方向。

科技资源

概 述

科技资源包括全省自然科学研究与技术开发机构和从事科技活动的人员（包括中国科学院在陕自然科学研究与技术开发机构人员情况、中央在陕独立自然科学研究与技术开发机构人员情况、省属国有制独立自然科学研究与技术开发机构人员情况、市属国有制独立自然科学研究与技术开发机构人员情况），全省各级财政科技经费投入，从事科技研发活动的国家级和省级工程技术研究中心、国家级和省级重点实验室，经省政府同意支持组建的具有独立事业法人资格的研究开发机构（NPO），科技基础条件平台建设，国家级和省级企业技术中心等从事科研活动的基础保障。

2009年，全省省、市、县（区）三级财政科技经费投入共18.96亿元，其中：省本级科技经费投入9.45亿元，10市1区科技经费投入38539.97万元，县（市、区）科技经费投入56539.85万元；新批准建立的省级工程技术研究中心15个。

自然科学研究与技术开发机构

【中科院在陕自然科学研究与技术开发机构人员情况】

序号	机构代码	单位详细名称	通讯地址	邮政编码	电话	机构负责人	服务国民经济行业	学科领域	从业人员总数	高级职称人员数	中级职称人员数	科技管理人员数	课题活动人员数	其他人员数
1	4916101	中国科学院国家授时中心	陕西省西安市临潼区书院东路3号	710600	029-83890444	郭　际	751	160	464	60	98	57	128	140
2	4916103	中国科学院西安光学精密机械研究所	陕西省西安市高新区新型工业园信息大道17号	710119	029-88887717	赵　卫	751	140	799	173	202	81	405	81
3	4916152	中国科学院地球环境研究所	西安市西高新沣惠南路10号	710075	029-88324766	刘　禹	751	170	83	37	24	11	50	22

【中央在陕独立自然科学研究与技术开发机构人员情况】

序号	机构代码	单位详细名称	通讯地址	邮政编码	电话	机构负责人	服务国民经济行业	学科领域	从业人员总数	高级职称人员数	中级职称人员数	科技管理人员数	课题活动人员数	其他人员数
1	3346101	西安地质矿产研究所	西安市友谊东路438号	710054	029-87821958	李向	751	170	293	115	111	33	195	32
2	3396101	电信科学技术第四研究所	西安市翠华路275号	710061	029-85752083	王陆平	401	510	236	26	15	6	73	3
3	3396102	电信科学技术第十研究所	陕西省西安市雁塔西路6号	710061	029-85326268	才洪恩	401	510	559	49	81	61	220	74
4	3476101	西安铁路局科学技术研究所	陕西省西安市友谊东路33号	710054	029-82323673	殷勤策	371	580	141	27	36	23	39	29
5	4166101	陕西省气象科学研究所	西安市北关正街36号	710014	029-86252984	余兴	751	170	13	6	5	1	9	2
6	4426108	中华全国供销合作总社西安生漆涂料研究所	西安市长安南路天坛路1号	710061	029-85392039	王汝轲	753	430	67	17	18	3	34	8
7	4496109	国家粮食储备局西安油脂科学研究设计院	西安市劳动路118号	710082	029-88653202	秦长泽	133	550	97	33	24	8	75	3
8	4666101	国家测绘局测绘标准化研究所	西安市友谊东路334号	710054	029-87604229	王占宏	764	420	33	9	10	8	15	5
9	5156107	中国石油天然气集团公司管材研究所	陕西省西安市电子二路32号	710065	029-88726126	杨龙	079	430	430	89	225	58	278	85

续表

序号	机构代码	单位详细名称	通讯地址	邮政编码	电话	机构负责人	服务国民经济行业	学科领域	从业人员总数	高级职称人员数	中级职称人员数	科技管理人员数	课题活动人员数	其他人员数
10	5666101	西安热工研究院有限公司	陕西省西安市兴庆路136号	710032	029-82102159	赵毅	441	470	1339	295	242	78	1003	60
11	6036119	陕西省煤炭科学研究所	西安市和平路东十一道巷6号	710001	029-87671761	张少春	061	480	43	13	2	6	19	5
12	6036608	煤炭科学研究总院西安研究院	陕西省西安市雁塔北路52号	710054	029-87862016	董书宁	781	170	862	172	226	108	545	0
13	6046103	中国重型机械研究院有限公司	陕西省西安市未央区辛家庙	710032	029-86322500	谢东钢	361	460	800	219	159	106	466	33
14	6066101	西北化工研究院	陕西省西安市临潼区火车站街1号	710600	029-83870406	刘国平	266	530	954	110	150	30	125	198
15	6066102	西北橡胶塑料研究设计院	陕西省咸阳市十二号信箱	712023	029-33623260	乐贵强	293	530	728	56	32	30	46	61
16	6076101	轻工业钟表研究所	西安市雁塔区翠华路60号	710061	029-85222475	张放	413	460	168	25	9	18	28	28
17	6076102	轻工业西安机械设计研究所	陕西省西安市未央区阿房四路6号	710086	029-84369723	张国安	357	460	135	10	24	10	30	22
18	6096108	西安墙体材料研究设计院	西安市南郊长安南路6号	710061	029-85222816	肖慧	313	430	154	33	12	5	42	4
19	6096109	咸阳陶瓷研究设计院	陕西省咸阳市渭阳西路35号	712000	029-33576180	闫开放	313	430	280	67	48	26	90	34
20	6096110	咸阳非金属矿研究设计院	陕西省咸阳市滨河路5号	712021	029-33335675	尹小冬	319	430	116	25	15	10	32	20

【省属国有制独立自然科学研究与技术开发机构人员情况】

序号	机构代码	单位详细名称	通讯地址	邮政编码	电话	机构负责人	服务国民经济行业	学科领域	从业人员总数	高级职称人员数	中级职称人员数	科技管理人员数	课题活动人员数	其他人员数
1	6106111	西北有色金属研究院	西安市51号信箱	710016	029-86266577	奚正平	334	430	2325	107	142	95	293	148
2	9610002	西安电力电子技术研究所	陕西省西安市朱雀大街94号	710061	029-85271729	陆剑秋	405	510	412	38	44	34	159	39
3	9610003	西安微电机研究所	陕西省西安市莲湖区桃园西路2号	710077	029-84276733	莫会成	391	470	447	42	48	51	108	134

续表

序号	机构代码	单位详细名称	通讯地址	邮政编码	电话	机构负责人	服务国民经济行业	学科领域	从业人员总数	高级职称人员数	中级职称人员数	科技管理人员数	课题活动人员数	其他人员数
4	9610004	陕西省石油化工研究设计院	西安市西延路61号	710054	029-85542604	扈广法	261	530	325	58	115	31	158	52
5	9610005	陕西省动物研究所	西安市兴庆路88号	710032	029-83217271	李保国	751	180	90	16	18	8	63	4
6	9610006	陕西省微生物研究所	西安市西影路8号	710043	029-82357089	党永	751	180	105	18	19	7	57	8
7	9610007	陕西省西安植物园	西安市翠华南路17号	710061	029-85251750	李思锋	751	180	107	19	17	4	52	12
8	9610008	陕西省科学院酶工程研究所	西安市临潼区人民东路16号	710600	029-83825687	马齐	751	180	46	8	28	2	22	14
9	9610009	陕西省机械研究院	陕西省咸阳市文汇西路13号	712000	029-38132863	杜芳平	359	460	147	27	51	41	42	23
10	9610010	陕西省农业机械研究所	陕西省咸阳市毕塬西路九号	712000	029-33248703	贺功民	367	210	105	14	27	2	56	2
11	9610012	西安电炉研究所有限公司	西安市朱雀大街222号	710061	029-85271370	余维江	356	460	254	40	17	14	90	9
12	9610013	陕西省软科学研究所	陕西省西安市雁塔路南段99号	710054	029-85531292	余小方	751	630	19	6	5	5	12	0
13	9610014	陕西省轻工业研究设计院	西安市友谊东路刘家庄北口金水路6号	710054	029-82234152	李青海	139	530	90	24	16	21	23	5
14	9610101	陕西省社会科学院	西安市含光路南段177号	710065	029-85254193	石英	755	710	163	32	49	22	88	19
15	9610301	陕西省艺术研究所	西安市龙首北路西段4号	710016	029-86277132	丁科民	755	760	50	14	9	2	10	20
16	9610401	陕西省考古研究院	陕西省西安市雁塔路乐游路3号	710054	029-8552947	王炜林	755	780	120	37	31	14	84	0
17	9611002	陕西省水土保持勘测规划研究所	西安市西一路73号	710004	029-87438154	刘铁辉	752	570	52	11	14	10	21	4
18	9611101	陕西省杂交油菜研究中心	陕西省大荔县许庄	715105	0913-3641033	穆建新	753	210	82	13	24	8	50	8
19	9611402	陕西省森林保护研究所	西安市西关正街233号	710082	029-88652495	周恩强	752	220	42	9	12	10	23	9
20	9611403	陕西省治沙研究所	陕西省榆林市人民西路37号	719000	0912-8168006	封斌	753	220	128	24	30	5	66	5
21	9611601	陕西省水产研究所	西安市三桥南沣惠路2号	710086	029-84521179	贺玉良	753	240	99	13	20	9	43	8

续表

序号	机构代码	单位详细名称	通讯地址	邮政编码	电话	机构负责人	服务国民经济行业	学科领域	从业人员总数	高级职称人员数	中级职称人员数	科技管理人员数	课题活动人员数	其他人员数
22	9612101	陕西省纺织科学研究所	西安市纺织城西街138号	710038	029-8355352	傅恩福	171	540	200	18	20	8	23	21
23	9612102	陕西纺织器材研究所	陕西省咸阳市渭阳西路37#	712000	029-33579959	孙常芳	175	540	114	8	6	4	21	8
24	9612602	陕西省电子技术研究所	西安市西五路42号	710004	029-87278578	杨永辉	409	510	138	20	34	13	54	12
25	9612701	西安公路研究院	西安市文艺南路39号	710054	029-87827201	张东省	472	580	287	73	76	35	217	11
26	9613101	陕西省建筑材料工业设计研究院	西安市金花北路169号天彩大厦二十五层	710032	029-82501304	曹永晓	767	560	97	19	7	8	0	24
27	9613201	陕西省建筑科学研究院	陕西省西安市莲湖区环城西路北段272号	710082	029-88644595	高宗祺	471	560	246	31	42	5	112	4
28	9613402	陕西省环境科学研究设计院	陕西省西安市西影路112号陕西环保综合办公大楼八层	710054	029-85263092	熊良虎	752	610	45	10	16	7	34	0
29	9613501	陕西省计量科学研究院	西安市东仪路3号	710065	029-88727506	秦宇	752	410	212	41	47	111	37	32
30	9613901	陕西省广播电视研究所	陕西省西安市碑林区建西街10号	710054	029-87857414-2		752	510	22	1	1	1	2	2
31	9614201	陕西省中医药研究院	陕西省西安市西华门2号	710003	029-87251692	黄立勋	754	360	709	157	135	95	530	18
32	9614202	陕西省肿瘤防治研究所	陕西省西安市雁塔西路309号	710061	029-85276040	王安平	754	320	427	50	95	71	149	55
33	9614203	陕西省结核病防治研究所	西安市兴庆南路121号	710048	029-82231955	郭刘家	754	330	63	7	20	9	0	54
34	9614205	陕西省地方病防治研究所	西安市莲湖路391号	710003	029-88122785	冯清华	754	330	79	16	31	19	18	16
35	9614501	陕西省粮油科学研究设计院	西安市劳动路138号	710082	029-88618384	程小山	752	550	55	10	18	6	7	30
36	9614601	陕西中药研究所	咸阳市毕塬西路16号	712000	029-88316226	同卓斌	754	360	160	23	9	22	33	26
37	9614701	陕西省印刷科学技术研究所	陕西省西安市汉城南路62号	710077	029-84289843	金建新	231	530	60	4	0	1	6	3
38	9614908	中铁一局集团有限公司科学技术研究所	陕西省西安市雁塔北路1号	710054	029-87864243	许铁力	472	580	27	22	4	6	19	2

【市属国有制独立自然科学研究与技术开发机构人员情况】

序号	机构代码	单位详细名称	通讯地址	邮政编码	电话	机构负责人	服务国民经济行业	学科领域	从业人员总数	高级职称人员数	中级职称人员数	科技管理人员数	课题活动人员数	其他人员数
1	9615001	汉中市农业技术推广中心	汉中市汉台区西环南路1号	723000	0916-2214173	葛红心	753	210	96	19	23	8	48	11
2	9615006	延安市微生物研究所	延安市宝塔区西沟	716000	0911-8209100	李军	753	180	20	0	4	1	3	4
3	9615010	汉中市植物研究所	汉中市将坛西路550号（市科技局大院）	723000	0916-2513631	高文	751	180	25	2	10	3	5	11
4	9615013	北京大学安康药物研究院	安康市兴安东路2号	725000	0915-3216817	徐世明	274	350	121	6	46	16	64	23
5	9616101	榆林市农业科学研究所	榆林市上郡南路14号市农科所	719000	0912-3352382	高贵生	753	210	115	21	25	17	79	8
6	9616102	延安市洛川农业科学研究所	延安洛川县凤镇西井村口	727400	0911-3639589	张延生	753	210	37	5	15	14	8	11
7	9616104	延安市农业科学研究所	延安市宝塔区马家湾杜甫川居委1号	716000	0911-8233101	张忠义	753	210	103	11	32	15	52	27
8	9616105	商洛市农业科学研究所	陕西省商洛市商州区大赵峪付家坡	726000	0914-2313830	霍国琴	753	210	71	13	24	7	0	51
9	9616106	安康市农业科学研究所	安康市汉滨区恒口大道	725021	09153616584	张百忍	753	210	86	9	25	15	59	12
10	9616107	宝鸡市农业科学研究所	陕西省岐山县朝阳路56号	722400	0917-8226161	徐兴林	753	210	107	19	23	22	45	8
11	9616201	延安市农业机械化研究所	延安市宝塔区北关街	716000	0911-2139763	程进宝	753	210	22	1	5	9	5	0
12	9616301	陕西省榆林市畜牧兽医研究与技术推广所	陕西省榆林市人民西路37号	719000	0912-3883963	阎治川	753	230	32	7	8	6	14	7
13	9616401	宝鸡市林业科学研究所	宝鸡市中山东路7号	721001	0917-3513591	杨恩让	751	220	15	3	3	2	12	0
14	9616402	咸阳市林业科学研究所	咸阳市中华路4号	712000	029-33336138	袁海荣	753	220	39	3	6	9	4	0
15	9616405	安康市林业科学研究所	安康市文昌路本巷12号	725000	0915-3112377	陈刚	753	220	8	2	1	1	5	2
16	9616406	安康市蚕桑研究所	陕西省安康市大同镇王家台村蚕研所	725019	0915-3615147	张京国	751	210	29	5	7	10	10	5
17	9616407	汉中市林业科学研究所	陕西省汉中市林业科学研究所	723000	0916-2212058	文双全	753	220	41	1	12	13	5	3

续表

序号	机构代码	单位详细名称	通讯地址	邮政编码	电话	机构负责人	服务国民经济行业	学科领域	从业人员总数	高级职称人员数	中级职称人员数	科技管理人员数	课题活动人员数	其他人员数
18	9616408	渭南市林业科学研究所	陕西省渭南市仓程路(林业综合大楼)	714000	0913－369195	王向前	753	220	17	0	5	1	5	1
19	9616410	榆林市林业科学研究所	榆林市榆阳区上郡北路12号	719000	0912-3383356	张树根	752	220	82	5	17	9	16	34
20	9616503	铜川市农业科学研究所	铜川市新区咸丰东路农科中心	727031	0919-3189685	王友	753	210	15	5	6	1	13	1
21	9616504	铜川市农业机械研究所	铜川市新区咸丰路市农科中心	727031	0919-8165699	侯忠锋	751	210	8	2	2	1	3	2
22	9616505	咸阳市农业科学研究所	陕西省咸阳市渭城区周陵镇	712034	029-33118242	杨金荣	753	210	96	14	10	7	24	23
23	9616507	汉中市农业科学研究所	汉中市汉台区东塔北路356号	723000	0916-2216991	冯志峰	753	210	140	17	25	11	52	9
24	9616509	渭南市农业科学研究所	陕西省蒲城县孙镇	715501	0913-7888039	郝平琦	753	210	75	10	30	7	41	13
25	9616510	渭南市农业机械研究所	陕西省渭南市华山大街53号	714000	0913-2183298	王忠有	753	210	33	3	1	5	5	0
26	9616601	榆林市水土保持科学研究所	榆林市西沙柳营西路兴和巷25排1号	719000	0912-3860794	武文章	753	570	34	5	8	5	13	7
27	9616603	延安市水利科学研究所	延安市洛川县槐柏镇	727403	0911-2112219	冯元生	751	570	12	1	6	2	3	5
28	9617001	榆林市机械工业研究所	榆林市机械工业研究所	719000	0912-3883202	杨玉民	752	460	27	0	9	2	12	3
29	9617003	汉中市农业机械研究所	汉中市南大街文庙巷17号	723000	0916-2522419	冯长春	752	210	20	0	6	8	0	5
30	9617201	宝鸡市电子技术研究所	宝鸡市宝福路49#副1号	721001	0917-3650296	赵军周	751	510	8	2	2	1	0	3
31	9617601	宝鸡市农业机械研究所	宝鸡市行政中心6号楼D座603室	721006	0917-3261422	刘建利	752	460	14	0	6	3	7	0
32	9617701	宝鸡市化工研究所	宝平路14号	721001	0917-3577924	刘永红	751	530	16	3	5	0	8	3
33	9618001	咸阳市城市科学研究所	咸阳市秦都区渭阳西路59号	712000	029-33574558	吕信民	752	840	16	1	3	1	8	5
34	9618302	汉中市计量测试所	汉中市将坛西路	723000	0916-2519422	张鸣	752	420	41	5	8	4	27	0
35	9618401	渭南市环境科学研究所	陕西省渭南市朝阳路西段	714000	0913-2158373	王银花	752	610	10	1	2	1	4	0

续表

序号	机构代码	单位详细名称	通讯地址	邮政编码	电话	机构负责人	服务国民经济行业	学科领域	从业人员总数	高级职称人员数	中级职称人员数	科技管理人员数	课题活动人员数	其他人员数
36	9619201	咸阳市地方病防治研究所	咸阳市滨河西路1号	712000	029-38135686	王广顺	754	330	45	3	5	5	3	12
37	9619204	渭南市医药科学研究所	陕西省渭南市胜利大街西段	714000	0913-2073753	李冬春	754	350	12	1	3	12	0	0
38	9665101	西安市社会科学院	陕西省西安市雁塔区西影路74号	710054	029-85519792	夏泽民	755	840	44	9	13	17	23	4
39	9666101	西安市农业科学研究所（中心）	西安市雁塔区长安南路140号	710061	029-85221178	陈崇军	753	210	135	35	33	27	55	29
40	9666102	西安市畜牧技术推广中心	西安市长安南路138号	710061	029-62272065	万毅	753	230	19	6	3	5	0	6
41	9666702	西安市环境卫生科学研究所	西安市南二环西段154号	710075	029-88233647	刘振国	752	610	42	2	12	4	18	4
42	9666801	西安市奶牛育种中心	西安市高新路丽华科技大厦13层	710075	029-88272439	王库良	753	230	33	3	6	4	0	18
43	9667101	西安市纺织科学研究所	西安市碑林区金花南路13号	710048	029-82310886	牛向阳	752	540	23	1	6	3	6	3
44	9667301	西安市轻工业研究所	西安市端履门46号云龙大厦2号楼8层	710001	029-82484353	陈荣	752	550	20	3	7	4	2	14
45	9667601	西安高压电器研究院有限责任公司	西安市西二环北段18号	710077	029-84225614	荀锐锋	392	470	521	98	107	79	243	56
46	9667606	西安市电子技术应用研究所	陕西省西安市丰庆路101号	710082	029-84236680	张广州	751	510	33	7	19	3	21	2
47	9668401	西安市环境保护研究所	西安市莲湖区报恩寺街中段	710002	029-87628203	李平章	751	610	62	10	5	23	12	14
48	9668502	西安市住宅建筑设计研究院	西安市下马陵4号	710001	029-87513421	卜林	751	560	40	2	16	1	17	0
49	9668701	西安市政设计研究院有限公司	西安市朱雀大街中段50号	710068	029-88405798	高中俊	767	560	160	0	0	0	0	0
50	9668801	西安计量技术研究院	西安市劳动南路12号	710068	029-88483811	郭建	752	410	70	4	16	0	0	45

（陈红亚）

全省财政科技经费投入

【省级科技经费】 2009年，省本级科技投入经费共9.45亿元。科技厅科技经费总预算68855.45万元，其中科学事业费12078.69万元，“13115”科技创新专项经费25000万元，应用技术研究与开发经费（原科技三项费）7254.5万元，科技重大专项经费11741万元，科技奖励经费350万元，科研院所离退休人员经费12431.26万元。省级其他部门的科技经费2.57亿元。应用技术研究与开发经费（原科技三项费）、“13115”科技创新专项经费、科技重大专项经费、科技奖励经费均由国库直接支付下达。离退休人员经费按预算逐月拨付。

（条财处）

【10市1区科技经费】 2009年，全省10个市和杨凌示范区财政科技经费投入共38539.97万元。

【县（市、区）科技经费】 2009年，全省107个县（市、区）财政科技经费投入共56539.85万元。

10市、杨凌示范区、107县（市、区）财政科技经费投入表

【西安市】

西安市科技经费投入表

单位：万元

市本级财政科技拨款	市GDP总值	财政科技拨款占GDP额度（%）
19586	27191000	0.07

西安市辖区县科技经费投入表

单位：万元

县（市、区）名称	县（市、区）级财政科技拨款	县（市、区）GDP总值	财政科技拨款占GDP额度（%）
新城区	713	2769700	0.0257
碑林区	856	3002400	0.0285
莲湖区	886	3303800	0.0268
灞桥区	455	1376500	0.0331
未央区	882	3409300	0.0259
雁塔区	1137	5007400	0.0227

续表

县（市、区）名称	县（市、区）级财政科技拨款	县（市、区）GDP总值	财政科技拨款占GDP额度（%）
阎良区	430	784500	0.0548
临潼区	528	1226400	0.0431
长安区	994	2270900	0.0438
蓝田县	204	570600	0.0358
周至县	187	43700	0.4279
户　县	456	902700	0.0505
高陵县	653	1183700	0.0552
合　计	8381		

（尚新玲）

【宝鸡市】

宝鸡市科技经费投入表

单位：万元

市本级财政科技拨款	市GDP总值	财政科技拨款占GDP额度（%）
4090	8065600	0.050

宝鸡市辖县区科技经费投入表

单位：万元

县（市、区）名称	县（市、区）级财科技拨款	县（市、区）GDP总值	财政科技拨款占GDP额度（%）
金台区	716	1518000	0.047
渭滨区	653	2200400	0.030
陈仓区	683	101600	0.068
凤翔县	215	852000	0.025
岐山县	503	835700	0.060
扶风县	205	499000	0.041
眉　县	301	465000	0.065

续表

县（市、区）名称	县（市、区）级财科技拨款	县（市、区）GDP总值	财政科技拨款占GDP额度（%）
麟游县	215	101700	0.021
陇　县	88	256000	0.034
千阳县	186	133300	0.014
太白县	256	76500	0.335
凤　县	407	466500	0.087
合　计	4428		

（王　健）

【咸阳市】

咸阳市科技经费投入表

单位：万元

市本级财政科技拨款	市GDP总值	财政科技拨款占GDP额度(%)
2488	8730000	0.028

咸阳市辖县市区科技经费投入表

单位：万元

县（市、区）名称	县（市、区）级财政科技拨款	县（市、区）GDP总值	财政科技拨款占GDP额度（%）
乾　县	94	59722	0.157
淳化县	54.6	237000	0.023
旬　邑	38	347000	0.011
泾阳县	825	740400	0.1114
彬　县	856	600600	0.1425
长武县	74	178020	0.0416
三原县	150	766000	0.0196
渭城区	165	1496740	0.011
兴平市	30	883350	0.0034

续表

县（市、区）名称	县（市、区）级财政科技拨款	县（市、区）GDP总值	财政科技拨款占GDP额度（%）
秦都区	360	1723400	0.0209
永寿县	294	175200	0.1678
礼泉县	50	500000	0.01
武功县	55	447000	0.012
合　计	3045.6		

（李小红）

【铜川市】

铜川市科技经费投入表

单位：万元

市本级财政科技拨款	市GDP总值	财政科技拨款占GDP额度（%）
454	1558600	0．029

铜川市辖县区科技经费投入表

单位：万元

县（区）名称	县（区）级财政科技拨款	县（区）GDP总值	财政科技拨款占GDP额度（%）
耀州区	746	542400	0.137
印台区	269	392100	0.069
王益区	380	367000	0.103
宜君县	284	105000	0.270
合　计	1679		

（王荣君）

【渭南市】

渭南市科技经费投入表

单位：万元

市本级财政科技拨款	市GDP总值	财政科技拨款占GDP额度（%）
947	6555000	0.0144

渭南市辖县市区科技经费投入表

单位：万元

县（市、区）名称	县（市、区）级财政科技拨款	县（市、区）GDP总额	财政科技拨款占GDP额度（%）
临渭区	125	1020000	0.0123
华 县	849	511000	0.1661
华阴市	157	404900	0.0388
韩城市	1044	1027000	0.1017
潼关县	112	155000	0.0723
大荔县	180	521000	0.0345
蒲城县	81	695000	0.0117
澄城县	157	368000	0.0427
合阳县	534	328700	0.1625
白水县	176	228200	0.0771
富平县	798	500100	0.1596
合 计	4213		

（党春丽）

【榆林市】

榆林市科技经费投入表

单位：万元

市本级财政科技拨款	市GDP总值	财政科技拨款占GDP额度(%)
5358.97	13023100	0.041

榆林市辖县区科技经费投入表

单位：万元

县（区）名称	县（区）级财政科技拨款	县（区）GDP总值	财政科技拨款占GDP额度（%）
榆阳区	1309.6	1833100	0.071
神木县	2585	4526400	0.057
府谷县	2130	1625600	0.131

续表

县（区）名称	县（区）级财政科技拨款	县（区）GDP总值	财政科技拨款占GDP额度（%）
定边县	1855	1193800	0.155
靖边县	2660.5	2032900	0.131
横山县	1098.15	608000	0.181
绥德县	971.12	247800	0.392
米脂县	530	160000	0.331
佳县	340	163400	0.208
清涧县	650	161500	0.402
吴堡县	320	76600	0.418
子洲县	310	200000	0.155
合　计	14759.37		

（霍慧芳）

【延安市】

延安市科技经费投入表

单位：万元

市本级财政科技拨款	市GDP总值	财政科技拨款占GDP额度（%）
1650	7205200	0.029

延安市辖县区科技经费投入表

单位：万元

县（区）名称	县（区）级财政科技拨款	县（区）GDP总值	财政科技拨款占GDP额度（%）
宝塔区	850	1251790	0.0679
吴起县	1800	818720	0.220
志丹县	1280	1210760	0.106
安塞县	1016.67	641190	0.159
子长县	1313.54	505380	0.260
延川县	420	525258	0.080

续表

县（区）名称	县（区）级财政科技拨款	县（区）GDP总值	财政科技拨款占GDP额度（%）
延长县	500	223120	0.224
甘泉县	467	180840	0.258
宜川县	438	96586	0.453
富　县	503	145560	0.346
洛川县	415	978810	0.042
黄陵县	869.3	569380	0.153
黄龙县	149.5	55050	0.272
合　计	10022.01		

（马润波）

【汉中市】

汉中市科技经费投入表

单位：万元

市本级财政科技拨款	市GDP总值	财政科技拨款占GDP（%）
900	4161600	0.022

汉中市所辖县（区）科技经费投入表

单位：万元

县（区）名称	县（区）级财政科技拨款	县（区）GDP总值	财政科技拨款占GDP额度（%）
汉台区	750	890800	0.09
南郑县	600	513000	0.116
城固县	800	603000	0.133
洋　县	220	420000	0.052
西乡县	350	253800	0.140
勉　县	580	471400	0.124
宁强县	600	241700	0.248

续表

县（区）名称	县（区）级财政科技拨款	县（区）GDP总值	财政科技拨款占GDP额度（%）
略阳县	660	302000	0.218
镇巴县	400	213000	0.187
留坝县	200	41000	0.480
佛坪县	100	20000	0.500
合　计	5260		

（党明廷）

【安康市】

安康市科技经费投入表

单位：万元

市本级财政科技拨款	市GDP总值	财政科技拨款占GDP额度（%）
1209	2750000	0.044

安康市辖县区科技经费投入表

单位：万元

县（市、区）名称	县（区）级财政科技拨款	县（市、区）GDP总值	财政科技拨款占GDP额度（%）
汉滨区	192	980510	0.0200
汉阴县	16	238320	0.0067
石泉县	96	224430	0.0430
紫阳县	192	237040	0.0810
岚皋县	89	132940	0.0670
平利县	283	196560	0.1440
镇坪县	63	57080	0.1100
旬阳县	251	470190	0.0534
白河县	420	164350	0.2560
宁陕县	241	98040	0.2460
合　计	1843		

（孟　辉）

【商洛市】

商洛市科技经费投入表

单位：万元

市本级财政科技拨款	市GDP总值	财政科技拨款占GDP额度%
785	2251200	0.03487

商洛市辖县区科技经费投入表

单位：万元

县（区）名	县（区）级财政科技拨款	县（区）GDP总值	财政科技拨款占GDP额度%
商州区	222.67	526300	0.0423
商南县	271.7	227300	0.1195
洛南县	781	380200	0.2054
镇安县	212	296200	0.0716
柞水县	202	234500	0.0861
山阳县	963.5	316600	0.3043
丹凤县	110	274400	0.0401
合　计	2762.87		

（王太生）

【杨凌示范区】

杨凌示范区科技经费投入表

单位：万元

名　称	本级财政科技拨款	本级GDP总值	财政科技拨款占GDP额度（%）
杨凌示范区	1072	398600	0.269
杨陵区	146	398600	0.037

（李　琪）

陕西企业技术中心

2009年，在全球金融危机的不利环境影响下，陕西企业技术中心的建设工作不仅没有丝毫放松，而是迎难而上，进一步加大工作力度，在企业技术中心的数量、研发队伍、研发投入、制度建设、硬件建设、创新能力等方面均有一定程度的提高，取得了显著成效，已成为带动全省工业增长的主要动力。截至2009年底，全省省级以上企业技术中心数量已达到156家（其中，国家级企业技术中心13家，省级企业技术中心143家），约占全省大中型企业总数的30%以上。2009年新产品销售收入占产品销售收入总额的比重达25.5%，一批产业的关键技术取得突破，如国家级企业技术中心，西飞集团技术中心的大型号飞机复材整体结构件研制、计算机集成设计制造、飞机质量量化评估等一批先进核心技术，均达到了国际先进水平甚至是国际领先水平，并成功研制出具有世界竞争力的大型飞机，国际合作由合作生产向合作研制转变，成为“世界级供应商”；西电集团技术中心近三年科技投入18.6亿元，通过自主创新突破了高压、超高压、特高压等输变电设备多项重大核心技术难题，拥有自主知识产权，多项技术处于国际先进水平；庆安集团技术中心则生产出国内唯一拥有自主知识产权的空调压缩机。

经过几年的发展，陕西的企业技术中心已不再是简单定义上的企业研究或开发机构，而是一个能够支撑企业整体发展的具有综合功能的技术创新组织，在研究企业关键技术、核心技术，突破产业技术瓶颈，形成产业链，提升和改造传统产业，提供技术储备等方面发挥着重要作用，已成为全省技术创新体系的重要组成部分和企业科技攻关的核心力量。

工程技术研究中心

【省级工程技术研究中心】 2009年共批准成立省级工程技术研究中心15个

陕西省道路交通检测与装备工程技术研究中心 成立于2009年1月19日，依托单位：长安大学。中心主任（学术委员会主任）：赵祥模（长安大学信息工程学院院长，博士生导师）。主要研究方向：①车辆综合性能检测技术与装备；②道路智能检测技术与装备；③交通信息检测技术与装备。

陕西省粉末冶金工程技术研究中心 成立于2009年1月19日，依托单位：陕西省机械研究院。中心主任（学术委员会主任）：宋晓平。主要研究方向：①高强度、高密度、高精度、高复杂度的铁基粉末冶金机械零部件产品技术开发以及采用新材料、新技术、新工艺的粉末冶金汽车关键零部件产品的技术开发；②纳米结构材料；③新型电子电器功能材料。

陕西省甲醇衍生物及聚合物材料工程技术研究中心 成立于2009年3月12日，依托单位：陕西煤化工技术开发中心有限责任公司。中心主任（学术委员会主任）：尚建选。主要研究方向：①甲醇制醋酸/醋酐催化剂及生产工艺研究；②聚甲醛催化剂及生产工艺研究；③其他甲醇衍生物及聚合物材料研究。

陕西省河流工程技术研究中心 成立于2009年4月20日，依托单位：陕西秦安河流研究所。中心主任（学术委员会主任）：冯普林。主要研究方向：①治河泥沙与防洪；②水资源优化配置与节水；③河流健康评估与环境改善。

陕西省核反应堆堆芯用稀有金属材料工程技术研究中心 成立于2009年7月27日，依托单位：西北有色金属研究院。中心主任（学术委员会主任）：杜明焕（西北有色金属研究院副院长，高级工程师）。主要研究方向：①核用稀有金属材料基础研究；②为核电站、核动力堆、化工、高科技领域开发新材料；③锆铪材的质量保证体系研究。

陕西省工业有机废水处理工程技术研究中心 成立于2009年7月27日，依托单位：西安交通大学。中心主任（学术委员会主任）：贺延龄。主要研究方向：①造纸工业污染源、清洁生产研究；②节水、节能减排工艺与应用研究；③造纸废水处理的成套工艺与关键设备开发。

陕西省黑色有机食品工程技术研究中心 成立于2009年7月27日，依托单位：陕西省朱鹮黑米酒业有限公司。中心主任（学术委员会主任）：李天刚。主要研究方向：①黑米及其他黑色食物种质资源研究及优质黑色有机食物生产基地建设；②黑米及其他褐色食品营养评价及功能特性研究；③黑米及其他黑色食品深加工及综合利用技术研究；④黑色有机食品认证及食品安全与标准化研究。

陕西省药用植物物效研究与新药创制工程技术研究中心 成立于2009年7月27日，依托单位：第四军医大学。中心主任（学术委员会主任）：王四旺（第四军医大学药学系药物研究所所长，教授）。主要研究方向：①陕产大宗药用植物药效基础研究；②治疗重大疾病的新药创制。

陕西省口腔生物工程工程技术研究中心 成立于2009年7月27日，依托单位：第四军医大学口腔医学院。中心主任（学术委员会主任）：刘宝林。主要研究方向：①自动化、智能化口腔修复技术；②口腔修复新材料新工艺；③口腔修复临床的生物基础研究；④牵张成骨技术与骨牵张器研制。

陕西省工业烟尘治理工程技术研究中心 成立于2009年10月10日，依托单位：西安西矿环保科技有限公司。中心主任（学术委员会主任）：王毅。主要研究方向：紧密围绕工业窑炉烟气除尘领域靠站应用新技术、新结构、新工艺和新装备研究。重点开展确立除尘技术的气流分布；清灰装置及机理；电极配置优化；高效节能控制；安全防爆装置等。

陕西省红枣工程技术研究中心 成立于2009年11月19日，依托单位：清涧县巨鹰枣业有限责任公司。主要研究方向：①优良品种资源的收集和良种选育；②有机红枣生产技术研究及产业化示范；③鲜食枣示范基地的建立与产品的开发；④红枣保鲜与干制技术的示范推广；⑤红枣粗、综、深新产品开发与工业化生产；⑥红枣病虫害抗裂技术的研究应用；⑦红枣低产园改造推广；⑧红枣区域网络信息平台建设。

陕西省产业用纺织品工程技术研究中心 成立于2009年11月19日，依托单位：西安工程大学。联合共建单位：陕西华特玻璃纤维有限公司。中心主任（学术委员会主任）：姚穆（中国工程院院士，纺织材料专家）。主要研究方向：①产业用纺织原材料生产技术研究开发；②工程类纺织结构的制造技术研究开发。主要研究内容：①产业用高性能、功能纤维材料研发；②军工配套管件材料及工程化；③环境、建筑用纺织制品开发。

陕西省煤矿灾害防治及应急救援工程技术研究中心 成立于2009年12月30日，依托单位：西安科技大学。中心主任（学术委员会主任）：邓军（博士生导师）。主要研究方向：①煤层火灾预警与防治技术；②矿井通风与瓦斯灾害控制技术；③煤矿重大灾害事故应急救援技术。

陕西省文物岩土工程技术研究中心 成立于2009年12月30日，依托单位：机械工业勘察设计研究院。中心主任（学术委员会主任）：郑建国。主要研究方向：①文物岩土勘察无损探测技术研究；②工程建设活动对文物的安全性评估研究；③文物加固技术研究；④文物岩土工程标准化研究。

陕西省非金属矿工程技术研究中心 成立于2009年12月30日，依托单位：咸阳非金属矿研究设计院。中心主任（学术委员会主任）：尹小冬（咸阳非金属矿研究设计院院长，教授级高级工程师）。主要研究方向：①非金属矿新产品开发；②非金属矿超细粉碎提纯示范基地；③非金属矿制品检验及标准化研究。

（计划处）

科技基础条件平台建设

【陕西省大型科学仪器设备共享平台】 截至2009年底，陕西省大型科学仪器协作共用核心网共有61家网员单位，仪器设备293台（套），总价值约4.84亿元；同比去年新增网员单位4家，新增设备9

台（套）。信息网拥有仪器设备5622台，价值约32亿元。据统计，2009年核心网共支持国家级重大科研项目600多项，省级科研项目800多项，对外检测样品总数30万件，服务单位1400家，创造直接经济效益2800万元。

2009年制定了《陕西省大型科学仪器协作共用管理办法》，即将进入立法程序。2009年建立了陕西省公共检测中心，成立了“陕西省材料分析研究中心”“陕西省化学品检测中心”。陕西省化学品检测中心是联合西安近代化学研究所、西北大学、陕西师范大学、西安工程大学等单位组建而成，于2009年10月10日正式挂牌对外开展服务。该中心共有100多台（套）大型科学仪器设备，总价值约1.3亿元，技术专家100余名。

【陕西省科技图书文献资源共享平台】 2009年，陕西省科技图书文献资源共享平台吸纳长安大学图书馆、西安建筑科技大学图书馆为共享成员单位。2009年陕西省科技文献共享平台的原文请求量依然居全国之首。每月20日按时更新40多万条中文科技期刊数据，年更新500多万条。截至12月底，NSTL站点访问量达74.6万人次，文献检索量479.6万次，原文请求33.8万页。

【陕西省科学数据共享平台】 2009年，建立了数据平台门户网站：建立元数据资源目录，实现对现有各数据中心和专业数据库元数据目录检索，整理汇集了自然科学、农业科学、医药卫生、工程技术、 人文与社会科学等5大类824个国内外数据库信息。初步建成两个不同数据类型的省级数据中心“陕西省科技管理数据中心”和“陕西省地质与矿产资源数据中心”。陕西省科技管理数据中心开发了1个“管理数据中心网站”和8个数据库，年内对数据平台中的数据库及时进行更新，截至年底已录入第一批数据1.35万多条，新增主要科技指标数据500条、政策法规数据63条、科技成果数据590条、获奖项目数据52条，更新科研机构数据130条。陕西省地质矿产数据中心完成了基础地质、矿产资源、水资源、环境地质、物化探测与遥感地质5大专业数据库整理和建设，共建立了20余个地质与矿产资源科学数据图集或数据库；开发了金相图谱、X射线衍射单晶指标、陕西省微生物菌种资源3个独立数据库。

【陕西省自然科技资源共享平台】 2009年，制定了《陕西省实验动物管理办法》，即将进入立法程序。年内组织专家对已发放实验动物生产和使用许可证的10家单位开展了年检工作，并对符合条件的第四军医大学口腔医院实验动物中心发放了实验动物使用许可证。2009年，依托第四军医大学实验动物中心、西安交通大学动物中心和陕西迪乐普生物科技有限公司建成了服务全省的实验动物供应体系，每年可为全省提供合格的SPF大、小鼠10万余只，普通级标准化实验动物2万余只，满足了全省科研工作的需求。建成了转基因动物制作及其遗传分析技术平台，培育成功了中国第一个转基因家兔，举办了“2009国际转基因家兔年会”。

（条财处）

陕西能源化工研究院简介

陕西能源化工研究院按照“依托高校、企业参与、背靠政府、市场引导、资助运行”的原则，由省发改委牵头，以西北大学为依托，省科技厅、陕西延长石油(集团)有限责任公司、陕西煤业集团有限公司、陕西鼓风机(集团)有限公司、陕西有色金属控股集团有限公司和兖矿集团等政府部门和多家大型能源化工企业等方面有效资源，于2009年6月经陕西省政府批准组建而成。专门从事能源资源综合勘探开发、能源化工、资源转化、环境保护、能源经济管理等领域的技术创新、咨询服务。研究院实行理事会领导下的独立事业法人，企业化管理、市场化运作的管理模式。陕西能源化工研究院把为全面提升全省能源化工领域自主创新能力、解决重大科学与技术问题的能力，为陕西省能源化工产业的可持续发展提供科学与技术支撑作为其战略目标，直接为陕北能源化工基地建设提供技术支撑和服务，直接参与和组织实施陕北能源化工基地建设过程中重大科技项目的技术攻关。目前研究院已经与陕西延长石油集团有限公司、美国和加拿大等国内外大中型企业进行着多个项目的合作与开发研究。研究院的成立对推进陕西省能源化工领域科技创新体系的建设，提升能源化工产业技术水平和企业竞争力，带动陕西省社会经济的健康快速发展起到积极的作用。

陕西省委科技工委　省科技厅
直属　直管　协管科研单位(部分)科技工作简述

【陕西省生产力促进中心】 2009年，陕西省生产力促进中心深入学习实践科学发展观，坚持“积极探索、大胆创新、重点突破、全面发展”的方针，以深化大型科学仪器协作共用及公共检测、创新方法推广培训、技术转移、科技信息、工业设计网络协作技术等服务平台建设为主线，以创新内部管理体制机制为支撑，以改善基础条件为保障，紧紧围绕“13115”科技创新工程、陕西省科技资源中心建设等全省科技工作重点，进一步创新发展模式，不断强化服务能力建设，积极构建和谐与创新型中心。

年内，该中心的国际合作与交流工作、中药现代化信息服务、民营科技协会、各类培训服务、人才队伍建设、文明单位创建等工作都有较大的进展，并完成上级部门布置的各项工作任务和相关项目的结题与验收工作。中心独立组织赴港澳科技考察团3期，成功开拓了新的科技考察项目。组织赴台湾科技考察团3期，共组织出访团队7个，服务企业达120多家，交流人员160余人，协助落实了清洁生产两家试点企业的审核与上报工作，完成了澳门教师科普考察团一行55人的公务接待工作。省民营科技实业家协会组织全省40多家企业参加了第四届中国民营企业科技产品博览会；省分析测试协会编辑出版《协作共用与分析测试》杂志3期，举办技术讲座培训班2期，召开了陕西省分析测试实验室协作交流会议及第二届陕西省分析测试协会优秀论文交流会，汇编出版了《陕西省分析测试协会2009论文集》。

该中心按照科技部、财政部《关于开展地方科技基础条件资源调查工作的通知》要求，对陕西省10个厅局61家单位的科技基础条件资源进行了为期2个月的全面普查，及时向科技部提交了翔实的普查数据。根据科技部《关于做好支持科技人员服务企业的通知》精神，完成了省科技厅“科技人员服务企业行动”的项目征集工作，提交备选项目272项，立项50项，每项获得支持资金40万元。按照《陕西省人民政府办公厅关于进一步做好普通高校毕业生就业见习工作的意见》精神，及时向省人力资源和社会保障厅上报了高校毕业生就业见习需求计划，接收毕业见习生13人，为其配备了专业能力强的实习指导老师，给予一定的见习补助。完成了ISO9001:2008质量管理体系换证工作。制定出台了《陕西省生产力促进中心绩效考核管理办法》《中心职称申报及岗位聘用管理办法》，与部门签订了《年度目标责任书》。中心还充分利用各类师资资源，组织开展了学历教育、质量体系、网站项目经理、合作3G网络工程师培训班等多种类型培训班10余期，培训人员500多人次。

（曹馨升）

【陕西省科学技术信息研究所】 实施“资源立所、技术强所、人才兴所”战略，推动各项业务工作全面开展。与2008年相比，陕西省科技信息研究所科技资源共享平台建设与科技文献共享服务，有了新的发展与突破。科技文献资源共享平台原文提供量，连续第5年在全国位居第一，全年查新项目近1500余项，网站访问量13.4万人次，文献检索47.6万次；主办或参与主办的省级学术报告等各级各类科技工作会议共计5次，参与人数超过200人。2009年对科技管理数据中心的数据内容进行了更新，为建设中的陕西省科技资源中心修改完善了《陕西省科学数据共享平台试点方案（草案）》，并为开展陕西省科学数据共享平台二期建设进行了准备。陕西省科技信息研究所撰写完成了“建国60年科技发展历程”总述、《陕西省（MDG）碳市场战略规划框架》《陕西省科普统计分析报告》和《陕西省关于（可持续发展实验区管理办法）》；参与了省政府向中央领导汇报杨凌示范区发展建设情况的报告撰写，参与了“环保装备技术研发和产业化”调研，完成了《陕西省环境保护装备技术研发和产业化发展规划——固体废弃物处理设备、环卫洁净领域规划》的撰写；编制撰写了《2008陕西省科技发展报告》《2008科技统计报告》《2009陕西科技统计数据》《2009陕西科技统计年鉴》《2009陕西省科学技术研究成果公报》《陕西省科技期刊研究报告》；编辑出版《陕西科技年鉴》（2009卷），《情报杂志》12期正刊，2期增刊。继续开展《陕西省科技志》续编工作。拍摄完成了“2009年陕西省暨西安市科技活动周”等各类专题片9部。

2009年陕西省科技信息研究所申报承担项目课题18项，其中在研项目有：“陕西省主导产业科技情报服务平台建设”“陕西省科学数据共享平台建设”“陕西省科学数据共享平台扩建和数据调查”“陕西省科技创新服务平台建设-面向陕西省企业自主创新的科技情报服务方案研究”“陕西省装备制造业文献服务平台建设方案研究”“陕西省区域优势产业农业科技专家大院建设与示范”“农业科技专家大院创业服务平台建设”“陕西省农村科技服务体系建设”“第四代智能型多功能微耕机的研制与推广”“基于网络的陕西省科研院所综合信息管理与分析评价系统”“陕西省科学数据集成共享与运行机制研究”“省科技志续修规范与实践探讨研究”“西北旱作农业区域农村建设关键技术集成与示范子项目：西北旱作农业示范区科技服务体系建设”等13项。另有“陕西省文献资源共享深入优化研究”和“科技查新信息资源管理与利用研究”2个项目分别获得陕西省社科信息学会优秀奖。2009年该所撰写发表的学术论文共计14篇。

（李　瑜）

【陕西省科技培训中心】 2009年，陕西省科技培训中心科技培训工作紧密围绕委、厅干部教育培训规划要求，按照《中心科技培训工作中长期发展规划》，围绕全省科技工作、区域科技经济发展、市县科技进步、科研院所发展、人才队伍建设及院地合作等举办专项科技培训7期，培训人数430人次；以科技致富带头人培养、科技服务灾后重建及科技服务体系建设等为主题举办培训班13期，培训人数1300人次；制作了新的农业科技远程培训课件，开展农村科技远程教育培训，推广农业实用技术，开展农村乡土人才培训，促进农民增收、民生改善。通过开展多种形式的科技培训，提高了委厅系统科技管理干部和省内部分农村劳动者的素质。

该中心配合委、厅制定干部教育培训计划与实施方案。根据《陕西省2008—2012年大规模培训干部工作实施意见》精神，结合科技管理干部实际，配合委、厅制定了《中共陕西省委科技工委、陕西省科技厅干部培训工作计划》及《中共陕西省委科技工委、陕西省科技厅2009年干部培训方案》，计划用4年时间，对市县科技管理干部、委厅系统领导干部和青年干部轮训一遍。累计培训人数800人，培训时间每人不少于40学时。这个计划使科技管理干部培训工作制度化、规范化，形成了有序运行的工作机制，为全面完成干部教育培训任务提供了保障。该中心承担的星火科技“12396”信息服务体系建设工作取得成效，大力开展了农村星火科技远程培训，积极实施陕西省乡土带头人科技培训，进一步抓紧抓好了农村党员干部现代远程教育“农村科技与应用”专题教材制播工作。

在计算机软件考试与人才培训工作上，该中心注重加强了与国家和省级业务主管部门的联系，协调全国软考办和省人力资源和社会保障厅、省科技厅等主管部门实施了两次信息技术处理员嵌入式教学试点考试，争取省人力资源和社会保障厅出台了“获得软考证书者可免试职称外语”的政策，为软考发展营造了良好的政策环境。通过报纸、网络、海报、宣传单以及深入高校巡回讲座等方式进行广泛宣传，增设40个报名点。周密安排，精心组织实施报名、考试、阅卷等工作，考试规模、质量、水平、效益等均有了大的突破和提高。全年报考人数达14012人，比2008年增长了67%，再创全省软考报名人数新高，跃居全国第四位。为更好地为全省IT产业用人单位和考生服务，为全省信息产业发展提供人才支撑和人才储备，中心加强了与全省IT产业用人单位尤其是西安高新区软件园企业的联系、交流与合作，并与10家企业签订了人才输送意向，在企业和考生之间搭建服务平台，全年免费推荐考生就业达200多人。

该中心在职业技能培训工作上，承担了省“人人技能”工程培训项目的工作，从省人力资源和社会保障厅争取到500名的短期培训指标任务。为完成这一任务，该中心一是加大了招生宣传力度，一方面采用户外张贴喷绘广告、散发招生简章以及网站的形式进行宣传，利用中考、高考的契机，到长安、雁塔等考区散发招生简章2000多份；另一方面在已设立省计算机技术学校西安美佳招生培训点的基础上，2009年又在商洛市丹凤县设立了招生培训点。全年共招收学员506人。二是加强教学管理。在省计算机技术学校本部自主招生的170名学员的教学工作中，不断总结经验，改进教学方法，提高教学水平，学员们反映收获很大。并指导教学点制定了教学计划，分阶段检查其实施情况，多次赴商洛市丹凤县和西安美佳教学点进行检查指导，及时解决了问题。三是为确保学员百分百就业，积极联系就业单位，该中心先后到西安高新区、西安经济开发区、西安市阎良区等地的有关企业联系，共落实陕西华讯网络传媒有限公司等33家就业单位，学员全部得到就业安置。

（杜学军）

【陕西省软科学研究所】 2009年，陕西省软科学研究所在软科学研究、软科学服务以及软科学交流等方面紧密围绕全省科技工作重点，以贴近战略、贴近应用、贴近管理为原则，积极拓展研究领域和方向，提升研究质量和水平，加强体制建设和人才建设。在软科学研究获奖方面，该所承担的国家软科学研究计划项目“地方财政科技投入绩效管理的实务问题研究”获2009年度省科技进步三等奖；承担的陕西省软科学研究计划项目“陕西省宏观管理与政策学科发展战略及优先选择领域研究”获2009年陕西高等学术科学技术二等奖。在软科学研究方面，全年共承担各类软科学研究项目14项，其中国家级4项，省级9项，其他1项。陕西省软科学研究计划重点项目“在陕工程技术研究中心绩效考核和管理创新研究”通过全面调查分析，已初步构建了在陕工程技术研究中心绩效考核指标体系，形成了工程技术研究中心管理细则和绩效考核办法。陕西省软科学研究计划项目“创新型陕西与科技人才队伍建设研究”对全省科技人才发展进行趋势分析和需求预测，提出陕西省未来10年的科技人才规划，研究成果已被省委“陕西省人才发展中长期规划”采纳。由国家科技部与加拿大国际发展研究中心共同资助的“中国西部区域自主创新战略研究”子课题“陕西农业自主创新战略研究”、国家软科学研究计划重大项目（部省合作项目）“秦巴山区（陕南）可持续发展战略及实验园区建设可行性研究”的子课题“秦巴山区（陕南）特色矿业与新型材料业可持续发展战略研究”2个课题已基本完成，待验收。

在软科学调研与管理服务方面，2009年，该所配合省科技厅多个处室开展专题调研，参与科技管理及制度建设，完成“关于我省工业技术研究院在以西安为中心的统筹科技资源改革示范基地中的定位和作用的调研”工作，完成“关中—天水经济区统筹科技资源的财税支持政策研究”调研工作，参与2010年度陕西软科学研究计划重大项目征询工作和2009年省级软科学研究出版计划项目“21世纪科技与社会发展丛书（陕西篇）”的出版发行工作，编写《陕西省实验动物管理办法》《陕西省大型仪器设备管理办法》，为省财政厅起草《关于加强省级教科文专项资金整合的意见》《陕西省文物及艺术品交易市场可行性研究》《陕西省重大文化精品项目专项资金管理暂行办法（讨论稿）》等。

在软科学交流与合作方面，2009年，省软科学研究所积极加强与国内同类机构的交流与合作，参加相关学术会议，其中，《创新型陕西与科技人才队伍建设研究报告》在全国“高层次科技人才队伍建设专题研讨班”上进行了交流；《陕西生物医药产业技术路线图研究》在“第五届全国技术预见学术研讨会——全国技术预见与科技规划理论与实践研讨会”上交流；与此同时，陕西省软科学研究所作为秘书长单位，在西安成功主办了“全国地方软科学研究机构合作与发展联谊会”2009年年会，该联谊会由北京、上海、天津等14家地方软科学研究机构组成，重在进行机构管理和业务经验方面的交流与合作。由该所编辑的《陕西决策咨询》，2009年共出版8期，其中2期得到了省长的批示。

（李湄青）

【陕西省农村科技开发中心】 2009年，陕西省农村科技开发中心科研工作取得显著成绩。承担的科研项目包含国家支撑计划课题、国家农业科技成果转化资金项目、陕西省“13115”科技创新工程重大科技专项、陕西省果业发展项目。荣获陕西省科学技术一等奖1项，鉴定科技成果1项，通过科技计划项目验收2项。在科技系统2009年度目标责任制考核中荣获先进单位。

2009年，该中心承担完成的“华优猕猴桃新品种选育及栽培技术研究”获得陕西省科学技术一等奖。该品种具有树势强旺、稳产高产、抗溃疡病、果实品质优、耐贮藏、货架期长等突出特点，适宜秦岭北麓和猕猴桃主产区大面积栽植。这是中心近年来承担陕西省重大科技创新专项资金项目和国家农业科技成果转化资金项目取得的重大科研成果。承担的国家星火计划“绿色社区设计及住宅建造技术开发与应用”和陕西省科技发展计划“新农村绿色社区及住宅建造技术开发与示范”课题完成了目标任务，通过了结题验收。“绿色乡村社区设计及住宅建造技术开发”通过省科技厅组织的科技成果鉴定，标志着该中心在新农村建设技术开发与示范方面取得了阶段性成果。

中心与相关大学、科研单位共同承担了国家支撑计划“地震灾后新农村建设技术集成与示范”之“陕南灾后绿色乡村社区建设技术集成与示范”课题，初步筛选出适合于宁强县气候特点种植的油菜、水稻良种，并进行了示范推广；资助骆家嘴村建成了年产10万袋菌种的“食用菌良种快繁中心”；给骆家嘴村提供绿化苗木600株、优质薄皮核桃苗木10000株，建设环村绿化林带。中心承担的陕西省“13115”科技创新工程重大科技专项“猕猴桃雄株培育与花粉工厂化生产技术研究与开发”，进行了猕猴桃雄性资源圃及采穗圃基础设施建设，建立了雄株生产园40亩；进行了猕猴桃花粉生产工艺研究及小试生产，完成了中试工厂基础设施建设，自主研发出花朵研磨机，正在进行花粉分离核心设备研制。承担的陕西省果业发展项目“猕猴桃溃疡病防治技术示范”，初步筛选出猕猴桃溃疡病防治药剂，提出了有效的防治方法，将对遏制猕猴桃溃疡病在省内爆发的势头起到重要作用。

（刘　进）

【陕西省科学器材公司】 陕西省科学器材公司以科研服务为方向，为科研院所、高等院校、工矿企业、医学卫生、环境保护等单位提供国内外科学仪器设备，组织国内外先进科学器材的展览、新产品推广和仪器设备综合技术交流。公司依托自身对科学仪器的应用信息和维修技术的资源优势，建立了较为完善的科学仪器综合技术服务体系，向科学仪器使用单位提供可靠的科学仪器信息、实验室技术实施方案、仪器升级改造、保修、维修等方面的技术服务。2009年，公司承担并开始实施“13115”科技创新工程公共服务平台建设项目“陕西省科学仪器应用维护及综合技术服务平台建设”，该项目运用现代信息技术和较为成熟的仪器维修服务力量，努力提升科研、教学、生产和技术创新等单位对各类仪器设备的有效利用程度和科学仪器的应用维护能力，降低科学仪器在购置、使用、专业技术交流、日常维护及故障处理等方面的运行成本，起到了资源优化配置、减少浪费的作用。通过科学仪器应用维护及综合服务平台工作的开展，力争打破条块分割和行业、区域的限制，加强科学仪器网络化、专业化的技术服务，达到具备专业水平和鲜明特点，使陕西科学仪器应用维护及综合技术服务平台成为全省科研、教育、各行业领域的企事业单位仪器设备技术转移的媒介，形成辐射全省的科学仪器应用维护、综合技术服务和资源共享的仪器设备基础条件服务基地。为全省科技事业的快速发展提供坚实的服务保障。

按照陕西省科技资源中心建设框架，围绕“四大平台，十个系统”的职责任务，结合陕西省科学器材公司特有的科学仪器资源条件和服务能力，随着科学仪器应用维护及综合服务工作的不断深入，将逐步形成科学仪器产品、科学仪器应用、技术专家支持等科学仪器应用信息库，建立仪器采购策划、仪器技术咨询、仪器安装调试、仪器维修维护等科学仪器服务体系和仪器操作应用技术培训服务系统。服务平台采取服务窗口和现场科学仪器巡检相结合的模式运作，提供开放式的服务和定制服务，组建科学仪器运行设计、科学仪器特约维修站（点）、科学仪器信息资源共享等联盟，实现与省科技资源中心有效对接，与本地相关资源共享。

（刘　建）

【陕西省杂交油菜研究中心】 2009年，陕西省杂交油菜研究中心紧紧围绕科研育种和单位迁建两大主题，大力研发提升油菜科研创新能力，积极稳妥实施单位迁入杨凌建设项目，并取得了较大进展。

承担的国家“863”“973”“948”“科技支撑”计划项目子课题，现代农业产业体系育种科学家岗位和省“13115”重大科技专项等项目，均完成了阶段性目标任务。特别是独立完成的“甘蓝型油菜特高含油量育种技术研究与资源创新”项目通过省科技成果鉴定，并获2009年度渭南市科学技术奖一等奖。该项目是由中心研究员李殿荣和课题组其他专家，采用多基因聚合育种，生态育种，黄籽育种，双单倍体育种，并利用具有自主知识产权的化学杂交剂“SX-1”进行化杀育种等，将油菜种质材料的含油量由40%左右提高到60%，杂交种的含油量提高到50%以上。2009年4月，陕西省科技厅主持的由中国工程院院士傅廷栋、官春云和中国农科院油料所所长、研究员王汉中等15位全国著名油菜专家组成的鉴定委员会一致认为：“获得的高油种质材料的含油量达60%左右，是一项居国际领先水平的科研成果，其应用前景广阔，预期社会经济效益十分显著”。此外，育成的高油双低优质杂交油菜新品种“秦优19”，春油菜新品种“秦杂油 3 号”，优质强筋小麦新品种“陕垦 6 号”等3个品种分别通过国家或省级审定；甘蓝型双低优质杂交油菜新品种“秦杂油1号”被授予植物新品种权。“秦优7号”“秦杂油1号”等系列油菜品种推广面积515.7万亩，新增产值5.16亿元。年内，该中心还申请到“三秦学者”岗位，省“13115”科技创新工程项目“陕西省杂交油菜工程技术研究中心”和省发改委“陕西省油菜工程研究中心”建设项目。迁入杨凌建设项目经省发改委批复立项，投资到位经费2150万元，完成了建址、测绘、勘察和初步规划设计工作，平整了试验基地，按照政策规定办理了相关手续，认真开展了项目实施的深入调研工作。

（常红娟）

【西安电力电子技术研究所】 2009年，西安电力电子技术研究所紧密围绕“科学发展，自主创新”这一企业发展的灵魂和战略的核心，通过对特大功率电力半导体器件工艺技术、产品开发及其相关共性技术的研究，对新型电力电子器件（IGBT）及电力电子应用技术的研究以及对新型节能大功率电源的研究，不断提升该所的技术水平，继续引领国内电力电子技术行业的发展方向和水平，保持世界先进水平地位，使之成为国内外电力半导体器件产品开发和应用产业基地。

2009年，西安电力电子技术研究所共承担科研项目11项。其中，“特高压大功率6英寸晶闸管产业化”“IGBT器件测试系统设备研制和产业化”“新型节能大功率电源及特高压大功率阀片产业化”等3项为国家发改委项目；“新型电力电子器件及电力电子集成技术”“电化学工业大功率高频电源装备及其工艺过程控制系统研究”“特高压超大功率电力半导体器件测试技术研究”“特高压晶闸管高寿命、高均匀性掺杂技术”“特高压晶闸管结终端造型技术研究”等5项为国家科技部项目；“工业用5英寸超大功率晶闸管产业化”“±800kV特高压直流输电用光控晶闸管”等2项为陕西省科技厅项目；“电化学工业用大功率电源装备产业化”为西安市科技局项目。“新型节能大功率电源及特高压大功率阀片产业化”“特高压晶闸管结终端造型技术研究”“±800kV特高压直流输电用光控晶闸管”“电化学工业用大功率电源装备产业化”等4项为2009年新立项项目。“特高压超大功率电力半导体器件测试技术研究”项目2009年完成。该项目研制出电控晶闸管电流上升率（di/dt）测试台及配套压力测试夹具、光控晶闸管关断时间（tq）测试台及配套压力测试夹具、光控晶闸管静态参数综合测试台等三台测试设备。项目产品的应用保障了直流输电用晶闸管的性能、可靠性。同时，随着技术不断成熟，逐渐向其他功率等级的大功率器件和派生器件推广，提高国内整个电力电子技术行业的技术水平。

（耿 涛）

【西安电炉研究所有限公司】 2009年，西安电炉研究所有限公司高度重视科技开发工作，强化了科技研发机制，形成了以研究部为科技创新主体，科研技术质量部为科技开发管理归口部门，技术委员会为技术决策机构的技术研发体系。形成了各部门积极配合，员工广泛参与的科技开发格局。

2009年，该公司在科研项目方面取得重大突破。新立科研项目3项，其中国家科技部科研院所技术开发专项资金项目1项，陕西省“13115”科技创新工程重大科技专项2项。主要在研项目24项，年内已完成10项，其中“9000kVA高温碳化电炉成套设备”是国家科技支撑计划（“863”计划）“攀钢高炉渣高温碳化生产26kt/a碳化渣中试线”工程中的核心设备，属于高温碳化、低温氯化中试线工程。该设备由西炉公司和攀枝花钢铁研究院合作并结合高炉渣高温碳化工艺而开发出来的新型炉种，该设备在攀钢巴关河渣厂一次性热负荷试车成功，并按工艺要求生产出第一炉碳化渣产品。“高温正、回火热处理电阻炉”是对军用球扁钢件进行高温正火、回火热处理的专用设备生产线。其主要备由一台正火炉、回火炉、三维复合装卸料台车和温度控制、程序控制、微机控制系统组成，可实现连续式生产，克服了变温间断式操作，炉体续热损失大，台车侧密封不易严密，台车出炉时热损失极大的问题，从而提高了炉子热效率。设备各项性能均已达标，并通过验收。“3500kVA低碳锰铁精炼炉”主要用于中低碳锰铁的精炼及其他品种铁合金的冶炼。全套设备由电炉变压器、高压柜、大电流线路、炉体、矮烟罩及水冷炉盖、加料装置等设备组成。该设备的创新点是采用了可拆卸管式水冷炉盖，液压系统采用变量泵、比例阀技术，低压电器控制采用PLC程序控制，电极升降调节系统自动控制。设备投产运行状况良好，已通过验收。

在行业管理方面，挂靠在该公司的全国工业电热设备标准化技术委员会主编的国家标准《电热装置的试验方法》的第7部分——“具有电子枪的电热装置”获中华人民共和国国家标准局批准颁布（标准号：GB/T 10066.7-2009）。挂靠在该公司的中国电工技术学会电热专业委员会荣获“中国电工技术学会第六届理事会先进集体”三等奖，并完成《中国电器工业年鉴〈电炉及工业炉行业概况〉》的编撰工作；由该公司主办的面向国内外公开发行的专业电热杂志《工业加热》，2009年被评为“陕西省优秀科技期刊”，全年共刊发论文130余篇，其中公司员工在该刊物发表的三篇学术论文“电弧炉烟尘的循环利用”“电弧炼钢技术的发展趋势”“铜钢复合导电横臂的设计制造与维护”均获2009年中冶集团优秀论文三等奖。在知识产权保护方面，该公司重视自主研发技术的保护意识，为鼓励员工专利申报积极性，专门建立了专利申请激励机制，并分批次组织了相关专利知识培训，号召员工积极申报国家专利。全年该公司共获国家知识产权局授权的实用新型专利15件，获国家知识产权局受理的新申请专利16件，其中实用新型专利14件，发明专利2件。另外，该公司被陕西省科学技术厅认定为“陕西省2009年度第一批高新技术企业”并被陕西省科技厅授予“2009年度陕西省科技统计工作先进单位”称号。

（吴海萍）

【信息产业部电子综合勘查研究院】 2009年，信息产业部电子综合勘察研究院紧紧围绕“坚持科学发展，整合各方资源，提升科研实力，建设勘察强院”的实践科学发展观载体，推动了生产、科研工作的发展，生产产值首次突破2亿元。

科技工作方面，2009年7月，陕西省人民政府批准依托电勘院组建陕西省土体工程技术研究中心。研发方向是立足西部、特别是西北地区和陕西省重大工程建设项目开展有关土体工程中的重大关键新技术研究，其主要内容是围绕节能、节材、降耗和绿色环保开展研究开发，进一步推动土体工程技术研究的进步和发展。2009年申报沙漠地基设计及处理技术的应用研究等5项科研项目。

科研创新方面，在地质灾害治理中，将大型高速公路高边坡格构锚索技法引入到地灾滑坡治理施工中，加快了施工速度，优化节省费用1/3；承担西安市第四污水处理厂提升站深基坑（-19m）支护工程，研究采用了在工民建工程很少使用的内支撑工艺，保证了工期按时完成，降低了成本；研究采用快速堵漏工艺应用于西安地铁沿线突发性渗涌水处理。

2009年参加编写《建筑场地墓坑探查与处理规范》；参加编写的《湿陷性黄土地区建筑基坑工程安全技术规程》》已于2009年7月正式实施。全年在刊物上发表科技论文6篇。

2009年获得陕西省优秀工程勘察奖3项：兰乔圣菲8、9号楼及地下车库获得优秀岩土工程勘察二等奖，技术特点是西安西高新第一座以CFG桩工艺施工的28层以上建筑，具有指导意义；都市之门（西高新管委会大楼）获得优秀岩土工程勘察三等奖，技术特点是在传统灌注桩工艺中引入后压浆工艺，节省资金200万元；西安太乙路路桥建设拆迁安置项目获得优秀岩土工程勘察三等奖，技术特点是桩深范围全部采用静三轴指标验算，技术含量高，计算精确。

（贯　亥）

【陕西省机械研究院】 2009年，陕西省机械研究院以深入学习实践科学发展观活动为契机，统筹规划、科学分析、果断决策，从容应对国际金融危机带来的困难和挑战。全院职工坚定信心，顽强拼搏，扎实工作，共克时艰，有效遏制了经济下滑的态势，确保全年科研生产经营总体目标的完成。全年该院共完成技工贸总收入3800万元，比上年增长21.9%；在职职工年收入增长10%以上。科技创新和新产品开发成绩显著。2009年，陕西省机械研究院华夏粉末冶金有限责任公司重点开发的“摆线液压马达系列粉末冶金产品”，实现小批量生产供货；研发的外贸产品摆线转子泵粉末冶金“内外转子系列产品”实现了2009年开发，年内批量生产，成为该公司新产品开发中的一个亮点；该公司还重点开发了汽车变速箱12挡同步器锥环，2010年有望进入市场，实现批量生产。陕西省机械研究院华斯特棉检仪器有限责任公司承接的国家质检公益性行业科研项目“不同存储条件下棉包分层回潮率变化规律研究”，年内项目已全面启动，先后在无锡、郑州、库尔勒和公司实验室进行实验数据采集、运算等工作，进入研究攻关阶段。陕西省机械研究院机电研发中心承接的施耐德公司（法国独资企业）“断路器安装生产线”设计制造项目获得成功，确保了产品质量的可靠性，解决了由于人为因素而出现的质量不稳定问题，提高了生产效率，改善了人员的生产条件和工作环境，使该院在非标设计领域及加工中心领域维修改造服务中创出了新路子。陕西省机械研究院数控技术研究室研发的CK0630D仪表数控车床，选用北京凯恩帝KND—07（分体式）车床数控系统，主轴采用变频调速系统，配备自动送料装置，并采用电动夹紧装置及排刀。方便了操作，提高了生产效率，降低了生产成本，解决了一般气动夹紧装置和液压夹紧装置带来的不便，增加了刀具数量。为用户提供了具有国内同行业领先水平的方便快捷生产设备，受到青睐和好评。

科技平台建设取得重大突破。该院所属的陕西省机械行业生产力促进中心，年内积极整合内部资源，共享社会资源，寻找差距和不足，2009年9月被认定为国家级示范生产力促进中心，为陕西省公共服务平台建设和陕西省机械研究院多学科发展做出了重要贡献。中心承担该院与西安交通大学联合组织实施的陕西省“13115”科技创新工程“陕西省机械产品检测技术公共服务平台”建设。该平台以提高企业产品质量、推进企业快速发展为目标，面向全省机械行业，积极广泛开展机械产品质量检测技术服务、机械产品质量分析故障诊断、行业职业技能、质量人才培训服务。平台以建立科学的管理体制、高效的运行机制和面向社会开展公共服务为模式，形成全省机械行业机械产品检测技术资源共享的服务功能，实现与陕西省科技资源中心等相关平台的有机结合。此外，该中心还承担了省级科学技术发展研究项目1项和咸阳市科学技术发展研究项目2项；共获得省、市政府项目资金资助213万元。产、学、研合作，运行效果良好。陕西省机械研究院和西安交通大学、陕西工业技术研究院合作成立的“陕西省粉末冶金工程技术中心”，年内经陕西省科技厅批准，现已进入实质性运行阶段，并将申报陕西省13115工程技术中心。陕西省机械研究院与陕西工业职业技术学院充分利用双方资源优势，联合举办的“三年制”高职粉末冶金专业大专班，2009年经陕西省教育厅审查通过并上报教育部待批。将从2010年起，面向社会正式公开招生。陕西省机械研究院与西安交通大学合作举办工程硕士研究生班，已正式挂牌招生开班。

（张国民）

【陕西省石油化工研究设计院】 2009年，陕西省石油化工研究设计院在项目研究方面，坚持高起点，追求高水平，取得重大进展。全年在研项目共20项，其中国家级项目1项、省级项目8项、院立科研项目4项、技改项目2项、结转项目5项。年内该院共申报各类科研项目17项，立项批准12项，获经费资助突破千万元。申报获批的项目主要有，陕西省“13115”重大产业化项目“陕北能源化工基地工业节水与污水资源化技术中化学品的产业化”1项；陕西省“13115”重大专项“纳米ZnO/橡胶制备高性能减震复合材料技术研究”1项；陕西省科技攻关计划项目“新型聚醚聚硅氧烷的合成及应用研究”“双组分聚氨酯涂料中SHK环境友好型溶剂系统的研究”等6项；国家科技部科技人员服务企业项目“机动车辆用橡胶材料高性能化研究”1项。该院承担的“高性能耐R134a制冷剂橡胶材料”项目研制的包含空调胶管内层胶溴化丁基、外层胶三元乙丙、总成密封及垫片胶氢化丁腈三种高分子材料，可用于汽车空调胶管和要求耐老化的胶管及其他行业。项目2007年通过省级技术成果鉴定，技术达到国际先进水平。该材料的研制成功，提高了国产橡胶材料的性能，大大缓解了国内汽车及相关行业对进口材料的依赖，为中国汽车工业的发展起到一定的促进作用。项目获2009年度陕西省科学技术三等奖。

“13115”科技创新工程项目“陕西省工业水处理工程技术研究中心”，经过三年的建设实施，2009年12月通过了省科技厅的验收。该中心在原水处理、工业循环冷却水处理、软化水和纯净水处理、污水处理及回用、油田采出水处理及回注等专业范围进行技术研究和产品研发。投资1000多万元，组建了12个专业实验室，建成研发场地1000㎡，中试、培训基地5000㎡，建成了工业水处理工程技术研究测试技术平台和水处理化学品合成及中试装置。新增科研仪器设备52台。开展了炼油污水等微污染水处理及回用研究，循环冷却水高浓缩倍数及“零排放”技术研究，环境友好型水处理化学品研究和推广工作，取得了多项省级科研成果，工业循环冷却水用户近百家，处理循环水量近百万m^3/h，先后为化肥厂、炼油厂、电厂、化工厂等提供循环水及污水处理技术服务。

（臧　莎）

【陕西省农业机械研究所】　2009年，陕西省农业机械研究所以邓小平理论和“三个代表”重要思想为指导，以全省第二批开展深入学习实践科学发展观活动为动力，紧紧围绕科研生产经营工作，坚定不移地实施“科技立所、人才兴所、创新强所、产业富所”的发展方针，圆满地完成了全年科研生产经营等项工作目标任务。

2009年共申报省级科研项目8项，其中：“红枣加工关键技术研究”和“钼粉胶管自动计量定容重充填装备研制”为省科技攻关项目；“设施农业配套关键技术装备的研究与开发”为省“13115”科技创新工程重大科技专项。承担的省级在研项目进展顺利。“奶牛养殖小区粪便处理关键技术研究及示范”项目已进行了实地调研；“红枣切片加工成套设备的研究”项目已试制完成第二代样机，正在编写验收资料；“红枣加工关键技术研究”项目，通过市场调研已制定了实施方案。组织完成了“CJ500稀土自动称量充填机”和“挤奶机械产业化示范推广”两个省科技计划项目的成果鉴定和验收。申报国家专利三项，“自动称量装袋机的新型供料接料机构”“振动给料器称量控制电路”获国家知识产权局实用新型专利授权。

根据产品销售市场的发展需求，该所以现有产品带动产业发展为目标，充分发挥所人才和技术优势，加大了对稀土行业、配肥生产行业关键设备的研发力度。通过改进设计，使产品技术性能水平，产品质量有了很大提高。采取和完善售后服务体系等措施，拓展了产品的市场渠道。为满足市场需求，进一步提高产品的可靠性，进行了“多仓连续配料试验台架”和“钕铁硼称量机可靠性试验台架”的设施建设、安装、调试和实验工作。全年，CJ系列高精度自动称量装袋机销售比上年增长20%，产品已销往浙江、江西、内蒙和山西等省市，占到全国稀土行业用户市场份额的80%以上。另外，该所已被批准成为2009年全省第一批高新技术企业。挂靠在该所的陕西省农业机械产品质量监督检测总站，经全国工业产品生产许可证办公室批准，成为全国定点水泵产品工业生产许可证检验机构。

（马新利）

【西安微电机研究所】　2009年，西安微电机研究所共承担新立项科研项目13项，其中“液氧/煤油发动机控制用电机组件工程化研究”“小型分装式正余弦旋转变压器”等国家级项目10项；“机电一体化电机组件系统集成及应用研究”“混合动力汽车用永磁无刷直流电动机及控制系统”等省部级项目3项。全年该所完成及实施上年度结转科研项目30项。通过国家部委及陕西省科技厅鉴定、验收的科研项目9项。通过用户鉴定、验收的科研项目5项。其中，国家下达的重点科研项目“雷达方位与俯仰控制系统执行电机”获2009年陕西省国防科技进步二等奖。获授权专利5件，新申报并已受理专利3件。全年共发表科技论文11篇，其中，被中文核心期刊收录8篇。主持完成了国家军用标准《永磁交流伺服电动机通用规范》的修订和行业标准《按摩椅用永磁直流力矩电动机通用技术条件》的制订。参与了国际标准《逆变器供电专用无刷永磁伺服电动机设计和性能导则》和国家军用标准《J560系列永磁式直流力矩电动机通用规范》的制订。

在科技自主创新和科技成果推广转化方面，该所为“神舟”系列载人飞船、风洞带动力试验系统和发动机控制系统研制的新产品，填补了国内空白，达到了国内领先水平。由国家部委下达的2项重点科研项目所取得的成果，不但满足了国内新型武器装备需求，而且促进了国内同类产品的更新换代，提升了该类微特电机的技术水平。为数控机床、家用电器、纺织机械、包装机械行业和武器装备研发的高功率密度高效无刷直流电动机系列产品，其节能高效、成本低廉、附加值高，已被列为行业推广产品，促进了装备制造业升级换代，在民用工业（如纺织机械和工业缝纫机行业）和军工配套等领域得到广泛应用，年产达到30000台。该系列产品获2009年全国机械行业职工技术创新优秀成果奖。该所为汽车行业研发的磁阻式旋转变压器系列产品，其具有可靠性高、适应环境能力强、体积小、价格低等优点，在电动汽车中得到了应用，现已研制出20种产品，市场前景广阔。另为轨道交通研发的无刷直流电动机，在新型铁道转辙机中得到广泛应用，产量逐年增加，经济效益良好。

在科研管理、体制改革和科技咨询与服务方面，该所不断巩固和完善质保体系和军用电子元器件生产线建设，质保体系和军标生产线通过了赛宝认证中心的复审；国家微电机实验室在一年中3次通过了CNAS审查。还通过了军工保密单位复查，开展了质量“啄木鸟”工程、“零缺陷”管理和“质量月”活动。另外，该所投资150万元实施信息化工程建设，建立了产品图文档信息系统。2009年，该所提出了“创一流研发中心，走特色产业化道路”的五年发展目标。列入陕西省“13115”科技创新工程的“陕西省微特电机工程技术中心”通过了陕西省科技厅验收，正式建立，为建设“一流研发中心”提供了发展平台。该所还联合上、下游企业，组建了2个以科技成果和资本为纽带的产业化生产经营公司，当年创产值2000余万元，为科技成果服务企业和以现代企业制度模式走“特色产业化道路”探索出一条科学发展的路子。作为全国微电机行业组织挂靠单位，该所先后举办了“第十五届微特电机技术创新与发展论坛”和行业技术培训班，编撰并出版发行了《微电机产品标准应用专集》，编辑出版的《微电机》杂志被评为2009年度陕西省优秀期刊。

（薛永康）

【西北化工研究院】 2009年，西北化工研究院紧密围绕主导科研领域，以增强创新能力为中心，集中各方面力量，在发展优势科研领域的同时，培育新的科研和产业增长点。科研工作主要亮点：一是项目层次和水平进一步提高，作为主要承担单位，申请到“863”计划课题1项和国家科技支撑计划课题2项；二是精细化工和环保领域科研成果迈出由实验室走向产业化的第一步，建成两个中试装置。

年内，该院申报纵向科研项目16个类别21项，当年获得批准9项，包括国家科技支撑计划课题、“863”计划课题、陕西省“13115”科技创新工程重大科技专项、陕西省重大科技创新专项资金项目、陕西省科技攻关项目等。全年该院科研经费投入约1000万元。下达科研计划两批，安排科研项目21项，其中纵向科研项目12项（其中8项为延续项目），院内自立科研项目9项（其中4项为延续项目）。在科研课题设置上，已形成了处于不同研究阶段的科研课题合理布局的良性循环，确保了长期可持续发展。与此同时，该院继续加强与企业、高等院校和其他科研院所的合作，集中各方资源，发挥各自所长，加快了科研开发和科技成果转化的力度。在科研管理上，加强和细化了过程管理，绝大部分课题按科研计划进度完成，完成率比往年有较大提高。申报专利4项，其中，“一种气流床煤气化固态排渣方法”和“富碳氢工业尾气联产甲醇、车用天然气及合成氨的方法”获得国家发明专利授权。

科技宣传和学术交流重点围绕煤气化和催化两个重点领域，通过展会、媒体、学术会议等形式，从不同层面为提升院所形象、推广技术和产品做了大量工作。组织了陕西省化工学会能源化工专业委员会学术年会，继续鼓励科研人员尤其是年轻科研人员参加学术交流，开阔视野，展示实力，促使其尽快成长。全年科研人员共发表论文32篇，其中在核心期刊刊登17篇。

（宋　扬）

【陕西省建筑材料工业设计研究院】 陕西省建筑材料工业设计研究院现主要业务有建材科研开发、建材质量检测、建材工业和民用建筑设计、冶炼工程和房建工程监理、建材中介服务和建材商贸等六大类。2009年，该院所属的陕西省建筑胶凝材料工程技术研究中心，主要进行了水泥、石膏、石灰生产新技术、新工艺、新装备的开发，节能减排及工业固体废弃物综合利用，胶凝材料产业链开发等项工作。该中心以发展陕西建筑胶凝材料行业为己任，充分发挥工程技术研究中心平台作用，集中省内优势资源，深化产学研合作，重点针对市场热点、产业焦点和生产难点问题，开展基础、应用和工程研究，大力推动新产品、新装备、新技术、新工艺的孵化，带动产业技术升级，行业经济发展。年内该院属设计分院进行了改革改制，成立了陕西建材院工程设计有限责任公司，可承担日产2500吨以下水泥厂各种窑型的新建和改、扩建工程设计，开展建材非标准机械设备设计与开发，自动化控制设计，民用建筑设计等，可提供国内外建材信息及建筑材料、生态建设和环境工程等的咨询服务。有多个项目获陕西省优秀工程设计奖，工程咨询奖等，其中，2009年编制的“电石渣综合利用2500t/d熟料水泥生产线项目申请报告”“4500t/d新型干法熟料水泥生产线项目申请报告”获陕西省2009年度优秀工程咨询成果三等奖。该院所属的陕西省建筑材料行业生产力促进中心是一个面向全省建筑材料行业的独立自主发展的技术中介服务机构，以“促进科技成果转化、推动技术进步与技术创新、提高建材企业生产力水平”为目的，围绕着“为建材企业服务”的理念，来组建陕西省建材科技信息服务网，为中小企业技术创新、产品升级开展公共咨询服务。该中心已被科技部认定为国家级示范生产力促进中心，2009年该中心又通过了ISO9001:2008国际质量管理体系认证。

（冯　方）

【西北有色金属研究院】 2009年，西北有色金属研究院认真落实研究院“十一五”科技发展规划，坚定发展信心，始终坚持自主创新，在国际金融危机面前逆势而上，科技工作取得新的发展。2009年，该院全面完成了各项科技工作任务，科技收入创历史新高，专利申请量大幅度增长，“十一五”规划的各项科技指标提前实现。全年该院科技收入完成18831万元，较上年增长8707万元，专利申请167件，较上年增长89件，授权专利37件，发表科技论文304篇，其中SCI收录91篇。

2009年该院共承担科研项目151项，其中，上年结转78项，当年新立项目73项（其中国家级32项，省部级41项）。通过鉴定项目10项，通过验收项目12项。共有14项科研项目获各类科技成果奖，其中，获省部级科技成果奖9项（一等奖3项、二等奖4项、三等奖2项）。其中，“核工业用镍基合金过滤管研制”项目通过镍基合金粉末表面改性技术、多孔过滤管整体成型技术、活化烧结技术研制出核工业用镍基合金过滤管，其性能达到国际先进水平，获2009年度陕西省科技进步一等奖；“微孔金属分离膜”项目发明了一种高过滤精度、大流量的微孔金属内壁分离膜管，首创了微孔金属内壁分离膜管的离心分级沉积成形技术，在国内外首次设计并研制出微孔金属内壁分离膜管的离心沉积成形设备，实现了微孔金属分离膜的工业规模生产，项目整体技术达到国际先进水平，获2009年度中国有色金属工业科技进步一等奖；“阻燃钛合金设计及其制备技术”项目提出了Ti40合金的变形机理和开裂准则及阻燃钛合金的快速散热和中断氧输送的阻燃机理，自主创新研制的Ti40阻燃合金为国内航空用钛增加了1个新品种，其部分性能居国际领先水平，获2009年度中国有色金属工业科技进步二等奖。另有“耐蚀和透声钛合金研究—透声钛合金研究”“实用化高性能二硼化镁超导材料的制备技术”两项目分别获2009年度中国有色金属工业科技进步三等奖。

依托该院承担的钛合金国家“973”计划项目“钛合金材料制备及加工的基础研究”，揭示了固态TiO_2熔盐电解还原的速率控制步骤机制，提出了合金化机理。揭示了Mo、Cr合金元素在β钛合金中的微区分布特征及其受热处理的影响规律，提出了高强钛合金抗拉强度和伸长率的理论计算公式。建立了高强韧合金的设计方法和可视化人工神经网络模型及钛合金数据库系统。该项目年度内申请专利17件，获授权专利3件。在Metall. Mater. Tran.， Mater. Sci. Eng.，J. Alloy Compd.等国际、国内著名刊物上发表论文30余篇。国家科技支撑计划项目“年产3万吨钛材及其制品产业化关键技术”在大型钛锻件制备技术和加工工艺方面取得重大突破。制备出TC18钛合金Φ220mm棒材，突破了TC21合金的高均质洁净熔炼、高品质棒材加工两大关键技术，制备出Φ370mm棒材。并在大规格TC4-DT合金的批次稳定性和大规格钛板及钛钢复合板、高性能钛管材、低氧钛粉及高性能钛粉末冶金制品、大型钛设备等制备技术方面取得新的进展。“863”项目“0.6T开放式MgB_2超导磁共振成像（MRI）系统研制”，年内对MgB_2线带材用前驱粉末制备工艺进行进一步优化，可重复制备单根长度超过1000米元素掺杂MgB_2超导线材，使中国成为继意大利、美国后第三个具备千米量级MgB_2线材生产能力的国家。并初步完成了制冷机直接冷却MgB_2超导磁体的制备。国家自然基金项目“渐变孔径梯度多孔材料孔结构控制”年内优化了渐变孔径梯度金属多孔材料离心成型工艺，获得了烧结梯度金属多孔材料的最佳烧结工艺。制备出的渐变孔径金属多孔材料性能与同精度的传统金属多孔材料相比，相对透气系数提高5～10倍。并提出了用梯度孔径变化率对渐变孔径梯度多孔材料的梯度趋势进行表征。该院自主开发课题“氧压氧化低品位钼精矿新工艺研究”，采用设计改造的加压氧化反应釜和品位为41%的钼精矿，使钼氧化率达99%，钼的综合回收率达到98%以上，达到了北京矿冶研究总院和美国Kenecott公司的实验指标。此外，年内该院还负责制修订《一次柱式锂电池绝缘子》《钛及钛合金化学分析方法-Fe量的测定》等国家标准11项，获国家技术标准优秀奖1项。依托该院控股公司西安天力金属复合材料有限公司组建的“陕西省层状金属复合材料工程研究中心”建设方案，年内通过了由陕西省发改委主持的评审论证。

（柏文超）

【陕西省轻工业研究设计院】 2009年，陕西省轻工业研究设计院进一步完善了设计、科研、检测管理体系，完成工程设计乙级证书（包括建筑工程和轻工行业）及工程咨询乙级证书（包括轻工、化工医药、农业、建筑、建材）的换证工作；该院属食品研究所、工程设计所继续得到快速发展。根据上级主管部门对该院今后发展方向要求，新成立了高分子材料制品研发中心和无机非金属材料研发中心，重点开展了轻工无机非金属材料、高分子材料制品加工研究及相关领域新技术、新工艺、新材料、新产品研究及其他科技产品的研究。

在科技咨询和科技服务方面，该院全年先后承担了大中型生物发酵、农产品加工等可行性报告编制、技术改造、建厂设计、产品开发、产品质量提高等各类技术咨询服务项目80多项，完成室内工程质检和环境质检200多项，在生物技术、再生资源开发利用、镁橄榄石综合利用、功能保健食品等项目领域方面与有关企业合作取得了一定成效。如“秦巴山区野生植物资源桑珠中天然氨基酸的应用研究”，从桑珠中提取氨基酸，是该院首次取得的新进展，这将为氨基酸生产提供一种新的可再生的生产原料，解决利用动物蛋白及粮食原料成本过高，又与人争食物的状况。以煤田开采中所产生的废渣，研究生产出高强度的油田急需的压裂支撑剂，资源得到综合开发利用。重晶石在塑料、橡胶、油漆、造纸、涂料、石油、陶瓷等工业生产中做为填料被广泛应用。采用干法冲击式超细粉碎工艺，在重晶石加工行业为首次使用，采用先进的干法冲击超细微粉工艺技术生产重金石微粉，可生产粒度为1250目、2500目的超细微粉，产量大，生产成本低，具有很强的市场竞争力。对重晶石微粉进行改性处理，属于非金属矿产加工中关键技术研究开发领域，是新材料工程的高新技术，其改性技术具有较强的创新性，属国内先进。该院全年实现总收入846万元，上缴税金30多万元。

在科研项目方面，2009年该院新列项目1项，验收项目2项。“年产2万吨石油压裂支撑剂研究”2009年通过了陕西省科技厅主持的成果鉴定，该项成果达到国际先进水平。项目属节能减排项目，是以煤田开采中所产生的废渣，煤系高岭土（即煤矸石）为主料，根据其化学成分的组成、晶相结构特征和物化基本特性，配以必要的辅料，经造粒成型、高温煅烧，使其晶相发生变化，达到压裂支撑剂所需要的物理化学性能，满足使用要求，生产出高强度的油田急需的压裂支撑剂。承担的陕西省科技攻关计划项目“浓缩果汁加工厂水的资源化利用研究”已通过省科技厅验收。该项目立足降低“三高”，从果汁生产关键工艺技术着手，研究果汁加工厂清洁生产与排放、水的资源化利用，建立起一套完善的清洁生产体系，做到降低果汁生产过程中的废物排放，该项研究总体达到国内先进水平。

（郑健均）

【陕西冶金设计研究院有限公司】 2009年，陕西冶金设计研究院有限公司紧抓市场机遇，依托技术和管理上的优势，设计开发了多项低能耗、高附加值的精品项目。民用建筑上，该单位设计的补浪河乡点连素村“生态园区规划设计”、乌兰察布市“经典时代住宅小区总体规划设计方案”等项目深受业主好评。焦化燃气项目上，先后承接了山东信发集团新疆五家渠农六师兰炭有限公司“60万吨/年半焦项目”、陕西腾龙煤电集团兴榆机制兰炭有限公司“60万吨/年煤低温干馏项目”等。同时，在总结原有技术基础上开发创新，结合项目实际情况，不断完善和改进，在市场上站稳了脚跟。年内又成功中标吉林成大弘晟能源有限公司页岩油回收工程的脱硫、油回收两个工段的总承包，为公司做大做强打下了良好的基础。矿山项目上，先后完成了陕西汞锑科技有限公司“旬阳县青铜沟汞锑矿开发利用方案项目”、陕西省丹凤豪盛矿业有限公司“钒矿选冶厂日处理原矿600吨初步设计”等采（选）矿的设计与开发，获得好评。

冶金工程方面，先后完成了江苏攀华集团有限公司重庆薄板基地“年产100万吨冷轧板生产线项目”，张掖市鑫泰投资有限公司“30万吨电石炉工程”等项目的设计研究和报告编写。重庆薄板基地年产100万吨冷轧板生产线为冷连轧机，采用串列式五机架轧机。在常温状态下经过五机架轧机连续轧制，获得各类规格，具有所要求厚度、板形及表面质量的冷轧钢卷。该生产线包括原料库、成品库、酸洗、连轧、退火、镀锌、彩涂等车间及配套公辅设施、总图运输设施及办公设施等。这些工作的开展，为该公司调整发展战略，打造新的发展格局，打下了良好的基础。

2009年，是该单位由陕西省冶金设计研究院改制为陕西冶金设计研究院有限公司运行的第一年。公司通过了工程设计建筑专业甲级，冶金以及市政燃气乙级资质的换证工作。由该公司设计的神木县大柳塔华盛机制兰炭厂“60万吨/年半焦试验工程”采用内热式直立炭化炉6座，单座炉年产半焦10万吨，总规模60万吨/年，剩余煤气$4.0\times10^{8}Nm^{3}/a$，送往配套的煤气发电厂，各项辅助设施按此规模相应配套。该工程经济、环境和社会效益良好，获2009年陕西省省级优秀工程咨询成果三等奖。通过项目工程的设计和实施，该公司设计队伍不断扩大，人员梯队建设更加完善；市场占有率稳步提升，全年实现产值过亿元，创历史新高。

（王　磊）

【中国重型机械研究院有限公司】 2009年1月，中国重型机械研究院有限公司召开创立大会。召开第一次股东会，批准公司改制报告和章程，选举了首届董事会、监事会成员。全年签订合同总额26.16亿元，主营业务收入15.97亿元，比考核指标增长了14.05%。利润总额比考核指标增长了22.25%，净资产收益率为12.99%，技术投入率10%，比计划指标增加了1.46个百分点。全年共有国家发改委国家重大产业技术开发专项“转炉煤气干法净化回收技术”、科技部科研院所技术开发研究专项“黑色金属挤压机设备和工艺”、科技部首批国家自主创新产品“转炉煤气干法净化回收系统”、工信部国家科技重大专项“2万吨难变形合金卧式挤压机”、陕西省重大科技创新“Φ7000mm数控径轴向轧环机”、陕西省装备制造业发展专项“特大型有色金属挤压成套技术与装备产业化”等9个项目列入国家、省市及集团的科研计划并获得资金支持。有“JFE宽带钢切边剖分重卷机组”“8000吨自由锻造液压机”等6个项目列入陕西省机械工业新产品试制计划。有“165MN自由锻造油压机研制”“钢液RH真空精炼成套技术装备”“大型高品质板带材纵向剪切关键技术与装备研制”“新型页岩油回收工艺及关键技术研究与应用”“舞钢大型板坯连铸成套技术装备”“烧结过程废气脱硫新工艺研究应用”“工业窑炉烟气脱硝（氮）技术开发”等7个项目通过了科技成果鉴定和验收。全年申报了国家发改委清洁生产技术“CMYQ-325型全液压电液锤”项目，工信部倍增计划“高效连续铸钢自动化控制技术研发平台”项目和5项“十二五”机械工业重大关键技术项目。并承担了国家重大产业技术开发专项“转炉煤气干法净化回收技术”项目。

管棒材轧制方面，该公司成套的Φ426～Φ2500mm大型螺旋焊管机组顺利投产。改进了关键设备，提高了设备能力，可生产高强度钢板，整体性能处于国内领先水平。设计的LG-10-GHLL高速冷轧管机，最高轧制速度达到了280次/分，引入高精度伺服电机替代原有复杂的机械传动系统，自动化水平高，达到国内最高水平。连铸成套装备市场方面，共有10台18流板、方坯连铸机投产，并中标世界最大断面汉冶特钢400×2700mm特厚板坯连铸机，打开了国内由连铸坯直接生产特厚轧制板材的瓶颈，拓宽了钢板品种规格。重型锻压装备方面，40MN双动卧式锆挤压机是国内首台大型锆管挤压机。该公司成套设计的5套铝挤压机出厂，使铝挤压机设备系列化和技术升级，且挤压装备进入了国际市场。板带轧制方面，该公司设计的180万吨冷轧汽车板精整项目，是国内首套用于汽车板的重卷机组及钢卷包装机组。签订的1450mm五机架冷连轧机成套供货合同，可使“中国装备技术”逐步替代进口技术和产品，推进重大装备国产化进程，提升了国内冶金装备行业的核心竞争力。该公司科技进步、自主创新取得的市场业绩有，锻压专业签订3台125MN、4台90MN铝挤压机和1台40MN双动卧式锆挤压机，是国内首台大型锆管挤压机；管棒型材专业开发的Φ325排管锯、LG280长行程环孔型冷轧管机，均为国内首台；传动专业研发了用于军工产品的某试验装置行星齿轮箱；环保节能专业研究开发将转炉煤气干法回收系统应用于其他行业，已在矿热电炉上取得进展；钢液精炼专业完成的RH总包等项目相继投产，各项性能指标均达到国际先进水平；轧制专业签订的1450mm五机架冷轧成套供货项目，实现了该公司该领域零的突破。该公司承担了陕西省“特大型有色金属挤压成套技术与装备产业化”和“工业窑炉烟气脱硫、除尘、脱硝综合治理系统产业化”基地建设。申报了现代连续铸钢技术装备国家工程实验室、机械工业自动化工程技术研究中心、金属锻压装备技术创新平台建设以及工信部倍增计划的高效连续铸钢自动化控制技术研发平台。另外，年内该公司有7项重大装备项目被中国机械工业联合会和中国企业家协会评为中国企业新纪录。该公司获国家科学技术“企业技术创新工程”奖。该奖项为2008年度国家科技进步奖新增奖项。

2009年，该公司共获奖13项，其中，获国家级奖1项，省部级奖9项，市级奖2项。2007年版《重型机械标准》（5卷）项目获机械工业科技进步二等奖。全年共获授权78项专利，其中16项发明专利，62项实用新型专利。

（宋 晔）

【机械工业勘察设计研究院】 2009年，机械工业勘察设计研究院完成合同额3.34亿元、营业收入1.82亿元，实现经营额、主营业务收入（利税）均同比上年增长20%以上。该院获全国行业“十佳自主技术创新企业”称号。承担完成了“中海国际社区湿陷性黄土场地桩基浸水载荷试验研究”“西安地铁一号线穿越西安城墙朝阳门、玉祥门文物保护方案评估”“新建铁路郑州至西安客运专线湿陷性黄土区基础工程沉降观测与预测技术研究”和“南亚软质灰岩及应用研究科研项目”等4项科研课题。现已通过了鉴定验收。

全年共获11项国家及省部级奖。获国家优秀工程勘察设计银奖1项、国家优质工程银质奖2项、全国优秀勘察设计行业大奖3项、中国机械工业优秀工程勘察设计奖3项、陕西省优秀工程勘察奖2项。其中，“郑州国际会展中心岩土工程勘察”项目获国家优秀工程银质奖。“杭州市危险废物安全填埋场岩土工程勘察”和“陕西延长石油集团有限责任公司杨庄河化工业区强夯地基试验与检测”项目分别获陕西省优秀工程一、二等奖。“西北农林科技大学综合教学楼钢筋混凝土钻孔灌注桩试验与检测”和“汉阳陵帝陵外葬坑A段保护厅基坑支护工程设计”项目分别获中国勘察设计协会优秀工程勘察设计行业三等奖。“西安财经学院新校区一期工程岩土工程勘察、试坑浸水试验及复合载体夯扩桩静载试验”“湖北省三峡库区兴山县桥头滑坡防治工程设计获机械行业”和“柬埔寨达岱河一级电站科研阶段工程测量”项目分别获中国机械工业优秀工程勘察一、二、三等奖。全年，该院主编《滑动测微试验规程》协会标准，参编《市政工程勘察规范》《建筑工程容许振动标准》《建筑地基处理技术规范》《盐渍土地区建筑技术规范》《大直径扩底灌注桩技术规程》《建筑基坑支护规程》《工程测量术语标准》等7项行业规范。年内，组建了陕西省文物岩土工程技术中心，中心主任为郑建国，主要研究方向为文物地质勘查、文物病害勘查研究。

（王 刚）

【中国煤炭地质总局航测遥感局】 2009年，中国煤炭地质总局航测遥感局实施了“科技强局”战略，加大科技投入，科技创新取得了丰硕的成果，并被评为中国煤炭地质总局2009年科技创新先进单位。制定了《知识产权管理办法》，做好了自主知识产权申报工作，取得“一种用于PS版生产的废水处理再循环系统”和“一种用于PS版生产过程中的涂布供胶、排气装置”2件实用新型专利，计算机软件著作权22项。年内新批立项科研项目14项，其中，国家级项目1项，承担国家发改委高技术产业化“高分辨率卫星图像应用系统产业化示范专项”项目，承担陕西省科学技术研究发展计划“环境修复及保护研究、高光谱遥感找矿试验、UV-CTP印刷版材关键技术研究”等3项省部级项目，上年度结转有4项科研项目。年内完成了科研项目7项，已通过鉴定、验收的项目5项。

该院自主研发的鸟巡检系统产品，应用于石油、天然气、电力、通讯、水利、城管执法等领域，特别是在石油天然气管道行业，得到了广泛应用，年内面向市场推广了300余套，销售收入超过1000万元。研发的“数字地质报告编制系统”在煤炭行业得到了广泛的应用，销售达15套，销售额120万，承揽数字报告编制项目达240万元。研发的“车辆GPS监控系统”项目产生经济效益超过300万元，“IMU/DGPS新技术在DMC大比例尺数码航空摄影测量中的应用技术”项目缩短了成图时间、降低了成本，产生经济效益超过200万元。

承担的“GPS/INS在大比例尺数码航空摄影测量中的试验与应用与“MAS-Microstation V8的煤航制图系统”获2009年国家测绘科技进步三等奖。“洛阳市市区全数字航空摄影测量项目”“铜川市新区数字化地形图测绘”分别获2009年国家测绘工程金奖和银奖。“基于4G一体化技术的煤航E鸟巡检系统”“远程制版系统技术研究”获中国煤炭地质总局科学技术一等奖；“青海柴北缘成矿带1/5万遥感地质调查解译及成矿信息提取研究”“矿井三维地理信息系统”获中国煤炭地质总局科技进步二等奖。

（谢志清）

【煤炭科学研究总院西安研究院】 2009年，煤炭科学研究总院西安研究院推进行业科技进步、加速产业发展，加大了科技创新工作的力度，提升核心竞争力，完善创新体系，强化科研项目管理，研发的新产品销售额达9262万元，占产品总收入的18.5%。获中国企业新纪录“煤矿井下千米履带定向钻机定向钻孔施工钻孔深度最深新纪录”和“国内坑道钻机试验台测试转矩最大”2项。获西安高新区企业“特别贡献奖”，获奖金78.83万元。编制了未来3年科技发展和人力资源规划，确定了水害实验室建设项目实施方案。编制了国家安全生产西安钻机检测中心发展规划，防爆业务扩项开始实施。钻机虚拟样机技术与数字化设计平台、地震资料处理与解释基础平台的使用取得实效。

全年共申报项目69项，承担各类科研项目111项，其中，国家级46项，煤炭科学研究总院10项，院管55项。承担国家“973”计划项目“深部煤炭资源赋存规律、开采地质条件与精细探测基础研究”1项，“973”计划项目课题“深部岩溶水赋存运动规律”“深层煤矿床快速、综合探测体系研究”“多种能源矿产成矿（藏）物质聚积和分布”“高丰度煤层气富集区分布规律与预测评价”4项，拥有1名科技部“973”计划项目首席科学家。获批国家科技部专项基金、国家安全生产重大事故防治关键技术重点科技计划、煤炭行业标准等项目8项。国家项目和总院项目计划完成率98%，院自筹资金项目计划完成率95%。2009年度共获国家纵向经费3471.93万元，同比增长96.3%。国家发改委瓦斯治理专项“井下水平长钻孔钻机研制及配套工艺开发”项目通过鉴定，项目在矿用定向钻机、随钻测量系统、配套钻具、分支孔定向钻进工艺研究等取得了重大突破，填补了国内空白，其中随钻测量和轨迹控制技术达到国际先进水平。实现了国内煤矿井下定向钻进技术与装备国产化。国家发改委瓦斯治理专项“松软突出煤层中风压空气钻进装备研制与配套工艺开发”项目研发了适合于松软突出煤层的大扭矩、大功率钻机（ZDY3200L与ZDY3200S型）；开发了大通孔中风压密封钻杆、内芯可脱式钻头、宽翼片大通孔螺旋钻杆；研制了多级无动力孔口除尘器，实现了不同粒度的多级除尘和降尘。已在淮南、淮北矿井推广10台套。国家“973”计划“深部煤炭资源赋存规律、开采地质条件与精细探测基础研究”项目召开了年度总结会，并获省部级科技进步三等奖2项。国家“973”计划“多种能源矿产共存成藏（矿）机理与富集分布规律”第2课题“多种能源矿产成矿(藏)物质聚积、分布与成藏(矿)效应”项目通过验收并被评为优秀。该课题形成的“亲煤砂岩型铀矿床共存成矿条件与成矿机理”和“构造活动区铀成矿特点与成矿模式”两项成果被推荐为多种能源“973”项目的重大研究成果。院自筹资金项目“千米钻机虚拟样机技术与数字化设计平台研究”，促进了高新技术改造传统产业和产业发展。

该院共完成科研项目57项。其中，“煤矿井下近水平千米瓦斯抽采孔随钻测量定向钻进技术与装备”获中国煤炭工业科学技术一等奖，“矿井瞬变电磁探测理论及应用技术研究”“煤层底板隐伏含导水构造精细探查技术研究”“莲花山山前障碍物密集区三维地震精细探查技术研究与应用”3项成果分别获中国煤炭工业科学技术三等奖。全年申请发明专利10件、实用新型专利13件，获授权实用新型专利13件。主持完成《煤岩术语》《煤的镜质体反射率显微镜测定方法》《显微煤岩类型测定方法》《煤层气含量测定方法》《矿山环境地质分类》等5项国家标准。制、修订《地下水动态长期观测技术规范》《煤矿水害防治水化学分析方法》等7项行业标准。全年共发表论文192篇，其中，核心期刊发表79篇。“瞬变电磁法的探测深度问题”和“瞬变电磁法中心回线装置资料解释方法的改进”论文被SCI收录，“基于RGB渲染技术的地震多属性分析技术”“‘地质-电法-测温’多参数综合超前探测技术及应用”等6篇论文被EI收录，深部高《压水害隐患探测的井下电磁法技术及应用》

《煤与瓦斯突出区域的地震判识标志》2篇被ISTP收录。

（石显新）

【中交第一公路勘察设计研究院有限公司】 2009年，中交第一公路勘察设计研究院有限公司加强创新载体建设、强化科技平台管理、完善科技创新体系、科研管理制度建设。加大科研项目的进程管理，完善科研经费预算管理。申报的桥梁隧道工程专项资质通过评审，成为陕西省科技创新企业。科技产业园区项目已开始筹备试验设备。成立了桥梁维修养护与加固技术研究所、地下工程与轨道交通研究所及科技成果产业化中心等，形成了“七所两中心”的科研架构，并成立了首个国家博士后科研工作站，组建了专家委员会。“多年冻土区公路建设与养护技术交通行业重点实验室”通过交通部的批复认定，《多年冻土区路基路面试验检测平台（设备购置）可行性研究报告》已通过专家评审，并获国家财政拨款900万元，购置了科研设备。该院成为交通行业唯一拥有行业重点实验室的交通（公路、水运）勘察设计企业，并对其开放基金资助项目进行了评审。科研成果产业化方面，已在“桥梁构件”和“道路材料”等系列产品（材料）研发方面获得进展。全年签订各项协议15项，其中签订了全球最大的超级跨海桥隧工程——港珠澳大桥“桥梁减隔震技术研发及产品应用”。“SSRAM路面自融冰抗滑表层”等“道路材料”6项系列产品正在研究开发或技术转化；“JPZ盆式橡胶支座”“JQZ球型钢支座”2项产品已通过省部级科技成果鉴定，达国际先进水平。技术成果转化方面，为宝汉高速、河北张石公路等9个项目提供“公路项目安全性分析和评价”咨询服务。应用自主研发的三维仿真技术，共制作12项公路三维仿真系统。

全年共申报科技项目30余项，已签订合同近20项。获批了“十一五”国家科技支撑计划“重特大道路交通事故综合预防与处置集成技术开发与示范应用”项目中的“山区公路网安全保障技术体系研究与示范工程”中6个子课题和“国家高速公路安全和服务技术开发与工程应用示范”共2个课题、12项专题的研究工作。承担了西部交通建设科技大型成套课题“公路运行速度设计成套技术研究”，负责实施“基于运行速度理念的西部地区公路线形设计及安全评价技术研究”项目。中交股份特大项目“公路安全设计体系与成套技术研究”“基于多年冻土工程地质变化与路基长期变形规律的路基模块化设计技术研究”均获可观资助经费，并成为交通运输部行业攻关项目。申报陕西省科技计划项目5项，承担了“基于移动新技术的视频交通监控系统研究与开发”“减隔震板式橡胶支座”“远程设计系统及网络技术交易平台”等项目。还组织申报省交通厅宝汉高速公路科技项目11项，与多家单位签订横向课题20余项。该院承担的“山区高速公路匝道线型设计技术研究”成果通过鉴定验收。项目以国内西部山区互通立交的匝道设计现状、车辆类型和驾驶员行为特征为基础，采取理论分析与实际观测相结合的方法，根据现场观测，进行数学建模。项目在山区高速公路匝道线形关键设计指标、匝道线形设计与收费站设置安全评价方法等方面具有创新性，达国际先进水平，还编制了《山区高速公路匝道线形设计指南》。“高寒地区太阳能融雪（冰）公路技术研究”项目现已进行了光伏板和光热板化雪试验，路面材料和结构的室内试验，获得了太阳能融雪计算方法和融雪路面系统设计的基本数据，保证了后期现场大板融雪试验及融雪路面系统的优化设计。“公路钢波纹管涵洞关键技术”项目揭示了钢波纹管涵洞应力随波形、断面、填土高度等的分布规律，形成了公路钢波纹管涵洞的受力规律和设计技术、软件辅助设计、施工关键技术等3大技术体系。“JPZ系列盆式橡胶支座、JQZ系列球型钢支座”通过省部级科技成果鉴定，达国际先进水平。该院获陕西省公路学会第十三届学术论文一等奖4篇，二等奖3篇。

年内，共申报13项标准，主持编制11项，其中，申报住房和城乡建设部《盐渍土地区建筑技术规范》1项国家标准、6项行业标准、4项产品标准和2项计量检测标准。共申请专利16件，其中发明专利5件，“具有复合结构的柔性消能型桥墩防车撞安全装置”与“高效低成本的柔性消能型桥墩防车撞安全装置”2件发明专利已获实审公开。实用新型专利11件，“减隔震板式橡胶支座”实用新型专利已获授权。获软件著作版权1项。已有计算机软件著作权近10项，其中，“公路隧道通风网络计算软件”“桥易钢筋混凝土及预应力混凝土弯斜变宽箱梁设计绘图CAD系统”取得了计算机软件著作权。全年共获奖励44项，其中：科学技术奖16项，工程技术创新奖22项，优秀论文6项；国家级奖励2

项，省部级奖励36项。“公路半刚性基层材料结构理论、多指标控制设计方法及工程应用”获国家科技进步二等奖。“秦岭终南山公路隧道建设与运营管理关键技术”获中国公路学会科学技术特等奖，并推荐参加2010年度国家科技进步奖评选；《公路勘测规范》（JTGC10-2007）和“道路水泥混凝土组成设计研究”获中国公路学会科学技术一等奖；“沥青路面加铺层设计和施工技术研究”和“高速公路公共政策研究”获中国公路学会科学技术二等奖；“高速公路既有路基湿度状态及稳定性评价研究”和“刚性基层水泥混凝土路面层作用机理及处治技术研究”获中国公路学会科学技术三等奖。《公路桥梁上部结构通用图》获全国勘察设计行业国庆60周年作用显著标准设计项目大奖。“青藏公路”“川藏公路”等12项获建国六十周年公路交通勘察设计经典工程。

（马　楠）

【中国建筑西北设计研究院有限公司】 2009年，中国建筑西北设计研究院有限公司扩大经营规模，调整经营结构，完善绩效考核体系，提高管理水平和管理效率。在质量管理、设计创优、科技创新、科研业务建设、基础管理、信息化建设等方面，各项业绩指标实现了增长，综合竞争实力增强，取得了新的重大进展。全年共有16项科研项目。其中，省部级项目2项，上年结转的项目14项。已完成并通过鉴定、验收的项目11项，实施科研课题4项，取得科研立项2项，取得科研资金66万元。完成课题评估3项，申报外观设计专利5件，获授权专利5件，出版专著1部。全年主编和参编了《图书馆建筑设计规范》《民用建筑节水规范》等7部国家规范及行业标准，承担了《陕西省09系列建筑标准设计图集》修编工作。在2009年度“中建总公司科学技术成果奖”评选中，该院获得3个奖项，赵元超获“总经理特别奖”，《建筑物抗震构造手册》（04G329）《“汶川地震”陕西地区震害调查报告》获三等奖。

全年共获中建总公司级以上勘察设计奖49项。“黄帝陵祭祀大殿（院）工程”获“2008年度全国优秀勘察设计金奖”和“2009年度中国建筑优秀勘察设计大奖”；“大唐芙蓉园”获“2008年度全国优秀勘察设计银奖”和“第二届中国环境艺术奖”最佳范例奖。全年共16项工程获陕西省优秀工程勘察设计奖，其中，获得一等奖9项，分别为“西安市浐灞生态区行政中心”“西安市中级人民法院审判法庭和办公楼”“西北工业大学长安校区学生活动中心”“白桦林居居住小区”“银川市第二中学”“宁夏回族自治区党委办公楼”“西安市博物院文物库馆”“陕西省自然博物馆”“超高温陶瓷基复合材料工程化基地”等工程。获二等奖5项，分别为“陕西宾馆改扩建工程12号楼增容改造”“陕西省高级人民法院审判综合楼”“榆林机场迁建工程航站楼”“西北工业大学长安校区17-1学院楼”“欧亚经济论坛”等工程。该院共12项工程获中国建筑学会“建国60周年建筑创作大奖”，分别为“陕西历史博物馆”“黄帝陵祭祀大殿（院）工程”“大雁塔风景区三唐工程”“大唐芙蓉园”“中国延安干部学院”“宁夏回族自治区党委办公新区”“法门寺工程”“川陕革命根据地纪念馆”“四川大学江安校区艺术学院”“西安人民大厦及其扩建工程”“群贤庄小区”“北京图书馆新馆”。另外，该院设计的“陕西历史博物馆”“中国延安干部学院”和“中国延安革命纪念馆”3项工程获中国建筑业“新中国成立60周年百项经典暨精品工程”。

（吴阳贵）

【华陆工程科技有限责任公司】 2009年，华陆工程科技有限责任公司获得了“万吨级三氯氢硅工业化生产技术及大型流化床反应器”和“年产65000吨环氧氯丙烷工业化生产技术”2项专有技术，为公司增添了新的技术优势。在技术创新工作中，该公司发挥自身优势，重点推动的褐煤循环流化床热电气多联产、5万吨/年四氯化硅氯氢化、水煤浆熔渣—非熔渣水冷壁分级气化、低温甲醇洗集成克劳斯硫回收工艺等一大批技术，都具有非常好的社会效益。其中很多技术已在工程项目中应用，起到了行业示范作用。该公司全年完成新签合同额约18.6亿元（另海外合同356万美元），其中，技术转让合同1500万元。在新签设计合同中，专有技术和拳头产品设计合同占新签设计合同总量的69%，为公司的平稳过渡和后续发展提供了重要保障。另外，公司还通过住房和城乡建设部的审核，获得综合设计甲级资质。

2009年，公司共获得国家级奖励4项，其中，“江苏理文化工有限公司有机氯化工产品项目可行性研究报告”获国家优秀工程咨询成果三等奖；“烟台万华聚氨酯股份有限公司16万吨/年MDI工程”“中石化齐鲁分公司丁/辛醇装置技术改造”项目分别获国家优秀工程设计金奖、铜奖；“宁波万华年产16万吨MDI工程”获国家优质工程金质奖。获得省部级奖励2项，其中“黑龙江华本生物能源股份有限责任公司生物质（垃圾）资源化项目可行性研究报告”“西安西化热电化工有限责任公司搬迁改建项目可行性研究报告”分别获陕西省优秀工程咨询成果一、二等奖。该年度获得行业、协会各类奖项8项，其中，“四氯化硅氯氢化法制取三氯氢硅技术”“四氯化碳转化氯仿工业化技术”项目分别获中国石油和化学工业协会科技进步二、三等奖；“江苏中能光伏科技发展有限公司1500吨/年DJG”项目获全国化工行业优秀工程设计一等奖；“厦门海关业务办公大楼”项目获2009年度全国化工行业优秀建筑工程设计二等奖；“兖矿国宏化工有限责任公司三期甲醇”“醋酸深加工项目可行性研究报告”获全国化工行业优秀工程咨询成果一等奖；“大庆乙烯120万吨/年配套工程丁辛醇装置可研报告”获全国化工行业优秀工程咨询成果二等奖。另外，该年度申请发明专利“一种三氯氢硅尾气回收方法”1件，获授权发明专利“一种三氯氢硅生产尾气回收方法”1件。参与制订、修订的国家、行业标准共6项，其中，修订化工行业标准2项，分别为《液体装卸臂工程技术要求（HG/T21608）》《化工企业环境保护监测站设计规定》；制订国家标准4项，分别为《化学工业给水排水管道设计规范》《化学工程节水设计规范》《煤化工工程设计防火规范》《化工建设项目环境保护设计规范》等，其中，《化工建设项目环境保护设计规范》已正式颁布发行使用。

（方丽珍）

【中国地质调查局西安地质调查中心】 2009年，中国地质调查局西安地调中心获国土资源部水工环及液体矿产勘查甲级资质证书。首次获国家测绘局测绘乙级资质。通过了“三标一体”管理体系第三方年度监督审核和地勘基金项目监理扩项审核。大区管理工作方面，完成了日常地调项目和中央地勘基金项目的设计立项论证审查、野外检查、成果评审等。组织编制了“西北地区2010年度地质矿产保障工程实施方案”，开展了西北地区地质调查队伍建设能力评估工作，并对西北地区2007～2009年度开展的43个中央地勘基金项目进行了全面监理。年内，中心下属经营开发部门效益稳定增长，总收入达4248万元。该中心承担中央财政资金类项目56项，其他项目63项，国家自然基金项目2项。全年完成16654米钻探总量。编制完成38份大调查项目设计和年度工作方案，评审优良率92%。在18个已结题项目中，有15个项目通过评审，优良率100%。“中国紫阳志留系高分辨率笔石生物地层与生物复苏”和“西北地区重要成矿带基础地质综合研究”项目获国土资源部科技进步二等奖。共发表各类学术论文85篇，其中，SCI发表或收录的论文10篇，EI1篇，ISTP(科技会议索引)4篇，《阿尔金山南缘长沙沟镁铁-超镁铁质层状杂岩体的发现与地质意义——岩石学和地球化学初步研究》《阿尔金南缘约马克其镁铁-超镁铁岩的性质和年代学研究》《扬子地块北缘西乡群孙家河组火山岩形成时代及元素地球化学研究》等3篇被SCI收录。

基础地质领域，编制完成了青藏高原1：150万前寒武纪地质图和古生代7个断代构造—古地理图，提出青藏高原古大洋闭合残存位置、古大陆边缘系统演化等创新认识。紫阳志留系文洛克统底界层型剖面研究中新采获一批珍贵的笔石化石，为系统界线划分打下了基础，研究成果引起国际专家的高度重视。编制完成了西北几个重要成矿带地质背景系列图件，研究了重要矿产预测类型划分及成矿预测。研究了祁连山火山岩浆作用与成矿、阿尔金南缘镁铁-超镁铁岩体时空格架及含矿性，为找矿部署提供了依据。矿产业务领域，祁漫塔格构造岩浆作用与演化、祁连山—龙首山镁铁-超镁铁岩浆演化与成矿获得新认识。陕西平利—镇坪矿调项目新发现4处矿产地，二台子磷灰石-钛磁铁矿已列为陕西省地勘基金的铁矿普查项目。内蒙古月牙山-盘陀山项目发现了4处铜矿化点。内蒙古国庆钨矿普查初步圈定矿体特征，并估算了资源量。中吉天山和西昆仑兴都库什成矿规律和成矿地球化学条件对比研究，通过筛选靶区，开展野外异常查证和矿点检查等，在吉尔吉斯选出3个工作区进行了矿权申报。能源基础地质调查方面，额济纳旗及其邻区石炭-二叠系油气基础地质调查在原形盆地恢复与盆地演化、生烃条件等研究，发现了与石炭-二叠系烃源岩有关的油气赋存信息，解译了石炭-二叠系厚度与分布，指出了新区、新层系油气地质调查有望取得突破的地区。与内蒙古第一地质矿产勘查开发院联合承担的“内蒙古自治区东胜煤田新街勘查区煤炭资源普查”项目，证实含煤20—26层，煤层总厚度平均15.95m，预计可提交煤炭资源量10亿吨。水工环领域，鄂尔多斯能源基地地下水勘查有新的进展，其中省部合作“陕北能源化工基地地下水勘查”项目新探明了20处水源地，核查评价了13处水源地，提交地下水可采资源量达每天247万立方米，项目成果总体达国际先进水平。在地下水与植被生态关系研究等方面具有原创性，达到国际领先。在地调科研成果转化上，2009年度新签订4项技术服务合同，推动了能源基地建设。完成了47个县，12万平方千米的西北黄土高原区地质灾害详细调查工作，更新了滑坡崩塌泥石流地质灾害数据，新发现1910个地质灾害隐患点，排除已有群测群防231个地质灾害隐患点，完善了群测群防网络建设，为减灾防灾提供了科学依据。GIS应用拓展技术服务领域，参与开展农村土地“二调”工作，开展矿业权实地核查，土地利用现状调查比对，为西北土地督察提供技术支撑服务。

（郝晓红）

【中国地震局第二监测中心】 中国地震局第二监测中心主要承担全国西部地区地壳形变监测、地震预报、地震科学研究及震害防御等防震减灾工作。2009年，该中心积极组织科研项目的申报工作，包括国家自然科学基金项目、地震行业专项以及其他科研项目等，其中有4个科研项目获准资助；9个项目在研，5个项目已结题，其中，由中国地震局第二监测中心、长安大学承担的国家自然基金重点项目“汾渭盆地地裂缝成因机理与大陆动力学”，项目通过现场地质调查和地球物理探测方法，研究揭示了典型地裂缝场地下伏活动构造特征及其与地裂缝的交接关系；综合利用区域GPS、水准观测资料，研究揭示了汾渭盆地地裂缝活动的区域盆地伸展背景；利用物理模拟和数值模拟技术，研究揭示了汾渭盆地地裂缝内、外动力作用下的耦合成因机理。承担的国家自然基金项目“青藏高原东北缘地壳运动的壳-幔耦合作用研究”，项目综合利用GPS加密观测获得的区域地壳水平运动速度场资料、地震波反演获得的上地幔各向异性SKS快波方向资料，并借助先进的三维粘弹性有限元数值技术，研究揭示了上地幔塑性流变对青藏块体东北部区域地壳运动变形，尤其是大范围顺时针涡流式旋转运动的耦合作用机理；岩石圈性质横向不均匀性对区域地壳变形尤其是青藏高原东北缘中部北东向变形模式转换带的重要影响，为青藏高原动力变形机理深入研究做出贡献。全年在各类刊物上发表科技论文21篇，其中该中心研究员崔笃信发表的论文“海原断裂带库仑应力积累”一文被EI收录，发表的“青藏高原东北缘岩石圈变形差异及其机理”被SCI收录。

（凌　晔）

【中国石油集团石油管工程技术研究院】 2009年，中国石油集团石油管工程技术研究院（原管材研究所）科学研究围绕核心技术，完善了技术创新体系，形成了一批具有自主知识产权的技术及产品，取得了一系列科技成果。该院新立中国石油天然气集团公司（股份公司）“海外油气勘探及综合配套技术研究——乌兹别克斯坦费尔甘纳盆地深井超深井钻完井技术攻关及现场试验”等4项课题。年内，在研国家及省部级项目共20项，各项目均按照合同要求完成了规定的内容。其中，“X80管线钢管国产化工程应用先导型技术研究”“塔里木克拉2气田低温分离器的综合评定技术和研究”“复杂工况钻柱构件优化设计及安全可靠性技术”“复杂气井套管柱的安全性及优化设计研究”“西部油田高温高压含CO_2气井油套管冲刷腐蚀预测预防技术研究”“高钢级管线钢应用关键技术研究”“高含硫气田油套管的腐蚀机理和腐蚀防治技术研究”“X100管线钢管应用基础研究”“新疆稠油热采注汽管道安全可靠性评估技术研究”“高含CO_2高冲刷气田集输系统腐蚀综合治理技术研究”等10项课题通过中国石油天然气集团公司验收。年内，共发表学术论文166篇，其中“管道临界屈曲应变准则研究”“高强度管线钢断裂韧性和夏比冲击功关系研究”“X80管线钢管变形行为预测及其高应变管线钢管技术规范的意义”等3篇论文被SCI/EI收录。全年申请专利32件，其中“连续膨胀管”“一种13Cr油井管试验实物制备方法”“石油、天然气输送的双缝埋弧焊管的生产方法”等16件专利获授权。获得软件著作权8项。编制修订各类技术标准和规范43项，其中《石油天然气工业套管、油管和接箍毛坯用耐腐蚀合金无缝管交货技术条件》（GB/T 23802-2009）和《石油天然气工业套管、油管和管线管用螺纹脂的评价与试验》（GB/T 23512-2009）等4项国家标准。

2009年，该院获省部级奖励2项，其中，“高含H_2S/CO_2气田油套管腐蚀机理及腐蚀防治技术研究”获陕西省科学技术进步二等奖；“新疆油田稠油热采注汽管道安全可靠性评估技术”获中国石油天然气集团公司科技进步奖三等奖。获中国石油与化学工业协会科学技术奖7项，其中“X80管线钢管在大口径高压大输量长输天然气管线上的应用研究”“稠油热采注汽管道安全可靠性评估技术及应用研究”“西部油田高温高压含CO_2气井油套管冲刷腐蚀预测预防技术研究”“复杂气井油套管柱的安全性及优化设计与密封保障技术研究”“高性能钻杆材料、结构研究及适用性评价系统开发”等5个项目获中国石油和化学工业协会科技进步二等奖。“海底油气管道用直缝埋弧焊管国产化技术及应用研究”“科技投入产出评价研究”2个项目获中国石油和化学工业协会科技进步三等奖。

（谢文江）

【西北橡胶塑料研究设计院】 2009年，西北橡胶塑料研究设计院抓住机遇、精心组织、沟通协调，申报了多项科研项目。全年共承担科研项目25项，其中，上年度接转16项，新批准立项9项。新立项目获国拨资金2130.5万元。其中，省部级项目有重大工程配套和部委年度科研共8个项目，科技部“燃煤发电机组用橡胶复合型非金属补偿器的研制”项目1个。

该院按照项目制订的研制实施工作计划，从人、财、物等进行资源配置，共有86人参与研究开发，占全院工程技术人员的53%，投入科研经费608万元。以该院研发中心为主体，成立了各个项目攻关团队，从项目管理、工艺设计、模具设计与加工、性能测试、质量监控与管理设置了项目负责人，确保了产品按时、按质、按量交付，受到了用户好评。年内完成科研成果转化项目9项，其中，部委项目5项，省级1项，自费项目3项，均实现了工程化放大或批量生产，部分民品项目已实现产业化，将创造经济效益2000万元以上。年内，承担的“常温不加压快速固化氟橡胶胶粘剂”“复合材料密封圈研制”“高性能氟醚橡胶密封件研制”“大型尾罩密封环”和“提高橡胶密封件质量及可靠性、共性关键技术研究”等5个项目已通过国防科工委验收。该院共申请了3件专利，其中，实用新型专利“橡胶织物复合型补偿器”和“隧道跨地裂缝主体结构接缝防水橡胶带”获授权。该院参与制定《橡胶密封件110℃热水供应管道的管接口密封件材料规范》《汽车制动气室橡胶隔膜》《用于非石油基液压制动液的汽车液压制动缸用的弹性体皮碗和密封圈》《生活饮用水管道密封件》等4项国家标准。全年，该院获陕西省国防科技进步三等奖1项。

（邓红娟）

【轻工业钟表研究所】 2009年，轻工业钟表研究所始终将自主创新贯穿在整个科技活动中，依托科技优势，大胆创新，成效显著。该所全年共承担在研项目5项。其中，承担的科技部“基于无线长波授时技术的标准时间模块研制”项目是利用现代计算机、集成电路、通讯等技术开发出有国际水准的RCT标准时间模块，通过接收国家授时中心发射台发射的BPC标准时间信息（北京时间），并提取出年、月、日、时、分、秒时间信息，通过重新编码生成便于各种时间同步系统利用的数字信号，使各行各业能够方便地获得标准时间的全信息。该项目根据调研报告制定出研发计划实施方案，正在进行前期的设计和论证以及相关的实验验证工作。承担的陕西省科技计划“刀具纳米涂层表面强化技术”项目，主要研究了刀具纳米涂层镀覆设备，重点解决了直流阴极弧源的液滴和分布，使涂层结晶细化，具备多种镀层成分的纳米厚度的调制和复合；在镀膜工艺研究方面，解决了镀前预处理刀具刃口精整的技术难题。具备了涂层刀具的精细结构及力学要求，进行了涂层种类与切削材料的匹配性研究。按项目节点，正在进行工艺研究。同时，还完成了“K-2空投附件延时开伞机构”“310AQ航空时钟可靠性改进”等研究项目。承担的科技部科研院所技术开发专项资金“高可靠性短时段机械延时器的研制”项目，主要研究了短时段无固有振动擒纵调速机构及制造技术；启动力矩与工作力矩联动、分离及恒力矩输出技术；无空程精密离合器设计与制造技术；对延时时段、驱动力矩等综合测试技术。在项目研究中，该所技术人员通过理论钻研和工艺探索，进行大量的试验对比，解决了过程中工件的变形等难题。针对机械产品加工的难点和特点，自制设备和工艺装备，解决了加工难题。该项目已完成了样机试制，正在进行有关试验。另外，该院还主持或参与制订了6项国家钟表行业标准。

（周亚雷）

【轻工业西安机械设计研究所】 2009年，轻工业西安机械设计研究所转变观念，走工程化道路，加大了产品、技术、人才等结构的调整；结合实际情况，走中间道路，牢牢掌握研发新产品的核心技术，并将其股权化，走科研和生产相结合的方式；利用集团公司的平台，借用自身的技术和产品，走国际化道路，扩大企业市场占有率，提高企业发展的质量和效率。年内该所科技项目经费总额234万元。承担了科研院所技术开发研究专项资金“高效精密固液分离机”陕西省企业技术创新专项“高速度全自动纸箱包装机组”项目。“高效精密固液分离机”项目采用刚性寿命好、易清渣的过滤材料和过滤结构及滤筒加工工艺。解决了传统过滤机工作周期长、滤网寿命短、易堵塞、滤渣清理不彻底等缺点。现正在进行调研、主体结构和工作图设计中。“盾叶薯蓣源化利用及皂素清洁生产技术”项目构建薯蓣皂苷萃取、分离模型，确定硫酸回用次数，优化薯蓣皂苷纯化、酶解条件，研究鼠李糖分离、提取及盾叶薯蓣废渣乙醇发酵工艺。以实现薯蓣皂素的清洁生产，开发薯蓣皂素、鼠李糖、乙醇等产品，并降低生产成本。

2009年在研项目共7项，其中“高速度全自动纸箱包装机组”“果蔬气流膨化工艺和设备研制”“高浓度泥浆过滤机”等3项为上年接转项目。年内新上“高效精密固液分离机”等4个项目。“果蔬气流膨化工艺和设备研制”项目是使果蔬仅发生物理变化，结构蓬松，保留了产品中营养成分，膨化出的果蔬脆片不经油炸，解决了传统低温油炸果蔬脆片因含油炸而严重影响口感及贮存时间的问题。现已设计完成，进行调试并进行推广应用。“高浓度泥浆过滤机”项目利用现代过滤理论、先进加工方法和计算机控制技术研制出的一种全新概念、全自动操作、高效率、长寿命、故障率极低的新型过滤设备。项目主体水平、关键技术指标高出国际同类产品。正在研究中试样机各部件的初步设计、复查，并完成加工相关图纸。该所承担的“高速度全自动纸箱包装机组”项目2009年获中国轻工业联合会科学技术进步奖二等奖和西安市科技进步三等奖。

（李静宇）

【西安墙体材料研究设计院】 2009年，西安墙体材料研究设计院加强了国际化市场发展，与企业进行联合重组，开拓业务合作范围，促进了全院工程与装备国际市场的发展。与陕西皇城机械制造有限公司继续合作，向国外报价10余次；与中国建材集团进出口公司合作，向南非等国的企业报价5次；与越南的石盘公司、俄罗斯、新疆边境哈什的国外客户进行了谈判和交流，在烧结墙体材料焙烧、干燥技术，以及非烧结蒸压砖技术推广等方面，已建立初步的合作意向；与四川瑞康恒公司签订了科研战略合作协议，并设立“西安墙体材料研究设计院科研产业化示范基地”对“开发磷石膏资源化生产墙体材料技术”项目进行合作。参加了“第十三届的东西部合作与贸易洽谈会”和“国际墙体屋面材料技术交流与装备博览会”，展示了业务和市场状况，体现了科研成果和科技业务竞争力，开拓了国内外市场，促使了科技成果规模化发展。还在国资委信息化平台上建立初步的科技成果信息发布子平台。正在组建陕西省“13115“科技创新工程“新型墙体屋面材料工程技术研究中心”。申报了“高新技术企业”并已获认可和批准。该院有1人获陕西省科技厅“优秀科技统计工作者”荣誉。编写并提交了墙体材料行业“十二五”战略规划。

全年完成了国家“十一五”科技支撑计划“地震灾区建筑垃圾资源化与抗震节能房屋建设科技示范”项目中3个课题的研究，其中主持的“地震灾区建筑垃圾再生混凝土制品生产技术及其示范生产线”与“地震灾区重建大板组合装配结构体系房屋示范”2个课题，以及参与“地震灾区建筑垃圾资源化技术及其示范生产线”课题。项目已通过结题验收并完成了3条示范生产线的建设、改造任务，完成十余项关键技术的研究，开发了8种建筑垃圾再生混凝土制品，形成了6件专利技术，获授权“吸入式收尘和除渣装置”（专利号：2009 2 0032756.9）和“建筑垃圾再生骨料的生产装备”（专利号：2009 2 0032757.3）2件实用新型专利。发表了15篇科技论文，提出了《建筑垃圾再生混凝土墙体板材标准》。承担了国家“十一五”科技支撑计划“新型墙体材料绿色制造工艺技术与装备的研究”项目和国家“863”计划“铁矿尾矿再生节能烧结保温墙体板材”项目，已全部完成各项研究任务。申请了陕西省“13115”重大科技创新专项计划“节能烧结保温空心砌块关键工艺技术的优化研究”项目。承担完成的“砌墙砖抗压强试验用净浆材料”项目获2009年度中国建材集团技术革新一等奖和2009年度中国建筑材料联合会“中国中材杯”全国建材行业技术革新三等奖。“污泥制造轻骨料（陶粒）关键技术研究与开发”项目获2009年度中国建材集团科学技术进步二等奖。“利用城市污泥和焚烧垃圾生产烧结砖的可行性及二恶英等有害物质检测技术研究”项目获2009年度中国建材集团科学技术进步三等奖。

（权宗刚）

【国家粮食储备局西安油脂科学研究设计院】 2009年，西安油脂科学研究设计院共承担4个项目，其中，国家科技部农业科技成果转化项目“醇法浓缩菜籽蛋白生产新工艺的研究”是使用醇类溶解蛋白，再经过分子蒸馏技术，用低成本、高效率的方法，分类提取出饼粕中各种蛋白，然后根据蛋白种类，用于饲料、食品、药品等。承担了国家科技部专项“低耗油脂脱臭真空系统关键工艺及设备的研究”项目和陕西省科技计划“经济林高效活性成分分离提取技术（神经酸提取技术）”项目。由该院承担的中粮集团“低热量油脂的研究”项目是用2～3年时间推出低热量油脂产品，在保留油脂营养成分的基础上，通过一定方式，降低油脂中人体可吸收的热量成分，人们可不必改变饮食习惯，而达到减肥等效果，现已取得阶段性成果，动物试验效果良好。另外，该院还参与了《浸出器研制标准》《蒸脱机研制标准》《榨油机研制标准》《长管蒸发器研制标准》《植物油厂设备安装与质量验收规范》《浸出油厂防火设计规范》《植物油厂设计规范》等7项国家标准的制订。还承担了若干油脂加工厂的设计和总承包项目。

（叶 垦）

【咸阳陶瓷研究设计院】 2009年，咸阳陶瓷研究设计院承担国家级、省部级以上研究项目共9项，其中国家“十一五”科技支撑计划项目3项，科研院所技术开发研究专项资金项目2项，省部级项目4项。“十一五”国家科技支撑计划课题“陶瓷砖绿色制造关键技术与装备”项目已完成了湿法滚压陶瓷砖成套装备的研究开发，建设了年产100万m²的湿法滚压成形薄型陶瓷砖示范生产线，经检测主要技术参数达到课题任务书和国家标准，并通过验收。“十一五”国家科技支撑计划子课题“建筑材料绿色制造共性技术研究”，完成了所有子课题的任务。“十一五”国家科技支撑计划子课题“环保型保温陶瓷砖”项目完成了生产线建设和调试，生产出合格的产品，提前完成年度计划，全线的工艺和设备达到了设计指标，并通过了专家评估。承担了科技部科研院所技术开发研究专项资金“全机械化坐便器组合浇注成形线的研究开发”；陕西省“13115”科技创新工程重大科技产业化“YB型高压大流量液压陶瓷柱塞泵”；陕西省重大科技创新项目专项资金“利用建筑垃圾和煤矸石制作保温陶瓷砖的研究与开发”；陕西省中小企业发展专项资金“陶瓷洁具石膏试验模具数控加工机专利实施”等4项省部级项目，现已全部启动。

该院承担的陕西省“13115”专项资金“陕西省陶瓷研究工程中心”完成了实验室建设及各种管理文件的编制。全年共申请专利6件，获授权专利2件。由该院主持制订了全国建筑卫生陶瓷标准化技术委员会颁布的8项标准，其中国家标准5项，行业标准3项。发表论文35篇。年内还完成了设计项目5项，其中“年产200万平方米干挂空心陶瓷板生产线设计”获中国工程建设协会第十四次优秀工程设计一等奖。“石膏模快速成型卫生陶瓷的研究开发”获中国建筑材料集团公司科技进步奖二等奖，“节能环保全自动大型喷雾干燥器的研究与开发”获中国建筑材料集团公司技术革新奖一等奖。

（王晓兰）

省级部门直属科研机构（部分）简介

【陕西省广播电视研究所】 于1978年10月10日正式成立，属县级事业单位，现在编制39人，隶属于陕西省广播电视局，位于西安市建西街10号，邮编：710054。该所现有职工总数18人，科技人员总数12人，其中高级技术职称人员2人，中级技术人员9人。主要研究方向是围绕广播电视技术的研究、应用和推广，其中包括应用于广播电视领域的各种新技术的研发、使用以及在广播电视技术专用仪器设备上的研发。研发广播电视传输覆盖、卫星地面站接收技术、广电网络、微机应用、广播电视自动化控制、室内声学应用技术、数据广播、“村村通”广播电视技术服务等专业性较强的公益性广播电视技术研究、开发、应用。陕西省广播电视研究所下辖：研究室、办公室、情报站。重大科技成就：①成功研发了开关电源多功能广播扩音机；②成功研发了电影放映激光还音装置，此项目获得2007年度陕西省广播影视科技创新一等奖；③成功研发了远程预警应急广播扩音机。

（韩志安 刘光伟）

中国科学院西安分院 陕西省科学院科研单位科技工作简述

【中国科学院西安光学精密机械研究所】 2009年，中国科学院西安光学精密机械研究所承担在研项目共263项，上年接转项目107项，其中：国家自然科学基金项目31项、国家“863”项目39项、国家“973”项目5项、重大航天任务30项、国际合作项目2项、院地合作项目23项、中科院知识创新工程重大项目3项。在基础研究、工程研究、空间光学等领域取得了显著的成绩。

2009年，该所发表学术论文437篇，其中，在国外期刊上发表63篇，被EI收录137篇，被ISTP收录5篇，被SCI收录95篇。申请专利117项，其中发明专利67项、实用新型专利50项；申请PCT2项、申请美国专利1项；授权专利66项，其中发明专利24项，实用新型专利42项。2009年，该所参加的“绕月探测工程”获得国家科学技术进步奖特等奖，“高分辨率X射线像增强器视觉系统”获得陕西省科学技术进步三等奖。

2009年西安光机所继续推进学科、人才、产业三位一体的产学研新路子，加速科技成果转化与产业化，科技开发重点领域涉及新能源、信息技术、光机电一体化、新材料、生物医疗仪器等，从事科研开发人员近200人。其中，镁基特种电源、智能电网全光纤电流传感器、微投显示技术、新型绿色节能光电功能薄膜等成果开始转化。加强同地方合作，开展产业化技术研究，合同额超过1200万元。“中国科学院光谱成像技术重点实验室”“中国科学院超快诊断技术重点实验室”正式挂牌成立。截止2009年底，西安光机所实际存在投资企业8家，包括控股企业3家、参股企业5家。主要产品包括：超大功率半导体激光器、自聚焦透镜及相关器件、光纤传感器、医用内窥镜系列、无铅波峰焊、回流焊、X射线检测机、650nm塑料光纤传输系统等。控股的飞秒光电科技（西安）有限公司、西安科佳光电科技有限公司、陕西科园物业发展有限公司总产值超过5000万元。投资企业面向社会提供就业岗位超过500个。西安光机所是中国光学学会所属高速摄影光子学专业委员会、纤维光学和集成光学专业委员会、陕西省光学学会的挂靠单位，是陕西省青年科技工作者协会会员单位。所内编辑出版国家一级学术期刊《光子学报》。

2009年4月，由西安光机所研制的水冷弧矢聚焦单色器在线完成各项指标验收。该设备是“上海光源”中最重要的装备之一，被称为同步辐射光束线的“心脏”。其研制成功，标志着国内同步辐射硬X射线光晶体单色器的研制水平跻身于国际同类水平。2009年9月10日，在京召开的第四届全国杰出专业技术人才表彰大会，中国科学院西安光机所“光学遥感团队”被中央组织部、中央宣传部、人力资源和社会保障部、科学技术部授予“全国专业技术人才先进集体”荣誉称号，并在大会发言。2009年10月23日，中国科学院西安光机所瞬态光学与光子技术国家重点实验室大功率光纤激光研究团队，在全光纤激光技术研究方面取得重大进展，全光纤激光器输出功率超过1000W，光—光转换效率达到62%，是目前国内在全光纤激光器研究方面达到的最高水平，同时，利用该千瓦级全光纤激光器成功地进行了金属损伤实验。这一成果的取得为研制更大功率的全光纤激光器奠定了必要的技术基础。2009年，该所在攻克并掌握其核心技术的基础上，研制出具有自主知识产权的激光光镊产品，并首次向加拿大多伦多大学出口激光光镊微操作仪。

（刘 鹏）

【中国科学院地球环境研究所】 2009年，中国科学院地球环境研究所共有在研项目84项，其中国家重点基础研究发展计划（973）项目2项，国家科技支撑计划课题2项；国家自然科学基金重大项目及课题3项、重点项目1项，优秀重点实验室专项1项，“杰出青年基金”项目3项；中国科学院知识创新工程重要方向项目7项，“西部之光”人才计划项目15项；地方项目1项。该所设有第四纪地质学博士、硕士培养点，环境科学博士、硕士培养点，以及第四纪地质学博士后流动站。现有在学研究生86人，其中博士研究生37人，硕士研究生49人，在站博士后3人。全年共发表论文184篇，其中SCI收录88篇，国内核心论文96篇。2009年，该所面向海内外公开招聘11名优秀科技人员，包括2名中科院“百人计划”研究员。2009年，该所科技人员中，1人获“国家杰出青年科学基金”支持，1人获科技部首届“全国野外科技工作先进个人”称号，1人获2009年度亚洲气溶胶研究青年科学家奖。

2009年，该所承担科技部“973”项目“我国大陆季风-干旱环境系统发展过程的科学钻探研究”通过验收。通过大量野外钻探和室内实验分析工作，获得了一批原始资料与珍贵的岩芯样品和地质生物记录，取得了一批原始性研究成果，提出了沙尘暴有利于增加海洋生产力、全球大气CO_2浓度的观点，通过季风序列、干旱序列、南海记录及与全球记录的对比， 从新的视角进一步探讨了中新世以来中国大陆季风 干旱环境分异耦合的演化历史与青藏高原生长的关系等原创性研究成果。开展了多个国家参与的大型国际合作项目，大大提升了中国在大陆环境钻探与环境变化研究在国际上的地位。

“我国西部环境科学钻探与亚洲季风干旱环境变迁机理研究”通过成果鉴定。该成果瞄准基础理论国际前沿，首次在国内系统开展了以西部环境变化研究为目的环境科学钻探试验和研究，获得了一批珍贵的原始材料，完成了大量的实验测试和模拟集成研究工作，取得了一批原创性研究成果，对认识中国西部环境演化和季风－干旱环境耦合机制以及全球变化具有重要意义，在国内外产生了深远影响。该成果的取得得到了国家科技部“973”项目、国家自然科学基金重大基金、国际大陆钻探计划ICDP及中国科学院的支持。

通过对树木年轮的研究，发现了过去两千年的气候冷暖变迁与中国历史上一些朝代的兴衰更迭存在的对应关系，大多数朝代的垮塌都是发生在气候变冷的低温区间。研究结果“青藏高原东北部地区过去2458年以来温度变化的树轮研究”刊登在《中国科学》杂志上。新华社对该项研究成果进行了报道。

“粉尘与环境研究”取得突破性进展。由中国科学院地球环境研究所、西安秦始皇兵马俑博物馆、香港理工大学和美国沙漠研究所四方联合开展的“西安秦兵马俑博物馆室内大气污染联合研究”项目通过验收。该项成果对在科学掌握文物保存环境的基础上有效改善文物环境，为文物保护研究提出控制治理对策具有十分重要的作用。该所粉尘与环境室主任曹军骥研究员与青藏高原研究所徐柏青研究员合作牵头完成的冰芯黑炭研究论文，在美国科学院院刊PNAS（Proceeding of National Academy of Sciences USA）发表。

2009年，与美国科罗拉多大学地质科学系、美国明尼苏达大学地质与地球物理系、美国明尼苏达大学大湖研究所合作研究的重大国际项目“亚洲季风-干旱环境演化与青藏高原北部的生长”，获得国家自然科学基金委员会和美国自然科学基金会批准，开展实质合作研究。2009年10月19～22日，该所与北京大学、中国原子能研究院、西安交通大学联合主办，黄土与第四纪地质国家重点实验室承办了“第三届东亚加速器质谱学研讨会”，来自日本、韩国、美国、法国、加拿大及国内60多位专家参加了会议。该所研究员曹军骥被选为新一届亚洲气溶胶研究学会副主席，任期2009～2011年。

（汶玲娟）

【中国科学院国家授时中心】 2009年，中国科学院国家授时中心紧紧围绕国家授时中心创新三期总目标，在保持时间基准系统处于世界领先地位和确保国家重大授时任务圆满完成的同时，积极开展相关研究工作，着力稳步发展卫星导航定位技术，已成为中国卫星导航领域一支重要力量。2009年，经过现代化技术改造的BPL长波授时系统，通过了中科院大科学装置改造项目验收。授时发播系统在主要功能和性能指标方面达到国际先进水平，实现了24小时连续发播，满足国家重大授时任务的需求，全年共发播7689小时，发播阻断574分钟，阻断率

1.25‰，大大优于6.7‰的技术要求，各次授时保障任务期间均做到了零阻断；BPM短波台四个频率全年累计发播26872小时，阻断率为0.23‰，优于控制指标0.3‰；与企业合作建立的BPC低频时码台自试发播以来，监测效果良好，完成了低频时码系统附加扩频授时关键技术试验，初步建立了低频时码信号监测网络(三亚、格尔木、临潼、商丘)，可监测其地波区、天地波区及一跳天波区内信号特性。

国家授时中心时间基准系统继续保持较高水平，地方协调世界时UTC(NTSC)与国际标准时间—协调世界时UTC之差全年控制在±20ns以内，即|UTC-UTC(NTSC)|<20ns，优于国际电联要求的各守时中心所保持的地方协调世界时UTC(k)与国际协调时UTC的差小于100ns的要求；TA（NTSC）中、长期稳定度指标综合评定排在全球69个实验室中的3～4位；TWSTFT时间比对工作实现与国际标准时间的卫星双向TWSTFT全连接，与国际原子时TAI连接的不确定度从1ns改进到0.5ns；该所网络授时服务系统全年应答用户授时请求累计达到近216亿次，平均每天5930万次，平均每秒686次，峰值每秒2135次。

2009年，国家授时中心在研项目61项，其中国家项目20项；中科院项目18项；研究所自选5项；企业委托3项，其他15项（项目要写明是什么计划项目）。申请专利23项（发明专利9项，国防专利8项，实用新型6项），获专利授权7项（实用新型）；申请软件著作权36项，获软件著作权36项。公开发表学术论文108篇。其中：SCI收录9篇；EI收录28篇；一级期刊发表47篇；CSCD期刊收录40篇；一般期刊发表1篇；会议文章28篇。

2009年，该中心国际科技交流与合作成效显著，全年出访35人次，接待10人次。引进人才1名，签订合作协议项目一项，张首刚研究员当选为国际天文学会时间专业委员会组织委员。该中心代表中国参加国际原子时合作，是国际权度局（BIPM）国际原子时计算主要成员，定期与BIPM进行地方原子时、综合原子时和原子钟资料的常规数据交换；代表中国参加ITU时间立法研究；该中心作为国际原子时TAI系统最重要的守时实验室之一，为国际原子时的归真作出了重大贡献；该中心是国际卫星双向比对（TWSTFT）工作组成员，与欧洲PTB中心站的KU段卫星双向系统(TWSTFT)已投入常规运行，其比对结果从2009年5月起已正式用于国际原子时TAI的归算。在亚太地区TWSTFT站中，只有国家授时中心NTSC和日本信息与通信技术研究所NICT的TWSTFT结果被正式用于国际原子时TAI的归算；该中心承担的《中俄合作毫秒脉冲星计时观测研究》项目属于中科院“俄乌白”基金支持项目，2009年国家授时中心科研人员访问俄罗斯普西诺天文台并签订了合作协议书。

2009年，国家授时中心加强科研队伍建设和人才培养，全年组织四次人才招聘及“百人计划”岗位招聘，6名青年科技人员获“西部之光”支持。全年共招收研究生44名，其中硕士33名，博士11名。

（郭咏琴）

【中国科学院水利部水土保持研究所】 2009年，中国科学院水利部水土保持研究所承担国家“973”“863”、国家自然科学基金、国家科技支撑等项目193项，其中新立项58项。2009年度获省级科技成果奖励项目2项，其中：由雷廷武研究员主持的“细沟土壤侵蚀物理过程模型研究”获陕西省科学技术一等奖，由王全九研究员主持的“黄土区农业生态系统中水分与养分迁移及其环境效应”获陕西省科学技术二等奖。该所现有中国科学院院士1人，中国工程院院士1人，国际欧亚科学院院士1人，国家杰出青年获得者1人，“百人计划”入选者9人，“西部之光”资助者30人，国家“百千万人才工程”入选者5人，获陕西省“突出贡献专家”称号7人，进入陕西省“三五人才”序列9人。

2009年，该所发表学术论文365篇，其中在被EI、SCI、ISTP三大检索刊收录84篇。申请实用新型专利2项。2009年，中国科学院水利部水土保持研究所主办了“第十二届海峡两岸水土保持与生态修复”学术研讨会，围绕生态保护与环境治理的科学方式和途径，台湾水土保持现状与发展趋势等热点问题进行广泛的学术交流，进一步开展水土保持科技合作和研究成果共享，共同促进海峡两岸农业生产的可持续发展。研讨会吸引了来自北京、台湾、上海、陕西、湖南、湖北、广东、西藏、大连、福建、河南、山东等12个省会和直辖市的33个单位和部门代表共计150余人，其中，台湾代表28人，大陆代表107人。

（刘　芳）

【陕西省科学院酶工程研究所】 2009年，陕西省科学院酶工程研究所在研项目13项，其中，新上项目6项，国家级1项，省级项目3项。2009年获奖励的科研项目1项。由徐升运研究员主持的“毛织物生物防毡缩剂的应用研究”项目获陕西省科学院科技进步一等奖。在研项目发表论文21篇，其中，被SCI收录2篇，EI收录2篇。

2009年，“新型石榴果酒生产工艺技术研究（2005K02-G2-2）”科研项目通过了省科技厅的验收。“食用菌（双孢蘑菇、平菇等）液体菌种生产技术研究与开发（2006K-06）”“酶在天麻素提取中的应用研究(2005k-30)”“去血渍专用酶与洗涤剂的配伍及稳定性研究(2007K-12)”“产碱性纤维素酶菌种选育(2006k-30)”“高活性木聚糖酶菌株选育(2005K-28)”“陕西省主要食用菌类产品监督检验技术系统的研究（2006k-13）”“酶和微生物制备烟用枣香料的研究(2005K-29)”“绿色木霉产纤维素酶的应用酶学及菌种改进研究(2007k-11)”等8项科研项目通过省科学院验收。

“木纤维织物的生物酶整理方法”“一种降解玉米秸秆产还原糖的复合酶”“一种生物酶法提取天麻素的方法”“酶制剂发酵液的喷雾干燥方法”“酶制剂发酵液喷雾干燥收集器”“一种土壤保湿生物肥的制备方法”“用秸秆制备高蛋白糖化饲料的方法”“一种含复合酶的去血渍洗涤粉”等9项发明专利通过了国家知识产权局的受理。“一种生物絮凝剂的制备方法”“一种清酒的酿造工艺”2项专利获国家知识产权局的授权。

该所承担的“新型复合酶及微生物饲料添加剂的产业化开发”“新型高效生物饲料添加剂4APC的中间试验”项目已建立年产500吨4PCA新型生物饲料添加剂的生产线；建立产业化生的技术评价体系和产品保障体系；获取企业生产许可证和开展产品应用推广。产品在省内及广西、福建、四川、重庆等部分饲养场及养殖户推广，经济效益2813.6万元。

2009年，该所组织科技人员参加陕西省科学院组织的“生物实验技能操作培训”，酶工程研究所组织的“生物实验操作培训”、陕西省质量技术监督局组织的“资质认证培训”等。通过“苹果早期落叶病生物综合防治研究及其应用”“新型复合酶及微生物饲料添加剂的产业化”项目的实施项目的实施，培养了一支在微生物农业病害生物防治研究领域、在复合有益菌和酶制剂的饲料添加剂研究领域内具有系统全面的学术研究、工程技术、产业化实施能力的高水平科研团队。

（李本光）

【陕西省微生物研究所】 2009年陕西省微生物研究所在研项目40项，其中新增项目有“生物菌种的选育及培养研究”“可溶性1，3-β-D葡聚糖的生物提炼及纯化工艺研究”“秦巴山区微生物代谢产物库的建立与开发利用”“陕西设施蔬菜根结线虫生防菌物的筛选及食线虫菌物杀虫机理的研究”“桑黄菌液体发酵及其桑黄菌多糖提取技术研究”“草腐菇类培养料活性菌发酵技术研究与开发”“脱落酸抗涝抗旱功能在食用菌生产中增水保水的应用研究”等13项。发表学术论文14篇，参与发表的专著1部；申请专利2项。“生物技术选育荞麦酿造用优质菌种研究”项目通过了陕西省科技厅验收；“利用花椒籽粕栽培经济真菌新技术的示范应用——建立韩城食用药用真菌实验基地”“原生质体诱变选育虾青素高产菌的研究”“无溶剂法生产倍他环状糊精新工艺”“陕南药用真菌桑黄的菌种分离与筛选”“酶催化工艺在大豆异黄酮甙生产中的应用基础研究”“中药现代化生产中固体废弃物的经济真菌综合利用技术研究”“重组人Cu、Zn-SOD突变体筛选及其高效表达系统的构建”等7个项目通过了陕西省科学院验收。承担了陕西省质量技术监督局下达的《白灵菇》《杏鲍菇》《滑菇》以及《秦岭猪苓》标准综合体等九项陕西省地方标准的编制工作。

2009年，该所同企业签订联合开发、技术服务委托研究和科技合作协议书共5份。取得横向合作开发、技术服务项目共14项。该所承担延安园方集团公司委托的“沙棘荞麦酿造关键技术研究”和“沙棘功能性食品开发技术研究”项目，陕西省苹果研究发展中心委托的“果园培肥试验研究与示范”项目，西安亨通光华制药有限公司陕西神丹生物药业有限公司委托的“甘露聚糖肽原粉提取”项目的开发工作进展顺利。

2009年，“陕西省微生物分析检测中心”正式在陕西省微生物研究所挂牌。此机构通过了国家认可委员会等组织的评审，并由中国合格评定国家认可委员会和陕西省质量技术监督局颁布发了实验室认可证和计量认证。该中心是可提供具有法律效力、可获得微生物检测数据国际互认的合法机构。

（江 莹）

【陕西省动物研究所】 2009年，陕西省动物研究所为了进一步加强学科建设，提高科学研究水平，整合科研力量，凝聚学科方向，该所将原有3个研究中心分为4个研究中心及一个实验中心。4个研究中心是：濒危动物保护生物学研究中心、生物多样性保护与生态监测研究中心、野生动物繁育与疫病防控技术研究中心、昆虫多样性与有害生物预警和防控研究中心；一个实验中心是现代生物技术实验中心。并按照“双向选择”的原则，科技人员根据自身专业，经过个人选择研究中心与组织调配，各中心研究团队已初步形成。该所制订了《陕西省动物研究所科技成果奖励办法》《标本室安全守则》《标本制作安全守则》等规章制度。成立的新一届学术委员会，制定了《陕西省动物研究所学术委员会工作条例》。

2009年，该所在研科研计划项目共54项，其中，新立项项目 26项，延续项目28项。到位科研项目经费451万元，其中，省科学院项目经费170万元，院外项目经费281万元。该所高学斌主持的“秦岭鸟类物种多样性的研究”项目，获得2009年度陕西省科学技术三等奖；张淑莲主持的“设施蔬菜科研示范基地建设与技术推广”项目，获得2009年度陕西省农业技术推广成果二等奖。“驯养动物捕捉笼”获实用新型专利；“一种猪皮胶原肽的制备方法”获发明专利。2009年，该所发表学术论文49篇，参编《西藏藏羚羊》《陕西平河梁省级自然保护区综合科学考察与生物多样性研究》专著2部。

2009年，该所邀请北京林业大学生物科学与技术学院博士生导师胡德夫教授做了关于“我国西北地区开阔景观带有蹄类双种共存的进化生态学研究”学术报告。受西北勘测设计院邀请，研究所鱼类专家到西北勘测设计院生态移民研究分院做“鱼类生态知识讲座”。参加“陕西省野生动植物保护管理研讨会”“秦岭论坛”及在渭南举办的“有害生物综合治理培训活动”等学术交流活动。邀请美国孟菲斯动物园研究与保护部安迪库伯博士来所访问，并做了“两栖动物繁育技术报告”。邀请新西兰梅西大学大卫·劳本海默教授和澳大利亚堪培拉大学副教授斯蒂芬·萨尔分别就“营养、生态与营养生态学”、“遗传学在动物保护管理方面的应用”做了学术报告和交流讨。积极开展科技扶贫，在凤翔县组织研究所专家做了“设施蔬菜根结线虫的发生及无公害防治”“设施蔬菜病虫害的发生现状与绿色控制技术”等培训讲座。

（王 艳）

【陕西省西安植物园】 2009年，陕西省西安植物园新增科研项目15项，其中，省科技厅科技攻关项目4项；市科技局科技攻关项目4项；省科学院项目7项。由陕西省西安植物园主任、陕西省植物研究所所长李思锋研究员组织申报的“陕西省植物资源保护与利用工程技术研究中心”项目，经陕西省科技厅组织省内外专家评审，列入陕西省2009年“13115”科技创新工程工程技术研究中心项目。该工程中心以陕西省西安植物园、陕西省植物研究所为依托单位，是陕西省在植物资源开发利用领域设立的第一家工程技术研究中心。该工程中心立足于秦巴山区丰富的药用植物资源和观赏植物资源，以研究开发秦巴山区特色植物资源及其综合利用技术为主要方向，通过对秦巴山区特色植物资源的研发，现有成果和技术的进一步深化、完善、集成，并进行熟化、转化，为陕西省植物资源保护与可持续利用及其产业化开发提供技术支撑。针对2011年西安世界园艺博览会的花展需求，该园庞长民研究员提出的“西安暨世园会耐热花卉选育及供花技术研究”项目也获得了陕西省2009年“13115”科技创新工程重大科技专项资助。2009年，该园承担的国家科技基础性工作专项课题“秦岭山地野生经济植物种质资源调查与评价”暨陕西省科学院重点项目“秦巴山区生物种质资源和生态群落调查”。项目组对秦岭地区的植物物种资源开展了系统全面的调查与标本采集，完成秦巴山区2904号10689份植物标本的采集及室内处理等，拍摄了1.2万余张约20.35GB的野生植物数码照片，完成了近200份植物种子的采集与保藏，完成了100余种珍稀特有植物的收集与引种，发现了秦岭种子植物区系1新记录科（茶茱萸科Icacinaceae）、3新记录属及十余个新记录种，为上世纪80年代中期至今陕西省开展的最为深入的秦岭地区植物物种资源科考活动。

2009年，该园出版科技专著1部、科普图书1册，发表论文25篇，其中1篇被SCI收录。通过陕西省科技成果鉴定1项，通过陕西省、西安市及省科学院验收项目7项。李思锋研究员、黎斌副研究员主编的《秦巴山区野生观赏植物》由陕西科技出版社出版。该部专著为中英文双语对照，收录了秦巴山区野生观赏植物575种，隶属于94科349属，配有805幅图片，为国内第一部研究秦巴山区野生观赏植物资源保护与利用的图文并茂的工具书，也是一部了解秦巴山区野生观赏植物资源状况最直观的鉴赏图谱。该专著荣获第七届中国花卉博览会科技成果出版物类铜奖。祁云枝原创的科普漫画图书《漫画生态“疯情”》由北京同心出版社。西安植物园黎斌副研究员参与发表的“On Neolepososorus emeiensis and N. dengii (Polypodiaceae) from China（中国产峨眉盾蕨与世纬盾蕨的分类订正）”刊载于《美国蕨类植物学报》（98卷4期）。该文依据来自峨眉盾蕨同一居群不同植株的叶形态变异的连续性，将峨眉盾蕨、世纬盾蕨、戟叶盾蕨、深裂盾蕨等4种归并为峨眉盾蕨，澄清了峨眉盾蕨复合种的分类问题，得到了国际同行的认同，并被SCI收录。

2009年，由李思锋研究员、陈昊副研究员主持完成的“延胡索规范化栽培技术研究及示范基地建设”通过了陕西省科技成果鉴定。制定了延胡索环境质量、种子和药材质量等系列标准及生产技术、质量检验和生产管理等系列操作规程（SOP）；建立了延胡索生产质量管理体系和示范种植基地；在陕西省城固县董家营乡建立延胡索种质田、试验地和示范基地。此外，“红升麻产业化生产技术研究”“西安地区冬季露地耐寒花卉品种选育及生产技术研究”等2个项目通过了西安市科技局验收。

该园选育的睡莲新品种“貂蝉”“西施”通过了陕西省林木品种审定委员会的初审。该品种为陕西省在国内首次选育的夜间开花热带睡莲品种。李思锋研究员等主持完成的“陕南中药产业基地中存在的问题及其对策”项目获第三届陕西科技调研成果奖一等奖。原雅玲研究员研究主持完成的“朱顶红节日供花技术”获第十六届中国杨凌农业高新科技成果博览会“后稷奖”。2009年，西安植物园“植物学（植物资源保护方向）”学科被中共陕西省委组织部、陕西省人力资源和社会保障厅确定为陕西省首批“三秦学者”的岗位之一。

2009年，该园先后与日本、瑞士等国家开展了2次国际科技合作与交流。邀请日本花甲志愿者协会园艺专家佐佐木省三先生到该园进行花卉栽培技术交流。邀请瑞士芬美意集团公司资深科学家、西安植物园特聘研究员袁永明博士来园作“凤仙花科植物的生物地理与进化”的学术报告。袁博士从凤仙花科植物分类分布、形态特征、染色体进化、分子系统演化、分布地理等方面，对凤仙花科植物种群起源、系统发育、性状进化和生物地理作了详尽的阐述。该园参加了在广西南宁召开的“全国植物园年”，提交会议论文6篇；参加在陕西延安召开的“陕西省植物学会2009年学术研讨会”，提交会议论文7篇，其中2篇论文获本届学术研讨会优秀论文一等奖、二等奖。“2009年陕西省青少年科教基地工作经验交流会”在西安植物园召开，该园作为“全国青少年科技教育基地”“陕西省科普教育基地”“西安市科普教育基地”，向与会代表汇报了近几年科普宣传教育工作。

（高书宝）

科技管理

概　述

科技管理包括省级综合科技管理机构，中国科学院西安分院、陕西省科学院科技管理机构和市县科技管理机构。中共陕西省委科学技术工作委员会和陕西省科学技术厅合署办公归口负责全省科技管理工作。中国科学院西安分院、陕西省科学院科技管理机构负责科学院系统在陕单位的科技管理工作。市县科技管理机构负责本地区科技管理工作。

省级综合科技管理主要是：科技计划管理、科技经费管理、科技成果管理、国际科技合作与交流、工业科技管理、农业科技管理、社会发展科技管理、科技法规政策与管理、科研院所改革和管理。2009年，省科技厅省级年度科技计划管理包括《陕西省科学研究与技术开发计划》《陕西省“13115”科技创新工程计划》《陕西省重大科技创新专项资金项目计划》。科技经费管理2009年重点对68个项目进行资金预算评估评审，对53个项目进行财务中期检查，对69个项目进行财务验收并提交了财务验收报告。科技成果管理全省共登记科技成果644项，比上年增长6.98%；全省共有206个项目获2009年度陕西省科学技术奖，其中：一等奖33项，二等奖79项，三等奖94项。国际科技合作与交流全省共审批出访和邀请的团组11个，双向科技交流40人次；列入国家和陕西的国际科技合作计划项目54项。工业科技管理围绕陕西省“13115”科技创新工程，组织实施重大科技专项、重大科技产业化项目和工业科技攻关项目的实施。支持“13115”工程技术研究中心和“13115”科技产业园区建设。高标准组织实施火炬计划，西安、宝鸡高新区形成了各具特色的产业格局，成效显著。农业科技管理在农业应用基础研究、现代农业科技创业示范、农业科技成果转化、农业科技服务体系建设等方面取得了新进展。社会发展科技管理共148个项目列入2009年省科技发展计划，经费950万元，对2008年“13115”科技创新工程计划的项目进行了中期检查，验收“13115”项目14个，“13115”科技创新工程计划的实施在社会发展科技领域取得了一批重要科研成果。科技法规政策与管理修订了《陕西省科学技术奖励办法》，对省科技厅行政执法依据进行调整。科研院所改革和管理主要做好科研院所经营性资产的运营管理工作和转制科研院所产权制度改革中的政策指导与部门之间工作的协调工作，配合省政协“关于加快我省省属开发类转制科研院所发展的对策建议”调研组，调查委厅协管科研院所基本情况和调查报告。

省级综合科技管理机构

依照中央办公厅国务院办公厅批准的陕西省机构改革方案规定，中共陕西省科学技术工作委员会（以下简称省委科技工委）为省委派出机构，陕西省科学技术厅（以下简称省科技厅）为省政府组成部分，机构保留不变，省委科技工委与省科技厅合署办公，一个机构，两块牌子。根据中共陕西省委办公厅、陕西省人民政府办公厅关于印发《中共陕西省委科学技术工作委员会、陕西省科学技术厅主要职责、内设机构和人员编制规定》的通知（陕办字[2009]56号）审定，省委科技工委、省科技厅机关行政编制90名。其中，省委科技工委书记1名，副书记1名；省科技厅厅长1名，副厅长4名，纪工委书记1名（副厅级），总工程师1名（副厅级）。处级领导职数34名（含机关党委专职副书记、监察室主任、团工委书记各1名）。

【省委科技工委主要职责】 ①贯彻执行党的路线、方针、政策和国家有关法律、法规，研究科技工作改革和发展中的重大问题，拟订科技系统党的建设规划和措施并组织实施。②负责科技系统宣传教育、思想政治工作和精神文明建设。③负责省委科技工委、省科技厅机关干部队伍建设和直属事业单位领导班子和领导干部的管理工作；协助中央部委管理驻陕科研院所领导班子和领导干部。④负责科技系统党的基层组织建设和党员队伍建设，制定加强和改进党的基层组织建设和党员教育规划，负责做好党员教育管理和党员发展工作。⑤负责科技系统纪检工作和党风廉政建设工作。⑥负责科技系统统战工作，发挥民主党派和无党派人士在科技和经济建设中的作用。⑦负责科技系统知识分子政策的贯彻落实工作；指导科技系统老干部工作。⑧领导科技系统工会、共青团和妇女工作，支持群团组织独立负责地开展工作，发挥群众组织的作用。⑨完成省委交办的其他事项。

【省科技厅主要职责】 ①贯彻执行国家有关科技发展的法律法规和方针政策，牵头拟订全省科技发展规划，起草有关地方性法规草案，并组织实施和监督检查。②负责组织制订并实施全省年度科技发展计划；负责统筹协调基础研究、应用研究、试验发展及产业关键技术、共性技术研究，牵头组织全省经济与社会发展重要领域的重大关键技术攻关。③牵头组织实施省政府确定的“13115”科技创新工程，会同有关部门组织科技重大专项实施中的方案论证、综合平衡、评估验收和制定相关配套政策，对科技重大专项实施中的重大调整提出意见。④会同有关部门审批和管理省级重点实验室、省级工程技术研究中心；组织实施科技创新公共服务平台建设计划；会同有关部门拟订重大创新基地建设规划，提出全省科研条件保障的规划和政策建议。⑤制定政策引导类科技计划并指导实施，贯彻执行国家高新技术产业化政策；推进高新技术产业发展，指导国家和省级高新技术产业开发区、科技产业园区建设。⑥组织拟订科技促进农村和社会发展的政策和措施，促进以改善民生为重点的农村建设和社会建设。⑦贯彻执行国家有关促进产学研结合、科技成果推广的政策，指导科技成果转化工作，组织相关重大科技成果应用示范，推动企业自主创新能力建设。⑧提出全省科技体制改革的方针政策和措施建议，推进科技体制改革工作，审核相关科研机构的组建和调整，优化科研机构布局。⑨负责本部门预算中的科技经费预决算及经费使用的监督管理，会同有关部门提出科技资源合理配置的重大政策和措施建议，优化科技资源配置。⑩负责省科学技术奖评审的组织工作，会同有关部门拟订全省科技人才队伍建设规划，提出相关政策建议。⑪制定全省科普规划和政策，拟订促进全省技术市场、科技中介组织发展的政策建议，贯彻执行科技保密管理办法，负责相关科技评估管理和科技统计管理。⑫负责全省对外科技合作和交流工作。⑬承办省政府交办的其他事项。

【2009年省委科技工委 省科技厅领导成员】

姓名	性别	出生年月	民族	党派	学历	职务	任职时间
张 炜	男	1957.9	汉	中共党员	博士	工委书记 厅长	2008.3 2008.4
张书玲	男	1957.5	汉	中共党员	博士	工委副书记 （正厅级）	2007.1
邱义路	男	1951.11	汉	中共党员	硕士	工委委员 副厅长	2000.7 2000.7
许春霞	女	1961.3	汉	九三学社社员 中共党员	博士	副厅长	2004.6
郑明玺	男	1954.10	汉	中共党员	大学	工委委员 纪工委书记	2008.3
孙 科	男	1965.2	汉	中共党员	博士	工委委员 副厅长	2007.2 2007.1
张志军	男	1950.6	汉	中共党员	大学	工委巡视员 厅巡视员	2007.8 2007.8
安西印	男	1955.8	汉	中共党员	硕士	总工程师	2005.8

续表

姓名	性别	出生年月	民族	党派	学历	职务	任职时间
方贤友	男	1953.3	汉	中共党员	大学	工委副巡视员 厅副巡视员	2002.3 2002.4
穆宪龙	男	1952.11	汉	中共党员	大学	工委副巡视员 厅副巡视员	2004.9 2004.9
张正平	男	1956.6	汉	中共党员	大学	工委副巡视员 厅副巡视员	2006.6 2006.5
杜克飞	男	1950.11	汉	中共党员	大专	工委副巡视员 厅副巡视员	2008.6

【省委科技工委、省科技厅内设机构主要职责及人员】 依据省委、省政府两办通知规定的省委科技工委、省科技厅的主要职责，省委科技工委设3个内设机构，省科技厅设11个内设机构。

组织干部处（省科技厅人事处） 负责省委科技工委、省科技厅系统领导班子和干部队伍建设及干部培训工作、党的基层组织和党员队伍建设、统战工作；负责机关、直属事业单位、直属科研院所机构编制、人事管理工作；负责本系统人才和知识分子工作。

处长、工委委员：刘亚明

副处长：伍小莉、孙　路

宣传教育与群团处 负责省委科技工委、省科技厅系统宣传教育工作；协调和组织实施科技宣传活动；负责省委科技工委系统思想政治、精神文明建设、群团工作。

处　长：郑胜金

副处长：徐叔威、郝耀成（挂职榆林）、李　戟（援藏阿里）

团工委书记：朱晓卫

纪工委（省科技厅监察室） 负责省委科技工委、省科技厅系统党的纪律检查和党风廉政建设工作、行政监察工作；检查和处理党组织、党员违反《党章》和党内法规的重要案件；受理党员和监督对象的控告、申诉和群众举报工作。

主　任：孙秀明

副主任：郑春生

办公室（省委科技工委办公室） 负责机关政务工作；负责重要会议的组织和会议决定事项的督办；负责重要文件的起草、新闻发布、政务信息、机要、保密、档案、信访、办公自动化、安全保卫和值班接待等工作；负责机关财务工作。

主　任：师万雄

副主任：王丕林、卢道真

政策法规处 拟订全省科技发展政策；会同有关方面推进陕西创新体系建设和科技体制改革；承担机关有关规范性文件的合法性审核工作；贯彻执行国家有关促进产学研结合的相关政策；拟订全省科普工作规划和政策；组织实施全省软科学研究计划；拟订促进全省科技人才队伍建设的政策措施。负责联系在陕“两院”院士。

处　长：郭　杰

副处长：白崇军（驻国外使领馆）、梁晓军

发展计划处 组织拟订全省科技发展规划和年度计划，提出科技计划设置和经费配置建议，协调规划和计划的实施；会同有关方面拟订科技重大专项实施办法，审核实施计划，提出综合平衡、方案调整和相关配套政策建议，组织项目评估和验收；组织实施科技创新公共服务平台建设计划；负责工程技术中心工作；承担相关科技评估管理和科技统计管理工作。

处　长：赵怀斌

副处长：王云岗、崔海龙

科技产业发展处 负责省重大科技创新专项资金及项目计划的协调管理与组织实施工作；承担科技产业发展中的科技和金融合作以及重点科技产业化项目推介融资工作；负责民营科技企业管理工作。

处　长：史高领

副处长：侯小林

科研条件与财务处 提出科研条件保障的规划和政策建议；会同有关方面提出科技资源合理配置的重大政策和措施建议；组织实施科研基础条件平台建设；编制科技经费预决算，并监督预算的执行；参与拟订全省重大科技投入政策和科技经费管理办法；负责本部门基本建设和国有资产管理工作。

处　长：刘占明

基础研究处　贯彻执行国家基础研究规划和政策；组织实施省基础研究发展计划；组织实施省级重点实验室建设；协助管理国家基础研究计划项目和基地建设工作；组织推动科研基础性工作。

处　长：唐光华

副处长：苗长贵

高新技术发展及产业化处　贯彻执行国家相关领域高新技术发展及产业化的规划和政策；组织实施相关领域科技计划；组织实施火炬计划；指导国家和省级高新技术产业开发区发展建设，负责高新技术产业化发展相关工作；负责拟订全省科技服务体系建设发展规划和政策措施。

处　长：杨鹏林

副处长：从国军、冀　峰

农村科技处　贯彻执行国家有关科技促进农村发展的规划和政策；组织实施相关领域科技计划；推动农村科技进步；组织实施星火计划；指导农业科技园区的有关工作；指导科技扶贫工作。

处　长：曾元辉

副处长：刘晓军、张　薇

社会发展科技处　贯彻执行国家有关社会发展领域科技发展规划和政策；组织实施社会发展领域科技计划；负责指导涉及人口健康、医药卫生、中药现代化、生态环境、减灾防灾、公共安全、节能减排、新能源等社会公益事业的科技工作。

处　长：李候喜

副处长：杨　柳、张　杲

国际合作处　贯彻执行国家有关对外科技合作与交流的政策；承办全省科技外事工作；承办政府间双边和多边及国际组织间科技合作与交流事宜；组织实施国际科技合作计划；承办涉港澳台科技合作与交流事宜；负责与其他省（市、区）科技合作与交流。

处　长：刘新安

副处长：强小平（安全厅派驻）、黄云良

科技成果与技术市场处　负责全省科技成果的管理和保密工作；制定科技成果推广政策；编制实施技术转移和重点科技成果推广计划、技术市场发展规划；负责省科学技术奖的评审组织和国家科学技术奖的推荐工作；负责全省社会力量设立科学技术奖的审批和管理工作。

处　长：于利亚

副处长：郭海鹰

机关党委　负责机关和直属事业单位党群工作。

专职副书记：徐敏生

离退休人员服务管理处　负责机关离退休人员的服务管理工作；指导直属单位离退休人员的服务管理工作。

处　长：樊彩霞

科研院所改革推进办公室　负责省委科技工委、省科技厅直属科研院所体制改革等工作。

主　任：高凤鸾

（组干处）

科技计划管理

陕西省科技厅全面贯彻落实科学发展观，按照《中共陕西省委 陕西省人民政府关于增强自主创新能力提高经济竞争力的决定》（陕发[2006]16号）《陕西省人民政府关于印发“13115”科技创新工程实施方案的通知》（陕政发[2006]52号）等文件的精神，结合全省中长期科技规划纲要和“十一五”科技发展规划，集中力量、集成资源、统一规划、积极组织实施陕西省2009年各级科技计划。省级2009年度计划由《陕西省“13115”科技创新工程专项计划》《陕西省重大科技创新专项资金项目计划》和《陕西省科学技术发展研究计划》组成。

【陕西省“13115”科技创新工程专项计划】　依据陕西省政府办公厅印发的《陕西省“13115”科技创新工程重大科技专项管理办法》《陕西省“13115”科技创新工程技术研究中心建设管理办法》《陕西省“13115”科技创新工程重大科技产业化项目管理办法》《陕西省“13115”科技创新工程重点科技产业园区管理办法》，2009年，省科技厅对面向社会公开征集申报的“13115”科技创新工程专项计划项目310项，聘请省内外专家55

名（科技部支持推荐聘请相关专业外省专家44名，省内聘请相关专家11名），组成有领导、专家和工作人员参加的11个组，进行现场考察、会议质疑答辩、专家论证、经费预算评估、评审，并对项目综合打分，择优进入预选项目，预选项目确定后在陕西科技信息网上公告、公示收集异议并处理，经省科技厅办公会议综合审议后，报经省政府科教领导小组会议审定。会议决定2009年度“13115”科技创新工程共启动项目151项，政府资助经费21330万元。其中，重大科技专项项目88项（工业类42项，农业类23项，社会发展类15项，重要中药现代化类8项），支持经费5410万元；重大科技产业化项目29项（工业类17项，农业类9项，社会发展类2项，中药现代化类1项），支持经费5860万元；工程技术研究中心项目21项（工业类12项，农业类5项，社会发展类3项，中药现代化类1项），支持经费7460万元；科技产业园区项目13项，支持经费2600万元。《陕西省2009年“13115”科技创新工程专项计划》于2009年7月中旬正式下达，并积极组织实施中。

为提高全省科技公共服务平台向企业和农村提供科技资源共享服务、公共技术服务、创新创业服务的能力，做好省公共服务平台建设工作，经省科教领导小组批准，省科技厅在2009年启动实施了“13115”科技创新工程科技公共服务平台专项，下达项目17项，经费3670万元。

截至2009年12月，陕西省“13115”科技创新工程专项计划项目共有72项提交验收申请，64项办理了验收证书。

（计划处）

【陕西省科学技术发展研究计划】 按照省委、省政府关于“十一五”期间全省经济社会发展的整体部署，围绕建设创新型陕西的目标，贯彻落实全国科技大会和陕西省科技大会精神，遵循“突出重点、加强集成、反应快捷、强化监督、注重实效”的原则，以提高陕西科技体制创新和技术创新能力为目标，针对全省工业、农业和社会发展中存在的科技问题，组织实施科学研究与技术开发项目，推动科技成果转化与产业化，着力培育高新技术产业，推动行业和区域科技进步，为陕西科技、经济、社会发展和建设西部强省、构建和谐社会提供人才、技术支撑。年度科学研究与技术开发计划各类项目的申报，是以年度计划申报指南或重点支持学科领域等通知要求征集。每年对申报的各类科技项目，组织同行专家进行论证评审，择优资助纳入年度计划。计划一经下达，由省科技厅各业务处室与项目承担单位主管上级监督实施。各项目承担单位每年年终必须向计划下达部门报送年度工作总结和项目执行情况。计划项目终结后，要报送项目鉴定书或项目验收报告等材料。

《2009年陕西省科学技术发展研究计划》分两批下达，第一批安排各类项目735项，资助资金6450万元，其中：农业、工业、社会发展、中药现代化等科技攻关项目272项（农业类99项、工业类136项、社发类26类、中药现代化11项），资助经费3183万元；其他科技专项10项，资助经费840万元；科技富民强县专项行动计划项目14项，资助经费335万元；区域科技综合能力建设专项1项（具体为20小项），资助经费265万元；国际科技合作项目20项，资助经费230万元；科技成果推广项目39项，资助经费200万元；科技扶贫项目7项，资助经费97万元；软科学研究计划项目104项，资助经费300万元；自然科学基础研究计划项目268项，资助经费1000万元。第二批安排各类攻关计划96项，政府资助经费767万元。

另设单列专项96项，其中科普计划1项，资助经费37.5万元；火炬科技计划立项59项，星火科技计划11项，重点新产品试制25项，根据2009年陕西省科技计划改革方案，上述三类只予立项。

由财政直接拨款的农业创新项目44项，资助经费1000万元。

2009年共验收陕西省科学技术发展研究计划项目269项，办理验收证书212项。

（计划处）

【陕西省重大科技创新专项资金项目计划】 2009年，为了推动创新型陕西建设，充分发挥科学技术对经济发展的引领和支撑作用，紧紧围绕陕西省经济结构调整和经济增长方式转变的工作重点和目标，突出重点，集中力量，加强具有自主知识产权的新技术、新产品研发，推动科技成果转化与产业化，培育高新技术产业，改造提升优势和特色产业，推动行业科技进步，加快建设西部经济强省，依据重大科技创新专项资金项目计划申报指南，支持重点①装备制造：高中档数控机床，航空航天应用技术产业开发及配套部件与设备，大型冶金石化装备，汽车与汽车零部件产品，大型工程机械设备，高压及特高压输变电设备，高效节能低耗机电产品与装置，精密仪器仪表产品，新型现代纺织、造纸、印刷包装机械装备，大型现代煤炭、石油等矿产钻探采选设备。②电子信息：面向重点行业的应用软件，嵌入式软件，集成电路设计与专用芯片，数字化及智能化电子产品，网络通讯及数字移动通讯产品。③新材料：高性能复合材料和金属材料，新型光电子材料及器件，绿色建筑材料。④能源化工及高效节能：精细化工，新能源及高效节能产品。⑤生物技术与新医药：生物技术新产品，新医药与医疗器械，食品安全。⑥中药现代化：中药材规范化种植，中药饮片炮制工艺研究及产品开发，中药新药开发。⑦现代农业：农作物良种产业化，绿色果品，高效畜牧业，农业生物技术产品，农副产品精深加工，区域支柱产业，新型农业科技产业服务体系建设。⑧科技创新创业基础条件平台和产业化基地建设。⑨陕南突破发展科技创新支撑专项：机电装备制造，矿产资源深度开发与综合利用，特色优势农业开发，中药材基地建设及深加工。

按照《陕西省重大科技创新项目及专项资金管理暂行办法》有关规定，陕西省重大科技创新项目领导小组办公室严格按照立项审查程序及标准，在各设区市、省级有关部门、杨凌示范区以及西安高新区管委会推荐和申报的基础上，组织进行了项目的技术评审论证、财务预算评审、现场考察等立项审查工作，最终确定173个项目，列入《陕西省重大科技创新专项资金项目计划》，财政专项补助经费12440万元。按技术领域，其中，电子信息类33项，投入创新专项资金2470万元，占20.18%；光机电一体化类33项，投入创新专项资金2490万元，占20.34%；新材料类19项，投入创新专项资金1400万元，占11.44%；生物医药类13项，投入创新专项资金700万元，占5.72%；能源化工与环保类19项，投入创新专项资金1510万元，占12.34%；现代农业类56项，投入创新专项资金3670万元，占29.98%。按承担单位，其中，企业共承担项目136项，投入创新专项资金9450万元，占77.21%；大专院校承担项目11项，投入创新专项资金530万元，占4.33%；研究院所承担20项，投入创新专项资金1730万元，占14.13%；事业单位承担6项，投入创新专项资金530万元，占4.33%。完成新增产值213678万元，销售收入278067万元，净利润26592万元；出口额34295万美元；实缴税金13650万元；增加就业人数4254人次。项目申请专利130项，其中发明专利92项；获得专利授权68项，其中发明专利30项。

2009年，共有66个项目通过了陕西省重大科技创新项目领导小组办公室的验收。所有验收结题的项目都达到了预期指标，达标率为100%，其中有8项超过预期指标。验收结题项目新增产值689236万元，实现销售收入1030237万元，出口额1028万美元，获得净利润83209万元，上缴利税34610万元。共申请专利84项，其中发明专利75项，占89.29%。获得专利授权34项，其中发明专利26项，占76.47%。获得科技奖励43项，其中，国家级奖励5项，地方奖励38项。

（产业处）

【其他项目】

国家科技富民强县专项行动计划：为了贯彻党的十七大和中央农村工作会议精神，全面落实科学发展观和科教兴国战略，推进社会主义新农村建设，依靠科技创新发展县域主导产业，促进农民增收致富，推动县域经济社会协调发展，根据国家科技部、财政部下发的《科技富民强县专项行动计划实施方案（实行）》和《科技富民强县专项行动计划资金管理暂行办法》的有关要求，2009年，组织推荐科技富民强县试点县7个，经科技部和财政部组织有关专家咨询论证，我省获得立项7项，争取国家科技富民强县专项资金1250万元。

（计划处）

软科学研究计划：2009年，省科技厅对陕西省软科学研究计划进行了调整，在计划中分别设立了重点项目、面上项目和出版项目。重点项目是根据陕西省科技和经济社会发展重大决策需求，综合省内有关部门、地区和专家的建议研究确定，在全省乃至全国范围内进行招标的命题研究项目；面上项目是由各申报单位依据省软科学研究计划年度申报指南自主选题，经省科技厅同意立项的选题研究项目；出版项目是经省科技厅同意资助出版的优秀软科学研究成果项目。根据这一调整，4月27日，省科技厅组织召开了省软科学研究计划重点项目招标评审会议，邀请9位熟悉公共管理和软科学研究工作的资深专家，对24个单位申报的10个省软科学研究重点项目逐一进行了现场答辩评审。省科技厅厅长张炜、总工程师安西印参加了评审会。这是陕西省软科学研究计划第一次以组织选题、答辩评审的方式开展的立项工作。在公开招标、答辩评审的基础上，确定了“实现科技强省战略目标的关键因素分析及路径选择研究”“在陕工程技术研究中心绩效考核和管理创新研究”等7项列入省软科学研究计划重点项目。为保证项目顺利实施，建立了重点项目的处室联络工作机制，并组织专家分别召开重点项目开题论证会，进一步完善项目研究设计方案，保证项目科学开题。4月12日，省科技厅组织召开省软科学研究计划面上项目评审会议，聘请了政府部门、高校、科研院所18名专家，对申报受理的172项省软科学研究面上项目采取分组评审的方式，进行了评审，确定了列入省软科学研究计划面上项目96个，资助经费210万元，分别支持了产业提升问题研究、区域发展问题研究、农业与新农村建设问题研究、科技创新与管理问题研究等六类专题研究项目。为扩大软科学研究成果的推广应用，陕西省自2009年起连续三年，在省软科学研究计划中设立优秀软科学研究成果出版项目，重点支持陕西省软科学研究工作者承担国家和省级软科学研究计划、社科基金等完成的优秀研究成果，出版项目由省科技厅与科学出版社合作共同组织审定，列入“21世纪科技与社会发展丛书（陕西篇）”。每年资助5～10项软科学研究优秀成果在科学出版社出版发行。经过项目征集、专家评审等程序，2009年省软科学研究计划共安排20万元资助10个软科学研究优秀出版项目，由科学出版社出版《中国金融自由化进程中的金融安全预警研究》《中国西部发展路径--层级增长极网络化发展模式》《我国科技税收优惠政策与利用》等10种软科学丛书。

（政策处）

科技经费管理

【科技经费的监督与管理】 2009年科技经费的监督与管理按照《陕西省科技厅计划经费和专项经费监督暂行办法》《陕西省科技厅科技计划经费和专项经费预算评估评审暂行办法》等相关规定执行，重点开展了资金预算评估评审、财务中期检查、项目结题财务验收等工作。2009年，对30项重大产业化项目，21项工程技术研究中心项目，17项公共服务平台建设项目，共68个项目，严格按照省科技厅“科技经费预算评估评审暂行办法”进行了资金预算评估评审，为科学确定项目经费数额提供了决策依据。2009年，省科技厅采取网上自愿申请、资格审核、综合考察等方法，筛选出25家有实力、信誉好的会计师事务所，为财务检查和验收的主要依托单位，并邀请有关专家对其进行了集中培训与辅导。对2008年度计划下达资助金额在50万元以上（含50万元）的53项“13115”科技创新工程项目资金到位情况、科技经费管理制度贯彻落实情况、项目承担单位对专项经费会计核算情况、项目承担单位和项目负责人预算执行情况等进行了中期财务检查，特别对经费使用中可能存在的超预算、超范围、超标准支出问题，挤占、挪用、转移项目经费问题，自行分解、擅自转拨项目经费等问题进行了重点检查。完成了对30项“13115”科技创新工程项目开展中期财务检查的目标任务。在项目单位自查和会计师事务所现场财务检查的基础上，对每个项目单位科技项目经费预算执行情况进行了较为全面的评价，完成了中期财务检查评估报告。

项目结题财务验收工作是科技经费监督的重要内容，是对项目单位财务管理、预算执行、资金使用效益等方面的全面审核与评价，涉及内容多，工作难度也较大。2009年，受理结题项目79项，已完成对69项“13115”科技创新工程项目的财务验收，提交了财务验收报告。

【应用技术研究与开发经费】（原预算科目为科技三项经费）2009年，陕西省应用技术研究与开发经费，省财政预算安排为7254.5万元，比上年增加1000万元，同比增长15.9%。经费主要用于全省科技攻关、自然科学基础和应用基础研究、软科学研究、科技成果推广、国际科技合作、科技扶贫和县（区）科技计划的政府引导资金。应用技术研究与开发经费的使用与管理严格按照2007年制订的《陕西省科技厅科技计划经费和专项经费监督暂行办法》《陕西省科技厅科技计划经费和专项经费预算评估评审暂行办法》及其实施细则等管理办法实行规范管理。

【科学事业费】 2009年，陕西省科学事业费（含科研院所离退休经费）总预算安排为24509.95万元，其中：科研院所事业费为12078.69万元，比上年增加349.69万元，同比增长3%；科研院所离退休人员经费为12431.26万元，比上年增加5782.69万元，增幅较大，同比增长86.97%。绝对数的增长部分全部用于国家政策性增加离退休人员待遇。

【科技专项费】 2009年度陕西省财政给省本级科技专项费预算共安排37091万元，比去年增长19.2%。“13115”专项经费（25000万元）、科技重大专项经费（11741万元）比2008年分别增加5000万元和1000万元，增幅较大。省级科技专项经费省科技厅依据《陕西省科技厅科技计划经费和专项经费监督暂行办法》《陕西省科技厅科技计划经费和专项经费预算评估评审暂行办法》及其实施细则等管理办法，各科技专项计划年度计划申报项目指南，由省科技厅、财政厅组织专家对申报的计划项目进行评审论证，确定纳入年度科技计划的项目和资助经费，并正式下达项目计划，由省财政将经费直接拨付项目承担单位。

（条财处）

科技成果管理

【科技成果登记】 2009年度陕西省共登记科技成果644项。其中：应用技术类成果522项，占登记的科技成果总数的81.06%；基础理论类80项，占12.42%；软科学42项，占6.52%。获发明专利授权的346项、制订标准54项（ 国际标准6项）。国家科技计划项目成果88项；国家各部门计划75项；地方计划及基金成果125项；计划外项目成果317项。

【获国家级科学技术奖励】 2009年度由陕西省有关单位主持和参与完成的33个项目获得国家奖奖励。其中，西安交通大学何雅玲教授主持完成的“高效低阻气体强化传热技术及其应用”、西安交通大学郭烈锦教授主持完成的“油气集输的节能减排和安全高效关键工艺及装备”、西安交通大学何正嘉教授主持完成的“大型回转机械结构裂纹的动态定量诊断技术与应用”和西安电子科技大学主持完成的一项专用项目，获国家技术发明奖励二等奖。获国家技术进步奖励项目29项，其中：一等奖3项（主持完成2项，参与完成1项），由第四军医大学李云庆教授主持完成的“神经病理性痛模型的创建及其在镇痛机制和治疗研究中的应用”项目、由中国西电集团公司宓传龙教授级高工主持、西安电力电子技术研究所等多家单位共同参与完成的“超高压直流输电重大成套技术装备开发及产业化”项目和由西安工程大学参与完成的“高效短流程嵌入式复合纺纱技术及其产业化”项目获国家技术进步奖励一等奖。二等奖16项（主持完成8项，参与完成8项），由陕西秦川机械发展股份有限公司王俊岭教授级高工主持完成的“适用于大批量精密齿轮磨削的数控蜗杆砂轮磨齿机技术及产品”项目，中国重型机械研究院有限公司杨拉道研究员主持完成的“中薄板坯连铸机成套技术与关键设备开发及应用”项目，西安交通大学蒋庄德教授主持完成的“产品复杂曲面高效数字化精密测量技术及其系列测量装备”项目，西安高压电器研究所有限责任公司裴振江研究员主持完成的“超特高压大容量开关试验技术开发及实验室建设”项目，西安交通大学姚学玲教授主持完成的“过电压防护的雷电流测试关键技术及其系列测试设备”项目，西安交通大学韩九强教授主持完成的“嵌入式软测量柔性开发平台关键技术及系列智能测控仪器装置开发”项目，长安大学沙爱民教授主持完成的“公路半刚性基层材料结构理论、多指标控制设计方法及工程应用”项目，西安交通大学李生斌教授主持完成的“人类基因组多态性和特殊微量物证个体识别关键技术及应用”项目获国家技术进步二等奖；参与完成的8个项目获国家技术进步二等奖。另有参与完成的10个专用项目（涉密项目）在国家技术进步奖专用项目的评审中，共有包括“绕月探测工程”在内的3个项目被评为特等奖（每个项目中都有陕西省多家科研院所和大型企业参与），3个项目获一等奖，4个项目获二等奖。

陕西省推荐的获国家级奖励项目表

序号	奖种	项目名称	项目主要完成人	项目完成单位	推荐单位	奖等
1	国家技术发明奖	高效低阻气体强化传热技术及其应用	何雅玲，陶文铨，屈治国，王学军，何建龙，唐桂华	西安交通大学	陕西省	二等
2	国家技术发明奖	油气集输的节能减排和安全高效关键工艺及装备	郭烈锦，白博峰，张西民，张少军，王　鑫，冉新权	西安交通大学	陕西省	二等
3	国家技术进步奖	神经病理性痛模型的创建及其在镇痛机制和治疗研究中的应用	李云庆，陈　军，胡三觉，丁玉强，李　辉，陈良为，邢俊玲，武胜昔，贾宏阁，王亚云，冯宇鹏，王　文，徐　晖，汪　伟，杨瑞华	第四军医大学	陕西省	一等
4	国家技术进步奖	人类基因组多态性和特殊微量物证个体识别关键技术及应用	李生斌，赖江华，陈　腾，郑海波，胡　兰，张洪波，余　兵，沈春梅，邓亚军，阎春霞	西安交通大学，公安部物证鉴定中心	陕西省	二等
5	国家技术进步奖	产品复杂曲面高效数字化精密测量技术及其系列测量装备	蒋庄德，李　兵，丁建军，郭俊杰，费　斌，隋连升，田爱玲，黄梦涛，王晓强，刘保华	西安交通大学，深圳市思盛投资发展有限公司，西安交大思源精密工程有限责任公司	陕西省	二等
6	国家技术进步奖	适用于大批量精密齿轮磨削的数控蜗杆砂轮磨齿机技术及产品	王俊岭，郭宝安，田　沙，郝来成，高润林，张惠明，杨娟宁，赵　玮，谢　瑛，李晓雯	陕西秦川机械发展股份有限公司	陕西省	二等
7	国家技术进步奖	超特高压大容量开关试验技术开发及实验室建设	裴振江，姚斯立，郑　军，臧成发，张海峰，李　鹏，周会高，杜　炜，洪　深，黄　实	西安高压电器研究所有限责任公司	陕西省	二等
8	国家技术进步奖	公路半刚性基层材料结构理论、多指标控制设计方法及工程应用	沙爱民，胡力群，孙朝云，张嘎吱，杨士敏，范跃武，赵　可，张　娟，陈拴发，李美江	长安大学，中交第一公路勘察设计研究院有限公司，陕西省交通建设集团公司，河南高速公路发展有限责任公司商丘分公司	陕西省	二等

【陕西省科学技术奖励】 2009年度陕西省科学技术奖的评审，省科技厅根据《陕西省科学技术奖励办法》和《陕西省科学技术奖励办法实施细则》的规定，组织实施了2009年度陕西省科学技术奖的评审工作。

一、受理推荐项目情况

2009年共受理54个推荐单位和专家推荐的499个项目。其中，10个设区市推荐131项，占26.3%；19个省政府机构推荐219项，占43.9%；3个高新技术产业开发（示范）区推荐33项，占6.6%；10个国务院部门驻陕单位推荐30项，占6%；11个在陕企业集团推荐77项，占15.4%；两院院士联名推荐9项，占1.8%。

陕西省科学技术最高成就奖和陕西省科学技术奖国际合作类未推荐。

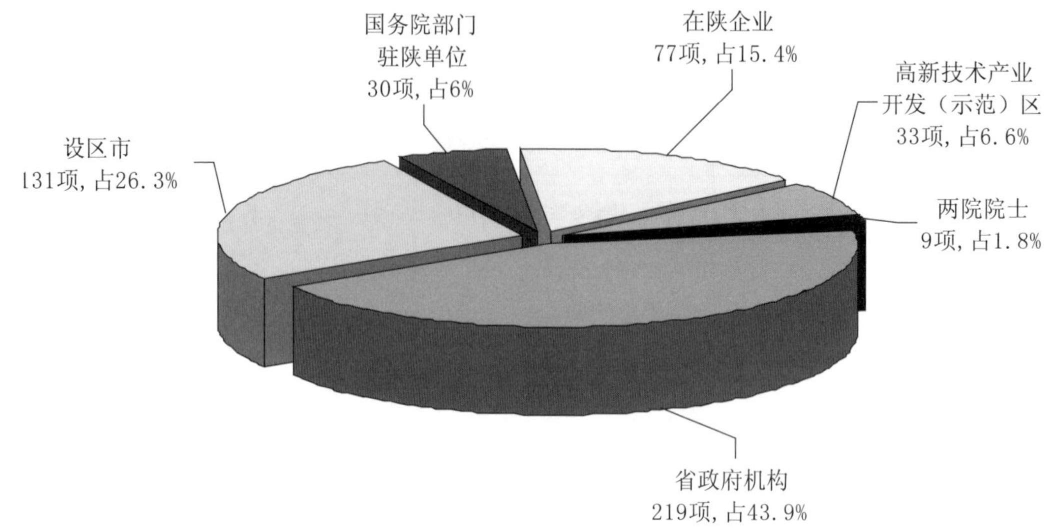

推荐单位、推荐项目情况

二、专业评审分组情况

根据推荐项目的专业分布，本年度共设置15个专业评审组：

(1)电子信息组；(2)数理、工程技术基础组；(3)机械组；(4)材料组；(5)化学化工环保组；(6)动力电气组；(7)工程建设组；(8)国土资源组；(9)轻工纺织组；(10)农业一组；(11)农业二组；(12)医卫一组；(13)医卫二组；(14)医卫三组；(15)软科学组。

三、专业评审优先奖励原则

2009年度省科学技术奖励工作，根据陕西省科技发展“十一五”规划纲要的指导思想和建设西部强省的战略目标，结合陕西省当前科技、经济工作的重点，全面落实科学发展观。把握五个优先，即：

对“就地转化、落地生根”，为陕西省经济社会发展作出重要贡献并创造重大经济、社会效益的科技成果优先奖励；对在完成陕西省重大科技攻关项目和重大科技成果产业化项目中取得的科技成果优先奖励；对能推动产业升级、带动企业发展的创新产品型科技成果优先奖励；对拥有自主知识产权的创新性科技成果优先奖励；对长期坚持在基层、艰苦地区和工农业生产一线的科技人员所取得的科技成果优先奖励。

四、获奖项目情况

经陕西省科学技术奖专业评审委员会评审，陕西省科学技术奖励委员会审定，陕西省人民政府批准，2009年度陕西省科学技术奖获奖项目共206项，其中一等奖33项，二等奖79项，三等奖94项。

五、获奖项目特点

1. 加强导向，严格评审，一等奖项目反映了陕西省的科技实力。一等奖项目中，应用研究类项目占72.1%。体现了陕西省重视应用技术研发、强化科技成果转化和产业化的奖励导向，代表了陕西省技术创新取得的最新成果的水平。

2. 奖励工作注重创新产品和高新技术产业化项目，注重经济效益。奖励项目中，这类项目占80%。据对可计算经济效益项目的统计，三年来项目完成单位新增利税52.2亿元，节支28.1亿元，创汇12.7亿美元；产生的间接利税和带动农民增收130亿元。

3. 具有自主知识产权的科技创新活动已成为奖励的重点。奖励项目中，共取得知识产权415项，比上年度增长25.3%，连续六年保持增长。其中，发明专利225项、实用新型专利114项；计算机软件著作权36项；农业新品种3个。表明陕西省原始性创新能力不断提高，科技人员的自主产权保护意识也在增强。

4. 科技奖励向企业倾斜的政策导向，从一个

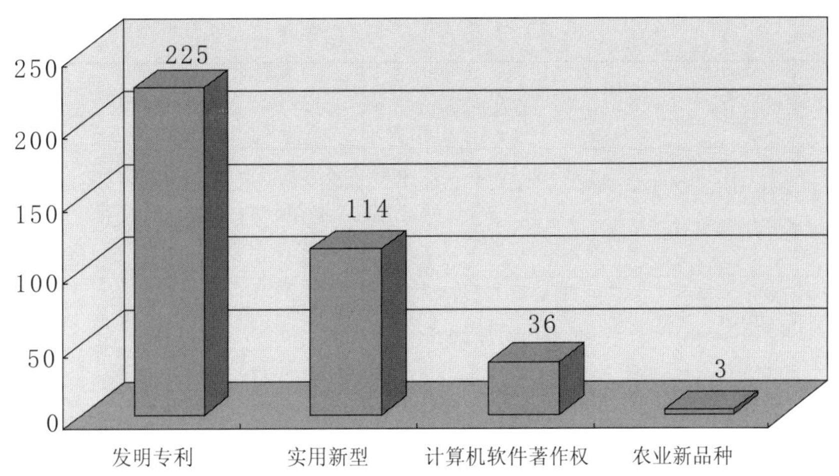

获奖项目知识产权情况

方面激发了企业技术创新的热情。奖励项目中，企业独立完成的有63项，占30.4%；企业参与其他单位合作完成的52项，占25.1%。两项合计为115项，占55.5%，比上年度高出6个百分点。

5. 中青年科技人才依然是陕西省科研的主要力量。奖励项目的主要完成人，45岁以下的占64.6%，说明陕西省科研和技术创新的主要力量仍是中青年科技人员，科研队伍梯队建设基本合理。

6. 基层推荐项目水平有所提高。10个设区市共推荐项目124项，占24.9%，获奖项目39个，占18.84%，其中有2个项目获得一等奖，10个项目获得二等奖。说明基层推荐项目的水平不断提高，各地科技管理部门对科技奖励工作的重视程度有所加强。

2009年度陕西省科学技术奖获奖项目名单

（共计206项）

一等奖：33项

序号	项目编号	项目名称	完成单位	主要完成人	推荐单位
1	09-112	1000KV特高压并联电抗器研究与开发	西安西电变压器有限责任公司	宓传龙、汪德华、陈　荣、秦建明、李银行、巨　玲、聂三元、郝宁娟、李红梅、万锋涛、吕建玉	西安电力机械制造公司
2	09-127	陕西卤泊滩盐碱地综合治理的和谐生态模式研究与实践	陕西省地产开发服务总公司，西安理工大学	韩霁昌、解建仓、成生权、王　涛、张宏凯、罗林涛、朱记伟、朱满林、马　斌、李　瑞	陕西省国土资源厅
3	09-455	高功率半导体激光器列阵封装技术	西安炬光科技有限公司	刘兴胜、张艳春、周文兵、吴　迪、杨培斌、宗恒军、李　锋	西安高新技术产业开发区管委会
4	09-302	陕北斜坡前侏罗纪古地貌恢复及延长组上部油层分布规律研究	中国石油天然气股份有限公司长庆油田分公司，西安石油大学	张宁生、吕　强、刘晓娟、韩永林、杨友运、王海红、赵永刚、王成玉、梁晓伟、牛小兵、李卫成	中石油长庆油田分公司
5	09-258	煤矿井下千米瓦斯抽放钻孔施工装备及工艺技术开发	煤炭科学研究总院西安研究院，陕西长武亭南煤业有限责任公司，陕西彬长大佛寺矿业有限公司	石智军、董书宁、赵庆民、严广劳、姚宁平、田宏亮、田东庄、张　群、赵永哲、叶根飞、丛婉平	陕西省科技厅

续表

序号	项目编号	项目名称	完成单位	主要完成人	推荐单位
6	09-472	大中型飞机数字化制造集成技术应用研究	西安飞机工业（集团）有限责任公司，西北工业大学	邱　晞、初爱国、蒋建军、冯重阳、王铮阳、白仲栋、米　英、王黎明、宋西民、王俊彪、曾　敏	陕西省国防科技和航空工业办公室
7	09-256	核工业用镍基合金过滤管研制	西北有色金属研究院	汤慧萍、李来平、王建永、王　培、葛　渊、汪强兵、许忠国、张　健、熊双全、石　英、朱纪磊	陕西省科技厅
8	09-246	彩色钢板印花工艺和设备技术研究	中国重型机械研究院有限公司，顺德新源镒钢铁制造有限公司	浦文杰、程军周、陈海雄、刘　鹏、范海峰、常旭宏、谢咏山、卢进莉、屈黎明、胡东仓	陕西省科技厅
9	09-280	华优猕猴桃新品种选育及栽培技术研究	陕西省农村科技开发中心，周至县华优猕猴桃产业专业合作社，周至县猕猴桃试验站	雷玉山、贺炳荣、王西锐、张清明、刘运松、李永武、贺友社、刘　进、赵致远、郭培明、林秦生	西安市科技局
10	09-001	负荷模型深化研究及适应性分析	西北电网有限公司，中国电力科学研究院，河海大学，华北电力大学，陕西电力科学研究院	范　越、鞠　平、杨文宇、王　琦、王吉利、陈　谦、邱丽萍、汤　涌、贺仁睦、锁　军、王康平	西北电网有限公司
11	09-418	细沟土壤侵蚀物理过程模型研究	中国科学院水利部水土保持研究所，中国农业大学，中国农业科学院农业环境与可持续发展研究所	雷廷武、张晴雯、闫丽娟、赵　军、屈丽琴、高佩玲、唐泽军、潘英华、刘纪根	陕西省科学院
12	09-360	洁净兰炭生产与资源综合利用成套技术及装备	西安建筑科技大学，神木县三江煤化工有限责任公司，西安交通大学	兰新哲、尚文智、赵西成、金志浩、赵俊学、宋永辉、尚文忠、王茂义、周　军、辛绍斌、张秋利	榆林市科技局
13	09-105	异构无线网络安全技术及应用	西安电子科技大学，华为技术有限公司，北京交通大学	马建峰、郑志彬、吴　昊、黄迎新、李　晖、沈玉龙、裴庆祺、杨　力、杨　超、李兴华、马　卓	陕西省教育厅
14	09-015	过载-振动复合力学环境模拟的应用基础研究	西安交通大学，中国工程物理研究院总体工程研究所	闫桂荣、陈振茂、董龙雷、李录贤、肖方红、张新武、韩宇航、白长青、赵文哲、秦浩丹、王　腾	陕西省教育厅
15	09-373	AngelPlan-1000型电阻抗扫描成像乳腺癌检测仪	第四军医大学，上海英迈吉东影图像设备有限公司，陕西省肿瘤医院，西安交通大学医学院第一附属医院	付　峰、董秀珍、王满仓、史学涛、王　岭、刘锐岗、王国岭、尤富生、董　明、梁秀芬、杜红文	陕西省卫生厅
16	09-401	工程结构隔震基础理论及关键技术研究	西安建筑科技大学，长安大学，西部建筑抗震勘察设计研究院，北京交通大学，西安达盛隔震技术有限公司	姚谦峰、刘健新、李子青、张　耀、王阿萍、赵歆冬、张　荫、黄　炜、赵　冬、李　皓、盛明勇	陕西省住房和城乡建设厅

续表

序号	项目编号	项目名称	完成单位	主要完成人	推荐单位
17	09-348	道路水泥混凝土组成设计研究	长安大学，广西交通科学研究院，西安市交通局，新疆维吾尔自治区交通建设管理局，中交第一公路勘察设计研究院有限公司	申爱琴、梁军林、熊剑平、刘太军、孙增智、武彦林、燕宪国、李炜光、韩继国、谭 华、台电仓	陕西省交通运输厅
18	09-229	MEMS集成设计工具技术及应用	西北工业大学	苑伟政、姜澄宇、常洪龙、吕湘连、徐景辉、何 洋、谢建兵、张亚飞、谢志雄、虞益挺、任 森	专家推荐
19	09-075	有机-无机杂化材料的结构、性能与制备技术	西北工业大学	马晓燕、颜红侠、梁国正、费敬银、唐玉生、宁荣昌、鹿海军、张启路、黄 韵、屈小红、卢婷利	陕西省教育厅
20	09-268	电磁机敏材料与智能结构力学行为研究	西安交通大学	陈常青、田晓耕、沈亚鹏、伍晓红、万 强、张红艳、朱军强、何天虎、杜建科	专家推荐
21	09-029	凝胶类软物质的设计制备及其模板效应研究	陕西师范大学	房 喻、张 颖、刘守信、胡道道、刘凯强、王公正、刘 静、彭军霞、夏慧芸、薛 敏、杨菊香	陕西省教育厅
22	09-103	智能视频处理与分析技术	西安电子科技大学	高新波、李 洁、肖 冰、路 文、田春娜、邹 华、吕新荣、钟娟娟、杨 越	陕西省教育厅
23	09-269	先进核动力一回路系统复杂多工况宽参数范围流动与传热新理论研究	西安交通大学，西安工程大学	苏光辉、秋穗正、武俊梅、田文喜、周 涛、肖 刚、贾斗南	专家推荐
24	09-059	大型火电厂空冷钢-混凝土混合承重结构体系动力灾变研究与应用	西安建筑科技大学	白国良、李晓文、朱丽华、朱佳宁、徐亚洲、赵更歧、刘 林、康灵果、曾金盛、姚泽良、刘卫辉	陕西省教育厅
25	09-092	中国西部早古生代高压-超高压变质与大陆深俯冲作用及其动力学意义	西北大学	刘 良、陈丹玲、孙 勇、车自成、罗金海、王 焰、杨家喜、周鼎武、张安达、王 超、刘养杰	陕西省教育厅
26	09-277	西安地裂缝地面沉降成因与防治研究	长安大学	彭建兵、张 勤、黄强兵、门玉明、李新生、李 斌、王 玮、孙 渊、赵超英、李喜安、王 利	陕西省国土资源厅
27	09-214	聚合物基层状粘土纳米复合材料与胶原纤维作用机理的研究	陕西科技大学	马建中、鲍 艳、高党鸽、吕 斌、胡 静、吕生华、路 华、杨宗邃	专家推荐
28	09-086	秦岭川金丝猴种群稳定机制的研究	西北大学	李保国、郭松涛、齐晓光、赵大鹏、张 鹏、高云芳、王慧平、郗文忠、朱紫瑞、王晓卫、李银华	陕西省教育厅
29	09-381	肾移植治疗慢性肾功能衰竭的临床及基础研究	西安交通大学	薛武军、田普训、丁小明、潘晓鸣、燕 航、侯 军、冯新顺、项和立、田晓辉、何晓丽、郭 奇	陕西省卫生厅

续表

序号	项目编号	项目名称	完成单位	主要完成人	推荐单位
30	09-374	抗感染活性骨系列实验研究及临床应用	第四军医大学第一附属医院	胡蕴玉、刘　建、袁　志、李明全、栗向东、李　丹、罗卓荆、毕　龙、孟国林、吕　荣、王　军	陕西省卫生厅
31	09-389	骨性反合及其相关畸形的基础与临床研究	第四军医大学口腔医学院	段银钟、冯　雪、李　东、陈富林、曹　军、顾泽旭、林　珠、刘彦普、金　钫、丁　寅、王海雪	陕西省卫生厅
32	09-377	新的白细胞分化抗原调节免疫应答的基础和应用研究	第四军医大学	金伯泉、陈丽华、杨　琨、方　亮、张　赟、徐竹蔚、庄　然、张　圆、宋朝君、李　琦、龚玖瑜	陕西省卫生厅
33	09-382	中国西部农村妇幼营养监测与微营养素干预研究	西安交通大学	颜　虹、党少农、曾令霞、王全丽、郑全庆、李　强、毕育学、肖生彬、康铁君、谢　红、申　远	陕西省卫生厅

二等奖：79项

序号	项目编号	项目名称	完成单位	主要完成人	推荐单位
1	09-361	高产抗病玉米新品种榆玉4号选育与推广	陕西大地种业有限公司	郝光方、李虎林、拓云飞、李竹琴、赵万利、陈占飞、李生龙、方玉川、苗志栓	榆林市科技局
2	09-110	跳频突发通信传输技术与应用	西安电子科技大学	李　赞、蔡觉平、金力军、司江勃、卢小峰、陈小军、郝本建、万佳君、关　磊	专家推荐
3	09-411	伪码直扩连续波无线电高度表	西北工业大学，陕西长岭电子科技有限责任公司	廉保旺、范振林、昝积成、席睿波、张　怡、张宝会、赵乃煌、赵世英、李　勇	陕西省工业和信息化厅
4	09-052	网络计算的关键技术、系列软件及其应用	西安交通大学	桂小林、伍卫国、董小社、董渭清、钱德沛、张兴军、王寅峰、王庆江、薛正华	陕西省教育厅
5	09-412	复杂产品研制协同项目管理技术研究与应用	西北工业大学，中国航空工业第一集团公司第一飞机设计研究院	李　原、余剑峰、刘看旺、张　杰、韩克岑、张开富、黄自明、程　晖、刘雅星	陕西省工业和信息化厅
6	09-068	脉冲负载运动装置的电控系统研制	西安石油大学	李　琳、张奇志、史富斌、沙林秀、刘光星、胡效芳、闫宏亮	陕西省教育厅
7	09-395	新丰镇编组站综合管理信息系统研究及应用	中铁第一勘察设计院集团有限公司	于志军、冯伟达、路长平、吴国庆、杨　成、浦伟斌、薛　东、蹇　峡、石小勇	中铁第一勘察设计院集团有限公司
8	09-457	文物微环境实时监测系统	西安元智系统技术有限责任公司	邓　宏、耿　莉、史　翔、张群喜	西安高新技术产业开发区管委会
9	09-081	结构轻量化设计的创新构型优化方法研究	西北工业大学	张卫红、朱继宏、高　彤	陕西省教育厅

续表

序号	项目编号	项目名称	完成单位	主要完成人	推荐单位
10	09-019	非线性电路中的（超）混沌建模分析及其控制方法研究	西安交通大学	刘崇新、王发强、刘　凌、陈向荣、刘　涛	陕西省教育厅
11	09-024	SiGe半导体异质结理论与新器件结构的研究	西安理工大学，西安交通大学	高　勇、杨　媛、刘恩科、刘　静、马　丽、安　涛、冯　松	陕西省教育厅
12	09-106	框架时序逻辑程序设计	西安电子科技大学	段振华、田　聪、杨潇潇、王小兵、张海宾、张　南、张　曼、舒新峰、杨　琛	陕西省教育厅
13	09-284	基于Petri网的自动制造系统死锁分析与控制研究	西安电子科技大学	李志武、王安荣、胡核算、刘　鼎	西安市科技局
14	09-005	YK7220数控蜗杆砂轮磨齿机	陕西秦川机械发展股份有限公司	赵　玮、王俊岭、高润林、杨娟宁、王东锋、张国辉、王立冬、支　锋、樊利军	陕西秦川机床工具集团公司
15	09-405	陕汽牌SX3315VN456T型自卸车开发	陕西汽车集团有限责任公司	王华栋、刘志永、秦振海、姜　帆、廉　蓉、王　平、张凯鹏、黄湘琳	陕西省工业和信息化厅
16	09-244	大型H型钢压力矫直机	中国重型机械研究院有限公司，山东莱芜钢铁股份有限公司	黄维勇、张　超、李景伟、汪恩辉、薛红卫、赵西韩、乔廷刚、薛占军、孟　君	陕西省科技厅
17	09-473	A320系列飞机机翼翼盒装配技术研究	西安飞机工业（集团）有限责任公司	于　萍、惠坤萍、黄　航、熊冬平、侯　军、韩麦叶、徐　波、钱加艳、张　岚	陕西省国防科技和航空工业办公室
18	09-354	低含水量砂、粉土及高含水量粘土压实机理及压实技术研究	长安大学，陕蒙高速公路建设管理处，榆林靖安高速公路建设管理处	杨人凤、孙祖望、张永新、岳人浩、刘振学、高景伟、田寅、常海州、张清哲	陕西省交通运输厅
19	09-109	大跨径悬索桥主缆缠丝机研制	中交第二公路工程局有限公司	薛光雄、吴建强、陈慧明、简晓春、张　腾、喻胜刚、金　仓、王　巍、彭　武	中交第二公路工程局有限公司
20	09-265	微弧氧（碳氮）化生成的新型生物涂层及其高性能化相关机理研究	西安交通大学	憨　勇、徐可为、黄　平、张玉梅、张　兰、李新梅、闫元媛、孙继峰	专家推荐
21	09-077	红蓝绿三原色电子墨水微胶囊及其场致显示性能研究	西北工业大学	赵晓鹏、郭慧林、王建平、宁光辉、李　佳、严春美、高玲香、刘根起、王允韬	陕西省教育厅
22	09-469	IC10合金导向叶片定向凝固铸造技术	西安航空发动机（集团）有限公司	朱珍珠、田　飞、侯　彬、海　潮、张凌峰、贺　剑、陈甲琪、常涛岐、武晓刚	陕西省国防科技和航空工业办公室
23	09-043	感光溶胶-凝胶法制备功能薄膜及其微细图形的研究	西安理工大学	赵高扬、陈源清、蒋百灵、李　颖、张卫华、王哲哲、雷　黎	陕西省教育厅

续表

序号	项目编号	项目名称	完成单位	主要完成人	推荐单位
24	09-479	阴极保护用高性能涂层钛阳极复合材料	西安泰金工业电化学技术有限公司	鞠　鹤、蔡天晓、杜继红、张玉萍、蔡继东、李淑娟、芦丽娜、方　媛、蔡韩辉	西安经济技术开发区管理委员会
25	09-393	S型气溶胶灭火技术	陕西坚瑞消防股份有限公司，陕西省公安厅消防局	郭鸿宝、岳大可、卞建峰、马宏伟、闫　茹、胡继国、张赞锋、宋瑞光、张国兴	陕西省公安厅
26	09-055	特殊介质能量系统热泵节能的理论、关键技术及应用	西安交通大学	顾兆林、刘宗宽、高秀峰、冯诗愚、李　云、侯雄坡	陕西省教育厅
27	09-462	环保型改性酚醛树脂基复合材料的研制	西北工业大学	齐暑华、黄　英、尚　磊、郑水蓉、张　艳、李春华、张　剑、刘乃亮、王东红	陕西省国防科技和航空工业办公室
28	09-088	有机化合物催化伏安法方法学及其应用研究	西北大学	宋俊峰、过　玮、亢晓峰、徐茂田、邵　勇、何　平、何盈盈、刘　彬、刘利民	陕西省教育厅
29	09-117	三峡—上海±500超高压直流输电工程晶闸管换流阀	西安西电电力整流器有限责任公司	刘　宁、李　侠、翟小兵、李　斌、王英洁、张占省、行　鹏、焦秀英、苗　燕	西安电力机械制造公司
30	09-114	1100KV/2500A油纸电容式变压器/电抗器套管	西安西电高压套管有限公司	张西元、彭宗仁、刘晓亮、党镇平、伍志荣、孙西昌、潘亚民、赵树平、朱小峰	西安电力机械制造公司
31	09-463	鑫诺3号卫星可动点波束天线双余度步进电机	西北工业大学	刘景林、韩英桃、马瑞卿、刘卫国、罗　兵、解　恩、侯红胜、付朝阳	陕西省国防科技和航空工业办公室
32	09-002	西北主网与新疆电网联网后电网安全稳定问题研究	西北电网有限公司，中国电力科学研究院，西安交通大学，华北电力大学	史可琴、李　琦、张　健、郭　洁、刘文颖、夏道止、万筱钟、张文朝、杜正春	西北电网有限公司
33	09-124	特高压交流隔离开关和无功补偿专用断路器	西安西电高压开关有限责任公司	杨　雯、王天祥、梁静林、贺平军、康　鹏、武艳艳、路高社、张黎阳、孔　博	西安电力机械制造公司
34	09-184	超（超）临界机组氧化物粒子的形成机理与规律的研究	西安热工研究院有限公司	范长信、唐丽英、周荣灿、贾建民、王弘喆、李　梁、张红军、王彩侠	陕西省电力公司
35	09-030	输电线路动态增容理论、关键技术与产品开发	西安工程大学，西安交通大学，西安金源电气有限公司	黄新波、张冠军、刘家兵、张　龙、马丽萍、王孝敬	陕西省教育厅
36	09-341	黄土地区公路路基设计施工技术研究	陕西省交通运输厅世界银行贷款项目执行办公室，长安大学，陕西省公路勘察设计院	田权良、芮少权、郑　涛、王　航、倪万魁、陈忠达、李　明、石飞荣、武建民	陕西省交通运输厅

续表

序号	项目编号	项目名称	完成单位	主要完成人	推荐单位
37	09-212	大跨度独塔斜拉桥钢箱梁与单洞四车道特大断面隧道关键技术研究	中交第一公路勘察设计研究院有限公司	刘士林、吴明先、冯云成、杨彦民、宫成兵、吴永昌、宋松林、王华牢、张武祥	中交第一公路勘察设计研究院有限公司
38	09-447	水电站工程滑坡及特殊边坡研究	中国水电顾问集团西北勘测设计研究院，成都理工大学	万宗礼、刘　昌、聂德新、张应海、吕生弟、王志硕、杨永明、杨天俊、陆栋梁	陕西省水利厅
39	09-108	西部干旱缺水地区污水再生利用的理论和技术研究	西安建筑科技大学	王晓昌、黄廷林、彭党聪、袁宏林、金鹏康、陈　荣、刘永军、张崇淼、刘晓君	陕西省教育厅
40	09-135	黄土路基三维固结变形及应用技术研究	咸阳市交通局、长安大学	景宏君、景宏伟、艾　涛、王秉纲、苏　霆、李战平、王　冰、程文博	咸阳市科技局
41	09-160	折坡式消力池研究及其在水利水电工程中的应用	陕西汉江投资开发有限公司，中国水电顾问集团北京勘测设计研究院，西安理工大学，水利部西北水利科学研究所	乔明秋、周建华、梅传胜、韩　立、陈　晴、刘琳振、崔增华、高永辉、张大成	大唐陕西发电有限公司
42	09-211	公路隧道通风网络技术与防灾减灾研究	中交第一公路勘察设计研究院有限公司，长安大学	仇玉良、谢永利、赵永国、韩常领、张武祥、李宁军、王亚琼、任　锐、曹升亮	中交第一公路勘察设计研究院有限公司
43	09-352	陕西省高速公路SMA路面材料与结构优化研究	陕西省交通建设集团公司，西安公路研究所	栾自胜、米　峻、伍石生、雷军旗、李爱国、郭　平、屈　仆、薛志文、沙红卫	陕西省交通运输厅
44	09-238	大断面黄土隧道综合施工技术研究	中铁一局集团有限公司，中铁一局集团第五工程有限公司	刘旭全、雷向锋、李昌宁、陈党辉、李　本、司军平、赵　毅、龚成明、涂齐亮	中铁一局集团有限公司
45	09-415	大理河流域水土保持生态工程建设的减沙作用研究	黄河水利委员会西峰水土保持科学试验站，西安理工大学，黄河水土保持生态环境监测中心，黄河水利委员会黄河水利科学研究院	冉大川、李占斌、李　鹏、刘　斌、喻权刚、张志萍、罗全华、亢　伟、马　宁	黄河上中游管理局
46	09-250	高含H_2S/CO_2气田油套管腐蚀机理及腐蚀防治技术研究	中国石油天然气集团公司管材研究所	尹成先、白真权、魏　斌、赵雪会、林冠发、田　伟、苗　健、蔡　锐、张娟涛	陕西省科技厅
47	09-221	陕西延长石油（集团）有限责任公司天然气资源开发战略研究	陕西延长石油（集团）有限责任公司研究院，延长石油（集团）有限责任公司油气勘探公司	闫世可、王香增、王永成、张丽霞、郭德运、任来义、万永平、高海仁、严云奎	陕西省延长石油（集团）有限责任公司
48	09-484	水平井增产新工艺新技术研究及应用	中国石油集团川庆钻探工程有限公司工程技术研究院	宋振云、赵　勇、邓继学、周崇志、张毓民、王兴建、陆灯云、李志航、张承武	西安经济技术开发区管理委员会

续表

序号	项目编号	项目名称	完成单位	主要完成人	推荐单位
49	09-296	陆相含油盆地烃源岩生烃能力评价	中国石油天然气股份有限公司长庆油田分公司	杨　华、张文正、姚泾利、李剑锋、解丽琴、昝川莉、孔庆芬、贺　静、王　克	中石油长庆油田分公司
50	09-228	高堆尾矿坝稳定控制和环境保护关键技术研究与实践	金堆城钼业集团有限公司，上海交通大学，西安理工大学	仵彦卿、郭振世、张继祥、贺金刚、黄晓平、速宝玉、胡高社、柳晓峰、陈永刚	陕西省有色金属控股有限公司
51	09-031	节能环保型纺织空调关键技术—管式间接蒸发冷却器的研究	西安工程大学	黄　翔、宣永梅、吴　生、吴志湘、狄育慧、颜苏芊、殷清海、强天伟、文　力	陕西省教育厅
52	09-069	SmS、Sm_2O_3功能薄膜及粉体的制备新技术研究	陕西科技大学	黄剑锋、殷立雄、曹丽云、殷海荣、吴建鹏、熊信柏、贺海燕、邓　飞、马小波	陕西省教育厅
53	09-403	AZJ901250（FR300型）无轴传动机组式凹版印刷机	陕西北人印刷机械有限责任公司	李彦锋、梁呈迅、陈邦设、李　玲、董晓江、练大伟、刘东红	陕西省工业和信息化厅
54	09-144	BQCS-I型板纸生产线质量控制系统	陕西西微测控工程有限公司，陕西科技大学	汤　伟、胡连华、王孟效、刘文波、李英春、吴正辉、董志健、羊　帆、王映俊	咸阳市科技局
55	09-423	黄土区农业生态系统中水分与养分迁移及其环境效应	中国科学院水利部水土保持研究所，西北农林科技大学水土保持研究所，西安理工大学	王全九、邵明安、樊　军、王　力、李裕元、赵允格、张建丰、李　毅、王　辉	陕西省科学院
56	09-283	保护地专用番茄品种“金棚一号”的选育与推广	西安皇冠蔬菜研究所，西安金鹏种苗有限公司，西安市临潼区种子管理站	李晓东、王建人、高　林、孟国栋、郑丽芳、蔡义勇、李永宁	西安市科技局
57	09-087	药用植物的结构、发育及其与主要药用成分积累关系的研究	西北大学	胡正海、刘文哲、蔡　霞、吴　鸿、王太霞、曹玉芳、沈宗根、刘世彪、魏朔南	陕西省教育厅
58	09-201	魔芋健身高产栽培技术研究	秦巴魔芋研究开发中心，安康学院，安康市植保植检站	崔　鸣、薛吉全、王显安、赵兴喜、李增义、刘列平、张龙芝、刘友明、李　川	安康市科技局
59	09-130	陕西省野生兰科植物种类与分布的研究	西北农林科技大学，陕西省自然保护区和野生动物管理站	杨平厚、雷颖虎、吴振海、周灵国、陈彦生、卢西荣、姜再民、袁　伟、文建雷	陕西省林业厅
60	09-448	陕西省干旱监测预警评估技术研究	陕西省农业遥感信息中心，陕西省气象科学研究所，延安市气象局	杜继稳、张树誉、景毅刚、范建忠、乔　丽、孙智辉、张永红、尹盟毅、张　芳	陕西省气象局
61	09-492	蛋鸡高效杂交组合及保健功能蛋关键技术研究	西北农林科技大学	高玉鹏、闵育娜、胡建宏、宋宇轩、潘学燕、杜忍让、任智慧、牛竹叶、刘福柱	杨凌农业高新技术示范区管委会

续表

序号	项目编号	项目名称	完成单位	主要完成人	推荐单位
62	09-378	帕金森病手术技术研究及个体化治疗	第四军医大学唐都医院	高国栋、王学廉、张　华、李立宏、王举磊、常崇旺、梁秦川、侯　芳、高　立	陕西省卫生厅
63	09-375	人工耳蜗植入及感音神经性聋相关机理和防治研究	第四军医大学	邱建华、陈　阳、乔　莉、查定军、陈福权、薛　涛、王锦玲、邓志宏、陈　俊	陕西省卫生厅
64	09-282	臀肌挛缩症病因及分度治疗研究	西安交通大学	贺西京、李浩鹏、王　栋、徐思越、吕惠茹	西安市科技局
65	09-372	iMES-I型体内微爆破碎石仪的研制及临床治疗难取性胆道结石的研究	陕西省人民医院，西安远鸿科技有限责任公司	杜立学、广洪涛、张　煜、鞠　飙、吴武军、仵晓荣、李洪义、胡海田、孙中杰	陕西省卫生厅
66	09-388	钉棒系统与钩棒系统矫正脊柱侧凸的生物力学与临床研究	西安市红十字会医院	郝定均、贺宝荣、袁福镛、吴启宁、郭　华、宋宗让、孙相祥、杨宝廉、刘团江	陕西省卫生厅
67	09-385	白血病免疫逃逸机制及逆转研究	西安交通大学	张王刚、何爱丽、马肖容、赵万红、杨　云、曹星梅、陈银霞、杨惠云、张鹏宇	陕西省卫生厅
68	09-383	核受体PPAR-γ在高血压发病中的作用及分子机制研究	西安交通大学	牛小麟、魏　瑾、高登峰、郝广华、李永勤、狄政莉、齐颖新、朱肖星	陕西省卫生厅
69	09-026	声动力学抗肿瘤效应及其机制研究	陕西师范大学	刘全宏、王　攀、齐　浩、王筱冰、汤　薇、张　坤、孙世惠、任耀辉、张金选	陕西省教育厅
70	09-018	黏附因子LFA-3/LFA-2等与慢性乙型肝炎的相关性研究	西安交通大学	谢　明、薛红安、王香玲、赵丽华、王　萍、史　霖、纪玉强、袁育康	陕西省教育厅
71	09-270	固肠止泻丸高新制备技术推广应用研究	陕西中医学院，陕西中医学院制药厂	刘　力、陈亚龙、曹林林、王兴海、袁武会、陈金文、赵争胜、韩志武、田玉先	陕西省中医药管理局
72	09-371	人乳头瘤病毒基因分型液态芯片的构建与临床应用研究	陕西省人民医院，西北大学，陕西北美基因股份有限公司	党倩丽、陈　超、陆学东、杨江存、崔亚丽、李　铮、杜　蓬、冯　捷、张小艳	陕西省卫生厅
73	09-152	量化定位角度牵引治疗颈椎病的基础及临床研究	陕西中医学院附属医院	刘智斌、杨利学、谭龙旺、牛文民、杨晓航、王　渊、王卫刚、刘　娜	咸阳市科技局
74	09-065	油气资源富集地区区域经济发展战略研究	西安石油大学，西安财经学院	胡　健、吴文洁、董春诗、焦　兵、杜小武、苟三勇	陕西省教育厅
75	09-016	陕西省政策性破产企业困难职工医疗保障筹资政策研究	西安交通大学	毛　瑛、陈　钢、杜英东、王枫叶、范文斌、王颖文、汪　浩、许殷子、宁长珊	陕西省教育厅

续表

序号	项目编号	项目名称	完成单位	主要完成人	推荐单位
76	09-156	服务质量、关系质量与顾客满意的模型、方法及应用研究	西安交通大学，中国质量认证中心西北评审中心	苏　秦、党继祥、李　钊、崔艳武、宋永涛、姜　鹏、徐　翼、张　弛、谭　昊	陕西省出入境检验检疫局
77	09-286	西安建设创新型城市研究	西北大学	白永秀、任保平、邵金萍、吴振磊、李　伟、赵　勇、严汉平、马晓强、宋　宇	西安市科技局
78	09-091	汉长安城遗址保护与利用模式研究	西北大学	权东计、朱海霞、赵　荣、黄　伟、刘卫东、张广琦、樊海强、陈稳亮	陕西省教育厅
79	09-022	公共财政支持陕西科技产业发展的途径与机制	西安理工大学	党兴华、杨敏利、张首魁、赵晓洁、贺利平、李　玲、孙宁芳、王建阳、王　雷	陕西省教育厅

三等奖：94项

序号	项目编号	项目名称	完成单位	主要完成人	推荐单位
1	09-298	气井喷射引流增压开采技术研发	中国石油天然气股份有限公司长庆油田分公司	张书平、张明禄、刘海浪、严俊杰、张振文、张书成、陈德见	中石油长庆油田分公司
2	09-071	多学科设计优化技术体系与框架软件	西北工业大学，中国航天科工集团第三总体设计部，上海机电工程研究所	谷良贤、龚春林、孙建勋、潘　雷、王　力、宋波涛、李晓冬	陕西省教育厅
3	09-391	铁路站场全电子一体化控制系统	西安铁路局建管处，北京全路通信信号研究设计院，西安优势铁路新技术有限责任公司	王耀杰、王家刚、王春成、孙长征、郑志毅、尚　涛、齐建亚	西安铁路局
4	09-207	负居里点正温度系数PTCR热敏电阻元件	韩城市华龙电子有限责任公司	牛顺祥、陈玉富、杨宽让、高晓红	渭南市科技局
5	09-010	西北电网有限公司企业资源管理平台（ERMP）研究开发与应用	西北电网有限公司，埃森哲（中国）有限公司，西安天苑信息科技有限责任公司	张根周、丁永福、赵永柱、朱教新、陈　浩、黄水清、陈　东	西北电网有限公司
6	09-443	饮水安全信息管理系统	陕西省农村改水项目领导小组办公室，西安理工大学	张　璟、杜小洲、李　瑛、李军怀、吕　峻、田养军、郭勇军	陕西省水利厅
7	09-424	高分辨率X射线像增强器视觉系统	中国科学院西安光学精密机械研究所，西安中科麦特电子技术设备有限公司	赵宝升、曹　捷、赛小锋、李　伟、曹希斌、麻树波、王俊锋	陕西省科学院
8	09-482	GCG-1000型粉尘浓度传感器	陕西斯达煤矿安全装备有限公司	文新国、司　敏、卢建军、张建军、高晓安、王大钢	西安经济技术开发区管理委员会

续表

序号	项目编号	项目名称	完成单位	主要完成人	推荐单位
9	09-407	信息共享与交换平台	西安未来国际软件有限公司	史晨昱、葛　新、张　宏、赵其瑞、王　浩、杨　剑、郭　薇	陕西省工业和信息化厅
10	09-102	基于高距离分辨回波的雷达目标识别技术	西安电子科技大学	刘宏伟、保　铮、杜　兰、陈　渤、包志强、苏洪涛、纠　博	陕西省教育厅
11	09-230	锰氧化物薄膜及其异质结的光诱导输运机理研究	西北工业大学	陈长乐、金克新、赵省贵、王建元、罗炳成、陈　钊、高国棉	专家推荐
12	09-078	有源声学结构及系统实现	西北工业大学	陈克安、李　双、尹雪飞、王进军	陕西省教育厅
13	09-101	光电成像系统模型及性能评估研究	西安电子科技大学	张建奇、王晓蕊、何国经、黄　曦、刘德连、刘　鑫、常洪花	陕西省教育厅
14	09-025	无线激光通信系统编解码及建模技术研究	西安理工大学	柯熙政、赵　黎、王惠琴、杨利红、张国良、吕　宏、丁德强	陕西省教育厅
15	09-048	机电产品协同设计方法及其多尺度应用	西安交通大学	江平宇、李宗斌、周光辉、赵丽萍、张定红、郑　镁	陕西省教育厅
16	09-014	铬系抗磨白口铸铁在冲蚀机械设备中相间腐蚀的基础研究	西安交通大学	张安峰、邢建东、王豫跃、高义民	陕西省教育厅
17	09-425	m0.4-m35硬质合金系列滚刀	汉江工具有限责任公司	李　辉、张　晶、何　枫、韦　萍、王小雷、贾　立、王晓辉	汉中市科技局
18	09-402	2×450m^{3}高炉共用煤气余压透平发电装置	西安陕鼓动力股份有限公司	郑秀萍、李宏安、丁如义、朱　罡、柳黎光、叶长青、符海华	陕西省工业和信息化厅
19	09-309	CK7660L数控车床	宝鸡机床集团有限公司	苏忠堂、杨红军、肖　东、王芳侠、师恩宽、高伟宏	宝鸡市科技局
20	09-243	高效节能CMYQ-325型全液压电液锤	中国重型机械研究院有限公司，第一拖拉机股份有限公司	董建虎、刘积录、辛宏斌、曹文胜、杨丹锋、王云飞、安利娟	陕西省科技厅
21	09-137	全封闭连续式回转炉	咸阳蓝光热工科技有限公司	许文华、樊建敏、杨　倩、岳　庆	咸阳市科技局
22	09-438	C738-1/ZF新型铜丝大拉退火机组	西北机器有限公司	李　安、王　勇、李广国、何宏伟、吕　杰、张春玲、赵艳丽	陕西省电子信息集团公司
23	09-289	双金属复合管	西安向阳航天材料股份有限公司	张燕飞、郭崇晓、王晓君、张利民、郭　霖、潘建新、周长翻	西安市科技局
24	09-226	100KA铸锭生产线改造	陕西铜川铝业有限公司	雷　妮、拓刘毅、元胜利、杨克峰、杨志杰、石速社	陕西省有色金属控股有限公司
25	09-315	高焊速高韧性氟碱型烧结焊剂开发及生产工艺	宝鸡石油钢管有限责任公司	杨忠文、钟裕敏、丁晓军、马长权、乔凌云、张少峰、吴在盛	宝鸡市科技局

续表

序号	项目编号	项目名称	完成单位	主要完成人	推荐单位
26	09-292	DLC薄膜抗强激光损伤特性及其应用技术研究	西安工业大学	苏俊宏、徐均琪、谢松林、蔡长龙、杭凌侠	西安市科技局
27	09-094	氮杂环类化合物的制备及有机合成新方法研究	西北大学	白银娟、路 军、郭 媛、李剑利、杨秉勤、王云侠、李 敏	陕西省教育厅
28	09-093	含能材料的量子化学计算及自由基检测研究	西北大学，西安近代化学研究所	马海霞、赵凤起、宋纪蓉、高红旭、徐抗震、胡荣祖	陕西省教育厅
29	09-219	造气天然气转化扩能改造	陕西兴化集团有限责任公司	王志海、李证明、张岁利、王 颖、张维清、蒋京怀、郭 坚	陕西省延长石油（集团）有限责任公司
30	09-076	高性能聚甲基丙烯酰亚胺泡沫塑料的研制与产业化	西北工业大学，保定美沃科技开发有限公司，中航惠腾风电设备股份有限公司	张广成、陈 挺、苑初明、张自国、姜兆民、董善来、马 瑞	陕西省教育厅
31	09-254	高性能耐R134a制冷剂橡胶材料	陕西省石油化工研究设计院	扈广法、高超锋、黄 捷、郭 潜、王显妮、李 鹏、朱红艳	陕西省科技厅
32	09-427	湿法炼锌净化渣处理新工艺	汉中锌业有限责任公司	高文杰、张 焰、王 瑜、赖 斌、黄 斌、杨宝文、易付科	汉中市科技局
33	09-122	ZHW-550（L）/Y Q 4000-63复合电器	西安西开高压电气股份有限公司	杨夙峰、阮艳丽、张震锋、尹茂华、周 芳、陈 立、王俊莲	西安电力机械制造公司
34	09-162	陕西省火电厂汽轮机DEH调节系统一次调频参数规范及试验研究	陕西电力科学研究院，陕西电力调度中心，西安交通大学	李 平、焦 莉、戴义平、张燕平、罗继锋、高 林、杨建安	陕西省电力公司
35	09-011	750kV线路带电作业实用技术及工具设备研制	西北电网有限公司，国网电力科学研究院，陕西汉中群峰机械制造有限公司	曾林平、刘 凯、张松林、顿连彪、刘 庭、张祥全、胡 毅	西北电网有限公司
36	09-116	ZF23-126/T2000-40型气体绝缘金属封闭开关设备	西安高压电器研究院有限责任公司	刘景博、郑 岩、骆 虎、陈志彬	西安电力机械制造公司
37	09-178	陕西电网电能量管理/电网实时动态监测（EMS/WAMS）一体化系统	陕西电力调度中心，国电南瑞科技股份有限公司	宣 跃、金双喜、李惠琴、刘东晖、李纪昌、张晓阳、姚建国	陕西省电力公司
38	09-174	330kV同塔四回输电线路设计研究及应用	陕西省电力设计院，陕西电力科学研究院	温灵长、赵胜利、吴天安、孙菊海、谭 蓉、乌小锋、崔宏祥	陕西省电力公司
39	09-009	西北电网辅助服务需求分析与考核管理系统研究	西北电网有限公司，西安交通大学	白兴忠、王秀丽、孙骁强、王建学、江国琪、彭明侨、褚云龙	西北电网有限公司
40	09-064	本质安全型防爆开关电源系列产品研究	西安科技大学	刘树林、刘 健、杨 波、童 军、岳改丽、武 梅、寇蕾	陕西省教育厅

续表

序号	项目编号	项目名称	完成单位	主要完成人	推荐单位
41	09-168	西安市输变电工程环境敏感区地理信息系统及降低敏感区电磁环境影响措施研究	陕西电力科学研究院，陕西省电力公司	吴　健、孙自安、白晓春、张平康、郭安祥、马悦红、党　立	陕西省电力公司
42	09-481	JF400-TH交流无刷同步发电机	西安西玛电机（集团）股份有限公司	位　雅、吴建兵、陈　亮、林　虹、王建权、孟宪英、权军伟	陕西省气象局
43	09-400	沥青路面老化行为与再生技术研究	西安市市政设施管理局，长安大学	王德信、薛　健、芦　军、雷　涛、吴　犇、魏　华、邓晓青	陕西省住房和城乡建设厅
44	09-343	毛乌素沙漠地区特殊地基处理技术研究	陕蒙高速公路建设管理处，长安大学，陕西省公路勘察设计院	高世君、周志军、边世斌、高景伟、田繁荣、李伶俐、孙静宁	陕西省交通运输厅
45	09-344	秦岭终南山特长公路隧道定额研究	陕西省交通运输厅交通工程定额站，长安大学，陕西省公路局，陕西省秦岭终南山公路隧道公司	程兴新、孙三民、王选仓、封捍东、胡　雷、侯　波、高军虎	陕西省交通运输厅
46	09-355	山区公路防排水评定方法与抗水灾评估指标研究	长安大学，陕西省交通运输厅，四川省交通运输厅	田伟平、胡保存、延西利、李家春、沈　波、金宏忠、王亚玲	陕西省交通运输厅
47	09-231	输水系统大坡度超长斜井开挖技术研究	中国水利水电第三工程局有限公司	王鹏禹、姬脉兴、皮高华、赵　刚、包志军、李　刚、叶国强	中国水利水电第三工程局
48	09-398	电气化铁路与石油、天然气管道间相互影响及防护工程的研究	中铁第一勘察设计院集团有限公司，西安石油大学	黄文勋、何光渝、魏宏伟、宫衍圣、冯　健、周志录、盛望群	中铁第一勘察设计院集团有限公司
49	09-034	基于胶浆理论的沥青混合料设计体系研究	长安大学，唐山市交通局	张争奇、杨荣博、陶　晶、王秉纲、栗培龙、王建忠、李　平	陕西省教育厅
50	09-342	黄土边坡剥落病害处治技术研究	陕西黄延高速公路有限责任公司，长安大学，西安科技大学	郭利平、折学森、房　斌、叶万军、庞　琪、刘军营、宁　军	陕西省交通运输厅
51	09-222	志丹探区义正—吴堡区延长组地质评价	延长油田股份有限公司西区采油厂	甄胜利、郝世彦、李　旦、程小兵、葛芷渊、段华林、张丽娟	陕西省延长石油（集团）有限责任公司
52	09-063	多参数水文动态监测智能预警系统	西安科技大学，西安欣源测控技术有限公司	秋兴国、龚尚福、李占利、石琢栋、张卫国、武晓宏、朱　宇	陕西省教育厅
53	09-487	安全试油配套技术研究与应用	中国石油集团川庆钻探工程有限公司长庆井下技术作业公司	孙　虎、李武平、谢正温、陈万林、苏敏文、徐迎新、王文武	西安经济技术开发区管理委员会
54	09-318	大倾角“三软”易燃厚煤层综放面综合防灭火技术研究与应用	宝鸡秦源煤业有限公司，西安科技大学	孙　海、田水承、董正坤、郭　珑、范向军、刘　灿、李红霞	宝鸡市科技局

续表

序号	项目编号	项目名称	完成单位	主要完成人	推荐单位
55	09-066	螺杆泵采油技术在低渗油田中的开发应用研究	西安石油大学	徐建宁、屈文涛、吴　伟、常彦荣、魏战胜、金昱俊、吴晓鸥	陕西省教育厅
56	09-227	YC药剂代替煤油选钼试验研究及工业应用	金堆城钼业集团有限公司	张美鸽、徐秋生、俞国庆、刘迎春、朱永安、任骊东、相炜鹏	陕西省有色金属控股有限公司
57	09-036	纳米抗电磁波保健织物开发研究	西安工程大学，西安交通大学，陕西班博实业集团有限公司，陕西红帆工贸有限公司	王进美、朱长纯、戴慧敏、尚海峰、薛少林、孙润军、王　卫	陕西省教育厅
58	09-070	鸡卵黄特性抗体分离纯化及鸡蛋综合利用	陕西科技大学	宋宏新、李敏康、薛海燕、李红心、杨大庆、梁　艳、毛跟年	陕西省教育厅
59	09-041	残、次、落枣综合开发利用技术研究与推广	陕西师范大学	张宝善、陈锦屏、张海生、李小平、王　军、党　辉、张清安	陕西省教育厅
60	09-493	小麦谷蛋白品质评价及应用研究	西北农林科技大学，河南工业大学	胡新中、陈　洁、郑建梅、朱之光、张国权、欧阳韶晖、罗勤贵	杨凌农业高新技术示范区管委会
61	09-357	糜子新品种榆糜3号选育	榆林市农业科学研究所	王　斌、马永安、封三海、张　芳、王　孟、王彩兰、白银兵	榆林市科技局
62	09-223	山地烤烟综合栽培技术研究与推广	陕西省烟草公司安康市公司	奚柏龙、洪翰炉、蒲秀平、王智慧、赵　鹏、党军政、丁明石	陕西省烟草公司（省烟草专卖局）
63	09-494	创汇型苹果GAP-HACCP质量控制体系研究与示范	西北农林科技大学，陕西省农业厅农产品质量安全办公室，陕西省旬邑县果业局，咸阳北山果业有限公司	李　鑫、张日成、刘　斌、许虎林、王　剑、周永博、黄长科	杨凌农业高新技术示范区管委会
64	09-362	农村户用沼气“一池三改”技术研究	榆林市榆阳区园艺蚕桑工作站	米生利、刘海龙、李秀芹、米耀甫、李舒妮、钟克玺、任建民	榆林市科技局
65	09-496	抗逆抗病型远缘杂交小麦新品种——小偃15	西北农林科技大学，陕西省科学院	何一哲、李　璋、穆向阳、闫正录、江虎琳、贾振江、赵粉娥	杨凌农业高新技术示范区管委会
66	09-224	陕西省省级烟叶标准化示范基地建设与综合技术推广	陕西省烟草公司商洛市公司	张振平、雷学锋、庞红伟、刘延举、陈明山、王保平、黄　晔	陕西省烟草公司（省烟草专卖局）
67	09-356	9GX-0.9型旋转割草机的研制与推广	榆林市生财农业机械科技有限责任公司	李彦荣、李冬梅、李艳梅、马　艳、李生财、高志凡、杨占锋	榆林市科技局
68	09-450	陕西省天气要素精细化预报方法与业务系统研究	陕西省气象台	杨文峰、李　明、刘瑞芳、胡　皓、张雅斌、王文强、王　楠	陕西省气象局
69	09-325	家畜炭疽杆菌病防治技术推广	延安市动物疫病预防控制中心	王京荣、张小平、葛兴农、刘贵生、李海斌、李美文、周　宇	延安市科技局

续表

序号	项目编号	项目名称	完成单位	主要完成人	推荐单位
70	09-306	现代奶业生产技术集成示范与推广模式创新	宝鸡市畜牧兽医中心，岐山县畜牧兽医工作站，千阳县畜牧兽医工作站，凤翔县畜牧兽医工作站，陇县畜牧工作站	杜世敏、谭向荣、张安成、王　辉、张　侠、刘　爽、李建峰	宝鸡市科技局
71	09-188	桑树高效繁育技术研究与应用	安康学院，安康市蚕桑技术推广工作站，安康市蚕桑研究所，汉滨区蚕茶果技术推广站	胡必利、张京国、彭云武、陈　恒、李兆鹏、邹广群、汪德志	安康市科技局
72	09-421	秦岭鸟类物种多样性的研究	陕西省动物研究所，陕西师范大学，陕西佛坪国家级自然保护区管理局	高学斌、赵洪峰、巩会生、罗　磊、付志超、侯玉宝、陈文贵	陕西省科学院
73	09-155	关中东部农田盐渍化土壤改良培肥技术研究与示范推广	陕西省土壤肥料工作站，渭南市土壤肥料工作站，西北农林科技大学	赵晓进、李　茹、田霄鸿、闫春丽、高红兵、张权峰、南雄雄	陕西省农业厅
74	09-054	乳腺癌综合治疗策略的系列研究	西安交通大学	王西京、代志军、刘小旭、康华峰、管海涛、张淑群、薛锋杰	陕西省教育厅
75	09-140	颈动脉内膜剥脱术	陕西中医学院第二附属医院	郑　刚、杜菊梅、郑斌鹏、王永刚、安县朝、查育峰、贺朝	咸阳市科技局
76	09-311	医院感染监测与控制的临床及实验研究	中国人民解放军第三医院	韩雪玲、胡淑芳、史锋庆、李　鸣、马文涛、刘　荣、耿　丽	宝鸡市科技局
77	09-367	婴儿颅内出血微创治疗的临床研究	榆林市星元医院，榆林市儿童医院	贺　波、李慧荣、高翠莲、牛锦龙、刘永林、张艳萍、朱桂芳	榆林市科技局
78	09-146	神经内镜经后颞底锁孔的解剖学及其临床应用研究	陕西省核工业二一五医院	左　毅、肖三潮、朱　军、杨　军、千　超、李宝明、高喜松	咸阳市科技局
79	09-194	532激光治疗眼底病临床研究	安康市中医医院	沈兰珂、唐　浩、王　华、史安冰、马　雯、宋建斌、刘文惠	安康市科技局
80	09-288	腹腔镜下Vecchietti阴道成形术	西安市第四医院	张顺仓、梁　军、王　颖、杨　继、李东红、赵　健、张晓星	西安市科技局
81	09-324	慢性泪囊炎经鼻内镜手术临床研究	延安市人民医院	拓明祥、田　青、刘　壮、杨红丽、白有仁、李　莉、李二乐	延安市科技局
82	09-386	中国北方汉族人群HLA-A/B/DRB1基因多态性的PCR-SBT分型研究	陕西省血液中心	刘孟黎、叶世辉、齐　珺、张　艳、吴强驹、沈春梅、刘　晟	陕西省卫生厅
83	09-384	肠道运动及相关疾病的综合研究	西安交通大学	董　蕾、戴　菲、赵　平、王　燕、李　路、徐俊荣、邹百仓	陕西省卫生厅
84	09-335	葛根素对缺血缺氧性脑损伤新生大鼠神经元凋亡的影响	延安大学附属医院	姜　泓、王　玲、张义和、刘世平、刘广忠	延安市科技局

续表

序号	项目编号	项目名称	完成单位	主要完成人	推荐单位
85	09-285	光动力诱导前部缺血型视神经病变的实验研究	西安市第四医院	王润生、王小娣、吕沛霖、白建伟、王建洲、雷晓琴、周晓梁	西安市科技局
86	09-363	翼管的颅骨解剖测量及其临床应用	榆林市第一医院	柳林整、王　策、李卫民、马兴国、杜　滨、雷　明、马维芳	榆林市科技局
87	09-390	陕西省老年痴呆照料者生活质量与社会支持研究	西安交通大学	张少茹、屈秋民、卜秀梅、陈明霞、李　宁、姚爱萍、寇亚莉	陕西省卫生厅
88	09-151	基于痰瘀论治应用健脑益智胶囊治疗颅脑损伤的临床与实验研究	陕西中医学院附属医院	赵晓平、范小璇、阳建权、张宝丽、余小波、畅　涛、柏鲁宁	咸阳市科技局
89	09-272	佩带式电子经穴治疗仪治疗癫痫临床研究	陕西开泰脑积水研究所，西安中医脑病医院，陕西中医学院	宋虎杰、韩祖成、周永学、苏同生、雷春燕、隋永杰	陕西省中医管理局
90	09-262	东秦牌香菊片品质提高与品牌保护研究	陕西香菊药业集团有限公司	魏歌龙、李永生、刘　剑、苏　倩、李玉英、刘崇利、张　军	商洛市科技局
91	09-053	中国儿童出生登记公共管理的研究与实践	西安交通大学	李树茁、朱楚珠、刘晓兵、张烨霞、李景平、刘红升、刘莹娟	陕西省教育厅
92	09-252	地方财政科技投入绩效管理的实务问题研究	陕西省软科学研究所	余小方、蔡　虹、邓国华、李湄青、郭　鹏、刘春娟、程　飞	陕西省科技厅
93	09-037	西安高新技术产业开发区总部经济发展研究	西安工程大学，西安交通大学	郭　伟、张克英、刘明华、姜　铸、黄瑞华、杜万坤、李军训	陕西省教育厅
94	09-107	陕西跨越式技术创新战略的切入点及政策支持系统研究	西安财经学院	杨学义、丁巨涛、雷宏振、王　军、赵珍珠、李　勤、赵惠英	陕西省教育厅

（成果处）

国际科技合作与交流

2009年经省科技厅审批出访和邀请的团组11批次，双向科技交流40人次。申请建立国际科技合作基地3个（西北大学“光电技术与功能材料及应用国际科技合作基地”、陕西科技大学“高性能无机材料国际科技合作基地”、西北有色金属研究院“实用超导材料国家科技合作基地”），纳入国家和陕西的国际科技合作计划项目54项。其中：列入科技部国际科技合作专题项目2项、国家级国际合作重点项目8项，政府间科技合作项目25项，争取科技部项目资金约2400万元。陕西省国际科技合作计划项目19项，项目涉及陕西省“13115”工程的生物农业、电子信息、医药卫生、材料、工程、化学化工等领域。合作国家和地区10个，人才交流130人次，合作资金3200多万元，其中引进外方资金1500多万元。

【国际科技合作计划立项】 2009年根据陕西省科技发展的需要，组织向科技部申请国际科技合作专题项目4项，经过科技部组织的评审，2项列入科技部国际科技合作专题项目。申请政府间科技合作项目42项，包括中日、中俄、中加、中韩、中欧等合作项目（如西北农林科技大学与韩国江源大学动物生命学院合作研究的项目“减少反刍动物瘤胃甲烷气体排放量的应用技术研究”、西北农林科技大学与俄罗斯食用豆类及制米作物研究所合作研究的项目“荞麦、糜子优异种质资源评价与种质创新研究”），通过科技部形式审查、组织专家评审、会议答辩等程序，有25项政府间合作项目获得科技部支持，8项列入国家国际科技合作重点项目，争取科技部资金约2400万元。全省申请的省级国际科技合作项目41项，经评审纳入省国际科技合作计划项目共19项，政府资助经费150万元。

【国内省、市间科技合作与交流活动】 2009年，开展国际、省际科技合作与交流活动7次。

2009年1月19日，根据中南大学提出的优先合作领域和技术，由陕西省人民政府主办，陕西省科技厅承办，召开了“陕西省人民政府、中南大学全面合作框架协议签字仪式”。会议期间，陕西省相关涉及领域单位与中南大学签署了“陕西省人民政府、中南大学全面合作框架协议书”

2009年1月，陕西省科技厅组织陕西省杨凌示范区管委会推荐农业领域专家赴埃及建立农业科技示范园，考察了埃及农业研究中心和Sakha农业技术示范农场、埃及国家研究中心，签署了两国合作备忘录，建立了“中埃农业技术研究与示范基地”，该合作项目已经科技部审定，并通过埃方政府商定，中埃双方共同支持完成。科技部划拨专项经费310万元，埃方投入970万元。

2009年4月，朱静芝副省长带领由省科技厅以及部分高校、科研院所主要负责同志组成的调研组，赴云南、贵州两省调研科技工作并出席科技项目合作签约仪式。陕西省分别在云南、贵州召开了“陕西省云南省科技合作座谈会”“陕西省贵州省科技合作座谈会暨项目合作签约仪式”。

2009年8月，陕西省人民政府副省长朱静芝一行赴加拿大、阿根廷进行考察。在农产品深加工、食品加工、畜牧养殖、煤炭、原油、天然气等能源开发、综合利用、能源化工新产品、新技术开发、科学研究与教育等方面开展了合作与交流。

2009年12月，陕西省科技厅代表团在美国纽约州、洛杉矶州举办了科技项目洽谈与合作发布会。由陕西省贸促会、西安交通大学、西安交通大学医学院第一附属医院、西北大学、宝钛集团、陕西日报等6家单位14人组成的陕西科技代表团，精心筛选了50个高新技术合作项目。参会各单位准备了展板、印制了中英文项目册、制作了中英文陕西科技宣传片。会上，由西安交通大学与美国南加州大学合作研究的“高性能压电材料与高频超声换能器的研究”及西北大学与迈阿密大学合作研究的“中美合作进行细菌耐药重大国际攻关项目研究”与美方签订了合作协议。西安交通大学、西北大学、宝钛集团与美方有关单位还达成了新的合作意向。国外科技专家、学者80余人参加了此次项目合作洽谈活动。

【国际科技合作研究项目实施】 2009年，陕西列入科技部国际科技合作计划项目8项，在研项目进展顺利，取得了明显的效果。由西北大学与美国亚利桑那大学合作研究的“光纤地震波检测技术研究”项目，通过对光纤地震检波器的研究，提高温度和压力传感灵敏度，为光纤地震检波器实用化奠定基础。美国在该领域处于国际领先地位，通过和美国亚利桑那大学合作研发，解决将光纤传感技术与光复用技术相结合，实现光纤分布式、多点地震信号检测，使中国在该领域赶上世界先进水平。

由西北大学与法国巴黎第十一大学合作研究的“用于前列腺增生手术的200瓦级全固态绿光激光器技术”项目，属于信息科学领域内电子、通信与自动控制技术学科的试验发展项目类型，是解决前列腺增生汽化手术设备的重大科技瓶颈难题。半导体激光泵浦的新型200瓦级全固态绿光型激光器产品是激光前列腺增生汽化手术设备的核心部件。其关键技术指标：绿光光纤耦合输出功率超过160W，功率不稳定性小于10%。该样机的研制为实现国内200瓦级绿激光前列腺增生手术设备零的突破奠定基础。目前，该项目已经实现了国内最高记录185W的半导体激光泵浦全固态绿激光输出。同时，利用光纤耦合输出的80W绿激光对动物组织进行汽化和凝固实验，完成了高功率全固态绿激光应用于前列腺增生汽化手术的配套技术前期研究。

由西安交通大学与斯洛文尼亚约瑟夫·斯特潘研究所合作研究的“先进电子陶瓷的制备机理和性能调控研究”项目，开发出了具有独立自主知识产权的LTCC材料和器件，已在华新科技联合有限公司和中国电子科技集团公司第十三所获得初步应用。有利于扩大国内LTCC材料研究的转化规模和力度，推动企业的技术进步和创新。优化LTCC陶瓷的制备工艺，扩大生产规模，使主要产品价格比达到国际先进水平，提高国内片式组件在国际市场的竞争力和占有率，摆脱对国外LTCC瓷料及器件的依附，打破国外对同类产品的垄断，对国民经济产生重要影响。

由西安交通大学与美国芝加哥大学合作研究的“延胡索乙素对甲基苯丙胺依赖的治疗作用研究”项目，通过合作研究，引进芝加哥大学药物依赖研究实验室在基因工程动物模型制作方面的先进技术和理论，尤其是在目前最具影响的“诱导性基因敲除小鼠模型”构建方面的基因操作技术，对甲基苯丙胺依赖的神经生物学机制及延胡索乙素保护作用的中枢作用位点和机制进行深入研究，从而研发以延胡索为主的戒毒中药制剂。目前，已完成基因敲除小鼠的鉴定工作，对于消旋延胡索对甲基苯丙胺行为敏化小鼠自主活动的影响及对学习记忆影响的研究工作也取得了初步的研究成果。

（合作处）

工业科技管理

2009年，工业科技深入推进“13115”科技创新工程，组织实施重大科技专项计划，在装备制造、机电一体化、电子信息、新材料、能源化工5个领域，支持重大专项42项，支持资金2550万元。通过项目实施，研究开发出一批拥有自主知识产权的产品和核心技术。组织实施重大科技产业化项目17项，支持经费3640万元，通过项目实施，促进高新技术尽快转化为现实生产力，形成了一批新的经济增长的亮点。加强工业科技重点领域关键技术攻关，2009年共立项工业攻关项目136项，其中，其中，新材料领域33项，支持经费269万元；装备制造领域20项，支持经费167万元；电子信息领域41项，支持经费297万元；机电一体化领域25项，支持经费210万元；能源化工领域17项，支持经费151万元。为加强“13115”科技创新工程重点产业园区工作，2009年重点支持7个科技产业园区建设，支持资金1400万元；组织实施“13115”工程技术研究中心12个，支持专项经费4160万元。2009年火炬计划项目实施主要围绕高新技术产业发展，在新材料、新产品开发、市场开拓、国内外资本市场融资等方面加大引导力度，通过实施火炬计划，促进了传统产业改造升级，初步形成了以高新技术产业开发区为主导、高新技术企业为主体、电子信息产业、新材料、生物医药等产业为支柱，科技创新为动力的发展格局，西安、宝鸡高新区产业集聚初步成形。从项目上积极支持西安高新区建设世界一流园区，支持帮助渭南高新区创建国家级高新技术产业开发区，协助安康生物工业园区升级为省级高新技术产业开发区。

（高新处）

农业科技管理

2009年，陕西省农业与农村科技工作，积极落实全省科技工作要点安排的重点任务，认真抓好国家支撑计划和“13115”科技创新工程项目的实施，在农业应用基础研究、现代农业科技创业示范、农业科技成果转化、农业科技服务体系建设等方面取得了新进展。

农作物新品种选育。小麦育种选育出陕垦6号、西农389、西农189、武农986等4个小麦新品种，通过了省农作物品种审定委员会审定。优质高产小麦新品种西农979、西农889和远丰175标准化栽培技术生产性试验示范项目通过验收。玉米育种选出5份抗病、耐密、抗倒、结实好、出籽率高的优异自交系。陕单2551通过了省农作物品种审定委员会审定。育成了陕单9671、陕单9665和陕单

80333等新组合。油菜育种选育的西农18、秦优11号和秦优19通过国家审定，陕油12、秦优13号和秦杂油3号通过陕西省审定，并获专利2项和1项新品种权。

果树育种与生产关键技术研究。选育的“纳春”鲜食加工兼用苹果品种已通过预审，苹果杂交育种研究取得重大进展。示范推广了苹果优质高效生产以间伐为主的改形修剪技术、以增施有机肥为重点的肥水一体化管理技术、以生物-物理防治为重点的病虫害综合防治技术。抗冻核桃品种的选育取得了初步进展，杂交培育良种优系苗5000株。核桃芽接对换法、高接换头（优）技术和园艺化栽培技术，解决了核桃嫁接成活率低的技术难题。选育出具有国际先进水平的优质高产抗逆黄肉中华猕猴桃创新性新品种“华优”。

高效畜牧业技术研究与示范。肉牛改良与产业化开发，重点开展了秦川肉牛新品系的选育与扩繁，筛选出利秦、安秦、和秦三个杂交组合。奶牛改良与标准化生产，开展了高产奶牛性控冻精低剂量人工授精改良低产奶牛，以及采用超数排卵和胚胎移植快速扩繁高产良种奶牛的试验示范。瘦肉型猪选育，重点开展培育优质瘦肉型猪配套系研究工作，通过国家验收的配套系已近10个。猪脂肪沉积和肌肉发育的细胞分子机理研究取得明显进展，在国内已形成了明显的优势和特色。

旱地农业节水综合技术研究与示范。围绕旱区主要经济作物红枣、苹果、马铃薯，开展集雨、保水、节水技术研究，“陕北山地红枣集雨微灌工程技术研究与示范”技术成果，总体达到国际先进水平，其中山地涌泉根灌技术研究达到国际领先水平。

设施农业技术研究与示范。根据陕西省气候条件和栽培环境特性，日光温室新型保温材料开发研究取得突破性技术成果，其中“相变蓄热材料的性能研究与应用”，已在陕西和青海推广应用。

在现代农业科技创业示范基地建设方面，制定了《陕西省现代农业科技创业示范基地管理办法》，启动了具有区域代表性、创业示范性和规模化、标准化的产业技术引领作用的现代农业科技创业示范基地建设，提升科技为“三农”服务能力。

（农业处）

社会发展科技管理

社会发展科技工作结合全省国民经济和社会发展的情况和特点，列入2009年省科技发展计划的项目有八大类，148项，经费950万元。列入“13115”科技创新工程计划22项，经费3120万元（其中重大专项15项、经费900万元；工程中心3个、经费1050万元；产业化项目2个、经费620万元；平台项目2个，经费550万元）。

对2008年“13115”科技创新工程计划的33个项目进行了中期检查，对陕西省承担的国家项目“延长石油低渗透技术提高单产研究”和“农村医疗卫生技术推广示范”项目进行了实地考察和阶段总结。对韩城花椒药用研究开发项目、城市污水资源化示范项目、公路废料再生技术项目、新药研发及工程技术中心项目、陕西灾害性天气预测预报研究等项目进行了重点检查。

对2009年申报的一批重点项目进行了调查研究；对第四军医大学口腔医院、第四军医大学药物研究所、西安交大—陕西福晨环保公司申报的工程技术研究中心项目，组织专家进行了现场考察、论证并批准实施。

2009年验收“13115”项目14个（工程中心3个，重大专项7个，产业化4个）。其中，九州公司、亨通光华公司的两个工程中心项目未通过验收并对其提出了整改要求；验收科技发展计划项目118个。国家食品安全苹果示范项目，经三年的实施，超额完成各项任务，九月份通过了科技部组织的专家组验收，受到了社发司领导和专家的好评。

全面启动省级可持续发展实验区建设工作，制定了“陕西省可持续发展实验区管理办法”“陕西省可持续发展实验区规划大纲”。组织召开了宝鸡市渭滨区国家级可持续发展实验区建设现场会和工作座谈会；批准实施省级可持续发展实验区建设项目9个；协助榆林市完成国家可持续发展实验区规划方案的制定；经科技部批准，榆林市可持续发展实验区已实施。

根据2009年委厅安排部署的陕西省环保科技产业和医药生物技术两项任务要求，对西安、宝鸡等地18个重点环保技术及装备生产企业进行了实地调研，通过网络对全省123个涉及环保技术的企业开展了问卷调查；对从事医药生物技术研发的8家重点单位进行了实地调研，完成了“陕西省医药生物技术发展情况调研”和“陕西省环保产业科技发展情况调研”两个调研报告。

“13115”科技创新工程计划的实施，在社会发展科技领域，取得了一批重要的科研成果。在生物医药方面，形成了全省具有原始和集成创新能力的药物创新体系，研发出一批安全有效、具有自主知识产权的创新药物、治疗性疫苗、诊断试剂盒。培养了一批高水平的新药创制技术群体和领军人才，跻身全国新药研究先进行列。2009年陕西省获得国家新药创制项目31项，获得经费2.4亿元。

在生物医学工程方面，在国际上首先建立了电阻抗图像监护平台，电阻抗成像乳腺癌检测仪获得国家医疗器械注册证。医学康复与防护工程技术，首次建立环形CO_2激光血管、神经焊接方法。国产植入式心脏起搏器系列产品2009年8月获准国家食品药品监督管理局（SFDA）注册，现已进行批量试生产。

在医疗技术方面，首次创建了外周血干细胞经肝动脉介入移植治疗终末期肝病的新技术，已在国内10家医院进行了临床推广应用。

在中药现代化方面，推进中药材规范化种植基地建设。选育了2个山茱萸优良品种，推广种植2万亩。中药新药的研发，有两个新药获得新药证书和生产批件。组建了一批服务全省中药产业发展的工程技术研究中心和公共服务平台。

在环境保护方面，城市污水资源化技术，利用已有的专利技术和共建单位的产业优势，加快了技术的应用研究和示范工程建设。在西安、延安等地选择了6个单位，重点推广分散式污水处理与再生利用的集成系统，实现污水利用资源化。工业废水零排放技术，已推广到26家工业企业，累计节约地下水资源达1亿吨以上，获得国家四部委“国家重点环保新产品”证书和重点环保新技术“示范工程”证书。

（社发处）

科技法规政策与管理

【科技依法行政】 为发挥科学技术奖励对促进陕西省科技进步的作用，省科技厅按照陕西省有关立法规定程序，认真研究修订了《陕西省科学技术奖励办法》。2009年12月21日，省政府第31次常务会议审议并原则通过了修订后的《陕西省科学技术奖励办法》。修订后的奖励办法对奖励原则、省国际科学技术合作荣誉奖、奖励工作机构的组成和职责等作了明确规定，对科技奖励的异议处理制度作了补充和完善。同时，奖励项目数量和奖金金额都有所增加和提高。2009年，在《省科技厅规范性文件备案审查工作程序》的基础上，进一步改进和完善省科技厅规范性文件备案审查和监督管理工作，印发了《省科技厅关于做好规范性文件监督管理工作的通知》。对本年度制定的《陕西省可持续发展实验区管理办法》《陕西省现代农业科技创业示范基地管理办法》《陕西省技术先进型服务企业认定管理办法》和《陕西省青年科技新星管理办法》4个规范性文件进行了前置审查和备案。2009年，根据省政府法制办“关于调整梳理行政执法依据的通知”要求，在《陕西省人民政府法制办公室关于公布省政府55个行政执法机关执法依据目录的通知》（陕府法发〔2008〕60号）的基础上，按照省科技厅负责实施的法律、法规、规章的增、减、废情况，对省科技厅行政执法依据进行了认真梳理，增加科技部第13号令公布的《国家科学技术奖励条例实施细则》，同时，删减2008年1月25日公布的科技部第12号令《科学技术部关于废止部分规章与规范性文件的决定》废止的《科学技术期刊管理办法》。经过本次梳理，省科技厅目前取得行政执法主体资格的法律依据共20件，其中法律5件、行政法规4件、部门规章6件、地方性法规3件、政府规章2件。

【统筹科技资源改革示范调研】 2009年6月10日，国务院正式批复《关中—天水经济区发展规划》。这是党中央、国务院促进区域协调发展、打造西部大开发战略高地的重大举措。9月11日，省政府常务委员会第21次会议审定并原则通过了《关中—天水经济区发展规划》的实施意见，同时确定尽快启动统筹科技资源改革示范基地建设规划。11月19日，省委、省政府印发了《关于切实抓好〈关中—天水经济区发展规划〉实施的意见》，强调统筹科技资源改革示范基地建设规划由省科技厅牵头负责，省发改委、省教育厅、省工信厅和西安市、宝鸡市政府、杨凌示范区管委会具体落实。在副省长朱静芝领导下，省科技厅成立了主要领导任组长、分管领导任副组长的调研小组，积极行动，扎实开展调研工作，召开专题会议，研究部署“关中—天水经济区”统筹科技资源改革示范基地调研工作，要求各相关处室站在统筹科技资源的角度，结合“十二五”规划做好调研工作，为总体调研提供支撑。12月16日，省委科技工委书记、省科技厅厅长张炜一行9人专程到科技部汇报关中—天水经济区统筹科技资源改革示范基地建设工作情况。科技部政策法规司副司长翟立新、发展计划司副司长刘敏、条件财务司副司长吴学梯等对关中—天水经济区统筹科技资源改革示范工作提出了很多建设性的意见和建议。

【青年科技新星培育】 为贯彻落实省委、省政府人才发展战略，加速培育陕西省所需的创新型优秀青年科技人才，建立有利于青年科技人才成长的激励机制，形成布局合理、结构优化的科技人才梯队，为实现科技强省战略提供人才保障，省科技厅启动实施了“陕西省青年科技新星培育专项”，并于9月29日印发了《陕西省青年科技新星管理办法》。2009年，开展了本年度科技新星评审选拔工作。

【科普工作统计】 按照科技部《关于开展2008年度全国科普工作统计的通知》要求，省科技厅组织开展了全省科普工作统计。统计范围包括有关省级部门、10个设区市、杨凌示范区及107个县（市、区）的相关部门。2009年3月11日，省科技厅在西安召开了“2008年度全省科普工作统计培训会议”，并进行了部署。省科技厅对回收的1765份统计报表的统计数据进行了汇总。2008年全省共有从事科普工作人员6.76万人，其中专职人员0.61万人，兼职人员6.15万人，具有中级职称或大学本科以上学历的2.27万人；全省共有科普场馆24个，其中科技馆4个，科学技术博物馆9个，青少年科技馆（站）11个；共有科普（技）教育基地34个，其中国家级科普（技）教育基地8个，省级科普（技）教育基地26个；共有科普宣传专用车42辆；全省科普经费筹集额9199.7万元，其中各级政府财政拨款5467.7万元；全省共出版科普图书64种，年发行76.81万册；出版科普期刊47种，年发行27.36万册；科技类报刊年发行量175.09万份；出版各类科普音像制品17种，统计结果较全面客观地反映了陕西省科普资源情况。

（政策处）

科研院所改革和管理

【院所自主创新】 2009年省科技厅继续完善转制院所专项资金的投向，鼓励院所根据全省技术创新和经济发展急需解决的重大技术问题，结合自身的特点选好项目，通过专项资金引导和项目的实施，不断强化院所的自主创新能力。2009年参加项目评审的省属转制院所共有11个项目，评审委员会采取现场答辩的方式，按照《省属转制院所专项资金项目评分标准》和《省属转制院所专项资金项目评分表》对每个项目综合评估，最终确定5个项目，编入2010年部门预算。

（条财处）

【开发类转制科研院所内部管理体制改革】 科研院所自转制为科技型企业以来，发挥优势，开拓进取。在内部体制改革方面积极探索，勇于实践，坚持以市场为导向，以改革为动力，走产权多元化，体制多样化，法人治理结构完善的科技型企业之路。不断改进和完善管理体制，强化经营性资产的运营管理。2009年，西北化工研究院建立了院内模拟市场的经济运行机制，院属各经济实体作为市场主体，在院内按照市场规则运行，设立了内部银行，对各经济实体实行独立核算、自负盈亏，成为完全独立的市场主体，独立面对市场，参与竞争，承担民事和法律责任；划小了核算单位，明确了责、权、利关系，实行绩效挂钩，充分提高了各经济实体的管理水平，调动了广大员工的积极性。2009年，省石油化工研究设计院制定和修改了10项行政管理制度，进一步完善管理体系，以制度管人、管物、管事，逐步做到制度规范化，行为制度化。为符合经济运行的需求和科技型企业的发展，该院从2009年开始，由事业单位财务核算制度完全过渡到按照企业会计核算制度运行，规范了经济管理，提高了经济效益。2009年，西北有色金属研究院以资本为纽带，以市场为导向，以产权多元化为目标，在规范各控股公司的管理和经营性资产运营上加大管理力度，对部分控股公司的股权比例进行了调整，对市场前景好，发展潜力大的公司进行增资扩股，并收购（合并）资金少、产品市场销路差的小公司。该院控股的西安莱特信息工程有限公司增加注册资本（由100万增至300万）后收购西安拓普资讯有限公司100%股权；西部超导公司出资收购该院参股的西安九州生物材料有限公司的全部股权；该院控股的西安宝德粉末冶金有限责任公司收购西安红柳金属纤维织物有限公司全部股权；转让了参股的西安高新区新材料园有限公司所占股权。该院成功地完成了西部金属材料股份有限公司股票定向增发事项，募集资金总额50475万元，其中西北有色院以3028.5万元现金认购150万股，西安航天科技工业公司以47446.5万元现金认购2350万股。通过股票定向增发，成功地引入了航天科技集团作为战略合作伙伴，不仅为公司发展提供了有力的资金保障，也为该院拓展航空、军工等高端钛材市场打开了通道。

（院所办）

【科研院所自主创新能力建设】 科研院所挖掘潜力，发挥研发优势，不断提高自主创新能力，是科研院所与科技型企业的生存之本。2009年各科研院所发挥各自优势，不断强化科研能力建设，以项目带动创新能力的提升，从而促进了产业的发展、提高了经济效益。由于各科研院所对科研能力建设的重视，极大地调动了广大科技人员的积极性，2009年获得省级各类科技计划项目比2008年翻了一番。科技成果奖的申报工作也得到了科技人员的重视，今年推荐的18项科技成果，有10项科技成果通过省级科技成果奖评审。省建筑材料工业设计研究院为提升“建筑胶凝材料工程技术研究中心”研发能力，为中心新组建了三个实验室和两个试验基地。该院成立的“建材检测中心”经过近两年的发展，2009年获得建设工程质量检测资质，为今后的检测工作扩大了服务领域和业务范围。该院下属“陕西恒泰建设监理有限责任公司”2009年晋升为具有甲级监理资质的公司，成为陕西省第一家具有冶炼工程（水泥工程）甲级监理资质的企业。省机械研究院注重强化行业服务，不断加大对“陕西省机械行业生产力促进中心”的支持力度，2009年被科技部批准为“国家级示范生产力促进中心”。西北有色金属研究院利用在稀有金属材料研究方面的优势，争取到了国家首个“XX稀有金属材料科研生产基地”，该项目是国内第一个在民口单位设立的军用材料基地，该基地的建设有助于提升全省稀有金属材料领域的科技创新能力。

（院所办）

市、县科技管理机构

【西安市】

2009年西安市科技局（知识产权局）内部机构设置表

单位人员总数（人）	内部机构设置		
	名称	人数	主要职能
55	办公室（含局领导）	17	负责机关政务工作，负责人大议案、建议和政协提案的办理；负责机关国有资产管理和后勤服务等工作；负责机关和所属单位的机构编制、干部人事、劳动工资、出国政审、培训、专业技术职务评聘等工作；负责机关离退休人员的服务管理工作；负责组织实施目标责任综合考评工作。
	计划财务处	8	拟订全市科技发展规划和年度计划以及年度科研发展计划，开展科技计划项目的绩效评价工作；编制科技经费预决算并监督执行；负责科技统计工作；指导归口管理的科研机构和所属单位的财务工作；负责机关财务和国有资产管理工作。
	社会发展与政策法规处	4	组织实施社会发展领域相关科技计划，负责指导涉及人口资源、医药卫生、生态环境等社会公益事业的科技工作；拟订全市科技法规、规章草案和科技发展政策；承担有关规范性文件合法性的审核和报送备案工作；负责全市科研机构资质审批和科技类民办非企业单位设立的审查。
	科技产业处	3	拟订全市高新技术产业发展规划和扶持政策，拟订全市高新技术产业年度工作计划并组织实施；协调全市高新技术产业发展布局、产业重大公共技术和服务平台建设；组织实施高新技术产业发展专项计划以及相关高新技术产业化计划。
	高新技术处	5	负责全市高新技术企业、技术先进型服务企业、民营科技企业相关管理工作；负责国家级和省级各类科技计划、科技型中小企业创新基金等项目的实施工作；面向科技型中小企业，组织实施相关科技计划；组织实施全市科技人才创业工作。
	农村科技处	5	负责国家及省级农业科技项目和星火计划项目的组织实施；指导农村科技产业化、科技扶贫、星火技术密集区建设、农村区域性支柱产业的科技示范与推广工作；组织科技下乡，建立和发展农村科技服务体系。
	科技成果与技术市场处	4	组织实施企业吸纳高校院所成熟技术进行成果转化的计划项目；负责西安技术市场管理工作，研究拟定技术市场发展规划，负责审批技术贸易资格，指导技术合同认定登记工作；组织协调重大科技推广活动和重大技术交易活动；负责市科学技术奖励工作和科技成果的鉴定和登记工作。
	科技交流处	3	组织实施对外科技合作计划；开展科学技术引进、消化、吸收工作；审核科技合作交流项目；负责科技宣传、科普和科技会展工作；负责在西安“两院”院士的联络工作。

续表

单位人员总数（人）	内部机构设置		
	名称	人数	主要职能
55	知识产权管理处	4	拟订全市知识产权中长期发展规划；负责协调全市知识产权工作和涉外知识产权事宜；负责有关专利的国际交流与合作；负责专利技术交易、专利许可合同的管理工作；指导全市知识产权保护与创新体系的建立；负责专利和知识产权法律、法规的宣传和教育、培训工作；依法调处专利纠纷，查处假冒专利行为。
	机关党委	1	
	监察室	1	

2009年西安市科技局（知识产权局）领导成员表

姓名	性别	职务
徐可为	男	党组书记、局长
问向荣	男	党组成员、副局长
武海潮	男	党组成员、副局长
张建功	男	党组成员、纪检组长
高继平	男	党组成员、副局长
张丙周	男	副巡视员

2009年西安市所辖县（区）科技机构内部机构设置表

名称	单位在编人员数	内部机构设置
新城区科技局	10	办公室、地震科普科
碑林区科技局	10	办公室、科普科、科技管理科
莲湖区科技局	9	办公室、业务科
灞桥区科技局	8	综合科、地震办、地震站
未央区科技局	6	办公室、计划科、综合科
雁塔区科技局	7	办公室、综合科、学会部、生产力中心
阎良区科技局	6	办公室、工业科技岗、农业科技岗、地震事业岗
临潼区科技局	8	办公室、计划科、管理科

续表

名　称	单位在编人员数	内　部　机　构　设　置
长安区科技局	13	办公室、科技科、综合科
蓝田县科技局	9	办公室、项目计划科、综合管理科
周至县科技局	9	办公室、农村与社会发展科、民营科技管理科
户县科技局	8	办公室、科技管理科
高陵县科技局	9	办公室、科技计划管理科、科学技术普及科

（尚新玲）

【宝鸡市】

2009年宝鸡市科技局内部机构设置情况表

单位人员总数（人）	内　部　机　构　设　置		
	名　称	人　数	主　要　职　能
25	办公室	4	主要承担文书、工资人事、财务报账、信访接待等工作
	社会发展计划科	4	主要承担各类科技计划项目的综合、县区科技工业园建设、市级三项费管理等工作
	科技成果市场科	2	主要承担科技成果的鉴定、科学技术将的评审等工作
	科技产业科	3	主要承担民营科技企业的审批、高新技术企业的认定、火炬计划的制定与实施和制造业信息化等工作
	农业科技科	3	主要承担星火计划的制定与实施、科技培训和科普等工作

2009年宝鸡市科技局领导成员（正、副局长、调研员）

姓　名	性　别	出生年月	职　务	备　注
和惠敏	女	1962.08	局　长	
毛曼丽	女	1955.08	书　记	
安　瑛	男	1959.12	副局长	
温宗礼	男	1969.03	副局长	
谢龙钟	男	1960.03	纪检组长	

续表

姓　名	性　别	出生年月	职　务	备　注
洪　瑛	女	1954.05	副调研员	5月份已退休
张丁武	男	1963.04	副调研员	

2009年宝鸡市金台区科技局内部机构设置情况表

单位人员总数（人）	内部机构设置		
	名　称	人　数	主要职能
10	办公室	3	负责公文处理，印章、财务管理及接待等工作
	计划股	2	负责科技项目计划的编制与管理等工作
	民企、地震办	1	负责民营科技企业和防震减灾等工作
	生产力促进中心	1	负责科技中介服务和成果转化等工作

2009年宝鸡市渭滨区科技局内部机构设置情况表

单位人员总数（人）	内部机构设置		
	名　称	人　数	主要职能
11（科协4）	办公室	1	负责公文处理，印章、财务管理及接待等工作
	综合计划股	3	负责科技项目计划的编制与管理等工作
	地震办	2	负责民营科技企业和防震减灾等工作
	科　协	4	负责科普宣传和培训等工作

2009年宝鸡市陈仓区科技局内部机构设置情况表

单位人员总数（人）	内部机构设置		
	名　称	人　数	主要职能
编制17（含离岗2）	政秘股	3	负责公文处理，印章、财务管理及接待等工作
	科管股	3	负责科技项目计划的编制与管理等工作
	科协股	2	负责科普宣传和培训等工作
	地震办	2	负责民营科技企业和防震减灾等工作
	科技咨询中心	3	负责科技中介服务和成果转化等工作以及科技咨询工作

2008年宝鸡市凤翔县科技局内部机构设置情况表

单位人员总数（人）	内部机构设置		
	名称	人数	主要职能
7	政秘股	2	负责公文处理，印章、财务管理及接待等工作
	科技股	3	负责科技项目计划的编制与管理等工作
	生产力促进中心	1	负责科技中介服务和成果转化等工作

2009年宝鸡市岐山县科技局内部机构设置情况表

单位人员总数（人）	内部机构设置		
	名称	人数	主要职能
6	办公室	2	负责公文处理，印章、财务管理及接待等工作
	产业股	2	负责科技项目计划的编制与管理等工作

2009年宝鸡市眉县科技局内部机构设置情况表

单位人员总数（人）	内部机构设置		
	名称	人数	主要职能
9	政秘股	3	负责公文处理，印章、财务管理及接待等工作
	综合股	1	负责科技项目计划的编制与管理等工作
	地震办	1	负责民营科技企业和防震减灾等工作
	生产力促进中心	1	负责科技中介服务和成果转化等工作

2009年宝鸡市扶风县科技局内部机构设置情况表

单位人员总数（人）	内部机构设置		
	名称	人数	主要职能
8	办公室	1	负责公文处理，印章、财务管理及接待等工作
	业务股	4	负责科技项目计划的编制与管理等工作
	科协股	1	负责科普宣传和培训等工作

2009年宝鸡市千阳县科技局内部机构设置情况表

单位人员总数（人）	内部机构设置		
	名称	人数	主要职能
9	办公室	3	负责公文处理，印章、财务管理及接待等工作
	科技股	1	负责科技项目计划的编制与管理等工作
	科普股	1	负责科普宣传和培训等工作
	地震办		负责民营科技企业和防震减灾等工作

2009年宝鸡市陇县科技局内部机构设置情况表

单位人员总数（人）	内部机构设置		
	名称	人数	主要职能
12	政秘股	2	负责公文处理，印章、财务管理及接待等工作
	科技股	2	负责科技项目计划的编制与管理等工作
	科协股	2	负责科普宣传和培训等工作
	地震办	2	负责民营科技企业和防震减灾等工作

2009年宝鸡市麟游县科技局内部机构设置情况表

单位人员总数（人）	内部机构设置		
	名称	人数	主要职能
4	办公室	1	负责公文处理，印章、财务管理及接待等工作
	业务股	2	负责科技项目计划的编制与管理等工作

2009年宝鸡市凤县科技局内部机构设置情况表

单位人员总数（人）	内部机构设置		
	名称	人数	主要职能
15	办公室	2	负责公文处理，印章、财务管理及接待等工作
	业务股	3	负责科技项目计划的编制与管理等工作
	科协股	3	负责科普宣传和培训等工作
	中药办	2	负责中草药栽培技术管理及其成果产业化等工作
	生产力促进中心	3	负责科技中介服务和成果转化等工作

2009年宝鸡市太白县科技局内部机构设置情况表

单位人员总数（人）	内部机构设置		
	名称	人数	主要职能
8	办公室	1	负责公文处理，印章、财务管理及接待等工作
	项目办	1	负责科技项目计划的编制与管理等工作
	中药办	1	负责中草药栽培技术管理及其成果产业化等工作
	地震办	1	负责民营科技企业和防震减灾等工作

（王　健）

【咸阳市】

2009年咸阳市科技局内部机构设置情况表

单位人员总数（人）	内部机构设置		
	名称	人数	主要职能
17	秘书科	2	拟定全市科技宣传教育规划和年度计划；负责机关政务工作；负责行政执法工作；办理人大建议和政协提案；负责科技人员出国、出境审查工作；负责局系统干部、人事、劳动工资、考核、奖惩、职工教育、计划生育、职称评定等工作；负责机关财务、车辆和资产管理等工作；负责局属单位联系协调工作。
	综合计划科	4	研究拟定全市科技发展战略、负责组织编制中长期科技发展规划；编制年度科技研究发展计划（含星火及科技兴咸计划）；承办国家、省级重大基础研究、科技攻关、科技兴贸计划、新产品计划的项目申报和管理；提出科技计划的协调、综合平衡和经费配置的建议、负责科技统计工作；组织对科技计划项目的评估、监督、检查和验收；提出并组织实施社会发展科技计划，负责社会发展领域和软科学攻关项目的申报与实施。
	工业科技科	4	研究拟定推动全市高新技术发展及产业化有关政策和发展计划；负责各类科技计划的申报和监管；负责科技创新工程、促进科技服务体系建设；制定各类科技园区、科技企业（项目）孵化器的规划并指导实施；负责高新技术企业、产品认定的推荐初审和年度审核工作；协调在咸阳市的国家、省技术研究中心、重点实验室的建设；负责相关工业科技的统计和汇总上报工作。
	农业科技科	3	研究提出全市农村科技发展的方针政策和规划、计划，指导科技兴农工作；提出并组织实施农业科技发展计划；组织农业新技术项目引进，新技术、新品种的论证与开发；组织农村重大科技产业示范和现代化综合科学示范基地（点）建设；组织星火及农业技术培训工作；负责中、省农业转化资金项目，星火计划、科普计划等的申报工作，负责相关农业科技的统计和汇总上报工作。

2009年咸阳市科技局领导成员表

姓　名	性　别	出生年月	职　务
沈毛平	男	1955. 1. 9	局长
高义辉	男	1955. 1. 1	副局长
张璞波	男	1963. 5. 19	副局长
林胜利	男	1970. 10. 4	副局长
王文生	男	1968. 7. 8	纪检组长
陈通信	男	1957. 9. 16	助理调研员

2009年咸阳市渭城区科技局内部机构设置表

<table>
<tr><th rowspan="2">单位人员总数（人）</th><th colspan="3">内　部　机　构　设　置</th></tr>
<tr><th>名　称</th><th>人　数</th><th>主　要　职　能</th></tr>
<tr><td rowspan="3">科技局6人
防震办12人</td><td>办公室</td><td>5</td><td rowspan="3">研究提出全区科技发展战略和有关政策；拟定全区科技发展的重大布局，优先发展领域；研究拟定地方性科学技术管理的行政规章。
编制、实施全区民用科学技术发展中长期规划和年度计划；编制西部大开发渭城科技行动规划和计划。研究提出全区科技体制改革政策、措施并组织实施，推动建立适应社会主义市场经济和科技自身发展规律的科技创新体制和机制；指导全区科技体制改革工作。
研究提出多渠道增加科技投入的措施；优化科技资源配置；归口管理科技事业费、科技三项费和各项科技专项费用；组织科技研究与开发的服务工作。
制定加强全区基础研究、高新技术发展、科技创新、科技成果转化的相关政策措施；负责自然科学基金、科技攻关、星火、火炬、社会发展、科技合作、成果推广、重大科技产业化和软科学等计划的制定与组织实施。
归口管理全区技术市场、专利、技术产权交易、科技中介服务机构、科技成果、科学技术奖励、科技保密与科技相关的知识产权保护工作；制定科学技术普及工作规划，推动科普工作发展；促进科技咨询、招标、评估等社会中介组织的发展。
研究社会发展的重大科技问题和优先发展领域，贯彻可持续发展战略，组织指导涉及人口、资源、环境、医药卫生等方面的科技工作。</td></tr>
<tr><td>科技股</td><td>6</td></tr>
<tr><td>防震办</td><td>4</td></tr>
</table>

2009年咸阳市秦都区科技局内部机构设置表

单位人员总数（人）	内部机构设置		
	名称	人数	主要职能
18	科技股	5	研究拟定“科技兴区”战略、星火计划和科技攻关计划，并组织实施。 归口管理科技事业费、科技三项费和各项科技专项费用；负责自然科学基金、科技攻关、星火、火炬、社会发展、科技合作、成果推广、科技产业化和软科学等计划的制定与组织实施。 研究拟定全区高新技术及产业化发展规划；负责高新技术产业化和应用技术的开发、推广工作；负责全区高新技术企业和产品的申报，科技型中小企业创新基金项目申报。 归口管理全区技术市场、专利、技术产权交易、科技中介服务机构、科技成果、科学技术奖励、科技保密及与科技相关的知识产权保护工作；负责全区科普活动的组织工作；指导科技咨询、招标、评估等社会中介组织的工作。 指导农村科技产业、星火技术密集区、农村区域性支柱产业的科技示范与推广，组织科技扶贫、科技下乡工作，推动农村科技进步。
	地震办	13	负责编制全区防震减灾规划和计划，并组织实施。负责全区震情跟踪以及群众性地震观测信息的收集上报。会同有关部门建立震灾预防体系，负责全区地震安全性评价和抗震设防的审核工作。负责制定落实全区破坏性地震应急预案，组织开展全区防震减灾宣传教育工作。

2009年咸阳市兴平市科技局内部机构设置表

单位人员总数（人）	内部机构设置		
	名称	人数	主要职能
10	秘书股	2	公文处理、人事财务管理、档案管理等及其他日常工作。
	综合计划股	1	科技计划项目管理，综合技术推广等
	民营科技管理股	1	民营科技企业管理、地震办日常事务管理
	防震减灾股	4	负责全市防震减灾工作
	生产力促进中心	2	发展和传播先进生产力，为中小企业提供技术信息咨询、培训和转让服务等，为中小企业产品研发提供服务，帮助中小企业提高整体素质，同时，服务三农，促进科技成果转化和本地支柱产业发展。

2009年咸阳市武功县科技局内部机构设置表

单位人员总数（人）	内部机构设置		
	名称	人数	主要职能
5	政秘综合股	1	负责文件收发、工资、统计等日常工作；承担省市县科技计划制定及实施工作；编制中长期科技发展计划；负责民营企业管理、成果、专利等工作。
	宣传推广股	1	负责“科技之春”宣传及成果推广。
	生产力促进中心		为中小企业提供科技中介服务，围绕“三农”提供科技服务支撑，促进县域经济发展。

2009年咸阳市礼泉县科技局内部机构设置表

单位人员总数（人）	内部机构设置		
	名称	人数	主要职能
8	综合计划股	2	宣传有关科技的方针、政策和法律、法规，参与科技计划的调查、分析、研究工作；局内综合性文件的草拟、讨论、审核工作；参与民营科研机构的审批、研究工作。
	成果管理股	2	提出科技发展规划和年度计划的初步意见；广泛征集筛选项目，确定申报并会同有关部门具体实施；对发明和专利及时办理申请手续；承办科技统计和科技开发等工作。
	民营企业股	2	对提出申请的民营科研机构进行调查分析，审查其资格条件，提出初步意见，报送领导审核；负责科技型企业定点的初步意见，协助验收、评审；开展科技知识宣传与咨询，引进先进实用技术并积极开展培训等工作。
	秘书股	2	负责文件的草拟、讨论和审核工作；负责文件的收发、登记、打印、验印、保管、传阅和立卷、归档工作；负责机关考勤、考核等项工作；联系地震中心监测站工作；承办局内财务工作等。

2009年咸阳市长武县科技局内部机构设置表

单位人员总数（人）	内部机构设置		
	名称	人数	主要职能
12	局机关	8	研究制定中长期及年度发展规划，具体抓好科技宣传、科技推广、科研项目及成果应用等工作。
	地震办	2	做好地震预测、宣传等工作，制定地震应急预案及防震减灾规划并组织实施。

续表

单位人员总数（人）	内部机构设置		
	名称	人数	主要职能
12	科技开发中心	2	拟定研究科技人才资源的合理配置和充分发挥科技人员作用的相关工作。负责民营科技企业技术职称评定及培训工作。

2009年咸阳市乾县科技局内部机构设置表

单位人员总数（人）	内部机构设置		
	名称	人数	主要职能
14	科技交流服务中心	4	负责全县科技对外交流、合作、合同、技术服务等
	生产力促进中心	3	负责科技信息服务、培训、成果转化、项目申报等
	地震办公室	3	负责全县防震减灾工作

2009年咸阳市彬县科技局内部机构设置表

单位人员总数（人）	内部机构设置		
	名称	人数	主要职能
19	政秘综合股	2	负责机关安全和后勤服务；办理机关人事、劳资、考核、奖惩业务；负责机关财务管理、计划生育和精神文明建设；负责机关党务工作；负责机关信息化管理工作。
	综合计划股	2	编制科技发展中长期规划和年度计划；负责科技项目的征集、考察、论证、申报；组织对科技项目的评估、监督、检查和验收；负责县级年度科技计划项目的征集审查、计划编制和组织实施；负责年度科技研究计划的汇总和发布工作；负责全县科技日报成果的登记、鉴定、申报、奖励和发明与专利申报工作；负责科技综合统计工作。
	科技实业股	3	负责科技实业管理工作；负责科技型企业的认定，审批管理民营科技企业；负责技术市场、技术信息管理和高新技术、新产品的引进、开发、研制、创新工作；负责各类科技推广示范园点的审定和建设；负责科技培训计划的制定和组织实施；编制全县防震减灾规划和年度计划以及破坏性地震应急预案；负责地震监测、震情汇总、上报。

2009年咸阳市淳化县科技局内部机构设置表

单位人员总数（人）	内部机构设置		
	名称	人数	主要职能
19	办公室、地震办公室、计划组、科技开发中心	11	科技宣传、技术培训、科技攻关、示范推广、星火计划项目管理和落实；市县党政领导科技进步考核，防震减灾等项工作。

2009年咸阳市永寿县科技局内部机构设置表

单位人员总数（人）	内部机构设置		
	名称	人数	主要职能
10	机关	10	组织拟定全县科技发展战略及有关政策；负责组织软科学研究，改革和完善科技体制，拟定全县科技发展的重大布局、优先发展领域。 编制、实施全县民用科学技术发展中长期规划和年度计划；拟定和发布各类科技计划。 制定并组织实施“科技兴永”工程计划，督促检查各乡镇、部门和企事业单位有关科技指标的完成情况，全面推进科技进步。 归口管理科技事业费、“科技三项费”和各类科技投入专项费用。 归口管理全县科技成果工作，负责科技成果产权界定、无形资产评估和科技保密工作。 协调管理全县技术信息市场，负责办理技术合同的认定、登记和仲裁服务工作。 归口审批管理全县民营科技机构，负责科技企业和高新技术产业认证工作。 归口管理全县专利工作。

2009年咸阳市泾阳县科技局内部机构设置表

单位人员总数（人）	内部机构设置		
	名称	人数	主要职能
13	办公室	7	公文处理、人事财务管理、档案管理及其他日常工作
	综合计划股	3	科技计划项目管理，综合技术推广等
	民营企业管理股	3	民营科技企业管理、地震办日常事务管理

2009年咸阳市旬邑县科技局内部机构设置表

单位人员总数（人）	内部机构设置		
	名称	人数	主要职能
10	科技报编辑室	2	负责《旬邑科技报》的采编工作；负责全县科技宣传、科技信息、科技统计和科技期刊管理工作。
	行政股	3	负责机关政务工作，制定机关工作制度，负责局内会议的组织和会议决定事项的督办；办理人大建议和政协提案；负责局内干部、职工的劳动工资、考核、奖惩、计划生育、职称评定等工作。
	地震办	1	拟定本县防震减灾规划、政策规章，监督检查其执行情况；组织编制本县防震减灾工作年度计划、综合防御措施并组织实施；负责管理本县的地方地震监测台网建设、地震监测预报、震情灾情速报工作；负责组织本县的震害预测工作，负责本县的抗震设防要求和地震安全性评价工作的行政执法。
	中药办	1	负责编制全县中药材中长期发展规划和实施年度发展计划；协调企业与基地、企业与农户开展订单种植，组织龙头企业和大专院校开展GAP科研认证工作；负责相关中药材生产的统计和汇总上报工作。
	科技股	1	负责组织编制全县中长期科技发展规划及年度科技研究发展计划；组织实施全县科技计划；承办全县重大科技攻关项目和星火计划、火炬计划的申报，组织对科技计划项目的评估、监管、检查和验收工作；负责全县科技成果的推荐、申报、评审工作；负责新技术项目引进、开发及示范推广工作，指导、实施各类科技园区和示范基地建设；组织开展科技培训、科技下乡、科技入户、科普计划等工作。
	生产力促进中心	2	为社会提供科技、经济、人才、政策、市场等方面的信息服务；组织和协调与旬邑县建立友好合作关系的科研院所、高等院校及医药龙头企业的产学研工作，为企业提供技术中介和各种急需人才服务；承担火炬计划、星火计划、科技成果推广计划及中药材规范化基地建设等技术培训任务的实施工作。

2009年咸阳市三原县科技局内部机构设置表

单位人员总数（人）	内部机构设置		
	名称	人数	主要职能
10	办公室	2	负责机关政务、事务协调联络工作；负责机关综合性、行政性文件草拟复核及文书处理工作；负责目标责任制的管理考核工作；负责机关劳资、财产、档案管理、计划生育工作。

续表

单位人员总数（人）	内部机构设置		
	名称	人数	主要职能
10	计划管理股	2	负责制定全县科技发展规划、年度计划；负责国家、省、市科技计划项目的申报、立项、组织实施；做好科技计划的年报、统计、总结；负责全县科技成果的申报、示范与推广；负责全县科技市场和科技信息网络建设。
	综合业务管理股	1	负责全县民营科技企业的认定、审批和管理工作；负责全县科技培训、科技下乡、科普宣传和科技扶贫工作；负责乡村科技人才的选拔和培养；负责相关的工业科技、农业科技的统计和汇总上报工作；负责农村新技术、新产品的引进、示范与推广；核准高新技术企业和产品的推荐、初审、上报。

（李小红）

【铜川市】

2009年铜川市科技局内部机构设置表

单位人员总数（人）	内部机构设置		
	名称	人数	主要职能
12	领导	3	负责抓全局工作。
	办公室	4	负责机关政务工作制定机关工作制度并督促执行，负责重要会议组织和会议决定事项的督办，负责文秘和公文管理，负责人事、保密、档案、信访和接待工作，负责全市科普工作的规划和检查落实工作。
	综合计划科	1	负责全市科学技术发展规划和年度各类计划的编制工作，负责各类计划项目的编制申报工作；负责市级民营科技机构的管理工作；负责科技进步先进县（区）的创建工作；负责全市的科技统计工作。
	成果产业科	2	负责全市各类科学技术发展计划项目的检查、指导、落实、鉴定、验收工作，负责科技计划项目实施及进度的跟踪管理工作；负责科技三项费用拨付，管理工作；负责全市科技成果转化、推广计划的编制、申报工作；负责全市科技成果的初审登记、鉴定、奖励、申报等工作。
	合作交流科	1	负责全市科技合作与交流工作；负责全市科技创新体系建设，负责全市高新技术计划项目的初审工作；负责全市科技外事工作；负责全市高新技术企业与产品的初审、呈报工作；负责对国外高新技术成果进行收集、筛选、整理、贮存和科技信息发布工作。
	知识产权科	1	负责专利工作的对外联络、合作和交流活动，负责全市知识产权的保护工作，依法处理专利纠纷和侵权案件，查处冒充专利行为，贯彻落实专利优惠政策和措施；参与无形资产的评估工作。

2009年铜川市科技局领导成员表

姓　名	性　别	出生年月	职　务
任国栋	男	1954.9	局　长
王明明	男	1964.11	副局长
杨怡晨	女	1969.7	副局长

2009年铜川市科技局所辖县区科技机构内部机构设置表

单位名称	单位人员总数（人）	内部机构设置		
		名　称	人　数	主　要　职　能
耀州区	9	办公室	2	研究拟定全区科技发展战略和政策；研究科技促进经济与社会发展的问题。拟定全区技术发展的布局、优化发展的领域；研究拟定科学技术管理办法；组织编制、实施全区科学技术发展中长期规划和年度计划；负责自然科学基金、科技攻关、星火和火炬计划、社会发展、科技合作、成果推广、重大科技产业化等计划的制定和组织实施；研究拟定全区高新技术发展的政策措施，策划、协调用高新技术改造传统产业。
		科技计划管理组	2	
		科普宣传和科技培训组	2	
		科技成果产业组	2	
		合作交流和知识产权组	1	
宜君县	6	办公室	3	研究拟定全区科技发展战略和政策；研究科技促进经济与社会发展的问题。拟定全区技术发展的布局、优化发展的领域；研究拟定科学技术管理办法；组织编制、实施全区科学技术发展中长期规划和年度计划；负责自然科学基金、科技攻关、星火和火炬计划、社会发展、科技合作、成果推广、重大科技产业化等计划的制定和组织实施；研究拟定全区高新技术发展的政策措施。
		计划股	2	
		成果产业与合作交流部	1	
印台区	3	办公室	1	组织编制全区科技发展政策规划和中长期规划，编制年度计划（包括重点科技攻关、新产品试制、星火计划），并组织实施；归口管理科技成果，负责全区科技成果、新产品登记、鉴定、评审、奖励和重大科技成果的推广。审查和申报专利技术。负责《专利法》的执行，管理科技保密和科技档案。
		计划股	1	
		成果产业与合作交流部	1	
王益区	4	办公室	1	研究拟定全区科技发展战略和政策；研究科技促进经济与社会发展的问题，拟定全区科技发展的布局，优先发展的领域；研究拟定科学技术管理办法；组织编制、实施全区民用科学技术发展中长期规划和年度计划；负责自然科学基金、科技攻关、星火和火炬计划、社会发展、科技合作、成果推广、重大科技产业化等计划的编制和组织实施；研究拟定全区高新技术发展的政策措施。

（王荣君）

【渭南市】

2009年渭南市科技局内部机构设置表

单位人员总数（人）	内部机构设置		
	名称	人数	主要职能
15	办公室	3	负责市科技局机关党务、政务、事务等工作；负责人大建议、批评、意见和政协提案的办理；受托管理有关科研经费；管理科技事业基本建设。
	综合计划科	2	拟定全市科技发展战略，制定中长期科技计划，编制年度科技研究发展计划；协调实施本市承担的中、省重大科技项目；负责中间试验和新产品试制认定和管理；负责市科技领导小组办公室工作；拟定高新技术产业发展战略规划，归口管理高新区业务、入区企业的审批和项目备案；编制全市新兴产业工程规划、计划并组织实施；负责拟定和组织实施全市的“科技新星”、“火炬”、“科普”、“安居工程”计划；负责科技统计工作。
	农村科技管理科	2	拟定全市农村科技发展计划和农业新科技攻关计划；指导实施星火计划、科技扶贫计划；组织农业新技术项目引进、新技术、新品种的论证与开发；组织科技下乡，建立和发展农村科技服务体系；负责办理渭南市秦川牛产业发展科技区管理委员会办公室的日常工作。
	科技实业成果管理科	2	制定全市民营科技企业发展规划；归口管理全市民营科技机构；发布科技项目指南；负责全市科技成果的登记、鉴定、奖励工作，申报国家、省科技奖励；负责编制实施重大科技成果推广计划；负责市内外科技合作与交流工作；指导涉及人口资源、环境、医药、卫生等方面的科技工作。

2009年渭南市科技局领导成员表

姓名	性别	出生年月	职务	备注
秦　渝	男	1952.07	局　长	
王振杰	男	1955.03	副局长	
陈有贵	男	1956.07	副局长	
吕秀存	女	1966.12	纪检组长	
黄香米	女	1954.05	副调研员	

2009年渭南市临渭区科技局内部机构设置表

单位人员总数（人）	内部机构设置		
	名　称	人　数	主　要　职　能
13	办公室	4	负责局政务、人事管理、组织召集各种会议，负责局机关各项规章制度的建立和完善工作。
	综合计划股	2	负责科技项目、科技成果转化、知识产权保护、民营科技企业组织管理工作，制定科技工作计划、科技统计工作。
	农村科技管理股	2	负责农业技术示范推广、科技培训、科技宣传、抓好星火密集区、农业科技示范园区建设工作，负责科技特派员组织管理、科技下乡和科技扶贫工作。

2009年渭南市华县科技局内部机构设置表

单位人员总数（人）	内部机构设置		
	名　称	人　数	主　要　职　能
27	办公室	7	研究制定加强全县科技创新、科技成果转化的相关办法措施。负责科技攻关、星火、火炬、社会发展、科技合作、成果推广、重大科技产业化和软科学等计划的申报、制定与组织实施。
	综合股	5	
	农进办	15	组织实施农业科技示范与推广、科技扶贫、科技下乡工作。

2009年渭南市华阴市科技局内部机构设置表

单位人员总数（人）	内部机构设置		
	名　称	人　数	主　要　职　能
11（其中包括领导5人）	办公室	3	负责局机关党务、政务、印鉴、文秘、档案、保密、安全、财务、后勤、学习和精神文明建设；负责局机关人事、劳动、工资和局机关福利工作。
	业务综合股	3	编制全市科技发展规划及年度计划；申报实施国家、省、市科技项目；负责科技成果申报管理工作；民营科技企业的管理工作；专利管理工作和技术信息市场管理；科技培训工作；华山可持续发展实验区工作。

2009年渭南市潼关县科技局内部机构设置表

单位人员总数（人）	内部机构设置		
	名称	人数	主要职能
12	办公室	2	制定中长期科技计划，编制年度科技研究发展计划；负责县科技领导小组办公室工作；负责县科技体制改革有关具体工作；负责人大建议和政协提案的办理；负责局机关党务、政务、文秘、档案、保密、保卫、财产、后勤、计生、信访、公务员考核奖惩等。
	农村科技股	3	拟定全县农村科技发展计划和农业新科技攻关计划，指导科技兴农工作；组织和指导实施星火计划、科技扶贫计划；组织农业新技术项目引进、新技术、新品种的试验（示范）；推广、组织科技下乡；监督指导全县技术市场、科技中介服务机构、知识产权保护等工作；负责科技宣传、科技培训、科技信息工作。
	成果管理股	3	制定全县民营科技企业发展规划；归口管理全县民营科技机构，发布科技项目指南；负责中间试验和新产品试制认定和管理；负责全县科技成果的登记、鉴定、奖励工作，申报国家、省、市科技进步奖、自然科学奖和发明奖；负责编制实施重大科技成果推广计划；协调实施本县承担的中、省、市重大科技项目；负责科技合作与交流工作，负责相关知识产权工作；拟定和组织实施“科技新星”、“火炬”、“科普”计划；负责科技统计工作。

2009年渭南市韩城市科技局内部机构设置表

单位人员总数（人）	内部机构设置		
	名称	人数	主要职能
20	办公室	8	负责机关党务和政务工作，督促检查机关工作制度的落实；负责人大议案和政协提案的办理；负责文秘与公文管理、办公自动化、信息、机要、保密、档案、印鉴、信访等工作；负责机关及下属事业单位人事、财务、劳资、计生、国有资产管理、目标责任制考评、综合协调等工作；负责全系统的统计工作。
	科普科	5	研究提出全市科技宣传、科技培训的中长期规划和年度计划，并组织实施重点科技培训、科普宣传活动；负责全市高新技术成果、先进适用技术的引进、试验、示范和推广工作，抓好局属科技试验、示范基地（点）建设工作；负责各级各类学、协会审查、登记管理工作，指导其按章开展活动；负责农村科技进步工作领导小组办公室工作；负责全市农科教统筹工作。
	科管科	4	组织编制科技工作的中长期规划和年度计划；组织实施重点科技产业化项目；负责科技进步成果的评比、鉴定、奖励、申报工作，推荐省、市级科技成果奖励项目；负责全市科技进步奖励项目；负责筛选申报各级各类科技计划并组织监督实施。

续表

单位人员总数（人）	内部机构设置		
	名称	人数	主要职能
	知产科	3	负责全市知识产权的保护工作，依法处理专利纠纷和侵权案件，查处侵占专利行为；落实专利优惠政策和措施，筹集、管理、监督专利发展资金，会同有关部门组织全市专利技术许可和重大专利技术推广实施，负责专利市场的规范管理，参与无形资产的评估工作；承担知识产权业务人员的培训工作。

2009年渭南市白水县科技局内部机构设置表

单位人员总数（人）	内部机构设置		
	名称	人数	主要职能
12	综合办公室	2	全面负责本局的党务、政务、财务、公务员管理等一系列综合性事务。
	科技办公室	3	全面负责本局的技术引进、技术推广、技术培训、科技项目管理、科技统计等项工作。
	知识产权办公室	2	全面负责本局的知识产权保护、专利申请、各级科学技术奖的征集申报和评审工作。
	地震办公室	2	全面负责全县的防震减灾工作。

2009年渭南市合阳县科技局内部机构设置表

单位人员总数（人）	内部机构设置		
	名称	人数	主要职能
16	综合办公室	5	负责机关党务、政务、文秘、档案、财务、公务员管理、工资、福利、考核、奖惩、职工教育培训等工作。
	综合计划股	7	拟订全县科技发展战略，制定科技研究发展计划；协调实施本县承担的省、市重大科技项目；负责全县科技成果转化工作，申报省、市科技进步奖等。
	业务股	4	拟订全县农村科技发展计划，指导科技兴农工作，组织农业新技术项目引进，新技术、新品种的论证与开发，建立和发展农村科技服务体系，管理民营科技机构等，掌握全县科技进步状况。

2009年渭南市澄城县科技局内部机构设置表

单位人员总数（人）	内部机构设置		
	名　称	人　数	主　要　职　能
10	办公室	2	负责办公室日常事务工作，综合材料起草工作，人事劳资工资，党务、政务、档案、财务工作，组织各项活动，宣传工作等。
	业务股	2	综合计划管理工作（星火、科研攻关等），项目申报工作，科技示范点建设工作，成果管理工作，专利申报工作、科技培训工作，科技调研工作等。
	地震办	2	地震检测预报工作，地震值班工作，地震应急预案组织协调工作，地震安全评价工作等。

2009年渭南市大荔县科技局内部机构设置表

单位人员总数（人）	内部机构设置		
	名　称	人　数	主　要　职　能
13	局机关办公室	4	负责县科技局机关党务、政务；负责局机关人事、劳动、工资、福利、考核、奖惩、职工教育培训、精神文明建设等；负责拟定全县科技发展规划和制定中长期科技计划；负责人大建议、批评、意见和政协提案的办理；管理科技三项费用和受托管理有关科研经费。
	科技管理股	4	编制申报全县年度科技发展计划；负责中间实验和新产品试制认定和管理；组织和指导实施各类科技计划；组织实施全县的科技进步工作、科技培训和科技宣传工作；负责全县科技成果的登记、鉴定、奖励工作，申报省、市科技进步奖；指导涉及人口资源、环境、医药、卫生等方面的科技工作；负责科技人才的选拔推荐工作；负责全县的科技统计工作；负责县科技领导小组办公室的日常工作。
	科技开发股	3	制定全县民营科技企业发展规划；负责民营科技企业的管理工作；负责县内、外科技合作与交流工作，组织协调技术贸易活动和技术合同认定、登记和统计工作及全县相关的知识产权工作；负责科普计划项目的实施，组织科技下乡、建立和发展科技服务体系；组织新技术项目引进、新技术、新品种的实验、示范和技术开发工作。
	知识产权股	2	负责全县的专利申请服务和统计工作；负责全县专利技术许可和专利技术产业化项目的申报和实施；负责全县专利工作的对外合作与交流；组织申报省、市科技计划项目和科技成果的鉴定奖励。

2009年渭南市蒲城县科技局内部机构设置表

单位人员总数（人）	内部机构设置		
	名称	人数	主要职能
16	办公室	4	负责局机关党务、政务；负责民营科技企业技术职称管理工作；负责内外联系，上下沟通，督办工作等事项。
	综合计划股	2	拟定全县科技发展战略，制定中长期科技规划，编制年度科技研究发展计划和新产业工程规划、计划并组织实施；负责中间试验和新产品试制认定和管理；负责县科技领导小组办公室日常工作；负责国家级科技型中小企业创新基金计划和农业科技成果转化基金计划的推荐申报工作；管理县级科技型中小企业创新基金计划工作；负责县科技产业计划工作；负责拟定和组织实施全县“科技新星”、“火炬”“科普”“安居工作”计划；负责科技统计、科技信息工作。
	科技业务股	3	拟定全县农村科技发展计划和农业新科技攻关计划，指导科技新农工作；组织和指导实施星火计划、科技扶贫计划；组织农业新技术项目引进、新技术、新品种的论证和开发；制定全县民营科技企业发展计划，归口管理全县民营科技企业，做好审批认定工作；负责全县科技成果的登记、鉴定、奖励工作，申报国家、省、市科技进步奖、自然科学奖、发明奖；发布科技项目指南，负责县内外科技合作与交流工作，负责全县相关知识产权工作；组织调研活动，指导涉及人口资源、环境、医药、卫生等方面的科技工作。

2009年渭南市富平县科技局内部机构设置表

单位人员总数（人）	内部机构设置		
	名称	人数	主要职能
11	办公室	4	负责科技局机关党务、政务、工资、福利、考核等，受托管理有关科研经费；负责科技统计、成果申报及知识产权保护、专利服务等工作。
	工业股	1	拟定全县科技发展战略，制定中长期科技计划，编制年度科技发展计划；协调实施本县承担的中、省、市重大科技项目；负责中间试验和新产品试制认定的申报和管理；负责县科技领导小组办公室工作；编制全县新兴产业工程规范、计划并组织实施；归口管理全县民营科技机构。
	农业股	2	拟定全县农业科技发展战略，制定中长期科技计划，编制年度科技发展计划；组织科技下乡，建立和发展农村科技服务体系；组织调研活动，负责组织实施农业科技攻关、火炬、扶贫等计划，指导涉及人口资源、环境、医药、卫生等方面等科技工作。
	成果专利股	1	民营科技企业审批管理；科技成果鉴定、推广；知识产权保护、专利申请；科技进步奖申报。

(党春丽)

【榆林市】

2009年榆林市科技局内部机构设置表

单位人员总数（人）	内部机构设置		
	名称	人数	主要职能
25	政秘科	8	负责局机关政务工作
	计划科	2	负责组织全市科学技术发展中长期规划和年度计划的组织实施
	产业科	2	负责全市高新技术发展及产业化和民营科技企业、科技扶贫管理
	成果专利科	2	负责全市科技成果的评议验收、登记、申报、奖励及技术市场、知识产权保护
	政策法规科	3	负责研究草拟地方性科技管理的规章和科技宣传

2009年榆林市科技局领导成员表

姓名	性别	出生年月	职务
韩宇平	男	1955．4	局长
杨春生	男	1954．6	副局长
郝康林	女	1962．8	副局长
梁文忠	男	1962．7	纪检组长
冯维林	男	1964．1	总工程师
景明旭	男	1951．5	副调研员
慕　锋	男	1958．1	副调研员
牛建生	男	1965．1	副调研员

2009年榆林市科技局所辖县区科技机构内部机构设置表

县区	单位人员总数（人）	内部机构设置			
		名称	人数	主要职能	备注
榆阳区	8	局机关	5	负责全区科技管理	
		UNDP办	3	负责组织实施UNDP项目及管理	下属事业单位
府谷县	24	局机关	10	负责全县科技管理	
		生产力促进中心	14	面向中小企业提供技术诊断、科技培训、项目包装	下属事业单位

续表

县区	单位人员总数（人）	内部机构设置			
		名称	人数	主要职能	备注
神木县	9	局机关	9	负责全县科技管理	
		生产力促进中心		面向中小企业提供技术诊断、科技培训、项目包装	下属事业单位
靖边县	38	局机关	8	负责全县科技管理	
		生产力促进中心	2	面向中小企业提供技术诊断、科技培训、项目包装	下属事业单位
		科技中心	28	科技信息咨询	
横山县	24	局机关	12	负责全县科技管理	
		科技情报所	12	科技信息咨询	下属事业单位
定边县	33	局机关	8	负责全县科技管理	
		生产力促进中心	13	面向中小企业提供技术诊断、科技培训、项目包装	下属事业单位
		科技信息研究所	12	科技信息咨询	
米脂县	22	局机关	10	负责全县科技管理	
		科技情报所	12	科技信息咨询	下属事业单位
吴堡县	20	局机关	9	负责全县科技管理	
		科技情报所	11	科技信息咨询	下属事业单位
绥德县	17	局机关	8	负责全县科技管理	
		科技经济信息所	9	科技培训及科技信息咨询	下属事业单位
佳　县	31	局机关	7	负责全县科技管理	
		科技培训中心	10	科技培训	下属事业单位
		科技开发中心	14	科技信息咨询	
清涧县	19	局机关	8	负责全县科技管理	
		生产力促进中心	11	面向中小企业提供技术诊断、科技培训、项目包装	下属事业单位
子洲县	8	局机关	5	负责全县科技管理	
		科技情报所	3	科技培训及科技信息咨询	下属事业单位

市属国有制独立自然科学与开发机构人员情况

序号	机构代码	单位详细名称	通讯地址	邮政编码	电话	机构负责人	服务国民经济行业	学科领域	从业人员总数	高级职称人员数	中级职称人员数	课题活动人员数	科技管理人员数	其他人员数
1	9616101	榆林市农业科学研究所	榆林市上郡路197号	719000	0912-3352382	高贵生	农业服务业	农学	114	19	27	79	17	51
2	9616301	榆林市畜牧兽医研究所	陕西省榆林市	719000	0912-3883963	闫治川	畜牧服务业	畜牧兽医科学	32	7	9	12	6	10
3	9616410	榆林市林业科学研究所	榆林市上郡北路123号	719000	0912-3383356	张树银	林业服务业	林学	81	5	17	16	9	50
4	9616601	榆林市水土保持科学研究所	榆林市西沙柳营西路兴和巷25排1号	719000	0912-3860794	武文章	水资源管理	水利工程	35	4	7	13	6	18
5	9617001	榆林市机械工业研究所	榆林市机械工业研究所	719000	0912-3883202	杨玉明	农、林、牧、渔专业机械制造	机械工程	27	0	9	12	2	16
6	9612700	榆林市科技信息研究所	榆林市西人民路182号	719000	0912-8104307	张榆生	信息服务	科学	21	5	8	13	2	6

（霍慧芳）

【延安市】

2009年延安市科技局内部机构设置表

<table>
<tr><th rowspan="2">单位人员总数（人）</th><th colspan="4">内部机构设置</th></tr>
<tr><th>名称</th><th>人数</th><th>主要职能</th><th>备注</th></tr>
<tr><td></td><td>政秘科</td><td>4</td><td>负责机关政务工作；制定机关工作制度，负责重要会议的组织和会议决定事项的督办；负责人大建议和政协提案的办理、督办；负责文秘与公文管理、机要、保密、档案、信访、计划生育；负责机关财务报账、劳资、统计和资产管理等行政工作。</td><td>科室</td></tr>
<tr><td></td><td>规划科</td><td>2</td><td>研究拟订科学技术发展中长期规划；负责全市重点科技攻关项目的组织实施；负责科技企业认定评审过程中的初审和日常工作，管理和审批民营科技机构；负责全市高新技术发展及产业化和民营科技企业；负责研究草拟地方性科技管理的规章。</td><td>科室</td></tr>
<tr><td></td><td>科技成果与市场科</td><td>2</td><td>负责全市科技成果的登记、鉴定工作，组织国家、省科技进步奖、自然科学奖和发明奖的申报和年度科技进步奖的评审奖励工作；推动重大科技成果的推广转化；组织协调全市技术交易活动，指导技术合同仲裁和技术合同认定登记工作，负责管理全市科技合作与交流工作。</td><td>科室</td></tr>
<tr><td></td><td>社会发展科</td><td>2</td><td>负责全市科技扶贫计划、科学技术普及计划和社会发展领域科技计划及可持续发展综合试验区的审定、上报和管理；负责指导涉及人口、资源、生态环境、医疗卫生等社会公益事业的科技工作和第三产业的科技开发工作。</td><td>科室</td></tr>
<tr><td></td><td>机关后勤服务所</td><td>4</td><td>服务范围主要是打字印刷、车辆、门卫、机关食堂、职工生活服务、机关离退人员服务；经费及房屋、水电、锅炉的管理维修等方面；面向社会、对内外两个方面的服务。</td><td>下属事业单位</td></tr>
<tr><td></td><td>防震减灾办公室</td><td>5</td><td>负责地震和预测预报工作，建立地震监测预报体系；负责对建设工程和村镇建筑物抗震设防方案的审批管理工作，承担抗震鉴定工作；会同有关部门草拟防震减灾规划和计划，报市政府批准后组织实施；承担防震减灾的宣传教育和地震专业人员的业务培训工作。</td><td>下属事业单位</td></tr>
<tr><td></td><td>知识产权管理办公室</td><td>5</td><td>研究拟订我市相关的知识产权规章和政策措施，并负责组织实施；组织拟订专利工作发展规划和专利信息网络规划；协调指导知识产权保护和创新体系的建立；负责专利工作的对外联络、合作、涉外侵权案件处理以及交流活动；依法处理专利纠纷和侵权案件，查处冒充专利行为；落实专利优惠政策和措施。</td><td>下属事业单位</td></tr>
<tr><td></td><td>科技星火培训中心（生产力促进中心）</td><td>4</td><td>负责全市星火计划、技术人员、基地负责人的培训及农民和乡镇企业职工实用技术和职业培训；负责全市科技宣传工作；承担全市科技统计工作任务；面向中小企业提供技术诊断、科技培训、项目包装。</td><td>下属事业单位</td></tr>
</table>

续表

单位人员总数（人）	内部机构设置			
	名称	人数	主要职能	备注
	微生物研究所	20	负责微生物发酵和食用.药用真菌培养研究，食品，调味品试制以及先进技术引进推广工作。	下属事业单位
	科技情报所	9	服务的项目有阅览、外借、咨询、定题服务、编辑、文献检索、计算机检索、网络信息服务、技术信息服务、人员培训等。科技信息咨询、查新。	下属事业单位
	器材站	5	负责全市科研单位科技器材的配备、使用情况的调查。新技术、新产品的引进、推广。承担科研仪器的维修与保养。	下属事业单位

2009年延安市科技局领导成员表

姓名	性别	出生年月	职务	备注
张宇	男	1962.3.18	党组书记、局长	
朱勇	男	1956.11	党组成员、副局长	正处级
李建雄	男	1975.10	党组成员、副局长	
张小莉	女	1960.1	党组成员、副县级纪检监察员	
张礼	男	1950.7.20	调研员	
郝慧琴	女	1958.2.11	副调研员	

2009年延安市科技局所辖县区科技机构内部机构设置表

县区	单位人员总数（人）	内部机构设置			
		名称	人数	主要职能	备注
宝塔区	14	办公室	3	负责区科技局机关政务工作	
		社会发展股	3	负责全区科技计划项目工作	
		科普股	3	负责全区科技培训、宣传工作	
		生产办促进中心	3	面向中小企业提供技术诊断、科技培训、项目包装	下属事业单位
		防震减灾办	2	负责全区地震和预测预报工作，建立地震监测预报体系	下属事业单位

续表

县区	单位人员总数（人）	内部机构设置			
		名称	人数	主要职能	备注
吴起县	16	局机关	10	负责全县科技管理	
		防震减灾办	6	负责全县地震和预测预报工作，建立地震监测预报体系	下属事业单位
志丹县	20	办公室	7	负责全县科技管理	
		防震减灾办	4	负责全县地震和预测预报工作，建立地震监测预报体系	下属事业单位
		科技开发中心（红杏公司）	9	负责科技网络及科技培训工作	下属事业单位
安塞县	13	局机关	9	负责全县科技管理	
		防震减灾办（知识产权管理办公室）	4	负责全县地震和预测预报工作，建立地震监测预报体系 负责全市专利发明的申报管理工作，承办有关科技知识产权纠纷	下属事业单位
子长县	12	局机关	5	负责全县科技管理	
		生产办促进中心	4	面向中小企业提供技术诊断、科技培训、项目包装	下属事业单位
		防震减灾办	3	负责全县地震和预测预报工作，建立地震监测预报体系	下属事业单位
延川县	12	局机关	10	负责全县科技管理	
		防震减灾办	2	负责全县地震和预测预报工作，建立地震监测预报体系	下属事业单位
甘泉县	11	局机关	9	负责全县科技管理	
		防震减灾办	2	负责全县地震和预测预报工作，建立地震监测预报体系	下属事业单位
宜川县	12	局机关	6	负责全县科技管理	
		防震减灾办（知识产权管理办公室）	6	负责全县地震和预测预报工作，建立地震监测预报体系 负责全市专利发明的申报管理工作，承办有关科技知识产权纠纷	下属事业单位
富县	10	局机关	9	负责全县科技管理	
		防震减灾办	1	负责全县地震和预测预报工作，建立地震监测预报体系	下属事业单位
洛川县	6	局机关	5	负责全县科技管理	
黄陵县	11	局机关	7	负责全县科技管理	
		防震减灾办（知识产权管理办公室）	4	负责全县地震和预测预报工作，建立地震监测预报体系 负责全市专利发明的申报管理工作，承办有关科技知识产权纠纷	下属事业单位

续表

县区	单位人员总数（人）	内部机构设置			
		名称	人数	主要职能	备注
黄龙县	9	局机关	6	负责全县科技管理	
		防震减灾办	2	负责全县地震和预测预报工作，建立地震监测预报体系	下属事业单位
延长县	7	局机关	5	负责全县科技管理	
		防震减灾办	2	负责全县地震和预测预报工作，建立地震监测预报体系	

（马润波）

【汉中市】

2009年汉中市科技局内部机构设置表

单位人员总数（人）	内部机构设置		
	名称	人数	主要职能
20	办公室	4	负责科技局机关内部政务、事务督办，财务报账，文书、文秘、信访、治安、劳资统计、后勤接待等工作。
	计划产业科	2	负责全市各类科技计划、中长期科技规划的调研、筛选、编制及向各级科技管理部门申报、项目实施和监督检查、验收等；负责中小企业创新基金申报及管理；负责各类科技机构、民营科技企业机构及高新技术企业的审查、认定；对有关科技开发项目进行综合管理等。
	成果管理科	2	负责全市科技成果的登记、鉴定、评审及奖励工作；组织国家、省科技进步奖和科技成果转化项目的申报工作；负责科技成果的审议及纠纷裁决；开展科技宣传，科技交流，技术合同认定及科普宣传等工作。
	中药办公室	2	负责市内中药产业化项目的调研筛选、申报、立项，技术服务，协助组织项目实施日常督促检查、验收前准备；制定全市中药现代化科技产业发展规划和中长期规划；协调解决发展中有关难题。
	监查室	1	协助局纪检组长开展市科技局系统内部纪检工作和有关政务业务及事务等。
	知识产权局	3	负责贯彻实施专利法，组织宣传专利知识及有关政策；扶持市内企业、事业单位发展专利事业，处理专利侵权纠纷等事务；协助企业向国家申报自主专利项目。

2009年汉中市科技局领导成员表

姓　名	性　别	出生年月	职　务	备　注
李向东	男	1956	局　长	兼党组书记
许　民	男	1961	副局长	党组成员
余新生	男	1959	副局长	党组成员
向云翔	男	1956	局纪检组长	党组成员
舒宝安	男	1961	局总工程师	
王利君	女	1957	助理调研员	

2009年汉中市科技局所辖县区科技机构内部设置表

名　称	单位人员总数	内　设　机　构	主　要　职　能
汉台区	10	办公室、计划科、管理科	负责全县（区）科技综合职能管理并开展科技信息、科技培训、科技宣传、科普等服务。
南郑县	9	办公室、综合计划科、成果科	
城固县	9	综合科、业务科	
勉　县	7	科技产业科、科技管理科	
洋　县	8	办公室、综合计划科	
西乡县	8	办公室、计划科	
宁强县	6	办公室、计划科、中药办公室	
略阳县	8	综合办公室、计划科	
镇巴县	9	科技项目管理科、办公室	
留坝县	5	综合办公室	
佛坪县	3	科技综合办公室	

【安康市】

2009年安康市科技局内部机构设置表

单位人员总数（人）	内　部　机　构　设　置		
	名 称	人 数	主　要　职　能
20	政办科	5	负责机关政务工作；负责人大建议和政协提案的办理、督办；负责社会治安综合治理、保卫和接待工作；负责机关财务报帐、劳资、统计和资产管理。

续表

单位人员总数（人）	内部机构设置		
	名称	人数	主要职能
20	计划成果科	3	组织编制年度科技事业和项目发展计划，编制重大科技攻关和重点实验项目的计划及相关经费安排。负责组织重大课题研究与开发项目的招标工作，负责本市承担的国家和省安排的重大科技攻关项目的组织实施；组织对重点科技计划项目的监督检查和验收，负责全市科技成果的登记、鉴定工作，组织国家、省科技进步奖、自然科学奖和发明奖的申报和年度科技进步奖的评审奖励工作，负责科技成果的异议处理及纠纷裁决；管理技术信息市场，组织协调全市技术交易活动。负责管理全市科技合作与交流工作。
	高新技术与工业发展科	3	负责高新技术企业和产品以及出资入股高新技术成果的认定工作；负责科技型中小企业创新基金管理工作、科研单位和科技型企业自营进出口权的初审和申报；管理高新技术产业开发工作；负责科技企业认定评审初审，对科技型企业进行年度复核，推荐申报省级科技型企业工作；管理和审批民营科技机构；负责本局的中药现代化项目的实施管理和日常工作。
	农业社会发展科	2	负责组建农业重点基地，组织协调重点农业科技攻关项目、示范基地建设和农副产品深加工的科研工作；负责有关农业社会发展科技贷款项目的落实，会同有关部门建立健全农村科技管理体系和科技服务体系，组织实施社会发展科技攻关项目；负责组织协调全市科学技术普及工作。
	专利知识产权管理办公室	3	组织编制拟定工作计划、报告；组织编制专利事业规划及实施；调解处理与专利有关的纠纷和侵权案件；管理专利技术市和无形资产评估；负责专利及知识产权的宣传工作；制定专利产业化实施方案，组织专利项目申报国家和省级专利奖工作。

2009年安康市科技局领导成员表

姓　名	性　别	出生年月	职　务	备注
薛居俊	男	1952.8	局长	党组书记
孙伟庆	男	1962.12	副局长	党组成员
卢　涛	男	1970.8	副局长	党组成员
王根寿	男	1961.5	地震办主任	党组成员
杨国仓	男	1950.5	副调研员	

2009年安康市汉滨区科技局内部机构设置表

单位人员总数（人）	内部机构设置		
	名称	人数	主要职能
16	政办股	4	负责文件起草、公务接待、上传下达、考勤考核、负责财务管理。
	计划成果股	2	科技计划项目成果管理
	农业社会发展股	2	农业科技、科技培训、科技宣传
	工业发展与民营企业股	2	工业科技、中药材产业发展以及民营企业发展

2009年安康市汉阴县科技局内部机构设置表

单位人员总数（人）	内部机构设置		
	名称	人数	主要职能
12人	行政股	2	行政事务
	业务股	3	科技计划、成果、科技统计等
	地震中心测报站	3	防震减灾
	中药办	1	协助麦迪森板蓝根GAP认证
事业单位	生产力促进中心	5	科技服务

2009年安康市石泉县科技局内部机构设置表

单位人员总数（人）	内部机构设置		
	名称	人数	主要职能
15	政办股	3	办公室日常工作
	综合计划股	3	科技计划、成果管理及科技项目申报工作
	生产力促进中心	4	民营科技企业管理、生产力促进中心业务工作
	地震办	2	地震监测

2009年安康市紫阳县科技局机构设置表

单位人员总数（人）	内部机构设置		
	名称	人数	主要职能
13	局机关	9	主管全县科技工作
	富硒食品开发办公室（局属事业机构）	3	全县富硒资源的研究和富硒食品的开发工作
	防震减灾办公室（局属事业机构）	1	全县地震监测预报和防震减灾工作

2009年安康市平利县科技局内部机构设置表

单位人员总数（人）	内部机构设置		
	名称	人数	主要职能
11	综合办公室	3	负责机关政务工作。
	业务股	3	负责本县承担的省、市安排的重大科技项目的组织实施；负责向国家、省、市科技部门申请立项的科技计划的组织编制工作；组织对重点科技计划项目的监督检查和验收；负责全县科技成果的登记、鉴定、申请、奖励工作；组织年度科技进步奖的评审奖励工作和申报年度国家、省、市科技进步奖、自然科学奖和发明奖。 研究拟定全县产业科技规划；负责实施国家、省、市下达的农业科技成果转化和科技型中小企业创新基金项目的管理工作。
	知识产权办	2	组织开展全县知识产权法律、法规的宣传普及和知识产权的教育与培训工作。 为全县申报专利的个人和单位提供服务。
	地震办	3	负责全县综合防震减灾工作的监督和管理和本县地震监测和观测资料的上报工作；组织开展地震科普知识及防震减灾知识宣传教育和咨询服务工作。

2009年安康市镇坪县科技局机构设置表

单位人员总数(人)	内设机构设置		
	名称	人数	主要职能
8	局机关	4	主管全县科技工作
	镇坪县生产促进中心	4	推动科技交流与合作，为企业提供发展战略与规划服务；为企业提供政府政策、产业政策、科技信息和市场信息等咨询服务。 为企业提供人才培训服务，促进高校、院所科技成果转化，促进技术市场发展；为我区招商引资和创业创新服务。 研究中小企业发展态势，向政府提出决策建议，承担政府委托的专项事务等 为企业提供代理科技计划项目申报服务工作。 协调和指导社会科技中介服务机构开展工作。

2009年安康市岚皋县科技机构内部设置表

单位人员总数（人）	内部机构设置		
	名称	人数	主要职能
6	科管股	2	负责科管股共七项工作
	科普股	2	负责市场信息共八项工作
	办公室	2	负责办公室日常事务等工作

2009年安康市宁陕县科技局内部机构设置表

单位人员总数（人）	内部机构设置		
	名　称	人　数	主　要　职　能
8	办公室	2	负责局机关政务、事务、财务工作，组织起草机关工作计划、总结、负责收发文件、文书处理、档案管理、车辆管理、机关财务、后勤管理以及机关内部的制度建设。
	业务股	1	制定科技年度、中、长期发展规划和科技项目的筛选、立项、申报工作；负责技术创新、引进民营科技企业科普宣传、开展科技咨询服务。
	地震办	1	宣传普及防震减灾法规及有关知识，加强对抗震设防措施的监管，负责制定防震预案和日常业务工作办理。
	药菌办（挂靠单位）	4	开展技术培训、引进优良品种和新技术、新工艺，指导全县药材和食用菌产业的发展。负责计划任务的分解、落实、抓点示范；实行跟踪服务，解决生产中的各种实际问题。

2009年安康市旬阳县科学技术局内部机构设置表

单位人员总数（人）	内　部　机　构　设　置		
	名　称	人　数	主　要　职　能
18	行政股	4	负责文件起草，收费和管理，负责公务接待、上传下达、考勤考核、负责财务管理。
	业务股	2	编制实施科技计划、负责专利、成果申报、发展民营科技企业，负责科普宣传。
	开发中心	5	组织科研攻关，开展科技推广

2009年安康市白河县科技局内部机构设置表

单位人员总数（人）	内　部　机　构　设　置		
	名　称	人　数	主　要　职　能
10	行政股	2	负责文件起草，收费和管理，负责公务接待、上传下达、考勤考核、负责财务管理。
	业务股	2	编制实施科技计划、负责专利、成果申报、发展民营科技企业，负责科普宣传。
	地震办	1	负责震情通报和地震知识宣传，搞好规划和方案。
	生产力促进中心	2	为企业提供信息服务和人才服务，搞好咨询诊断和培训。
	黄姜研究所	2	负责绿色产业技术培训、试验和推广。

（孟　辉）

【商洛市】

2009年商洛市科技局内部机构设置表

单位人员总数（人）	内部机构设置		
	名　称	人　数	主　要　职　能
20（含领导干部）	办公室	6	负责科技局政务工作、公文管理、机要、保密、文档、劳资、保卫、信访接待等工作，制定机关工作制度并督促执行。
	计划科	2	负责编制全市中长期科技发展规划、年度科技研究发展计划和项目申报、管理、监督检查及科技统计工作。
	成果科	2	负责全市科技成果的登记、鉴定、申报、评估和保密工作；承办市科学技术奖的评审、奖励工作；编制并组织实施全市科技成果推广计划；组织申报中、省科技成果计划。
	政策法规与体制改革科	2	归口管理和审批民营科技企业和民办非盈利性科研机构；负责科技先导型企业和“三高”拳头产品的认定及管理工作。
	中药现代化办公室	1	负责全市中药现代化科技行动的编制和实施工作；编制和组织实施商洛地道中药材示范基地建设方案；指导GAP科研工程中心和秦巴良种繁育开发中心的科研工作；负责中药知识产权保护工作。
	科技特派员管理办公室	1	负责全市推行科技特派员制度实施方案的编制和实施工作；具体提出年度全市选派工作方案和市直属部门选派工作方案；指导全市科技特派员的科技服务工作。
	防震减灾科	1	管理全市地震测报网点工作。 开展防震减灾科普宣传教育，提高全民防震减灾意识。 参与地震震后评估和重点计划工作。 地震监测台附近的工程审批。 建设工程抗震设防要求审批。

2009年度商洛市科技局领导成员表

姓　名	性　别	出生年月	职　务
刘毅生	男	1954. 1	局　长
闫青海	男	1964. 4	副局长
胡仁强	男	1963. 12	副局长
倪义斌	男	1955. 12	总工程师
王太生	男	1953. 12	副调研员

2009年商洛市商州区科技局内部机构设置表

单位人员总数（人）	内部机构设置		
	名称	人数	主要职能
11（含领导干部）	办公室	3	各类公文起草印发；科技方针、政策法规宣传贯彻；地震监测。
	业务股	4	科技计划、成果和专利、民营科技管理等。

2009年商洛市商南县科技局内部机构设置表

单位人员总数（人）	内部机构设置		
	名称	人数	主要职能
11	办公室	2	负责行政事务，拟定局内的规章制度并督促贯彻执行；负责局内会议组织、文件印发、文档、信访、财务、资产管理、安全保卫、保密、劳资、机构编制、车辆、计划生育及后勤保障等。
	业务股	3	草拟科技发展规划、科技成果推广、项目发展计划和全县“星火”计划、科技培训。 民营科技企业的申报和管理。 推行科技特派员制度，会同有关部门做好科技特派员的选派工作。 负责全县工业、能源、交通、通讯、卫生、教育等科研攻关项目的组织实施。 全县科技成果的登记、鉴定、申报、奖励工作，推动科技成果向生产转化，提高社会贡献率。 代理全县专利工作。
	地震办公室	1	管理全县地震测报网点工作。 开展防震减灾科普宣传教育，提高全民防震减灾意识。 参与地震震后评估和重点计划工作。 地震监测台附近的工程审批。 建设工程抗震设防要求审批。
	领导	5	局长1名，负责局全盘工作，分管局财务工作，联乡包村扶贫工作；支部书记兼副局长1名，负责局党务工作，分管局办公室，负责纪检、工会、信访、安全、计划生育工作；副局长2名，分管局业务股，负责中药材基地建设、科技特派员管理、科技项目申报、科技成果的征集评审、民营科技企业发展、技术市场管理等工作；地震办副主任1名，负责地震工作。

2009年商洛市山阳县科技局内部机构设置表

单位人员总数（人）	内部机构设置		
	名称	人数	主要职能
9（含领导干部3人）	综合办公室	2	负责日常事务的处理和上传下达工作。
	中药办公室	3	负责中药现代化科技示范县的建设设施工作。
	地震办公室	1	负责地震监测预防和依法实施抗震设防工作。

2009年商洛市镇安县科技局内部机构设置表

<table>
<tr><td rowspan="2">单位人员总数（人）</td><td colspan="3">内部机构设置</td></tr>
<tr><td>名称</td><td>人数</td><td>主要职能</td></tr>
<tr><td rowspan="3">14</td><td>办公室</td><td>4</td><td>负责局机关政务文件及各类综合性文件和文字材料的草拟、文件收发、上传下达、机关文档管理等。
负责局机关行政会议的组织、筹备和干部职工培训、考核、考评、信息收集与管理及机关财产登记、财务报账等综合治理工作。
负责局机关党建《目标责任书》的执行，精神文明建设与干部职工的政治理论学习。</td></tr>
<tr><td>业务股</td><td>2</td><td>负责科技实验、试点、示范、推广等管理工作。
负责科技计划项目征集、申报及技术合同的认定登记。</td></tr>
<tr><td>地震办公室</td><td>2</td><td>负责地震安全性评价管理。
负责地震监测台站附近的建设工程审批。
做好地震灾害预防日常管理。
做好有关地震知识宣传。</td></tr>
</table>

注：科技局共14人，其中领导6人（局长1名，副局长2名，书记1名、药办主任1名、副主任1名）。

2009年商洛市镇安县科技局中药材产业发展办公室内部机构设置表

<table>
<tr><td rowspan="2">单位人员总数（人）</td><td colspan="3">内部机构设置</td></tr>
<tr><td>名称</td><td>人数</td><td>主要职能</td></tr>
<tr><td>1</td><td>中药材产业发展办公室</td><td>1</td><td>负责编制全县中药材产业发展中、长期规划和年度发展计划指标。
负责市、县有关中药材产业发展数据统计、上报，参与政府对乡镇中药材产业发展情况的评估。
负责有关中药材产业生产环节的技术指导和技术培训。
负责有关中药材产业的项目征集、审核与上报。
协助承建企业抓好中药材GAP基地建设。</td></tr>
</table>

2009年商洛市丹凤县科技局内部机构设置表

<table>
<tr><td rowspan="2">单位人员总数（人）</td><td colspan="3">内部机构设置</td></tr>
<tr><td>名称</td><td>人数</td><td>主要职能</td></tr>
<tr><td rowspan="3">12</td><td>办公室</td><td>6</td><td>负责机关政务、文秘、财务、后勤及日常事务管理。</td></tr>
<tr><td>业务股</td><td>3</td><td>科技法规宣传制定实施，科技成果评审管理、奖励、推广。</td></tr>
<tr><td>地震办公室</td><td>3</td><td>地震法规宣传、地震预测、监测、防震减灾、地震灾情监测上报网络、抗震设防审核。</td></tr>
</table>

2009年商洛市柞水县科技局内部机构设置表

单位人员总数（人）	内部机构设置		
	名称	人数	主要职能
10（含领导干部2人）	综合办公室	2	制定科技发展规划和计划，承办项目申报、组织实施；民营科技企业和科研机构管理、统计、新技术推广等；办公室事务承办及管理；办理专利申报和成果转化；科技以特派员下派与管理。
	地震办公室	1	负责地震工作及单位财会工作。
	中药办公室	4	中医药企业的新技术、新产品研发组织工作；中、省有关项目的申报和组织实施工作；指导中医药企业的药源基地建设。
	科技开发中心	1	负责科技开发、科技培训工作。

2009年商洛市洛南县科技局内部机构设置表

单位人员总数（人）	内部机构设置		
	名称	人数	主要职能
15	行政办公室	4	负责党务、政务、干部职工政治思想、科技宣传、计划生育等工作。
	计划股	4	贯彻方针政策、法律法规，编制科技工作计划、规划，承办项目申报、组织实施，开展实用技术培训及科技特派员下派与管理等工作。
	综合股	3	负责科技成果转化，办理专利申请及全县中药材产业发展工作等。
	地震办公室	4	宣传地震法规、地震预测监测、防震减灾、宏观及微观地震监测数据上报，培训地震联络员，抗震设防审核工作。

（王太生）

中国科学院西安分院　陕西省科学院科技管理

2009年，陕西省科学院、中国科学院西安分院进行了领导班子换届。领导班子成员：中国科学院西安分院院长、陕西省科学院院长郭际，党组书记、副院长周杰，党组副书记、纪检组组长陈铁成，副院长，党组成员孙传东。内设综合办公室、组织人事处、科技合作处、财务资产处4个处室。

【科技计划管理】 中国科学院所属在陕各研究所的中长期科研规划和年度科技计划申报、审定由中科院直接组织审批。2009年，陕西省科学院对《陕西省科学院科技计划管理办法》进行了修订，强化科研计划的申报、执行、经费使用以及成果验收的全过程监督管理，科研项目实施合同制管理。项目申报采取以所汇总申报项目，报陕西省科学院科技合作处进行初审，再由同行专家评审、论证和打分后，经党组会议审批，择优支持。2009年，共评出33项科研项目列入科技计划，总经费600万元。为进一步规范财政专项资金管理，提高资金使用效益，经研究，省科学院、省财政厅按照《陕西省省级财政科技支出项目绩效考评试行办法》（陕财办教[2006]113号）的要求，对2007年、2008年省级财政科研补助专项资金安排的科技项目开展了绩效考评。

【科研经费管理】 经费管理按照集中财力，突出重点；预算管理，专款专用；动态监控，绩效考评的原则。根据省财政厅关于财政科研补助专项资金管理暂行规定的要求，由项目申报单位编制项目资金预算，报院财务资产处组织财务评审专家组，对上报项目的预算来源和支出总量、比例结构、人均强度以及与预算支出相应的设备购置等方面规范性、合理化进行评审，形成项目预算评审报告。预算评审结果与技术评审结果一并提交院长办公会议审定。院财务资产处根据审定的项目预算下拨经费，同时对经费的使用进行动态监控和追踪问效，实行绩效考评。

【科技成果】 2009年，中科院西分院、陕西省科学院共有4项科研成果获得陕西省科学技术奖。其中，“细沟土壤侵蚀物理过程模型研究”获得陕西省科学技术奖一等奖；“黄土区农业生态系统中水分与养分迁移及其环境效应”获得陕西省科学技术奖二等奖；“高分辨率X射线像增强器视觉系统”及“秦岭鸟类物种多样性的研究”获得陕西省科学技术奖三等奖。“设施蔬菜科研示范基地建设与技术推广”“陕西农作物主要害螨发生及防治技术研究与推广”获得陕西省农业技术推广成果二等奖奖。“延胡索规范化栽培技术研究及示范基地建设”“利用苹果渣发酵提取L-苹果酸生产技术”“陕西省秦岭鸟类多样性研究”等3项通过成果鉴定。制订的《鸡腿菇菌种生产技术规程》《灵芝菌种生产技术规程》《猪苓栽培技术规程》《木聚糖酶制剂》《β-葡聚糖酶制剂》等5项标准通过陕西省技术监督局审定。“一种石榴干酒的酿造工艺”“一种清酒的酿造工艺”“一种含有微生物及生物酶的饲料添加剂”“含有苹果醋的保健饮料的制备方法”“一种生物絮凝剂的制备方法”“羊毛防毡缩的整理方法”“提高烟叶品质的含有复合酶的制剂及其制备方法”等7项专利进行了成果登记。

【管理与服务】 中科院西安分院受陕西省“西部之光”协调小组的委托，组织了2009年“西部之光”人才培养计划申报工作。经中科院西安分院各单位及省科技厅初审，相关专家会议评审，共25个项目获得资助，经费总额为498万元。

省科学院积极与科技厅协调，促进陕西省科学院自然科技资源平台建设，陕西省微生物资源共享平台和陕西省野生动物资源信息共享平台建设项目已被确定为平台建设参评项目。

【院地合作】 2009年，中科院西安分院、陕西省科学院在院地合作工作中取得了显著的成效。该院与陕西省发改委、中科院院地合作局沟通，组织协调了“两会”期间省、院高层会谈，签署了“中国科学院、陕西省人民政府科技与经济全面合作协议”，成立了院省合作协调领导小组，召开会议，安排部署了地方需求、转化项目等方面的调研工作；参与了“关中—天水经济区统筹科技资源建设创新区域”的调研，承担了“科学院服务地方发展的路径研究”课题，重点就“科学院系统服务地方经济社会发展的现状和问题”“科学院服务地方经济社会发展的途径及其政策建议”展开调查和研究；与省发改委、西安建筑科技大学共同发起成立了“陕西循环经济工程技术院”。该院作为执行理事单位，负责循环院组建方案、章程等文件的起草和与中科院的协调，组织该院项目在循环院和省发改委的立项。为省发改委起草的《陕西省人民政府关于加快发展循环经济的指导意见》，被省政府采用并下发；与澄城县人民政府签订了《现代农业技术集成研发推广基地建设合作协议》，集成该院优势学科和科研成果，组建了现代农业应用技术研究推广示范项目组，解决农业产业结构调整的突出问题；与延安市吴起县合作建立的“西北特色生物资源应用研究开发中心”，陕西省科学院10位专家被聘为研发中心研究人员。

开展实施“践行科学发展观，科技人员服务企业行动”的活动，中科院西安分院、陕西省科学院及各所组织科技团队下基层、下企业12次，针对地方经济和企业产品的结构调整和产业发展的技术需求开展调研。为企业培训技术骨干人才100人次。依托“西部之光”项目，与陕西省科技厅联合举办“市县科技局长培训班”，对全省市、县（区）120余名科技管理干部进行了培训。为全面落实院省合作协议，协助宝鸡市政府开展“院士宝鸡行”科技活动，邀请相关院士和专家赴宝鸡作专题报告及开展咨询活动，并于11月24日西安分院与宝鸡市人民政府签订了《科技合作协议》。组织中科院西安分院、省科学院系统单位参加了“第十六届杨凌农业高新技术博览会”。

（齐 凡）

科技服务

概 述

2009年，全省科技服务体系不断完善，服务功能和服务范围不断提高和扩展。为促进企业发展的服务启动了陕西省创新型企业试点；省科技厅成立了“陕西省科技人员服务企业行动”推进协调领导小组，制定了“陕西省科技人员服务企业行动”实施方案；组建了“陕西省企业创新方法应用推广协调领导小组”，成立了“陕西省创新方法研究会”，有步骤分阶段推进全省企业创新方法应用推广；省科技厅等部门共同制定“陕西省技术先进型服务企业认定管理办法”，启动了全省技术先进型服务企业认定工作。科技信息服务在文献资源建设和科技查新与咨询评估服务取得显著成效。软科学研究结合省情开展课题和专题调研为有关部门领导决策起到很好效果。科技培训服务结合全省科技工作重点开展了多种内容和形式的培训。技术中介服务、专利技术服务、科技宣传服务等都取得良好的效果。

促进企业发展服务

【创新型企业试点】 2009年2月，省科技厅、国资委、总工会、知识产权局联合制定印发了《陕西省创新型企业试点工作实施方案》，正式启动了陕西省创新型企业试点工作。省科技厅计划未来五年，在不同行业、不同区域选择100家企业作为创新型试点企业，通过开展试点工作，加大对试点企业项目倾斜、平台建设、人才培养等方面的支持，激励企业加大研发投入、健全研发机构、培育创新人才，增强技术创新的内在动力和能力，大幅度提升企业的自主创新能力和综合竞争实力，突破一批关键、共性技术，培育一批拥有自主知识产权和持续创新能力的企业。形成比较成熟的、可推广应用的自主创新成功经验，为广大企业的自主创新提供借鉴和典型示范，成为建设创新型陕西、实现西部强省战略目标的重要着力点。目前，已经确定陕西延长石油（集团）有限责任公司、中交第一公路勘察设计研究院有限公司、西北电网有限公司等36家企业作为陕西省首批创新型（试点）企业。其中：大中型企业12家，科技型企业18家，科研院所转制企业6家；企业属地在西安的18家，宝鸡的4家。并按照国家开展第三批创新型企业试点工作安排，省科技厅与省国资委、总工会、知识产权局认真组织评审推荐陕西秦川机床集团公司等7家企业申报国家创新型试点企业。目前，陕西有国家创新型试点企业11家。

（政策处）

【科技人员服务企业】 根据科技部等7部门联合印发的《关于动员广大科技人员服务企业的意见》精神，省科技厅成立了“陕西省科技人员服务企业行动”推进协调领导小组，制定印发了“陕西省科技人员服务企业行动”实施方案。目前，全省备案服务企业的科技人员400多人，其中省内占90以上，分别来自高等院校、科研院所、科技服务机构。并按照科技部《关于做好支持科技人员服务企业的通知》要求，省科技厅认真组织开展了备选项目推荐工作。共受理申报项目272项，经专家评审，陕西省向科技部推荐了80个项目。其中，50项获得科技部资助，每项资助40万元，总金额2000万元。

（政策处）

【创新方法工作】 2009年组建了“陕西省企业创新方法应用推广协调领导小组”，成立了“陕西省创新方法研究会”和专家咨询委员会。按照装备制造业、能源化工、新材料、电子信息、航空航天、现代农业、生物技术、现代医药、水资源和环境保护、城镇化与城市发展等十大领域，在考虑行业类别和创新带动作用的基础上，遴选了金堆城钼业股份公司、西安达刚路面机械股份有限公司、西安重型机械研究院、西北有色金属研究院、西安海洋洁净技术工程有限公司等5家创新方法重点示范企业，陕西省建筑材料工业设计研究院、秦川机床集团、华陆工程科技有限责任公司等20家创新方法试点企业，榆林天然气化工有限责任公司、陕西天宁制药有限责任公司、榆林园林果树开发中心、咸阳市产品质量监督研究所等100家推广普及企业，分阶段推进全省企业创新方法应用推广工作。通过电视、报纸、网络等媒体全方位宣传20余次，营造技术创新方法推广应用的良好氛围。举办推广应用培训班10期，形成了一套统一的推广教材和3本创新方法专业书籍，运用先进的网络技术建立了创新方法推广应用平台（www.sntriz.cn）。联合陕西省中医院和榆林科技局启动了企业技术创新方法在陕北能源化工企业、陕南中药企业的研究。加强国际、国内交流与合作，开展TRIZ理论和应用科技考察活动2期。

（条财处）

【科技企业孵化器建设】 2009年重点抓了以创业中心、大学科技园、特色产业基地为主体的科技孵化器建设，科技企业孵化器已成为高新技术企业成长的摇篮，在促进科技成果转化、培育中小科技企业发展方面起到了关键性的作用。全省现有各类科技企业孵化器38家，其中，综合性孵化器10个，专业性孵化器28个，国家级孵化器13家，国家级大学科技园4家，涉及软件、光电、IC、生物医药、航空航天、电子信息、数字医疗、新材料、现代服务、军民两用技术、农业等多个领域。孵化面积160万平方米，在孵企业达到2367家（其中高新技术企业130余家），在孵项目3400多个，申请专利1257个，300多项产品被认定为省、市高新技术产品；在孵企业吸纳就业人员达2万多人，形成了综合与专业有机结合的全省科技企业孵化工作体系。为进一步加强全省各企业孵化器之间，孵化器与科研机构、中介服务机构、风险投资机构等的联系，增强陕西省各企业孵化器的孵化能力，专门召开了全省科技企业孵化器工作会议，对促进科研成果转化、孵育创业企业和培育企业家推动陕西省高新技术产业的发展，起到了很好的促进作用。

（高新处）

【生产力促进中心体系建设】 “陕西省生产力促进中心体系建设重点省行动”促进了全省生产力中心数量大幅增长，质量快速提高，成为了陕西经济发展的新亮点。截止2009年12月底，陕西生产力促进中心总数达到116家，国家级示范生产力促进中心数量达到14家。生产力促进中心从业人员总数达到1197人，各级生产力促进中心建成公共服务平台20个，建立联盟17家，培训人员10万次以上，服务企业数量1.5万余家，为企业增加销售额23多亿元、增加利税3.4亿元。生产力促进中心通过搭建公共服务平台，建立产业联盟，直接服务产业集群，带动了行业发展，已成为陕西省科技创新服务体系建设的重要力量，成为促进高新技术产业聚集的重要支撑。2009年榆林市生产力促进中心、陕西机械行业生产力促进中心被科技部审批为国家级生产力促进中心。全省生产力促进中心不论在规模还是在服务方面，均处于全国前列。

（高新处）

【创新基金申报】 从2009年起，创新基金申报的项目必须进行地方评审，受上级部门的委托，陕西省生产力促进中心研究制定了评审方案，联系企业、专家，圆满完成了项目的评审工作。中心还组织企业，完成了创新基金初创期项目的申报工作（该中心是年内除国家级孵化器以外唯一一家组织初创期项目申报的服务机构），并协助西安航空、航天基地及咸阳市科技局完成了12个项目的组织和评审工作。同时，为了让企业全面、准确地了解高新技术企业申报要求，分别在西安、安康等地举办政策培训班，进行系统讲解和答疑解惑，培训企业百余家。全年共完成创新基金项目包装20项，为40多家企业提供了创新基金项目咨询与指导，为200多家企业提供了高新技术企业认定的咨询，受理资料200多份，完成材料编写10余份。

（曹馨升）

【技术先进型服务企业认定】 为进一步推动技术先进型服务业的发展，促进企业技术创新和技术服务能力的提升，经国务院批准，财政部、国家税务总局、商务部、科学技术部、国家发改委于

2009年4月出台了《关于技术先进型服务企业有关税收政策问题的通知》（财税[2009]63号）。将苏州工业园区技术先进型服务企业税收试点政策推广到北京、天津、上海、重庆、西安等20个中国服务外包示范城市。自2009年1月1日起至2013年12月31日止，对经认定的技术先进型服务企业实行有关税收优惠政策。根据《中华人民共和国国务院办公厅关于促进服务外包产业发展问题的复函》，省科技厅组织财政、国税、地税、商务厅、发改委等部门召开专项会议，讨论和研究进一步加快陕西省服务外包产业发展的促进措施，并就技术先进型服务企业认定等具体工作做了认真的部署和落实。2009年9月11日，陕西省科技厅、陕西省财政厅、陕西省国家税务局、陕西地方税务局、陕西省商务厅、陕西省发展和改革委员会根据《关于技术先进型服务企业有关税收政策问题的通知》，结合陕西省工作实际，共同制定印发了《陕西省技术先进型服务企业认定管理办法》，并确立了一批参与技术先进型服务企业认定的中介机构。截至2009年底，陕西省共有41家企业在技术先进型服务企业认定工作网上注册，向初审机构提交资料22家，经西安市有关部门组织专家初审并推荐，17家企业通过初审。根据《财政部、国家税务总局、商务部、科技部、国家发改委关于技术先进型服务企业有关税收政策问题的通知》（财税[2009]63号）、《关于印发技术先进型服务企业认定与管理工作指导意见的通知》（国科火字[2009]152号）以及《关于印发陕西省技术先进型服务企业认定管理办法的通知》（陕科高发[2009]125号）规定，经陕西省技术先进型服务企业认定管理工作办公室评审，认定英飞凌科技(西安)有限公司等17家企业为陕西省2009年技术先进型服务企业。

（高新处）

【高新技术企业认定】 截至2009年底，全省共有1400余家企业进行了网上认定注册，领导小组办公室组织专家对申请企业核实相关数据，进行评审认定，并将评审通过认定的企业在高新技术企业管理工作网上进行公示。2009年全省认定高新技术企业482家。截至2009年底全省共有868家企业领到高新技术企业证书。

（高新处）

科技信息平台服务

【科技文献资源建设】 科技文献资源共享平台原文提供量连续第5年在全国位居第一。自2008年完成陕西省重大科技创新项目“陕西省科学数据共享平台”和“陕西省科技管理数据中心网站”建设以来，2009年又对科技管理数据中心的数据内容进行了更新，为建设中的陕西省科技资源中心修改完善了《陕西省科学数据共享平台试点方案（草案）》，并为开展陕西省科学数据共享平台二期建设进行了准备。为了加强科技文献资源建设开展项目研究实施：“陕西省装备制造业文献服务平台建设方案研究”该项目提供了陕西省装备制造企业科技文献需求的现状调查，并提出了面向陕西省装备制造企业文献服务方案。该项目最终形成了“陕西省装备制造业文献服务平台建设方案研究”软课题研究报告。“陕西省主导产业科技情报服务平台建设”主要针对陕西省主导产业建立与科技文献资源收集、整理、保存和分析研究，建立功能齐全、动态发展、技术先进的科技情报服务平台，解决科技情报与知识如何服务于陕西省主导产业的问题，实现面向陕西省主导产业的知识化服务，最终实现以科技情报服务促进产业结构的调整优化和升级。“陕西省科学数据集成共享与运行机制研究”通过该项目的实施，摸清陕西省科学数据资源的存量、分布状况、资源形态、价值特性和可共享性等基本情况。提出全省科学数据的共享模式与运行方式。研究适合全省实际的政策与法规保障机制、组织管理体制、协同建设机制、持久运行保障机制、绩效评估机制、监督与激励机制、技术保障机制等共享规则，为全省数据平台建设运行提供参考。“陕西省科学数据共享平台扩建和数据调查”其主要研究内容为：开展全省科学数据资源调查，摸清陕西省科学数据资源信息现状。开展数据平台的扩容，新增4个专业数据库并对原有“管理数据中心”部分数据库的数据进行更新与添加。“陕西省科学数据共享平台（二）”该项目在数据平台一期建设的基础上，新增一个专业数据中心和六个专题数据库，并对原有系统功能进行升级改造。同时进行数据资源调查和运行机制研究。

（李　瑜）

【科技查新与咨询评估服务】 2009年，陕西省科技信息所全年完成查新项目近1500余项，网站访问量合13.4万人次，文献检索约47.6万次；主办或参与主办的省级学术报告等各级各类科技工作会议，共计5次。2009年，该所还首次承担了“13115”科技创新工程项目经费预算中期执行情况评估工作，先后组织25家会计事务所对53个项目进行了现场审计和检查，为规范科研项目经费管理、优化科技资金配置，起到了引导示范作用。科技评估中心还参与到陕西省“十二五”科学技术发展规划前期准备工作之中。该所还采用在线评估方式，对64个项目申报材料进行了评审，完成国家重点新产品计划项目评估报告41项。

（马毅君）

【科技统计】 2009年完成科技成果登记518项，通过编印《2009年陕西省科技成果公报》，向社会公布了260个最新成果信息；同时，编制撰写出版了《2008陕西省科技发展报告》《2008科技统计报告》《2009陕西科技统计数据》《2009陕西科技统计年鉴》《2009陕西省科学技术研究成果公报》等报告5份，并形成了《2008年陕西省重大科技创新专项资金项目计划年度报告》。

（李　瑜）

【中药现代化信息服务】 2009年，陕西省生产力促进中心共发布中药现代化信息4000余条，网站点击率超11万次，到访IP近6万个。完成了陕西中药新药研究与产业化发展高层论坛的组织筹备工作，并组织省内5家企业参加了2009年传统医药国际科技大会暨博览会。

（曹馨升）

【西北区域大型科学仪器协作共用网建设】 该项目是由陕西省生产力促进中心邱义路、杜克飞、刘占明、卫新年、郭爱等人承担完成的国家科技基础条件平台建设项目。项目整合的资源涵盖了全国各省市、多部门的大部分仪器设备，数据质量高；建立的共享服务体系层次清晰，机构人员落实，信息共享顺畅，服务范围覆盖全国所有省市，在该领域影响力巨大；依托各地方开展的共享服务，特色突出，案例典型；开展的技术与管理培训，为实现大型仪器的共享提供了人才支撑。通过项目的实施，大幅度提高了科学仪器设备的利用率，为科学研究、经济和社会发展提供了有效支撑。项目已结题验收。

（曹馨升）

【陕西科技信息服务网】 2009年，陕西省生产力促进中心以实施国家科技信息服务平台—陕西节点二期建设项目为契机，协调资源，对陕西科技信息网进行了资源整合与全面改版，进一步完善了信息采集发布系统。改版后的陕西科技信息网突出政务公开、科技动态和科技业务等方面内容，涵盖电子政务类、公共服务类、科技服务类三大类信息，集中展示了委、厅的主要业务办理流程、管理办法和政策法规等内容，建有一级栏目14个、二级栏目59个、三级栏目近百个，2009年度共发布信息6129条，日均点击量5000余次，现世界综合排名38.4万位，较上年提升了60多万位。中心分别在宝鸡、汉中、榆林、杨凌等地区建立了11个分站点，并依托“东西部贸易洽谈会”“2009年科技活动周启动仪式”“杨凌农高会”等媒介积极向社会大众宣传介绍全国科技信息服务网和陕西节点。还将陕北能源化工、陕南中药材、高新技术企业、在陕大专院校、科研院所等的特色信息集成到节点网中供科技人员查询利用。全年中心通过资源联动系统累计向科技部信息中心报送有效数据85000余条，完成了项目二期建设的目标任务。

（曹馨升）

【大型科学仪器协作共用及公共检测服务平台建设】 2009年，陕西省生产力促进中心联合省内60多家拥有50余项检测资质的科研、教学、生产单位，整合相关分析测试仪器设备和检测技术力量，成立了“陕西省公共检测中心暨一站式服务窗口”，实现了由单纯的仪器设备协作共用网络服务向实体与网络相结合服务模式的重点跨越，获得了“13115”公共服务平台建设项目—“陕西省公共检测服务平台建设”的立项，并与西北工业大学共同承担了国家自主创新和高技术产业化项目“陕西省新材料分析测试公共服务平台”项目。11月经省科技厅批准“陕西省化学品检测中心”挂牌并正式对外开展服务。此外，还对陕西省大型科学仪器设备协作共用网网站进行了升级改造，进一步提升了网络服务效率。截至2009年底，陕西省大型科学仪器设备协作共用网拥有网员单位61家，仪器设备293台（套），总价值约4.84亿元。比上年同期新增网员单位4家、仪器设备10台（套）价值约3434万元。全年陕西省大型科学仪器设备协作共用网网员单位对外服务单位达1400家，检测样品30万件。

（曹馨升）

【工业设计网络协作技术服务平台建设】 2009年，陕西省生产力促进中心以承担的“工业设计网络协作技术平台建设”项目为切入点，不断加强以生产力促进中心为纽带的工业设计服务体系建设。制定了《工业设计协同网络设计技术平台协作共用服务规划》（草案），重点筹建工业设计资源数据库，开展了工业设计远程服务平台的建设工作，并以此作为基点，对工业设计技术支撑创新服务平台系统的建设进行了有益尝试，初步建立了三大支撑体系的组织架构，发挥了中心在工业设计、技术创新等方面的桥梁纽带作用。全年开展快速成型、蜡模制作、塑料样件加工、工业设计等方面的中介服务累计61件（套），其中蜡型制作23件（套）、塑料样件加工31件（套）、产品外观设计5件（套）、三维建模设计2件（套），服务企业近60家。

（曹馨升）

【陕西煤炭工业信息调度数据统计分析平台】 2009年，陕西省煤炭工业局启动了“陕西煤炭工业信息调度数据统计分析平台”建设。每日调度全省煤炭生产销售及库存情况，形成信息调度日报、周报、月报。及时搜集、整理有价值的煤炭行业信息，在《陕西煤炭工业网》《陕西省政府公众信息网》和《中国煤炭新闻网》等媒体上发布。并坚持24小时应急值班值守，及时上报煤矿安全信息，以对煤矿事故灾害和突发事件做出快速响应。

（范立民）

【陕西省中小企业分析测试公共服务平台建设】 该项目是由陕西省生产力促进中心卫新年、刘军、郭爱等人完成的科技部创新基金项目。项目以信息服务为核心，以平台会员为依托，完成了中小企业分析测试公共服务平台建设，实现了分析测试公共服务平台服务全省的目标，提升了陕西分析测试公共技术服务能力，为进一步降低中小企业的研发、生产成本和风险发挥了重要作用。项目已结题验收。

（曹馨升）

【公共气象服务平台建设】 针对陕西省气象业务服务发展需求，建立了公共气象服务平台建设开发、灾害性天气精细化预报技术、粮食生产保障服务和生态环境监测评估等4个创新团队，稳定和壮大了“云降水与人工影响天气”科技创新团队。以技术开发和成果转化为主，在各自优势领域开展研究。公共气象服务平台建设开发团队开发的省级公共气象服务平台已经投入业务运行，为公共气象服务体系建设提供了强大的科技支撑。目前，陕西省气象局云降水卫星反演的专业研究和开发团队，在国内云降水卫星反演领域具有一定的影响力。

（朱荣增）

软科学研究服务

【软科学研究】 2009年，陕西省软科学研究所共承担研究课题14项，其中国家级4项，省级9项，其他1项；完成研究课题4项，其中国家级2项，省级1项，其他1项。由该所研究员余小方承担的国家科技部与加拿大国际发展研究中心共同资助的“中国西部区域自主创新战略研究”子课题“陕西农业自主创新战略研究”，在分析陕西果业、种业发展现状及自主创新建设中存在问题的基础上，设计了陕西农业自主创新战略的实施路径，提出了陕西农业自主创新发展的政策建议，撰写完成《陕西果业自主创新战略研究》和《陕西种业自主创新战略研究》两个研究报告。由该所研究员余小方承担的国家软科学研究计划重大项目（部省合作项目）“秦巴山区（陕南）可持续发展战略及实验园区建设可行性研究”的子课题“秦巴山区（陕南）特色矿业与新型材料业可持续发展战略研究”，对陕南矿产与新型材料工业可持续发展实验园区进行了总体设计、空间布局和功能分区，并提出相关政策建议。由该所研究员余小方主持的省软科学研究计划重点项目“在陕工程技术研究中心绩效考核和管理创新研究”，以陕西省“13115”科技创新工程项目所确定的工程技术研究中心为研究重点，通过全面调查，摸清了“13115”工程技术研究中心发展现状，初步构建了在陕工程技术研究中心绩效考核指标体系，起草了工程技术研究中心管理细则和绩效考核办法。该所承担的省软科学研究计划项目“创新型陕西与科技人才队伍建设研究”，在陕西省科技厅张炜厅长直接指导和省科技厅人事处参与指导下，对全省科技人才发展进行趋势分析和需求预测，提出了陕西省未来10年的科技人才规划，并作为省委“陕西省人才发展中长期规划”专题战略研究的一部分通过审定，获得省委好评。由该所高级农艺师曹慧玲主持的省软科学研究计划项目“陕西省地方产业发展技术预见研究——生物医药”，通过访谈、发放问卷调研表等方式完成了调研及资料收集。由该所副研究员郭鹏主持的省软科学研究计划项目“基于价值链构建与完善的钛产业集群构建研究”，以宝鸡钛产业集群为实例，分析产业集群价值链的构建与完善，提出政府应该采取的政策建议。由该所副研究员李湄青主持的省软科学研究计划项目“陕西软科学信息分析平台建设研究”，进一步创新完善了陕西软科学管理网站，完成了软科学研究成果数据的收集整理工作。由该所副研究员赵致远主持的省科学技术研究发展计划项目“特色农产品标准化生产示范（创汇农产品——果品标准化生产及流通技术培训）”项目，已完成3期专家示范培训。该所承担的省科学技术研究发展计划项目“农村及小城镇建设研究”和省软科学研究计划项目“地方政府支持企业自主创新的途径和方式研究”正在进行课题设计及调研。

（李湄青）

【软科学服务】 2009年，省软科学研究所与省科技厅政策处共同完成了2010年度陕西省软科学研究计划重大项目征询工作。完成了2009年省级软科学研究出版计划项目“21世纪科技与社会发展丛书（陕西篇）”的出版发行工作。参与省科技厅条财处《陕西省实验动物管理办法》和《陕西省大型仪器设备管理办法》的起草工作。协助省财政厅完成了《关于加强省级教科文专项资金整合的意见》《陕西省文物及艺术品交易市场可行性研究》《陕西省重大文化精品项目专项资金管理暂行办法（讨论稿）》等。

（李湄青）

【软科学专题调研】 2009年，省软科学研究所受省科技厅产业处委托，完成了“关于我省工业技术研究院在以西安为中心的统筹科技资源改革示范基地中的定位和作用的专题调研”工作。通过调研，基本摸清了全省工业技术研究院在资产规模、科技创新与成果转化、服务平台、运行机制、体制和机制创新及国际交流与合作等方面的基本情况和存在的问题，提出了更好地发挥工研院作用的对策建议。协助省财政厅完成了《关中—天水经济区统筹科技资源的财税支持政策研究》的专题调研工作。通过调研，提出了支持关中—天水经济区发展的科技财税政策目标、定位及建议。

（李湄青）

【信息研究与服务】 陕西省科技信息研究所撰写完成了“建国60年科技发展历程”总述、《陕西省（MDG）碳市场战略规划框架》《陕西省科普统计分析报告》和《陕西省关于（可持续发展实验区管理办法）》，参与了省政府向中央领导汇报杨凌示范区发展建设情况的报告撰写，参与了“环保装备技术研发和产业化”调研，完成了《陕西省环境保护装备技术研发和产业化发展规划——固体废弃物处理设备、环卫洁净领域规划》的撰写。

（马毅君）

【软科学学术交流】 2009年，省软科学研究所作为秘书长单位，在西安主办了“全国地方软科学研究机构合作与发展联谊会”2009年年会，该联谊会由北京、上海、天津等14家地方软科学研究机构组成，重在进行机构管理和业务经验方面的交流与合作。参加了由国家科技部主办的“高层次科技人才队伍建设”专题研讨班；参加了“第五届全国技术预见学术研讨会——全国技术预见与科技规划理论与实践研讨会”，并就“陕西生物医药产业技术路线图研究”作了主题发言。该所全年编辑《陕西决策咨询》8期，其中第2期刊登的由教授王克西等撰写的《陕西秦岭北麓地区如何实现经济与自然协调发展》一文，常务副省长赵正永批示省发改委主要负责人“‘秦岭生态保护条例’制定后，如何确保秦岭的保护得到贯彻落实，可否请几个同志带队互查一次，查找存在的问题，下半年我们开一次专题会议研究推动保护工作。”第8期刊登的由教授侯维亚等撰写的《陕西省机电产品出口技术性贸易壁垒研究与对策》一文，副省长景俊海批示“请省商务厅阅研”。

（李湄青）

科技培训服务

【创新方法推广培训】 2009年，陕西省生产力促进中心开展了创新方法调研工作，召开了创新方法专家研讨会，成立了TRIZ研究中心和培训基地，开通了陕西省创新方法网，确定了金堆钼业、达刚机械筑路公司为试点示范企业。在陕西省黑龙江省科技合作座谈会暨签约仪式上与黑龙江省生产力促进中心签订了《陕西省生产力促进中心和黑龙江省生产力促进中心创新工作合作协议》，开展初步合作。11月，经省民政厅、省科技厅批准，陕西省创新方法研究会正式成立，朱静芝副省长特意发来贺电，对研究会的成立表示祝贺。自此，全省创新方法工作有了一个更高的发展平台，步入了全面、深入的发展阶段。同时，为普及创新方法有关知识，推广创新方法应用，组织人员编辑《创新方法理论和应用》专刊4期，发放宣传材料2000份；赴西安、宝鸡、咸阳、榆林等地组织举办了陕西省创新方法（TRIZ）系列讲座及创新方法培训班8期，骨干工程师培训班1期，累计培训人员千余人次。

（曹馨升）

【科技特派员工作】 2009年，陕西省生产力促进中心先后到商洛、安康、咸阳、渭南等四市十县（区），围绕科技特派员工作开展了深入调研。邀请科技部及宁夏回族自治区科技特派员工作专家分别在汉中、渭南等地举办科技特派员培训班3期，培训人员200余人；完成了“陕西省科技特派员下派个人信息调查统计”工作；组织材料，向科技部推荐了4个国家级全国科技特派员工作先进集体，1个省级科技特派员先进管理单位，18名全国优秀科技特派员；协助省科技厅组织召开了陕西省科技特派员创业工作培训会，起草完成了《陕西省科技特派员农村科技创业行动实施方案》和《陕西省科技特派员管理办法》（征求意见稿）。在2009年全国科技特派员工作会上，该中心获得“全国科技特派员工作先进集体”荣誉称号。

（曹馨升）

【地震灾后恢复重建科技特派员对口帮扶试点工作】 根据联合国开发计划署灾后重建项目计划，2009年2月陕西省科技厅在汉中市成功举办UNDP“地震灾后恢复重建科技特派员对口帮扶试点工作”能力培训班。此次培训是地震灾后恢复重建科技特派员帮扶试点工作项目的重要组成部分，培训班通过必要的技术支持，帮助参与UNDP“地震灾后恢复重建科技特派员对口帮扶试点工作”项目工作人员和科技特派员正确理解UNDP项目目标、要求，以便更好地开展UNDP项目建设和科技特派员工作，促进全省地震灾区依靠科技迅速恢复正常的生产生活，推进灾区社会主义新农村建设。汉中市宁强、略阳两县科技局、科技特派员及配合UNDP项目实施的所在乡（镇）、村相关人员40余人参加了本次培训。

（农业处）

【灾后重建及与环境相关的特色产业开发培训班】 该培训班由陕西省科技培训中心于2009年8月在宝鸡市举办。培训班通过学习借鉴日本地震受灾地区产业复兴、精神保健、心理援助等方面的经验，掌握生态环境建设与特色产业开发有机结合的相关理论知识和实践经验，进一步强化科学发展、和谐发展的意识，提升受灾省区基层科技管理干部的理论素质和管理能力，切实加大生态环境保护建设的工作力度，促进经济社会又好又快发展。甘肃、四川和陕西等省各市县科技管理部门的负责人100多人参加了培训。

（杜学军）

【省委科技工委　省科技厅科研院所党委书记培训班】 为进一步贯彻落实科学发展观，着力提升科研院所党委(党总支、党支部)书记抓党建的能力和素质，全面加强和改进科研院所党的建设，2009年8月由委厅主办、陕西省科技培训中心承办了该培训班。委、厅系统的52家科研院所、直属单位的党委（党总支、党支部）书记参加了培训，书记、厅长张炜在开班仪式上作了重要讲话。培训期间，书记、厅长张炜与副书记张书玲参加了学员座谈，又邀请了省委党校、省行政学院、西安交通大学的教授、专家及委、厅领导授课讲座。

（杜学军）

【省委科技工委　省科技厅科研院所纪委书记培训班】 为加强委、厅系统纪检监察干部队伍建设，切实提高专业知识水平和业务工作能力，2009年9月由委厅主办、陕西省科技培训中心承办了该培训班。参加会议的有委、厅系统各科研院所纪委书记、各直属事业单位负责纪检监察工作的领导等共计57人。培训班特别邀请省纪委副书记纪相忠讲解了反腐败的形势、对策与任务。省纪委信访室、法规室、解放军西安政治学院的领导、专家也分别作了辅导报告。省科技纪工委书记郑明玺就《国有企业领导人员廉洁从业若干规定》作了辅导报告，书记、厅长张炜在培训班开班时作了重要讲话。

（杜学军）

【省委科技工委　省科技厅青年干部培训班】 2009年9月由委厅主办、陕西省科技培训中心承办了该培训班。培训班就科技工作与可持续发展、金融市场、经济发展、青年心理健康、党课辅导等内容对委、厅系统50名优秀青年进行了培训。书记、厅长张炜在培训班上作了题为“认真读书学习，加强党性修养”辅导报告，副厅长孙科作了题为“关于可持续发展科技工作的思路”辅导报告等专题讲座。培训班安排了拓展训练，围绕青年干部健康成长等内容进行了座谈。

（杜学军）

【陕西省市县科技工作培训班】 2009年11月由委厅主办、陕西省科技培训中心承办了该培训班。来自全省各市、县（区）的科技局长、科技管理干部120余人参加了培训。副厅长邱义路出席了开班仪式并作了重要讲话。省科技厅主要业务处（室）的负责人分别介绍了各自处室的职能和2010年科技工作指南及项目的申报、审批流程等。该次培训内容充实、具体、针对性强，对指导来年的工作、提高工作能力大有帮助。

（杜学军）

【“西部之光”陕西省市县科技局长培训班】 2009年11月由委厅、中科院西安分院主办、陕西省科技培训中心承办了该培训班。各市、县（区）科技管理部门的负责人及中科院西安分院所属研究所负责人共127人参加了培训。省委科技工委副书记张书玲在开班仪式作了重要讲话，中科院人教局人才处处长唐裕华，中科院西安分院党组副书记陈铁成出席开班典礼并致词。邀请了省委科技工委、省科技厅、中国科学院、西安交大等有关领导、专家授课。通过培训，加深了市县科技局对“西部之光”计划的认识，积极探索院地合作的新模式、新途径，充分利用中科院所属院所的学科优势，不断推动市县科技经济发展。

（杜学军）

【农村科技致富带头人培训】 加强农村致富带头人培养已成为农村社会发展的重点工作。由陕西省科技培训中心承担的国家科技部项目“农村科技致富带头人培训”，经过精心组织和宣传，有10个县科技局积极响应，根据当地产业需求，及时聘请农业科技专家在全县进行分门别类的集中授课，开展科技知识讲座、现场专家咨询、现场指导等活动。2009年4月在扶风县召公镇三头村举办了农村科技致富带头人专题培训——春节果园管理技术培训会。这次培训重点讲授果园前期病虫害防治、花果管理及水肥管理等技术。该镇4个村的果树专业户、果农和技术人员143人参加了培训。其后在凤翔、子长、岐山、富平、宜川、太白、周至、扶风县和渭南市等地分别举办了苹果矮化栽培技术与推广、疫病防治、生猪标准化养殖技术、柿园春季管理与病虫害防治、柿子产品深加工及经营与销售、苹果标准化生产、核桃嫁接技术、甜瓜种植技术、柿子膨大期及成熟期管理等农业技术培训。先后举办培训班10多期，直接参训农民人数达1000多人次。

（杜学军）

【星火科技“12396”信息服务体系建设】 陕西省科技培训中心2009年顺利完成了从“农业科技965110”到“星火科技12396”信息服务热线的转换，星火科技12396信息服务进一步在全省推广，全省25个示范县区运转良好，起到了示范带头作用。全年新增31个县（区）进入12396信息服务系统，增加了200多位服务专家，扩大了星火科技12396信息服务的覆盖面，及时有效地解决了农业生产中的技术问题，处理了很多求助电话，为农民群众排忧解难、挽回经济损失。星火科技12396信息服务这种模式得到农民的高度赞誉。2009年星火科技12396信息服务把“大荔模式”在全省进行了试点推广。宝鸡市陇县、扶风县在“大荔模式”的基础上，与果业科技专家大院相结合，使星火科技12396更加有效、快捷地为农民服务。咸阳市淳化县积极推广“大荔模式”，工作走到了前列。渭南市在全市区县全面推广“大荔模式”。

为了进一步鼓励和调动全省25个示范县（区）农业科技专家为农服务的积极性，进一步加快全省农业科技服务体系建设步伐，按照省科技厅下发的《关于下发陕西省星火科技12396信息服务示范县（区）专家服务通话费补助标准的通知》文件要求，为示范县区的服务专家发放了补贴，并按照新的专家补助标准已将2009年的示范县（区）专家补贴发放到位。

（杜学军）

【农村星火科技远程培训】 陕西省科技培训中心通过不断充实和完善陕西农村星火科技远程教育网内容，面向农民大力开展远程教育，以提高农村劳动者素质。依托全省16258个中小学远程教育站点，已经建成了一支高素质的远程教育专家讲师团队伍，负责培训课件的制作、教材的编写、讲课、答疑等。现已制作并播出课件102种，VCD光盘6套，近190个课时，并通过下载课件、在线点播等方式组织培训农民约70万人次。充分发挥了远程教育网的培训优势，使众多群众受益。

（杜学军）

【陕西省乡土带头人科技培训】 陕西省科技培训中心承担的“陕西省乡土带头人科技培训”项目经过精心组织和宣传，有关县科技局、涉农机构积极响应。根据当地产业需求，及时聘请农业科技专家以集会宣传、培训和问答的方式在全县进行分门别类的集中授课、科技知识讲座、现场专家咨询、现场指导等活动，掀起学科技、用科技的热潮。该中心深入9个县（区）指导开展培训，举办培训班10期，直接参训农民达5000多人次。

（杜学军）

【农村党员干部现代远程教育“农村科技与应用”专题教材制播工作】 陕西省科技培训中心紧密结合农村基层科技工作的实际，以突出科技、突出省内特色和面向需求为原则，围绕“三农”工作的中心任务和地方科技工作的重点，整合涉及农村的星火计划和富民强县专项工作中产生的先进适用技术和产品，制订拍摄方案。现已申报选题40个，拍摄并制作出了《丝网花制作》《陕西水晶饼的制作》两个课件，并于2009年7月在全国农村党员干部现代远程教育卫星数字专用频道播出。

（杜学军）

【煤矿安全培训】 2009年，陕西省煤炭工业局按照国家“安全生产年”总体要求，在煤矿安全方面，扎实开展了安全生产宣传教育、安全生产执法、安全生产治理三项行动，切实加强了安全生产体制机制、安全生产能力、安全生产监管队伍三项建设，并重点抓了夯实安全责任、突出瓦斯治理、加强应急救援工作和加强安全培训等四项措施的落实。特别是在煤矿安全培训方面，该局制定和完善了“安全培训管理办法”等5项制度。全年累计培训矿长563名、安全生产管理人员5162名、班组长3160名、特殊工种22892名，进一步提高了煤矿从业人员的安全管理水平。在加强日常培训的同时，创新了培训方式，组织对2008年发生死亡事故的47个煤矿的矿长进行了专题培训，由每位矿长介绍事故发生过程，大家共同剖析事故发生原因，汲取事故教训，提出预防措施，使事故矿矿长受到了安全警示教育，进一步增强了安全责任意识。2009年全省发生煤矿死亡事故31起、死亡34人，同比分别下降36.7%和69.9%；死亡人数占国家下达控制指标122人的27.87%，比全国平均水平84.48%低56.62

个百分点，下降幅度居全国第一；百万吨死亡率0.115，同比下降78.4%，比控制指标低82.1%，比全国平均水平0.892低87.1%。未发生瓦斯死亡和一次死亡3人以上较大事故，创历史最好水平。省煤炭工业局被省政府授予“2009年度安全生产工作先进单位”，并作为唯一一家省级煤炭管理部门在全国安全生产工作会议上介绍经验。

（范立民）

技术中介服务

【陕西技术转移服务】 2009年，陕西省生产力促进中心组织专人深入院所、企业及省、市税务部门开展了为期2个月的调研工作；在西安、宝鸡、咸阳等地市举办技术转移培训班8期，参加培训单位200余家，人员300余人次；初步完成了“全国技术合同网上登记系统”在全省10个地市的推广应用工作，并利用中心网络资源及“东西部贸易洽谈会”等媒介，持续加大对技术转移相关政策的宣传力度。同时，派员开展上门服务，累计为中国飞机强度研究所、陕西汽车集团、长安大学等千余家单位提供了技术合同认定登记业务服务，全年共提供技术转移政策、项目供给与需求服务信息2000余人次，完成《陕西省技术贸易许可证》年检261家，技术合同认定1496份，合同登记总额20.5亿元，比上年同期新增年检单位85家，认定合同793份，金额6亿元。

（曹馨升）

【高新技术企业中介认定机构】 2009年，全省增加高新技术企业认定管理工作中介机构13家：陕西裕文会计师事务所有限公司、西安希格玛有限责任会计师事务所、陕西海华有限责任会计师事务所、宝鸡华强有限责任会计师事务所、陕西华德诚会计师事务所有限公司、西安永明有限有责任会计事务所、陕西康华会计师事务所有限责任公司、陕西经纬会计师事务所有限责任公司、陕西华地会计师事务所有限责任公司、汉中四方有限责任会计事务所、陕西高德会计事务所有限责任公司、陕西方正有限责任会计事务所、陕西国兴会计师事务所有限责任公司。目前全省已有46家中介机构取得了认定资质，有300多名专家取得了评审资格。

（高新处）

专利技术服务

【专利申请】 2009年，全省共申请专利15570件，完成目标任务的173.0%，同比增长30.9%，比全国平均增速高8.5个百分点，连续四年增速保持在30%以上。发明专利申请突破5000件大关，达5858件，列全国第11位，发明专利申请量占年专利申请量的37.6%，高出全国平均值11.5个百分点。2009年全省专利申请结构更加优化，职务发明11376件，居全国第3位，同比增长60.7%，比全国增速高28.1个百分点，占年专利申请量的73.1%，比全国平均值高18.1个百分点。2009年全国专利奖评审中陕西省有12项专利获奖，列全国第4。

（李扩拉）

【知识产权保护】 4月份省知识产权协调领导小组召开了新闻发布会，发布了《2008年陕西省知识产权保护状况》，新华社陕西分社等境内外20家媒体进行了报道。加大了在流通领域和会展中的知识产权行政执法力度，会同相关部门共开展11次执法检查。检查商场30家，检查商品3731件，出动执法人员93人次。

制定了《陕西知识产权维权援助工作暂行办法》，整合资源，创建了1加5工作模式（即“12330”维权援助热线加知识产权服务直通车、知识产权维权援助合作单位、维权援助专家、知识产权预警机制、知识产权研究会），全年共接待法律服务32件，为6家企业提供了维权援助服务。

（李扩拉）

【专利技术转化推广】 2009年，在装备制造、电子信息、生物制药、新材料、能源化工等领域确定33个专利技术孵化转化项目，资助资金300万元。省专利产业化孵化重点项目实施单位西安宝德自动化股份有限公司，作为陕西省首家创业板上市公司成功募集资金2.65亿元。

指导全省10个设区市及杨凌示范区完成专利技术孵化转化项目261项，重点支持西安专利技术产业化园区西安四方机电有限责任公司、西安启源机电装备股份有限公司等4个项目孵化转化。

11月份成功举办了中国专利周陕西地区活动，通过42个“国家专利技术展示交易中心”，向全国同步展示陕西省11个地市（区）的310余项专利技术项目。

组织召开了专利创业富民论坛，省人大罗振江副主任、国家知识产权局甘绍宁副局长出席论坛，来自全国各地的知名专家学者进行了主题演讲，扩大了专利创业富民的影响。全年共投入70万元支持复转军人、农民等各类人员的8个专利项目进行创业、兴业、富民示范。

（李扩拉）

【积极服务企业】 认定了“彩虹集团”（咸阳）等5家企业为陕西省首批知识产权优势企业，确定了“西安富士达科技股份有限公司”等12家企业为陕西省第三批知识产权优势培育企业。第三批知识产权优势培育企业经过培育后，全年申请专利188件，超额完成任务目标。

根据陕西省产业发展需求，探索绘制了LED产业专利地图，提出了陕西省LED产业发展的建议。全年知识产权服务小分队服务企业216家，知识产权特派员服务企业60家，知识产权服务直通车接待来人、来电咨询120件，讲师团成员共开展宣讲活动61次，均超额完成任务目标。

全年先后举办了“中国—欧盟中小企业知识产权高级研修班”和“中日知识产权研讨会”等国际交流活动，拓宽了陕西省企业的知识产权国际视野，有助于企业“走出去”。

（李扩拉）

【知识产权试点示范】 7月15日，组织召开全省知识产权局局长工作会议，国家知识产权局甘绍宁副局长出席会议并做了重要讲话，朱静芝副省长出席并对全年工作提出了明确要求。

与国家知识产权局多次沟通协调，推荐西安市为知识产权示范创建城市，于8月份获得国家知识产权局批准。

指导帮助西安高新区通过了国家知识产权局试点园区的验收。指导杨凌示范区做好国家知识产权示范园区创建工作，帮助杨凌示范区向国家知识产权局申报“杨凌农业知识产权培训中心建设项目”“区域经济知识产权促进工程”等支持项目。指导宝鸡市通过知识产权试点城市工作验收，帮助推荐宝鸡市列入国家知识产权局知识产权示范城市创建市，日前已经得到国家知识产权局批准。指导帮助彩虹集团公司通过知识产权示范创建验收，目前该公司已被列为全国企事业知识产权示范单位。

（李扩拉）

科技活动周

【科技活动周】 根据2009年全国科技活动周的统一部署，省科技厅、省委宣传部、省科协以“携手建设创新型国家”为主题，共同部署陕西省科技活动周工作，在全省各地组织开展了形式多样、内容丰富的科普活动。5月16日，省科技厅等三部门和西安市政府在碑林区成功举行了“2009年陕西省暨西安市科技活动周启动仪式”。启动仪式主题鲜明、形式多样、内容丰富、气氛热烈，突出了“科技支撑发展、科技惠及民生”主题，宣传了陕西省和西安市自主创新取得的进展和成效，推动了科技界与社会公众之间的有效沟通和交流，是陕西省近几年来举办的一次高水平的大型群众性科技活动，为建设创新型陕西营造了更加良好的社会氛围，达到了预期目标。

（政策处）

科技宣传

【科技政策宣传】 为进一步宣传落实国家和陕西省制定的有关自主创新政策，2009年省科技厅再次编印了《最新科技政策汇编》，并联合省地税局，在全省高校科研管理部门、大型国有企业及宝鸡、咸阳、汉中、安康等市举办了7次自主创新政策宣讲活动。2009年省科技厅联合省地税局深入全省高校科研管理部门、大型国有企业、宝鸡、咸阳、汉中、安康市等进行科技创新政策宣讲会8场，1500多人参加了政策研讨。

（政策处）

【新闻影视宣传】 2009年9月，陕西省科技宣传中心并入陕西省生产力促进中心，为中心的新闻影视部。新闻影视部以委、厅重点工作为中心，不断探索科技大宣传的工作架构模式、创建新型事业单位运行机制和运作模式，充分利用中、省有关新闻媒体、《陕西科技工作信息》“陕西科技新闻电视网”三大宣传舆论阵地，开展了四个方面的科技宣传工作，逐步形成了科技宣传新局面。全年出版《科技新闻》《创新特刊》两个电子杂志33期，电子杂志形式新颖、图文并茂，国家科技部网站以“陕西省电子杂志《科技新闻》成为陕西科技宣传工作的新亮点”为题进行了介绍；拍摄了《创新发展之路》《人造皮肤》等多部新闻专题片，其中《创新发展之路》被选为省科技厅对外宣传资料；结合科技工作信息的读者层次，在加大宣传力度与提升稿件质量上下工夫，编辑发行《陕西省科技工作信息》13期；配合各业务处室积极策划重大科技宣传活动，向省内外各大媒体通报全省科技工作的进展情况，提供科技新闻线索和基本素材，配合中药办刊发“陕西中药产业大有可为”专版。与厅办公室、西北大学合作，在科技声像档案数字化管理与资源共享系统建设的基础上，申报“13115”公共服务平台项目—“文档数字化管理与资源共享平台建设”，并获立项。

（曹馨升）

【科技宣传与服务】 2009年充分利用声像、《情报杂志》、展板、视频等宣传手段，面向社会广泛开展科普宣传与延伸服务活动。为政府、企业和社会先后制作完成了“2009年陕西省暨西安市科技活动周”等各类专题片9部，采集各类视频素材230分钟。组织了陕西省科技之春宣传月百家出版社进校园展板制作宣传活动，为全省科技工作会议以及中科院、西北大学等单位制作展板300余块；为23家单位开办文献宣传讲座32次，直接受益800多人次。《情报杂志》全年共出版12期正刊和2期增刊，处理稿件6500余篇。《情报杂志》被评为2008—2009年度RCCSE中国核心学术期刊；全年有多篇文章被《人大报刊复印资料》等期刊转载，特别是“竞争情报”专栏，大多被上海图书馆和上海科技情报所主办的《竞争情报》期刊以文摘和题目形式，向全国竞争情报业界进行推介和宣传。《陕西科技年鉴》连续第三年获得全省第二轮修志工作先进单位。

（李　瑜）

科学普及与
科技社团活动

概　述

2009年，全省各级科协及其所属的学会（协会、研究会）、科技馆、农函大、科普活动中心、乡镇科普协会、农村专业技术协会等科技社团和社会组织，切实履行党和政府联系广大科技工作者桥梁纽带职责，立足科学发展，着力自主创新，加强学会建设，深入开展学术交流，推动学科发展与自主创新，促进民间国际科技交流与合作；大力推进《全民科学素质行动计划纲要》的实施，弘扬科学精神，普及科学知识，传播科学思想和科学方法；推广先进技术，开展科学论证、咨询服务，促进科技成果转化；开展丰富多样的青少年科学技术教育活动。

2009年，经陕西省科协评选67人荣获第七届陕西青年科技奖；向中国科协推荐中国青年女科学家奖候选人4名；陕西省医学会荣获“全国三八红旗”集体，陕西省野生动植物保护协会副秘书长常秀云荣获“全国三八红旗手”荣誉称号；向中国科协决策咨询专家库推荐11名专家；评选表彰先进学会85个，优秀学会工作者158名；评选表彰市级科协先进集体6个，市级科协科普工作先进集体5个，县（市、区）科协先进集体45个，市、县科协先进工作者74名；继续做好中国科协高层次人才库陕西省入库人选的信息采集和录入工作，陕西省入库人选的数量和质量位列全国科协系统第一；开展了“三秦科学素质提升行动”和“科技工作者群英传”专题宣传；编印《发展与责任　陕西省科协六大以来的工作掠影》宣传画册；向各市、县（市、区）科协系统配送科普挂图5种16200套97200张；编印《科普惠农耀三秦》《陕西柿子生产经营管理技术》《科研院所风采录》等科普书籍；争取中国科协支持，为铜川市、咸阳市、杨凌示范区及米脂县等4个市（区）、县科协配发科普大篷车；为神木县、咸阳市秦都区等4县（区）争取“华硕科普图书室”实物资助20万元。为40个县（区）科协投入120万元，改善了科普基础设施。

陕西省科学技术协会机构

【陕西省科学技术协会机构】 陕西省科学技术协会（以下简称省科协）第七次全省代表大会于2009年2月召开，大会选举省政协原副主席梁琦为名誉主席，西安交通大学校长、中国工程院院士郑南宁为省科协主席，牟怀岐为省科协常务副主席。省科协现有副主席18人，常委44人。专职领导是：党组书记、常务副主席牟怀岐，党组成员、副主席刘亚光、王前进、党广录，党组成员、纪检组长任建斌。

名誉主席：梁琦

主　　席：郑南宁

常务副主席：牟怀岐

副 主 席：（按姓氏笔画为序排列）

方光华　王前进(专职)　王跃进　刘少明　刘亚光(专职)　安芷生　闫宏涛　张　炜　李　跃　周　杰　周为民　房　喻　郝　跃　党广录(专职)　徐德龙　翁志黔(专职)　谭永华　樊代明

常　委：（按姓氏笔画为序排列）

方光华　王　锋　王民才　王前进　王焕有　王跃进　冯宗善　卢秉恒　任建斌　刘　丁　刘少明　刘亚光　安芷生　牟怀岐　许秋雯(女)　闫宏涛　何发理　何胜强　张　炜　张丹力　张平祥　张立同(女)　李　跃　李鸿光　邱爱慈(女)　陈志南　周　杰　周为民　庞巨丰　房　喻　郑南宁　赵　卫　郝　跃　党广录　姬乃荣　徐德龙　翁正强　翁志黔(女)　舒　良　舒德干　雷晓岚(女)　管　薇(女)　谭永华　樊代明

陕西省科协组织机构

陕西省科学技术协会代表大会
全省委员会
常务委员会
学术与学会工作委员会
科学技术普及工作委员会
组织建设与宣传工作委员会
决策咨询工作委员会
青少年科学教育工作委员会
科技工作者权益与首先工作会
机关部门
直属单位
办公室（计划财务部）
学会学术部
科学技术普及部
青少年工作部
宣传调研部
国际合作与联络部
机关党委·工会
组织人事部
纪检组
离退休人员服务管理处
陕西科学技术馆
陕西科技报社
陕西省科技咨询服务中心
陕西省国际科技交流中心
陕西继续教育大学
陕西省青少年科技中心
陕西省科普宣传教育中心
陕西省反邪教协会
陕西省科技教育培训中心
陕西省科技产业开发中心

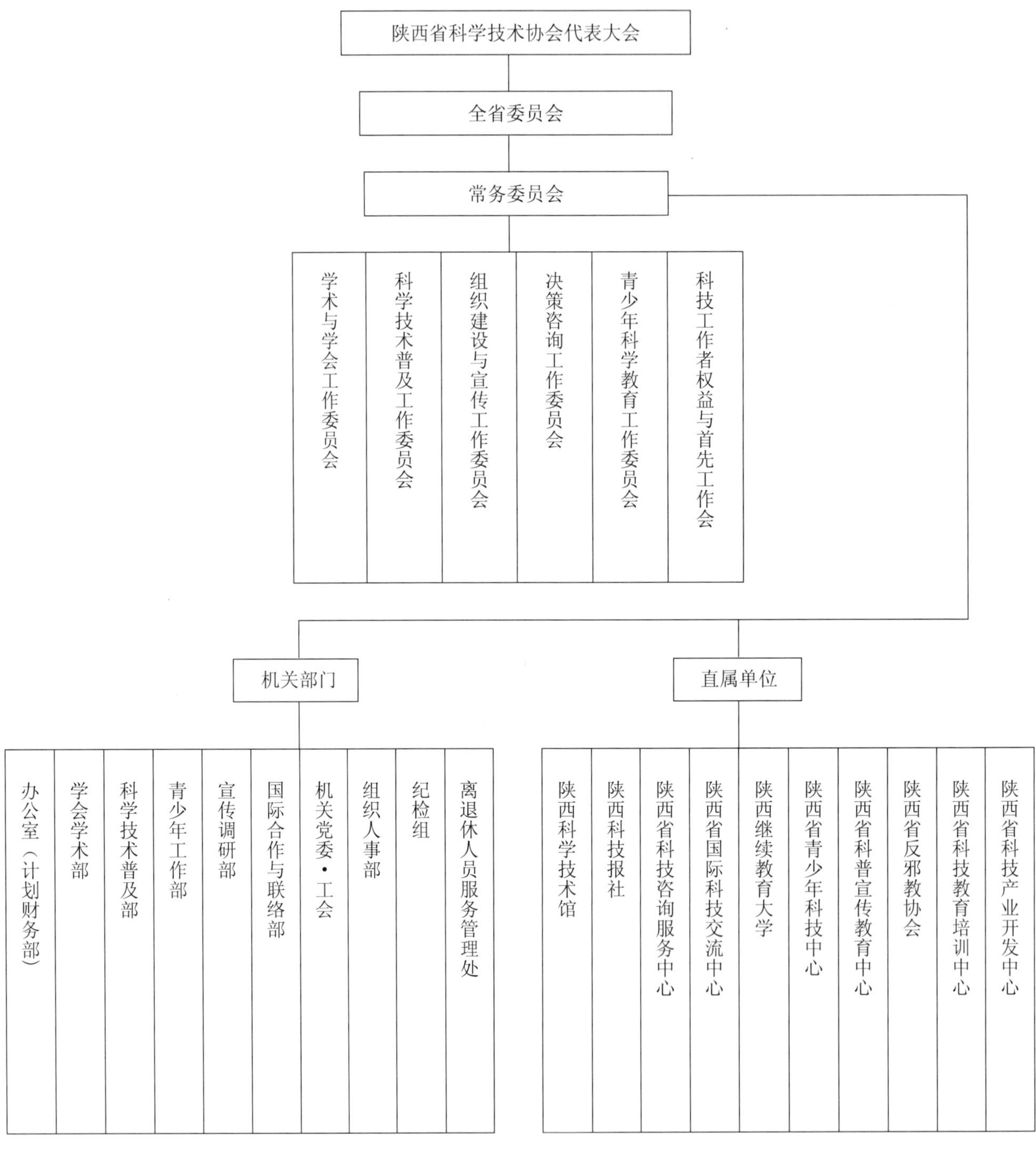

陕西省科协组织系统

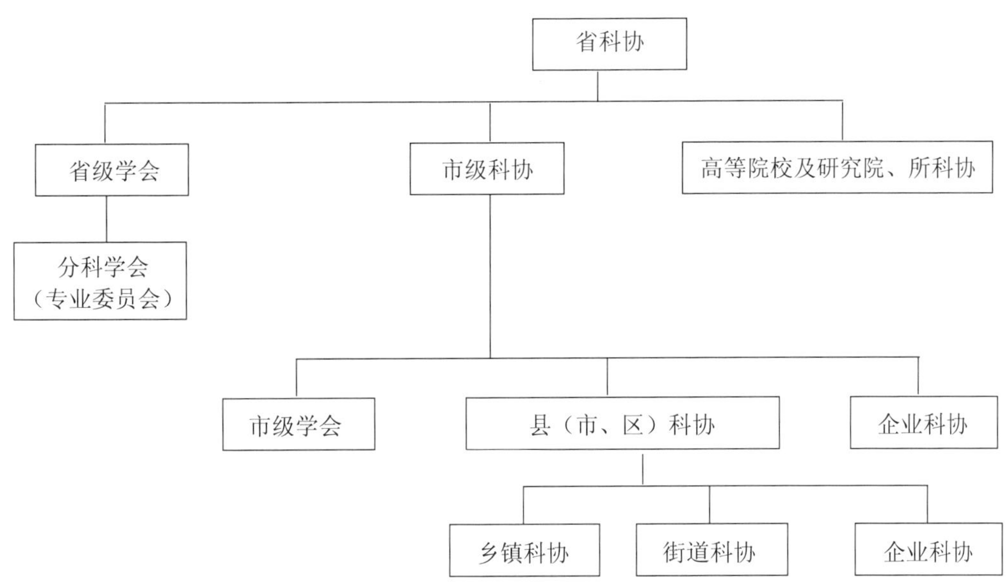

【市、县（市、区）科协组织机构】 全省有10个省辖市科学技术协会（以下简称：市科协）和杨凌农业高新技术产业示范区科学技术协会，107个县（市、区）科协。其中：83个县（市、区）科协独立设置，24个县（区）科协与该县（区）科技局合署办公，主管县（区）科学技术协会的全面工作。

【省、市学会机构】 全省现有省级学会（协会、研究会）143个，高校科协5个，研究院所科协3个，企业科协112个（其中民营企业科协7个），市级学会（协会、研究会）共385个。

学术交流与论坛

【开展“学术金秋”活动】 陕西省2009年“学术金秋”共开展学术活动127项，其中国际性、全国性、区域性学术活动15项，省科协所属省级学会学术活动70项，各市科协及所属学会活动42项。“学术金秋”期间，省科协组织举办了“第21届国际生物化学与分子生物学大会暨第12届亚洲大洋洲生物化学家与分子生物学家(FAOBMB)学术大会西安卫星会议”“第五届信息确保与安全国际会议(IAS09)”“国际计算机科学特邀学术报告会”“中国第六届全国有机化学学术会议”“全国病理学术会议”“全国耳鼻咽喉学术会议”“第四届全国诊疗新进展及新技术学术会议”等。这些高层次学术会议在陕召开，为陕西省科技工作者扩大对外交流与合作、提高学术水平提供了难得的机会，充分展示和宣传了陕西省科技力量。

【开展国际民间科技交流与合作】 2009年10月13～15日，省科协会同西部六省（区）科协、西北农林科技大学、四家台湾农业协会共同在西安、杨凌举办“首届海峡两岸特色农业产业化论坛”。中国科学院院士李振声担任论坛主席。省人大常委会副主任李晓东等领导出席论坛开幕式。来自西部七省（区）和台湾地区约90位与会专家学者结合本地实际，围绕“特色农业与绿色生态”的主题进行了大会交流，论坛同时举办了“海峡两岸特色农产品展览”，推动了两岸的合作与交流。

【组织经济发展论坛活动】 结合陕西经济社会发展，针对农村经济合作组织发展、陕北煤化工基地建设和秦岭的保护与开发、汽车产业的发展，省科协组织开展了“陕西省农村经济合作组织论坛”“中国煤转化高新技术国际论坛”“秦岭论坛”和“2009中国商用车发展研讨会”等活动，为省委、省政府及有关部门决策提供参考。

【青年科学家学术沙龙】 为充分发挥学术交流作为科技创新源头的作用，为青年科技工作者营造多学科交叉、探究学术问题的良好环境，2009年，省科协在西北工业大学、西安电子科技大学举办了“国防科技与装备制造”“信息科技与信息安全”“生命科学与医疗卫生”等多场青年科学家学术沙龙，活跃了学术氛围，深受青年科技工作者的欢迎和好评。

科普宣传

【开展第十七届“科技之春”宣传月活动】 陕西省第十七届“科技之春”宣传月活动以“提高全民科学素质　助推西部强省建设”为主题在全省展开。组织开展了七项省级重点活动。邀请全国政协副主席、中国致公党中央主席、科技部部长万钢做了题为《自主创新与应对国际金融危机》的报告，省委常委、常务副省长赵正永主持报告会并讲话；举办了“提高全民素质、促进科学发展”专题科普展览，省委常委、省委宣传部部长胡悦出席并讲话。在西安、宝鸡、延安、商洛等地巡回展出期间，接待观众25000多人次；联合中国农技协开展“全国科技专家进汉中”农村科普示范活动，组织专家和致富能手深入农村向农民传授实用技术知识。副省长朱静芝出席活动启动仪式，中国农技协理事长吕飞杰做了题为“贯彻落实党的十七届三中全会精神，大力发展现代农业”专题报告；联合省教育厅举办了“陕西省第24届青少年科技创新大赛暨青年科学家进校园活动”，参赛作品达356项，经“全国第24届青少年科技创新大赛”评选，获奖33项，省科协青少部获优秀组织奖；组织开展了城市科普示范活动、“农民工就业知识系列培训活动”“科技专家服务三农”巡讲等活动。“科技之春”宣传月期间，全省参加各类活动的省级学会、高等院校、科研院所、企事业单位达100多家；省、市、县（区）共开展重点活动1436项，其中省级活动79项；组织各类科技报告会、专题研讨会、座谈会440场次；举办各类培训班6875期；放映科教电影（录像）1592场次；展出科普展板19800块；发放科普宣传资料、图书350万份/册；组织科普展览165场次；援建科普活动场所（站、点）30多个；各级宣传部门、新闻媒体组织宣传报道1510条（次）；各级科技专家和机关干部共7万多人参与了活动，受益群众达百万人次。

【开展“全国科普日”宣传活动】 2009年“全国科普日”宣传活动以“节约能源资源、保护生态环境、保障安全健康”为主题，9月18日，在兴平市举办陕西省暨咸阳市2009年全国科普日“科技助力新农村建设”科普示范活动。省政协副主席张生朝等领导出席。第二炮兵工程学院副教授、硕士生导师张国良博士，在马嵬中学为1000余名师生做了“励志与创新”科普知识报告。省、市的科技工作者和科普志愿者1500余人参加了活动；9月19日，在西安市莲湖区举办陕西省暨西安市2009年全国科普日“节能、环保、安全、健康”科普示范活动，展出展版600余块，展品25件，3D展版36件，发放科普书籍和宣传画册、资料22000多册/份；举办了“强化科学传播、展现科技魅力”科普大篷车市县行启动仪式暨科普宣传、“大手拉小手——院士专家进校园”“气象科普进校园”、科普游园等活动。与西安中学和西安爱知中学合作创建了“陕西省气象科普教育示范学校”。“全国科普日”期间，全省共开展活动156项，参与公众达31万人次。

【“科普惠农兴村计划”】 2009年省科协配合中

国科协“科普惠农兴村计划”实施，省科协开展了“陕西省科普惠农富民计划”，在全省表彰奖励了25个农技协、14个农村科普示范基地、14名农村科普带头人和13个科普培训基地。会同省财政厅在全省组织评审及推荐38个农村专业技术协会、16个农村科普示范基地和13名农村科普带头人被评为2009年全国“科普惠农兴村计划”先进集体和先进个人。并为进一步推动“科普惠农”，省科协组织70多家受中省科协和财政部、省财政厅表彰的科普惠农先进单位和个人组成“陕西省科普惠农展团”，参加第十六届杨凌农高会。还与陕西电视台合作，拍摄三期“科普惠农兴村富民先进事迹”专题宣传片，下发各地巡回播放。

【应急科普】 甲型H1N1流感期间，省科协邀请第四军医大学闫永平教授、唐都医院连建奇教授在陕西广播电台制作了甲型H1N1流感防控专题互动节目，举办了“专家进校园、进社区”专题报告会，编印发放了《甲型H1N1流感防控科普知识手册》《甲型H1N1流感防控科普知识宣传页》等，多角度、多途径宣传甲型H1N1流感防控知识。

【科普展览】 2009年，为做好科普资源共建共享工作，省科协会同省科技厅等单位举办了“永远的达尔文”展览；会同省军区政治部举办“爱我中华、扬我国威”军事科技知识展。陕西科技馆常设展厅全年接待观众6.5万人次，上演科学表演剧54场，举办科普报告、科普讲座29场次；更换科普橱窗3期、制作科普展板3套290块；开辟了“力学天地”“趣味数学”“光怪陆离”三个主题展区。科普大篷车巡展22次，接待群众10万多人次。

青少年科普活动

【组织开展青少年科普活动】 开展全国中学生数学、物理、化学、生物、信息学等学科竞赛陕西赛区的预选工作，参加竞赛学生达16万人。承办了全国生物竞赛决赛，陕西省选手获得一等奖3项，二等奖4项。化学竞赛中，陕西省选手获得全国总决赛一等奖。实施中国科协与联合国儿童基金会非正规教育项目。开展校外青少年技能和科学素质知识培训19期，培训780人次；组织11名校外青少年参加第三届“童梦圆”西部农村校外青少年夏令营活动，为项目县争取“科普大篷车”1辆。开展“第十四届陕西省少年儿童科学幻想绘画系列活动”，收到作品460幅，评出省级一等奖30名，二等奖68名，三等奖101名。举办“2009年陕西省少年儿童科学幻想绘画巡展活动”和“陕西省少儿科幻画工作人员和辅导教师培训班”。邀请第四军医大学教授龙泳、西北工业大学教授李楠、中国工程院院士李佩成分别作了“甲型H1N1流感的预防”“飞行器设计大赛”“为祖国富强而培养自己”等科普报告；参加“全国第九届机器人竞赛”，获得全国竞赛二等奖6项，三等奖35项；开展“节约纸张、保护环境——2009年青少年科学调查体验活动”；组织实施英特尔“求知计划”培训系列活动，全年培训学生600名；编印《毒品危害与戒除》宣传手册1.2万余册，在中、小学校发放；举办“2009年陕西省青少年科技教育基地经验交流会”等。

科技咨询活动

【开展科技咨询服务】 省科技咨询中心积极开展科技咨询服务，做好技术服务、技术转让、技术开发、技术咨询的综合管理工作。全年共完成技术合同35项，实现合同额334.5万元，合同履约率100%。

【开展企业“讲理想、比贡献”竞赛活动】 省科协组织开展全省“2009年度‘讲理想、比贡献’竞赛”活动。印发《关于开展企业科协工作调研的通知》。西安、咸阳、商洛三市科协领导深入企业进行调研。西安市科协还联合市发改委等部门印发

《关于成立西安市“讲理想、比贡献”领导小组的通知》和《西安市“讲理想、比贡献”实施办法（试行）》。咸阳市科协、宝鸡市科协在调研的基础上，召开了全市“讲理想、比贡献”工作会议。省科协配合中国科协对杨凌示范区科协、宝钛集团公司科协等单位进行工作调研。全省共有62家企业开展了竞赛活动，共立项1076项，其中“节能降耗减排增效”319项，参加活动的科技工作者达17113人，采用合理化建议947条。

学会建设与管理

【学会组织建设】 印发《陕西省科协关于加强省级学会换届工作的意见》。2009年共审批了13个学会的换届申请，指导召开会员代表大会，完成了理事会的换届改选。省科协选择挂靠学会较多、重视学会工作的西北工业大学作为学会共建试点单位，并签订《关于开展学会共建工作的协议》，开展对航空、力学、声学等11个省级学会的共建工作，提升了共建学会的自主办会能力和服务能力。开展省级学会专项调研，加强分类指导，印发《2009年陕西省科协所属省级学会工作专项调研报告》，研究学会分类指导和管理的办法、措施。按照《陕西省科协星级先进学会评选办法》，开展星级先进学会评选工作，评选出星级学会85个（四星级22个，三星级32个，二星级31个）。开展陕西省科协2008年度优秀学会工作者的评选工作，评选出优秀学会工作者158名。编纂2008年度《学会年鉴》。

（逯敏飞）

自然科学基础研究与应用基础研究

概　述

2009年，陕西省自然科学基础研究工作以深入贯彻科学发展观为指导，按照“推动原始性创新，培养自主知识产权，既出高水平成果，又出高层次人才，提高科技持续创新能力，为陕西科技进步和经济社会发展服务”的宗旨，结合国家和陕西国民经济和科学技术发展的重点方向，以项目为依托，加强青年科研人才队伍建设和基础研究基地建设，不断取得重要科研成果，促进优势学科发展，为实施“13115”科技创新工程和科教强省战略，建设创新型陕西奠定科学基础。全省共承担国家和省自然科学基础研究计划项目1174项，资助经费45329.2万元。2009年，全省各类基础研究计划项目执行情况良好，承担单位共报送结题项目328项，省科技厅组织有关专家按照基础研究结题项目评价指标，对结题项目进行了审查和评价，经审核同意结题的项目312项，占报送结题项目总数的95.1%。2009年度，陕西省获得国家和省科学技术奖励的成果中，有62个受省自然科学基础研究计划资助的项目获得国家和陕西省科学技术奖励，其中：获国家级科学技术奖励成果6项（国家科学技术进步奖一等奖1项，二等奖4项，国家技术发明奖1项），获陕西省科学技术奖励成果56项（一等奖17项，二等奖22项，三等奖17项）。2009年经省基础研究计划项目培育，获得国家自然科学基金资助的项目200项，占全省获国家自然科学基金资助项目838项的23.9%。2009年度，全省自然科学基础研究出版学术专著194部（其中省项目71部）；发表研究论文24193篇（其中省项目1648篇）；被EI、SCI、ISTP三大检索刊物收录论文8336篇（其中省项目191篇）；授权专利774项（其中省项目39项）；培养人才7054人（博士2260人，硕士4794人），其中省项目培养人才778人（博士103人，硕士675人）。

2009年陕西获国家自然科学基础研究计划项目资助情况

2009年，陕西省共获得国家各类基础研究项目857项，资助经费43185.2万元。其中，国家“973”计划首席科学家项目4项，资助经费10100万元；“973”计划二级课题10项，资助经费3105万元；“973”计划前期研究专项5项，资助经费307万元；国家自然科学基金项目838项，资助经费29673.2万元。

表1　获国家基础研究各类项目资助情况

项目类别	项目数（项）	资助经费（万元）
“973”计划首席科学家项目	4	10100.0
“973”计划二级课题	10	3105.0
“973”计划前期研究专项	5	307.0
国家自然科学基金	838	29673.2
合　计	857	43185.2

【“973”计划首席科学家项目】

表1-1 获国家“973”计划首席科学家项目

序号	项目名称	负责人	承担单位	资助经费（万元）
1	胃癌新标志物的筛选及其预警和早诊作用的大规模人群研究	樊代明	第四军医大学	2600
2	介观尺度材料特征与服役行为表征的基础研究	孙　军	西安交通大学	2800
3	晚新生代以来我国季风-干旱环境耦合系统演变的动力学研究	安芷生	中国科学院地球环境研究所	2000
4	国防973项目	李应红	空军工程大学	2700

【“973”计划二级课题项目】

表1-2 获国家“973”计划二级课题项目

序号	项目名称	负责人	承担单位	资助经费（万元）
1	猪ips体内分化与发育能力、安全性检测	王华岩	西北农林科技大学	600
2	多场强作用下的结合面无力表征	黄玉美	西安理工大学	456
3	稀疏微波成像信号处理方法研究	邢孟道	西安电子科技大学	400
4	信息服务的需求获取与建模	段振华	西安电子科技大学	377
5	大型燃煤发电机组变工况特性及能耗控制方法	严俊杰	西安交通大学	318
6	多过程耦合的能量转换传输耗散规律及协同优化	杨伯伦	西安交通大学	243
7	高丰度煤层气富集区分布规律与预测评价	李建武	煤炭科学研究总院西安研究院	242
8	服役中信息功能陶瓷及元器件场致功能变化	徐　卓	西安交通大学	174
9	微网并网控制及微网中多分布式电源协调控制	刘进军	西安交通大学	150
10	高谱效率的光编码和光调制	文爱军	西安电子科技大学	145

【“973”计划前期研究专项项目】

表1-3 获国家“973”计划前期研究专项项目

序号	项目名称	负责人	承担单位	资助经费（万元）
1	基于激光雷达的大气环境多参数遥测方法与系统集成技术研究	华灯鑫	西安理工大学	70
2	天然气与烟道气重整制合成气的基础研究	刘昭铁	陕西师范大学	67
3	膀胱癌纳米显像及纳米靶向治疗的基础研究	贺大林	西安交通大学	63
4	煤闪速中低温干馏技术基础研究	兰新哲	西安建筑科技大学	55
5	单层石墨/炭纳米管改性多层石墨纳米复合电极复合材料的制备、结构与性能研究	任兆玉	西北大学	52

【国家自然科学基金项目】 2009年，陕西省获国家自然科学基金资助项目838项，比上年度增长9.8%。其中面上项目459项，青年基金项目307项，重点项目18项，重大研究计划项目10项，杰出青年项目5项，创新研究群体2项，国际合作交流项目25项，专项基金项目3项，联合资助基金项目6项，其他项目3项。经费资助总额29673.2万元，比上年度增长11.5%，全国排名第6位。经陕西省自然科学基础研究计划项目培育，获得国家自然科学基金资助的项目200项，资助经费超过200万元的单位有15家。

表1-4 获国家自然科学基金资助项目情况

项目类别	项目数（项）	资助经费（万元）
面上项目	459	14940.3
青年基金项目	307	6191.7
重点项目	18	3391.0
重大研究计划项目	10	1610.0
杰出青年项目	5	940.0
创新研究群体	2	1000.0
国际合作交流项目	25	720.2
专项基金项目	3	420.0
联合资助基金项目	6	400.0
其他项目	3	60.0
合　计	838	29673.2

表1-4-1 获国家自然科学基金重大研究计划项目

序号	项目名称	负责人	依托单位	资助经费（万元）
1	主动冷却陶瓷基复合材料及其结构研究	张立同	西北工业大学	320
2	城区道路环境下的无人驾驶车辆关键技术及系统验证平台	薛建儒	西安交通大学	300
3	纳米制造中的计量溯源与测试理论研究	蒋庄德	西安交通大学	280
4	电毛细力驱动的纳米结构压印成形及其流变和界面行为研究	丁玉成	西安交通大学	260
5	指导专家组及管理专家组调研和学术交流组织费用	卢秉恒	西安交通大学	200
6	基于选择性注意模型的可视媒体文本检测方法研究	刘跃虎	西安交通大学	50
7	规则有序排列纳米结构阵列半导体氧化物/导电聚合物纳米复合新能源材料制造研究	阙文修	西安交通大学	50
8	人类视觉关于图像质量感知模型的研究	牟轩沁	西安交通大学	50
9	ECR纳米表面的极端制造原理与方法研究	刁东风	西安交通大学	50
10	内陆强风及其作用的现场实测与模拟	刘健新	长安大学	50

表1-4-2　获国家自然科学基金重点项目

序号	项目名称	负责人	依托单位	资助经费（万元）
1	超细晶材料在高温、高应变率下的力学行为	李玉龙	西北工业大学	220
2	网络环境下软件老化模式及再生方法研究	齐　勇	西安交通大学	210
3	生物网络数据分析与挖掘中相关理论与关键技术	高　琳	西安电子科技大学	210
4	人体活性组织介电特性与表征方法研究	董秀珍	第四军医大学	210
5	真空脉冲绝缘用可加工陶瓷的制备与应用研究	张冠军	西安交通大学	200
6	复杂机械系统装配基础理论与质量保障技术研究	卢秉恒	西安交通大学	200
7	先进单晶高温合金凝固特性及缺陷控制	张　军	西北工业大学	200
8	钛合金复杂大件等温局部加载不均匀变形与组织一体化调控	杨　合	西北工业大学	200
9	汉滩病毒结构蛋白抗原表位的系统鉴定及其应用研究	金伯泉	第四军医大学	193
10	材料构型力学理论和实验研究	陈宜亨	西安交通大学	190
11	迷走神经及其递质对缺血心肌的抗炎及线粒体保护机制	臧伟进	西安交通大学	183
12	小麦对条锈菌成株抗性机理的研究	康振生	西北农林科技大学	180
13	非缺血预处理脑保护效应的术前评估及机制研究	熊利泽	第四军医大学	170
14	帕金森病异常症状的同步振荡和随机共振机制	高国栋	第四军医大学	170
15	穿插和缠绕的金属-有机骨架化合物定向合成与性质	王尧宇	西北大学	170
16	创伤性脑水肿分子病理机制研究	费　舟	第四军医大学	165
17	耦合传递过程的归一化系统集成理论及其应用研究	冯　霄	西安交通大学	160
18	螺旋神经元损伤后移植干细胞分化的分子机制及生物学特性研究	邱建华	第四军医大学	160

表1-4-3　获国家自然科学基金杰出青年项目

序号	杰出青年	所在单位	研究方向	资助经费（万元）
1	单智伟	西安交通大学	微纳米尺度材料的结构和性能	200
2	张兴亮	西北大学	早期生命演化研究	200
3	张卫红	西北工业大学	计算固体力学与结构优化	200
4	曹军骥	中科院地球环境研究所	黑炭地球化学研究	200
5	屈长征	西北大学	数学物理	140

表1-5 经陕西省自然科学基础研究计划项目培育获得国家自然科学基金项目资助情况

国家自然科学基金项目类别	资助项目总数（项）	经省基础研究计划培育项目数（项）	占项目总数的比例
面上项目	459	170	37.0%
青年基金项目	307	16	5.2%
重点项目	18	5	27.8%
重大研究计划项目	10	—	—
杰出青年项目	5	1	20.0%
创新研究群体	2	—	—
国际合作交流项目	25	6	24.0%
专项基金项目	3	1	33.3%
联合资助基金项目	6	1	16.7%
其他项目	3	—	—
合 计	838	200	23.9%

表1-6 获国家自然科学基金项目资助经费超过200万元的单位

序号	单位名称	面上项目（项）	青年基金项目（项）	重大、重点项目（项）	杰出青年项目（项）	其他项目（项）	经费合计（万元）
1	西安交通大学	119	75	14	1	12	8457.6
2	第四军医大学	97	82	7		3	5820.0
3	西北工业大学	43	36	4	1	3	3330.5
4	西北大学	27	12	1	2	8	1779.4
5	西北农林科技大学	43	9	1		1	1718.2
6	西安电子科技大学	21	24	1		3	1501.0
7	西安建筑科技大学	15	6			3	1165.0
8	陕西师范大学	23	8			3	1073.0
9	中科院地球环境研究所	4	2		1	2	940.0
10	长安大学	11	14	1		2	741.0
11	西安理工大学	18	7				725.5
12	西安光学精密机械研究所	2	5			1	289.0
13	中科院水土保持研究所	6	2				268.0
14	空军工程大学	6	3				253.0
15	西安科技大学	6	1			1	217.0

2009年陕西省自然科学基础研究计划项目资助情况

2009年，陕西省自然科学基础研究计划按照项目人才基地相结合的思路，进一步调整资助结构，建立了重点项目、青年人才项目、面上项目分类支持的资助体系。计划以全省经济社会发展中亟待解决的科学问题和优先发展领域为主体目标，按照“自由申请、单位推荐、专家评审、择优支持”的原则，重点支持具有原始性创新研究和学科、学术思想交叉融合的优势项目，加强对优秀中青年学术带头人的培养和对重点实验室、工程技术研究中心的扶持，经过专家评审，在930个申请项目中评选出317项列入了计划，共资助经费2144万元。其中政府资助1000万元，项目承担单位配套资金1144万元。立项项目主要围绕全省农业、材料、能源化工、医药、信息等经济社会发展的重点领域开展研究。

2009年度有曾受陕西省自然科学基础研究计划资助的62项成果获得国家和省科学技术奖励。

【陕西省自然科学基础研究计划立项情况】

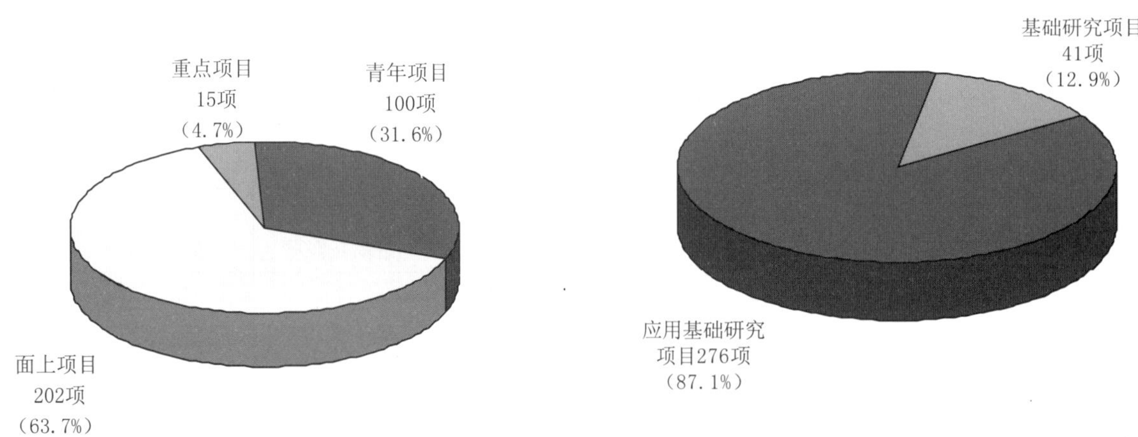

图1 2009年陕西省自然科学基础研究计划立项情况示意图

【陕西省自然科学基础研究计划项目学科分布情况】

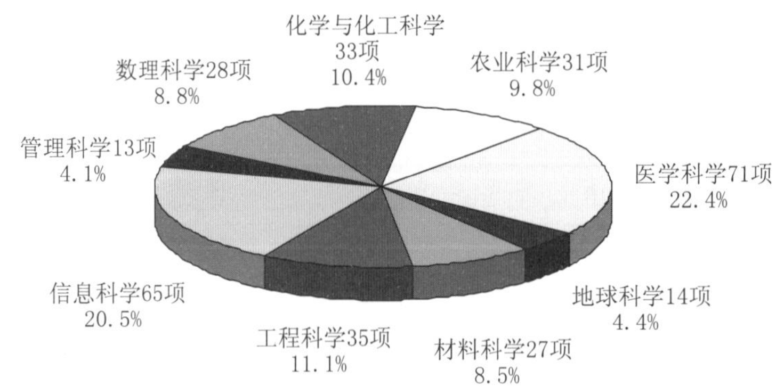

图2 2009年陕西省自然科学基础研究计划项目按学科分布示意图

西安华迅微电子有限公司

西安华迅微电子有限公司是由多位曾在海外卫星导航领域以及微电子领域工作多年的资深博士共同发起，是国家重点扶持的高科技企业，也是国家863计划、中小企业创新计划，核高基计划，国家发改委和省市重大科技计划项目的承担单位之一。

西安华迅微电子有限公司

自2006年华迅研制成功国内首款具有完全独立自主知识产权的GPS套片（射频芯片和基带芯片）以来，华迅微电子一直引领中国卫星导航产业核心芯片技术的发展。

目前公司的产品及技术方案包括GPS射频芯片，兼容GPS北斗二代的射频芯片、GPS数字基带处理芯片、IP Core、GPS+PMP SOC芯片、车载监控及导航系统、气象探测等产品；华迅三代多通道兼容GPS与北斗二代的射频芯片，以及基带处理芯片将于2010年推出，目前已经调试成功。这些产品已申报并获得了几十项技术专利。

华迅二代GPS芯片组发布会
(2009年上海)

荣誉及获奖情况

- 2009年12月获国务院侨务评选的《中国杰出创业奖》；
- 2007年获西安市科技进步二等奖；
- 2006年获西安高新区创业奖；
- 2006年获西安工信厅科技成果特等奖；
- 2006年获西安高新区50万元杰出创业奖；
- 2005年获西安高新区创业园发展中心创新奖；
- 2004年—至今，陕西省集成电路行业协会理事单位；
- 2008年—至今，西安高新区卫星应用产业联盟副理事长单位；
- 2009年—至今，陕西（西安）物联网产业联盟理事单位；

华迅二代GPS北斗射频以及GPS基带处理芯片

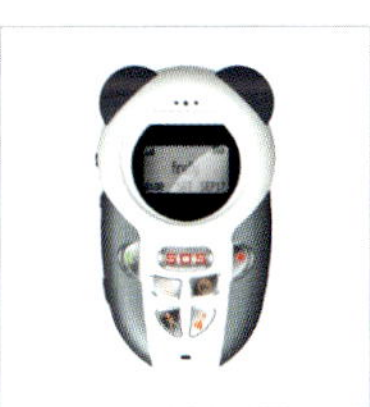
个人跟踪器

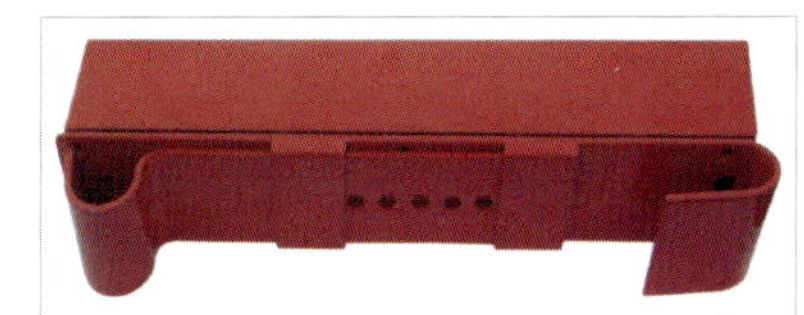
集装箱运输跟踪器

西安市科学技术奖
证 书

陕西省科学技术进步二等奖

中国煤炭地质总局航测遥感局（中煤地航测遥感局有限公司）

中国煤炭地质总局航测遥感局（中煤地航测遥感局有限公司）是中国煤炭系统从事空间信息技术研究和应用的高科技单位，服务领域涉及航空摄影、数字测绘、遥感技术研究与应用、地理信息系统研建、GPS应用服务、地下管网探测、地图制印、票卡印刷、印刷材料制造、对外经济技术合作和进出口贸易等。具有完整的从数据采集、数据处理、数据分析、软件开发到信息系统研建的产业链，是国家科技部批准的国家西部“3S”空间信息产业化基地，是陕西省地理空间信息工程技术研究中心的依托单位和陕西省印刷包装工程技术研究中心的共建单位，并建有中国煤炭地质系统首家博士后科研工作站。

核心技术“3S”（GPS、RS、GIS）技术及其集成技术、高档地图制印技术居国内领先水平，其中全数字摄影测量和航空数码摄影技术达到国际先进水平。拥有大比例尺全数字测图技术、大比例尺数码航摄技术、城市三维可视化大规模生产工艺、高分辨率高光谱遥感技术、生态环境遥感调查技术、大比例尺遥感煤田地质填图技术、数字沙盘制作技术、CTP直接制版技术、基于空间数据的地图全数字一体化生产技术、票证防伪技术等一批具有煤航特色的高新技术和创新产品。

2009年，承担国家863项目1项，国家高技术产业化专项1项，陕西省科学技术研究发展计划项目3项，中国煤炭地质总局科技专项2项，煤航科技创新基金项目6项。

2009年，取得发明专利1项，实用新型专利2项，计算机软件著作权22项；获得2009年中国煤炭工业协会科技进步一等奖1项，中国测绘科技进步三等奖2项，2009年优秀测绘工程奖金奖2项，银奖1项，取得了良好的经济效益与社会效益。

地址：西安市建西街3号
网址：http：//www.arscmh.com
电话:029-87855324
传真:029-87850285

蟠龙采油厂

科技扬帆

——推进生产正当时

蟠龙采油厂地处延安市东北部50公里的蟠龙镇，是著名的蟠龙战役所在地。区域内地形为沟、梁、峁并存的黄土高原地貌，平均海拔约1270米。采油厂自投入开发以来，经过近11年的艰苦奋战，油田现有主力开发生产区块4个，控制含油面积70平方公里，地质储量2014万吨，现有采油井1179口，注水井104口，平均单井日产油0.23吨，2005年实现了原油14万吨，2010年原油任务为9万吨。

采油厂在历届厂领导班子的正确领导下，以科技为先导，走科技兴油之路。自建厂以来共完成8个科研项目报告，有利地指导了采油厂的勘探开发工作，为采油厂的发展壮大发挥了重要作用。其中《陕北斜坡东部蟠龙探区油气分布规律研究及有利区块评价》于2009年获集团公司三等奖，该项目研究成果直接应用于勘探与开发，降低了油田勘探风险，并指导新区块开发。

采油厂以“坚持以人为本，推进科技创新，建立高效机制，实现业绩提升”为管理理念，充分体现科学与创新，过程控制，人文管理和可持续发展的指导思想，构建了蟠龙油田滚动开发建设技术体系，勘探开发联动，灵活调整，建立了“互动管理”“过程控制”“预算四法”及绩效考核，优化配置，改善结构，逐步推行现代企业制度的人力资源管理，尊重知识，重视人才培养和发展，科技兴油的风气已蔚然成风，走出了一条科学高效开发“三低”油田的成功之路。

蟠龙采油厂油田水处理标准间

蟠龙采油厂技术骨干忙部署规划

蟠龙采油厂生产基地全貌

第四军医大学药物研究所

第四军医大学药物研究所主要从事教学、科研和新药研制工作。现有教学、科研等技术人员56名，其中教授3名，副教授6名；讲师和助教各9名。王四旺教授任所长；王剑波主任药师任副所长。依托第四军医大学雄厚的教学、医疗、科研设施以及作为国家“211”工程重点建设院校和军队重点建设大学。近年来药物研究所在教学、科研及新药转化等方面成效显著，学科建设发展迅速，特色明显。

药物研究所系《生药学》和《中药学》博士授权学科，现有研究生导师8名；在读硕士研究生9名，博士研究生6名。设有天然药物化学、药物分析、药理毒理实验室、药物制剂研究室及资料图书室。拥有高效液相色谱仪、薄层色谱扫描仪、气相色谱质谱仪、CO2超临界萃取仪、冷冻干燥仪、-86℃低温冰箱、动物IVC系统等科研仪器和设备，总价值900余万元。药学资料和图书藏有各种期刊80余种，800余册。尚有中药固体制剂提取中试车间和医院制剂研究室，固定资产3200余万元。

目前，承担药物制剂、药学专业本科生的《药用植物学》、《生药学》、《中药学》和《药物制剂设备与工艺设计》及《天然药物化学》等五门课程的教学任务。

自1989年3月建科以来，坚持创制中药新药为主要科研方向，充分运用现代科学技术与方法进行中药和天然产物的综合研究，获得“甲蓉片、安替可胶囊、蒲参胶囊、花藤子颗粒和染料木素原料药”等5项国家新药证书；获得“染料木素胶囊（1类）、椒葛软胶囊、精参颗粒、参花胶囊和复方地榆栓”国家新药临床试验批件。

近年获得陕西省科学技术一等奖1项，军队科技进步二等奖2项，三等奖6项；申报中国发明专利70项，获得专利授权32项；发表科研论文210余篇，其中SCI收录和国外论文28篇（最高IF=74.585）；主编出版《中药药效学研究与评价》、《比较医学》等专著9部。承担国家重大新药创制重大专项、国家自然科学基金、陕西省“13115”工程重大专项重大项目和工程技术研究中心等科研课题18项，总专项经费达1000余万元。

王四旺

王剑波

中药及其复方和天然药物的体内外物效基础研究是我科室的主要科研方向。该学科带头人王四旺教授首次提出“中药分子、方证组方、分子中药学和分子中药”系列学术命题，并带领团队积极实践与创新，主攻中药复方制备过程中的物质成分转移及其体内应用后物效成分的检测研究，旨在揭示中药组方原理和中药分子作用与配伍机制，同时筛查主治心脑血管病和肿瘤高效低毒的成分明确、作用机制清楚的分子中药。目前在研项目主要有2010年版《中国药典》（一部）收载的“双丹口服液”、“元胡止痛片”等临床应用前景广阔的大品种二次开发。相信在不久的将来，分子中药将诞生于市场，为解除人们疾苦、实现中药现代化以及中药走向国际市场做出巨大贡献。

我们奉行“团结、求实、创新、献身”学术和职业所训，追求“知难而进，勇攀高峰”奋斗精神。更愿与国内外有志于新药创制的企事业单位精诚合作，共创中国医药科技辉煌的明天！

通讯地址：陕西省西安市长乐西路17号
邮政编码：710032
联系电话：029-83224790,84774748
联系传真：029-83224779
网络地址：http://imm.fmmu.edu.cn/

陕西凌云电器集团有限公司

董事长、党委书记：武润奎

地址：宝鸡市峪泉路1号
电话：0917-3604488
传真：0917-3314247
网址：lingyungroup.com.cn
信箱：765@lingyungroup.com.cn

陕西凌云电器集团有限公司（国营第七六五厂）始建于1960年2月，是从事军用航空和航海无线电导航接收设备及民用电子产品的专业公司，总部设在宝鸡市高新技术产业开发区，在宝鸡、西安、深圳拥有7个子公司。

经过五十年的发展，公司的经营规模和实力得到了大幅提升，研发、生产和服务体系完善。设有军品设计所、电子信息研究所、高频电子组件研究所、汽车视听产品研究所、蓄电池研究所和工艺研究所等研发机构。拥有无线电装配和调试、精密机械加工、柔性加工、印制电路板加工、蓄电池制造、SMT贴装、表面处理等多条国内技术领先的专业生产线。研制生产的军品有：无线电罗盘、塔康机载设备、着陆引导机载设备、罗兰C和北斗卫星远程导航接收设备、数据链设备等系列；民品主要有：消防车、汽车音响、汽车蓄电池、太阳能光伏储能蓄电池、高频电子组件等系列。

公司30余种产品获60多项国家级、部省级奖项，拥有专利技术25项。1997年通过ISO9000质量体系认证，2003年取得军民品2000版质量体系认证证书；计量达国家一级标准；2004年通过国家一级保密资格认证；2005年首批获得军工电子装备科研生产许可证。2007年取得中国人民解放军总装备部装备承制单位注册证书。

集团揭牌暨成立50周年庆典仪式

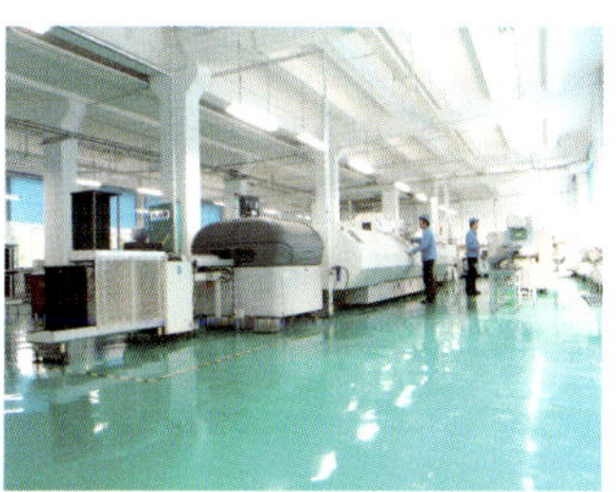
西部最大SMT加工能力生产线

银河消防车发车仪式

凌云精密加工中心

蓄电池生产现场

中国兵器工业集团第二一三研究所钴酸锂正极材料项目应用前景广阔

锂离子电池是新一代的绿色高能电池，具有电压高、能量密度大、循环性能好、自放电小、无记忆效应等突出优点，广泛应用于各种便携式电动工具、电子仪表、移动电话、笔记本电脑、摄录机、武器装备等，在电动汽车中也具有良好的应用前景。钴酸锂正极材料是锂离子电池的重要组成部分，约占锂离子电池成本的30%。目前，90%以上的锂离子电池采用$LiCoO_2$作为正极材料，全世界每年约需求$LiCoO_2$材料10000余吨。锂电池正极材料及锂电池技术作为国家中长期科技发展的前沿技术，属于国家大力发展的战略性新兴产业，已列入国家重点支持的高新技术。在石油和煤等矿物能源日趋减少的将来，以锂离子正极材料及锂电池为核心的化学能源技术必将成为各国大力发展的战略能源之一。

中国兵器工业集团第二一三研究所是国内较早进行电池正极材料钴酸锂研究开发的单位，通过几年的自主研发，在钴酸锂的生产工艺方面积累了丰富的经验，首创干粉造粒技术，利用高温固相反应的原理，经过离子掺杂和表面修饰工艺生产出的钴酸锂材料，除具有国外钴酸锂材料的基本特性和功能外，还具有其它性能优势，如优良的加工性能和电化学性能，使电池生产中对钴酸锂的使用更方便可靠。研究所研发的锂离子电池用钴酸锂正极材料采用热拉工艺，以氧化钴和碳酸锂等为主要原料，加入添加剂，经混料、烧结等工艺，生产出的钴酸锂具有高振实密度，微观形貌好、比容量高等优点，且制备工艺简单，连续性强，效率高，成本低，可广泛用于锂原电池和二次电池，应用前景极为广阔。

中国兵器工业集团第二一三研究所在钴酸锂正极材料项目上具有自主知识产权，该项目的研制成功，打破了国外生产厂家在钴酸锂材料上对我国的技术封锁，缓解了国内严重的供需矛盾，同时带动我国锂离子电池用原材料的研究开发，促进了我国锂离子电池产业的健康发展，经济效益和社会效益显著。该项目获2009年度陕西省国防科学技术进步二等奖。

锂离子电池正极材料钴酸锂

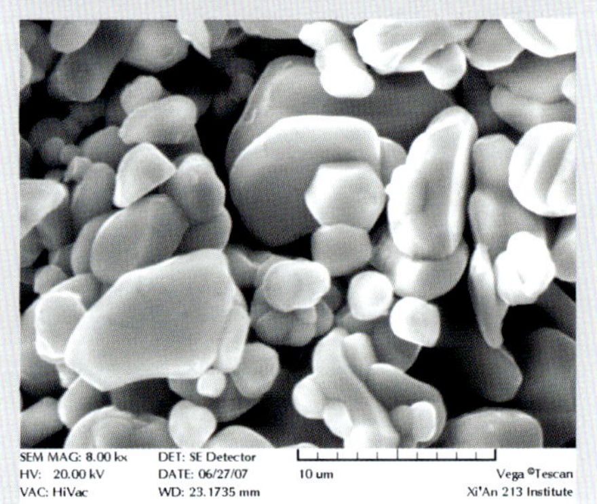

钴酸锂电镜扫描图

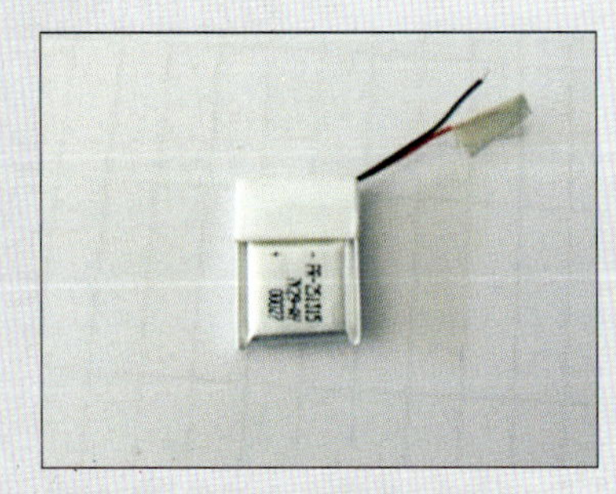

用钴酸锂作为正极材料的电池产品图

钴酸锂电池运用到旅游车和太阳能储能电池

2010年国家级宝鸡高新技术产业开发区

省领导到宝鸡高新区视察、（右三）为原陕西省省长袁纯清、（右一）为陕西省副省长朱静芝、（右四）为宝鸡市市委书记唐俊昌、（右二）为宝鸡市市长戴征社

省领导到高新区视察、（左一）为原陕西省省长袁纯清、（左二）为陕西省科技厅厅长张伟、右一为陕西省副省长朱静芝、（右二）为宝鸡市市长戴征社

高新区科技兴贸创新基地授牌。（右二）为宝鸡市常务副市长上官吉庆

2008年12月30日，陕汽集团汽车制造生产基地项目签约。（左一）市长助理、高新区党工委书记、管委会主任王琳

科技厅邱义路副厅长到高新区企业调研。（左三）为陕西省科技厅副厅长邱义路、（左一）为宝鸡高新区管委会副主任王海峰

京沪高铁接触网零件投产启动仪式。（前排右一）为宝鸡高新区管委会党工委副书记张满利

西北化工研究院

刘国平院长

西北化工研究院是我国从事化学工业综合性研究和开发的重点科研单位之一，中国科技核心期刊《工业催化》主办单位，全国工业催化信息总站和全国医疗高分子信息站依托单位，中国化学会催化专业委员会成员单位，陕西省煤化工工程技术研究中心依托单位，陕西省高新技术企业，ISO9001-2000质量管理体系认证企业。

西北化工研究院创建于1967年。经过数十年的发展，已形成以煤气化/煤化工、催化剂和精细化学品等优势专业领域，下设煤气化研究所、催化研究所、精细化工研究所、环境保护研究所、农化研究所、陕西省煤化工工程技术研究中心、设计所等研究机构，《工业催化》杂志社、信息中心等信息机构和数个全资或控股公司。拥有享受国务院特殊津贴专家和陕西省突出贡献专家10余名，中高级技术人员300余人。建院以来，共承担国家纵、横向课题1000余项，取得科研成果800余项，荣获国家和部省级奖励100余项，获奖200多人次，拥有专利数十项。历经数代人自主开发的多元料浆气化技术已在煤化工行业获得广泛应用；以自主开发的催化/净化技术为支撑形成的催化剂产业已初具规模，技术水平居国内外领先地位。

高新技术企业
证书

企业名称：西北化工研究院　　证书编号：GR200861000316
发证时间：2008年11月21日　　有效期：三年
批准机关：

地址：西安市临潼区火车站街1号　邮编：710600　电话：029-83870100　传真：029-83870179
网址：http://www.nwrici.com

一、煤气化领域

全国化工科研院所领导来我院参观

西北化工研究院是我国以煤气化制合成气技术为主要研发领域的知名科研机构，水煤浆气化及煤化工国家工程研究中心技术依托单位，陕西省煤化工工程技术研究中心依托单位。研究范围涉及固定床、流化床和气流床气化技术，并以气流床气化技术开发研究为主要特长。在数十年的研发历程中，先后开发成功常压粉煤气化制合成气技术、长焰煤固定床气化制燃料气（合成气）技术、CO_2还原制CO技术、水煤浆制备和加压气化技术、煤富氧连续气化技术、多元料浆新型气化技术（MCSG）等煤气化成套技术；获得专利授权15项；完成国内外1500多个煤种的气化性能、气化方法及煤炭综合利用评价试验，建立了气化性能评价数据库。

西北化工研究院开发的具有完整自主知识产权的多元料浆新型气化技术，先后获得国家科技进步一等奖和陕西省科学技术一等奖，技术指标先进，工艺成熟，已实现广泛的工业应用。

二、催化剂领域

催化/净化技术是西北化工研究院的传统优势科研领域，技术水平居国际先进、国内领先地位。研发领域涉及加氢转化、CO变换、甲醇合成、代用天然气(SNG)合成、二甲醚合成、醋酸合成、脱硫、脱氢、脱氯、脱氧、脱砷等工艺技术及相关催化剂，建有技术先进、类别齐全的催化剂生产线，技术和产品应用到国内外数白个厂家。荣获全国科学大会奖1项，国家科技进步二等奖2项，省、部级奖励数十项，国家重点新产品7个。

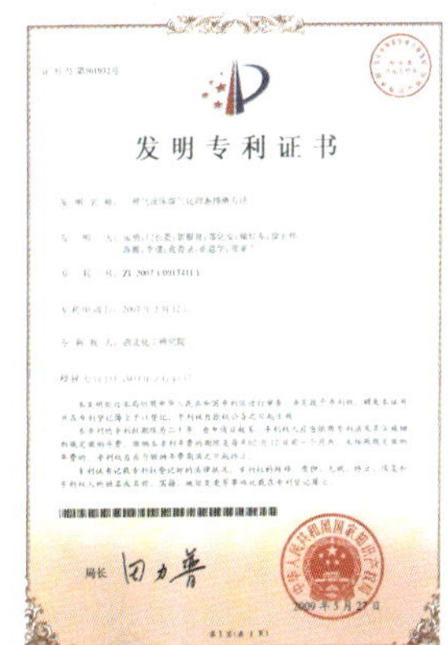

发明专利证书

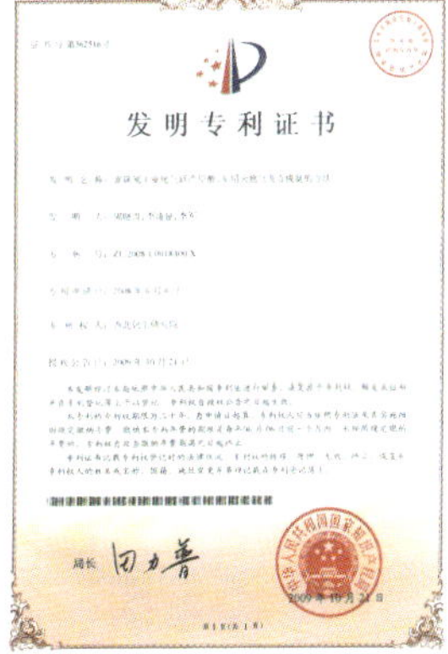

发明专利证书

西北化工研究院是中国科技核心期刊《工业催化》的主办单位、全国工业催化信息站承办单位和国家授权的有机硫加氢催化剂、氧化锌脱硫剂6个行业标准的制订单位。

催化剂评价装置

X射线荧光光谱仪

气相色谱仪

延安炼油厂

领导风采—柳荣漳厂长（前右）和冯建平书记（前左）视察工作

延安炼油厂筹建于1986年，投产于1988年，20多年来为地方经济的发展做出了重大贡献。2005年陕北石油企业重组，延安炼油厂在原延炼实业集团公司的基础上更名为陕西延长石油（集团）有限责任公司延安炼油厂，是炼化板块的骨干企业。

延炼地处古都西安与圣地延安之间，包茂高速和210国道由此经过。厂区坐落在葫芦河与洛河相汇的交口河镇，水、电和土地资源充足，交通、通讯十分便捷。

延安炼油厂依托资源，面向市场，经过不断的技术改造，目前已形成原油一次加工能力800万吨/年，催化二次加工400万吨/年的生产规模。配套的主要生产装置有30万吨/年液化气精制、30万吨/年气分、10万吨/年聚丙烯和6万吨/年MTBE。生产装置的工艺控制水平、技术操作水平和现代管理水平逐年提高。主要产品有93#、97#汽油，-10#、0#、+5#柴油，聚丙烯、液化气等，其中93#汽油和-10#、0#柴油都是陕西省名牌产品。

建厂20多年来，延炼在秉承企业优良传统的基础上，经过不断的创新和发展，现已形成了较为先进的管理理念和企业文化。那就是发扬艰苦奋斗的延安精神和埋头苦干的石油精神，着力构建团结、务实、创新、奋进的企业精神；以人为本，着力塑造勤勉、守信、敬业、奉献的新型员工形象；大力倡导视质量为生命、以质量求发展、凭质量树品牌的品牌理念；管理上以科技强企为支撑，关注细节，讲求实效，追求卓越；始终坚持为市场创造价值、为企业谋求发展、清洁发展、节约发展、和谐发展的可持续发展之路，不断聚合全厂员工的智慧和力量，以“四个”一流（建一流队伍，干一流工作，创一流业绩，办一流企业）为标准，全力打造规模延炼、实力延炼、品牌延炼、和谐延炼。先后荣获全国守信用重合同企业、全国绿化400佳单位、全国设备管理优秀单位、全国500强企业、全国企业文化建设先进单位、全国石油和化学工业先进集体，陕西省质量效益型企业、陕西省质量诚信示范单位、陕西省爱电企业、陕西省设备管理优秀单位、陕西省明星企业、陕西省无泄漏工厂、陕西省清洁文明工厂、陕西省清洁生产审计示范单位、陕西省安全生产先进单位、陕西省消防安全红旗单位、陕西省绿色文明示范工程绿色企业、陕西省环保贡献奖杰出单位、陕西省模范职工之家、省级卫生先进单位、省级文明单位等荣誉称号。

前进中的延安炼油厂在陕西延长石油（集团）有限责任公司的正确领导下，在地方各级政府和社会各界的大力支持下，将进一步全面贯彻落实科学发展观、抢抓机遇，乘势而上，以做精炼化技术、做专炼化产业为目标，努力把延炼建设成为员工优秀、管理先进、产品质优、环境优美的大型现代化炼油企业，为把延长石油建设成为国内一流、世界知名的大型石油煤化工企业集团、为陕西建设西部强省做出新的更大的贡献！

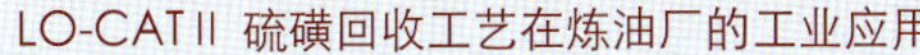

LO-CAT Ⅱ 硫磺回收工艺在炼油厂的工业应用

延安炼油厂含硫污水汽提尾气焚烧装置于2003年6月建成投产运行，用以对全厂酸性气（水）排放进行无害化处理。为满足企业生产发展的实际需要，延炼于2007年对装置进行了技术改造，使其汽提单元处理能力由60吨／小时扩建为120吨／小时，同时配套建设5000吨/年硫磺回收单元，并将原尾气焚烧炉由一段焚烧改造为两段焚烧工艺。装置于2008年5月投产后，满足了全厂酸性汽（水）的处理需要，在副产硫磺的同时，使全厂酸性气排放尾气中的氨氮含量大幅减少，实现了达标排放，取得了良好的经济、社会和环境效益。

硫磺回收装置工艺选用了美国Merichem Chemicals & Refinnery Services LLC 提供的LO-CAT Ⅱ自循环工艺，汽提后的酸性气先进入吸收氧化器吸收区，经过氧化吸收的废气进入焚烧炉进行两段焚烧。从焚烧炉出来的高温烟气通过废热锅炉回收热量，烟气降温后进入烟囱排放。在吸收区析出的硫磺浆料通过真空带式滤机过滤。滤液返回吸收氧化器再利用，硫磺包装后外运。

装置建成投产后，经过一年多的运行考核，酸性气处理平均流量可以达到50kmol／h。通过硫磺回收装置的处理，可以将酸性气中的SO_2转化为含水和杂质小于27%的粗硫磺，并使回收尾气中H_2S的含量在7ppm以下，保证了装置排放尾气中SO_2含量达标；对富含NH_3-N的回收尾气，通过改造后焚烧炉的两段焚烧，将NH_3-N还原为N_2，以实现装置尾气的NH_3-N达标排放。通过对该装置的整体改造，保护了环境，节约了资源，达到了节能减排、清洁生产的目的，进一步提升了企业形象。目前在延炼运行的LO-CAT Ⅱ硫磺回收反应器是世界上最大的此类反应器。该工艺在我国炼油行业属首次应用。

气相燃料（干气）与工业煤在循环流化床锅炉上混合燃烧技术的研究、开发和工业应用

为了实现节能减排、降低能耗的目标，消化炼油厂富余干气，延安炼油厂于2006年5月展开了75t/h循环流化床锅炉煤与干气两相流混烧的技术攻关。通过大量的调研、试验和现场整改，于2007年10月对三台锅炉成功实施了两相流技术混烧技术改造。

通过对气相燃料（干气）与工业煤在循环流化床锅炉上混合燃烧技术的研究、开发和工业应用，将气相燃料传统火炬式燃烧传热的模式植入循环流化床煤锅炉的流态化燃烧和传热过程，为循环流化床锅炉气相燃料的植入和经济、清洁运行提出了一个可行的工业化应用方案，并成功进行了生产实践，为相关企业可燃富余气的回收利用和节能减排提供了一种新的、可靠的技术途径，值得借鉴推广。

经过将近三年的生产运行，锅炉运行比单烧煤更平稳，更可靠，不仅降低了工人的劳动强度，提高了锅炉运行周期，同时节约大量的原煤，减少了二氧化碳和二氧化硫的排放，有极好的社会效益。

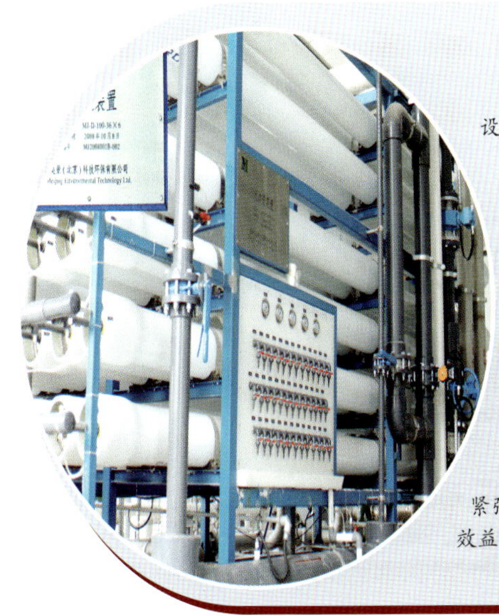

超滤和反渗透组合工艺在延炼污水回用装置的应用

延安炼油厂污水回用项目于2007年7月立项，2009年3月土建开工，2009年10月建成投运。装置设计处理量为400m^3/h。该装置的建成投产，标志着延炼的节能减排水平又迈上了一个新的台阶。

经过多年来的建设和发展，延炼已逐步形成了技术先进、功能完备、体系健全的含油污水处理系统，全厂外排生产污水均达到二类一级标准，实现了达标排放。污水回用装置的主要任务就是对外排的达标污水进行深度处理，以实现污水的回收利用。

装置采用超滤和反渗透组合工艺。通过引进加拿大ZENON公司的ZeeWeed®500d超滤过滤系统，达到去除水中的生物污染物、颗粒物、胶体、细菌，降低浊度的目的，以满足反渗透系统的进水水质要求。该项工艺无须澄清器或多介质过滤器等预处理设施，只需预先粗滤原水即可达到94%的总体回收率。

反渗透系统的主要作用是脱除水中的盐份。通过反渗透系统处理，使来水的脱盐率达到97%以上，确保回用污水水质达到锅炉化学水处理系统的补水标准。反渗透单元采用美国GE公司生产的高脱盐率抗污染复合膜。

延安炼油厂污水回用系统的投用，每年将为延炼节水216万吨，大大缓解延安炼油厂的用水紧张局面，同时又减少了污水排放量，减轻了环境压力，具有显著的经济效益、环境效益和社会效益。为延长石油集团的长期稳定发展创造有利条件。

中国重型机械研究院有限公司

中国重型机械研究院有限公司（西安重型机械研究所），创建于1956年，是以研制冶炼、轧制、重型锻压、环保设备为主，机、电、液和基础件配套齐全的大型现代科技企业，现有在岗员工1100人。具有国家建筑工程咨询甲级、钢铁行业咨询甲级和建筑工程设计甲级资质及冶金行业、市政公用燃气工程设计乙级资质，具有进出口权。

2006年进入全国“首批创新型企业试点单位”；“在振兴装备制造业和重大技术装备国产化工作中做出重要贡献”受到国家表彰；2007年获准建设“金属挤压与锻造装备技术国家重点实验室”；荣获“全国五一劳动奖状”；2008年荣获国家首次设立的企业技术创新工程国家科技进步奖二等奖；2009年“中薄板坯连铸机关键技术攻关及应用” 获国家科技进步二等奖，研制全球最大的“165MN自由锻造油压机研制” 获中国机械工业科技奖特等奖。

50多年来，公司研制的大型成套技术装备创造了180项“中国第一”，获国家和省部级科技进步奖近300项，拥有专利500余件，近年来共创造40多项中国企业新纪录。

地址：西安市东元路209号
邮编：710032
电话：029-86322300
传真：029-86713965
邮箱：keyan@xaheavy.com
网址：www.sino-heavymach.com

青化砭采油厂

青化砭采油厂厂长郑忠文

青化砭采油厂党委书记杨培智

青化砭采油厂隶属于陕西延长石油（集团）有限责任公司延长油田股份有限公司，地处延安市东北部34公里处的青化砭镇。毛主席转战陕北时以少胜多、以弱胜强著名的“青化砭战役”就发生在这里。该厂始探于1953年，1967投入开发。现有员工2510人，其中正式员工1277人，聘用工1233人。拥有固定资产39亿元，年产原油45万吨。

50多年来，发扬“埋头苦干、开拓创新”的老矿精神，推动了企业的又好又快发展。1986年原油生产突破1万吨，1993年突破10万吨，2003年突破50万吨，已连续稳产7年，建厂以来累计生产原油560多万吨。

伴随物质文明的快速发展，精神文明也取得了可喜成绩。1999年被中央文明委授予“全国精神文明建设先进单位”称号。2001年厂党委荣获“陕西省城市先进基层党组织”称号。2005年被中央文明委授予“全国文明单位”称号。

近年来，该厂立足“科技兴厂”，坚持“科学技术是第一生产力”的指导思想，加大科技人员的培训力度，多渠道、多形式培养技术人才；加大技术攻关力度，积极与科研院所合作，走产学研结合的路子；围绕提高油田采收率、降低综合递减率等技术课题，有针对性、目的性地开展技术攻关，为持续稳产提供技术支撑。大力推行先进适用的二次采油技术，积极试验三次采油技术，依靠技术引进、消化、创新，形成了具有区块特色的开发模式。2009年，完成了《丰富川西部油气富集规律研究》、《青化砭采油厂资源潜力研究》、《姚281井区长4+5、长6油层新增石油探明储量计算》等项目；实施了二氧化氯解堵、驱油剂应用、超声波震动采油、电爆震解堵等油水井技术措施7项245井次，累计增产8378.8吨。其中，生物酶驱油、生物酶破胶、启源-驱油剂等技术具有较好的推广价值，为该厂的持续稳产提供了技术支撑。

注水站

“‘微生物+膜’处理油田采出水技术应用”获延长石油集体公司科技三等奖、获延长油田公司一等奖

姚店油田王皮湾污水处理站

全国精神文明建设工作
先进单位
中央精神文明建设指导委员会
一九九九年九月

1999年中央文明委授予青化砭采油厂全国精神文明建设工作先进单位

全国文明单位
中央精神文明建设指导委员会
二〇〇五年十月

2005年中央文明委授予青化砭采油厂全国文明单位

七里村采油厂全景

2009年七里村采油厂科技成果应用

一、企业简况

七里村采油厂位于陕西省延长县城西3.5公里处，是中国石油工业的发祥地，闻名遐迩的中国陆上第一口油井就诞生在这里。

截至2009年底，七里村油田已探明含油面积246平方公里，探明石油地质储量1.26亿吨，累计生产原油424万吨，目前拥有各类油井5516口，在册职工1365名。

七里村采油厂发展的百年历程就是一部超低渗岩性油藏勘探开发的发展史。1907年中国大陆第一口油井—“延1井”投产，初日产油1.50吨，后来采用爆炸、压裂等方式改造油层，油井单井产量大幅提高。原油产量从1972年突破万吨大关，1992年达到10万吨，2005年又突破30万吨，截至2009年底已持续稳产五年。

七里村采油厂历年原油产量图

二、2009年科技成果应用情况

1. 复杂结构井的综合改造技术

复杂结构井是指在当时的地质认识、技术条件下所完成或用当时的工程技术手段进行改造后井中存在重大缺陷的油井，分为“水大井”和“爆炸井”两种。通过改造复杂结构井，其最大的经济效益并不仅限于当年，而使一批“死井”重新投入生产。该项技术曾获得2008年陕西省科技进步奖励三等奖。2009年共处理“水大井”10口，累计增产原油302吨；累计处理“爆炸井”5口，累计增产原油150吨。

2. 开展延长组长6油层压裂工艺技术优化研究，提高压裂效果

通过结合2009年压裂工作经验认识以及压裂工作量，强化现场试验及研究的力度，调整优化施工参数，分析不同储层特征，确定合理的施工参数以及改造工艺方式，形成了相对完善的适合长6浅油层的压裂工艺技术。2009年在七里村采油厂共实施压裂优化设计及现场指导施工20井次，整体增产效果明显，优化压裂平均单井初周月产量50.9吨，相比传统压裂平均单井初周月产量增产10.2吨。

3. 加强科技管理，以项目带动技术进步

近年来，七里村采油厂坚持“依靠科技进步，提高开发水平，加强企业管理，提高经济效益”的工作思路，从油田全局出发，把“科技兴油”作为战略重点摆在全部勘探开发工作的突出位置。针对制约油田勘探开发的瓶颈问题以及生产实际存在的突出问题，分别开展厂级以上科技项目和队级项目的研究。

2009年开展并完成厂级以上科技项目8项、队级项目14项。在项目管理中，通过加强项目建设领导，科学制订实施方案，强化过程控制，坚持对每个项目做到“实施前有计划、实施中抓质量、抓落实、实施后做总结”，有效地确保了项目建设的顺利实施。

表1　2009年公司级和厂级项目

项目级别	项目名称	项目成果
公司级	延长组长6油层压裂参数优化技术研究	通过室内研究和现场试验，找到了适合七里村油田长6油层压裂的优化工艺技术，形成了相对完善的压裂配套工艺技术。
	清洁压裂液的应用研究	针对实际，提出清洁压裂液的现场配制工艺、实施方案，并通过现场试验获得初步成功。
	七里村油田试井资料解释及油藏评价	给出适合的试井资料解释模型和合理的油藏动态监测方案。
	延99井区长6油藏储量计算	探明含油面积17.53平方公里，探明石油地质储量762.66万吨。
厂级	七里村油田油藏潜力调查研究	明确了油田潜力以及动用方式。
	低渗油藏注水效果分析评价	注水区的地下亏空得到补充、地层压力有所恢复，注水工作初见成效。
	旧井综合挖潜技术研究与应用	常规挖潜措施和新技术相结合，形成适合实际的旧井挖潜技术体系。
	七里村油田压裂参数优化研究	通过对不同区块、不同油层压裂施工参数的优化，摸索出一套相对适合七里村油田的压裂施工参数。

2009年七里村采油厂广大职工在油田开发、安全环保、节能降耗等领域提出并应用了一些改进生产的合理化建议或小改小革项目。

表2　2009年小改小革项目

小改小革项目	取得效果
抽油机电机防盗装置	安装简便，防盗效果显著。
配液车罐体及泵系统防腐改造	提高配液车罐体防腐能力。
皮带拉紧器	操作省力、安全，保证使皮带松紧度适中，电机安装端正。
原油回收箱	有效回收原油，防污染效果良好。
防喷器系列工具的研制	降低劳动强度，提高工作效率。
油井断面取样器	保证取样准确，提高计量准确率。

中国陆上第一口油井——老一井

汉中油菜花海

汉中市科技局

汉中市科技工作在市委、市政府的坚强领导和省科技厅的正确指导下，以学习实践科学发展观活动为统领，以提高全市科技自主创新能力为目标，围绕市内经济社会重点发展领域，强化科技服务和管理工作，大力推进企业科技创新，促进地方新兴产业发展和传统产业升级，完满完成了全年各项工作目标任务，为实现汉中率先突破发展又作出了新的贡献。

2009年在全球全融危机对经济发展产生严重不利因素的影响下，市内多数企业处于市场下滑、效益大跌的困境，市科技局坚持抓好企业科技创新，扎实为企业作好科技服务，帮助和扶持企业开展高新技术产品研发，大大调动了市内中小型企业以科技创新为动力，开展二次创业和争取实现产业升级的积极性。对企业中有自主知识产权或已研制基本成功且具有较高技术含量和市场前景的项目，及时向国家和省市申报科技计划，争取从政策和经费等方面提供支持。全年共申报争取国家、省、市各类科技计划立项58项，共获得科技补助经费2982万元，申报国家专利310项，通过认真落实对各类科技项目的组织、实施及管理，使各项目均进展顺利。按原计划年内应完成的项目，均已组织了项目验收和评审。全市共组织验收鉴定评选出科技成果24项获市政府科技奖奖励，其中2项成果又获省科技奖奖励。

2009全市科技工作会议

全市科技成果颁奖会议

科技系统干部作风教育整顿动员会议

中国杨凌农高会汉中参会代表团

汉中市暨宁强县“科技之春”活动启动仪式

陕西出入境检验检疫局检验检疫技术中心

中心职责：中心为独立注册的事业单位，是陕西省检验检疫技术研究中心，国家级果蔬汁检测重点实验室，国家级苹果检疫重点实验室。获国家认监委计量认证及中国合格评定国家认可委员会（CNAS）认可。

主要承担化工品、矿产品、金属及合金、轻工产品、食品、饮料、农副产品、水质、食品接触包装、动植物及其产品的检测工作，开展检验检疫科研和技术研发，检验检疫方法标准的制（修）订，承担委托样品的检验、鉴定等业务，提供技术咨询、技术培训、开展技术合作。

资质认定

计量认证证书

证书编号：2007008172Z

名称：陕西出入境检验检疫局检验检疫技术中心

地址：陕西省西安市含光北路10号（710068）

经审查，你机构已具备国家有关法律、行政法规规定的基本条件和能力，现予批准，可以向社会出具具有证明作用的数据和结果，特发此证。

检测能力见证书附表。

准许使用徽标

CMA

发证日期：2007年07月24日

有效期至：2010年07月24日

发证机关：

技术实力：现有技术人员33名，其中研究员2人，硕士研究生14名，博士1名。多人为陕西检验检疫局学科带头人。近年来，承担国家“十五”重大科技专项、国家公益性项目、陕西省科研项目、国家质检总局科研项目等数十项，制定“原料乳中三聚氰胺的检测方法”等国家标准15项，行业标准20余项，国家专利10项，发表论文100余篇，其中多篇被SCI、CA、EI录入。

ilac-MRA CNAS

中国合格评定国家认可委员会

实验室认可证书

（No. CNAS L2379）

兹证明：

陕西出入境检验检疫局检验检疫技术中心

陕西省西安市含光北路10号，710068

符合ISO/IEC 17025：2005《检测和校准实验室能力的通用要求》（CNAS-CL01《检测和校准实验室能力认可准则》）的要求，具备承担本证书附件所列检测服务的能力，予以认可。

获认可的能力范围见标有相同认可注册号的证书附件，证书附件是本证书组成部分。

发证日期：2007-05-30

有效期至：2010-12-17

初次认可：2005-12-18

中国合格评定国家认可委员会授权人

仪器设备：拥有各种检测设备300余台（套），价值5000余万元。主要有：液相色谱-双级串联质谱（LC-MS/MS）、气相色谱-串联质联（GC-MS/MS）、同位素质谱、离子色谱、气相色谱、液相色谱、凝胶渗透色谱仪、定氮仪、等离子发射光谱仪、原子吸收光谱仪、原子荧光光谱仪、元素形态分析仪、红外碳硫自动测定仪、多参数免疫分析系统、微生物鉴定仪、实时荧光PCR仪、梯度PCR仪、全自动凝胶成像及分析系统等。

合作交流：技术中心与国际果蔬汁联合会（IFU）、国际果汁保护协会（SGF）、美国库克实验室、欧洲欧陆坊科技集团等国际组织建立了联系，与陕西的多家大专院校、科研单位开展科研、制标、教学和检测技术合作。

地址：西安市含光北路10号
邮编：710068
电话：029—85407230
传真：029--85407228
网址：www.snciq.gov.cn

陕西合容电气集团有限公司

陕西合容电气集团有限公司
董事长兼总经理贾申龙

陕西合容电气集团有限公司是以电容器、电抗器及高低压无功补偿设备为主导产品，集生产、科研、开发、国内外贸易、服务于一体的高新技术企业，总部位于西安市国家级高新技术开发区。公司资产总额2.4亿元，年实现销售收入3亿元。

公司主要生产高压并联电容器及其成套装置、6～110kV集合式高电压并联电容器及其成套装置、高低压无功自动补偿装置；电气化铁路用高压并联电容器装置、高压滤波成套装置；干式空芯串联电抗器、干式空芯并联电抗器、半铁芯电抗器、限流电抗器、干式铁芯电抗器、油浸铁芯电抗器、10-66kV放电线圈。其中66kV、110kV集合式高电压并联电容器是我国电压等级最高的大容量并联电容器，是中国高电压大容量电容器的生产基地。

多年来，公司创造了电容器行业9个全国第一，共获自主知识产权17项，国家重点新产品13项，其中5项填补国内空白，承担并完成了5项国家级火炬计划项目。“合容电气”牌并联电容器被列为陕西省名牌产品，集合式并联电容器被原国家机械工业部评为一等品。公司先后被授予“陕西省高新技术企业”、“质量效益型先进企业”、“重合同守信用企业”、“先进民营企业”、“非公有制企业纳税大户”等荣誉称号。

面对新的经济挑战和市场机遇，合容电气将继续贯彻“客户的需求就是企业的标准”的经营思想，坚持“质量经营，价值共享”的企业宗旨，树立“产品安全可靠，服务热诚专业，做事认真负责”的品牌形象，以高科技的产品让电力部门分享到技术进步的简便和安宁，不断为中国电网的现代化建设服务。

35kV集合式并联电容器成套装置运行于广州北郊500kV变电站

35kV并联电抗器运行于安徽滁州清流500kV变电站

35kV并联电容器成套装置运行于山西运城稷山500kV变电站

西安天厚滤清技术有限责任公司
XI'AN TIANHOU FILTER TECHNOLOGY CO.,LTD

西安天厚公司创建于1992年，是一家专业从事润滑油质量检测仪及柴油净化器研发、生产、销售的高新技术企业。公司现已研制成功并批量上市销售的产品包括油液质量检测仪两大系列十二种规格型号的产品，柴油净化器四大系列十四种规格型号的产品。

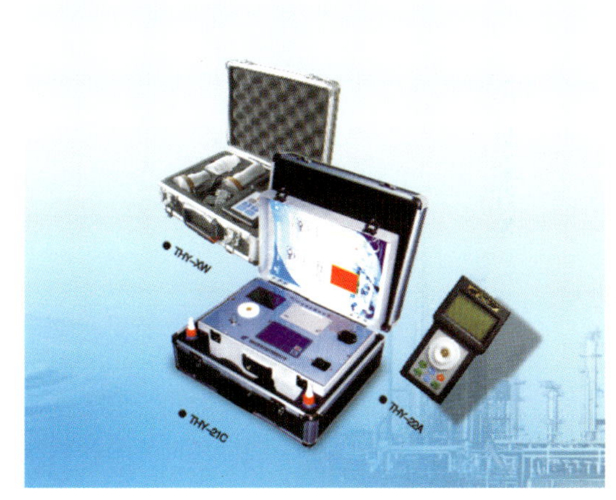

THY系列油质检测仪

润滑油质量检测仪可在三分钟内检测出润滑油的污染程度以及润滑油中的水分含量，可以判断新购油品是否合格以及正在使用的油品是否需要更换，颠覆了行业内一直沿用的“按期换油”的传统方式，实现了“按质换油”，从根本上解决了“润滑油该不该换”这一长期困扰设备管理人员的难题。其优势主要体现在：节约润滑油；降低维修费用；延长设备使用寿命，从而节约设备购置费用；并能在一定程度上预测设备故障。

“洁能保”系列柴油净化器

“洁能保”系列柴油净化器解决了传统滤清器产品不能兼顾过滤效率与纳污能力的难题，有效去除柴油中90%以上杂质、胶粘质及水分等，让设备真正用上干净的柴油，使用柴油净化器可以达到降低设备油耗5%～10%；尾气排放减少20%～60%；有效保护发动机、降低维修费用；节能减排功效显著。

目前我国年柴油消耗量近1.4亿吨，如果能够在全国推广使用“洁能保”柴油净化器，根据已经获得的实验数据计算，每年可通过提高柴油利用率节约费用600亿元，减少有害气体排放700万吨以上，并大幅度降低设备维修费用。因此“洁能保”柴油净化器的应用将对我国节能减排、低碳经济产生深远影响。

多年取得的业绩使天厚公司得到了同行业的广泛关注，并获得了多个奖项。先后荣获国家级高新技术企业、陕西省著名商标、陕西知识产权优势培育企业、陕西省专利创业富民工程实施单位、国家创新基金、全军科技进步二等奖，这些奖项使天厚成为行业内一颗耀眼的明星。

地址：西安市高新区高新二路12号协同大厦　网址：www.OIL8.com　www.tianhou.net
电话：029—86691978传真：029—85215296　E-mail：OIL8@OIL8.com

西北电网公司利用实测在线辨识技术掌控负荷特性为“西电东送”能源战略服务

由西北电网有限公司主持完成的《负荷模型深化研究及适应性分析》获得2009年度陕西省科学技术一等奖。

负荷模型既是一个涉及理论深度又直接面向实际应用的课题，其准确性对电网稳定计算结果有较大的影响。其面临的主要难题：一是不同类型负荷特性差异性极大，二是负荷建模的难度和模型参数的准确水平。

针对以上难题，项目中首次在同一个电网同时采用统计综合法、总体测辨法、故障拟合法进行负荷建模工作，结果表明这三种方法可以互相验证、补充。首次提出了基于调查统计结果与实时功角测量数据相结合的综合负荷模型参数确定方法，对电动机比例、定子电抗等参数进行在线辨识。首次提出了硅铁和电解铝冲击负荷的模型和参数辨识方法。首次研制了西北电网综合负荷和特殊负荷建模系统。解决了综合负荷模型建模问题。提供了包括硅铁、轧钢、电解铝等8类负荷的综合负荷模型及参数，成果的应用极大改善了西北电网的计算分析水平，全面提高电网运行的稳定性和经济性。研究成果达国际先进水平。

项目成果获得多项国家专利授权，成果的应用为提高电网输送能力提供了技术保障；为西北电网黄河上游水电消纳和大范围资源优化配置提供了强有力的技术支撑；同时，对“西电东送”具有重要意义。

负荷模型及深化研究项目鉴定会

炼钢转炉

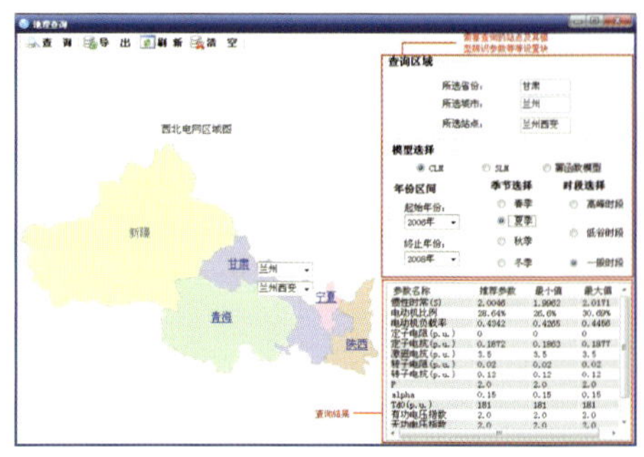
西北电网负荷特性在线辨识系统

电解铝厂

负荷特性在线辨识终端子站

完成单位：西北电网有限公司
中国电力科学研究院
河海大学
华北电力大学
陕西电力科学研究院

完成人：范　越　鞠　平　杨文宇　王　琦　王吉利　陈　谦　邱丽萍　汤　涌　贺仁睦　锁　军　王康平
联系人：范　越　87506601　fany@nw.sgcc.com.cn

榆林市林业科学研究所

榆林市科学技术奖励

证 书

榆林市人民政府

榆林市科学技术奖

证 书

为表彰榆林市科学技术奖获得者，特颁发此证书。

项目名称：榆林毛乌素沙地樟子松良种基地建设研究

奖励等级：壹

获奖者：榆林市林业科学研究所

榆林市人民政府

二〇〇九年七月三十日

证书号：09-1-05-D2

二〇〇八年度科技工作

先进单位

榆林市人民政府

二〇〇九年三月

榆林市生态林业建设

先进单位

榆林市绿化委员会 榆林市林业局

二〇一〇年二月

榆林市科学技术信息研究所

基本情况

榆林市科学技术信息研究所是市科技局直属的国家公益性科技信息研究机构。属副县级全额拨款事业单位，核定编制23人，现有21人。其中科技人员19人，职称为正高1人，副高4人，中级8人，初级6人。

研究方向

我所的主要研究方向为：科技信息的搜集、分析、整理、研究、传递；为政府各部门提供决策参考和各类信息服务；技术引进与中介服务；科技宣传与普及工作；网络服务与文献检索；编辑出版《榆林科技》；开展情报调研及专题信息服务。

所长：杨飞

近年来完成课题情况

1. 进行了榆林市科技信息综合数据库的研究；
2. 进行了数字榆林建设的可行性研究；
3. 建成了榆林特色农业数据库；
4. 建成了陕北能源化工数据库；
5. 建成了国家科技图书文献中心榆林镜像站和陕西省科技图书文献中心榆林镜像站；
6. 榆林市科技进步贡献率测算这一课题已经完成，定为市上科技成果。

科技信息网

获得奖励情况

1. 2007——2009年连续三年被评为全市科技工作先进单位；
2. 在全市科技科普大会上被市委、市政府评为全市科研先进单位；
3. 2006年我所主持的课题“榆林市科技信息数据网络平台建设”获榆林市科技进步三等奖。
4. 2007年，我所主持的课题“榆林市综合信息网络数据库建设项目”获榆林市科技进步二等奖。
5. 2008年，我所主持的课题“榆林市特色农业成果、专利数据库建设”获榆林市科技进步三等奖。
6. 2009年被市科技局评为优秀科技工作先进单位。

我所主办的榆林科技杂志

发展前景和潜力

在当前信息时代，本所业务正是国家发展所迫切需要的。特别是综合信息数据库的建成将为全市经济发展提供保障和信息服务。因此它的发展潜力巨大，正和国家的发展趋势一致。

热忱欢迎各界人士前来咨询、查新、合作共进。

奖励

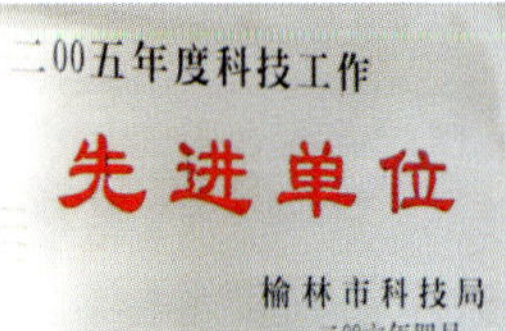

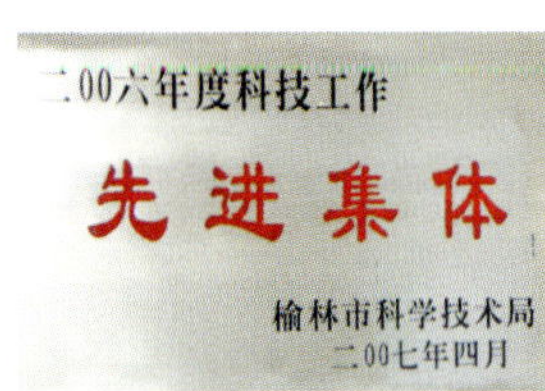

联系电话：0912-8104307 8104305 地址：榆林市西人民路182号 邮编：719000
网址：WWW.YLXXFW.GOV.CN 信箱：YLKJ666@163.COM

威迪机电科技有限公司

威迪机电科技有限公司多年来致力于线路板（PCB）行业、覆铜箔板（CCL）及绝缘材料等行业压合设备的研发、生产、销售与服务，属民营高新技术企业。

威迪公司研发生产的“高频基板用高温真空压合设备”项目于2009年获得国家专利；2009年9月13日通过陕西省科学技术厅组织的科学技术成果鉴定；2010年获“咸阳市科学技术奖一等奖”，同年获“科技部科技型中小企业技术创新基金的支持”、“陕西省重大科技创新项目专项资金的支持”。该项目是用于电子行业中高频板、耐高温的铝基板的压合设备。适用于航天、卫星定位、大型计算机和通讯基站设备、军用舰艇、导弹等电子控制系统中微波线路板及材料的生产。特别是该设备可辐射到金属基板的生产，打破了美国的太康公司、贝格斯、阿伦儿大跨国公司在LED用高导热材料方面的统治及垄断。该项目产品已在国内试销10套，出口2套。该项目能够带动精密机械制造行业、冶金行业、电工器材行业、配套电子电器元件制造业的发展，沟通专业研究机构、生产厂家和市场需求的渠道，促进机电一体化装备制造技术的发展及其产业化推广，增强我国电子工业装备制造业能力，显著提升真空压合机行业技术水平和核心竞争力。

另外，其“多层线路板真空压合机”项目于2004年获国家专利；2006年获“国家科技型中小企业技术创新的支持”；2007年被科学技术部四部委联合认定为“国家重点新产品”； 同年获“咸阳市科学技术奖一等奖”。

目前，公司拥有真空压合机生产厂房和微波基板生产厂房8000平方米，摇臂钻，深孔钻，大型数控热板平面磨床，油路模块加工数控镗床，大型10m龙门铣铇床，油缸加工大型车床，普通铣床、车床，油缸缸体埋弧焊，线切割机，液压试验台，真空试验台，控制实验台，带有深度为5m平面尺寸3m×6m的安装调试台，起吊能力25T行车等。威迪公司不仅注重并拥有强大的技术创新实力，同时拥有一支反映快捷的质量服务体系。公司在长三角地区昆山和珠三角地区深圳建有两大服务中心基础上，于二〇〇七年又在山东烟台建立了环渤海湾地区的新客户服务中心，有力地保证了便捷快速的售后服务和信息反馈，为公司的长足发展奠定了坚实的基础。

咸阳机场高速公路

中交第二公路工程局有限公司

中交第二公路工程局有限公司是以路桥施工为主业，集铁路、隧道、机场、水工、市政、工程施工、设计、咨询、监理等为一体的具有公路工程施工总承包特级资质的多元化经营的大型国有施工企业。2009年，企业总资产149.3亿元，管理和技术骨干约8000人，实现经营总收入205.62亿元，新签合同额350.88亿元。

管理创新和技术研发能力在公路建设行业处于国内领先、国际先进水平，在大跨径悬索桥、斜拉桥以及高速公路工程施工方面拥有国家发明专利2项，实用新型专利21项，软件著作权7项；获得国家级科学技术奖2项，省部级科学技术奖10项；获国家级工法7项，集团级工法21项。荣获鲁班奖4项、詹天佑奖7项、省部级以上优质工程奖63项，创造了66项中国企业新纪录。荣膺“全国文明单位”称号，荣获省部级以上劳动模范称号40人次，获得省部级以上各类荣誉奖励达150余项。

1. 企业代表业绩

世界前10大斜拉桥中，二公局承建5座。世界前10大悬索桥中，二公局承建2座。国内前10大悬索桥中，二公局承建5座。

◎ 主跨1088米，世界第一大跨径斜拉桥：苏通长江公路大桥

苏通大桥夜景照片

◎ 主跨926米，世界第二大跨径斜拉桥：鄂东长江公路大桥

◎ 武汉军山长江公路大桥：鲁班奖、詹天佑奖工程

◎ 主跨1650米，世界第二大跨径悬索桥：舟山西堠门跨海大桥

◎ 主跨1490米，世界第四大跨径悬索桥：润扬长江公路大桥

◎ 世界首座城市双层多拱钢管拱桥，鲁班奖、詹天佑奖工程：钱塘江四桥

◎ 主桥为跨径610米的独塔自锚式分离双箱梁悬索桥：青岛海湾大桥

◎ 沪宁高速公路：鲁班奖、詹天佑大奖工程

◎ 乍嘉苏高速公路：鲁班奖工程

◎ 国内第一条大面积施工的透水性路面：咸阳机场高速公路

◎ 国内第一条沙漠高速公路：榆靖高速公路

◎ 国内第一条生态环保高速公路：西汉高速公路

◎ 世界上首次大规模应用泡沫沥青冷再生技术的高速公路：西阎高速公路

◎ 代表性铁路工程：京沪高速铁路（国内建设标准最高的铁路工程）、哈大铁路客运专线、沪宁城际铁路、武合铁路客运专线、太中银铁路、多丰铁路、贵广铁路、兰渝铁路。

◎ 代表性长大隧道工程：遵崇路隧道、祥云隧道、户勉路隧道

◎ 海外工程：巴基斯坦公路改扩建项目、阿联酋沙迦路桥项目、孟加拉沥青路面项目、也门城市给排水工程

2. 企业在行业技术进步中的示范和带动作用

以深水群桩基础施工技术、超大沉井施工技术、超

大承台基础施工技术、超大型基础围堰整体同步下放施工技术等核心技术为标志，成为我国由桥梁大国迈向桥梁强国的领航者。

以SMA改性沥青施工技术、透水性沥青路面施工技术、沙漠地区施工技术、应力吸收层技术等核心技术为标志，成为我国高速公路施工领域的排头兵。

以承建代表我国最高建设水平的京沪高速铁路为标志，进入国内铁路施工技术尖端领域。

（1）桥梁方面：

◎ 大跨索结构桥梁施工技术处于国际领先水平。

◎ 在悬索桥施工技术研究方面有1项研究成果获得国家科学技术进步二等奖，2项获得省级科学技术一等奖，1项发明专利，8项实用新型专利。

◎ 在千米级跨径悬索桥施工技术方面在国内处于领先地位。

◎ 在创造了“最大规模群桩基础”、“最高桥塔”、“最长拉索”和“最大跨径”等四项世界记录的主跨1088米的苏通长江公路大桥建设中，斜拉桥建造技术已达到国际领先水平。

◎ 由我局承担的国家“十一五”科技支撑计划——“苏通大桥关键建设技术研究”，两项子课题获省部级特等奖、一等奖。

（2）公路方面：

◎ 掌握各种新材料、新结构类型的沥青混凝土路面施工技术。

◎ 国际上第一次大面积采用泡沫沥青冷再生技术进行旧路改造。

◎ 国内首次应用美国科氏应力吸收层技术进行旧水泥混凝土路面改造。

◎ 国内首次全面掌握沙漠地区公路施工成套技术。

◎ 国内首次大规模施工透水性沥青路面。

◎ 是最早进入高速公路改扩建市场的企业之一，以修建沪宁高速改扩建工程为标志，在国内改扩建市场上占据较大的市场份额。

西汉高速公路

西堠门大桥

安康市科技局

1 2 3
4 5 6
7 8

9 10 13
11 12 14

1.2009年西洽会赵乐际书记视察安康富硒食品展区

2.省委科技工委书记、省科技厅厅长张炜一行来安康考察调研科技工作

3.省科技厅副厅长许春霞副厅长一行来安康考察2009年度省重大科技创新项目

4.张炜厅长出席安康富硒资源暨紫阳县富硒食品推介会

5.全市富硒食品产业发展工作会议

6.张炜厅长出席安康富硒食品产业推介会

7.省科技厅科技特派员调研组李法庆一行来安康调研我市科技特派员工作

8.省农业科技专家大院落户平利女娲银峰有限公司

9.优秀单位

10.先进集体

11.彩色茧

12.黄姜系列产品

13.富硒茶清洁化生产车间

14.绞股蓝总甘胶囊生产线

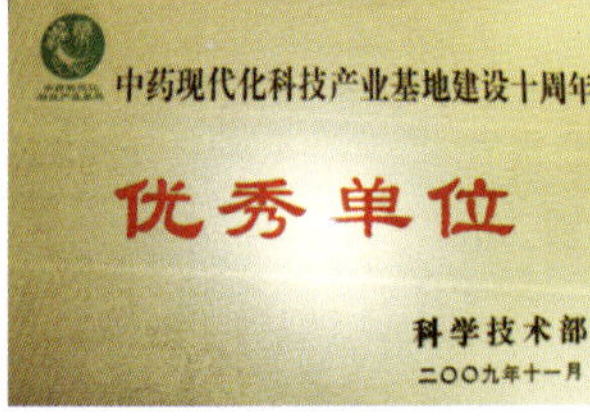

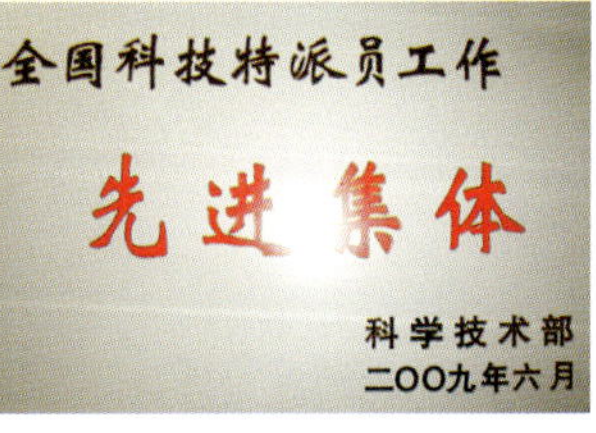

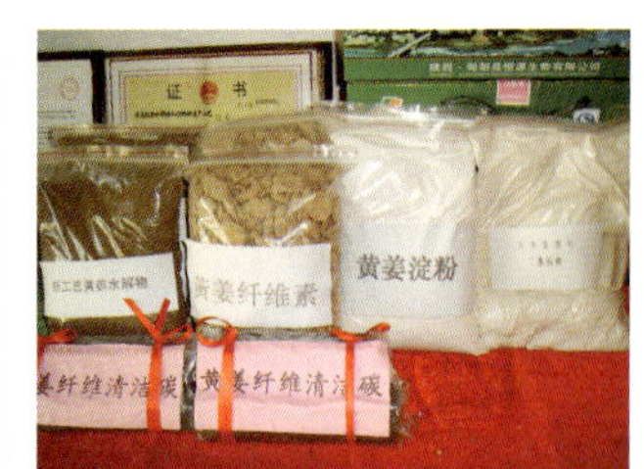

高校产学研工作座谈会

西安邮电学院

西安邮电学院是一所以工为主，以信息科学技术为特色，工、理、经、管、文、法多学科协调发展的普通高等院校。学校现有在校硕士研究生、本科生、高职生等共计1.6万人，设有9个二级学院、3个直属系部，学校有3个硕士授权一级学科，11个硕士授权二级学科，37个本科专业，拥有3个陕西省重点学科，5个原信息产业部重点实验室，1个陕西省13115工程研究中心。

近些年来，在学校党委、行政的领导下，我校以信息科学技术学科为主干，有选择、有重点地开展应用科学研究，形成了特色鲜明、发展前景良好的研究领域，取得了较好的成绩。2009年我校科研工作成绩显著，在重要科研项目申报和重要科研基地建设上取得新突破。2009年，我校纵横向科研项目总经费达到4300万元，比2008年增长97%。获得各级科技成果奖励7项，其中省部级及以上获奖4项，厅局级3项。2009年我校申报的“信息产业发展研究中心”被列为陕西高校哲学社会科学重点研究基地的立项建设项目，申报的“陕西省网络与信息安全技术支持中心”和“两化融合创新中心”被列为陕西省工业和信息化厅重点研究基地。同时我校申报了“陕西省通信网络与信息安全重点实验室”和“陕西省专用集成电路与系统重点实验室”两个省级重点实验室。

工信部软科学项目评审会

省重大项目验收会

与工信厅签订网络与信息安全技术战略合作协议

中心举办加快陕西信息化和工业化融合发展研讨会

西北工业大学
陶瓷基复合材料(CMC)工程中心

西北工业大学陶瓷基复合材料（CMC）工程中心占地55亩，建筑面积近1万平方米，总投资约7000万元。拥有大型CMC制造设备、先进机械加工设备和质量检测设备三十余台套，形成具有国际先进水平、配套较完整的CMC构件的批量制备技术平台。整体园区由我国建筑设计大师张锦秋院士团队设计，体现了科技内涵与艺术元素的融合。

2005年4月，西北工业大学张立同院士团队的“耐高温长寿命抗氧化陶瓷基复合材料应用技术” 项目获颁连续6年空缺的国家技术发明一等奖，为了加快该项国际前沿材料技术的工程转化，原国防科工委对张立同院士的工程化建议做了批复。立项研究陶瓷基复合材料的工程放大关键技术与制造设备，同时配套辅助设备，建设相关基础设施。为了确保项目实施，CMC工程中心选址西安阎良国家航空高技术产业基地，并委托西安阎良国家航空高新技术产业基地管委会代建。在陕西省和西安市党政领导的直接关心和支持下，经过团队成员的艰苦努力，2008年7月建成并开始试运行。目前，工程中心已承担了多项国防重点研制项目和民品开发项目。

西北工业大学CMC工程中心首先通过对国家急需的数种典型CMC构件的批量制备，突破工程化制造的关键技术，达到产品的成熟度，以将国家发明一等奖技术转化为批量产品制备技术。同时探索和培育市场，为向下游产业输送产品技术奠定基础。

该项目于2008年12月被授予“陕西省陶瓷基复合材料工程技术研究中心”，CMC工程中心申报的“航空航天特种陶瓷基复合材料研发与检测公共服务平台”项目获得了国家商务部的专项资助资金。

西北工业大学CMC工程中心将成为具有国际先进水平的陶瓷基复合材料科研成果转化平台，产业孵化器，工程技术人才培养基地。CMC工程中心是链接超高温结构复合材料国防科技重点实验室和下游产业的桥梁。超高温结构复合材料国防科技重点实验室和CMC工程中心将分别承担知识、技术创新和成果转化任务。根据任务要求，团队已在向一个团队，两支密切合作队伍（基础研究队伍和工程技术队伍）的格局发展。

CMC

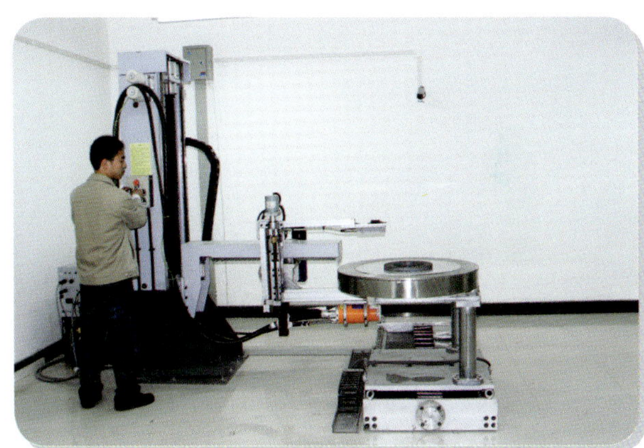

CMC

南泥湾采油厂

南泥湾采油厂全景

一、企业简况

南泥湾油田构造上位于鄂尔多斯盆地陕北斜坡东南部，是以三叠系延长组长6油层为主要含油层段的岩性油藏。截止2009年底，南泥湾油田累计探明含油面积218.65km^2，累计探明石油地质储量9329.52×104t，动用含油面积195.1km^2，动用石油地质储量8623.02×104t，总井数5487口，累计产出原油479.25×104t。

二、科技工作现状及成绩

南泥湾采油厂科技工作，紧密围绕增储建产和老油田稳产两方面的难题，加强油藏工程、油藏地质的基础研究，解决油田开发难题，加快科技项目成果的转化，实现油田的可持续发展。

南泥湾采油厂通过二十年的努力，累计完成非常规地面物化探工作18次，测线99.85公里，勘查面积666.1平方公里。

1996年完成《南泥湾油田松树林评6井—评7井区全套管完井试验》。

1996年完成《南泥湾油田引进胍胶冻胶压裂试验》。

1997年与胜利油田地质科学院合作完成《南泥湾油田延长组储层综合评价及有利相带预测》。

科技成果应用

技术创新

科技部署

1997年与西安石油学院合作完成《南泥湾油田长6油层综合地质研究》。

1998年与西安石油学院合作完成《南泥湾油田勘探开发数据库管理系统》。

2000年与西北大学合作完成《南泥湾油田油藏精细描述》。

2000年完成《南泥湾油田油井高能气体解堵试验》。

2001年完成《南泥湾油田定向井钻井技术的引进及推广》。

2003—2004年完成《微震监测技术在南泥湾油田延长组特低渗油田开发中的应用》，获延安市宝塔区科学技术一等奖。

2008年在九龙泉—桃宝峪一带，经过综合地质研究和储层对比后，得出本区长3油层具有成藏条件，优化试油后获得日产原油4.3吨，周月产油71吨的工业油流。通过扩边勘探，该区长3控制含油面积27.63km^2，预计新增石油地质储量800万吨。2009年万花探区长7油层获工业油流后，今年初长7油层经试油又获得最高日产2吨的工业油流，进一步证实了该区域长7油层的含油性。该区域长9油层取得重大勘探突破，在我厂首次获得工业油流，最高日产达到2.0吨。

三、QC活动主要成果

1994年，QC小组的《改进绞车传动轴，提高绞车使用寿命》成果获陕西省QC发表三等奖。

1994年，QC小组的《改进压裂液配方，提高压裂液质量》成果获延安市科技成果发布优秀奖。

1996年，QC小组的《优化压裂液配方，降低压裂液成本》成果获延安市科技成果发布三等奖。

2002年，QC小组的《强化质量管理，提高抽油机完好率》成果获全国质量管理优秀奖。

南泥湾采油厂开发科《小套管完井工艺及配套技术在南泥湾油田的应用》获得陕西延长石油（集团）有限责任公司科技成果三等奖。

南泥湾采油厂“老镢头”QC小组，改进防喷盒结构设计，扩大密封槽，以《提高防喷盒密封时效性》为课题，积极开展QC活动，创造经济效益300多万元。“老镢头”QC小组在“全国第31次质量管理小组代表会”上获“国优奖”。

陕西省生产力促进中心

陕西省生产力促进中心成立于2000年5月24日，是科技部和陕西省人民政府批准的旨在支持中小企业发展的公益性事业机构。是国家创新服务体系建设在陕西的主要实施单位和社会化科技中介服务体系的骨干和核心力量。2001年被科技部评为“国家级示范生产力促进中心”，2002年7月通过ISO9000质量管理体系认证，同年8月在全省科技工作会议上获得先进集体。中心秉承“背靠政府、面向企业、依托科技、高效服务”的理念，依托我省科技优势，以“创新、敬业、诚信、协作”的精神，为提升陕西生产力发展水平和企业的市场竞争力做贡献。

中心拥有陕西科技信息网、陕西省科技厅电子政务网、中国科技兴贸信息网陕西分站、陕西中药现代化信息网、陕西大型精密仪器协作共用网、陕西省生产力促进中心信息网、中国国际科技合作网陕西网、陕西创新方法网等十几个网站，4000余平方米的企业孵化基地，2002年陕西省民办科技服务中心并入，2003年与北京隆源公司合作设立了西安快速成型加工中心，陕西省民营科技实业家协会、陕西省分析测试协会、陕西生产力促进中心协会挂靠省中心。

中心内设办公室、信息部、工业设计部、培训部、陕西大型精密仪器设备协作共用核心网管理办公室、国际合作交流部、诊断咨询部、技术交易部、新闻影视部、省民办科技服务中心管理办公室等七部三室。现有员工60余名，平均年龄37岁，其中高级职称11名，中级职称16名，硕士研究生8名，大学本科以上学历占90%，45人次拥有多类职业资格证书。

中心现开展的主要业务有：陕西创新方法推广应用；工业设计与快速成型加工；大型仪器协作共用与分析测试；科技信息网络与服务；企业诊断师职业资格认定与培训；企业咨询与创新基金包装；国际交流与合作；技术中介与推广；高新技术企业与高新技术产品认定；技术合同认定与技贸证书年鉴；民营科技企业职称评定；科技企业孵化等。

省生产力促进中心2009年度工作安排会议

省科技厅副厅长许春霞来中心检查指导工作

省科技工委副书记张书玲来中心检查指导工作

地址：西安市雁塔路99号
电话：029-85540767
邮编：710054
传真：029-85522189
网址：www.snppnet.com
www.sninfo.gov.cn

中航电测仪器股份有限公司

中航电测仪器股份有限公司隶属于中航工业集团公司，其主要产品有电阻应变计、应变式传感器、汽车综合性能检测设备及航空机载电测类、宝石轴承、游丝和超硬材料元器件。

公司位于陕西省汉中市，占地面积14.5万平方米，拥有各类工艺设备1,662台（套）、仪器仪表1,454台（套），现有职工1,700人，其中专业技术人员276人。公司目前已获得“陕西省高新技术企业”、“绿色企业”、“陕西装备制造业30强”等称号，有多项产品被评为“陕西省名牌产品”、“陕西行业十大品牌”。公司的“ZEMIC”、“BB”商标已在中国及70多个国家和地区注册，在称重衡器、工业过程控制、测量等行业有较高的国际知名度。公司拥有省部级科技成果5项、授权专利19项。公司的“汽车综合性能检测关键技术研究、系列产品开发及其产业化”项目获得了2007年度国家科技进步二等奖。公司研制的500KN静重式测力机计量精度可达0.003%，可检测C6级传感器，是国内唯一拥有可以检测500KN以下力学基准的传感器企业。

公司拥有国际水平的设计能力、国内领先的工艺装备及工艺制造技术，产品在国内中高端应变计和传感器市场占据主导地位；公司的晶体元件加工工艺国内领先，世界一流；公司是国内唯一向全球市场尤其是欧美市场提供中高端应变电测产品的生产商。

50T净重测力机

自主研发设计及知识产权的高精度净重式测力机，实现C4级以上高精度传感器精准检测，与国家级计量基准量值传递，系统精度达0.003%Fs。

航空测力系统，
对飞机的结构安全和飞行提供测量和控制。

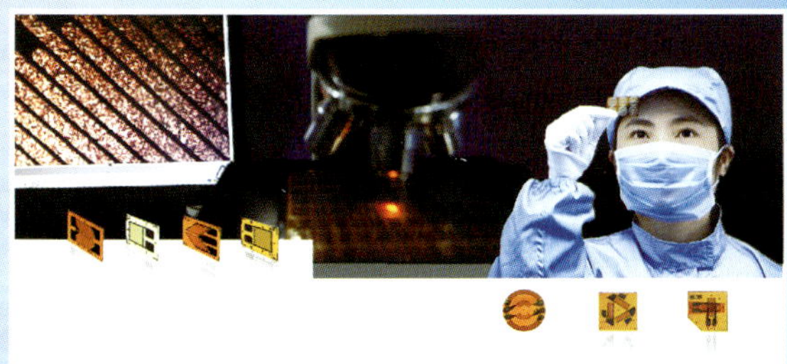

放大400X电阻应变计丝栅依然不变形，
确保产品品质。

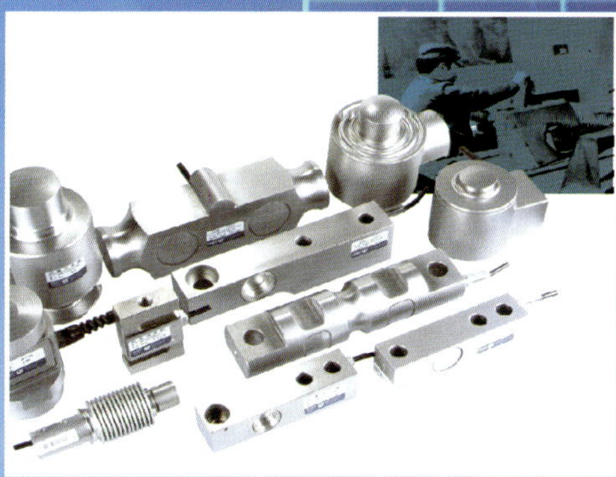

经过20道工序后，ZEMIC制造的不锈钢传感器有更多的特性，四柱式传感器量程大、体积小，传感器综合精度达C5级。

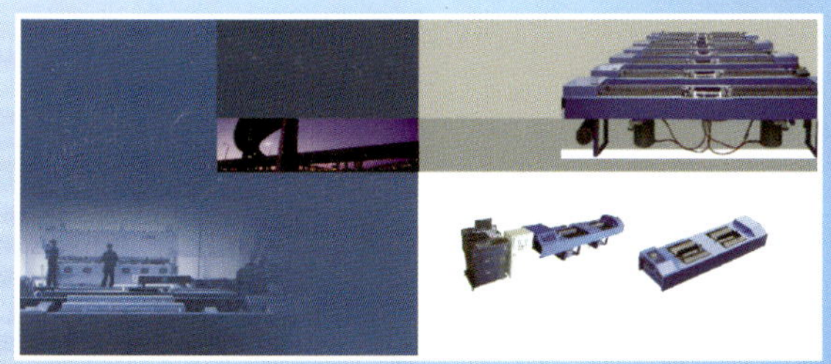

汽车安全检测设备，获国家科技进步二等奖。

厂址：陕西省汉中市汉台区铺镇中原路66号
邮编：723007
电话：(0916)2577212(总)
传真：(0916)2577213
电子邮箱：admin@zemic.com.cn
Http://www.zemic.com.cn

陕西宝成航空仪表有限责任公司

AVIC SHAANXI BAOCHENG AVIATION INSTRUMENT CO.,LTD

陕西宝成航空仪表有限责任公司（以下简称宝成公司）是中国航空工业导航、制导与控制的专业厂家，研制、生产机载导航设备与惯性元件，是国家“一五”期间建成的国内最大的航空导航系统、陀螺仪表生产厂家。

公司研制生产的军用各类航空机载设备和元器件覆盖了所有的国产机种，并出口欧洲、北美洲等地区。产品应用从航空扩展至兵器、船舶、航天等，提供了大量陀螺导航仪表、指示仪表、惯导系统及传感器类产品，是我国航空事业的重要力量，为航天、航海、兵器事业发展做出了积极贡献。

公司同时开发研制民用航空、航海仪表和空调制冷设备、纺织机械、精密钣金制造等多种军民两用高技术、高科技产品。高速并条机、高效棉精梳机等新型纺织机械及配件，技术与市场占有率居国内领先地位，广泛出口缅甸、越南、印尼、泰国、巴基斯坦等国家。

公司董事长、党委书记、总经理龙平多年来一直注重企业发展战略的研究，大力引导、规划和组织开展企业技术创新、管理创新和机制创新。早在多年前就提出了以战略为导向，把提高自主创新能力摆在首位；创新合作理念，与卓越者建立战略合作关系；深化体制机制改革，不断推进产学研合作的战略创新和技术创新思路。提出通过建立“两线一面”的研发组织体系，建立互信共济的合作机制，推行项目矩阵式管理，实行双梯阶职业生涯设计，建立完善的风险防范机制等创新机制。

公司董事长、党委书记、总经理 龙平

面对航空机载和武器装备从机械化向信息化、电子化迅猛发展趋势，龙总经理开创性提出了在国内发展飞行环境监测系统和跳跃性发展新型陀螺——光纤陀螺、微机械陀螺的思路：着力打造集成化、电子化的组合导航和飞行环境监测系统，以光学化、固态化、智能化陀螺器件为核心，实施做专、做精、做久的战略措施；为确保创新，龙总要求开展技术创新体系建设和市场营销体系建设，通过外抓市场、内抓管理、提高素养、构建文化作为战略保障，实现企业核心能力、核心技术的战略转型升级，使“一五”期间的老企业继续焕发青春活力。

在龙总经理自主创新、开展产、学、研、政、企结

解放军副总参谋长马晓天视察宝成

中航工业副总经理张新国（右二）、中航工业航电系统公司总经理卢广山（右三）在宝成检查指导工作

光纤陀螺产业化生产线建设开工仪式

合发展的创新思路指导下，公司开展了与浙大、清华、北理工、南航、空军装备研究院等院所的合作，瞄准国际、国内机载航电市场高新技术和领域。以光纤陀螺、微机械陀螺等新型陀螺仪表为代表的产品已在市场占位；以光纤惯性导航系统、定位定向导航产品、近地告警系统为代表的多个合作产品，得到了用户和合作方的高度肯定。2009年公司新研开发了具有国际先进水平的BHFA299高效棉精梳机、BHFA1382单眼均整高速并条机、BHFA498四电机电脑粗纱机等新型纺织产品，替代进口，填补国内空白。

2009年12月，国家发改委批准的唯一国家级光纤陀螺产业化项目在公司建线，2010年底达到年生产1500只高、中精度光纤陀螺的能力，填补国家在航空工业光纤陀螺建线布点的空白。2009年6月，大胆创新、联合周边军工企业组建的“宝鸡航空装备产业园”项目列入国家“关中—天水经济区”发展规划；2009年10月，公司旨在打造新型纺织机械网络集成商的“宝鸡精密制造园”破土动工。

企业的自主创新能力得到了显著加强，主持参与多项国军标编制，自有知识产权数量增长迅速：累计专利申请数量30余项，其中申请国防专利10余项，普通发明专利7项，已授权的实用新型专利14项。公司获国防、集团科技成果10项。截止2009年底，公司累计获国家、省部级科技成果69项。

在1995年至2009年公司鉴定的110余项产品中，2006年至2009年，鉴定产品就达40余项。2009年，公司新品研制任务近70项，2010年，承接科研任务90余项。“宝花牌高速并条机”获陕西省名牌产品称号，“宝花”商标被陕西省工商行政管理局认定为陕西省著名商标。

创新给公司带来了新的经济增长点，产生了可观的经济效益。2009年公司实现销售收入85088万元，利润5383万元，税收1253万元，其中2007-2009年间的新产品销售收入达47919万元，新产品利润达3544万元。

2009年，公司获得中国纺织工程学会颁发的“改革开放三十年推动纺织产业升级重大技术进步奖”；被中航工业集团评为非航空民品产业先进单位；2010年5月，荣获陕西省“第四届装备制造业总评榜活动”“最具品牌价值企业”，公司董事长、党委书记、总经理龙平荣获“功勋企业家”称号。

惯性器件

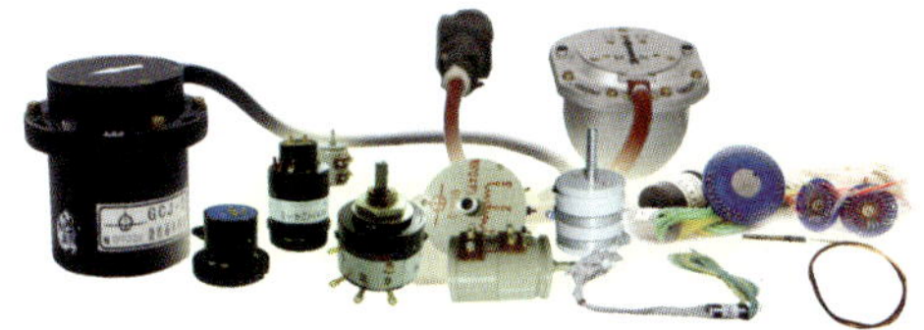
精密传感器及输电装置

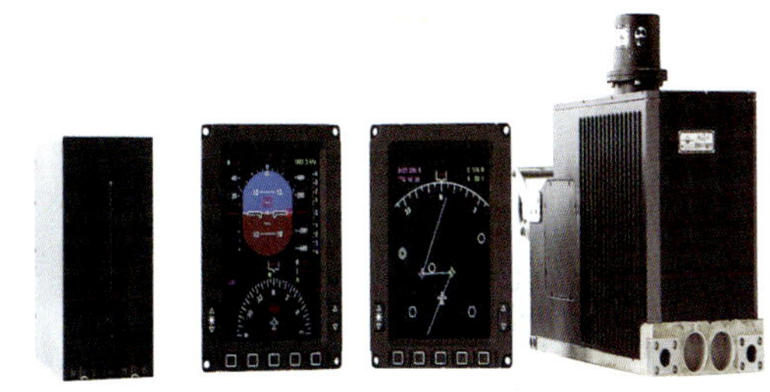
组合导航系统

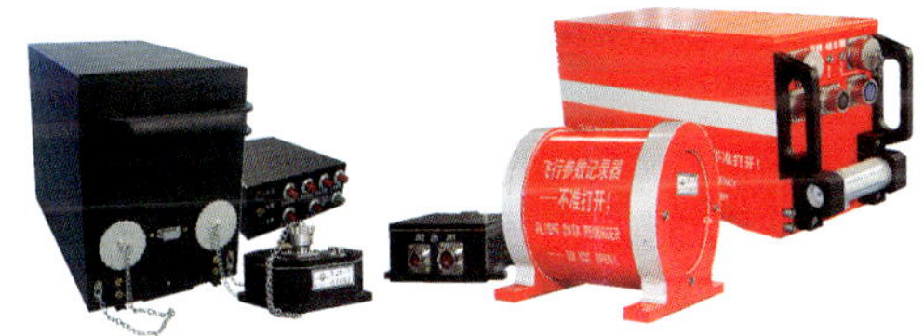
飞行安全监测系统

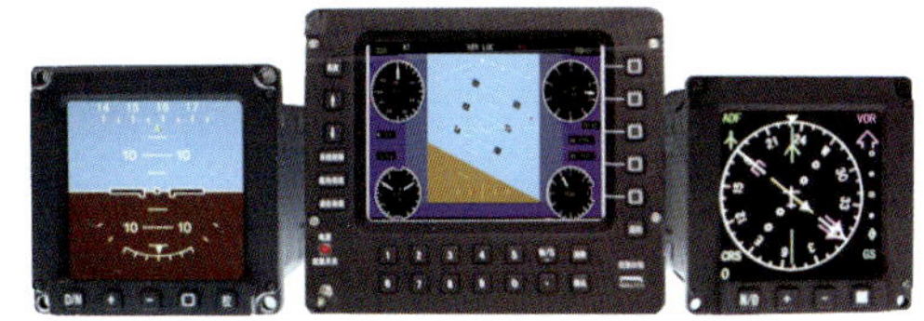
导航仪表

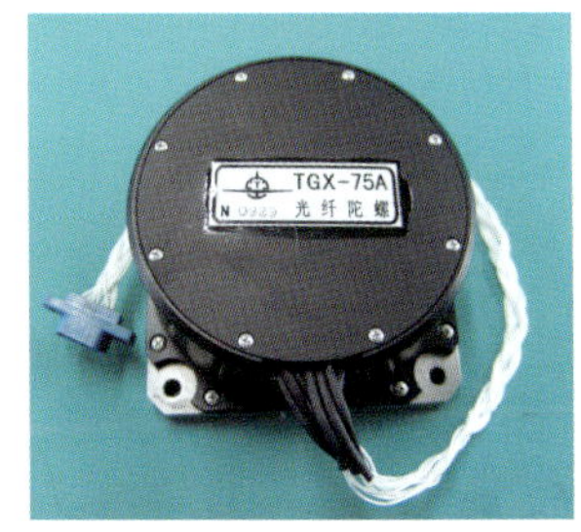

中精度光纤陀螺

高精度光纤陀螺

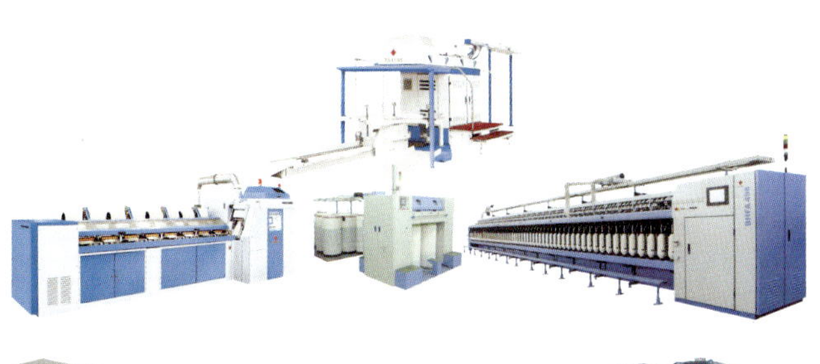

各类纺织机械设备

地址：宝鸡清姜路70号
邮编：721006
电话：0917-3629108
网址：http://www.avicbaocheng.com

二十局集团承建的世界第一高隧——青藏铁路风火山隧道(同时获得建筑工程鲁班奖和詹天佑大奖)

中国铁建二十局集团公司

中国铁建二十局集团公司是中国特大型施工企业，具有铁路工程总承包特级和公路工程、水利水电工程、市政公用工程施工总承包一级资质，以及桥梁、隧道等多项专业工程施工承包资质，2000年经国家商务部批准获境外贸易许可权。

企业前身为中国人民解放军铁道兵第十师，始建于1948年，参加过抗美援朝及解放战争，为新中国的解放和建设做出了卓越贡献。

企业现有员工16000余名，其中：各类专业技术及管理人员8369名，各类高级技术人员682名。注册资本11.1亿元，拥有机械设备5000多台（套），总功率达60万千瓦。年施工能力200亿元以上。

公司秉承优秀的军队传统和铁道兵敢打硬仗的优良作风，弘扬“不畏艰险、勇攀高峰、领先行业、创誉中外”的企业精神，以市场需要为导向，以科技创新为依托，以人为本，锐意进取，努力打造现代企业形象，先后获得“全国五一劳动奖状”、“全国精神文明建设工作先进单位”、“全国文明单位”“全国优秀施工企业”、“全国重合同守信用企业”、“全国模范职工之家”等荣誉称号。

60年来，集团公司先后参建了120多条铁路、200多条公路和500余项城市轻轨、地铁、市政、机场、水利、电力等工程的建设，培养了大批专业技术及管理人才，积累了丰富的施工及管理经验，近几年荣获国家优质工程奖10项、鲁班奖7项、詹天佑奖5项、国家环境保护百佳工程奖1项、全国用户满意工程2项、全国市政金杯奖4项、省部优工程69项，国家及省部级“科学技术进步奖”41项，国家级工法5项，专利13项。

近年来，中铁二十局集团公司以积极的方式和崭新的观念拓展新的经营领域和新的产业，并在海外工程、房地产开发、地矿开采、航空服务、医疗教育产业、汽车后市场、仓储物流、金融保险、筑路机械产品的研究开发等方面取得较好成效，为企业和谐健康快速发展获得了新的平台和空间。

中铁二十局集团参建的沪（上海）宁（南京）高速公路，获建筑工程鲁班奖。

二十局集团承建的乍（甫）嘉（兴）苏（州）高速公路浙江段荣获2004年度浙江省建设工程钱江杯奖，2004年度建筑工程鲁班奖

中铁二十局集团承建的华蓥山隧道，获得了詹天佑奖，隧道贯通时为亚洲最长隧道。

中铁二十局集团承建的苏州官渎里立交桥获得了国家建筑工程最高奖——鲁班奖

黄河水利委员会黄河上中游管理局

王健局长考察内蒙古准格尔旗水土保持工作

黄河上中游管理局是水利部黄委会的派出机构，负责黄河流域8省（区）近70万km^2的水土保持综合治理、预防监督、管理工作和黄河上中游6省（区）4200km黄河干流及2400km主要支流的水行政、水资源及河道的管理工作。同时，作为黄河中游水土保持委员会和晋陕蒙接壤地区资源开发与环境保护领导小组的办事机构，负责黄河中游水土保持委员会和晋陕蒙接壤地区资源开发与环境保护领导小组的日常工作。

该局有全国历史最悠久，面积最大，资料最丰富的西峰、天水、绥德三个水土保持试验研究基地。近年来，围绕黄土高原的治理开发，致力于水土保持基础研究、应用技术研究、关键技术研究以及科研示范与推广，在“三条黄河”建设、水土流失规律及其防治途径、水土保持措施与效益、黄河中游多沙粗沙区关键技术研究等方面，取得了部分科技成果。其中有一项成果获水利部首届大禹二等奖、五项科技成果获陕西省科技进步一、二等奖，三项成果获黄委会科技进步一、二、三等奖。目前，全局共承担“十一五”国家科技支撑计划重大项目、水利部公益性行业科研专项及黄委会重大攻关科研课题10余项。

庭院一隅

利用GPS全球定位系统进行野外控制测量

径流测验

地址：中国·西安市凤城三路200号
传真：029-82118180
邮箱：zhongyouju@163.com
邮编：710021

柞水盘龙生态产业园

盘龙生态产业园核心工业区

陕西欧珂药业有限公司

陕西盘龙医药研究所

柞水亿升核桃发展有限公司

盘龙生态产业园位于柞水县城南部2公里，辖乾佑、下梁两镇，6村，核心工业区距包茂高速公路柞水出口1公里，规划面积15平方公里，内设中药材种植示范、工业项目、综合服务三个功能区，是一个集生态农业、生态工业、生态旅游为一体的产业发展载体。

园区自2003年5月启动建设以来，始终坚持"生态立园、产业兴园、科学建园"的理念，以基础设施建设为先导，以生态保护为基石，以科技创新为支撑，以生态资源为依托，以招商引资为突破，高标准规划、高起点建设、高速度发展。7年来，在基础设施建设方面累计投资6000余万元，完成了道路、河堤、桥梁、水、电、视、讯和盘龙广场、盘龙停车场、中草药标本苑、中医药展览馆等设施的建设和改造，实施了园区亮化、净化、绿化工程；在医药产业发展方面，有3家制药企业通过国家GMP认证，形成了骨伤风湿类、心脑血管类、抗肿瘤类、肝胆类等十几大类120余种药品的产品阵容，建立了陕西盘龙风湿与肿瘤制剂工程研究中心、陕西欧珂医药研发中心、西安医学院实习基地等科研服务机构，有14个中药产品具有自主知识产权，拥有专利23项，有16项科技成果获奖；在项目建设方面，累计引进产业项目25个，总投资8.5亿元，已建成和基本建成16个，完成投资6.1亿元，已初步形成了现代医药、绿色农产品加工和生态旅游三大产业集群，发展企业18家，从业人员3000余人，形成产能16亿元。2010年上半年，园区完成工业总产值4.87亿元，同比增长76.4%，占全县工业总产值的29.4%；上缴税金1139万元，同比增长46.9%，占全县财政总收入的7.2%。

目前，园区在加快县域工业发展中已逐步发挥出窗口、辐射、示范、带动作用，产业框架初步形成，建设取得了阶段性成果，已列入省上支持陕南突破发展"一区两带五园区"总体规划、省县域工业园区发展规划和省"13115"科技创新工程重点科技产业园区建设规划。"十二五"期间，园区计划新增投资10亿元，到2015年形成产能30亿元，实现产值20亿元，利税3亿元，基本建成关中—天水经济区内重要的现代中药生产加工基地。

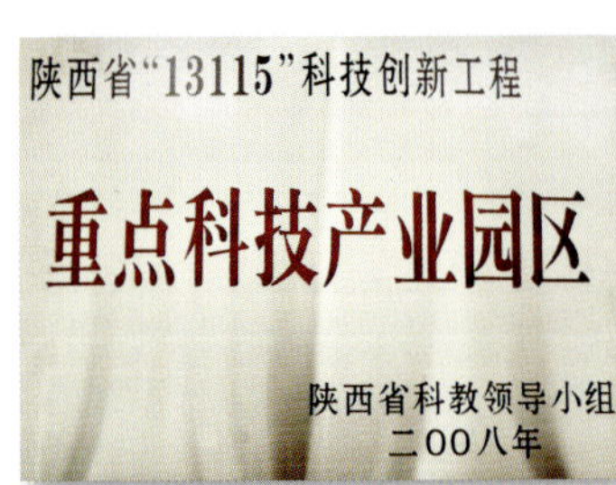

盘龙公司主要产品：盘龙七片

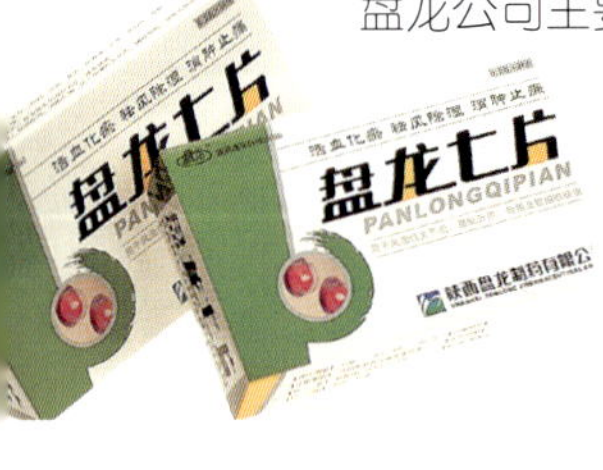

欧珂公司主要产品：食道平散

"华优"猕猴桃新品种选育及栽培技术研究

"华优猕猴桃新品种选育及栽培技术研究"是陕西省科技厅下达的陕西省重大科技创新专项资金项目"猕猴桃优良品种选育及技术标准示范"（项目编号：2005ZKC（二）06-01）的主要研究任务。该项目由陕西省农村科技开发中心主任雷玉山高级农艺师主持，项目2008年验收通过，进行了成果登记，并荣获2009年陕西省科学技术奖一等奖。

"华优猕猴桃新品种选育及栽培技术研究"着眼于解决目前猕猴桃生产中存在的品种结构不合理、晚熟品种比例过大、中早熟品种缺乏等影响猕猴桃产业健康发展的问题，以解决当前猕猴桃产业发展中品种结构单一，栽培技术不规范两大瓶颈问题为目标，对提高猕猴桃种植经济效益，促进猕猴桃产业技术进步，提高果品质量，增加出口创汇和农民收入，促进区域经济发展，将发挥积极作用，具有重要的经济和社会效益。

"华优"系中华猕猴桃与美味猕猴桃的杂交种，其主要性状倾向中华猕猴桃，少数性状为美味猕猴桃，杂交优势极为明显。"华优"作为中熟猕猴桃品种，具有耐贮藏、货架期长、抗逆性强的特点，特别是抗溃疡病、抗高温日灼、抗晚霜冻能力突出，且抗黄化病、根腐病，稳产高产，易于栽培管理。与"秦美"相比，"华优"以其在生产上明显的优势赢得了广大果农和消费者的青睐，项目组通过指导新栽及高接换头建园，2005年春季至2009年底在西安、宝鸡等猕猴桃主产区已经示范推广10万亩，预计至2012年底推广面积将达到20万亩。

经过区域试验研究表明，"华优"作为中华猕猴桃新品种，适应在秦岭北麓34度纬度栽培，这不仅开创了中华猕猴桃在秦岭以北成功栽培的历史，而且填补了国内空白。同时本项目结合华优品种特性，制订了"华优"猕猴桃栽培技术规范，良种与良法配套，有利于产业化发展和规模化经营。该品种的中试示范及大面积推广应用可实现陕西乃至全国猕猴桃品种的第三次更新换代，有望成为我国中华猕猴桃的主栽品种，进而推动我国猕猴桃产业再上一个新台阶，其现实意义十分重大。

陕西省科学技术奖

证　书

为表彰陕西省科学技术奖获得者，特颁发此证书。

项目名称：华优猕猴桃新品种选育及栽培技术研究

奖励等级：壹等

获 奖 者：陕西省农村科技开发中心

二〇一〇年一月五日

证书号：09-1-09-D1

宝鸡阜丰生物科技有限公司

1. 企业基本情况

宝鸡阜丰生物科技有限公司成立于2004年4月，坐落于宝鸡国家高新技术产业开发区东区，是一家主要从事生物发酵制品的研发、生产和销售的农产品深加工企业。公司下辖六个分厂，是宝鸡市农业产业化龙头企业、中国发酵行业重点骨干企业和全国最大的谷氨酸生产基地之一，综合实力居全国同行业前三位。

公司占地面积750余亩，拥有总资产8.7亿元，员工1000余人，其中大中专毕业生700多人，70%为陕西籍员工。公司主要产品的年生产能力为：谷氨酸15万吨、谷氨酸钠10万吨、淀粉30万吨、生物发酵肥20万吨。2009年公司实现销售收入17.3亿元、利润4.1亿元、税金1亿元，出口创汇850万美元。主导产品谷氨酸、谷氨酸钠销往全国各地，并出口非洲、东亚、大洋洲及南美等地区，目前，河南莲花、山东菱花、沈阳红梅、韩国希杰、台湾味丹等国内外知名调味品企业均采用本公司的谷氨酸产品。

公司先后通过了ISO9001质量管理体系、ISO14001环境管理体系、OHSAS18001职业健康安全管理体系、ISO/DIS 22000食品安全管理体系认证及清洁生产审核，被陕西省科学技术厅、财政厅、税务局联合认定为“高新技术企业”。作为宝鸡市农业产业化龙头企业，公司为带动当地农民增收、促进就业和加速当地农业产业化发展进程，发挥了强有力的推动作用，先后被授予“宝鸡市重点建设项目优秀成果奖”、“宝鸡最具成长性工业企业”、“宝鸡工业强市功勋企业”及“最具成长性科技型中小企业100强”等荣誉称号。

公司所隶属的阜丰集团有限公司，是一家在香港联交所主板上市的国际化生物制品公司，年产谷氨酸48万吨、黄原胶4.4万吨，已发展成为全球第一大味精和谷氨酸生产商、第一大黄原胶生产商。

2. 科技创新工作开展情况

在强化生产经营管理的同时，公司一直将技术创新作为推动企业发展的重要手段。公司于2004年成立了技术中心，现有专职研发人员64人，配备有原子吸收分光光度计、近红外品质分析仪等百台/套价值近500万元的国内外先进生物发酵实验与检测设备，具备了完善的新产品、新技术研究开发与工业放大试验条件。中心自成立以来，着力加大传统产业升级改造、节能减排、资源综合利用及新产品开发等工作。近年来，中心先后成功开发了发酵废液造粒烟气治理关键技术、谷氨酸高效发酵与绿色提取新技术、淀粉喷射式气浮槽和过程水全闭路循环工艺、管束干燥机二次蒸汽回收技术、生产用水热质梯度利用与中水回用等近30余项新技术新装备。中心经过三年不断摸索和实验开发的发酵废液造粒烟气治理关键技术于2009年8月成功实现产业化应用，彻底解决了烟气排放这一世界性行业难题，成为世界味精和谷氨酸生产史上的一个标志性事件，目前该技术已申报国家专利6项，其中发明专利3项、已获得授权1项；中心针对谷氨酸生产过程中存在的发酵装备落后、产品品质低、消耗高、废水量大、重复利用率低等诸多问题研发的谷氨酸高效发酵与绿色提取技术在节能减排、循环利用及产品品质等多方面具有较大技术突破，经陕西省科技厅鉴定达到国际先进水平，目前已被行业内普遍接受并逐步推广应用；中心在加强现有生产链技术优化改造的同时加快新产品开发，目前已成功开发出聚谷氨酸、缬氨酸、异亮氨酸等高附加值、高出口创汇产品。

3. 结语

公司在今后的发展中将继续坚持以科学发展观为统领，进一步实施规范化和精细化管理，不断优化生产工艺、提高产品科技含量，以期创造更加显著的经济效益、社会效益和环境效益，为繁荣地区经济、推动生物发酵产业的科技进步、促进社会稳定及和谐发展做出更大的贡献。

高新技术企业证书

先进的仪器设备－原子吸收分光光度计

《谷氨酸高效发酵与绿色提取技术研究及应用》科技成果鉴定会

《发酵废液造粒烟气治理关键技术》项目合作签约仪式

宝鸡阜丰生物科技有限公司

区域计量引领　追求不断超越

——西北国家计量测试中心/陕西省计量科学研究院

西北国家计量测试中心/陕西省计量科学研究院是全国七个大区级国家法定计量检定机构之一，是陕西省人民政府计量行政部门依法设并经国家质量监督检验检疫总局考核授权的法定计量检定机构，是中国合格评定国家认可委员会认可实验室，具有独立的法律地位和第三方公正地位，隶属陕西省质量技术监督局，属社会公益类科研技术机构。

主要职责是负责研究、建立和保存陕西省和西北社会公用计量基、标准。承担西北五省（区）量值传递和量值溯源；执行强制检定和法律规定的其他检定、校准和检测任务。同时还承担国家和陕西省计量产品的监督抽查、监督检验、商品量检验、仲裁检验等委托检验任务，为质量技术监督提供技术保证。

近年来，我院靠提升技术、拓展能力、强化服务，实现了快速发展，计量工作对经济发展的贡献率大大提升。多次受到国家质检总局和陕西省委、陕西省人民政府的表彰，荣获“全国质量监督检验检疫工作先进单位”和省级“创佳评差”最佳单位荣誉称号。连续5年被省质监局评为“创佳评差”最佳单位。

我们的每一个进步，每一次跨越，都凝聚着上级领导的关怀和社会各界的厚爱。我们将按照“效力国家、服务社会、成就客户、发展自我”的院核心价值观，以前所未有的气魄与热情，积极投身于经济发展和社会进步的时代浪潮，为陕西省及西北地区的经济腾飞作出新的更大的贡献。

音速喷嘴气体流量标准装置

动态公路车辆自动衡器检定现场

全国人大常委会副委员长兼秘书长李建国（中）、原国家质检总局局长李长江（左）在秦宇院长陪同下在本院考察工作

电磁中心电能实验室

在西气东输工程宁夏中卫压气站在线检测

防控甲流，对机场红外测温仪进行现场检定

多彩宝石

宝石机械办公大楼

宝鸡石油机械有限责任公司（以下简称宝石机械）始建于1937年，是中国石油天然气集团（CNPC）所属的国内规模最大、制造能力最强的石油钻采装备研发制造企业。

宝石机械主要产品包括1000-12000米九大级别、四种驱动形式的陆地和海洋成套钻机、500-3000马力的F系列泥浆泵、井控井口设备、特种车辆、钻采工具、石油专用钢丝绳、钻头等50多个类别、1000多个品种规格的石油钻采设备及配件。15大类76项产品获得美国石油学会（API）会标使用权，是全球拥有该会标使用权最多的企业。主导产品在国内市场占有率均为行业之首，同时远销欧美、中亚、中东、东南亚等50多个国家和地区。“宝石牌”石油钻机被国家认定为“中国名牌产品”。“宝石机械”商标在美国、俄罗斯等12个国家成功注册。

2010年宝石机械取得多项科研项目成果。2010年2月，公司自主研发的国内首台F1-1600轻型泥浆泵研制成功。2010年3月，公司自主研发的F1-800轻型泵研制成功。2010年5月，3000米车装钻机—ZJ30/1800ZC钻机研制成功。2010年6月，9000米交流变频电驱动顶驱装置研制成功。2010年7月，国家“十一五”863计划重大项目“万米深井钻探装备”课题通过国家验收；国产第二代2000米斜井钻机—ZJ20DBX钻机顺利通过试验。2010年8月，3000马力大功率泥浆泵完成组装试验。同时公司还有多项产品完成研制。突显公司科技研发能力的整体水平和公司不断拓展、不断创新的整体思路。

宝石机械秉承中国石油“奉献能源，创造和谐”的宗旨，以“大庆精神、铁人精神”为动力，努力践行科学发展观，不断创新，不断进步，推动公司由“制造的宝石”向“创造的宝石”、“生产的宝石”向“技术的宝石”、“油气业的宝石”向“能源业的宝石”的转变，打造多彩宝石！

ZJ120/9000DB 钻机

媒体报道万米深井钻探装备通过验收

F-2200HL钻井泵

生产作业厂区

长庆油田分公司勘探开发研究院

勘探开发研究院是中国石油长庆油田分公司下属的一个综合性科研单位，作为长庆油田勘探开发核心技术的代表和战略决策的参谋部，主要承担石油、天然气勘探开发的科学研究及勘探开发科研生产任务，组织新技术研发、推广与应用。近年来，在勘探开发鄂尔多斯盆地特低渗透油气田的实践过程中，立足鄂尔多斯盆地低渗透油气田地质实际，突出科技创新，加大科研成果的实践与应用，逐步建立形成了油气勘探、油气田开发、提高采收率、分析化验、信息技术等科研、生产体系，发展成为学科齐全、技术配套、装备先进、科研力量雄厚的综合性油气科学研究机构。

中国石油天然气股份有限公司董事长蒋洁敏视察长庆油田分公司勘探开发研究院

现有员工508人。专业技术人员465人，其中教授3人，高级工程师98人，工程师248人。博士21人、硕士213人。

拥有国际先进、国内领先的各类科研技术装备共794台（套），资产总值近2亿元。地球物理计算中心配备有国际先进水平的256个CPU的IBM刀片服务器PC集群，SGI3800服务器，配有Landmark、Schlumberger等地震和测井处理解释软件，具备处理、解释特低渗复杂地质目标的能力。

长庆油田分公司勘探开发研究院与挪威石油公司进行技术交流

分析试验方面，拥有国际一流的恒速压汞仪、气体同位素质谱仪、色－质联用仪、环境扫描电镜及能谱仪、阴极发光—光谱联用仪、激光等离子发射光谱仪、多功能岩心流动试验仪、阵列岩电试验仪和自主研发的启动压力梯度测试仪等大型实验仪器。分析试验中心已建成低渗透油田开发国家工程实验室。面对长庆特低渗透岩性油气藏和多个世界级难题，长庆油田公司勘探开发研究院近年

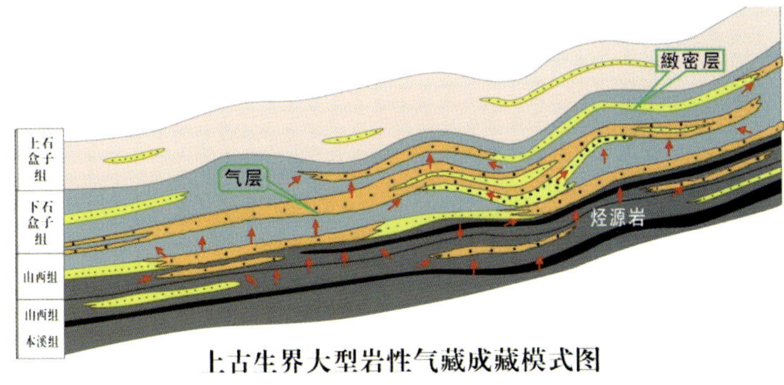

上古生界大型岩性气藏成藏模式图

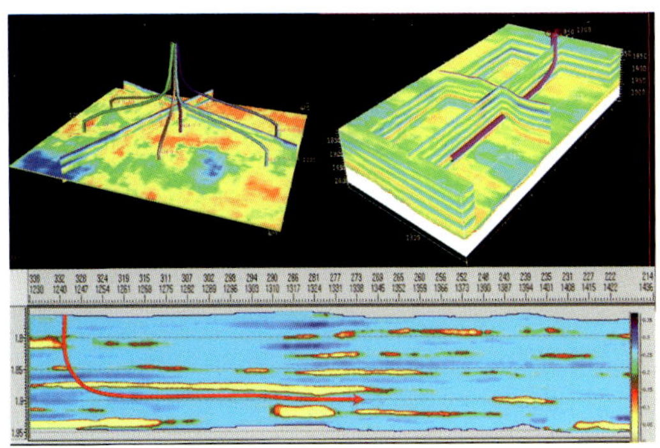

来坚持关键技术超前储备、瓶颈技术集中突破、成熟技术规模应用的原则，以油气勘探开发为主线，油气勘探理论和勘探开发技术不断创新。

油气勘探理论及特色技术：

◆下古生界岩溶古地貌天然气成藏理论
◆上古生界河流三角洲天然气成藏理论
◆中生界三叠系湖泊三角洲成藏理论
◆中生界侏罗系古地貌油藏成藏理论
◆岩性油气藏地震横向预测技术
◆低渗低阻油气层测井评价技术

油气田开发理论及特色技术：

◆非达西渗流理论
◆特低渗透油藏井网优化设计技术
◆低渗低压油藏超前注水技术
◆低渗透油气藏水平井开发技术
◆非均质岩性油气藏精细描述及动态跟踪技术
◆低渗透气藏优化布井技术
◆特低渗储层分析试验技术

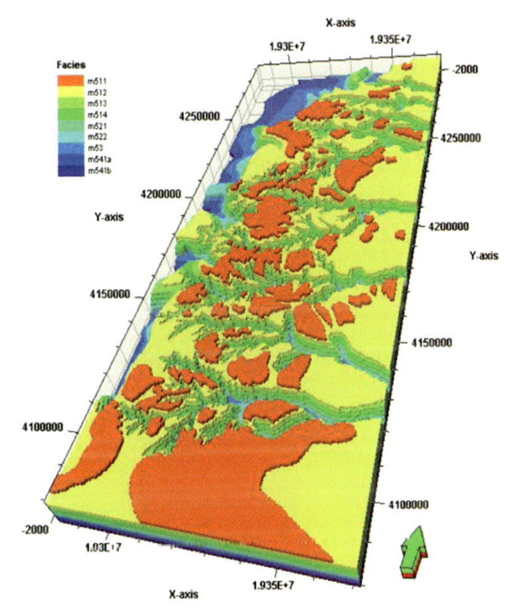

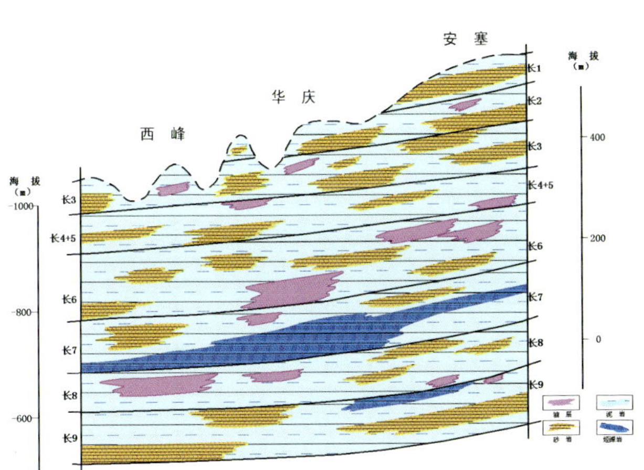

鄂尔多斯盆地延长组油藏剖面示意图

依靠科技挑战致密岩性油气藏，为勘探开发建设提供了有力支撑和技术保障，提高了勘探成功率，降低了发现成本，提高了开发水平。在勘探开发特低渗透油气田、油气田稳产、姬塬大油田和华庆超低渗油田的发现及高效开发等科学实践中取得了一系列重大突破。有力地支撑了长庆油田实现油气当量3000万吨宏伟目标，同时为长庆油田实现油气当量5000万吨奠定了坚实的科技基础。

陕西老牛面粉有限公司企业简介

牛应存董事长在北京人民大会堂领奖牌

陕西老牛面粉有限公司创办于1995年11月，注册商标“老牛牌”，企业法人代表牛应存。公司资产总规模2.04亿元，占地80余亩，员工315人，拥有两条国内最先进的专用面粉生产线和检验研发设备，主导产品已形成三大系列，60多个品种。

2002年以来，企业已通过质量管理体系、食品安全管理体系、测量管理体系、标准化良好行为、绿色食品等认证；企业先后荣获全国放心面、诚信粮油、全国粮食行业信用评价AAA级单位，获陕西省著名商标，陕西省名牌产品，2006年公司被陕西省科技厅认定为高新技术企业，被眉县科技局认定为民营科技企业，2007年获中国名牌产品，被认定为陕西省和国家级农业产业化重点龙头企业，被授予全国食品工业优秀龙头食品企业称号，被国家农业部授予全国农产品加工业示范企业，被陕西省质量技术监督局授予质量信用等级评价质量守信A级单位。

瑞士布勒公司制粉设备

公司坚持科技创新，与西北农林科技大学、武汉工业学院、河南工业大学、宝鸡市农业技术推广服务中心等科研单位实施产、学、研合作，开发系列高档专用面粉填补了省内空白，2006年研发的营养强化面粉，获陕西省科技成果鉴定、宝鸡市科学技术一等奖、中国粮油学会三等奖，2008年公司企业技术中心被认定为省级企业技术中心；2010年研发出“五谷米”新产品，已申报省级科技成果鉴定，为国内首家将小麦粉和杂粮粉，按营养均衡的比例混合，经挤压造粒成型，并实现工业化生产的企业。企业研发经费投入逐年递增，产品受到越来越多用户的好评，销售网点遍布全国26个省、市、自治区，目前公司已成为中国西部最大的专用面粉加工企业，企业综合实力位居全国面粉加工企业第十一位。

陕西老牛面粉有限公司厂貌

陕西省交通建设集团公司交通科技工作简介

陕西省交通建设集团公司（简称陕西交通集团）是陕西省委、省政府调整全省高速公路建设与运营管理体制、加快高速公路建设而成立的国有大型企业，2006年4月挂牌成立。主要负责高速公路及非封闭式收费公路的项目建设、运营管理和公路相关产业的开发等。目前，负责建设、管理的公路里程达2282公里，固定资产总额达1212亿元。

为不断提高在高速公路建设、养护工作中的科技水平，陕西交通集团紧密结合高速公路建养工作实际，在集团董事长、学术带头人杨育生同志的大力倡导和带领下，建立了完善的产学研技术创新体系，与长安大学等一批科研水平较高的大专院校、研究机构建立了良好的合作机制，形成了一个以公路、桥梁、隧道工程为主要研究方向，有着良好的知识结构和年龄层次的研究团体。2006年至今已开展科技研究37项，获得省部级以上科学技术奖12项，其中《秦岭终南山公路隧道建设与运营管理关键技术》已通过国家科学技术进步一等奖的评审，并荣获中国公路学会科学技术特等奖；在陕西省高速公路建设中率先采用了SMA高性能路面、OGFC排水路面结构及大跨度公路隧道修筑技术，对新技术、新材料、新设备、新工艺等的推广应用起到了积极的作用。

展望未来，任重而道远。在新的征程中，年轻的陕西交通集团以十七大精神和科学发展观为引领，大力弘扬“科学管理、团结实干、文明和谐、创新争先”的企业精神，不断提高企业科技创新及生产转化能力，紧紧围绕陕西交通大发展的宏伟目标，团结一心，拼搏奋进，再创陕西交通事业新辉煌，为建设西部强省贡献更大的力量。

杨育生董事长(右二)在2010年度金鹿杯颁奖现场

新技术讲座

建设规模居世界第一的秦岭终南山公路隧道

采用新技术、新材料建成的西安咸阳国际机场专用高速公路

部分获奖证书

甘肃瓜州风电场项目

中国水利水电第三工程局有限公司

中国水利水电第三工程局有限公司组建于二十世纪五十年代，为中国水利水电建设股份有限公司的全资子公司，是建筑业中集科研、设计、开发、采购、施工、制造安装、监理、咨询为一体的特级骨干型企业。企业资质等级为水利水电工程施工总承包特级，公路工程、房屋建筑工程、市政公用工程施工总承包二级，土石方工程、钢结构工程专业承包一级，测绘甲级，工程勘测设计、监理咨询乙级，并持有对外承包工程资格证书、铁道部市场交易许可证书、计量认证证书和全国工业产品生产许可证书。

京沪高速铁路工程

公司现有职工12121人，各类专业技术人员3979人，一、二级建造师252人；拥有总资产25.21亿元，注册资金3.02亿元，为AAA级信用等级企业；拥有各类大型主导施工设备近5000台套，先进的试验设备近800台套。公司国内目前下辖16个部门，省级企业技术中心、勘测设计研究院2个科研设计机构，6个区域施工分局，4个专业施工分局；国外工程设置国际工程部，下辖6个施工项目部。公司年施工能力为：土石方开挖3000万m^3，混凝土浇筑500万m^3，基础处理及钻孔灌浆35万m，金结制安8.0万t，机电设备安装3000MW，铁路工程50km，公路工程80km。公司目前拥有有效专利17项，国家级、集团级工法各6项；两年来主持参加了13个规程规范的编写；五年来完成了44项科研项目的研究，取得省部级以上科技成果23项，创造了世界和中国企业新纪录30项。是一个跨国、跨区域、跨行业经营的特大型综合性企业。

公司自成立以来，先后在国内外承（参）建了百余座大中型水利水电工程及其它建筑工程。参加了举世瞩目的长江三峡水利枢纽工程、黄河小浪底水利枢纽工程和南水北调工程建设，参加了我国第一条具有世界先进水平的京沪高速铁路以及大同至西安铁路客运专线工程建设，参加了目前国内最大的示范性光伏发电项目和我国首批第三代核电AP1000自主化依托项目——山东海阳核电厂建设。获得了包括“全国五一劳动奖”、“国家优质工程金奖”、“国家优质工程银奖”、“新中国成立六十周年百项经典暨精品工程”、“中国建筑工程鲁班奖”、“中国电力优质工程”、“中国水利工程优质（大禹）奖”、“一级优质工程”、“水电优质工程”、“公路交通优质工程奖”以及其它省（部）级奖项在内的50余项优良工程奖；创出了“大型PCCP管道安装”、“斜井开挖”、“电站厂房施工”、“贯流式电站施工”、“碾压混凝土坝施工”、“病危大坝修复”、“风电塔筒制安”、“输水系统压力管道制安”、“试验室”等三局品牌。铸就了骄人的业绩，具有强大的整体综合实力和市场竞争力。

正在施工中的卡塔尔路赛CPI市政工程项目

地址：陕西省西安市二环北路东段609号
邮编：710016
电话：029—86178686
传真：029—86252476
网址：www.cteb.com

南水北调中线丹江口混凝土大坝加高工程

山西省西龙池抽水蓄能电站

青海黄河公伯峡水电站工程

鲁班奖奖牌

陕西省科学技术奖

证　书

为表彰陕西省科学技术奖获得者，特颁发此证书。

项目名称：输水系统大坡度超长斜井开挖技术研究

奖励等级：叁等

获 奖 者：中国水利水电第三工程局有限公司

二〇一〇年一月 日

证书号：09-3-47-D1

陕西省科学技术奖证书

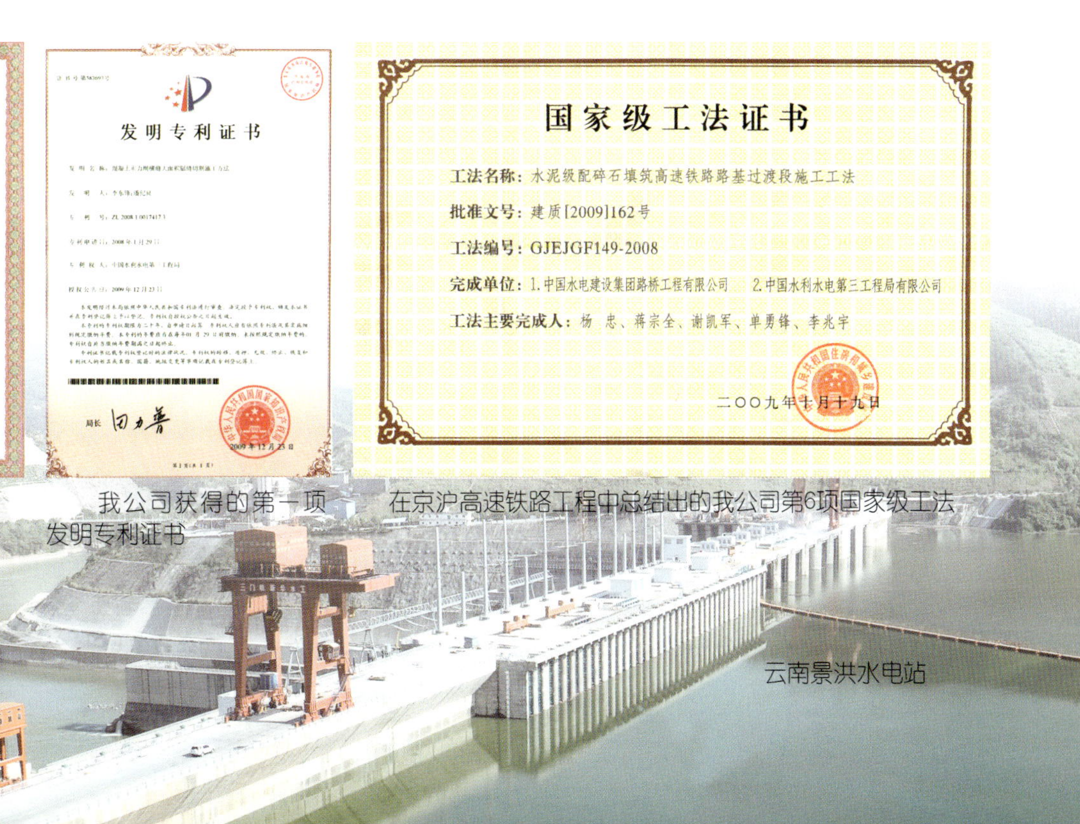

发明专利证书

局长

国家级工法证书

工法名称：水泥级配碎石填筑高速铁路路基过渡段施工工法

批准文号：建质[2009]162号

工法编号：GJEJGF149-2008

完成单位：1.中国水电建设集团路桥工程有限公司　2.中国水利水电第三工程局有限公司

工法主要完成人：杨　忠、蒋宗全、谢凯军、单勇锋、李兆宇

二〇〇九年十月十九日

我公司获得的第一项发明专利证书

在京沪高速铁路工程中总结出的我公司第6项国家级工法

云南景洪水电站

西安市中心血站

西安市中心血站成立于1954年，1989年经批准为陕西省红十字血液中心，2001年更名为陕西省血液中心，同年被卫生部确定为全国安全血液和血液制品远程教育培训中心。2002年中心血型研究所被国家中华骨髓库确定为HLA分型实验室，2004年被省卫生厅批准陕西省移植配型中心实验室；2005年被西安市卫生局确立为市级输血医学重点学科。承担西安市13个区县800多万人、180家医疗机构临床用血的采集供应任务。

中心的采供血业务大楼建筑面积8700平方米。中心配备有采血屋及5部大中型采血车、2部冷藏接血车、9部送血车；使用全自动酶免检测系统和灵敏度高、特异性强的检测试剂；拥有多台成分离心机、血细胞分离机、血液辐照仪、全自动微生物快速监测仪、血型仪、测序仪、流式技术仪等设备；采供血业务及其相关服务全过程实行计算机信息化管理。

中心采供血业务工作发展迅速，临床用血100%来自街头自愿无偿献血者捐献，2009年采血量已达45余吨/年，机采血小板9650个治疗量/年。截至2010年6月底，累计无偿献血人数已过96万人次，西安3次荣获全国无偿献血先进城市。

在做好业务工作的同时，中心重视人才培养，狠抓科研工作，目前在研项目5个，科技部863专项1项，获国家和陕西省自然科学基金项目3个；已开展的科研项目，荣获省级科研成果2项、市级科研成果5项、申报实用新型专利5项、发现10个HLA新的等位基因；在国内外学术刊物发表论文数百篇，其中SCI收录13篇。

2010年1月5日，我站科研课题“中国北方汉族人群HLA-A/B/DRB1基因多态性的PCR-SBT分形研究”，获得陕西省人民政府科学技术三等奖。课题主要研究内容：① 应用PCR-SBT技术对37949名造血干细胞捐献者中发现中国人群的10个HLA新等位基因，均已由世界卫生组织（WHO）人类白细胞因子命名委员会命名，并已被列入世界最大的基因库GENBANK共全人类享用。② 中国北方汉族人群样本量最大（11755）的HLA双/三座位单倍型频率和HLA低分辨多态性分布特征；应用PCR-SBT技术对随机抽取的167例北方汉族的HLA-A/B/DRB1座位进行DNA测序，分析等位基因多态性、基因频率及优势基因构成特征等，填补中国北方汉族人群大样本量的HLA-A/B/DRB1基因DNA测序高分辨多态性资料空白。③ 选择对应分解抗原最多、等位基因也最多、也是中国北方汉族表达频率最高的HLA-B*15，研究分析其多态性分布特征和各分解抗原组的优势等位基因。

研究了解本地区民族的HLA分布特征，包括新基因、基因频率、单倍型频率、优势基因、标志性基因和三维结构，对确保移植前进行精准HLA分型以及合理筛选供者，杜绝不允许错配等位基因，提高移植成功率等具有重要临床意义。

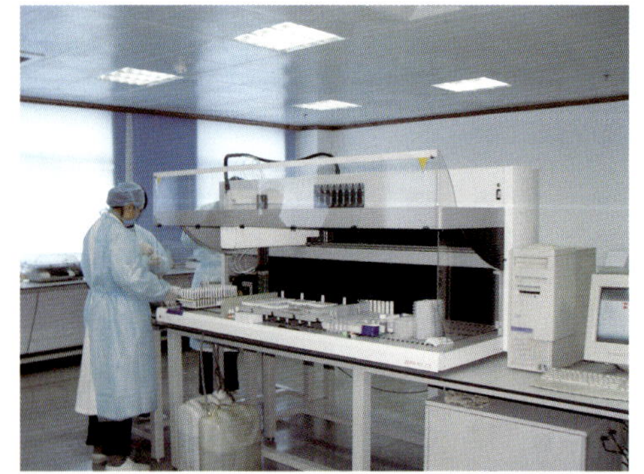

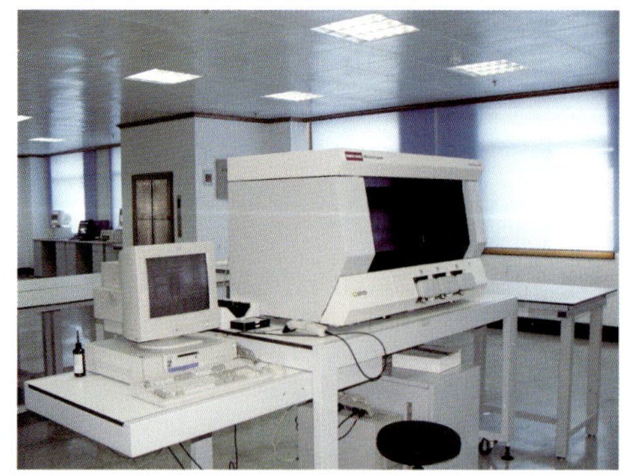

全自动化血液检测设备

DNA测序设备

延安西物瑞星光电材料有限公司

——高折射率玻璃微珠项目简介

延安西物瑞星光电材料有限公司，是由公司法定代表人李荣与成都西物科技集团有限公司联合，于2009年9月23日在延安市工商行政管理局注册成立的一个股份制企业，公司注册资金3000万元。

公司是以开发、生产及销售光学材料、电子材料、陶瓷材料及器件为主要经营范围的产业化科技公司。公司自筹资金6000万元，在黄陵县上翟庄科技产业园建设“高折射率玻璃微珠项目”。该项目采用科学无铅配方，以二氧化钛、碳酸钡、二氧化硅、石英砂等为主要原料，经高温熔化、水淬、破碎、喷珠、筛分等工序制做成高折射率玻璃微珠产品。

高折射率玻璃微珠是各种反光材料的核心光学基础元件，是制做高级反光膜、反光布、反光油漆、反光涂料及各种反光标志的重要新型材料，被广泛应用于交通运输业、航天航空业、军事国防业、建筑业、采矿业及安全生产等领域。

项目建设总规模为年产高折射率玻璃微珠10000吨，概算总投资6000万元，建设期为10个月，项目建成后年可实现工业总产值2.6万元，上缴国家税金2000万元，并可安置当地百余名下岗职工和待业青年就业。项目自2010年3月开工建设以来，工业厂房即将建成，主要设备已经订购，现已完成投资4000余万元，计划2010年12月建成投产。

项目的建设获得陕西省科技厅、延安市人民政府及黄陵县人民政府等有关方面的高度重视和大力支持，被列为陕西省2010年度“13115”科技创新工程重大科技产业化项目。

公司为了认真贯彻落实科学发展观，确保该项目的顺利建成，项目已进入生产工艺装置的安装及原材料的选购订货阶段，项目将在以总经理李荣同志为核心的坚强领导下，一定会把高折射率玻璃微珠项目做大、做强、做好，为延安乃至陕西的经济建设和社会发展做出积极的贡献。

延长油田股份有限公司

延长油田股份有限公司（简称延长油田），是集团控股，集石油勘探开发、科研、机械制造和辅助生产为一体的国家大型石油勘探开发企业。公司下设23个采油厂、6个辅助生产单位、23个职能部门。资产总额700亿元，从业人员6.2万人；拥有资源面积5.58万km^2，探明地质储量17亿吨。

延长油田始建于1905年，是中国陆上发现和开发最早的油田。1907年，打成中国陆上第一口油井。1944年，毛泽东同志题词“埋头苦干”予以鼓励。1989年，江泽民同志视察了延长油田南泥湾采油厂。2005年9月，陕西省委、省政府组建陕西延长石油（集团）有限责任公司，对原陕北地方石油开采企业实行紧密性组合，成立延长油田股份有限公司。改革开放以来，延长油田坚持走可持续发展道路，企业规模不断扩大。2007年，成功跨入千万吨级大油田行列。2008年，生产原油1082万吨。2009年，生产原油1121万吨。2010年，延长油田以科学发展观为统领，按照“一个坚持、两个加强、两个提高、三个转变”的工作思路，深化油田勘探，调整开发思路，狠抓生产经营，确保1180万吨原油生产目标顺利实现。

延长油田经过百年发展，取得了丰硕成果。成功地勘探开发了鄂尔多斯盆地陕北含油区，建成了我国西部地区重要的石油工业基地；在长期生产实践中形成了一整套适合特低渗油田特点的勘探开发实践经验；实现了资源优化配置，具备较为雄厚的实力和规模；建立了覆盖全公司的目标责任管理体系，统一了会计核算，提高了资本运营效率；形成了以“埋头苦干，开拓创新”为核心的企业精神，建立了一支敢于争先、善于创造、勇于开拓的石油产业队伍。在陕西省工业经济发展中较好地履行了能源支撑作用，2009年5月被中华全国总工会授予“全国五一劳动奖状”。

延长油田坚持自主创新和引进吸收相结合，加大技术攻关力度，加快新技术应用步伐。初步建立了油藏地质模型，基本掌握富集油层的成藏规律及储层特征；开展了油田开发工艺技术攻关，探索出一套行之有效的提高采收率技术；提出了保护油层的一系列压裂、注水工艺技术，形成酸化、表面活性剂、HRS等多种综合解堵技术；大力引进推广钻井工艺、转向压裂、微生物采油、高效驱油剂等新技术、新工艺，有效提高了单井产量；积极开展科技交流与合作，成功举办了新技术展览会和四次技术推介会。在增强自主创新能力，提升科技发展水平道路上迈出了坚实步伐。

延长油田在加快自身发展的过程中创造了巨大的经济和社会效益，为陕北老区人民脱贫致富和陕西经济发展做出了重要贡献。2006年—2009年，延长油田累计实现销售收入1117.2亿元，实现利税费195.64亿元，其中上缴地方石油开发费222.3亿元。目前，石油工业为地方提供的财政收入，已占延安、榆林两市财政总收入的80%和20%以上。

延长油田总体发展战略：近期目标是“十一五”末原油产量达到1200万吨；中期规划是“十二五”期间保持稳中有增，总体上每年按5%的速度增长，“十二五”末达到1500万吨；长期目标是千万吨稳产20年；远景目标是再建百年油田。

延长油田将认真践行科学发展观，深化油田勘探，科学精细开发，强化生产管理，提高经济效益，加快建设国内一流标准化大油田，努力实现全面、协调、可持续发展，为陕北老区经济社会发展和陕西建设西部强省做出新的更大的贡献。

办公楼

科技兴企

注水开发

重视新技术推广应用

石油管输自动化管理

绿色油田

石油机械制造

2010年4月我区举办科技计划项目申报培训会

新城区科技工作情况

一、围绕中心，突出重点，抓好科技计划项目管理

2009年，区科技经费支出711万元，占财政预算支出1.03%，比上年增长7.06%。扶持科技攻关和产业化项目5项，软科学项目10项，信息化建设项目1项，包装策划项目5项。2009年科技计划项目实施后，实现产值26786万元，税金1803万元。2010年，科技项目立项按照“扶持科技创新、引导产业调整、支持低碳环保、关注军民融合”的工作思路，先后深入西安华山精密制管有限公司等16家企业，考察调研了25个科技项目。邀请相关专家与财政局、发改委等单位举办了科技项目专家评审会，对12个科技项目进行集中评审。在考察、调研和评审的基础上，提出了2010年区科技经费拟扶持意见，并经区政府第九次常务会研究后下达区科技计划项目22项，扶持科技资金770万元。2010年区科技项目计划突出了五个特点：一是加大对区域财税贡献大的科技项目扶持力度；二是重点扶持科技创新项目；三是围绕产业调整，加大对节能减排、低碳环保科技项目的扶持；四是统筹科技资源，做好军民融合科技项目的扶持工作；五是继续做好区属企业科技项目扶持工作。

市、区人大视察新城区科技创新工作

二、积极申报，争取扶持，增强企业自主创新能力

为提高科技项目申报的命中率，召开项目申报工作会议，宣讲国家、省、市科技计划指南和重点扶持方向，举办了新城区科技计划项目申报工作培训班，邀请市科技局和生产力中心的有关领导、专家到会授课。各街道分管经济工作的领导和我区26家科技型企业的领导及相关干部60余人参加了培训，受到与会人员一致好评。同时，局领导深入重点企业和重点项目指导申报工作，全区项目申报数量和质量有了大幅度提高。2006——2010年共获国家、省、市科技资金扶持2703万元。2010年，清华德人西安幸福制药有限公司、陕西方舟生物科技有限公司共获得国家高新技术产业专项资金扶持1000万元。国家、省市科技资金的大力扶持，缓解了企业发展资金不足的问题，提高了企业自主创新能力，促进了企业的快速发展。

2009年11月新城区召开软科学研究项目中期检查评估会

三、搭建平台，统筹资源，不断提升科技创新工作水平

建立军民融合会商制度，统筹军工科技资源。积极响应西安市“建设统筹科技资源改革示范基地”试点城市号召，与市科技局建立“军民融合科技会商制度”工作进展顺利。

新城区统筹军工科技资源座谈会

搭建科技网络平台，构建科技创新服务体系。建立完善迅捷的新城科技信息网，使我区科技概况、科技政策、科技计划、科技咨询、科技人才、专利申报、知识产权保护等信息实现透明高效运行，为区域内高等院校、科研院所和科技企业建立了网上科技信息互动交流渠道。加强西安生产力促进中心新城分中心建设，从科技信息、人才、资金、政策等方面加大对科技企业的扶持服务力度，推进企业科技合作与交流的开展。

加大软科学研究，推进成果转化。2009—2010年，共安排科技资金375万元，支持23个软科学项目研究。围绕全区经济社会发展的重大课题，如财源建设、产业发展、地铁经济等，借助西安乃至全国有名的科研院所力量，形成具有前瞻性、指导性研究成果，形成了相关产业发展的指导性意见，有效推动了重点产业的发展。

2010年3月26日新城区在革命公园举行第十八届“科技之春”宣传月活动启动仪式。省市区领导参加活动。图为新城区人民政府区长李德文正在讲话

【陕西省自然科学基础研究计划项目经费投入情况】

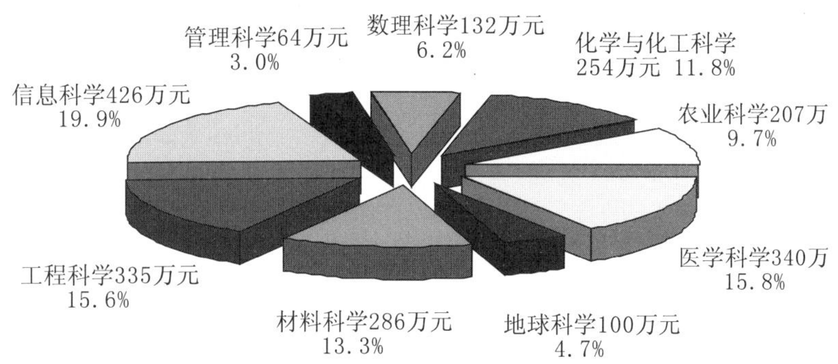

图3 2009年陕西省自然科学基础研究计划项目资助经费按学科分布示意图

【2009年度曾受陕西省自然科学基础研究计划资助项目的获奖情况】

获奖成果名称	负责人	获奖单位	获奖类别和等级	受省基础研究计划相关项目资助项次
神经病理性痛模型的创建及其在镇痛机制和治疗研究中的应用	李云庆	第四军医大学	国家科技进步一等奖	2
文物虚拟修复和数字化保护技术的研究与应用	耿国华	西北大学	国家科技进步二等奖	2
现代钢结构稳定性关键技术研究与应用	郝际平	西安建筑科技大学	国家科技进步二等奖	1
产品复杂曲面高效数字化精密测量技术及其系列测量装备	蒋庄德	西安交通大学	国家科技进步二等奖	2
人类基因组多态性和特殊微量物证个体识别关键技术及应用	李生斌	西安交通大学	国家科技进步二等奖	1
大型回转机械结构裂纹的动态定量诊断技术与应用	何正嘉	西安交通大学	国家技术发明二等奖	3
过载-振动复合力学环境模拟的应用基础研究	闫桂荣	西安交通大学	陕西省科学技术一等奖	1
先进核动力一回路系统复杂多工况宽参数范围流动与传热新理论研究	苏光辉	西安交通大学	陕西省科学技术一等奖	1
肾移植治疗慢性肾功能衰竭的临床及基础研究	薛武军	西安交通大学	陕西省科学技术一等奖	4
秦岭川金丝猴种群稳定机制研究	李保国	西北大学	陕西省科学技术一等奖	1
中国西部早古生代高压—超高压变质与大陆深俯冲作用及其动力学意义	刘　良	西北大学	陕西省科学技术一等奖	1
AngelPlan-1000型电阻抗扫描成像乳腺癌检测仪	付　峰	第四军医大学	陕西省科学技术一等奖	2
抗感染活性骨系列实验研究及临床应用	胡蕴玉	第四军医大学	陕西省科学技术一等奖	2
骨性反合及其相关畸形的基础与临床研究	段银钟	第四军医大学	陕西省科学技术一等奖	4
异构无线网络安全技术与应用	马建峰	西安电子科技大学	陕西省科学技术一等奖	2
有机-无机杂化材料的结构性能与制备技术	马晓燕	西北工业大学	陕西省科学技术一等奖	6

续表

获奖成果名称	负责人	获奖单位	获奖类别和等级	受省基础研究计划相关项目资助项次
陕西卤泊滩盐碱地综合治理的和谐生态模式研究与实践	韩霁昌	西安理工大学	陕西省科学技术一等奖	1
洁净兰炭生产与资源综合利用成套技术及装备	兰新哲	西安建筑科技大学	陕西省科学技术一等奖	4
工程结构隔震基础理论及关键技术研究	姚谦峰	西安建筑科技大学	陕西省科学技术一等奖	3
凝胶类软物质的设计制备及其模板效应研究	房　喻	陕西师范大学	陕西省科学技术一等奖	4
大型火电厂空冷钢-混凝土混合承重结构体系动力灾变研究与应用	白国良	西安建筑科技大学	陕西省科学技术一等奖	1
西安地裂缝地面沉降成因与防治研究	彭建兵	长安大学	陕西省科学技术一等奖	1
聚合物基层状黏土纳米复合材料与胶原纤维作用机理的研究	马建中	陕西科技大学	陕西省科学技术一等奖	5
人工耳蜗植入及感音神经性耳聋相关机理和防治研究	邱建华	第四军医大学	陕西省科学技术二等奖	4
跳频突发通信传输技术与应用	李　赞	西安电子科技大学	陕西省科学技术二等奖	2
环保型改性酚醛树脂基复合材料的研制	齐暑华	西北工业大学	陕西省科学技术二等奖	1
鑫诺三号卫星可动点波束天线双合度步进电机	刘景林	西北工业大学	陕西省科学技术二等奖	1
蛋鸡高效杂交组合及保健功能蛋关键技术研究	高玉鹏	西北农林科技大学	陕西省科学技术二等奖	2
网络计算的关键技术、系列软件及其应用	桂小林	西安交通大学	陕西省科学技术二等奖	1
微弧氧（碳氢）化生成的新型生物涂层及其高性能化相关机理研究	憨　勇	西安交通大学	陕西省科学技术二等奖	1
特殊介质能量系统热泵节能的理论、关键技术及应用	顾兆林	西安交通大学	陕西省科学技术二等奖	1
白血病免疫逃逸机制及逆转研究	张王刚	西安交通大学	陕西省科学技术二等奖	1
有机化合物催化伏安法方法学及其应用研究	宋俊峰	西北大学	陕西省科学技术二等奖	1
药用植物的结构、发育及其与主要药用成分积累关系的研究	胡正海	西北大学	陕西省科学技术二等奖	8
人乳头瘤病毒基因分型液态芯片的构建与临床应用研究	党倩丽	陕西省人民医院	陕西省科学技术二等奖	1
脉冲负载运动装置的电控系统研制	李　琳	西安石油大学	陕西省科学技术二等奖	1
感光溶胶-凝胶法制备功能薄膜及其微细图形的研究	赵高扬	西安理工大学	陕西省科学技术二等奖	3
输电线路动态增容理论、关键技术与产品开发	黄新波	西安工程大学	陕西省科学技术二等奖	1
西部干旱缺水地区污水再生利用的理论和技术研究	王晓昌	西安建筑科技大学	陕西省科学技术二等奖	4
大理河流域水土保持生态工程建设的减沙作用研究	冉大川	西安理工大学	陕西省科学技术二等奖	1

续表

获奖成果名称	负责人	获奖单位	获奖类别和等级	受省基础研究计划相关项目资助项次
SmS、Sm_2O_3功能薄膜及粉体的制备新技术研究	黄剑锋	陕西科技大学	陕西省科学技术二等奖	3
黄土区农业生态系统中水分与养分迁移及其环境效应	王全九	中科院水土保持研究所	陕西省科学技术二等奖	3
IMES-I型体内微爆破碎石仪的研制及临床治疗难取性胆道结石的研究	杜立学	陕西省人民医院	陕西省科学技术二等奖	2
钉棒系统与钩棒系统矫正脊柱侧凸的生物力学与临床研究	郝定均	西安市红十字会医院	陕西省科学技术二等奖	1
声动力学抗肿瘤效应及其机制研究	刘全宏	陕西师范大学	陕西省科学技术二等奖	1
陕西省老年痴呆照料者生活质量与社会支持研究	张少茹	西安交通大学	陕西省科学技术三等奖	2
氮杂环类化合物的制备及有机合成新方法研究	白银娟	西北大学	陕西省科学技术三等奖	5
含能材料的量子化学计算及自由基检测研究	马海霞	西北大学	陕西省科学技术三等奖	3
小麦谷蛋白品质评价及应用研究	胡新中	西北农林科技大学	陕西省科学技术三等奖	1
鸡卵黄特性抗体分离纯化及鸡蛋综合利用	宋宏新	陕西科技大学	陕西省科学技术三等奖	2
残、次、落枣综合开发利用技术研究与推广	张宝善	陕西师范大学	陕西省科学技术三等奖	2
佩带式电子经穴治疗仪治疗癫痫临床研究	宋虎杰	陕西省中医医院	陕西省科学技术三等奖	2
饮水安全信息管理系统	张　璟	西安理工大学	陕西省科学技术三等奖	1
锰氧化物薄膜及其异质结的光诱导输运机理研究	陈长乐	西北工业大学	陕西省科学技术三等奖	1
有源声学结构及系统实现	陈克安	西北工业大学	陕西省科学技术三等奖	1
无线激光通信系统编解码及建模技术研究	柯熙政	西安理工大学	陕西省科学技术三等奖	1
高性能聚甲基丙烯酰亚胺泡沫塑料的研制与产业化	张广成	西北工业大学	陕西省科学技术三等奖	1
山区公路防排水评定方法与抗水灾评估指标研究	田伟平	长安大学	陕西省科学技术三等奖	1
基于胶浆理论的沥青混合料设计体系研究	张争奇	长安大学	陕西省科学技术三等奖	1
多参数水文动态监测智能预警系统	秋兴国	西安科技大学	陕西省科学技术三等奖	1
大倾角“三软”易燃厚煤层综放面综合防灭火技术研究与应用	孙　海	西安科技大学	陕西省科学技术三等奖	1
螺杆泵采油技术在低渗油田中的开发应用研究	徐建宁	西安石油大学	陕西省科学技术三等奖	1

注：1.获奖成果受省基础研究计划资助的项次数，检索范围为2001～2008年受陕西省自然科学基础研究计划资助的相关项目及负责人。

2.获奖成果不包括军队项目。

2009年陕西省自然科学基础研究部分成果简介

数理科学

【过载-振动复合力学环境模拟的应用基础研究】 由西安交通大学等二单位闫桂荣等11人承担完成。项目针对建立过载-振动复合动力学环境的地面模拟试验系统所面临的强耦合、非线性、高噪信比等关键科学问题，进行了深入系统的研究。建立了复合环境下离心机和振动台的运动耦合方程，揭示了振动台与离心机的运动耦合规律；提出了有限元建模中能保持二次插值精度的四边形八节点单元，导出了无限单元形状函数的统一表达式；提出了基于自适应逆控制原理的非线性振动控制算法和状态迁移与模糊-PI联合的非线性控制算法；发现了周期信号和噪声在双稳系统输出中具有不同的效应，揭示了双稳系统在正弦信号和噪声作用下可发生局域和全局信号调制噪声效应；发展了高效涡流检测(ECT)信号精确数值模拟方法，发现了直接联系激励磁场分布和涡流场分布的唯象论公式，提出了涡流探头唯象论设计理论。以上研究，解决了过载-振动耦合系统的特征描述与模拟、非线性控制算法、非接触测量方法及淹没在强噪声中的周期信号的提取方法等关键科学问题，为建立过载-振动复合力学环境模拟试验平台和试验方法提供了理论依据。发表论文118篇，其中，SCI收录53篇，EI收录44篇，被中国、美国、日本等国内外学者引用336次，其中SCI他引118次；日本东京大学教授、著名电磁结构/核聚变领域权威、日本学术会议核聚变专门委员会前主席Prof. K. Miya在2002年国际计算电磁场会议（COMPUMAG’2002）大会特邀报告上对该项目研究成果进行了长篇介绍，产生了广泛的国际学术影响。该成果达到国际先进水平，具有很好的推广应用价值。申请发明专利4项，已授权1项，实用新型专利1项，成果已应用于中国航天器复合动力学环境模拟试验系统中，为中国航天器的飞行力学环境考核做出了重大贡献。该项目获2009年度陕西省科学技术奖励一等奖。

【电磁机敏材料与智能结构力学行为研究】 由西安交通大学陈常青等9人承担完成。该项目针对电磁机敏材料与智能结构的力、电、磁和热等多物理场耦合特性开展了：1.铁电材料多轴、多物理场耦合行为及机理研究。铁电陶瓷材料多轴多场耦合特性试验研究，提出了力致多轴屈服面模型，为进一步建立铁电材料多轴本构模型奠定了基础；铁电单晶材料不同晶向力电耦合行为的实验研究，提出了其力电耦合机理的相变模型，该模型得到国际学术同行的实验验证和认可。2.电磁介质广义热弹性特性研究。基于广义热弹性理论，针对电、磁、热、弹多场耦合问题，获得了极短时间内结构的响应分布，证实热在介质中以有限的速度传播；利用有限元方法准确预测了热传播的波动性，而且获得了解析方法没有观察到的现象。3.电磁复合材料静动态特性研究。基于三维弹性理论，得到新型压电复合材料层合板静和动力学特性的解析解；揭示了缺陷对智能结构动态行为的影响；采用有效场方法，求得长波假设下含任意根纤维压电—压磁复合材料的静态等效模量、动态等效波数和衰减系数的解析解，所得解可退化至静态结果。4.压电智能结构力学行为研究。建立了压电和梯度压电壳体结构的高阶理论，有效模拟了力学和电学变量沿厚度方向的非线性分布；针对层合和梯度等压电结构，精确分析了其静态和动力稳定性特性，揭示了外加电场的影响，发现压电效应对其稳定性有显著影响，但该影响几乎与外加电场大小无关。该研究发表论文100余篇，其中，SCI收录47篇。他人引用397多次（其中SCI他引186篇次）。该项目获2009年度陕西省科学技术奖励一等奖。

【先进核动力一回路系统复杂多工况宽参数范围流动与传热新理论研究】 由西安交通大学等2单位苏光辉等7人承担完成。该项目采用人工神经网络方法、小波分析方法等新方法对核动力系统热工水力现象进行深入研究，获得了常规方法无法捕捉的结论和信息。①利用人工神经网络方法对临界热流密度、两相流不稳定性以及过渡沸腾曲线进行预测，得到了常规数据处理方法无法捕捉的局部规律；并首次利用人工神经网络方法对边界层微分方程进行数值求解；②得到了人工神经网络隐含层节点数的计算公式；③将小波方法成功地应用于汽液两相流参数检测、流动不稳定性判别、CHF和膜态沸腾等利用常规方法难以捕捉现象的预测；④利用灰色系统理论进行了钠沸腾临界热流密度的灰色相关分析，准确地对具有波动性的物理现象进行描述；⑤应用未确知数学的方法，得到了液钠流动特性预测经验公式；⑥应用模糊数学进行压水堆热工水力分析，得到较为符合实际的数学描述；⑦利用多种蒙特卡罗方法对高可靠性系统进行了失效性分析，得到了较为优化的算法；⑧利用GEAR方法对热工水力-中子物理耦合刚性微分方程进行求解，提高算精度和速度；⑨对新型核动力换热元件环形及矩形窄缝通道内从单相水到过热蒸汽的热工水力特性进行了实验和理论研究，揭示了其流动及换热相关规律。发表论文158篇，SCI收录21篇(SCI引用67次，他引37次)，EI收录80篇，ISTP收录10篇，共被引用325次，他引235次。该成果在理论水平上已达到国际先进水平，对中国现行轻水反应堆及新一代反应堆的设计具有重要的理论参考依据和工程实用价值。该项目获2009年度陕西省科学技术奖励一等奖。

【非线性电路中的（超）混沌建模分析及其控制方法研究】 由西安交通大学刘崇新等5人承担完成。非线性电路中的（超）混沌是当前国际研究的前沿问题，项目提出并分析了具有平方项的三维混沌系统和多种（超）混沌系统。为认识和研究（超）混沌现象提供了多种研究对象，丰富了混沌理论和非线性电路理论的内容。提出并分析了能产生多涡卷混沌吸引子的混沌系统以及能产生多折叠环面多涡卷混沌吸引子的混沌系统，为混沌现象的研究以及混沌在保密通信等实际工程中的应用提供了新的混沌振荡器。提出了实现分数阶单元电路的链形结构和树形结构，解决了分数阶混沌系统电路实现的难题。提出了采用线性反馈控制方法，使线性反馈控制参数的取值大于系统的最大李雅普诺夫指数，实现了（超）混沌系统同步控制，解决了某些（超）混沌系统难以通过构造李雅普诺夫函数来确定线性反馈控制参数取值的困难。设计无源控制器实现了（超）混沌系统控制与同步控制，为（超）混沌控制与同步控制在实际工程中的应用提供了有效而可靠的控制方法。该项目得到了国内外同行的高度评价。项目共发表论文38篇，被SCI收录22篇，被EI收录21篇。论文被国内外学者他引共244次，其中SCI他引192次。该项目获2009年度陕西省科学技术奖励二等奖。

【SiGe半导体异质结理论与新器件结构的研究】 由西安理工大学等2单位高勇等7人承担完成。项目针对SiGe半导体异质结及器件的若干理论问题，重点研究了SiGe异质结的电流传输理论、建模和仿真方法、SiGe异质结器件的新结构，得到了SiGe异质结的电流传输理论及建模方法，并将其应用到器件仿真软件中，提出了若干SiGe光波导及器件、PIN二极管、SGOI新结构。主要对SiGe/Si和SiGeC/Si异质结二极管的电流输运机理和器件特性进行了研究，推导出其电流密度表达式，揭示了SiGe/Si和SiGeC/Si异质结二极管的电流控制机理，建立了精确的器件物理参数模型，并将其应用到器件仿真软件ISE和MEDICI中，为器件结构的设计和优化提供了理论依据和仿真手段；研究分析了SixGe1-x/Si和SiGe-OI脊形光波导的物理机制和结构参数对其光传播特性的影响，为其优化设计提供了理论依据；采用分子束外延方法在国内首次制作出了具有国际领先水平的低损耗（0.5dB/cm）脊形光波导及高速低损耗的定向耦合器、BOA光开关和非对称2×2全内反射光电开关；提出了多种新型具有快速软恢复特性的SiGe/Si和SiGeC/Si功率二极管结构，并首次成功制作了SiGeC/Si二极管，为SiGeC/Si异质结相关器件的设计开发奠定了良好的基础；提出了改善SOI器件小尺寸效应和工艺兼容性的双栅双应变SOI MOSFET器件新结构和改善器件高温特性的Air-AlN-SOI新结构。为超深亚米SOI器件结构的设计提供了新的思路。该项目国内外期刊共发表论文60余篇，其中SCI收录14篇，EI收录31篇。SCI库论文被引用103次，其中他引95次，中文数据库被引用20次，其中他引13次。获国家发明专利2项。项目成果中的SiGe异质结相关理论已应用在SiGe光波导的制作中，器件模型建立方法及器件结构的理论分析已应用在多种器件的设计中，效果显著。该项目获2009年度陕西省科学技术奖励二等奖。

【螺旋缝埋弧焊管的残余应力计算方法】 该发明

专利（专利号：ZL 200710118132.4）由中国石油集团石油管工程技术研究院承担完成。其应用于石油、天然气管道输送用螺旋缝埋弧焊管的残余应力计算、评价。取一段螺旋缝埋弧焊管，采用切环法把管段沿轴向切开，测量被切开的管段沿切线的两个边在轴向发生的错动△z 、沿着周向的张开量△L和两边所在圆周发生的径向错位△r 。将测量数据带入该计算公式，即可得到螺旋焊管的残余应力。克服了现有钢管残余应力推算方法不能适用于螺旋焊管沿轴向切开后所呈现出的复杂变形情况下的残余应力推算的不足。该发明用于加工制造、工程建设中对螺旋焊管的残余应力进行控制，可降低其残余应力水平，提高质量，减少对国外大口径直缝焊管的依赖，降低了成本，节约了资金。

（谢文江）

化学与化工科学

【凝胶类软物质的设计制备及其模板效应研究】 由陕西师范大学房喻等11人承担完成。课题组围绕凝胶类软物质形成的物理化学基础、新凝胶体系开发、凝胶网络对无机反应的限域和导向作用等问题开展了深入系统的研究。研究成果包括①凝胶形成的物理化学基础：与凝胶网络形成机制相关的高分子溶液构象及其相互作用研究；②新凝胶体系开发：凝胶超分子构造子的设计、合成及其胶凝行为研究；③凝胶网络的模板效应：表面图案化有机-无机杂化微球材料的制备研究。其创新性在于：提出了凝胶中的半互贯网络（semi-IPN）概念；发现了某些二茂铁衍生物具有良好的胶凝有机溶剂能力，推翻了二茂铁衍生物不能胶凝有机溶剂的文献定论；提出了高分子微凝胶模板法制备表面图案化有机-无机杂化微球的新思路，建立了与之相应的新方法，实现了纳米尺度上无机物与有机物的均匀复合。发表论文44篇，其中，SCI收录28篇（IF＞3.5的7篇）、SCIE 6篇、EI 6篇。参编专著1本。获得中国发明专利3件（含1件国防专利）。该研究加深了人们对物理凝胶，特别是超分子凝胶形成的物理化学本性的认识，揭示了决定超分子凝胶形成和性质的一些结构要素，提高了人们设计制备新型功能凝胶的能力，推进了凝胶在有机-无机杂化微球材料制备方面的实际应用。在凝胶材料研究方面，课题组与航天工业总公司所属11所、101所等单位合作，已经开发了几种重要的，在国防建设方面极具应用价值的凝胶体系。该项目获2009年度陕西省科学技术奖励一等奖。

【有机化合物催化伏安法方法学及其应用研究】 由西北大学宋俊峰等9人承担完成。该项目研究发现了有机化合物催化波这种自然现象，率先并系统研究8类30余种有机化合物催化波产生机制及其特征。首次提出有机化合物极谱催化波概念、分类与命名，填补了有机化合物催化波的空白。提出了催化伏安法测定8类30余种有机化合物的新方法，分析灵敏度提高了几十倍甚至几百倍。新方法不但可应用于医学临床检验、药物质量控制、中药现代化等领域，而且对研发其它物质的催化伏安分析新方法有指导作用。首次提出了在常温条件下有机化合物自由基、原子态氢、超氧自由基、短链烷基和芳基自由基等伏安产生、原位检测的新方法，并在一定化学条件下研究这些自由基的化学反应特性及其反应动力学，为新能源、环境保护、生物医学领域这些自由基的基础研究提供了新的技术工具。项目发表学术论文65篇，其中SCI收录54篇，被引用230次。该项目获2009年度陕西省科学技术奖励二等奖。

地球科学

【中国西部早古生代高压－超高压变质与大陆深俯冲作用及其动力学意义】 由西北大学刘良等11人承担完成。高压-超高压带是确定大陆板块汇聚边界和大陆碰撞造山的重要标志。中国西部阿尔金、柴北缘和北秦岭造山带是青藏高原的北部边界和中国南北板块的分界线，并地处中亚哈萨克斯坦与中国苏鲁-大别两个著名超高压地体的过渡地带，因此,对其重点开展以确证高压-超高压岩石存在与否的深入研究，是探索解决青藏高原北部乃至中亚大陆地质及其大陆动力学问题的关键。自1990年，围绕该地区关键科学问题进行了持续深入研究。①首次发现阿尔金与北秦岭多种类型的高压变质岩，率先确定阿尔金南、北两条高压带，论证提出阿尔金早古生代是一条经历板块俯冲-碰撞地质演化的造山带，确定阿尔金造山带由四个构造单元组成，为认识青藏高原北部早期构造格局及演化提供了坚实的理论依据。②最早确定阿尔金南缘和北秦岭松树沟一带超高压岩石的存在，获其变质时代为480～515Ma，论证其形成是大陆深俯冲作用的产物，确定其中部分岩石的俯冲/折返深度>200km，推动和丰富了世界超高压变质作用研究的广度和深度。③建立了柴北缘鱼卡河榴辉岩变质的PT演化轨迹，准确获其与围岩的变质时代及其原岩形成时代为436Ma、432Ma和>750Ma，综合论证提出其形成是大陆深俯冲作用的产物。④把矿物显微结构与现代高温高压实验和多种微区分析测试手段相结合，首次在天然非陨石撞击变质岩中发现斯石英存在的显微结构证据，论证提出陆壳岩石俯冲/折返深度可达>350km，把陆壳俯冲/折返深度由>200km推进到>350km，代表世界上迄今已知陆壳深俯冲/折返最深的岩石学记录；初步提出>350km的地幔深度可能是深俯冲陆壳岩石接近其不能返回地表深度极限的新认识。成果反映了世界高压-超高压研究的当代水平，变泥质岩中斯石英的研究具有世界领先水平，为开拓并推动中国西部高压-超高压的研究走向国际学术前沿、深化国际大陆深俯冲作用研究以及保持中国在超高压研究领域的国际地位和影响，做出了创新性与原创性突出贡献。发表论文65篇，SCI收录21篇，EI收录4篇，SCI检索他引104篇次。该项目获2009年度陕西省科学技术奖励一等奖。

【西安地裂缝地面沉降成因与防治研究】 由长安大学彭建兵等11人承担完成。该项目以西安地裂缝地面沉降为研究对象，结合西安重大工程建设—西安地铁工程，围绕西安地裂缝地面沉降可能引起的重大关键科学技术问题，历时20年，开展了系统深入地研究。1）研究发现西安地裂缝均对应着下伏活断层并与其相伴生，地裂缝现今活动主要由人类水事活动所引起，从而结束了长期以来有关西安地裂缝是否与下伏活断层相连的争论；2）建立了西安地区地裂缝地面沉降的深部构造模型、基底构造模型、第四纪结构模型、现代地壳变动模型、土水耦合模型以及地壳引张-活断层伸展和水作用的地裂缝耦合成因机理模型；3）在西安地裂缝地面沉降成因机理的理论研究方向取得了八项新突破；4）开创了地裂缝地面沉降探测与监测新技术，包括黄土隐伏地裂缝的精细探测技术、地面沉降GPS监测的软件开发、地裂缝的InSAR监测和地裂缝地面沉降的GPS与InSAR融合监测技术；5）首创性地为西安地铁工程解决了四大关键技术难题：①确定了地裂缝未来百年的最大垂直位错量；②确定了地铁隧道穿越地裂缝带的纵向设防长度（或地裂缝带防治宽度）；③揭示了地裂缝对地铁隧道的四种危害破坏模式；④提出了地铁隧道穿越地裂缝带的有效结构措施，其成果已应用于西安地铁设计中；6）首次科学地提出了地裂缝与地面沉降环境下的西安市地下水资源开采与利用的优化方案；7）首次建立西安地区以GPS和InSAR为骨架的地裂缝地面沉降监测网络体系和西安地裂缝地面沉降空间数据库及信息管理系统；8）研发了地裂缝三向变形测量仪等6种新仪器设备，填补了国内外这方面的一些研究空白。该项目获2009年度陕西省科学技术奖励一等奖。

【中国紫阳志留系高分辨率笔石生物地层与生物复苏】 该项目由中国地质调查局西安地调中心承担完成。项目属于与国际前沿热门项目内容接轨进行同步对比的重大研究领域。通过8年连续工作，以全国地层委员会的名义在紫阳举办了志留系标准剖面现场讨论会，以紫阳剖面为依据建立了安康阶和紫阳阶，填补了国内志留系建阶的空白，可供全国区调使用。发表学术论文11篇，专著1本，提交内部报告或未刊论文15篇，并出版了《中国紫阳志留系高分辨率笔石生物地层与生物复苏》。建立了世界上最完整的特列奇阶笔石带序列和唯一连续完整的文洛克统底界笔石带序列剖面，在生物演化理论中有许多新发现，在生物复苏这一国际前沿热门领域为中国紫阳争得一席之地。以紫阳剖面争取文洛克统国际金钉子的工作正在进行。该项目2009年获国土资源部科技进步二等奖。

（郝晓红）

【西北地区重要成矿带基础地质综合研究】 该项目由中国地质调查局西安地调中心承担完成。西北地区基础地质工作相对薄弱，制约了进一步找矿的突破。中国地质调查局启动了“西北地区重要成矿带地质背景调查及数据更新”计划项目，投资9000余万元，涉及区调、区重、化探和遥感等近40项工作项目。项目遵循“综合、攻关、指导、服务”的方针，对大调查海量成果资料进行集成与综合研究，提高了西北地区基础地质总体研究水平。该项目2009年获国土资源部科技进步二等奖。

（郝晓红）

材料与工程科学

【工程结构隔震基础理论及关键技术研究】 由西安建筑科技大学等五单位姚谦峰等11人承担完成。项目针对地震灾害给人们生命财产造成的严重危害，进行工程结构的隔震技术研究。自主研发了3种隔震系统，并对其进行了全面、系统深入的理论与应用研究。主要解决的关键技术包括：1.摩擦滑移隔震技术研究；2.自阻尼叠层橡胶支座隔震技术研究；3.钢球滚动隔震技术研究；4.桥梁减（隔）震技术研究；5.工程结构减（隔）震技术应用研究。该成果与传统抗震结构相比，⑴ 研发的隔震系统，可使其上部结构地震反应减小2/3～3/4，结构安全度提高2倍以上，可使结构做到中震不坏，大震可修，超越设防烈度不倒。⑵ 研发的新型隔震系统制作简单，造价低廉，较传统技术造价降低26～35%，同时施工快捷、维修方便、安装速度缩短1/5～1/4，可使结构全寿命总造价降低1/3以上。⑶ 建立的计算模型及开发的分析软件，解决了隔震结构平扭耦联及空间分析计算，且计算速度较传统方法提高约2/3。⑷ 研发的隔震系统覆盖面宽，可满足不同用途的低层、多层及高层房屋建筑、公（铁）路桥梁及生命线等工程需求。项目总体技术达到国际先进水平。获国家专利3项；编制规范、规程3部；发表学术论文120余篇。目前已建成隔震房屋38幢，减隔震桥梁工程3座，并应用于地铁及电力系统等工程10余项。应用效果表明，成果具有很好的减震防灾效果，使建筑物的抗震可靠度得到大幅度提高，同时减低了工程的全寿命总造价，为中国房屋建筑、公（铁）路桥梁及生命线等土木工程结构减震防灾开辟了新的途径。该项目获2009年度陕西省科学技术奖励一等奖。

【有机-无机杂化材料的结构、性能与制备技术】 由西北工业大学马晓燕等11人承担完成。研究无机材料结构与杂化材料微观结构的关系。提出了以针状晶须、片状纳米黏土、球状纳米粉体等分别在结构上呈一维、二维、零维的无机材料与聚合物进行杂化的研究思路，揭示了无机微、纳米材料结构与杂化材料微观结构之间的相互关系。通过系统研究无机微、纳米材料表面与杂化材料界面性能之间的关系，建立了无机微、纳米材料与聚合物之间的界面相互作用研究新方法。通过无机材料的分散与杂化材料的工艺特性研究，探讨了无机微、纳米材料在聚合物中的分散机制及无机材料对聚合物成型加工工艺特性的影响，奠定了有机-无机杂化材料工程化应用的理论与实践基础。分析了杂化材料中无机材料微观分散状态对杂化材料力学性能的影响，建立了杂化材料的微观力学模型，为设计开发高性能杂化材料提供理论依据。利用分子设计的思想设计并制备带活性基团的分子内有机-无机杂化材料，阐明其与高性能聚合物的杂化特性，为开发高性能杂化树脂体系奠定理论基础。通过系统研究黏土表面性能及其在聚合物中的解离规律，开发了高品质系列有机纳米黏土和高性能有机-无机杂化材料，为中国矿产的高效综合利用、传统材料的高性能化提供新思路。发表论文120篇，被SCI收录45篇，EI收录73篇，论文他引总数520篇次，其中SCI他引92篇次，申请发明专利14项，获得授权发明专利6项。项目涉及的相关杂化材料制备技术总体技术处于国际先进水平。项目发明的系列有机纳米黏土已在多种高性能耐高温涂料、通用塑料及工程塑料等领域应用并取得良好的经济效益；开发的系列有机-无机杂化材料在高新技术领域得到试用，并获2009年度陕西省科学技术奖励一等奖。

【大型火电厂空冷钢-混凝土混合承重结构体系动力灾变研究与应用】 由西安建筑科技大学白国良等11人承担完成。该课题完成了多种环境动力作用下该结构体系的灾变行为研究，建立了该类结构体系在各种动力作用下的计算理论和设计方法。主要技术研究成果：①研究了结构体系在强震作用下的灾变机理，确定了结构体系的抗震计算原理与设计方法；②通过刚性模型、气弹模型风洞试验，研究了结构在自激风振与环境风耦合作用下的受力特性，确定了结构、子结构的风载体型系数、阵风系数及风振系数，填补了荷载规范对该类结构体系抗风设计规定的空白；③研究了结构体系在地质缓变灾害条件下的结构性能，并提出了相应的设计对策；④确定了结构体系的动力特性参数，尤其是对结构动力响应有显著影响的阻尼比参数；提出了空冷结构体系的周期计算公式；⑤获得了结构体系在风机多点谐振激励下的结构动力反应，提出了避免结构疲劳破坏的设计方法；⑥研究了主要承力构件的动力灾变效应，并提出了抗震计算方法；⑦开发了两种既满足工艺要求又比传统结构性能优越的新型结构体系。该成果已成功应用于内蒙古通辽、陕西国华锦界等空冷电厂，产生了较大的环境效益、社会效益和经济效益，推动了空冷技术在中国的应用和发展。该项目获2009年度陕西省科学技术奖励一等奖。

【聚合物基层状黏土纳米复合材料与胶原纤维作用机理的研究】 由陕西科技大学的马建中等8人承担完成。本研究以离子交换法对层状黏土进行有机化处理，采用原位插层聚合法、负载引发剂法及二烯丙基二烷基季铵盐在蒙脱土中的插层环化聚合法制备聚合物／层状黏土纳米复合鞣剂；通过红外光谱、紫外光谱、核磁共振、质谱、元素分析、X-射线衍射、凝胶渗透色谱等分析测试手段表征纳米复合鞣剂结构；采用皮革专业物理机械性能测定、热分析、电镜观察等研究纳米复合鞣剂的鞣制性能及纳米级层状黏土片层在胶原纤维和高分子链间的分布规律，建立鞣剂组成、结构和纳米级片层在皮胶原纤维间的分布规律与皮革应用性能的关系以及鞣剂与皮胶原相互作用机理的理论模型。其科学价值在于利用纳米技术增加鞣后皮革的耐湿热稳定性，增强增韧皮胶原纤维，探求可取代对环境有污染的铬鞣剂，开发出对环境友好的生态皮革鞣剂。发表论文75篇，其中，SCI收录20篇，EI收录27篇，ISTP收录7篇。申请国家发明专利7项，已获授权专利2项。开发的产品已在山西大同市华田涂料有限责任公司、浙江东化实业有限公司及浙江盛汇化工有限公司得到推广应用。该项目获2009年度陕西省科学技术奖励一等奖。

【结构轻量化设计的创新构型优化方法研究】 由西北工业大学张卫红等3人承担完成。该项目从设计方法、蜂窝材料构型设计以及材料与结构一体化设计三个方面开展研究工作。该项目建立了二次凸函数周长约束新方法，能同时消除材料分布棋盘格病态与密度变量灰度值；对于复杂设计相关性载荷（体积力、温度载荷）问题，发现材料用量与结构刚度优化存在非一致增长关系，建立了满足变形协调设计的材料属性匹配模型，全面而科学地阐述了设计相关现象；在优化算法上，提出灵敏度密度概念与设计变量控制点新技术，消除了渐进优化方法（ESO）对网格体积的依赖性，从根本上解释并解决了布局奇异问题。该项目首次建立了轻质蜂窝材料体胞尺寸与等效弹性模量的解析关系，突破了现有细观力学与均匀化方法的局限性，揭示了蜂窝微结构的尺寸效应并得到实验证实。同时，建立了灵敏度分析简洁、程序移植方便的多目标优化方法，实现了多孔材料刚度与导热性能的创新构型设计。该项目提出了从结构宏观布局到蜂窝材料微结构构型精细优化的两级分解设计方法，揭示了蜂窝尺寸对其构型与孔隙率分布优化结果的影响，解决了两个设计层次变量之间内在耦合问题，提出了超单元建模与参数链接技术；在考虑蜂窝周期性特征的基础上，减少了微结构设计变量与有限元计算规模。该项目累计发表论文180余篇，受理专利3项，获软件登记1份。近六年在IJNME，IJSS，力学学报，机械工程学报等国内外知名学术期刊发表学术论文被SCI、EI、ISTP累计收录100篇次。同行专家认为该项目具有国际先进水平，部分属于首创。该项目获2009年度陕西省科学技术奖励二等奖。

生命科学

【秦岭川金丝猴种群稳定机制的研究】 由西北大学李保国等11人承担完成。秦岭川金丝猴是中国特有物种，为一级保护动物。为了揭开川金丝猴社会体系形成的机制并且对其进行有效的保护，课题组研究了川金丝猴在面对秦岭地区森林生境变迁时所采用的生态应答策略，揭示了它们家域利用和食性上的规律，发现该物种适应北寒温带山区气候环境的生态机制。研究了秦岭地区商业森林采伐对川金丝猴种群的影响，分析了川金丝猴在种群大小、生境选择和食物资源利用上的对策，发现不同程度的采伐对其生境利用和食物资源影响不一，森林采伐后，金丝猴种群稳定发展，对砍伐有一定程度的适应。研究了孤立种群的近交程度和近交避免机制，发现秦岭部分种群发生了一定程度的近交，但是种群内的亲缘识别和婚配制度开始发挥作用，制约着近交的进程。研究了川金丝猴社会组织与结构，揭示了其社群组织与结构的基本形式和变化的规律，发现这种大型的社群具有分层的社会结构和严密的组织形式以维持其稳定发展。研究了川金丝猴交配行为和繁殖行为，揭示了秦岭川金丝猴的交配和繁殖策略，发现其交配和繁殖受食物资源和能量收支季节变化影响。研究了婴猴行为发育，阐明婴猴的吸乳、利手和交配等行为的发育规律，发现成年雌性在婴猴行为发育中起重要作用，并也在婴猴的行为发育过程中受益。发表论文82篇，其中，SCI收录23篇，ISTP收录2篇，CSCD收录31篇，被SCI、ISTP引用98次。该项目获2009年度陕西省科学技术奖励一等奖。

【生源要素的生物地球化学过程及其区域响应】 该项目由中科院水利部水土保持研究所邵明安等科技人员承担。通过27年的刈割试验研究了刈割干扰对草地物种多样性的影响，分析了不同刈割处理物种多样性、土壤种子库、土壤肥力与草地质量变化特征，提出了适用于半干旱区草地的刈割模式；分析了5种丛生禾草大针茅、西伯利亚羽茅、冰草、糙隐子草和早熟禾的生物量生殖分配格局及其在种群和株丛水平的变化，对比研究了不同生境下的针茅属植物进行了不同组织水平资源分配策略，揭示了不同针茅植物在生物量生殖分配上的趋同性。以黄土丘陵区不同演替阶段的8种典型植物山杨、油松、辽东栎、刺槐、荆条、黄刺玫、狼牙刺、山桃为材料，系统研究了乔灌木叶水分利用效率与水力结构、解剖结构和叶养分特征之间的关系；分析了重度盐碱化草地羊草耐盐碱的机理、地上部和地下部养分动态及羊草枯落物分解动态，初步揭示重度盐碱草地生物地球化学过程。采用氮素添加和生长季13C稳定同位素标记法研究了典型草原生态系统植物生物量及其分配对环境变化的响应特征及适应对策，分析了土壤呼吸、微生物呼吸等地下生态学过程对各种气候变化因子及人类干扰的响应。分析了退耕后自然恢复沙质草地养分添加对群落结构、物种组成以及群落中的优势种的影响及对土壤-植被系统碳氮磷过程和储量的改变；初步查明了黄土高原北部农牧交错带不同土地利用方式下土壤碳氮分布、矿化及草地生态系统计量化学特征。分析了农牧交错带典型小流域常见植被（柠条和苜蓿）下土壤水分剖面变化特征；以野外采样和实地考察为研究手段，结合经典统计和地统计学方法，探讨了农牧交错带黄土高原区土壤生态系统对长期负水循环的响应及其表现形式—土壤干层，在黄土高原地区的空间分布格局及其生态学意义。被SCI收录论文19篇。

（刘 芳）

【新的白细胞分化抗原调节免疫应答的基础和应用研究】 由第四军医大学金伯泉等11人承担完成。课题组自1990年始，对以CD226分子为代表的新的白细胞分化抗原的结构、功能及其与某些临床疾病的关系进行了较系统和深入的研究，获得了数项创新性发现。①共获得14种新的CD编号，其中在2000年第七届国际人类白细胞分化抗原专题讨论会（HLDA7）上被命名的CD编号（CD226），是中国学者在国际HLDA上获得的第一个新的CD编号。在2004年HDLA8上又获得13种新的CD编号，在国内外产生积极影响。②在国际上首先成功克隆了猿、猴和小鼠PTA1/CD226基因；首先鉴定出人PTA1/CD226基因调控区中的2个启动子和1个负调控元件。发现PTA1/CD226参与机体多种重要的生物学功能，主要包括：首次发现CD226参与人巨核/血小板谱系的发育；证实CD226是NK细胞和杀伤性T细胞上的活化型受体；首次发现CD226通过抗凋亡作用参与小鼠胸腺的发育；首次证实CD226表达于小鼠的海马和小脑，可能参与神经系统突触的形成；证实CD226参与内皮细胞与活化T细胞的黏附。在国际上首次建立检测可溶型CD226（sCD226）敏感、特异的ELISA检测试剂盒，首次阐明sCD226产生的分子机制并发现血清中sCD226水平与肿瘤、病毒性感染以及自身免疫性疾病相关。③在国际上首先建立了可溶型LAIR-1和LAIR-2 ELISA检测试剂盒；对TRAIL/TRAILR、LAIR-1、LAIR-2和EPCAM等新的白细胞分化抗原的分布和功能进行了深入研究并取得重要进展，为阐明移植排斥反应、自身免疫性疾病以及感染性疾病的免疫学发病机理及其防治提供了重要的理论依据和检测手段。发表论文148篇，其中，SCI收录32篇，他引146次，获国家发明专利5项。该项目获2009年度陕西省科学技术奖励一等奖。

【中国西部农村妇幼营养监测与微营养素干预研究】 由西安交通大学颜虹等11人承担完成。项目针对中国西部农村妇幼营养不良患病率和死亡率高的严峻现实，在西部12个省市自治区农村进行了10年的旨在提高妇幼营养水平、预防疾病发生、减少死亡的综合研究。①通过连续横断面调查，对西部12个省市自治区、90个县、8万户家庭、16万母亲与儿童的营养与健康状况进行了动态监测与评估，第一次全面获得西部农村妇幼营养健康数据，建立了中国西部妇幼营养与健康信息平台。构建了预防和控制儿童营养不良新模式，评估了改善儿童营养健康的干预策略，为儿童出生前实施营养干预奠定了理论和实践基础。②首次开展了国际注册的孕期微营养素预防低出生体重、早产、新生儿死亡的大规模、整群随机化、双盲、对照人群干预研究，研究对象5828名，通过“铁/叶酸合剂”干预降低了34周内早产率，使早期新生儿死亡减少54%。证明“多微营养素”补充明显降低低出生体重率、显著改善婴幼儿智力行为发育。贫困孕妇中干预效果更突出。③首次提出并证明了“及早、足量”补充铁（60毫克/天）对降低新生儿死亡率具有重大作用。④实施西部农村妇幼保健三级网络。营养素研究成果已纳入示范推广项目并在陕西试点应用，同时在西藏开展了藏族孕妇营养素干预项目。为国家制订孕期营养改善政策、实现《中国儿童发展纲要》目标提供重要理论依据与技术支撑。发表论文62篇，其中，SCI收录13篇。该研究填补了中国预防西部妇幼营养不良、降低死亡率研究的空白，整体研究达到国际先进水平，降低早期新生儿死亡的研究达到国际领先水平。该项目获2009年度陕西省科学技术奖励一等奖。

管理科学

【复杂产品研制协同项目管理技术研究与应用】 由西北工业大学等2单位李原等9人承担完成。该项目以理论研究为基础，建立系统的复杂产品研制项目管理应用工具集，形成计划、资源、风险主导的三类先进项目管理模式，从不同方面提供项目管理的各项功能。通过系统应用推广，为复杂产品研制单位建立以信息技术为核心，资源为主导的先进项目管理手段，全面提高中国复杂产品研制项目管理水平，缩短产品研制周期、降低成本、满足新时期国家制造业发展的迫切需要。该成果--复杂产品研制协同项目管理系统，从2005年6月起在中国一航第一飞机设计研究院进行实际应用。该成果提高了项目计划制定与进度监控效率，节约了计划进度操作工时；降低了项目资源冲突发生的频率；对项目执行过程中可能出现的风险进行了有效的预测与应对；系统全面提高了复杂产品研制效率、减少了设计返工，缩短了产品研制周期15%以上，当年实现节支总额达510多万元。该项目获2009年度陕西省科学技术奖励二等奖。

【陕西延长石油（集团）有限责任公司天然气资源开发战略研究】 由陕西延长石油（集团）有限责任公司研究院等2单位闫世可等9人承担完成。该项目经过经济综合评价确定出单井经济极限初产为6500立方米；计算出新增勘探开发投资本息总额为115亿元，利润总额为58.95亿元。该项目对延长新区天然气地质特征及成藏特征做了初步研究，并估算出新区天然气资源量为6000亿立方米，认为延长新区是实现延长石油集团天然气战略接替的最现实区域。该研究成果已成功应用于指导延长石油集团2008年下半年及2009年度天然气勘探部署及天然气开发先导试验，在2008年勘探工作中节省投资5214万元，发现3口高产井。该研究成果为开发陕北气田和形成延长石油集团又一个新的经济增长点奠定了坚实的基础。该项目获2009年度陕西省科学技术奖励二等奖。

【油气资源富集地区区域经济发展战略研究】 由西安石油大学等2单位胡健等6人承担完成。该项目在理论上提出了油气资源型区域经济发展的路径和超越“资源诅咒”陷阱的设想，检验了“油气资源开发能够带动区域经济协调发展”的假说，具有重大的科学价值。项目分别从基础理论和实证两个方面阐述了西部地区油气资源优势转化为产业优势和区域优势，论述了油气资源禀赋、产业集聚与区域创新能力之间关系，进而形成基于油气资源开发的石油化工产业链和产业集群的内在逻辑和政策思路。项目基于比较优势原理，演绎了油气资源型区域经济发展的逻辑路径，深化了区域经济学、产业经济学、资源经济学等领域的研究；发展了资源矿权理论，为以矿产资源特别是油气资源开发为主的区域性产业结构、产业组织、经济发展战略的理论研究提供了新的分析工具；设计了包括23项指标的石油天然气产业竞争力评价指标体系，拓展了产业竞争力评价理论；项目提出了基于油气资源开发视角的西部区域经济发展的政策与建议，对指导西部地区油气资源开发与区域经济的协调发展具有重要的参考价值。该项目获2009年度陕西省科学技术奖励二等奖。

【陕西省政策性破产企业困难职工医疗保障筹资政策研究】 由西安交通大学毛瑛等9人承担完成。项目围绕陕西省政策性破产企业困难职工参加医疗保险，只是政策性覆盖而实际没有享受应有医保待遇这一主题，研究了困难职工的健康状况、卫生服务需求与利用状况、疾病经济负担水平、参保现状、参保内在规律、存在的主要障碍及问题成因、个人支付意愿与支付能力、纳入医疗保险的总成本测算和医疗保险筹资机制等。项目通过调查研究，把政策性破产企业进行了已参保和未参保的划分和归类，并将困难职工划分为“40、50”人员和退休职工，使研究具有层次化的特点；分析了困难职工健康状况、疾病经济负担、卫生服务利用公平性以及支付意愿，较全面地反映其参保的需要与需求；结合现行的医保制度、相关资金与政策情况，测算了该人群参保需要与需求之间的差额，并计算参保费用缺口，为国家、陕西省“十一五”期间，妥善解决该类职工参保问题提供了准确的筹资政策依据，并揭示了其实现机理。项目成果在理论上将进一步推动参保问题的深入研究，在实践中对省政府有关部门在解决参保问题时具有重要参考价值。该成果已被陕西省劳动和社会保障厅应用。国家劳动和社会保障部参考此研究成果有关数据、例证和建议，并将有关内容作为协调国家财政部的附件，提出在全国范围内妥善解决关闭破产企业困难退休人员参加医疗保险问题，也先后在有关会议和文件中明确解决国有关闭破产退休人员医疗保障问题，2008年中央财政已向中西部地区转移支付80亿元资金用于解决国有关闭破产企业退休人员医疗保障问题。已给陕西省下拨5.98亿专项补助资金，解决了此类人群参加医保的问题。该项目获2009年度陕西省科学技术奖励二等奖。

【服务质量、关系质量与顾客满意的模型、方法及应用研究】 由西安交通大学等2单位苏秦等9人承担完成。①开发基于服务交互的服务质量、关系质量和顾客满意的系列测评模型和测量量表，形成系列化可操作的服务质量与顾客满意评价工具，提出客观的服务质量容差标准优化设计的模型和方法。②构建并验证了服务质量、关系质量和顾客满意的多重影响机理模型及其因果关系路径，揭示关系质量的动态演变规律，证实了服务质量、顾客满意和忠诚间非线性和非对称性，发展了服务质量与顾客满意的基础理论。③建立服务差错传递机理模型，提出以顾客价值为导向的最优补救策略的决策机制和方法，提供预防和补救服务差错的最佳手段和途径，解决了服务的防错难题。④构建并验证了供应链环境下关系质量对合作策略的影响模型，以及关系功能对关系质量和企业绩效的影响模型，为供应链中质量控制策略决策提供新的理论科学依据。⑤将该项目的服务质量、关系质量与顾客满意理论体系成果与中国认证服务业的特殊性相结合，研究并开发了适用于该行业服务质量、关系质量和顾客满意评估及改进的系统解决方案，为项目成果的应用路径和实践成效提供典型示范。该研究成果已应用于多家认证机构、制造企业和管理咨询公司的实际运作和管理实践。该项目在国内外高水平期刊发表论文31篇（国际期刊论文4篇，中文核心18篇，国际会议论文9篇），经过陕西省科技厅鉴定，研究成果达到同类研究的国际先进水平。该项目获2009年度陕西省科学技术奖励二等奖。

【西安建设创新型城市研究】 由西北大学白永秀等9人承担完成。课题主要内容：①创新型城市理论研究。②总结了国内外建设创新型城市的经验与不同模式，概括了国内外建设创新型城市的启示。③明确了西安建设创新型城市的地位与作用，分析了西安建设创新型城市的外部环境和内部条件。④对西安建设创新型城市的能力进行了详细分析，确定了西安建设创新型城市的模式。⑤提出了西安建设创新型城市的思路与对策和西安创建创新型城市的配套措施。该课题的特点：一是理论与实际相结合。从区域创新的高度来定位城市创新，并对城市创新的内涵、模式等进行探讨，并在此基础上结合西安的实际提出西安建设创新型城市的方案。二是创新性明显。课题对创新型城市理论研究，提出一系列新的观点，丰富了创新型城市的研究文献；对于西安建设创新型城市模式选择、思路对策、支持体系等研究为西安市创新型城市建设方面提供了有益的借鉴。课题研究的部分成果被西安市出台的《西安市关于增强自主创新能力加快建设创新型城市的意见》所采纳，推进了西安市创新型城市建设步伐。同时在《改革》《西北大学学报》等核心刊物发表文章2篇。在其他刊物发表文章2篇。该项目获2009年度陕西省科学技术奖励二等奖。

【汉长安城遗址保护与利用模式研究】 由西北大

学权东计等8人承担完成。项目在研究国内大遗址保护与利用现状的基础上，对国内外大遗址的保护与利用模式进行了剖析，提出了大遗址保护的整体模式与单体保护模式；依据规划学、考古学、区域经济学、管理学等理论从遗址保护、展示利用、社会经济发展、村庄建设、环境分析、土地利用和管理等方面，对长安城遗址保护与利用现状进行了分析，提出汉长安城保护与利用的主要问题；依据城市规划学、历史学理论，提出汉长安城以“因天才，就地利”和“非壮丽无以重威”为其规划营建思想，为保护与利用提供了历史规划依据；提出了汉长安城保护与利用基本策略、总体目标、保护原则与内容、发展功能定位、遗址公园空间布局与功能结构等；提出了具有法定意义的保护基本对策、保护范围和建设控制地带、分区保护管理规定与措施；提出汉长安城遗址公园形象景观设计定位理念和原则、空间意象规划控制、形象景观规划、展示方式及对象等；提出了汉长安城遗址考古计划、道路遗址保护与利用、环境规划、居民调控与村庄发展控制、设施建设、土地利用的基本对策；提出了汉长安城遗址文化产业开发的总体思路、文化产业体系构建、文化产业空间布局等内容。该研究成果被采纳应用在《汉长安城道路遗址保护规划》《汉长安城遗址绿化规划》《汉长安遗址保护规划》之中，这些规划通过了省文物局、国家文物局的审批，并得到逐步实施，显示出良好的社会效果。在国内核心期刊上发表学术论文5篇。该项目获2009年度陕西省科学技术奖励二等奖。

【公共财政支持陕西科技产业发展的途径与机制】由西安理工大学党兴华等9人承担完成。项目针对公共财政支持科技产业发展的问题，对陕西省的科技产业发展现状、公共财政支持陕西科技产业的现状及问题进行了分析；揭示了公共财政支持陕西科技产业发展的主体构成及各主体之间的关系，提出了投资、运作、监督主体的构建与整合建议；分析了领域选择的影响因素，建立了相应的评价指标和评价方法，得出了重点支持的产业领域排名；总结比较了各种直接、间接方式，运用模糊多层次综合评价模型选择并建立评价指标体系，对绩效进行了结构性及相对性评价，并给出了绩效改进建议；研究了公共财政科技投资对于社会资本的带动效应，证明了陕西省公共财政科技投资的增长可以带动社会资金科技投资增长；提出了相关政策建议。该项目达到了国内同类研究的领先水平。部分研究成果在《科学学研究》等4种国内核心期刊和国际学术会议上发表论文12篇,其中被EI收录1篇，被Istp收录2篇，共被引用5篇次。研究成果提出的结论及建议，对于科学地指导公共财政支持科技产业活动，具有显著地意义。成果中关于公共财政支持科技产业发展的途径与机制，已被政府有关部门关注和采纳，为相关政策制定提供了参考，已被西安高新区、西安市财政局、渭南市财政局等单位采用，取得了较好效果。该项目获2009年度陕西省科学技术奖励二等奖。

工业科学技术

概　述

2009年，工业科学技术在冶金、材料、汽车、机械制造与装备、电子信息、民用航空航天、化工、建筑、轻工等行业的科研、重大科技创新与产业化项目的实施进展顺利。冶金科技由中国重型机械研究院有限公司研制的120吨RH炉外精炼装备填补了国内大型RH精炼成套装备自主化的空白。材料科技由西北有色金属研究院研制的核工业用镍基合金过滤管、微孔金属分离膜、西北工业大学研制的环保型改性酚醛树脂基复合材料、红蓝绿三原色电子墨水微胶囊、西安理工大学研制的感光溶胶-凝胶法制备功能薄膜达到国际先进水平。汽车科技由陕西汽车集团公司开发的国内首款天然气单一燃料的重型自卸车达到国际先进水平。机械制造与装备科技，由西安电力机械制造公司等单位研制的高压直流输电重大技术装备使中国成为世界上少数几个可以生产高压直流输电成套设备的国家之一，获2009年度国家技术进步奖励一等奖；中国重型机械研究院有限公司完成的中薄板坯连铸机成套技术与关键设备、陕西秦川机械发展股份有限公司完成的数控蜗杆砂轮磨齿机达到国际先进水平，获2009年度国家技术进步奖励二等奖；西安交通大学等单位完成的产品复杂曲面高效数字化精密测量技术及其系列测量装备，开发了系列高效数字化精密测量装备，获2009年度国家技术进步奖励二等奖；西安高压电器研究所有限责任公司完成的超特高压大容量开关试验技术开发，建成了国际先进水平的大容量试验室，在国际上首先完成了800kV、1100kV断路器的试验，获2009年度国家技术进步奖励二等奖；1000kV特高压并联电抗器、彩色钢板印花工艺和设备、MEMS集成设计工具、YK7220数控蜗杆砂轮磨齿机、IC10合金导向叶片定向凝固铸造技术、特高压交流隔离开关和无功补偿专用断路器、大型H型钢压力矫直机、永磁交流伺服电动机、165MN自由锻造油压机、两辊高速环孔型冷轧管机、360mm×450mm大方坯连铸装备技术等达到国际先进水平；洁净兰炭生产与资源综合利用成套技术及装备、特殊介质能量系统热泵节能关键技术、大跨径悬索桥主缆缠丝机、三峡—上海±500kV超高压直流输电工程晶闸管换流阀、1100KV/2500A油纸电容式变压器/电抗器套管等技术成果得到成功应用。电子信息技术由西安炬光科技有限公司完成的高功率半导体激光器列阵封装技术、西安电子科技大学完成的框架时序逻辑程序设计整体或部分达到国际先进水平；智能视频处理与分析技术、异构无线网络安全技术取得重要成果；跳频突发通信传输技术、基于Petri网的自动制造系统死锁分析与控制、伪码直扩连续波无线电高度表、网络计算的关键技术及应用研究取得显著成效。化工科技在高效低阻气体强化传热技术研究推动了气体强化传热理论和技术的进步，S型气溶胶灭火技术达到国际领先水平，系列产品得到推广应用。城镇（乡）建设工程在工程勘察、建筑设计、节能技术、墙体材料、建筑新技术应用等方面获多项全国优秀工程勘查设计奖、建国60周年中国建筑学会建筑创作大奖、建国60周年百项经典工程奖。纺织轻工科技由西安工程大学完成的节能环保型纺织空调冷却器的研究达到国际先进水平；陕西北人印刷机械有限责任公司研制的无轴传动机组式凹版印刷机填补了国内高速、高精度凹版印刷机的空白；BQCS-I型板纸生产线质量控制系统产品综合性能指标接近或达到进口QCS水平。

冶金工业

【莱钢120吨RH炉外精炼成套技术装备】 该项目是由中国重型机械研究院有限公司承担的莱芜钢铁集团有限公司项目。该项目是国内钢铁行业第一台完全自行设计、成套制造并技术总负责的RH炉外精炼装备。主要技术创新点有：钢液精炼脱气过程所需的大抽气量蒸汽真空泵研发；为解决快速脱碳并精炼出超低碳钢而研发的顶枪系统；为高效的烘烤真空槽而设计的预热枪与烘烤盖组合式待机位烘烤装置；真空精炼钢液合金化冶金模型；多功能氧枪机电保护装置。该设备在装机水平、精炼能力、自动化程度等技术指标方面都代表了国内目前钢铁行业的先进水平，处于领先地位，填补了国内大型ＲＨ精炼成套装备自主化的空白。该项目获2009年度中国机械工业集团科技进步一等奖。

（宋　晔）

【一种电弧炉炉盖旋开装置】 西安电炉研究所有限公司获国家授权的实用新型专利（专利号：ZL2008 2 0221710.7）是一种电弧炉炉盖旋开装置。现有的炉盖旋开机构是依靠提高支撑架和倾动平台加工精度来实现的。对于炼钢电弧炉的支撑架及倾动平台这样的大型焊接结构件，加工精度难以保证，装配难度很大。该装置的炉盖旋转装置与两个支撑滚轮装置成等边三角形布置；炉盖旋转装置与倾动平台之间设置轴承滚动面形成一个球面的一对推力调心滚子轴承；支撑滚轮装置与倾动平台之间设置能调整支撑滚轮轴相对于支撑架和倾动平台的角度的向心球面滚子轴承。其利用轴承的调心功能来实现炉盖旋转装置与支撑架、倾动平台之间的调节，大大降低了对支撑架及倾动平台加工精度的要求，且装配、拆卸简单方便，维修量也大量降低。2009年获国家知识产权局实用新型专利授权。

（吴海萍）

【一种炉盖旋开装置】 西安电炉研究所有限公司获国家授权的实用新型专利（专利号：ZL 2008 20222130.X）是一种炉盖旋开装置。无心感应电炉在工作中，不断地要打开炉盖加料。打开炉盖机构的动作分两步，第一步提起或顶其炉盖到一定高度（垂直运动），第二步旋开一定角度（旋转运动），这样炉膛才能暴露出来，加料才可继续。该装置炉盖的横臂的一端固定炉盖，横臂的另一端与垂直设置的旋转油缸固定，旋转油缸包括内缸体、外缸体，内缸体的液压腔体的上下两侧为缸头和缸底，内缸体的外侧设置与其配合的外缸体，外缸体上设置旋转槽，旋转槽内设置与内缸体固定的滚轮，从而实现了炉盖开启与关闭。该装置采用旋转油缸，简化了设备结构和动作，且其液压系统简单、结构紧凑，实用可靠。2009年获国家知识产权局实用新型专利授权。

（吴海萍）

【一种水冷电缆接头】 西安电炉研究所有限公司获国家授权的实用新型专利（专利号：ZL 2008 2 0222131.4）是一种水冷电缆接头。感应电炉的电源和炉体之间需要柔性连接，方便电炉出料时炉体倾动。连接电缆特点是电流大，电压高，需要水冷，且密封要好。早期的结构由多片铜皮叠加而成，后改进为水冷电缆，但因两端的连接有缺陷，工作寿命短，使用中会出现漏水、折断铜绞线等问题。该装置包括夹布胶管、管箍、铜绞线、线圈接头，主要特征是线圈接头与铜绞线之间依次连接螺母、接管、接头；线圈接头外壁刻有细螺纹与螺母旋接，O形密封圈设置在线圈接头的锥面与螺母的缝隙之间。该装置的抗拉能力强，连接牢固、耐用可靠，在高温工作环境下，不变形，接触好，寿命长，更换方便快捷，利于维护保养。2009年获国家知识产权局实用新型专利授权。

（吴海萍）

【一种有芯感应电炉熔沟自我保护系统】 西安电炉研究所有限公司获国家授权的实用新型专利（专利号：ZL 2008 2 0228202.1）是一种有芯感应电炉熔沟自我保护系统。目前有芯感应炉的控温只是根据炉膛内温度调节感应器功率，无法直接测量熔沟温度，当发生熔沟过温情况，尤其是低温金属或合金，熔沟内的金属会产生汽化现象，气体会很容易的渗入熔沟表层里并逐渐凝聚，导致熔沟耐火材料胀裂而发生漏炉事故。该系统包括三块进线电流表、感应器、熔沟，并在感应器与进线电流表之间设置PLC控制器，进线电流表采用可调节设定值、带上下限报警的数字式的，且上限设定为额定值的115%，下限设定为额定值的85%。该系统可延长感应器寿命，减少维修，降低生产成本。保证电气系统安全平稳运行在最佳状态，保证合金类产品材质质量稳定，减少事故发生率。2009年获国家知识产权局实用新型专利授权。

（吴海萍）

材料工业

【核工业用镍基合金过滤管研制】 该项目由西北有色金属研究院汤慧萍等承担完成。项目主要研究要点为核工业用渗透性能优良且耐腐蚀的镍基合金过滤管的整体成型技术、洁净烧结技术。项目研究的镍基合金过滤管是核燃料生产过程中实现过滤与分离、废料处理等工艺的核心元件，提高了核燃料材料的纯度，缩短了生产周期，保障了下游关键生产设备的稳定和经济运行。通过对镍基合金粉末改性处理以及对压制模具的配套设计，获得了带法兰、带底整体成型的镍基合金多孔过滤管坯体，属于无添加剂的洁净成型，烧结态镍基合金过滤元件的耐腐蚀性比老工艺生产的过滤管提高1倍，使用状况良好，其性能达到国际先进水平。研究成果已形成批量供货能力，满足了核工业某厂3000吨铀转化生产线的需求，可直接应用于正在建设的6000吨铀转化生产线，预计“十二五”需求增加到4～6倍。还可推广到其他工业领域的过滤分离，有良好的经济社会效益。该项目获2009年度陕西省科技进步一等奖。

（柏文超）

【环保型改性酚醛树脂基复合材料的研制】 由西北工业大学齐暑华等9人承担完成。该研究发明了高固体含量、无排污的高性能有机-无机杂化新型改性酚醛树脂体系。解决了水溶液酚醛树脂在生产过程中所产生的含酚、醛废水对环境造成的严重污染问题。项目以新型改性酚醛树脂为基体，发明了玻璃纤维增强复合材料。发明的材料具有高绝缘性、高韧性、高耐热性、耐高温滑油性及良好的尺寸稳定性，其拉伸强度比国内目前最好的FX-502材料提高了160%，比俄罗斯的材料提高了45.5%，且耐滑油性明显优于俄材料，电性能优异。研究发明了环保型改性酚醛树脂基棉布、棉纤维增强材料。发明的材料为国产先进战斗机用滑轮提供了理想的材料和滑轮标准件，保证了工程安全、高效地实施，同时可使飞机滑轮减重约5%。该研究成果能够替代进口材料，在航空、航天、兵器等领域获得了应用，具有良好的社会经济效益，填补了国内空白，达到了国际先进水平。该成果获已授权发明专利3件。该项目获2009年度陕西省科学技术奖励二等奖。

【红蓝绿三原色电子墨水微胶囊及其场致显示性能研究】 由西北工业大学赵晓鹏等9人承担完成。该项目主要研究：①电子墨水微胶囊的组成及材料选择；②红色电子墨水微胶囊的制备及性能；③单分散乳液的控制和复合凝聚法制备准均匀电子墨水微胶囊；④ZnO纳米颗粒材料场致发光；⑤明胶水凝胶体系的电场响应和高分子聚电解质水凝胶电场驱动特性；⑥微胶囊化电子墨水显示原型器件、可弯曲电子墨水显示器件及影响显示器件性能的因素。该项目开展了微米、纳米胶囊彩色电子墨水制备及性能研究，找到介电行为可调控的材料体系及其成分、组分配比和介电性能参数，制备出红绿蓝三原色电子墨水微胶囊，获得电场响应规律；通过分散介质、壁材的电导、粘度、介电常数等基本性能研究，获得复相微纳米结构行为特征，配制出彩色电子墨水，测试了其光学显示行为和动态响应特征。促进了满足动画视频速度全彩色电子墨水显示技术发展，同时为中国在电子墨水显示器这一高新技术领域迅速赶上国际前沿提供基础。研究结果已经在Langmuir等国内外杂志发表论文51篇，其中SCI收录22篇，EI收录29篇；已经拥有中国发明专利13项（12项获授权，1项已经公开进入实审），具有彩色电子墨水的核心自主知识产权；在国内外出版专著3部，部分研究结果处于国际领先水平。该项目获2009年度陕西省科学技术奖励二等奖。

【感光溶胶-凝胶法制备功能薄膜及其微细图形的研究】 由西安理工大学赵高扬等7人承担完成。传统的溶胶-凝胶法制备功能薄膜主要以金属醇盐或无机盐为出发原料，很难获得陶瓷类功能薄膜的亚微米或纳米级微细图形。该研究依据配位化学的原理，分别合成了含Zr、Ti、Si、Cu、Y、Sn、In、Al等金属的感光性配位化合物，研究了其感光和光化学反应机理，发展了感光溶胶-凝胶法制备功能薄膜及其微细图形的新方法。该方法的核心是将金属的感光性配位化合物作为溶胶-凝胶的前驱物，赋予溶胶和凝胶以感光特性，从而有可能利用凝胶自身的感光特性，在凝胶阶段完成薄膜微细图形制备，再通过热处理使其转变为相应的无机功能薄膜的微细图形，能简便地获得陶瓷类铁电、陶瓷类导电、高温超导、光波导、光学等功能薄膜及其微细图形。结合现代激光干涉技术，获得纳米级的微光学阵列、铁电阵列或高密度的无机材料光栅。微阵列或光栅的微细加工技术水平都处于当前国际同类水平的前列，对集成铁电学、集成微光学的发展具有重要意义。共发表论文60余篇，被三大检索收录42篇，其中SCI收录22篇，EI收录35篇，ISTP收录5篇，论文被引用120余次。获得发明专利授权7件（包括1件实用新型）。该项目获2009年度陕西省科学技术奖励二等奖。

【SmS、Sm_2O_3功能薄膜及粉体的制备新技术研究】 由陕西科技大学黄剑锋等9人承担完成。该项目采用氯化钐为起始原料，发明了溶胶-凝胶法、水热法、微波水热法、LSS方法等制备SmS和Sm_2O_3光学薄膜和粉体的方法。该课题在化学合成了SmS粉体的基础上，发明了电化学沉积、微波水热电沉积、超声水热电沉积等沉积SmS薄膜的新方法，系统研究了SmS和Sm_2O_3薄膜和粉体的合成工艺－结构－性能的关系。采用XRD、TEM、XPS、IR、AFM、光谱仪等分析手段研究了工艺因素对薄膜结晶取向、显微结构和光学性能的影响；此外还将专利技术在企业进行了应用。该项目研究对合成Sm_2O_3和SmS光学薄膜和粉体有理论指导意义，解决了传统方法制备薄膜的设备的要求高，设备仪器昂贵，对原料的利用率较小的缺点，发明了制备光学薄膜和粉体的新方法；研究采用X-射线衍射分析（XRD）、原子力显微镜（AFM）、X射线光电子能谱（XPS）、岛津UV-265FW型号的自记分光光度计、扫描电子显微镜（SEM）、透射电子显微镜（TEM）并利用EDS能谱分析测试微区的成分；采用多种实验设计和分析的方法计算出薄膜和粉体的禁带宽度和薄膜厚度以及工艺条件和制品的关系及作用机理；项目合成专利技术和核心设备的开发同时进行，实现了技术与装备的同步创新。研究获得了12项发明专利成果，获得发明专利授权5项，实用新型授权3项。发表研究论文15篇，其中SCI收录5篇，EI收录10篇，《中国科技期刊数据库》等数据库收录文献11篇。该项目获2009年度陕西省科学技术奖励二等奖。

【微孔金属分离膜】 该项目是由西北有色金属研究院汤慧萍等16人承担完成的陕西省重大科技攻关项目。项目研制出了过滤精度为1μm（效率为98.8%），相对透气系数大于100m^3/(m^2•kPa•h)的微孔金属内壁分离膜管。在国内外首次设计并研制出微孔金属内壁分离膜管的离心沉积成形设备，实现了微孔金属分离膜的工业规模生产。还进行了微孔金属分离膜膜层控制技术研究、整体多台阶保温烧结技术研究和微孔金属分离膜在果汁行业、核工业领域的应用研究。其技术指标达到：过滤精度：阻挡5μm颗粒的过滤效率为99.8%，阻挡1μm颗粒的过滤效率为98.8%；相对透气系数：≥100m^3/(m^2·kPa·h)；耐压强度：7MPa；无缝单支膜管长度100～1000mm，直径Φ20～Φ80mm。项目申请专利7件，发表论文20余篇，编写专著1部，培养研究生5人。项目整体技术达到国际先进水平，其中离心沉积成形技术及其所得到的过滤性能国际领先。该项目获2009年度中国有色金属工业科技一等奖。

（柏文超）

【阻燃钛合金设计及其制备技术】 该项目是由西北有色金属研究院赵永庆等11人承担完成的原国家计委“九五”“十五”攻关项目“阻燃钛合金研究”。项目确定了新合金的主成分，研制出了具有国内特色的Ti40阻燃钛合金，填补了国内生产的空白。提出了预应力包覆特种锻造新技术，解决了合金开坯热变形开裂的技术难题，并加工出了阻燃合金的棒材、饼材和环材，其力学性能特别是蠕变性能和热稳定性能居国际领先水平。发明的适合国情的直流电弧激发燃烧(DCSB)法解决了国内目前无法测试合金阻燃性能的难题，通过基础研究提出了阻燃钛合金的阻燃机理和氧化机理。取得授权发明专利8件（7件发明、1件实用新型），另申请发明专利2件。发表学术论文88篇，其中SCI收录40篇、EI收录43篇，被他人发表的学术论文正引100多篇次，反引未见。培养博士研究生3名，硕士研究生5名。研究成果技术水平居世界先进水平，获陕西省科学技术一等奖1项，陕西省国防科学技术进步一等奖1项。项目理论研究成果已指导生产了29件满足力学性能的环形件，为解决发动机的“钛火”问题创造了条件。项目提出的预应力包覆特种锻造新技术，可应用于航空难变形材料热加工，现已推广应用于TiAl金属间化合物和O相钛合金的热加工。该项目获2009年度中国有色金属工业科技二等奖。

（柏文超）

【Ti600合金的流变失稳特性研究】 该论文由西北有色金属研究院戚运莲等人撰写。主要通过在Gleeble-1500热模拟实验机上采用等温压缩实验的方法，研究了Ti600合金两种状态下的热塑性变形行为，分析了合金在变形过程中的流变失稳特征。结果表明：在800～930℃，0.03～10s区域内产生流变失稳现象，如出现局部塑性流动，形成绝热剪切带，进而发生开裂。在低温、高应变速率区域(T=800℃，$\varepsilon=10s^{-1}$)，可以看到明显的45°开裂现象；在中温、高应变速率区(T=850℃，$\varepsilon=10s^{-1}$)，压缩试样侧面出现纵向开裂。

（柏文超）

【顶部籽晶粉末熔化法制备的超导YBCO单晶畴性能研究】 该论文由西北有色金属研究院张翠萍等人撰写。主要采用顶部籽晶粉末熔化法(TSPMP)制备了Φ30mm×15mm的YBCO单畴样品。在77K、零场冷却条件下获得最大磁悬浮力值43N（NdFeB，0.5T）。在2T的静态磁场中场冷充磁后，77K下获得最大的捕获磁通为380mT。金相分析显示211粒子的粒度分布在1～3μm，ac面上的211粒子的分布密度>ab面上的分布密度。从磁通钉扎角度分析了211的粒度对磁悬浮力和捕获磁通的影响。

（柏文超）

汽车工业

【陕汽牌SX3315VN456T型自卸车开发】 由陕西汽车集团有限责任公司王华栋等8人承担完成。该项目根据燃气发动机的特性对整车进行重新匹配性设计。产品采用潍柴WT615Z300NG型和上柴SC9DT280Q3型国III排放天然气发动机，根据燃气发动机的特性对整车进行了优化匹配设计；采用陕汽德御驾驶室，采用斯太尔双前轴，斯太尔双后桥（平衡悬架），陕西法士特9JS135A型变速器，气瓶支架总成采用重量轻、强度大的桁架式结构。该产品总体布置合理，性能先进，燃料经济性突出，是国内首款天然气单一燃料的重型自卸车，达到国际先进水平。根据该产品的直接用户反馈，使用该产品减少了因燃油燃烧引起的除CO_2和NO_X等同于柴油燃料（均可以达到国III和国IV的排放标准）外的其他污染物的排放，具有极大的社会意义。该项目获2009年度陕西省科学技术奖励二等奖。

机械制造与装备工业

【高压直流输电重大技术装备研制】 该项目由西安电力机械制造公司等单位宓传龙等人承担完成。西安电力电子技术研究所作为第二完成单位，主要负责5英寸超大功率晶闸管的研制。是三峡直流输电阀体的核心器件。主要技术参数：直径Φ125mm，电压8500V，电流3000A，达到国际先进水平。该装备已配套应用于三峡—常州、三峡—广东、三峡—上海，贵州—广东Ⅰ、Ⅱ回、灵宝背靠背等直流输电工程。通过该项目科研攻关与设备研制，完全掌握了超高压直流输电成套设备设计、制造和试验等关键技术，取得多项重大科研成果，填补了国内空白；拥有了核心技术与自主知识产权；

主持或参与了多个直流标准的研究和制订工作，逐渐构成国内的直流标准体系。使中国成为世界上少数几个可以生产高压直流输电成套设备的国家之一，提高了国内高压直流设备设计、制造和试验技术水平以及在国际上的核心竞争力，为国家电力安全提供了技术和设备保障。该项目获2009年度国家奖励技术进步一等奖。

（耿 涛）

【中薄板坯连铸机成套技术与关键设备开发及应用】 该项目由中国重型机械研究院有限公司承担完成。该项目获得了4项发明专利，11项实用新型专利。项目解决了凝固过程中中薄板坯质量问题的工艺，完成了高拉速、高质量铸坯生产工艺的关键设备；解决了中薄板坯连铸机稳定生产和精细控制的自动化系统。工艺方面：适应中薄板坯连铸机的辊列设计曲线，推出连续弯矫辊列的自动设计技术，创建了积分法板坯连铸二冷水动态控制模型及应用；关键设备方面：特殊曲线的结晶器内腔形状，研制出结晶器液压振动油缸，打破了国外垄断；智能式液芯铸轧零号段和扇形段，铸轧量达50毫米，超过国外先进水平10毫米；智能式动态轻压下扇形段。自动化控制方面：创立两个新的非正弦波数学模型，提高了浇注速度和板坯表面质量；结晶器液压夹紧及调宽、液压振动装置、铸轧及动态轻压下等液压控制系统，铸坯质量达到宝钢内控标准，高于国家标准，达到国际先进水平。该项目开发的核心技术及关键设备应用在中薄板坯各种不同规格连铸机上共23台42流。该项目获2009年度国家技术进步奖励二等奖。

（宋 晔）

【产品复杂曲面高效数字化精密测量技术及其系列测量装备】 由西安交通大学等3单位蒋庄德等10人承担完成。复杂曲面快速数字化测量技术是航空航天、能源、汽车、机械、电子、模具等产品设计、开发及质量控制的重要手段，是先进制造领域的关键技术和重要基础。西安交大与深圳思盛投资发展有限公司等国内知名企业建立产学研联合体，历时10年，对产品复杂曲面高效数字化精密测量技术进行了深入系统的研究，突破了产品复杂曲面高效数字化精密测量的技术瓶颈，开发了系列高效数字化精密测量装备，并实现了产业化。项目申请专利10项(已授权6项)、获软件著作权8项，取得了多项实质性创新成果，加速了国内数字化精密测量技术的推广应用与信息化制造的发展。该项目获2009年度国家技术进步奖励二等奖。

【适用于大批量精密齿轮磨削的数控蜗杆砂轮磨齿机技术及产品】 由陕西秦川机械发展股份有限公司王俊岭等10人承担完成。通过攻克精密内传动链设计与制造技术、多轴联动控制检测技术、磨齿表面质量控制技术、高硬度齿面磨削技术等一系列技术难题，开发出数控蜗杆砂轮磨齿机系列产品，技术水平及性能处于国内领先、国际先进水平，国内市场占有率达90%以上，并出口美国、俄罗斯、中东等国家和地区。目前，系列产品均实现批量化生产，累计销售810台，实现销售收入12.5亿元，最大限度地满足了航空航天、汽车、船舶、发电、机床、机车、冶金、矿山、军工等领域的发展需求，推动了国内机械工业的快速发展和技术进步。该项目获2009年度国家技术进步奖励二等奖。

【超特高压大容量开关试验技术开发及实验室建设】 由西安高压电器研究所有限责任公司裴振江等10人承担完成。对超特高压系统发生各种故障条件下开关开断过程进行系统的理论研究，通过电网络仿真技术设计各种等价试验回路，开发了多种实验室专有的关键设备，建成了国际先进水平的大容量试验室，在国际上首先完成了800kV、1100kV断路器的试验，制订了新的合成试验国家标准。取得十多项技术研究成果，进行了1700多台套国内外产品试验，获得了显著的社会经济效益，对提高国内超特高压输电工程关键设备的可靠性具有重要意义，直接支持了西北地区750kV输电线路和国内第一条1000kV特高压输电线路的建设。该项目获2009年度国家技术进步奖励二等奖。

【1000kV特高压并联电抗器研究与开发】 由西安西电变压器有限责任公司宓传龙等11人承担完成。1000kV并联电抗器是目前世界上输送电能系统中电压最高的特高压主设备，是1000kV特高压交流输变电工程标志性高新技术。该项目研究内容包括1000kV交流输变电工程用电抗器核心技术研究、设计制造、试验、运输等。现已完成了“十一五”国家科技支撑计划《1000kV交流输变电工程电抗器

核心技术的研究》全部内容。项目依托1000kV晋东南—南阳—荆门特高压交流试验示范工程，采用数值分析、物理仿真、模型试验以及现场测试等方法研究了1000kV并联电抗器设计与制造涉及的特高压电抗器主纵绝缘结构、漏磁场分析及消除局部过热技术、高压出线结构、降低振动和噪声技术、降低损耗技术、试验技术研究等一系列关键技术、核心技术，成功研制出具有自主知识产权的BKDF-320000/1000并联电抗器和BKDF-240000/1000并联电抗器。通过国家级科技成果鉴定，填补了中国1000kV特高压并联电抗器的空白，创造了世界第一，标志着中国特高压交流工程用装备制造的技术水平和综合能力达到国际先进水平。研制的BKDF-320000/1000和BKDF-240000/1000并联电抗器已经在特高压交流试验示范工程中完成安装调试并成功投运，各项经济技术指标完全满足科技立项和依托工程的要求，使中国成为世界上掌握1000kV输变电工程主设备设计、制造、安装调试实际经验最多的国家，建成了中国一流的“特高压输变电设备制造基地”。该项目申请专利4项，已获授权2项，正在编制国家标准。该项目获2009年度陕西省科学技术奖励一等奖。

【彩色钢板印花工艺和设备技术研究】 该项目由中国重型机械研究院有限公司承担完成。项目采用了三烘三涂四色钢板生产的新工艺，使用了用于钢板印花的四色柔性版印花机、彩涂印花钢板油墨固化系统、涂镀精度在±0.001mm的高精度膜厚自动控制涂覆机以及自动跟踪布膜机，使整条机组的性能达到国际先进水平。机组的性能指标：成品厚度0.3～1.0mm；成品宽度900～1350mm；穿带速度12m/min；运行速度30m/min（速度可调）。该机组为国内第一套彩涂印花板生产线，填补了国内在这一领域的空白。该项目获2009年度中国机械工业科学技术二等奖和2009年度陕西省科学技术一等奖。

（宋　晔）

【洁净兰炭生产与资源综合利用成套技术及装备】 由西安建筑科技大学等3单位兰新哲等11人承担完成。该项目首次研发了具有自主知识产权的30万吨/年兰炭生产成套技术和装备，包括兰炭生产高效介质利用技术、焦油高效捕收技术等新技术及内热式低温干馏方炉等。申请发明专利8项，已授权发明专利1项，实用新型及外观设计13项。建成了国内第一条年处理煤炭45～50万吨，年产兰炭30万吨，焦油2.4万吨以上的兰炭生产示范线。环境指标达到废水循环利用率95%，煤气利用率100%，实现了洁净化生产、环保程度高、自动化水平高，便于煤气等资源综合利用，投资低、效益可观，解决了兰炭工业及其相关产业的技术提升和污染治理问题。在国内成功推广了8条年产60万吨兰炭的生产线，已建成并投产生产线7条。成功在国外推广30万吨/年兰炭生产线1条。该项目获2009年度陕西省科学技术奖励一等奖。

【MEMS集成设计工具技术及应用】 由西北工业大学苑伟政等11人承担完成。项目针对微机电系统（MEMS）设计过程非常复杂，缺乏符合MEMS特点的高效设计工具成为制约其产业化发展的瓶颈。研究创建了一种任意流程的MEMS集成设计工具，支持惯性、压力、光学等典型MEMS器件的设计。提出了任意流程的MEMS集成设计方法，建立了系统级、器件级和工艺级三大主干仿真模块，发明了异构仿真平台间模型自动传递方法，实现了任意流程的MEMS设计，满足了MEMS器件多样性对设计工具的特定要求，显著提高了MEMS器件的设计能力和效率。MEMS微尺度多域耦合建模与仿真技术，发明了基于芯核库的MEMS组件多端口参数建模方法，建立了微观尺度下13类典型组件的行为模型，形成了机电、流体、光学等MEMS参数化组件库，支持器件的参数化设计与快速仿真。设计工具应用及器件创新设计，提出了针对非规则与复杂MEMS结构的一系列高效建模与仿真方法，有效解决了压膜阻尼、光栅梁、变截面梁等设计难题，设计并研制出微陀螺、微变形镜、微压力传感器等20多种典型MEMS器件，形成了一系列的设计创新，并满足了实际工程需求，验证了设计工具的实用性和先进性。相关成果申报国家发明专利24项，已授权11项，发表论文120多篇。研制的具有自主知识产权的任意流程的MEMS设计工具整体技术达到国际先进水平，在具有支持Z轴三明治结构等技术方面处于国际领先水平，打破了国外产品的垄断，使中国成为继美国、法国之后进入能够自主开发大型MEMS集成设计工具的先进国家行列，已在30多个国家骨干高新技术企业、著名大学以及研究院所应用。特别是与国家重点型号工程紧密结合，提供了国外产品无法提供的定制式设计服务，设计研制的MEMS器件分别用于“大飞机工程”分布式气动参数测量、“飞豹”战机的导航等，产生了重要的社会效益，对促进陕西省MEMS产品的创新与产业化发展，传统机电产品更新换代起到了重要的推动作用。该项目获2009年度陕西省科学技术奖励一等奖。

【YK7220数控蜗杆砂轮磨齿机】 由陕西秦川机械发展股份有限公司赵玮等9人承担完成。该机是一种万能性好、高效率、高精度齿轮磨削机床，适用于航空航天、军工、印刷机械、纺织机械、电动工具、计量泵、摩托车、减速机等行业中的小模数淬硬齿轮的批量磨削加工。机床采用连续展成磨削原理，集多轴精密同步传动数控、精密齿轮传动、高效精密磨削、连续位移磨削、数控齿向修形、高刚性高灵敏度的机床结构设计和制造、直接开齿磨削等技术为一体。特别是0.4～0.8mm小模数齿轮的直接开齿磨削技术在蜗杆砂轮磨齿机上的应用填补了国内外空白，技术水平达到国际先进，为国内领先。技术指标：最大工件外径：Φ10～200mm，工件齿数：12～260，工件模数：0.4～2mm，最大齿宽（最大正齿轮）：80mm，工件螺旋角：±45°，最大夹持长度：260mm，工作精度：GB10095.1-2001 4～5级。该产品累计生产和销售25台，实现销售收入近2800多万元。已在宁波三浪润滑元件公司、山西榆次经纬化纤机械公司等广泛应用。该项目获2009年度陕西省科学技术奖励二等奖。

【大跨径悬索桥主缆缠丝机研制】 由中交第二公路工程局有限公司薛光雄等9人承担完成。项目创新点包括：微电脑控制变频调速，使同步控制准确，调整方便。在整机行走时能与缠丝头逆行同步控制，提高了缠丝作业的工作效率；液压式张力控制（带储能机构）系统，具有张力稳定，张力大小可通过仪表直接显示，张力调整方便等特点；微电脑控制钢丝类型选择，克服了各种缠丝机只能适应单种类型钢丝的缺陷，可适用于“S”形钢丝和圆形钢丝缠丝；步履式索夹跨越机构，使得索夹跨越更加方便和快捷，跨越索夹长度最大可达2500mm；四齿条同步驱动步进系统，使缠丝机在缠丝过程中主缠丝头的进给面始终与主缆保持垂直，提高了缠丝精度和质量；索夹前后端面缠绕钢丝导向机构，可完全不用手动缠丝操作即可完成全范围缠丝施工；独特的缠绕钢丝导向机构，确保“S”型缠绕钢丝缠绕到主缆上的各个工况不扭转、不翻边；缠丝、移动单/联动操作选择。CSJ950型主缆缠丝机的研制成功，填补了国内“S”形钢丝缠丝设备的空白，使大跨径悬索桥使用专用设备配套更加齐备合理，对承担大跨径悬索桥建设工程提供了坚实的设备保障，并为其他类型的大型桥梁专用设备的自主开发提供了技术储备。该项目获2009年度陕西省科学技术奖励二等奖。

【IC10合金导向叶片定向凝固铸造技术】 由西安航空发动机（集团）有限公司朱珍珠等9人承担完成。该项目研制出了整体陶芯的分体制备技术，攻克了薄厚悬殊、形状复杂陶芯的成型及烧结裂纹问题，进而解决了导向叶片前后腔错位的难题；该项目设计了具有双内置冒口的浇注系统，解决了定向凝固IC10合金导向叶片热裂问题。该项目的成果已推广应用于中国第四代发动机的研制生产中，由于有第三代机IC10合金导向叶片的研制基础，第四代发动机IC10合金导向叶片的研制周期缩短了3个月。其中蜡模及陶芯模具的设计及制造周期缩短了1个月，模具返修次数减少了5次；铸件试制周期缩短了2个月。并使第四代发动机导向叶片的首台份铸件研制节约资金约44.7万。该成果也可应用于民用燃气轮机定向凝固铸造叶片的生产和民用航空发动机涡轮叶片和导向叶片的生产。IC10合金导向叶片定向凝固铸造技术的成功研制，为西安航空发动机（集团）有限公司每年新增产值1112.26万，取得了较大的经济效益和军事效益，该研究成果达到了国际先进水平。该项目获2009年度陕西省科学技术奖励二等奖。

【三峡—上海±500kV超高压直流输电工程晶闸管换流阀】 由西安西电电力整流器有限责任公司刘宁等9人承担完成。三峡－上海±500kV超高压直流输电工程的额定直流电压为±500kV，额定直流电流为3000A，输送容量3000MW，功率双向传送，输电距离约1100km。其中晶闸管换流阀是三上工程换流站的核心设备，是国内第一次独立进行±500kV超高压直流输电工程晶闸管换流阀的设计、制造、试验和现场调试的工程。项目内容包括直流换流阀的电路分析、电气设计、结构设计、关键部件研制、集成技术研究、试验技术研究等内容。该项目首次完成±500kV超高压换流阀绝缘运行型式试验，自主完成±500kV超高压换流阀电气设计计算和参数的确定，根据换流阀各种运行工况，自主完成了计算方法研究，建立了仿真软件的模型，自主完成±500kV四重阀阀塔结构设计，编制水路系统、绝缘材料等各种材料选型技术规范工艺和检查试验规范，完成了晶闸管阀组件和关键件的设计、检测、试验，国产的零部件通过ABB、意大利CECI监理的认证。该项目获2009年度陕西省科学技术奖励二等奖。

【1100kV/2500A油纸电容式变压器/电抗器套管】 由西安西电高压套管有限公司张西元等9人承担完成。该项目研究内容是：套管内外绝缘的优化设计；大型瓷套的成型、粘接工艺研究；超长导电管的焊接及加工研究；套管制造工艺的研究；1000kV高压套管结构设计。主要技术指标：系统标称电压：1000kV，额定电压：1100kV，最高运行电压：635kV，额定电流：2500A，雷电全波/截波冲击耐受电压：2400/2760kVp，操作冲击耐受电压（干/湿）：1950kVp，工频耐受电压（干/湿）：1200kV/5min，弯曲耐受负荷：5000N，空气侧公称爬电距离：33000mm，局部放电量，在953kV下：≤10pC。项目通过1000kV特高压套管的研发，增强了国内企业的自主开发创新能力，该项目的研制成功，实现特高压套管国产化，打破了国外的技术垄断，使750kV、550kV同类产品的技术水平得到提升，形成了批量生产能力。该项目获2009年度陕西省科学技术奖励二等奖。

【特高压交流隔离开关和无功补偿专用断路器】 由西安西电高压开关有限责任公司杨雯等9人承担完成。项目根据国家电网公司750kV输变电工程和晋东南—荆门1000kV特高压交流试验示范工程建设的需要，开发出适合中国国情的新型特高压交流输变电开关设备。研制出了GW□-1100型三柱水平翻转式、GW□-1100型双柱垂直开启式、JW□-1100型、GW□-800型三柱水平翻转式、GW45-800型双柱垂直开启式三种结构形式五种规格的户外特高压交流隔离开关产品，研制出了特高压变电站用SF6无功补偿专用断路器产品LW25□-126/T4000-40和LW24-72.5/T2000-40。针对特高压交流隔离开关产品，开展了绝缘结构的研究、机械结构稳定性的研究、隔离开关开合小电流性能研究、破冰能力的研究等。针对SF6无功补偿专用断路器产品，利用电场计算软件对灭弧室电场进行系统计算，使其电场分布更加合理；根据气流场的计算进行了重新设计喷口的形状，满足开断容性负载和感性负载的要求；对局部零件材质进行了改进，提高了其在开断过程中的抗耐烧蚀性能。该项目的研发成功，进一步提高了国内设计、制造特高压输变电开关设备的水平，填补了国内在特高压输变电开关设备的空白，其技术水平处于国内一流，国际领先水平。并可完全满足国内750kV输变电工程和1000kV特高压交流试验示范工程建设的需要。该项目获2009年度陕西省科学技术奖励二等奖。

【特殊介质能量系统热泵节能的理论、关键技术及应用】 由西安交通大学顾兆林等6人承担完成。热泵节能技术是化工、轻工、能源及石化等行业能量过程系统的节能减排关键技术。针对由加热、冷却公用工程和换热网络组成的酒精生产过程复杂稳态能量系统存在的高能耗问题，提出了五塔差压蒸馏工艺总复合曲线和利用二次蒸气为热源驱动LiBr-H_2O制冷系统制取17℃低温冷冻水新方法。针对非稳态太阳能辐射条件下的太阳源热泵中央热水系统，提出了基于物质和能量平衡的热泵压缩运行规律和特殊介质热泵压缩机设计及流量调节方法。发明了燃料乙醇热泵恒沸精馏、碳酸二甲酯和碳酸二乙酯热泵精馏新工艺，使能耗降低了50%，解决了与过程能量系统相匹配的蒸汽热泵压缩机运行控制的技术难题，实现节能、节水与减少污染；发明了压缩冷凝机组冷凝排热的相变蓄热热回收利用技术，实现了冷凝余热的储存与分时利用；开发了太阳源热泵中央热水系统的出水温度智能控制系统，实现了在零下10℃以上任何气候条件下的高效即时供热；开发了30～50℃低品位余热的高能量回收率的分级热泵装置，使其综合能效比提高40%～75%，解决了低品位热能利用的能量供给稳定性问题。项目获授权专利13件，其中发明专利5件、实用新型专利7件，公示发明专利7件。发表论文36篇，其中SCI/EI/ISTP收录20篇次，出版专著3部。应用该成果实施了年产5万吨热泵恒沸精馏燃料乙醇项目，在国内首次实现了热泵恒沸精馏生产燃料乙醇技术的工业应用；改造了3套酒精工业生产系统。开发的太阳源热泵中央热水系统综合能效比高达

8～12。累计新增产值13.3亿元，新增利税3亿元。该项目获2009年度陕西省科学技术奖励二等奖。

【大型H型钢压力矫直机】 该项目由中国重型机械研究院有限公司承担完成。该矫直机由机外翻钢、机内翻钢、主压头、上下夹持、摆动矫直以及被矫材原始弯曲量测量等装置组成。具有完善的液压控制、电气控制和自动润滑等系统，可对不同规格、不同长度产品进行矫直。设备运行平稳，矫直质量高。矫直机的最大矫直力为1000t，失稳机构的最大夹持力为210t；主压头缸工作压力30MPa；水平行程max1360mm。该机组实现了对腹板高度400mm至1000mm，翼缘最小宽度400mm的H型钢的压力矫直。该矫直机使用情况良好，故障率低，运行平稳可靠，能稳定地连续生产，产品质量高，合格率达98%以上，制品质量达到了国际先进水平。该项目获2009年度中国机械工业集团科技进步和2009年度陕西省科学技术二等奖。

（宋　晔）

【雷达方位、俯仰控制系统永磁交流伺服电动机】 该项目由西安微电机研究所蒋正华等人完成。项目研制的两种永磁交流伺服电动机主要用于雷达控制系统，作为执行电动机接受主控计算机的命令驱动雷达作方位与俯仰运动。项目对大功率永磁交流伺服电动机进行了优化设计，解决了在强冲击与强振动条件下电机运行可靠性的技术难题。同时又对该产品的工艺方案进行了技术创新，使产品的性能指标达到国际先进水平，填补了国内空白，替代了进口，满足了军工产品配套需求，还可应用于民用工业领域，社会和经济效益显著。该项目获2009年度陕西省国防科技进步二等奖。

（张　侠）

【165MN自由锻造油压机研制】 该项目由中国重型机械研究院有限公司承担完成。165MN自由锻造油压机是该公司凭借金属挤压/锻造国家重点实验室科技研发平台，研制的拥有国内完全自主知识产权、具有国际先进技术水平的设备。该设备采用油泵直接驱动全液压系统的技术方案，具有锻造600吨以上锻件的能力，创自由锻造油压机最大生产线世界新纪录。该设备的研制，标志着国内大型锻压装备和大型锻件制造工艺达到世界先进水平。该项目获2009年度中国机械工业科学技术特等奖和2009年度上海市科技一等奖。

（宋　晔）

【LG-15-GHLL型两辊高速环孔型冷轧管机】 该项目由中国重型机械研究院有限公司承担完成。该冷轧管机是全国第一台自行设计、成套制造并技术总负责的高速冷轧管机，项目总体技术含量、生产效率、产品精度处于国内领先、国际先进水平。产品应用于石油化工、原子能、电力工程、汽车工业、航空航天等领域。轧机的性能参数：轧制速度60～240次/分；最大轧制力400kN；管坯尺寸：外径Φ15～Φ34mm；壁厚1.5～3.5mm；长度2～6m；成品管尺寸：外径Φ8～Φ20mm；壁厚0.8～1.6mm；最大长度30m；成品管椭圆度偏差不大于±0.05mm；沿长度方向壁厚精度偏差不大于±0.06mm。该项目获2009年度中国机械工业科学技术二等奖。

（宋　晔）

【360mm×450mm大方坯连铸装备技术国产化研究】 该项目由中国重型机械研究院有限公司承担完成。项目结合攀钢360mm×450mm大方坯连铸机国产化设计、制造特点，开发出涵盖连铸工艺与设备的关键技术，其中大方坯连铸凝固末端动态轻压下控制系统、控制模型及相关工艺是国内首次自主研究并成功应用于大方坯生产的先进技术，标志着国内大方坯连铸技术已达到国际先进水平。该项目获2009年度陕西省冶金科学技术一等奖。

（宋　晔）

【前上料短行程双动铝挤压机】 该项目由中国重型机械研究院有限公司承担完成。该挤压机是大型铝挤压装备中的核心装备，包括长行程双动/单动铝挤压机、短行程双动/单动铝挤压机，牵引机和淬火装置等挤压后部处理设备等。已获授权发明专利1项，实用新型专利15项。正在申请的发明专利4项，实用新型专利15项。该项目获2009年度陕西省专利二等奖。

（宋　晔）

【高压开关关键零件电镀生产线】 该项目是中联西北工程设计研究院赵兴建等5人承担完成的新东北电气集团项目。项目采用电镀行业最先进技术，溶入环保和节约的理念，设计制造了布局简捷顺畅、控制智能化程度高、产品性能可靠的全新电镀生产线。项目设计了机械运行机构和电气控制系统来实现槽镀银工艺，还采取了电镀行业多种新技术，改进了镀前防护技术（可剥橡胶涂料）、特殊零件刷镀技术、排废气结构等。产品质量过关，镀银工件经热震试验显示，合格率接近甚至超过国际水平，推动了电镀生产技术，提升了国内高压开关制造厂的制造水平。项目获2009年全国机械工业科学技术三等奖。

（金　涛）

【授权发明专利16件】 2009年，中国重型机械研究院有限公司共获授权78件专利，其中获授权旋转式中包冷却系统（专利号：2006101053868）；刮刀式去毛刺机装置及工艺（专利号：2007101885407）；一种圆盘剪刀盘重叠量的调整控制方法（专利号：2007100189600）；一种圆盘剪液压锁紧装置（专利号：2007100191916）；用于双曲柄飞剪的剪刃侧间隙调整方法（专利号：2007101885144）；具有移动旋转功能的内喷喷嘴（专利号：2007100178061）；非开挖钻杆加厚液压机（专利号：2006101052719）；一种牵引机数据传递系统（专利号：2007100172101）；全浮动张力拉伸机方法（专利号：2007103065258）；一种组合梁式张力拉伸方法（专利号：2007103065296）；复合斜面夹紧系统（专利号：2007103065281）；液压动态恒压矫直方法（专利号：2005100431272）；铸轧及动态轻压下用液压系统（专利号：2005100429643）；用电磁开关阀控制流量连续可调的方法（专利号：2005100964084）；液压式推钢翻钢方法（专利号：2007100191901）；多功能液压翻边机翻边工艺（专利号：2007101885197）等16件为发明专利。

（宋　晔）

【授权实用新型专利5件】 2009年，西安微电机研究所获授权专利5件，分别是：“液氧/煤油液体发动机推力及混合比调节步进电动机”（专利号：ZL2008 2 0028713.9）该专利由西安微电机研究所承担，专利发明人董超奎。发明技术要点：该实用新型提供了一种能够实现低速、大转矩输出、体积小、重量轻的步进电动机。该机组是将两相混合式步进电动机、减速器、反馈元件、特殊的机械构件等有机连接在一起，实现了机构到位控制；“大功率永磁直流伺服测速机组”（专利号：ZL2008 2 0028711.X）该专利由西安微电机研究所承担，专利发明人董超奎。发明技术要点：该实用新型提供了一种功率密度高、转速高，且具有防盐雾、防霉菌、防湿热的大功率永磁直流伺服测速机组；“低噪声风扇电动机”（专利号：ZL2008 2 0228500.0）该专利由西安微电机研究所承担，专利发明人张侠、彭庆。该实用新型提出了一种自带风扇，扁平式外转子异步电动机的结构及降低机械噪声的方法；“一种微电机轴承室的结构”（专利号：ZL2008 2 0228496.8）该专利由西安微电机研究所承担，专利发明人张亮。发明技术要点：该实用新型提出了一种外转子微电机轴承室设计技术，该技术可有效解决电机在恶劣环境下的贮存问题，为微型外转子电机的性能提高在技术上提供了新途径；“永磁交流伺服机组”（专利号：ZL2008 2 0029070.X）该专利由西安微电机研究所承担，专利发明人李中军。发明技术要点：该实用新型提供了一种工作可靠、寿命长、结构紧凑、定位精度高的永磁交流伺服机组。

（张　侠）

【大通孔中风压密封钻杆】 该实用新型专利（专利号：ZL 200820222437.X）由煤炭科学研究总院西安研究院殷新胜等6人承担完成。该钻杆具有严格的密封性能以及高强度和大通孔的特点，能够适应松软突出煤层中风压空气钻进工艺的要求。

（石显新）

【煤层气高压解吸仪装置】 该实用新型专利（专利号：ZL 200820030260.3）由煤炭科学研究总院西安研究院张群等3人承担完成。该专利能有效模拟储层环境，排采工作制度，实现了高压条件下气-固两相到气-液-固三相体系转换，高压注水条件下的解吸、集气和测量过程，能有效观测煤层气可解吸过程，测试解吸压力、解吸量、损失气量等多个参数。

（石显新）

【簧片式防脱落插销】 该实用新型专利（专利号：ZL 200820028443.1）由煤炭科学研究总院西

安研究院龚城等6人承担完成。该专利由圆柱销、簧片和锁母三部分构成，依靠圆柱销来连接两根钻杆，并传递给进起拔力。

（石显新）

【钻探用内芯可脱式钻头】 该实用新型专利（专利号：ZL 2008200284431）由煤炭科学研究总院西安研究院殷新胜等9人承担完成。该专利由外钻头、内芯钻头、钢球以及弹簧组成，在内芯钻头受到一定的推力后，可实现与外钻头的脱离。

（石显新）

【一种水平长钻孔随钻测斜仪】 该实用新型专利（专利号：ZL 200820030024.1）由煤炭科学研究总院西安研究院王勇等7人承担完成。该专利由探管、转换接口、监控监视器、殿宇依次连接构成，是能测方位角倾角、加速度及工具面向角的煤矿井下防爆的水平长钻孔随钻测斜仪。

（石显新）

【一种管料分料提升装置】 该实用新型专利（专利号：ZL 200820030063.1）由煤炭科学研究总院西安研究院田东庄等4人承担完成。该专利包括底座、水平滑移机构、垂直滑移机构、左臂、右臂等，操纵方便、实用可靠，占地面积小。

（石显新）

【井下松软突出煤层中风压空气钻进装备】 该实用新型专利（专利号：ZL 200820222436.5）由煤炭科学研究总院西安研究院殷新胜等13人承担完成。该专利的装备有助于提高松软突出煤层顺层钻孔的成孔率，提高瓦斯抽采效果，改善井下空气钻进工作环境，保障突出煤矿的生产安全。

（石显新）

【一种钻孔孔口管加固装置】 该实用新型专利（专利号：ZL 200820029383.5）由煤炭科学研究总院西安研究院姬中奎等承担完成。该专利加固方式简单、加固效果显著、加工制作容易、便于现场实施。

（石显新）

【快换卡瓦液压胶筒卡盘】该实用新型专利（专利号：ZL 200920032544.0）由煤炭科学研究总院西安研究院殷新胜等3人承担完成。该专利外形尺寸小，开启压力低，有利于液压系统各支路间的压力协调，提高了液压系统的效率，还具有液压胶筒卡盘夹紧工作安全可靠和转动惯量小的优点。

（石显新）

【一种钻机给进力和起拔力的测量装置】 该实用新型专利（专利号：ZL 200920032292.1）由煤炭科学研究总院西安研究院姚亚峰等3人承担完成。该专利可消除导向装置摩擦力对测量结果的影响，提高测量精度，同时使测力传感器只受拉力的作用，避免因离心压缩或弯曲而受损。

（石显新）

【T字形叶片螺旋钻杆】 该实用新型专利（专利号：ZL 200920032468.3）由煤炭科学研究总院西安研究院田东庄等3人承担完成。T字形叶片螺旋钻杆钻进时，叶片T字部位支护着钻孔内壁，减少了叶片对钻壁的刮研作用，可提高钻孔成孔稳定性及钻进效率，适用螺旋钻进工艺的要求。

（石显新）

【扩孔式锥形螺旋钻杆】 该实用新型专利（专利号：ZL 200920032545.5）由煤炭科学研究总院西安研究院田东庄等5人承担完成。该专利是螺旋钻杆，其螺旋叶片为锥形结构，叶片上焊有硬质合金切削刃。钻进时，该钻杆连接在钻头与等径螺旋钻杆之间，使钻头与钻杆之间的径向尺寸变化平缓、光滑，可扩孔并切削堆积的煤粉。

（石显新）

【多级无动力孔口除尘器】 该实用新型专利（专利号：ZL 200920032546.X）由煤炭科学研究总院西安研究院殷新胜等6人承担完成。该专利结构简单、除尘效率高、操作方便、不存在安全隐患。

（石显新）

【一种履带式坑道钻机的转盘转向与稳固装置】 该实用新型专利（专利号：ZL 200920032292.1）由煤炭科学研究总院西安研究院姚亚峰等3人承担完成。该专利能够当钻孔方向与履带行走方向不一致时，方便地调整钻孔方向，且在钻进下一钻孔时不需要重新调整履带行走方向，简化操作、节约时间。

（石显新）

【连续膨胀管】 该发明专利（专利号：ZL 200610112983.3）由中国石油集团石油管工程技术研究院承担完成。一种连续膨胀管，用于石油固井或处理井下复杂事故、修井。采用直缝电阻焊（ERW）制管，清除连续膨胀管内、外的焊缝毛刺，整管热处理，缠绕到芯轴上。连续膨胀管的管体是连续的，克服了普通膨胀管施工时需要焊接或螺纹连接的不足，以及施工后连接部位强度低和漏失等技术难题，确保了膨胀后强度高和密封完整性好，且长度根据现场需要截取，方便可靠。

（谢文江）

【一种13Cr油井管试验实物制备方法】 该发明专利（专利号：ZL 200610113265.8）由中国石油集团石油管工程技术研究院承担完成。其是一种用于13Cr马氏体不锈钢材料制成的石油钻井用油管、套管实物试验时与35CrMo或30CrMo材料夹头的焊接方法，将试验的油井管材，两端加工成焊接坡口，距焊接坡口端面100mm距离处加工若干沿周向均匀分布的塞焊孔；将两件试验夹头的一端加工成坡口与试验管焊接，另一端外部或内部加工有螺纹，与试验设备连接；塞焊焊缝根部与夹头焊接在一起，侧面与试验管连接在一起；或沿管子均布一圈材料为低合金高强钢的加强筋，多个沿管子一圈均布，采用角焊缝与夹头和试验管连接在 起；在高温、高压、反复加载试验条件下，焊接接头完好，解决了13Cr油管实物试验时与夹头的连接问题，与采用螺纹＋胶密封结构相比，可靠性和成功率高，试验周期短，提高了工作效率，降低了成本。

（谢文江）

【石油、天然气输送的双缝埋弧焊管的生产方法】 该发明专利（专利号：ZL 200710117991.1）由中国石油集团石油管工程技术研究院承担完成。其应用于双缝埋弧焊管生产。采用宽度为钢管周长二分之一的两块钢板，利用双面埋弧焊方法首先进行两块钢板沿纵向边拼接，然后采取常用的直缝埋弧焊钢管生产工艺进行钢管制作。另一种方法是将两块钢板分别进行C成型，制成C形半管。将两个C形半管组对定位焊成O形圆管，然后进行两道焊缝的焊接。经过扩径、无损检测，完成石油、天然气输送的双缝埋弧焊管制作。利用直缝埋弧焊管设备，生产制造外径在1016mm以上，壁厚在21mm以上质优的钢管，降低了制管板材的制造难度。

（谢文江）

【新型双金属复合管及制造方法】 该发明专利（专利号：ZL 200710118131.X）由中国石油集团石油管工程技术研究院承担完成。新型双金属复合管应用于石油、天然气田开发，其特征是外壁管内有内衬管。外壁管的两端焊接有短节，外壁管与短节之间有焊缝，内衬管的两端部焊接在短节的内壁上。在外壁管壁上钻有至少１个直径为２～１０毫米的通孔，水压试验后采用电焊将通孔补实焊死通孔。新型双金属复合管两端加工有螺纹或加工成焊接坡口。外壁管以机械力学性能优和价廉的碳钢或低合金钢管为基材，内衬采用耐蚀性能和机械力学性能优的耐腐蚀合金，解决了使用双金属复合管时螺纹接箍连接密封和地面焊接的问题，扩大其使用领域，节约了成本。

（谢文江）

【薄壁不锈钢复层与碳钢基层的复合管环焊缝焊接方法】 该发明专利（专利号：ZL 200710118272.1）由中国石油集团石油管工程技术研究院承担完成。其应用于双金属复合钢管环焊缝的焊接。采取坡口加工，清洗坡口上的油污，在坡口靠近复层的钝边表面堆焊封修磨坡口，双金属复合管坡口组对。采用钨极氩弧焊方法，在管子内部充氩保护的状态下沿双金属复合管坡口根部进行打底焊焊接，并在其上部进行第二层焊接，将焊接的双金属复合管基层焊接在一起。用不锈钢焊条进行填充焊和盖面焊，采用了309或309Mo焊接材料保证焊缝的强度和良好韧性，可消除坡口端部复层和基层间可能存在的缝隙，在坡口根部增加不锈钢层的有效厚度，使焊接接头质量对错边不敏感，保证了耐蚀性。

（谢文江）

【22Cr双相不锈钢管道焊接方法】 该发明专利（专利号：ZL 200710065579X）由中国石油集团石油管工程技术研究院承担完成。该专利是一种22Cr双相不锈钢耐蚀合金管道的焊接方法，采用在

管子内部焊缝两侧≥100mm范围通99.995%的纯Ar、98%～99%Ar＋1%～2%N↓[2]混合气或90%～95%N↓[2]＋5%～10%H↓[2]混合气，在氧含量≤50×10^{-6}时打底焊，填充和盖面焊，焊接填充金属熔敷组成按重量百分比为：C≤0.04、Cr为22.0～23.5、Ni为8.5～10.5、Mo为3.0～3.5、Mn为0.5～2.0、Si≤0.9、P≤0.04、S≤0.03、N为0.15～0.20、Cu≤0.75，得到铁素体和奥氏体平衡的金相组织，接头的拉伸性能和低温冲击韧性良好，耐氯离子点蚀、应力腐蚀和模拟环境介质的腐蚀性能优良。

（谢文江）

【双金属复合管螺纹连接接头】 该实用新型专利（专利号：ZL 200820108713.X）由中国石油集团石油管工程技术研究院承担完成。其应用于石油工业中采用螺纹接箍连接的油管和套管，包括双金属复合管、短节和接箍组成。其中双金属复合管由内管和外管组成，在双金属复合管的端部焊接有短节，短节的内孔直径与内管的内径相同，在短节的端部有外螺纹，在短节的外螺纹上连接有接箍，接箍的两端有内螺纹。使双金属复合管连接具有密封性、防腐性，连接接头连接结构简单，操作方法简便，易掌握。

（谢文江）

【管道对接焊缝超声波检测装置】 该实用新型专利（专利号： ZL 200820108714.4）由中国石油集团石油管工程技术研究院承担完成。其是一种管道对接焊缝超声波检测装置，由数字超声波探伤仪、发射探头、接收探头、探头架、转换器和打印机构成。探头架由两端的定位块和连接定位块的连接轴组成，连接轴上装有一个调节探头间距的旋钮，发射探头和接收探头为单横波斜探头，固定在连接轴上，旋钮两边，使两个探头的声束倾斜于焊道，并相交于焊道中心，发射探头和接收探头分别与数字超声波探伤仪连接，数字超声波探伤仪连接转换器，转换器连接打印机。用于多种场合的大口径大壁厚管道对接焊缝超声波检测，具有不易受裂纹斜度影响的良好的裂纹检测性能，易于发现缺陷，并对缺陷定位准确，缺陷深度测量精度可达1.5mm。

（谢文江）

【一种复合材料内螺纹】 该实用新型专利（专利号：ZL 200820109415.2）由中国石油集团石油管工程技术研究院承担完成。其是由富树脂层、增强纤维单向布层、环向缠绕纤维层和螺旋缠绕纤维层构成的一种复合材料内螺纹。富树脂层位于模具螺纹表面，增强纤维单向布层纤维方向与模具芯轴向一致位于富树脂层上，环向缠绕纤维层纤维环向位于增强纤维单向布层外，嵌在模具螺纹的牙槽中，螺旋缠绕纤维层纤维螺旋向位于环向缠绕纤维层上。该实用新型的结构是利用增强纤维单向布和环向缠绕相结合的方法成型复合材料管道内螺纹，可提高复合材料管道螺纹连接强度，使增强纤维在螺纹齿部沿承载方向的合理分布，起到增强树脂基体的作用，从而保证螺纹连接中内螺纹部分具有足够的强度。

（谢文江）

【2007年版《重型机械标准》5卷】 该标准由中国重型机械研究院有限公司制订。标准采用国际标准和国外先进标准，与国外同类标准同步发展且技术先进，内容完善、实用性强；贯彻国家最新现行基础标准，与国际标准接轨并基本保持一致；注重吸收为重型机械配套的重点基础零部件；注重标准的协调性、完整性和配套性，开拓了市场并参与国内外竞争。该标准获2009年度中国机械工业科学技术二等奖。

（宋 晔）

【半芯干式电抗器】 该项目是由西安中扬电气股份有限公司承担的陕西省重大科技创新专项资金计划项目，是自行研制开发的第二代新型电抗器专利产品。首次在国际上提出了在干式空芯电抗器的空芯处放入铁芯制造电抗器的新思路，使电抗器的整体结构实现了重大突破，同时攻克了电磁计算难关，方法独特，性能优越。与干式空芯电抗器相比较，除了具有与干式空芯电抗器相同的优点外，半芯电抗器直径缩小了35%～50%，运行时电能损耗比国家标准规定降低了40%，节约占地面积20%～45%左右，运行时振动小，噪音低，并解决了在传统铁芯电抗器的芯柱中由于气隙发散磁通横向穿过铁芯片而造成的局部过热问题。具有明显的节能降耗推广应用价值，且对提高电网的输电质量具有重要意义。2005年达产时新增产值280万千乏，增加销售收入5000万元，实现利税3597万元，出口创汇120

万美元。

（产业处）

【高压输电线路高空作业人员防坠落装置】 该项目是由汉中天杰电力急救机具制造厂承担的陕西省重大科技创新专项资金计划项目。针对电力作业人员容易发生高空坠落事故的问题，研制了一种登高防坠落装置，解决了线路工人在登高、固定作业及返回时的安全防护问题，做到了登高作业全过程不脱离保护，安全可靠。产品先后在陕西、广东、山东、浙江、河南等多省市大规模推广。该产品的锁体、锁杆采用档位限位，在中档位置时，它可越过爬梯横撑，但无法从爬梯上脱落。只有当作业结束，作业人员下地后，在人为外力作用下，变换锁杆档位，方可取下锁体，使锁体与爬梯分体分离。产品质量严格按照Q102XLD001-2003《登高防坠落装置》的要求制造与检验。从材料选择、热处理及焊接工艺都制订了严格的工艺路线及操作规程。技术指标为：整体抗冲击力大于3000N；锁杆开启力不小于50N，且不大于65N；移动部位重量小于1kg。其性能测试要求100%检验，可靠性试验按每批抽取5%检验，保证出厂产品100%合格。项目计划投资1200万元，实际投资1088万元。累计实现销售收入6000万元，利税2100万元。产品主要用于电力施工，也可用于索道、电信、铁路等杆塔高空作业。

（产业处）

电子信息技术

【高功率半导体激光器列阵封装技术】 由西安炬光科技有限公司刘兴胜等7人承担完成。项目针对大功率半导体激光器技术发展的瓶颈：封装技术，解决了热管理、近场非线性、光谱展宽、可靠性等难点问题。①热管理技术首次采用双面散热技术，克服了大功率半导体激光器面临的热问题。②low smile技术首次研究了半导体激光器列阵近场非线性效应产生机制，开发了low smile技术。③光谱宽度控制技术首次揭示了大功率半导体激光器列阵光谱展宽机理，开发了光谱宽度控制技术。④无铟化工艺创新推出了国内首款、国际第三款无铟化半导体激光器产品。采用硬焊料金锡作为封装材料，避免了铟氧化和电迁移等缺陷，提高了器件的可靠性。⑤“无空洞”贴片技术创新通过控制回流工艺中多个参数随时间的变化，有效控制了贴片层内空洞数量，实现“无空洞”贴片。⑥性能稳定性控制技术系统研究了大功率半导体激光器性能稳定性机制，提出了扩散阻碍层的工艺技术，在10e8个脉冲后，功率下降在2%以下，波长漂移控制在5%以下。项目拥有完全自主知识产权，综合技术达到国际先进水平，部分技术参数指标达到国际领先。该成果已成功实现产业化，制定了首个大功率半导体激光器生产的企业标准，产品已投放市场，该产品具有超高功率、长寿命、低smile、窄光谱的优点，被广泛应用于激光泵浦、激光显示、工业、科研等领域。该项目获2009年度陕西省科学技术奖励一等奖。

【智能视频处理与分析技术】 由西安电子科技大学高新波等9人承担完成。项目针对面向数字高清多媒体信息电视的视频信号处理、分析和理解的理论和技术开展了全新的研究，对涉及的视频信号增强、视频水印技术、视觉信息质量评价和视频内容语义检索等四个关键技术进行了深入的研究。①智能视频信号处理系统提高了电视的绿色环保性能。系统地研究了用于隔行变逐行扫描的De-interlacing技术、用于场间插值的帧速率转换Up-conversion技术和用于电视显式制式转换的幅型比变换Aspect Ratio Conversion技术，利用机器学习、智能计算等理论成果解决现实问题，提出了一系列有效解决方案。②视频水印技术为数字电视的可持续发展提供保障。针对视频水印实时性、低复杂度的要求，以非压缩域的视频水印系统作为研究对象，在充分考虑视频序列空时特性的基础上，将多分辨分析方法引入其中，从鲁棒性、不可见性和实时性等方面改善了视频水印系统的性能。③基于视觉信息的质量评价系统为客观评估视频质量提供依据。提出了将HVS（Human Vision System）和多尺度几何分析有机结合提取图像视觉感知特性的方法，使设计的客观视觉信息质量评价测度与主观评价结果之间具有较好的一致性。④基于内容的视频信息检索技术为电视用户提供节目自动导航。将研究内容划分为视频分割、视频标注和视频检索三个阶段。从句法和语义两个层面上研究基于智能软计算的无监督视频分割方案；从视频关键帧和视频字幕两个方面入手，基于显著人脸、关键帧和字幕提取语义标注线索，实现视频场景的自动标注；在视频检索阶段，建立视频数据库及其管理系统。提出的解决方案在保证检索精度的同时，大幅提高了检索效率。发表论文96篇，其中，SCI收录14篇，EI收录33篇，SCI他引70余次，Google学术搜索他引160余次，撰写学术专著1部。申请发明专利11项，获得软件著作权3项。该项目获2009年度陕西省科学技术奖励一等奖。

【异构无线网络安全技术及应用】 由西安电子科技大学等3单位马建峰等11人承担完成。该项目围绕国家重大应用需求，结合异构无线网络安全中的主要技术难题，进行研究，突破了一批具有自主知识产权的关键技术。针对多种安全认证机制并存的问题，提出了可扩展的安全体系架构，发明了基于网络层的集成身份认证方法，为用户自适应接入不同网络给出了有效的解决方案；针对异构网络的安全互联互通问题，提出了端到端的认证加密参考结构，发明了端到端的身份认证和加密方法，有效防止了身份泄漏和用户伪装，保证传输信息的机密性和完整性；针对终端和系统安全策略不统一的现实，发明了基于关联响应的实时安全自动更新方法和分等级的安全业务提供方法，解决终端与网络的安全策略不一致而导致病毒、蠕虫快速扩散的问题，保证安全业务提供质量；将密钥分发协议和身份认证方法相结合，提出跨平台认证的分层分布式密钥管理方案，基于双重加密思想，发明了具有认证功能的密钥安全分发方法，实现跨安全域的认证和密钥分配，保证真实通信双方安全共享会话密钥；结合多媒体业务对终端在漫游切换过程中的安全性和实时性需求，采用预认证和可证明安全的原理，发明了安全高效的终端漫游切换方法，达到了多媒体业务技术规范的要求。基于网络层的集成安全体系架构可扩展性强，集成了多种认证机制，实现了用户的多模身份认证。密钥安全分发、身份认证、漫游切换等方案达到了可证明安全的强度。无线环境中，移动终端安全切换时延低于50毫秒，满足移动多媒体业务需求。该成果填补了多项技术空白，授权技术发明专利43项，其中美国技术发明专利2项、欧洲技术发明专利7项、中国技术发明专利34项。采用本发明制定了国际ITU标准两项(ITU-T X.1124和ITU-T X.1125)。结合研究工作发表学术论文135篇，其中SCI收录30篇，出版专著7部(章)，登记软件著作权4件。该项目获2009年度陕西省科学技术奖励一等奖。

【跳频突发通信传输技术与应用】 由西安电子科技大学李赞等9人承担完成。该项目突破现有的跳频序列理论局限，将密码学的分组思想引入到序列设计中，提出了基于分组密码的跳频序列族产生理论，解决了现有序列综合性能指标不均衡等问题；构建了跳频码分多址组网模型，得出了组网性能结论，为跳频组网的大规模应用提供了理论依据；针对现有复杂度检验理论无法区分出新的跳频序列复杂度这一难题，基于物理学和信息论领域的信息熵概念，提出了近似熵的跳频序列复杂检验理论，开拓了序列复杂度检验的新理论领域；提出了基于降阶的突发通信数据均衡方法，使跳频通信传输数据的最大似然接收成为可能。相关理论成果在国内外重要期刊和国际会议上发表学术论文多篇，其中SCI、EI、ISTP检索近30篇次，SCI他引19次。出版专著1本、译著2本，获国家专利授权1件。基于理论研究的成果，开发出了系列化的跳频加密芯片，具有接口灵活、运算速度快、移植性好、稳定可靠等特点，连续应用于民用和军事领域的数十种型号产品和系统设备中，显著提高了系统的抗干扰性能，实现了批量生产与规模应用。该项目获2009年度陕西省科学技术奖励二等奖。

【框架时序逻辑程序设计】 由西安电子科技大学段振华等9人承担完成。该项目创建了完整的投影时序逻辑PTL和命题投影时序逻辑PPTL系统。建立了PPTL和PTL的公理系统并证明了合理性；解决了PPTL的判定性，表达性和复杂性问题。证明了PPTL的可判定性，给出了判定算法。特别是解决了PPTL公式在无穷模型下的判定问题；证明了PPTL的表达能力等价于Buchi自动机，因而证明了PPTL和PITL具有Omega完全正则表达能力。首次系统地、形式化地证明了PPTL和PITL的复杂性都是严格非基本的；创建了一个集建模、仿真及验证为一体的框架时序逻辑程序设计语言MSVL，研究了该语言的模型语义，操作语义和公理语义；开创了基于PPTL和PITL的模型检测新方法，提出了相应的模型检测算法，开发了相应的模型检测器；开发了相应的支持工具，并应用于实时混合系统、互联网计算和互联网软件如P2P和Web服务以及嵌入式系统的建模和验证。共发表论著103篇（部），其中SCI收录15篇，EI收录80篇。SCI学术它引20次，Google Scholar学术引用169次。申请国家发明专利4件，已获授权1件，获软件著作权5项。项目在诸多方面取得了突破性进展，有些成果达到世界先进水平。该项目获2009年度陕西省科学技术奖励二等奖。

【基于Petri网的自动制造系统死锁分析与控制研究】 由西安电子科技大学李志武等4人承担完成。该项目基于Petri网的基本信标理论，研究高度资源共享、高度自动化的自动制造系统的Petri网控制器的设计问题，力求解决传统信标方法所带来的以上三个问题：即计算复杂性，Petri网控制器的结构复杂性以及控制器许可行为的受限性。课题组取得的主要成果如下：①证明了在任何Petri网中，基本信标的数量小于或者等于库所变迁数量的最小值。②从属信标的可控性可以由基本信标的可控性确定，从而避免了显式地控制从属信标。③在理论上得到Petri网控制器的结构复杂性和网规模的线性关系，而在此之前，Petri网控制器的结构和网规模一直被认为是指数关系。④提出了多种死锁控制策略。该项目获2009年度陕西省科学技术奖励二等奖。

【伪码直扩连续波无线电高度表】 由西北工业大学等2单位廉保旺等9人承担完成。该项目将伪码直扩测距技术和软件无线电思想应用到新型无线电高度表的设计之中，创造性地解决了许多技术问题。新研制的无线电高度表经实验室测试和外场飞行测试完全能达到技术性能指标要求，其技术特点：良好的保密性和隐蔽性；较强的抗干扰能力；测高范围宽、精度高；体积小、重量轻、功耗低、可靠性高；伪码长度长、处理增益高、发射功率小使系统具有良好的低截获性能；扩展性好，与GPS或北斗用户机配合可组成良好的导航系统。该产品已用于XX飞机的综合化通讯导航识别系统（ICNI），并进一步提高了飞机导航系统的综合化水平，同时也可用于其它飞机或导弹的导航系统。测高范围3000米的伪码直扩连续波无线电高度表比传统高度表材料成本可节约5万元，对实现国内航空科技现代化水平，提升飞行器导航系统性能具有重要意义。该项目获2009年度陕西省科学技术奖励二等奖。

【网络计算的关键技术、系列软件及其应用】 由西安交通大学桂小林等9人承担完成。项目提出了基于对象和代理相结合的元计算模型与网格计算中间件，支持多并行编程环境和科学计算库的有效集成与融合；提出了基于事件驱动的消息通信模型，提高了计算与通信重叠能力，改进了系统通信性能；提出了星座型网格资源管理模型，支持网格资源的动态感知、发现和部署；提出了无中心调度框架下的网格应用调度模型及其优化算法，提高了网格应用的调度效率；提出了工程软件浮动License共享模型与方法，实现了软件许可证资源的共享与共用；提出了网格测试引擎的体系结构，支持测试环境的时钟同步、压力分配和结果聚合；提出了基于行为信任的网格安全架构及其访问控制模型，保护了网格资源；提出了网格容错计算模型及其容错方法，促进了网格应用的可靠性运行；提出了基于Web缓冲和内容分发网络的网格服务请求方法，提高了服务请求的响应效率；提出了一种网格编程模型和方法，为网格优化实现可视化编程提供了新途径。项目建立的西安网格计算结点的峰值计算能力大于3.8万亿次浮点运算/秒，独立存储空间大于25TB。发表论文155篇，其中SCI收录16篇、ISTP收录38篇、EI收录86篇，获得授权发明专利4件。出版《网格技术导论》著作1部，开发支撑软件与工具软件10余项，获软件著作权4项。该成果被西安测绘所、西安卫星测控中心、北京航空航天大学、西交大等诸多高校和院所广泛采用，并应用到了生物信息学、武器系统仿真和卫星测控数据分析处理系统等多个领域，为130多个单位提供了高性能计算服务。该项目获2009年度陕西省科学技术奖励二等奖。

【一种工业机器人气动手爪】 该实用新型专利（专利号：ZL 200820030064.6）由煤炭科学研究总院西安研究院田东庄等4人承担完成。该专利结构简单、控制可靠，灵活性好，准确性高等特点，适用于夹取圆柱状工件。

（石显新）

【便携式岩层通信机】 该实用新型专利（专利号：ZL 200820030023.7）由煤炭科学研究总院西安研究院冯宏等5人承担完成。该专利采用计算机硬件技术和电子元器件电路技术相结合，可实现以岩层为传播介质的通信技术。

（石显新）

【液晶背光源用荧光粉开发与生产】 该项目是由陕西彩虹荧光材料有限公司承担的陕西省重大科技创新专项资金计划项目。主要是开发生产应用于液晶背光源冷阴极荧光灯（CCFL）的发光材料——荧光粉，其是固体发光领域中的一种高精尖型的发光材料。项目通过设备改进、工艺优化、人员调整等各个方面的探索、总结，先后解决了成品率较低、发光效率较低等问题，使产品质量达到要求。液晶背光源CCFL用荧光粉100吨生产线生产取得突破性进展，一次良品率最高达到95%，综合合格率最高达到90.3%。项目总投资2100万元，完成投资2564.68万元，其中专项资金60万元，企业自有资金2504.68万元。自主研发并建设CCFL荧光粉量产生产线，实现年产100吨液晶背光源用CCFL荧光粉生产能力，实现销售收入4580万元，利润961万元，税金291万元。

（产业处）

民用航空航天技术

【大中型飞机数字化制造集成技术应用研究】 由西安飞机工业（集团）有限责任公司等2单位邱晞等11人承担完成。该项目全面实施了ERP、CAPP、SCM等大型信息管理系统；基于金航网建立了多企业制造资源数字化管理平台，实现了行业级协同制造的信息交互；建立了面向飞机装配的业务过程及其优化模型；建立了面向飞机制造全过程数字化制造过程标准规范和信息编码体系；推广了CAPP、ERP、SCM、Cim-Flow、Oscar数据库等一大批应用软件；以BOM信息为主线，建立了基于单一产品数据源、全数字量传递的制造技术体系。成果已在多个飞机型号研制中得到成功应用，显著缩短了产品研制周期。ERP与CAPP、SCM无缝集成，提高信息沟通效率50%、信息准确度80%；协同平台，缩短供应商供货和现场问题反馈周期60%；流程优化，减少了4个装配工位，每架飞机缩短装配周期2500小时；降低成品、标准件、材料库存量10%，全数字量传递的制造技术体系，实现由批次管理到架次管理、月计划到日计划、部件控制到工序控制的飞跃。该项目获2009年度陕西省科学技术奖励一等奖。

【A320系列飞机机翼翼盒装配技术研究】 由西安飞机工业（集团）有限责任公司于萍等9人承担完成。该项目是中国航空工业首次真正意义上进入国外大型飞机机翼部件的制造领域。该项目所涉及的技术难点虽然在国外已属成熟技术，但在国内飞机装配中尚属空白，外方仅把产品需要达到的最终要求提出，并不提供相应的加工方法，因此所有技术难点都需要我们自己攻克。其技术经济指标：①成功掌握大型飞机的全数字化装配协调及壁板、肋、交点等的无余量装配技术。为国产大飞机全面采用数据协调提供了成功的经验和思路。②首次掌握高精度锥度孔制孔及安装技术、型架上使用数控铣切设备铣切活动面的定位基准面技术、氦气检测技术等，填补了航空制造技术领域的技术空白。③蒙皮感应器、定距钻、吸盘钻、齿条进给钻等先进工具在航空制造业首次使用，这些先进工具的使用提高了制孔的自动化程度，在行业内具有推广价值。④掌握了利用双吊同步吊车将翼盒从型架根部出架的吊装技术，为大型飞机组件的下架提供了借鉴先例。⑤自主开发了拆钉器、引孔器及密封注胶工具等装配工具并已申报专利，提高了产品质量，降低了工人的劳动强度。⑥翼盒项目是西飞转包生产的一个新的经济增长点，按每架翼盒产值175万美元计算，批量生产后，每年可为公司增加产值约8400万美元。该项目获2009年度陕西省科学技术奖励二等奖。

【鑫诺3号卫星可动点波束天线双余度步进电机】 由西北工业大学刘景林等8人承担完成。该课题是为中国新一代通信卫星“鑫诺3号”配套研制的可动点波束天线驱动双余度步进电机，针对卫星天线展开系统，将卫星天线指向预定目标，并根据需要，随时控制转发天线的指向位置，主动规避干扰信号，从而为卫星执行通讯任务、提高抗干扰能力提供强大的保障。该研究采用低功耗、长寿命、电磁兼容改善设计技术，首次在航天用步进电机中采用钕铁硼稀土永磁材料，开发了混合式步进电机CAD软件，提出并实现了步进电机双余度技术，提高了系统的可靠性。2007年6月1日凌晨，中国自行研制的“鑫诺三号”通信卫星发射成功。可动点波束天线双余度步进电机在卫星上得到成功应用。经在轨测试，电机工作正常，满足系统的通讯及抗干扰要求。该项目的技术可以作为一种通用技术，广泛应用于航天领域其它型号的航天器，也可推广应用于航空、航海、兵器及民用各种自动控制领域，应用前景广泛。该项目获2009年度陕西省科学技术奖励二等奖。

化学工业

【高效低阻气体强化传热技术及其应用】 由西安交通大学何雅玲等6人承担完成。气体换热设备是化工、空分、制冷等重大装备中实现热量传递的核心装置。国际上现有的气体强化传热技术，普遍使阻力增加的百分数大于传热增加的百分数，制约了气体换热器的发展。西安交通大学与沈鼓、杭氧集团等国内多家行业知名企业建立产学研联合体，历时10余年，提出了在气体流动阻力增加较小条件下，能有效强化气体传热的新思想，发明了中心被堵的波纹型纵向内翅片管以及“前疏后密、等热阻”开缝翅片等管内外高效低阻的气体强化传热技术；设计开发了60余种不同参数的压缩机中冷器、气体冷却器等高效低阻气体换热器产品，并实现了产业化。项目获国家发明专利授权9项，软件著作权8项，出版专著1部，研究成果应邀在国际学术会议上做大会特邀报告8次，推动了气体强化传热理论和技术的科技进步。该项目获2009年度国家技术发明奖励二等奖。

【S型气溶胶灭火技术】 由陕西坚瑞消防股份有限公司等2单位郭鸿宝等9人承担完成。该项目主要研究内容：①研制出硝酸锶为主、硝酸钾为辅氧化剂的灭火剂，解决了传统气溶胶灭火产品绝缘性差、腐蚀性大等二次损害的难题；②采用化学物理复合冷却技术和特殊隔热材料，消除了传统气溶胶灭火产品易产生二次火灾的隐患；③采用烟火技术、使用含能活性改良剂，发明了新型单点点火双向喷放结构的灭火装置，避免了单向喷放灭火装置易爆炸的缺点；④新型高能点火药及其涂敷工艺的研究，解决了普通点火药压力低、热值小、速度慢的不足，增强了灭火药剂的防潮性能，使燃烧稳定；⑤设计出合理的控制系统，杜绝误喷，避免损失；⑥针对不同的场所，研制出不同结构的灭火装置。该项目核心技术获得了十项专利授权，其中八项为发明专利，两项为实用新型专利；同时申请了四项PCT国际专利，已通过国际阶段审查。以该技术为基础制定了国家标准GB50370、GB50263及行业标准GA499.1。该技术2007年9月由省科技厅组织进行了成果鉴定，达到了国际领先水平。该项目形成了多种系列产品，已成功应用于遍及全国各地的数千个工程，涉及移动通信、电信、铁路、交通、石油、冶金、电力和金融等多个行业。仅近三年，该项目新增产值累计达到2.03亿，利税8925万元。该项目获2009年度陕西省科学技术奖励二等奖。

【16万吨/年MDI工程】 该项目是由华陆工程科技有限责任公司孙恪慎等15人承担完成的烟台万华聚氨酯股份有限公司项目。烟台万华16万吨/年MDI生产装置是国内首套采用自主知识产权开发建设的大规模MDI生产装置，该公司在消化万华公司工艺包的基础上，借助国际上先进工艺流程模拟软件等辅助设计工具，对工艺流程进行了工程优化和技术整合，承担了该项目的基础工程设计、初步设计、详细设计、设备采购及施工管理等工作。该工程提前40天一次投料成功，各项性能指标达到设计要求，生产出国际一流的产品。该装置工艺技术完全摒弃了最初的间歇工艺，缩合、光气化和结晶分离装置，实现了过程的全连续；通过实施能量集成和工艺优化，使装置公用工程消耗达到并部分超过了国外技术，原料消耗与国外处于同一水平；MDI装置取消了液态光气储罐，使系统内静态光气储量为零，极大地降低了装置的安全风险。该工程的建成投产，使烟台万华拥有世界级的MDI装置规模，成

为全球第6家自主掌握MDI核心生产技术的企业，工艺技术达到世界先进水平。该项目2009年获全国优秀工程勘察设计奖金奖。

（方丽珍）

【丁/辛醇装置技术改造项目】 该项目是由华陆工程科技有限责任公司等单位陈柯达等15人承担完成的中石化齐鲁分公司项目。项目采用铑法低压羰基合成工艺技术，技术先进、流程简练、能量消耗低、产品质量好，还可根据市场需求调整产品比例，优化产品结构。是世界上单线能力最大的辛醇生产线，装置节能、增效、环保。可优化全厂流程，强化资源综合利用，达到装置投资最小化，效益最大化。该项目羰基合成采用液相循环技术代替传统的气相循环技术，第二台反应器所产生的热量通过第一台反应器循环液移走，实现技术升级，降低了装置能耗；在丁醛与催化剂分离系统采用两台降膜蒸发器代替循环压缩机系统，流程简练经济；辛烯醛加氢系统采用气相加液相两段工艺代替传统的气相一段工艺，辛醇质量大幅度提高；完成了国内首套基础工程设计包的开发工作，节省了大量外汇；工程设计中使用国产化设备及技术，首次使得设备国产化率达91%，装置投资大幅下降。该装置为国内丁辛醇示范装置，技术水平达国内领先、世界一流，属国际先进技术水平。该装置投料开车一次成功，产出合格产品。2007年完成利润7亿元，已成为齐鲁公司新的效益增长点及品牌和特色产品，实现改造效益最大化。该项目2009年获全国优秀工程勘察设计奖铜奖。

（方丽珍）

【四氯化硅氯氢化法制取三氯氢硅技术】 该项目由华陆工程科技有限责任公司陈维平等7人承担完成。该项技术主要用于多晶硅和硅烷行业，是当前国际上最先进的一种将四氯化硅转化为三氯氢硅技术，仅为个别发达国家拥有，技术保密，无法引进。该公司对多晶硅生产企业提供的小试反应试验数据进行分析、调整、回归，利用多种化工软件进行流程的模拟和优化，以及工艺物料、热量和设备的计算，解决了氯氢化技术开发中的一系列难题。四氯化硅氯氢化法制取三氯氢硅技术（简称氯氢化技术）是在一定的温度、压力、催化剂条件下将四氯化硅、氯化氢、氢气与硅粉进行气固流化反应生成三氯氢硅，主要有硅粉干燥，四氯化硅汽化、加热，氢气加压、加热，催化剂还原，流化反应，旋风、洗涤除尘，冷凝回收等单元组成。该技术可有效将多晶硅生产过程中产生的大量四氯化硅、氯化氢转化成三氯氢硅，实现生产的密闭循环，现已应用于江苏中能光伏科技发展有限公司一、二期1500吨/年多晶硅项目和三期10500吨/年多晶硅项目中。生产实践证明，原材料、动力消耗以及四氯化硅单程转化率等指标都已达到或超过国外先进技术水平。氯氢化技术的成功开发打破了国外对先进工艺的垄断，填补了国内采用氯氢化技术转化四氯化硅的空白；实现了多晶硅生产的密闭循环，避免了环境污染；降低了多晶硅生产的原材料、动力消耗，使国内多晶硅生产水平达到国际先进。该项目获2009年度中国石油和化学工业协会科技进步奖二等奖。

（方丽珍）

【1500吨/年DJG项目】 该项目是由华陆工程科技有限责任公司陈维平等15人承担完成的江苏中能光伏科技发展有限公司项目。该项目是国内首套采用自主开发技术建成的大型多晶硅装置。通过该公司研发并成功应用的氯氢化技术和其它技术，有效地将四氯化硅和氯化氢转化为三氯氢硅，实现了生产的密闭循环，降低了污染物的排放和生产能耗，保护了生态环境，降低了投资，同时打破了个别发达国家对先进工艺的垄断，填补了国内多晶硅生产领域的多项技术空白。项目从开工建设到投产，仅用了13个月时间，创下了多晶硅行业之最。各项性能指标都达到或超过设计要求，多晶硅生产的总体水平已接近国际先进水平。依托该项目先进技术的成功开发和应用，2008年7月和2009年1月中能公司二期1500吨/年多晶硅项目和三期10500吨/年多晶硅项目都已顺利开车并稳定运行。该项目获2009年度全国化工行业优秀工程设计奖一等奖。

（方丽珍）

【一种三氯氢硅生产尾气回收方法】 该发明专利（专利号：ZL200710018581.1）由华陆工程科技有限责任公司等单位魏涛等7人承担完成。该发明利用氢气渗透性强的特点，采用压缩、氢气膜分离器分离氢气和非渗透气，使得氢气可以很容易地经过膜渗透出来，而其它气体则不易渗透该膜（非渗透气），从而使氢气从混合气体中分离出来（渗透气）。分离出来的氢气（渗透气）可以作为燃料或用于生产其它产品的原料，也可直接排入大气。非渗透气在经过冷凝后又可将三氯氢硅和四氯化硅冷凝下来，不凝气体中的氯化氢则返回使用。通过该发明的尾气回收方法使三氯氢硅生产工艺过程中产生一定量的尾气完全被回收，以达到节能减排、满足环保要求的效果。三氯氢硅生产总收率达到92%，降低了原料消耗，经济效益显著。该项目2009年获国家发明专利授权。

（方丽珍）

【一种气流床煤气化固态排渣方法】 该项目由西北化工研究院张勇等人承担完成。主要提供了一种固态排渣方法的气流床煤气化的操作方法，其特点是控制气化炉的操作温度，使其低于煤灰熔点。与传统的煤气化相比，渣（灰）以固态排出。该方法不仅使气化炉的操作温度大大降低，延长了其使用寿命，减少热量损失，而且可降低气化成本，实现高灰熔点、高灰分原料煤的高效化工利用。该工艺获2009年国家发明专利授权（专利号200710017411.1），专利发明人为张勇、门长贵、贺根良等11人。

（宋　扬）

【富碳氢工业尾气联产甲醇、车用天然气及合成氨的方法】 该项目由西北化工研究院周晓奇等人承担完成。该工艺公开了一种富碳氢工业尾气联产甲醇、车用天然气及合成氨的方法。其特点是净化后的混合原料气即焦炉煤气和电石炉气，依次经过甲醇合成器、甲烷化反应器和变压吸附分离装置及氨合成反应器，先后分离出甲醇，分离后的甲烷可用作车用天然气，分离后的氢气和氮气进行氨合成，氨合成后多余氢气通过变压吸附得到纯氢。该方法与现有工艺相比，免CH_4转化、免CO变换，无空分装置，减少了工艺的复杂性，使气体有效成分和有效能源得到梯级综合应用，减少原料气和能量消耗及二氧化碳的排放量，为焦炉煤气、电石炉气等富碳氢工业尾气的综合利用开辟了一条新途径。该工艺获2009年国家发明专利授权（专利号200810018400.X），专利发明人为周晓奇、李速延和李军。

（宋　扬）

【橡胶织物复合型补偿器】 该实用新型专利（专利号：ZL200920032249.5）由西北橡塑研究设计院王岚等6人承担完成。该项目开发的产品具有结构紧凑、耐高温、耐腐蚀、保温隔热、密封减震性能优、使用寿命长等优点，适用于热空气、一般腐蚀性高温介质和强腐蚀性高温介质的管道密封连接。在产品结构方面，通用型橡胶织物复合补偿器产品采用了PTFE膜、氟橡胶、钢丝玻璃纤维布、保温玻璃棉、玻璃纤维布和氟橡胶的多层复合结构。通过在内侧复合一层PTFE材料，充分发挥其耐高温和耐化学腐蚀的性能，提高了产品在脱硫脱硝增压风机系统中的使用性能，延长了使用寿命。在橡胶材料方面，研制的氟橡胶强度高，耐70%硫酸和50%硝酸等强腐蚀性介质的性能好，阻燃性能优，耐长期热老化的性能好，解决了氟橡胶材料因分子刚性大，压延时生热大、易焦烧和加工流动性差等工艺问题。产品采用多层复合成型工艺和氟橡胶压延热硫化贴合工艺，解决了产品尺寸规格大，成型难度大及氟橡胶、钢丝玻璃纤维布、玻璃纤维布及PTFE材料的多层复合问题，确保了不同材料层之间的粘结强度。

（邓红娟）

【隧道跨地裂缝主体结构接缝防水橡胶带】 该实用新型专利（专利号：ZL200920034657.4）由西北橡塑研究设计院杨红都等5人承担完成。产品针对西安地铁隧道跨地裂缝主体结构接缝防水，解决了地铁隧道跨地裂缝防水技术，还可应用到铁路、越江、穿山、矿山、引水等所有跨越地裂缝的地下隧道建筑工程中。根据西安地铁跨地裂缝防水的具体情况，设计了类似“且”形的产品结构。大应变主橡胶防水带断面具有可延展性，可适应地裂缝处上下盘主体结构之间500mm的垂直错动和50mm的水平错动，并在100年的使用过程中可阻挡0.3MPa的水压。项目选择老化性能及力学性能优越的三元乙丙橡胶（EPDM）材料作为弹性体主体材料研制配方，采用尼龙增强材料对螺栓孔周围等易破坏的部位进行加强，制作了耐老化性能优越的橡胶防水制品，可以保证材料在地下环境100年使用。经台架试验及工程实地安装使用，效果良好。

（邓红娟）

【化工建设项目环境保护设计规范（GB50483-

2009）】　该设计规范是由中国石油等单位共同编制完成。该标准于2005～2009年编制、完成。该公司参编的主要内容是第3章节“设计内容”和第9章节“环境监测”，还参与讨论了规范讨论稿，提出了初步的修改意见；参与审核了规范送审稿，提出了报审前的最终意见。该标准已正式颁布发行使用。

（方丽珍）

【回热原料预热法生产硫酸钾新工艺】　该项目是由陕西景盛硫酸钾肥有限公司承担完成的陕西省重大科技创新专项资金计划项目。以自主开发成功的“回热原料预热法生产硫酸钾新工艺”成果技术为依据，设计实现以硫酸、氯化钾为原料生产硫酸钾的新工艺装置系统，全面改造原有的曼海姆法工艺生产线，达到节能、减排、降低腐蚀、提高生产效率、提高产品质量的目的。项目计划新增投资3320.86万元，其中企业自筹3260.86万元、专项资金60万元。实际新增投资3332.86万元，实际生产能力为年产硫酸钾30000吨、副产盐酸36000吨。截止2009年底，项目累计实现销售收入19684万元、净利润1787万元、缴税282万元。项目实施后单位产品燃料消耗折合标准煤121kg/t，较实施前节约46.22%。单位产品软化水消耗量由实施前的260kg/t下降到159kg/t，节水38.85%，单位产品动力电消耗量由实施前的60kWh下降到55kWh，节电8.33%。

（产业处）

【20万吨生物柴油】　该项目是由陕西春光油脂有限公司承担的陕西省重大科技创新专项资金计划项目。主要以油脂加工企业的下脚料（酸化油）、餐饮业的地沟油、泔水油等废弃油脂为原料，采用了全自动化控制、连续式预酯化酯交换制取脂肪酸甲酯+负压+多级分子蒸馏工艺，选用中国日用化学工业研究院的预酯化酯交换制取脂肪酸甲酯技术和中科院自动化研究所生物柴油生产线自动控制装置，工艺成熟、技术先进。项目总投资2.2亿元。完成建设投资5238万元，实现销售收入2819万元，利润129万元，税金43万元。生物柴油是一种清洁环保可再生能源，是石化柴油的优质替代品，具有显著的经济、社会效益。

（产业处）

【环保制冷剂专用氟化催化剂】　该项目是由西安近代化学研究所承担的陕西省重大科技创新专项资金计划项目。针对消耗臭氧层物质氟利昂（CFCs）的替代品氢氟烃（HFCs）生产的核心技术—氟化催化剂技术，以提高催化剂的比表面积、改善氟化催化剂的微孔比例和稳定性、发展和优化气相催化氟化反应工艺的集成技术为总体思路，对氟化催化剂的制备过程和工程化技术以及HFCs的合成工艺技术进行研究，开发了成套催化氟化技术，形成了完整的自主知识产权技术领域。在氟化催化剂制备技术方面，通过改变催化剂母体的制备方法，添加合适的金属助剂、造孔剂，解决了氟化催化剂微孔比例低、活性组分易流失、活性低的难题，并通过调节活性组分及助催化剂的组成和含量，开发出活性高、寿命长的适用于不同氟化反应的FS-517系列氟化催化剂，性能达到或超过了国外同类催化剂的水平。在氟化反应工艺方面，通过雾化混合、分类反应、精馏分离、吸附除杂等工艺技术的集成创新，开发出HFC-125、HFC-1243、HFC-32、HFC-143a等系列HFCs合成工艺技术，实现了HF与反应物料均匀混合、与中间物料循环和有效氟化，解决了工程化过程中的催化反应、物料循环、产品分离、精馏等重要技术问题，HFCs的产品质量均达到了同类产品的质量指标。

（产业处）

城镇（乡）建设技术

【郑州国际会展中心岩土工程勘察】　该项目由机械工业勘察设计研究院张苏民等9人承担完成。郑州国际会展中心是大型公共建筑，由展览中心和会议中心两部分组成。项目采用大跨度的框架结构或钢结构，结构对差异沉降要求敏感，单柱荷载较大，最大可达56000kN。工程勘察重点考虑了采用桩基的可能性，按满足桩基评价需要布设勘察方案。建设场地浅部7～10m为一层呈软塑或流塑状态的饱和粉土，是黄河泛滥的沉积物，属新近堆积土层。该工程的技术难题是正确评价该层土的工程性质并提出合理的设计参数。工程勘察采用了标准贯入、静力触探、土的各项物理力学性质等多种试验与原位测试相结合的方法对该土层进行了综合分析评价。勘察时发现该场地存在两层地下水，水文地质条件较复杂。详细查明了地下水含水层的空间分布特征，进行了地下水动态观测，查明了地下水的动态变化规律，为确定抗浮设计水位提供了依据；通过现场抽水试验，实测了土层的综合渗透系数，为施工降水设计提供可靠参数。该工程采用粘粒含量、标准贯入、静力触探、动三轴试验等多种方法对场地浅部的软、流塑状新近沉积饱和粉土进行液化判定，确定了液化土层深度和液化等级，为抗震设计提供了可靠依据。报告书对桩基方案进行了详细的分析论证，所提桩基参数较好地吻合试桩结果，地基基础施工按计划完成。通过沉降观测验证，勘察报告提供的桩基方案合理可行，对桩基沉降量的预估分析也比较符合客观实际。该项目获2009年第十一届国家优秀工程银质奖。

（王　刚）

【岩土工程勘察、试坑浸水试验及复合载体夯扩桩静载试验】 该项目是由机械工业勘察设计研究院张炜等15人承担完成的西安财经学院新校区一期工程项目。项目研究了建设场地地层层序，主要包括C14沉积年代测定、各土层的显微结构观察和粘粒含量测定，根据测试与试验结果并结合黄土高原南部及关中地区典型黄土地层剖面对比分析确定了场地地层层序。根据土工试验结果，该场地属自重湿陷性黄土场地。为准确确定建设场地的湿陷类型，在勘察时布置了一组现场试坑浸水试验进行判定。根据试验结果和该场地地层结构，对该工程的教学类建筑物选用了复合载体夯扩桩方案。为准确确定该场地湿陷性黄土在浸水饱和状态下对复合载体夯扩桩的侧阻力和端阻力，进行了复合载体夯扩桩的桩基试验，根据现场实测结果提供了复合载体夯扩桩设计所需的有关参数。按照现场试验结果场地按非自重湿陷性黄土场地设计，所有建筑物的地基处理厚度在8m以内，地基处理厚度大幅减小，整个新校区地基处理费用估计在4000万元以上。该项目减小了地基处理费用也缩短了施工工期，具有良好的经济和社会效益。该工程的试坑浸水试验结果重新认识了西安地区黄土场地的湿陷类型，也为“湿陷性黄土地区建筑规范”积累了资料。该项目2009年获中国机械行业优秀工程一等奖。

（王　刚）

【西安市浐灞生态区行政中心工程】 该项目由中国建筑西北设计研究院有限公司赵元超等15人承担完成。项目尊重现有场地，利用地形，结合滨水环境，创造出流动轻盈的建筑态式。室内运用两组中庭、三组边庭及局部下沉庭院等处理手法，创造了趣味空间和采光、通风、节能的人工微气候，营造了新型生态办公环境。应用的现浇清水混凝土施工工艺是西北地区最大的清水混凝土项目。项目中使用水源热泵、雨水调节回用、污水深度处理等节能环保新技术。结构设计采用局部转换桁架的技术，解决了30米大跨度问题，采用悬挑构件满足了从根部近20米外出挑的要求。项目还采用中庭自然通风降温生态技术，有效降低空调能耗。该项目提供了便于管理且封闭的办公环境和可供市民参与的开放空间。项目达到国内领先技术水平。该项目2009年获陕西省优秀勘察设计一等奖和全国优秀工程勘察设计行业二等奖。

（吴阳贵）

【白桦林居居住小区工程】 该项目由中国建筑西北设计研究院有限公司郑振洪等15人承担完成。项目采用外墙外保温节能措施。采用的节水型洁具和同层排水系统是在同楼层内平面施工敷设，使得污水及废弃物的排放达到或超过同类和其他排水方式。雨水回收及中水系统是将生活用水经过一定的技术处理，用于冲厕、冷却用水和景观用水等对水质要求不高的地方，使水资源得到充分利用。采用集中供暖，分户计量，一户一热表，室内每个房间设温控阀。电气节能设计，室内照明采用声光控触摸延时开关，户外照明以太阳能为照明能源，部分使用LEO用半导体灯。项目达到国内领先技术水平。该项目2009年获陕西省优秀勘察设计一等奖和全国优秀工程勘察设计行业二等奖。

（吴阳贵）

【宁夏回族自治区党委办公楼工程】 该项目由中国建筑西北设计研究院有限公司等单位赵元超等9人承担完成。项目采用园林式和自由式的布局手法，园内布局有明确的轴线和序列。中心办公区采用中国围合式的院落手法，有对称、对位、对景的关系，主从有序、层次分明。其建筑布局集中、紧凑，是一种对称、严谨的院落式布局，即体现了行政建筑的庄重大气，又组成了丰富的院落空间，小中见大，具有庭院深深的序列感。解决了大尺度环境与小尺度建筑的关系，整个建筑群体具有良好的人文尺度。该组建筑群是银川新城的有机体，与周围环境有良好的因借关系，反映山水城市的意向，师法自然。项目达到国内领先技术水平。该项目2009年获陕西省优秀勘察设计一等奖和建国60周年中国建筑学会建筑创作大奖。

（吴阳贵）

【陕西历史博物馆工程】 该项目由中国建筑西北设计研究院有限公司张锦秋等承担完成。陕西历史博物馆是国家级大型博物馆，是“中央殿堂，四隅崇楼”的唐风建筑群，汇集了陕西文化精华，展现了中华文明的发展过程，古朴典雅，别具特色。既反映了十三朝古都的帝王气势，又兼收并蓄传统园林和民居的设计手法，整体采用黑、白、灰等淡雅的色调，创造了一个庄严、质朴、宏伟，具有浓郁传统文化气氛的现代空间环境。项目达到国内领先技术水平。该项目2009年获建国60周年中国建筑学会建筑创作大奖和建国60周年百项经典工程奖。

（吴阳贵）

【中国延安干部学院工程】 该项目由中国建筑西北设计研究院有限公司袁安江等承担完成。项目总体建筑外观风格典雅大气，立面风格及气质体现了城市的历史文化和风貌特色，体现了传统文化的精神内涵并与周边环境整体和谐，强调了国情和民情的设计指导思想，采用现代设计手法和理念诠释中国建筑文化精神，其建筑风格展现了中国国家级干部院校的朴素大方、庄重典雅大气的现代院校风貌和气质。中国延安干部学院是党中央、中组部在新形势下为加强领导干部的思想政治教育而兴建的三所国家级教育基地之一，为国家强化人才队伍建设做出贡献。项目达到国内领先技术水平。该项目2009年获建国60周年中国建筑学会建筑创作大奖和建国60周年百项经典精品工程奖。

（吴阳贵）

【西安人民大厦及其改扩建工程】 该项目由中国建筑西北设计研究院有限公司洪青等5人承担完成。项目保留原有建筑精华部分，清洁已污染的墙面，修复已破损的墙面和线角，保留原有外墙面装饰和铝窗。在丰富空间的同时，新建筑风格充分结合周围环境。新老结合部用虚的玻璃体衔接，体块相互穿插，室内外空间相互渗透，增强空间的通透性。改建后的人民大厦，焕发了活力，成功举行了西安欧亚论坛、IMOS大会与国际重要会议，被誉为具有历史场所感的园林式酒店。项目达到国内领先技术水平。该项目获建国60周年中国建筑学会建筑创作大奖。

（吴阳贵）

【大雁塔风景区“三唐工程”】 该项目由中国建筑西北设计研究院有限公司张锦秋等承担完成。项目理解环境、保护环境、创造环境。在建筑物的布局、体量、高度、造型、风格、色彩上都与唐塔及其文化历史环境相协调。运用传统空间意识和中国园林布局的手法，与现代旅游功能和现代化设施相结合，提供了充满文化历史情趣的舒适文明的旅游环境。该项目1993年、1995年连续被国际旅游组织评为“世界主流旅馆”，1997年被评为“世界一流旅馆”。项目达到国内领先技术水平。2009年获建国60周年中国建筑学会建筑创作大奖。

（吴阳贵）

【法门寺工程】 该项目由中国建筑西北设计研究院有限公司张锦秋等承担完成。法门寺自古以珍藏释迦牟尼真身舍利于宝塔中而著称，年代久远，为佛教圣地。该工程体现了盛唐皇家寺院风貌。主殿大雄宝殿，位于宝塔之北，中院中轴线上，庑殿屋顶，斗拱宏大，出檐深远，回廊环绕，取得了庄严凝重的效果。东院八角攒尖的千佛阁，与西院四角攒尖的珍宝阁遥相呼应。三个院区建筑高低错落，宝塔高耸，庄严而不失于呆板。建筑体形变化灵活，群体轮廓丰富。整个工程建筑青灰瓦、红梁柱、灰白墙，不施彩画，风格古朴典雅、庄重大方。项目达到国内领先技术水平。该项目2009年获建国60周年中国建筑学会建筑创作大奖。

（吴阳贵）

【群贤庄小区工程】 该项目由中国建筑西北设计研究院有限公司张锦秋等承担完成。群贤庄位于盛唐长安王公贵族、文人雅士聚居的群贤坊遗址之上，沿用了“群贤”之名。住宅内部空间、外部空间的处理，坚持传统与现代的结合、融合，是传统的更新与再创造。在建筑艺术造型上，通过与功能空间相结合的体型变化、注意其高低起伏、体形错落、界面的虚实。群贤庄小区满足建造面向21世纪的中国换代住宅的要求，在大都市之中营建具有良好宜居性的绿色家园，受到广大居民的喜爱和推崇。项目达到国内领先技术水平。该项目2009年获建国60周年中国建筑学会建筑创作大奖。

（吴阳贵）

【四川大学双流校区艺术学院工程】 该项目由中国建筑西北设计研究院有限公司秦峰等承担完成。该艺术学院着重体现“巴蜀文化”特征，在空间形态上模拟了四川地区独具特色的街、巷、场、坝子，特别是连续性院落等富有地域特征的空间形态。项目考虑到艺术学院的精神和学习方法，鼓励师生广泛交流，创造出多层次、多方位、多形式的交流场所；充分注意学院的低造价因素，采用模数化方格柱网，建筑体型方整实用，结构简单，便于施工。根据人流方向分别设置了多个入口，流线便捷；适当分区多种功能，演排播室、音乐表演、舞蹈、图书多媒体、雕塑模型、美术教室等功能分区通过院落组合达到动静分离，既相互联系，又减少相互干扰；连续院落的布局方式有利于学院的发展，扩建后的建筑群体更丰富，不影响既有功能及日常事由。项目达到国内领先技术水平。该项目2009年获建国60周年中国建筑学会建筑创作大奖。

（吴阳贵）

【川陕革命纪念馆工程】 该项目由中国建筑西北设计研究院有限公司秦峰等承担完成。工程采用建筑、雕塑、广场、景观、山水一体化的设计策略，以“大地艺术”的手法，使建筑与环境融为一体，使大体量建筑不破坏自然风景区地貌和生态。项目采用雕塑式手法，以简约抽象的形式构成气势磅礴、浑然天成的建筑形象。如同大地中生长出来的建筑，镶嵌着一颗“红星”，质朴、雄浑、庄重、大气，其独特的形象、独特的气质是因地制宜、因题制宜的结果。建筑本身成为一景，形成景区的标志。充分体现川陕革命历史的精神和气质，激发了人们对革命先辈的缅怀。项目达到国内领先技术水平。该项目2009年获建国60周年中国建筑学会建筑创作大奖。

（吴阳贵）

【北京图书馆新馆工程】 该项目由中国建筑设计研究院等单位杨芸等5人承担完成。项目建筑采用对称、严谨、高书库、低阅览、馆园结合、协调和谐的布局，富有中国民族及文化传统的特色，并吸收中国庭院手法，布置了三个内院，种植花木，再现自然。设计选用了当今国际上较先进的防灾防火系统，设有消防、空调设施为主的集中控制及管理系统。项目是全国最大的综合研究性图书馆，是国家级总书库，也是全国图书事业的中心，受到广大读书者的高度关注。项目达到国内领先技术水平。该项目2009年获建国60周年中国建筑学会建筑创作大奖。

（吴阳贵）

【延安革命纪念馆工程】 该项目由中国建筑西北设计研究院有限公司张锦秋等12人承担完成。新设计的纪念馆选址在拆除的老馆基址处，沿着老馆与彩虹桥已形成的南北轴线布置，南侧为纪念广场，广场布置毛主席塑像，前设长方形旱喷水池。建筑呈“ ┌┐ ”形布局，建筑在体形上与周边林立的高层建筑形成对比，脱颖而出。其超长尺度所体现的张力和呈围合态势的控制力，奠定了纪念馆在延安市区内实现标志性和纪念性的基础。在入口门廊与东西翼入口之间，有两片以毛主席纪念铜像为圆心，半径45m的圆弧形“窑洞墙”。券洞之间的墙壁前分立着延安时期工、农、兵、知、商等各界群众的塑像，体现了13年来党中央在延安人心所向的群众基础。该项目是纪念性建筑，受到党中央的高度重视，并带动了旅游产业的发展。项目达到国内领先技术水平，并于2009年获建国60周年百项经典工程。

（吴阳贵）

【延安宝塔区慧泽老年服务中心工程】 该项目由中联西北工程设计研究院马凡等5人承担完成。项目规划设计利用原有地形及区域特点，引入独具特色的生态园，突出老年活动中心主题，充分体现人与自然和谐共存的设计构思。老年公寓户型设计根据老年人的生活起居特点，户型布局紧凑合理、动静分区、洁污分离，各户主要卧室及客厅均为南北朝向，均能充分享受到阳光。该项目采用新型的环保外装饰材料，节能外门窗及空心砖（外墙外保温材料），体现了现代建筑节能、环保、高效的特点。该项目获2009年全国人居经典建筑、环境双金奖。

（金　涛）

【西安电子科技大学南校区教工住宅工程】 该项目由中联西北工程设计研究院唐振宇等3人承担完成。该项目围绕“人文荟萃，浪漫栖居”设计主题，创新出“一湖、两轴、三岛”的规划结构。一湖是指分隔居住区和教学区的生态景观湖面；两轴是指南北向的生态景观轴和东西向的人文景观轴；三岛是指三个大的岛状居住组团。一湖、两轴、三岛形态各异相互融合，成为了统一的有机体。空间层次丰富、建筑与环境有机结合，整个项目统一中富于变化，达到了浪漫栖居的目的。该项目获2009年全国人居经典规划、环境双金奖。

（金　涛）

【西安中投科技服务外包基地工程】 该项目由中联西北工程设计研究院倪欣等2人承担完成。项目设计注重空间环境、视觉环境与地形地貌的结合，与西安地区的特性历史和人文环境的结合，在城市干道一侧营造出丰富的天际线、极具韵律的空间体量和具有文化感和时代气息的现代办公建筑，使之成为西安市标志性建筑。项目通过科研办公、配套服务、数据中心三大部分，创造出一个功能齐全、和谐统一的建筑体，充分展示了该院在公共建筑设计方面的技术实力。该项目获2009年全国人居经典建筑金奖。

（金　涛）

【污泥制造轻骨料（陶粒）关键技术研究与开发】 该项目由西安墙体材料研究设计院承担完成。项目利用城市污水处理厂产生的污泥和化工厂污水处理产生的工业污泥制造烧胀陶粒和烧结陶粒关键技术的研发。烧胀陶粒是将污泥和其它配料经混练、成球造粒，采用回转窑烧成，体积产生膨胀的一种轻骨料，烧结陶粒是将污泥和其它配料经混练、成球造粒，采用烧结机或烧结箱烧成，体积不发生膨胀的一种轻骨料。该项研究掌握了污泥陶粒在焙烧过程中的膨胀机理，了解了陶粒产生膨胀要具备物料在焙烧过程中必须产生适宜的液相和黏度，且在产生液相的同时，物料内有有效气体析出的两个基本条件。提出了膨胀陶粒的配料原则并严格掌握适宜的C/Fe比，即按照混合料中各氧化物的比例进行控制配料，掌握了陶粒烧胀技术的理论基础。解决了焙烧工艺参数、污泥利用率、烧胀陶粒达30%、烧结陶粒达40%～50%、混合与均化、成球造粒和烧成等关键工艺技术难题。改变了污泥只能作为烧胀陶粒的掺料，利用率从10%左右提高到30%，烧结陶粒污泥利用率从0%提高到40%～50%。生产出了符合轻骨料标准要求400～500kg/m^{3}的超轻陶粒和700～800kg/m^{3}的高强陶粒，研究解决了污泥陶粒的烟气处理技术，研发了专门用于污泥陶粒烟气除尘、吸附处理技术。污泥烧结陶粒技术填补了国内空白。该项目获2009年度中国建材集团科学技术进步二等奖。

（权宗刚）

【西北电力设计研究院研究开发基地工程】 该项目由中联西北工程设计研究倪欣等13人承担完成。项目整体空间环境设计匠心独运，建筑物呈不对称布置，产生前后、高低、曲直对比，建筑形体错落多变，有立体感和雕塑感；建筑设计语言运用自如，细部设计精雕细琢，精心推敲建筑梁、板、柱、窗等建筑构件的比例尺寸，建筑造型丰富新颖，建筑里面和谐统一，有强烈的时代感。项目采用了高强度混凝土、高强钢筋材、宽扁梁、膨胀加强带等多项建筑业新技术以及大量环保型产品，提高了建筑物作为研发基地的高科技含量。该项目获2009年全国优秀工程勘察设计行业建筑工程三等奖。

（金　涛）

【砌墙砖抗压强试验用净浆材料】 该项目由西安墙体材料研究设计院承担完成。砌墙砖检测的现行标准规定了用普通硅酸盐水泥和干砂制成砂浆，对砌墙砖进行找平处理后，可检测抗压强度。项目研制了新型找平标准材料，可替代现行标准中规定的水泥砂浆。其与现行的水泥砂浆相比优点是：如果统一更换水泥砂浆，都使用新的找平材料，在强度检测过程中，降低了以前水泥净浆的不统一对强度结果的影响；缩短了养护周期。水泥净浆在标准环境下养护3天，新标准的胶砂材料只需4小时就可完全硬化，且与水泥净浆强度相同，提高了试验效率。该项目提高了砌墙砖抗压强度的试验效率。统一标准浆反映了砌墙砖自身的强度状况。该项目获2009年度中国建材集团技术革新一等奖和2009年度中国建筑材料联合会“中国中材杯”全国建材行业技术革新三等奖。

（权宗刚）

【重型钢结构厂房结构设计项目】 该项目是由中联西北工程设计研究院张平顺等5人承担完成的西电变压器公司电抗器生产厂房及高压实验室项目。项目运用国内外先进的产品设计技术和制造工艺，新增大型、关键设备和实验测试仪器，生产500kV单台容量为10万kVA的电抗器。高压试验室双向均采用变阶形式柱＋柱间支撑的竖向结构体系，屋盖采用双向支承的正放四角锥螺栓球钢管网架，下弦柱点支撑，形成整体的空间结构体系，达到国内领先水平。该项目获2009年全国优秀建筑结构设计三等奖。

（金　涛）

【建设科技新技术应用示范工程】 省建设厅全年共评定陕西省建设新技术示范工程共计49项，其中第四军医大学西京医院消化病医疗楼（陕西省第五建筑工程公司）、都市之门工程（中天建设集团有限公司第五建设公司）、陕西彬长矿区基地办公楼（陕西省第六建筑工程公司）、西安交通大学第二附属医院医疗综合楼（陕西省第三建筑工程公司）、陕西花旗实业有限公司环保示范项目（陕西航大建筑工程公司）、西港国际大厦（中天建设集团有限公司第五建设公司）、秦苑·帝都古建大厦（咸阳古建集团有限公司）、法门寺合十舍利塔（陕西建工集团总公司）8项获得全国建筑新技术应用示范工程奖。

（倪　平）

【建筑气候与节能设计基础及应用研究】 该项目由西安建筑科技大学的杨柳等人承担完成。其目的在于提升建筑设计行业的节能设计技术水平。为建筑设计过程中进行节能设计及建筑能耗分析提供基本的分析方法和数据保障，解决了建筑方案设计、构造设计、热工设计、节能设计和建筑设备系统设计时的逐时动态模拟计算和能耗分析，构建了节能设计计算模型和194个大中城市的逐时典型气象年数据库和太阳辐射数据库等。开展了如下研究并取得了创新性成果：①以全国现有基准地面气象台站和太阳辐射台站近30年的原始数据为基准，研发出完整的中国建筑节能设计扩展气象数据库。数据库包括全国194个主要城市的典型气象年（TMY）逐时气象参数、建筑采暖、通风与空调设计用室外气象参数、建筑热工设计室外气象参数、建筑气候设计室外气象参数、各地任意倾角太阳辐射参数等；②建立了适宜中国原始气象数据，推算典型气象年的太阳辐射相关模型；③运用聚类分析方法，完成了全国被动式太阳能采暖区划和自然通风降温设计分区区划；④建立了适于建筑气候分析的不同地区人体热中性温度的理论计算模型；⑤构建了基于Web的建筑气候能耗动态分析方法。该项目获得2009年“中国建筑设计研究院CADG杯”华夏建设科学技术奖二等奖。

（倪　平）

【杭州市危险废物安全填埋场岩土工程勘察】 该项目由机械工业勘察设计研究院章杰等8人承担完成。项目报告书提供了各主要基岩层埋深与标高的等值线图，提供了地下水埋深等值线图及地下水流网图，提供了粘性土的范围及储量计算，并调查了杭州市区及周边地区十余个土源点的情况，为填埋场采集粘性土土源提供了参考。对采用“一点多方法”（即在同一点采用多原位测试方法对土性进行综合判断）和“一点多阶段”（即对同一点在不同时间进行测试对比分析）采集了土性参数。现场进行了压水试验，结合场区附近水文资料，提供了各含水层的渗透（或导水）、导压、储水等系数（层间潜水为给水度）和影响半径等水文地质参数，并绘制了水文地质剖面图。专门对生产管理区东大坑填方区滑坡进行勘察和监测，分别采用了传递系数法（折线滑动法）和圆弧滑动法进行双重力学计算，综合评价了滑坡的稳定性。经测斜仪测试，提供了滑坡位移动态监测，保障了工程安全。该项目采用了多方面的勘察手段，工程实践中坚持动态监测的岩土工程服务，科学分析了岩土工程一体化，反映了土体变化的实际状况，提供了科学的依据，确保了工程安全，节约了资金。该项目获2009年陕西省优秀工程一等奖。

（王　刚）

【杨庄河化工业区强夯地基试验与检测】 该项目是由机械工业勘察设计研究院王东红等8人承担完成的陕西延长石油集团有限责任公司项目。该项目场地由聚丙烯装置及变配电间、连续重整柴油加氢联合装置、锅炉房、聚丙烯仓库、预留苯乙烯及聚苯乙烯装置、5套环保装置、污水处理厂、原料重整柴油加氢原料罐区等16个大型区域组成，占地面积约1097m×748m，总建筑面积515，504m^2，属特大型综合性项目。项目依据不同区域的各自特点，采用不同的强夯能级对地基土进行施工。该工程主体建筑对地基承载力、场地均匀性评价要求严格，对差异沉降要求敏感。该项目提供了试验与检测报告资料，分析了地基基础质量评价，为优化设计提供了可靠的依据。后期及时到位的技术服务支持了该工程设计、施工的一系列复杂的地基基础工程问题。该工程采用了多种岩土工程测试技术对地基进行试验与检测，传统检测方法和新方法相互补充，互相对比，为工程设计施工提供了充分、可靠的岩土技术参数和技术建议。在综合安全和经济的基础上对后期全面强夯进行了优化，节省了投资。项目采用新型的瑞雷面波测试技术，确保了施工安全，节省了工期和费用，并为类似工程的场地均匀性评价提供了新的思路和工作方法，具有广泛的应用前景。通过该项目了解了黄土地区不同地貌单元、不同地层、不同能级强夯的加固深度，为黄土地区的强夯加固机理积累了数据。该项目获2009年陕西省优秀工程二等奖。

（王　刚）

【西安市中级人民法院审判法庭和办公楼工程】 该项目由中国建筑西北设计研究院有限公司安军等8人承担完成。项目从区内规划、建筑室内公共场所，始终贯彻法官、当事人及羁押人员等三条流线相对独立的原则，为执法的公正性创造了条件。项目在复杂的流线功能组合中，植入一条法院特有的礼仪通道，使法院不仅成为审判案件的场所，而且是社会普法宣传和教育的阵地。六至八层办公部分的中间，设一通高三层的中庭，在庄重严肃的执法环境中，为法官创造相对轻松别致的内部休息场所；同时，在一定程度上也削弱了走廊单调冗长的感觉。在法院总体布局中，采用了方圆母题，点中了“无规矩不成方圆”的古训。在立面造型中，采用了三段式的构图手法及倒斗型的基础，使人想起地域文化中极具代表性的秦代夯土建筑。在立面细部处理中，稳健有序的竖向分割、不同尺度构件、空间的穿插，既体现出庄严、稳重、有力的个性，还增加了立面肌理感和光影感。项目地基处理采用了新专利技术——钻孔夯密桩DDC施工工艺，节省了费用。项目达到国内领先技术水平。该项目2009年获陕西省优秀勘察设计一等奖。

（吴阳贵）

【西北工业大学长安校区学生活动中心工程】 该项目由中国建筑西北设计研究院有限公司满晓青等9人承担完成。项目从环境进行设计创作，突出开放性，强调园林化，注重文化品位的塑造。功能分区明确，流线组织条理分明。空间形式多样，建筑风格朴素简约。建筑造型的设计充分考虑了秦岭地脉和校园规划，灰色调的主体与校园相得益彰，灵动的彩色墙体和局部的毛石墙穿插在主体中，灵动和谐。该中心已成为了校园中最具凝聚力的场所之一。项目达到国内领先技术水平。该项目2009年获陕西省优秀勘察设计一等奖。

（吴阳贵）

【银川市第二中学工程】 该项目由中国建筑西北设计研究院有限公司屈培青等6人承担完成。项目在建筑风格及型体上采用板块构成的手法，高低错落，插接自然、丰富的建筑天际线，简洁大方的建筑型体，建筑色彩以三色混豆沙色为主基调，配以白色墙面点缀，采用红砖和白墙的组合，亲切活泼。该项目为新建学校，重视前期投资的概算及决策，经过比较论证，项目的主题布局、主体造型、材料选用及施工等既满足了使用效果，又完善了设计方案。项目达到国内领先技术水平。该项目2009年获陕西省优秀勘察设计一等奖。

（吴阳贵）

【西安市博物院文物库馆工程】 该项目由中国建筑西北设计研究院有限公司张锦秋等10人承担完成。项目规划体现了荐福寺、公园、博物馆三位一体的建院思想。博物馆建筑借鉴传统礼制建筑的最高形制——明堂式的格局，注重全方位形象的完整性。四角“有亭翼然”。正中为直径31m的圆形攒尖。结合现代建造技术，博物馆建筑的特性，创新特色建筑形式。建造技术方面，大量应用的石制瓦件干挂技术为西部地区此类技术的成熟发展提供了经验。项目在地下部分采用避难通道，解决了地下人员疏散问题。项目达到国内领先技术水平。该项目2009年获陕西省优秀勘察设计一等奖。

（吴阳贵）

【陕西省自然博物馆工程】 该项目由中国建筑西北设计研究院有限公司赵元超等9人承担完成。项目位于西安城市轴线南端的菱形用地内，占地120亩，地形高于周围道路4～5米，是唐代凤栖原的一部分。上世纪八十年代末建有一座高245米的电视塔。该方案设计的基本理念是尊重城市现有的记忆，保护二十世纪的建筑遗产；突出电视塔在场所中的统率地位，保护原有的地形和生态，使新建筑自然融入城市开放的公共空间中。项目规划设计尊重自然、顺应自然、表达了天地人和的有机和谐思想。整个设计以电视塔为中心，利用现有的地形、地貌形成一个椭圆形的高地，有效地保护了地貌特征，且与城市广场相对位，其本身又是一种生命的象征。新建的科学馆和自然馆位于椭圆长轴的两端，形成了与电视塔三位一体的有机构图。月牙形的自然馆以楔型嵌入高地、坡向电视塔，科学馆及辅助部分利用地形高差与电视塔基座连为一体，科学馆的穹幕影厅以透明的球体突出大地，表达了日月同辉的主题。整个建筑师法自然，简单有力；整个设计尊重原有建筑和地形现状，在尺度和形态上使新老建筑彼此呼应，浑然一体，共同构成城市新的景观。已成为人们参观、活动，休憩的场所。项目达到国内领先技术水平。该项目2009年获陕西省优秀勘察设计一等奖。

（吴阳贵）

【超高温陶瓷基复合材料工程化基地工程】 该项目由中国建筑西北设计研究院有限公司秦峰等7人承担完成。该项目选址于西安市阎良区国家航空高技术产业基地内，其基地技术水平处于国际领先，国际、国内交流广泛，要求建成具有较高水准的科研、生产基地。该项目主要研究应用于航空、航天、国防等方面的超高温陶瓷基复合材料，并将科研成果在基地内工程化、产业化，再回馈支持技术创新研究，具有科研、实验与生产多重性质，对与各功能相匹配的环境要求较高。项目在建筑造型、建筑材料及色彩上以隐喻的方式体现了人们对航空航天和陶瓷基复合材料的感性认识，达到国内领先技术水平。该项目2009年获陕西省优秀勘察设计一等奖。

（吴阳贵）

【陕西宾馆改扩建工程12号楼增容改造工程】 该项目由中国建筑西北设计研究院有限公司李敏等10人承担完成。项目位于陕西宾馆内丈八湖东侧，接近陕西宾馆东门，外侧沿丈八东路。结合地形特点，根据使用功能分区布局，将两组客房楼沿用地长向布置，将较短、较低的一组客房楼布置于临近湖面一侧，减少大量客房对湖景的遮挡，满足最大数量客房能够面向湖景的设计构思。两翼客房楼之间布置酒店公共部分功能用房，并形成顶、侧同时采光的四季厅和半围合的景观内庭院，形成完整的空间体系和室内外景观体系。在主体的东北、西南方向分别设置主要出入口和专供领导接待的出入口。项目整体布局分区合理，各部分功能之间交通组织方便、高效。项目达到国内领先技术水平。该项目2009年获陕西省优秀勘察设计二等奖。

（吴阳贵）

【陕西省高级人民法院审判综合楼工程】 该项目由中国建筑西北设计研究院有限公司安军等10人承担完成。项目建筑体现“庄重而不滞重，威严而不森严，明快而不轻挑，严谨而不闭塞”的特征。造型处理明快简约，符合现代人的审美观念。通透、开敞的柱廊，玻璃幕墙，以及轻巧、舒展的钢架檐部装饰，使建筑体量凝重而不笨重，坚实而不结板。在近人尺度的区域和方便当事人使用的公共设施上采用丰富的立面装饰，以及室外环境景观的完善，体现环境的地域特点和人文精神的融洽，为法官、干警和当事人创造适宜的活动空间。项目达到国内领先技术水平。该项目2009年获陕西省优秀勘察设计二等奖。

（吴阳贵）

【榆林机场迁建工程航站楼工程】 该项目由中国建筑西北设计研究院有限公司安军等8人承担完成。该航站楼室内空间根据各功能分区和使用性质，以通透的大空间为主，形成高低错落、虚实变化、通透流畅的空间形态，高大开阔与亲切舒适相结合，提升了航站楼内部空间品质与形象，体现了高效率、便捷性、以旅客为中心的设计思想。陆侧立面通过半拱形柱的建筑构件和光影变幻，表达了建筑特有的地方符号。预测2015年将达到30万人旅客吞吐量。该项目的建成有效地缓解了榆林老机场运力不足的问题，成为陕西省内仅次于西安咸阳机场的第二大航空港。项目达到国内领先技术水平。该项目2009年获陕西省优秀勘察设计二等奖。

（吴阳贵）

【西北工业大学长安校区17-1学院楼工程】 该项目由中国建筑西北设计研究院有限公司李子萍等10人承担完成。项目总体布局提出步行学院街的概念，强调建筑群之间的关系，建筑的整体感很强。充分注意了校园环境与建筑群体环境的借景对景，注重内外空间的交流，人与自然的交流，大环境与小环境的生态保护与创建，把教学环境品质提高到一个新的高度。建筑手法完善了建筑的空间构成，并设计室内部分的空间细节。形成有别于以往办公建筑的全新空间形式，为老师、学生以及校与校之间的交流创造了舒适的空间。项目达到国内领先技术水平。该项目2009年获陕西省优秀勘察设计二等奖。

（吴阳贵）

【欧亚经济论坛工程】 该项目由中国建筑西北设计研究院有限公司赵元超等10人承担完成。该工程属酒店式公共建筑，平面形状较为复杂，东西向酒店主楼呈S形布置，整体长度300m左右，南北向中部酒店公共空间部分及会议中心呈矩形，长度180m左右。平面布置中既有一般酒店客房的常规布置，又有会议中心的大空间、大跨度布置，因此从平面到空间关系相对复杂、零乱。为满足建筑对柱截面及净高的要求，主要部分合理优化布置砼剪力墙数道，优化框梁截面设计；为满足结构主题要求，对于超常部分除加强建筑保温及用材外，还采用相关妥善加强措施。会议中心大跨屋顶采用后张法有粘接预应力井字梁结构，满足了使用要求。该项目利用场地原有的自然环境，满足了国际会议和五星级酒店等多种复杂功能的要求，取得清晰互不干扰的流线设置使酒店、国际会议中心都达到了高级别的配置条件和景观环境。项目达到国内领先技术水平。该项目2009年获陕西省优秀勘察设计二等奖。

（吴阳贵）

【兰乔圣菲8、9号楼及地下车库项目】 该项目由电子综合勘查研究院王卫峰等承担完成。项目正确查明拟建工程地质情况并结合拟建建筑物的荷载特征，进行岩土工程技术分析，对地基基础设计、施工给出创新、科学、合理、经济的建议。兰乔圣菲8、9号楼层数分别为25层（75.4m）、28层（84.4m），基底压力标准值520kPa，基底压力较大。经从地基强度与变形两方面技术分析验算后，在地基基础方案中建议给出CFG复合地基施工方案并被设计方和建设方采用。经实际验证，该方案满足了设计规范要求，在保证岩土工程设计安全度、可靠度的基础上，相对传统的钢筋混凝土灌注桩基础，节省地基基础总投资约30%。为当年同类工程采用CFG桩法最高楼层案例，为西高新开发区及类似场地岩土条件、类似建筑的地基基础设计提供了经验，具有创新指导性意义。该楼地下车库地基持力层为晚更新世冲积松散—稍密的中砂，经技术论证，提出了对地基土进行直接碾密压实的施工方案，利用天然地基代替垫层施工，既满足了设计要求，又节省了资金。该项目获陕西省优秀工程勘察二等奖。

（贾　亥）

【银都国际工程】 该项目由中联西北工程设计研究院倪欣等10人承担完成。项目在整体规划上，将18层办公楼靠北面布置，保证了办公楼在城市中显著的地理位置，将30层住宅尽量靠南布置，住宅每户南北通透，保证了南向房间，美景尽收眼底。该布局保证了中间商业面积的最大化，同时商业屋顶的绿化平台体现了人文、休闲、共享、交流的设计理念。该项目的高层住宅楼部分为30层高层，根据当地经验应采用桩基础，但通过对结构及场地地质情况的综合分析，提出高层采用CFG复合地基，这在咸阳地区是第一次应用。该项目获2009年陕西省优秀工程设计一等奖。

（金　涛）

【第五国际工程】 该项目由中联西北工程设计研究院梁晓光等10人承担完成。项目整个建筑由三部分组成，南侧为一幢25层办公写字楼，高96.6米；北侧为两幢29层住宅。设计较好处理了各功能分区的相互关系，使办公、商业、居住各部分相互独立又联系便捷。写字楼为框—筒结构，在满足计算安全度的前提下，采用经济、合理的构件尺度，有效增大了室内净高，降低了施工成本。该项目外部空间构思新颖，结构设计采用先进的技术和理念，大量节省投资并保证工程质量。桩基工艺采用正循环加后压浆等先进施工工艺，在同样承载力的情况下大幅减少了桩长，为地下基础部分节约了较多投资。该项目成为未央路的标志性景观，营造出别具特色的城市建筑环境。项目获2009年陕西省优秀工程设计二等奖。

（金　涛）

【融侨·紫薇馨苑工程】 该项目由中联西北工程设计研究院梁晓光等10人承担完成。该项目为大型居住小区，遵循以人为本的设计理念，尊重历史和文化，在单体设计和景观设计中大胆运用中式色彩和元素，追求区内各户型的均好性，营造高品位、高质量、高效能的文化型住宅小区。该项目共计采用了“地板热辐射系统、新风换气系统、隐蔽式同层排水系统、采用节能荧光灯具和中水处理系统”等5项创新技术。项目获2009年陕西省优秀工程设计二等奖。

（金　涛）

【利君·明天工程】 该项目由中联西北工程设计研究院唐振宇等10人承担完成。项目重点要解决怎样在不规则的带形基地上高容积率、建筑日照、通风和空间环境间相互融合的矛盾问题。项目提出了以两条轴线为中心，以灵动的椭圆形住宅为构成元素，两种思路共同展开。一条东西向的为开放空间轴，一条南北向的为景观轴，两者相互依托、缺一不可。小区在阳光车库、外圆内方的户型、直线与弧面交互搭配的立面设计、自然流通的室外空间序列等的设计中坚持创新，体现出新颖与活力。该项目开创了西安外圆内方椭圆形住宅建筑设计的先河，提高了西安的城市活力。该项目获2009年陕西省优秀工程设计二等奖。

（金　涛）

【建筑节能与墙体材料改革】 全省在城市禁止使用实心粘土砖方面取得了显著成效。新型墙体材料产量达到56亿块标准砖，占墙体材料总量的54%，同比增长3%。新型墙体材料年产值达27亿元，实现利税4.1亿元，为社会提供劳动岗位1.3万个，节约土地2万亩，节约能源49.3万吨标煤，利用工业废渣184万吨，减少废气排放4.2万吨，取得了较好的经济和社会效益。全省新型墙体材料推广应用面积2730万平方米，推广应用比例达到91%。投资7400万元，完成了13个新型墙体材料生产示范线项目建设。建筑节能工作成效明显，全省新建节能建筑竣工面积2151万平方米，设区市新建建筑90%达到节能标准。确定省级太阳能光热光电建筑一体化示范工程7个，实施农村推广新型墙体材料节能建筑试点示范项目12个。完成既有建筑节能改造项目56个，建筑面积50万平方米，节约能源2974万吨标煤。

（倪　平）

【可再生能源建筑应用】 组织实施国家可再生能源建筑应用示范工作。西安都市之门、西京医院消化医疗楼、咸阳博尚新都、商洛市江南住宅小区、杨凌示范区永丰嘉苑等10个项目被列为国家可再生能源应用示范项目（建筑面积222.02万平方米），获得国家财政资金支持。示范项目的实施，带动了地（水）源热泵技术在全省建设工程中的应用，使浅层地热能、城市污水等低品位再生能源应用在建设工程中的应用快速普及，并已形成规模化效应。陕西宾馆、法门寺展览馆、商洛全兴园等项目相继建成并投入运行，每年可节约能源6.5万吨标准煤，减排二氧化碳16.1万吨、二氧化硫1300吨。

（倪　平）

纺织 轻工 食品

【节能环保型纺织空调关键技术——管式间接蒸发冷却器的研究】 由西安工程大学黄翔等9人承担完成。项目针对中国当前节能减排的严峻形势，结合西北等地区的气候特征，利用干燥空气可再生能源制冷的节能生态型空调。夏季可用于干燥地区空调降温，实现“零费用冷却”，冬季可用于各种建筑物排风的热回收，是一种有效节能的方式。项目研究从管式间接蒸发冷却器换热管的材料和结构出发，分别从管内、管外侧强化传热入手，管外包覆高吸水性材料，管内插入螺旋线。采用二次网格布水及间歇性供水方式，以提高热管式间接蒸发冷却器的传热传质效率。在技术上突破现有板翅式间接蒸发冷却器一、二次空气流道狭窄易堵塞，导致能耗高、换热效率低的限制，实现了高效低能耗间接蒸发冷却器的问世；突破现有管式间接蒸发冷却器采用聚氯（苯）乙烯等高分子材料圆截面管形式，强化管外换热，使流体外掠椭圆管时，阻力降低，使换热器结构更为紧凑；突破现有管式间接蒸发冷却器管内无强化传热的措施，采用内插螺旋线的方法，既强化了管内传热，又成为铝箔椭圆管的骨架支撑，避免较薄铝箔椭圆管产生内陷现象，影响换热效率；突破传统的布水采用滴淋或雾化喷嘴的形式而导致能耗高且布水不均匀等缺点，实现了低能耗、高均匀度布水效果，既提高了散热效率，又节省了能量及喷水量。该成果总体技术水平达到国际先进水平。已获得国家发明专利“强化管式间接蒸发冷却器换热管外传热传质的方法”（专利号：ZL200710018981.2）。实用新型专利“一种椭圆管式间接蒸发冷却器”（专利号：ZL200720031002.2）等7件。已在西北地区工业与民用建筑中得到应用，发表学术论文近20篇。该项目获2009年度陕西省科学技术奖励二等奖。

【AZJ901250（FR300型）无轴传动机组式凹版印刷机】 由陕西北人印刷机械有限责任公司李彦锋等7人承担完成。AZJ901250(FR300型)无轴传动机组式凹版印刷机是公司借鉴国外先进技术，自行研制开发的国内首创的新型高档凹版印刷机，属于机电一体化高新技术产品，是该公司AZJ系列(FR300型)无轴传动机组式凹版印刷机代表产品。产品采用的印刷速度为300m/min，是国内同类产品最高速度；采用的全伺服无轴传动系统，将张力控制，远程站点控制融为一体，使产品的控制更稳定，便捷；进料牵引采用了独特的双张力控制系统；收料和放料均采用了独立双工位圆盘大齿轮回转式结构，可实现高速自动裁切，不停机换料，收放料裁刀一刀两用即可实现下裁，又可实现上裁，工位转化方便；采用了自旋式水冷辊结构，新型高效全封闭烘箱等先进结构；印刷部采用无轴锥顶上版，印刷小推车等先进结构，换版速度快，上墨方便；干燥部采取了高浓度残留气体直排及二次能源再利用的设计技术，使印品的残留溶剂量低于国家标准，又使热能可循环使用，节约能源。该产品技术水平处于国内领先，主要性能指标达到了国际同类产品先进水平，填补了国内高速、高精度凹版印刷机的空白。该项目获2009年度陕西省科学技术奖励二等奖。

【BQCS-I型板纸生产线质量控制系统】 该项目由陕西西微测控工程有限公司等2单位的汤伟等9人承担完成。该项目针对国内各类多叠网板纸机生产线的定量水分质量控制存在的问题，开展了对智能扫描架的研制、进口微波水分探头的国内成套组装和变送技术、国产定量传感器信号测量的补偿技术、较大湿度环境下头箱结露防止技术、多叠网板纸机层间定量分配及协调控制算法、高效节能蒸汽冷凝水系统控制技术以及基于SIMATIC S7-300 PLC的BQCS-I控制系统的开发。实际运行效果表明：对200gsm-300gsm的主流板纸产品，本控制系统全部能够连续投入大闭环运行，使抄纸质量得到可靠的保证；对于300gsm以下的纸种，定量控制精度优于±2%（部颁标准为+5%～-3%），水分控制精度优于±0.8%（部颁标准为±1.5%）；对于300gsm以上的纸种，只要定量阀使用BTG或Metso公司的产品，可达到同样的效果。产品综合性能指标已接近或达到了进口QCS水平。该成果特别适用于以不脱墨废纸为主要原料的各类涂布白板纸、箱板纸、瓦楞纸及盒用板纸等板纸生产线的质量控制。该项目获2009年度陕西省科学技术奖励二等奖。

【远程制版系统技术研究】 该项目由中国煤炭地质总局航测遥感局承担完成。项目研发了反馈式，即一点对一点的远程制版模式，研究了远程制版系统的技术标准，建立客户平台和远程制版的方法，结合远程客户对异地制版的要求，以几个不同地区、不同距离客户制版的实际情况为蓝本，建立了一套实用的远程制版体系结构、技术规范和操作平台，为计算机远程制版的标准化提供基础数据和技术支持。该系统信息传递速度快、精度高、操作简单、使用方便、投资成本小、数据传输费用低、适用于短版快印。该项目2009年获中国煤炭地质总局科学技术一等奖。

（谢志清）

【石膏模快速成型卫生陶瓷技术的研究开发】 该

项目由咸阳陶瓷研究设计院马养志等15人承担完成。该项目利用新的制模技术，采用特定的成型工艺和快速成形泥浆等多项综合措施，取掉滤网，使模具内形成排水通道，通过压缩空气使模具内水分排出，从而干燥模具。使石膏模在微压组合浇注成形生产线上，实现每日两班，每班成形2次，模具寿命130次以上。该项技术使石膏模成形卫生陶瓷的速率提高了3倍，模具寿命提高了44%。节约了石膏矿产、土地、水、人力等资源和原材料。又可改善劳动环境，降低生产成本，提高企业的市场竞争力。该项目获2009年度中国建筑材料集团公司科技进步二等奖。

（王晓兰）

【年产200万平方米干挂空心陶瓷板生产线设计】 该项目由咸阳陶瓷研究设计院等单位刘西民等15人承担完成。节能环保空心陶瓷板有环保、节能、隔音以及富有艺术美感等特点，可用于各种建筑物的幕墙上，且采用干挂施工方式，是国际公认的生态环保特色鲜明的新型建筑装饰材料。工艺设计方面，产品是空心的，主要是低质原料，其规格又是国内目前较大的，只能用挤出法成型。在成型技术参数方面，产品宽度为400～600㎜，厚度为18㎜和30㎜，长度可任意切割，泥料水分、真空度、挤出力、挤出速度、形状等对挤出成型产品断面的应力分布、干燥收缩、变形等影响较大，研究确定这些参数直接影响着产品的质量，对成型合格率有重要的作用。在干燥与烧成方面，挤出成形产品含水率达17%～20%，其干燥和烧成收缩大，变形和开裂几率高。该条生产线采用湿法挤出成型，采用世界先进的微波干燥技术、多层辊道干燥技术和230米长宽断面辊道窑烧结，并采用微电脑自动控制温度。生产出的空心陶瓷板外形硬朗而温润，色彩鲜活而淳厚，有着陶土天然生态的本色，且生产过程对环境无污染。采用低质陶土原料，生产环保节能的建筑材料，填补了国内空白，总体技术水平达国内领先。该项目获2009年度中国工程建设协会第十四次优秀工程设计一等奖。

（王晓兰）

【高速度全自动纸箱包装机组】 该项目由轻工业西安机械设计研究所张有良等承担完成。项目产品采用多轴伺服控制器技术，经过多种现场控制总线，主轴和付轴之间进行按照特定的数学模型曲线同步跟踪控制，将机械传动智能化，克服了传统机械传动的缺点，增加了传动的柔性，提高了传动的速度。利用包装周期的数字化概念，进行位置控制，提高了控制的准确性。立体式连续不间断供板系统，可以持续高速度供板。可实现4万瓶/小时以上啤酒、饮料包装生产线自动装箱设备的生产和应用，为国内轻工装备制造业提供了数字化高速控制特性的包装机械产品。现正进行人员招聘、设备购置、安装调试，进行中试、小批量生产，完善生产工艺，启动产品市场推广和销售。该项目2009年获中国轻工业联合会科学技术进步奖二等奖和西安市科技进步三等奖。

（李静宇）

【XyIII型普通化烤房密集改造技术推广应用】 该项目由咸阳市烟草公司等单位李振海等人承担完成。该项目技术的推广和应用，实现了烤房的密集化和自动化，缩短了烘烤周期。该项目获2008～2009年度陕西省农业技术推广成果奖二等奖。

（程利娟）

【一种用于PS版生产过程中的涂布供胶、排气装置】 该实用新型专利（专利号：ZL 2009 2 003 2859.5）由中国煤炭地质总局航测遥感局承担完成。该专利能有效地解决PS版生产厂家的涂布“白点”质量问题，提高产品涂布质量的涂布供胶、排气特制的装置。其自动化操作，能利用齿轮泵的开关控制供液量，数据科学准确；经过3次过滤、排气处理，可充分地将涂布液中的杂质和气体处理干净，提高了涂布产品质量；增加的缓冲器主要是过滤、排气作用，设计加装的排气阀门和压力表等可完成涂布液过滤、排气要求。设置了两个单向阀可使缓冲器和过滤器相互切换使用，不需要增加额外的装置和停机就能完成维修功能。设计简单易实现可推广，节约了成本，提高了生产效率。

（谢志清）

【国家标准 行业标准制订】 由咸阳陶瓷研究设计院主持制订了全国建筑卫生陶瓷标准化技术委员会共颁布的8项标准。其中，《广场用陶瓷砖》标准号GB/T23448-2009；《陶瓷工业梭式、隧道窑热平衡、热效率测定与计算方法》标准号GB/T23459-

2009；《卫生洁具（淋浴用花洒）》标准号GB/T23447-2009；《卫生洁具（软管）》标准号GB/T23448-2009；《陶瓷板》标准号GB/T23266-2009等5项国家标准。《卫生洁具（淋浴用花洒）》和《卫生洁具（软管）》国家标准的制订，使国内卫浴行业的标准体系更加完善，推动了卫浴行业技术进步。《陶瓷板》国家标准的制订，节约了资源、能源，节能降耗，减少排放，还规范了建筑陶瓷产品市场，增强了国内建筑陶瓷在国际市场的竞争力，填补了国内外空白，该标准达到国内先进水平。《轻质陶瓷砖》标准号JC/T1095-2009；《陶瓷用环保增白乳浊剂》标准号JC/T1096-2009；《陶瓷用外加剂》标准号JC/T1097-2009等3项行业标准。“轻质陶瓷砖”行业标准是利用陶瓷抛光废渣中的微细有机磨料作为发泡剂的高温液相致孔技术，生产出一种改性的特种功能型陶瓷。国际上对轻质陶瓷板材仍处于研究阶段，大规模生产轻质陶瓷砖制品在国际上尚无先例。目前国内轻质陶瓷砖产品已走向市场，生产工艺领先，节能节材，还可以综合利用资源。该项标准填补了国内外空白，推广了轻质陶瓷砖技术并推动了陶瓷工业废渣的综合利用。

（王晓兰）

【国家钟表行业标准制订】 轻工业钟表研究所对国家钟表行业原使用的标准进行了全面整理，提出制、修订计划，大部分标准制、修订工作已得到落实。2009年该所主持或参与了《计时仪器》（手表机芯的形状、尺寸和名称）标准代号20090976-T-607；《手表和怀表》（时针、分针、秒针配合直径）标准代号：20090977-T-607；《钟表》（防磁手表）标准代号20090978-T-607；《钟针配合尺寸系列》标准代号Q2008-021T；《外观件具有宝石、贵金属的手表》标准代号Q2008-023T；《钟表宝石元件》标准代号Q2008-024T等6项国家钟表行业标准的制订工作。

（周亚雷）

【3000吨山茱萸果酒项目】 该项目是由陕西天贝元生物科技有限公司承担的陕西省重大科技创新专项资金计划项目。主要利用佛坪县丰富的山茱萸资源研究开发“秦泉牌”山茱萸果酒，以山茱萸为原料，经过炮制，改变以往采用的浸泡式生产工艺，采用熟化处理然后进行控温发酵的生产工艺，提高产品口味，使产品结构合理、工艺完善，充分保持山茱萸的药用功效。项目计划投资1100万元，其中固定资产投资750万元。现已完成了机械设备购置，安装了两条灌装生产线，新建厂房390平方米，购买办公设施，制作20吨不锈钢酒罐5个，10吨酒罐2个，5吨酒罐3个，购买了水处理生产线1条，购置完善了化验设备，已具备了年生产500吨生产能力。实现产值150万元、销售收入120万元、各项税金21.93万元，利润14.95万元。

（产业处）

【魔芋标准化基地建设及系列产品产业化开发项目】 该项目是由陕西安康秦东魔芋食品有限公司承担的陕西省重大科技创新专项资金计划项目。其包括15000亩魔芋标准化基地建设，年产1000吨魔芋葡甘聚糖生产线，年产6000吨魔芋系列健康食品。项目计划总投资3826.52万元，实际完成3830.93万元，其中，企业自筹1230.93万元，银行贷款2400万元，专项资金200万元。项目单位严格按照DB61/T382-2006陕西省地方标准管理基地，采用“统一种植、统一技术服务、统一收购”的管理模式，与基地乡镇芋农签订收购合同，实行保护价收购，价格稳定在1.7元/公斤，标准化基地实现平均亩产商品魔芋3000公斤以上。生产线采用“三元溶解，沉降分离，低温研磨，微波干燥”技术，解决了高纯度葡甘聚糖提纯难的问题，成功制备了95%以上纯度的葡甘聚糖，生产工艺流程和技术参数成熟稳定，建成年产1000吨魔芋葡甘聚糖生产线1条。年产6000吨魔芋系列健康食品生产线已建成投产，魔芋系列食品主要有魔芋粉丝、魔芋丝结、魔芋虾仁等30个花色品种。企业资产达9757.22万元，累计实现销售收入10638.72万元、净利润892.35万元、上缴税收1524.33万元、创汇221万美元。

（产业处）

农业科学技术

概 述

2009年，农业科技在农作物品种选育和高产栽培技术推广方面，高产抗病玉米新品种的选育与推广取得了显著经济效益；春玉米高产栽培、陕南优质稻油增产、小杂粮高产、番茄品种选育、魔芋高产栽培、马铃薯标准化生产、蘑菇栽培等技术的推广应用取得了显著成效。果业科研方面，陕西省农村科技开发中心等单位完成的“华优猕猴桃新品种选育及栽培技术研究”成果选育的猕猴桃中熟新品种“华优”，很受果农青睐，已在西安、宝鸡等主产区大面积栽培；优质苹果生产、核桃高接换优、仁用杏抗旱防寒栽培、无公害西瓜栽培等技术示范推广得到广泛应用。林业科技围绕林业重点工程建设与林业产业化，在野生兰科植物种类与分布的研究填补了陕西野生兰科植物分布研究的空白；在育苗选材、封山（沙）育林、红豆杉良种繁育种植、防护林体系优化模式等技术推广成效显著。畜牧科技在蛋鸡杂交组合及保健功能蛋的研究，研制的n-3PUFA富集与低胆固醇双效保健功能蛋取得较大经济效益；在布尔肉牛良种改良、奶山羊养殖、猪人工授精、重大动物疫病监测等技术的推广应用产生了较大经济效益。养殖业在史氏鲟养殖技术引进及优质家蚕品种引进得到推广。水利水保科技围绕水资源短缺、水旱灾害、生态环境恶化、水土保持等技术，在卤泊滩盐碱地综合治理的研究达到国际先进水平；土壤侵蚀物理过程模型研究，为土壤侵蚀的模拟与预报模型发展提供了科学依据，中国主要水蚀区土壤侵蚀过程研究、黄土高原水土流失综合治理工程关键技术研究取得重大进展。

种植业

【高产抗病玉米新品种榆玉4号选育与推广】 由陕西大地种业有限公司郝光方等9人承担完成。该项目以高产、抗病为玉米新品种的主要育种目标，经过对亲本多年的自交选择，最终确定了以自选系9983为母本，自选系5021为父本杂交选育出紧凑型中熟玉米杂交新组合。该玉米杂交新组合具有高产、抗病、抗倒、优质、中熟、中大穗型、结实性好、适应性广，综合性状优良等特点，适宜于中国黄淮海夏玉米区夏播和长城沿线春玉米生态区春播。该项目研究获取了大量科学、准确、详细的技术实验数据，总结出玉米新品种榆玉4号在适宜种植地区高产稳产的栽培技术规程，在陕西和河南已产生较大的社会、经济和生态效益。项目实施期间，在榆林市北部地区累计推广种植27.88万亩，累计增产玉米1852.69万kg，为农民增收2528.47万元；在陕西省关中地区累计推广种植面积84.3万亩，累计增产5790.59万kg，农民增收7916.96万元；在河南省累计推广面积102.01万亩，累计增产6954.53万kg，农民增收9504.48万元。项目示范推广工作取得了显著的社会效益和经济效益，以新品种榆玉4号杂交制种、种子加工、示范推广的产业化发展模式正在形成。该项目获2009年度陕西省科学技术奖励二等奖。

【榆林北部风沙滩区春玉米高产栽培技术推广】 该项目由榆林市农业工作站等单位马向峰等人承担完成。项目通过改大穗品种为耐密植品种，改等行种植为宽窄行种植，实施氮肥分次施用，使种植密度增加500～1000株/亩；集成了高产耐密品种、合理密植、科学施肥、地膜覆盖、宽窄行种植、机械化耕作、病虫害防治等项技术，形成了玉米高产栽培技术规程，并大面积推广应用。该项目获2008～2009年度陕西省农业技术推广成果奖二等奖。

（程利娟）

【关中优质小麦标准化生产示范工程】 该项目由陕西省农技推广总站等单位任富平等人承担完成。项目研究并集成了适量条播、适期晚播、配方施肥、氮肥后移、科学灌水、病虫害综合防治等关键技术，形成了《陕西省关中水地冬小麦生产技术规程》和《陕西省旱地冬小麦生产技术规程》。该项目获2008～2009年度陕西省农业技术推广成果奖二等奖。

（程利娟）

【陕南优质稻油增产节本增效技术示范推广】 该项目由陕西省农业技术推广总站等单位李思训等人承担完成。项目研究集成了陕南稻油优质高产综合配套技术。水稻以“丰优香粘”“丰优28”等为主导品种，实现了水稻品种的更新换代；针对品种特性，集成了培育多蘖壮秧、密植、控氮增磷、稻曲病防治优质高产关键技术，形成了优质高产技术规范。油菜选用“秦油7号”等双低高产品种，改进了油菜免耕覆盖技术，提高了盖草效率和质量。该项目获2008～2009年度陕西省农业技术推广成果奖一等奖。

（程利娟）

【陕西小杂粮优质高产技术示范推广】 该项目由西北农林科技大学等单位柴岩等人承担完成。项目引进试验品种219个，设置试点63个，筛选出适于陕北栽培的优质小杂粮品种58个；建立了小杂粮品种科技示范园，搭建了小杂粮新品种、新技术展示平台；组装配套实施了以小杂粮保护性耕作技术、双垄沟覆膜栽培为代表的小杂粮规范化栽培技术规程。该项目获2008～2009年度陕西省农业技术推广成果奖二等奖。

（程利娟）

【设施蔬菜科研示范基地建设与技术推广】 该项目由陕西省动物研究所张淑莲等人承担完成。项目为满足设施蔬菜产业发展需要，使新技术、新成果与生产者有效对接，加速科技成果转移转化而开展。实现了技术研究、试验示范、推广应用一体化，取得了显著的社会经济效益。开展了多学科、多层次的技术研究、集成、示范和推广，实现了技术研究、试验示范、推广应用一体化。总结提出“科研基地+农资企业+合作社”农技农资双连锁的技术推广有效模式，形成了“技术支撑，农资服务，合作社协调，菜农执行”的设施蔬菜生产运行机制，提高了技术入户率和应用效果，加速科研成果的转移与转化。该项目获得2008～2009年度陕西省农业技术推广成果二等奖。

（王艳）

【保护地专用番茄品种“金棚一号”的选育与推广】 由西安皇冠蔬菜研究所等3单位李晓东等7人承担完成。金棚一号番茄品种是国内日光温室、大棚保护地番茄的主栽品种。金棚一号叶稀、茎细、果大、肉厚、耐运、早熟、抗病，是一个全新的无限生长粉红果番茄品种。该品种实现了耐运性、商品性、早熟性和抗病性的全面突破。①耐运性。据陕西省产品质量监督检验所测定，金棚一号果实硬度0.81kg/cm^2，较当时主栽品种0.4～0.5kg/cm^{2}有较大提高。据陕西省信息中心查新结果，金棚一号是育成当时到目前大面积应用的粉红番茄品种中硬度最好的品种。②商品性。果实高圆，无绿肩，光泽度好，果面光滑，果脐小，大小均匀，风味好。③早熟性。较育成当时主栽品种L402、毛粉802早上市10～15天，前期产量高30%以上。④抗病性。高抗番茄花叶病毒（ToMV），中抗黄瓜花叶病毒（CMV），高抗叶霉病和枯萎病，灰霉病、晚疫病发病率低，极少出现筋腐病。抗病性达到了当时国内番茄抗病的最好水平。由于金棚一号突出的优点和良好的综合性状，使它迅速成为国内保护地番茄的主栽品种，成为上世纪80年代以来国内第三代高秧粉红番茄的代表品种。西安地区番茄制种基地和陕西省种子经营企业带来1.5亿元的直接收入，促进了中国保护地番茄生产的进步，为各地菜农增加收入40多亿元。该项目获2009年度陕西省科学技术奖励二等奖。

【马铃薯标准化技术集成创新与示范推广】 该项目由榆林市农业科学研究所高贵生等人承担完成。项目引进推广国内外优良品种，优化了品种结构，形成了高产鲜食型、淀粉加工型、早熟外销型、快餐食品加工型等四大类型品种格局，加速了马铃薯品种专用化进程；以马铃薯脱毒技术为核心，集成高效低成本脱毒微型薯工厂化生产技术、试管苗移栽大田生产脱毒原种技术、脱毒原种及合格种薯标准化繁育技术，形成了脱毒种薯繁育技术规程；在试验研究的基础上，集成了早春地膜覆盖、起垄栽培、配方施肥、旱作节水、机械化耕作等项技术，形成了四大类型不同品种的标准化生产技术规程。该项目获2008～2009年度陕西省农业技术推广成果奖一等奖。

（程利娟）

【魔芋健身高产栽培技术研究】 由秦巴魔芋研究开发中心等3单位崔鸣等9人承担完成。该项目主要研究内容：①魔芋种植技术研究。一是研究出安康市魔芋适宜种植区域为海拔700～1100米。二是研究出魔芋间作玉米的合理带型和带比。三是筛选出适宜陕南的魔芋品种。四是研究出合理密度。五是确定轮作周期为3年。六是确定垄作规格和覆盖方式。七是开展药剂筛选试验。八是魔芋化除技术研究。九是研究出室内贮藏及大田越冬贮藏方式。②产品开发研究。一是开发出魔芋防病营养药袋（纸），可有效提高出苗率，防病效果显著，已在陕鄂川渝贵云等省市扩大示范应用。防病营养药袋获国家发明专利（CN101371628）和实用新型专利（200820029414.7），防病营养包装纸获国家实用新型专利（200820222648.3）。二是在国内率先开发出魔芋专用复混肥已申请国家发明专利。③基础研究。一是利用魔芋球茎组织培养，已繁殖多代。二是魔芋品种资源圃建设，从国内外引进魔芋种质资源19份。三是创出了杂交种子当年生长成单个球茎的国内最高纪录。④技术标准研究。制定了魔芋标准综合体，含六个技术规程，明确了魔芋种植与初加工的各个技术环节，陕西省质监局已发布为陕西省地方标准。国家质检总局已发布安康市岚皋县魔芋地理标志产品保护公告。2004年以来，安康市共示范推广该项技术42.73万亩，新增纯收益17921.42万元。在国内率先研究出魔芋健身高产栽培技术，研究结果在国内有关魔芋会议和科技期刊发表交流后，该技术在秦巴山区乃至全国魔芋产区得到广泛应用。2006年以来，在秦巴山区魔芋产区共示范应用该技术54.78万亩，新增纯收入21256.53万元。该项目获2009年度陕西省科学技术奖励二等奖。

【无公害标准化双孢蘑菇栽培技术推广应用】 该项目由西安市农业技术推广中心石文权等人承担完成。项目针对双孢蘑菇栽培过程中的突出问题，研究总结出双孢蘑菇培养料中添加棉籽壳的高产配方；棚栽双孢蘑菇高温季节出菇管理技术；石灰在双孢蘑菇出菇管理过程中应用的适宜浓度；发酵制剂在双孢蘑菇培养料发酵过程中应用方法；研制成功了大麦粒制备双孢蘑菇菌种技术。该项目获2008～2009年度陕西省农业技术推广成果奖二等奖。

（程利娟）

【薄荷等香料作物优质高产栽培技术研究及产业化开发】 该项目由西安市农业技术推广中心等单位窦宏涛等人承担完成。项目推广了椒样薄荷和苏格兰型留兰香优质高产栽培技术，良种良法配套；对椒样薄荷和苏格兰型留兰香加工的蒸馏方式、速度和时间等参数进行了试验研究，优化了精油提炼工艺，制定了精油提炼技术规范。该项目获2008～2009年度陕西省农业技术推广成果奖二等奖。

（程利娟）

【陕西农作物主要害螨发生及防治技术研究与推广】 该项目由陕西省植物保护工作总站等单位雷虹等人承担完成。项目针对陕西玉米害螨、苹果害螨、棉花害螨种群的抗药性，进行了系统研究。明确了种群的抗性水平和发生危害特点，以及在玉米和植株上的分布规律。该项目获2008～2009年度陕西省农业技术推广成果奖二等奖。

（程利娟）

【商洛市“五大商药”主要病虫草害绿色防控技术研究与推广】 该项目由商洛市植保植检站等单位王刚云等人承担完成。项目首次查明了“五大商药”病虫草种类及主要病虫草发生规律及影响其发生关键因素，并汇编了“五大商药”病虫草害名录；总结出了一套加强植物检疫、准确监测病虫发生动态、实行轮作倒茬、高垄条播、物理诱杀、科学合理运用生物农药和高效低残留化学农药防治的绿色综合防控技术。该项目获2008～2009年度陕西省农业技术推广成果奖二等奖。

（程利娟）

【李属坏死环斑病毒病和二斑叶螨发生规律与防控技术研究推广】 该项目由陕西省植物保护工作

总站等单位杨桦等人承担完成。项目通过大面积普查，明确了李属坏死环斑病毒病、二斑叶螨的发生分布情况，系统研究了病虫的发生消长规律。研究明确了李属坏死环斑病毒的基本特性，发现菟丝子可以传带病毒。通过PCR检测技术，证明了对李属坏死环斑病毒检测的特异性，明确了0.5mm以下茎尖分生组织带毒量最小，为快速检测和培育无毒苗提供了科学依据。该项目获2008～2009年度陕西省农业技术推广成果奖二等奖。

（程利娟）

【"赛众28"硅镁钾肥应用与推广】 该项目由渭南市果业管理局等单位郭雷保等人承担完成。项目提出"全营养施肥技术"，强调有机肥施用，合理施用氮磷钾肥料，总结提出"全、适、匀、早、深"施肥要点；采用"企业＋专家＋媒体＋基地"推广模式，通过"典型示范带动，宣传培训促动，多方协作推动，技物结合驱动"的推广机制，在中微量元素肥料系列产品研发、生产工艺和推广模式方面实现多项创新。该项目获2008～2009年度陕西省农业技术推广成果奖二等奖。

（程利娟）

【生物有机肥的研制和推广应用】 该项目由西北农林科技大学等单位高华等人承担完成。项目利用农业废弃物腐解产物制成的生物有机肥中的养分具有长效性和均衡性，在作物生长期可均衡供给养分。在粮食、蔬菜、果树上施用后，不但能提高产量，而且可改善品质。该项目获2008～2009年度陕西省农业技术推广成果奖二等奖。

（程利娟）

【女娲银峰名茶产业示范与推广】 该项目是由平利县女娲银峰茶业有限公司承担的陕西省重大科技创新专项资金计划项目，对女娲银峰名茶品质、技术工艺、操作规程进行了定位研究。实现的质量指标氨基酸3.8%、茶多酚25.3%、咖啡碱3.9%、水浸出物42.6%、锌60.5mg/kg、硒0.05mg/kg、有害物质均低于NY5017—2001"无公害食品—茶叶"标准要求。并将研究技术大面积推广使用，达到了茶叶生产中发茶整齐，特嫩性高，内含物丰富，生产的产品色、香、味、形俱佳的标准，为优质名茶提供了物质保证。制定完善了女娲银峰名茶规范化生产操作规程，企业通过了QS认证和ISO9001、有机食品认证。项目总投资685.8万元，年生产能力达到250吨，累计完成销售收入2155万元、税金总额196万元、实现净利润265万元。通过推进茶叶种植规范化、生产加工产业化、产品质量品牌化，使平利县茶叶产业成为县域发展特色经济和支柱产业，并对全市茶叶种植和生产加工产业化起到了示范及带头作用。

（产业处）

果　业

【华优猕猴桃新品种选育及栽培技术研究】 由陕西省农村科技开发中心等三单位雷玉山等11人承担完成。该项目着眼于解决目前猕猴桃生产中存在的品种结构不合理，晚熟品种比例过大，中早熟品种缺乏，影响猕猴桃产业健康发展的问题，运用先进的育种手段，立足于猕猴桃中早熟品种的选育及配套栽培措施的研究，开展中早熟猕猴桃品种选育。通过种间杂交成功选育出了猕猴桃中熟新品种——华优。同时进行"华优"适配性雄株的筛选和配套栽培技术的研究，并示范扩大其栽培面积。"华优"作为中熟猕猴桃品种，在秦岭北麓9月下旬成熟，极耐贮藏。"华优"树体发育健壮，早果丰产，栽培适应性广，抗逆性强，特别是抗溃疡病、抗高温日灼、抗晚霜冻能力表现突出，且抗黄化病、根腐病，稳产高产，易于栽培管理。与"秦美"相比，"华优"以其在生产上明显的优势赢得了广大果农和消费者的青睐，项目组通过新栽及高接换头建园，至2009年春季，在西安、宝鸡等猕猴桃主产区已示范推广60000亩，并获2009年度陕西省科学技术奖励一等奖。

（刘　进）

【海沃德猕猴桃优质丰产综合栽培技术引进与推广】 该项目由西北农林科技大学等单位刘旭峰等人承担完成。该项目主要开展了海沃德猕猴桃优质丰产栽培技术的引进与示范推广，并提出了提高果园土壤地力、改进修剪技术、早期摘心防风三项关键技术。该项目获2008～2009年度陕西省农业技术推广成果奖二等奖。

（程利娟）

【优质苹果生产关键技术集成与示范推广】 该项目由西北农林科技大学等单位李丙智等人承担完成。项目首次查明陕西果园需肥顺序为K>N>P>Ca>Mg>Fe，并提出了陕西苹果园推荐施肥指标；提出了老园间伐、提干、落头的改形修剪技术指标和新建果园高纺锤形下垂枝修剪整形技术要点；在国内首次建立了一套适应西北黄土高原苹果安全生产中的害虫绿色管理系统。该项目获2008～2009年度陕西省农业技术推广成果奖一等奖。

（程利娟）

【苹果及其果汁安全生产的质量控制技术研究】 该项目是由西北农林科技大学岳田利教授主持的“十一五”国家科技支撑计划“食品安全关键技术”重大项目的子课题。该课题研究确立并构建了黄土高原地区苹果绿色安全生产关键因子及其评价技术方法，建立了从投入品源头控制向果汁加工安全控制关键点过渡的安全生产模式；研制出了3个洗果剂和2个复合涂膜配方，分离鉴定出陕西苹果汁中展青霉素的主要产生菌，建立了苹果安全贮藏技术规范；编制完成了苹果安全贮藏技术标准，开发出了苹果汁中农药以及金属离子的去除技术和设备；实现了苹果及苹果汁安全性的在线监测、评价、预警与控制，帮助建立了苹果果汁安全生产示范企业2个，孵化出了苹果加工与安全生产省部级工程技术研究中心2个。实施三年来，在洛川、白水县共计建立示范基地53.226万亩，累计推广94万亩产业化辐射基地，带动了近两万农民的增收，取得了显著的社会和生态效益。项目实施期间共发表学术论文近50篇，其中SCI、EI收录13篇；获教育部鉴定成果3项，陕西省科学技术一等奖1项。2009年4月，该课题通过了国家教育部组织的成果鉴定。

（农业处）

【核桃高接换优新技术及标准化管理示范与推广】 该项目由西北农林科技大学翟梅枝等人承担完成。项目以核桃高接换优新技术为核心，组装配套了核桃标准化生产技术，形成了核桃高接改优和标准化管理技术规程；对传统的核桃高接换优技术进行了优化；确定了陕西不同区域的主栽品种。该项目获2008～2009年度陕西省农业技术推广成果奖一等奖。

（程利娟）

【优质高效无公害西瓜栽培技术示范推广】 该项目由西北农林科技大学张显等人承担完成。项目利用ALEP、SRAP等分子标记技术，对“玲珑王”和“春蕾”的耐低温性状、早熟性和特早熟性状，“红冠龙”“农科大6号”抗枯萎病性状进行了分子标记。为品种改良提供了理论基础。该项目获2008～2009年度陕西省农业技术推广成果奖一等奖。

（程利娟）

【陕北地区仁用杏抗旱防寒栽培技术推广】 该项目由西北农林科技大学魏安智等人承担完成。项目针对陕北干旱、寒冷气候条件下“天保工程”实施过程中存在的仁用杏栽植成活率低、花期冻害严重等关键技术难题，研究、示范、推广了“仁用杏抗旱防寒栽植技术”。该项目获2008～2009年度陕西省农业技术推广成果奖二等奖。

（程利娟）

【绿色优质核桃标准化生产技术示范及基础建设】 该项目是由陕西渭北核桃研究开发中心承担的陕西省重大科技创新专项资金计划项目。主要内容是以优质核桃品种产业化开发为重点，制定优质核桃栽培技术标准和产品分级包装技术规范，并进行示范。建成优质核桃生产技术示范园2万亩（1亩＝0.0667公顷），辐射面积25万亩。项目计划投资2073万元，其中，专项资金70万元，自筹资金2003万元。项目计划建设优质核桃生产技术示范园20000亩，完成22700亩（1亩=0.0667公顷）。项目产品“圣龙”牌薄壳核桃获得有机产品认证。建设生产线1条，制订《优质核桃规范化栽培丰产化管理技术标准》和《产品采收、加工、分级、包装技术规范》各一套。实现累计产值3624万元、销售收入2888万元、净利润280万元。项目发表论文2篇，举办培训班200期，累计培训人员5000人次。

（产业处）

【苹果早期落叶病生物综合防治研究及其应用】 该项目由陕西省科学院酶工程研究所陈五岭主持，主要开展以拮抗微生物菌剂替代化学药物进行病虫害防治、以生化黄腐酸菌肥替代化学肥料，为果树提供易于吸收利用的各类营养成分，增强果树自身生长能力和对病虫害的抗病能力研究，建立绿色环保的、无公害的、可持续发展的、追求更高经济效益的绿色苹果生产体系。现已完成各类作物病害拮抗微生物菌剂、复合微生物固体底肥、复合微生物叶面肥、复合微生物冲施肥等四类产品的菌种选育、性能测定、发酵工艺、产品配方、使用方法等相关的各项研究内容，已获得生物有机肥生产批号；初步建成各类复合微生物菌肥的固体、液体中试生产线，生产的产品按农业部产品批号申请要求已完成三年各类产品用于苹果的肥效田间实验；完成苹果、大棚甜瓜、猕猴桃、红提葡萄、酥梨等各类病害的田间区域生物防治实验，实验结果表明本项目技术及产品对农作物生长具有良好的促进作用，各类作物叶绿素增加20%～30%，产量增加10%～30%。经相关部门检测各类果实糖度增加5%～10%，固形物增加5%～10%，VC增加30%，未检出任何农药残留，果品质量和口感显著提高。项目相关的基础理论研究发展研究论文6篇，其中SCI收录2篇，EI收录2篇，核心期刊2篇。获授权国家发明专利一项（专利号为：ZL2006 1 0162041.6）．由胡青平等人撰写的“从中国青海牦牛粪中分离和鉴定一种潜在的生防菌枯草芽孢杆菌QM3”论文，发表在《世界微生物学与生物技术杂志》2008，24（11）．被SCI/SCIE收录。）；由陈亮等人撰写的“基因组改组技术对枯草芽孢杆菌BS14对甜瓜枯萎病菌的抑菌活性以及对化学杀菌剂的耐受性的增强”论文发展在《食品农业环境杂志》2009，7(2)．被SCI/SCIE收录；由朱振华等4人撰写的“He-Ne激光在异种间原生质体融合中的应用”论文发表在《光子学报》2007，(1)．被EI收录；曹慧玲等4人撰写的“添加复合菌剂好氧发酵牛粪生产生物肥料的工艺优化”论文发表在《农业工程学报》，2009，(1)．被EI收录。

（李本光）

林　业

【陕西省野生兰科植物种类与分布的研究】 该项目由西北农林科技大学等单位杨平厚等人承担完成。项目先后采集、整理野生兰科标本4052份，拍摄生境照片2570张，摸清了陕西野生兰科植物种类及分布；发现新种1个，陕西新记录属3个，新记录种12个；首次绘制了陕西野生兰科植物水平分布图和垂直分布图，重新编制了陕西野生兰科植物名录和检索表；编著了省内第一部兰科专著《陕西野生兰科植物图鉴》；发表研究论文7篇。该成果填补了陕西在该领域的空白，对陕西野生兰科植物保护与利用具有重要指导意义，对教学、科研等具有重要学术价值。该项目获2009年陕西省科学技术进步二等奖。

（张　斌）

【容器育苗造林配套技术示范与推广】 该项目由西北农林科技大学等单位韩恩贤等人承担完成。项目在宝鸡、咸阳、延安三地市23个县建立了24个容器育苗和造林示范点，通过以点带面，点面结合的推广方法，共推广容器育苗6.1亿株，造林302万亩，平均成活率达85%，较裸根苗平均提高了47%，生长量提高了17.3%。增收节支总额达5.5亿元。在进行科技推广的同时，共举办县、乡、村技术培训班65次，培训技术人员5500多人，改变了农民过去用裸根苗造林的传统观念，增强了山区农民的科技意识，提高了山区农民科学造林水平。并又借退耕还林机遇，把采用容器苗造林迅速推广到了全省及甘肃、宁夏、青海等省区。该项目获2008～2009年度陕西省农业技术推广成果奖一等奖。

（张　斌）

【曼地亚红豆杉良种繁育种植技术推广】 该项目由陕西天行健生物工程股份有限公司等单位刘志明等人承担完成。项目确定了扦插繁育为曼地亚红豆杉的最佳繁育方式，并在此基础上开发出了采穗、温室育苗、大田育苗等技术，研发出5种生物调控液，6种不同基质土配方，使扦插成活率达到90%以上。该项目获2008～2009年度陕西省农业技术推广成果奖二等奖。

（程利娟）

【黄土高原渭北生态经济型防护林体系优化模式建设技术推广】 该项目由西北农林科技大学宋西德等人承担完成。项目示范推广了16种混交林模式和3种林农复合立体经营模式；制定了生态经济型防护林体系建设技术操作细则；开发应用了生态经济型防护林体系设计及管理信息系统。该项目获2008～2009年度陕西省农业技术推广成果奖二等奖。

（程利娟）

【封山(沙)育林技术推广】 该项目由陕西省防护林建设工作站等单位吕复扬等人承担完成。项目主要采用了自然下种促进天然更新、平茬复壮、人工补植、轮封轮饲、轮封轮樵、轮封轮采、间伐、搭设沙障、抗旱造林等综合技术和5种封育模式，开展了封山(沙)育林技术推广。该项目获2008～2009年度陕西省农业技术推广成果奖二等奖。

（程利娟）

【退耕还林区鼠（兔）害综合控制技术与应用】 该项目由西北农林科技大学等单位王明春等人承担完成。项目从2000年开始在陕西、新疆等5省区开展试验示范和推广，并建立了7个鼠(兔)害治理试验示范基地18.2万亩，累计辐射推广503.5万亩，获得直接经济效益3.71亿元。根据害鼠的取食行为、发生规律和林木抗逆性技术研究，提出了适合“三北”地区鼠(兔)害预防的林木深坑栽植技术，试验林地苗木当年保存率比对照提高35.8%，使项目区鼠(兔)危害率降至4.7%以下。结合主要害鼠巢区行为、侵占特性、繁殖特性以及危害发生规律，确定了林区鼢鼠和野兔的治理参数，通过对林地害鼠（兔）监测预报、林业技术措施、无公害制剂、生物调控、物理防治、治理策略等规范化、模式化研究，为制定林地鼠（兔）害可持续控制模式和规程提供了依据。此外，还培训了林区技术人员1.2万人（次）。该项目获2008～009年度陕西省农业技术推广成果奖二等奖。

（张　斌）

养殖业

【蛋鸡高效杂交组合及保健功能蛋关键技术研究】 由西北农林科技大学高玉鹏等9人承担完成。该项目以引进的12个蛋鸡品系为杂交素材，研究比较了不同杂交组合鸡的经济性状、抗应激能力及抗氧化功能等，优选出粉壳鸡蛋生产的配套杂交模式，探索出高效的一母二父配套系同时进行粉壳、褐壳鸡蛋生产的有效途径，已成为目前粉壳、褐壳鸡蛋多元生产的创新模式。该项目研究了不同日粮能量、蛋白质水平条件下粉壳蛋鸡生长发育、胫骨灰分及抗弯强度、胴体蛋白质和能量沉积效率、生产性能与蛋品质等指标，确定了粉壳蛋鸡育雏育成期、产蛋期日粮适宜的能量、蛋白质和可消化氨基酸需要量，为制定粉壳蛋鸡营养标准提供了依据。该项目利用陕西较为丰富的杜仲叶、银杏叶、绞股蓝、沙棘嫩枝叶、苜蓿等生物资源的有效配合，研制出胆固醇含量降低30.4%～35.5%的保健鸡蛋。利用胡麻籽、紫苏籽等生物资源研制出具有预防人心脑血管疾病功效的n-3PUFA富集（由57.46mg/枚增加至312.55～329.71mg/枚）和俗称人“脑黄金”物质的EPA、DHA富集（其中EPA由未检出提高到9.58～12.06mg/枚、DHA由28.73mg/枚增加至118.49～132.66mg/枚）保健鸡蛋。利用杜仲叶、银杏叶、绞股蓝等与胡麻籽、紫苏籽有效配合，研制出n-3PUFA富集与低胆固醇双效功能蛋。建立了3个示范基地，年新增纯收入3499.39万元。该项目获2009年度陕西省科学技术奖励二等奖。

【布尔肉羊良种引进与改良技术推广】 该项目由陕西省布尔羊良种繁育中心魏志杰等人承担完成。主要开展布尔羊良种的引进和布尔羊同期发情与超数排卵、精液分离、胚胎冷冻、胚胎移植、人工授精、肉羊改良、综合管理等七大技术的研究与技术推广。该项目获2008～2009年度陕西省农业技术推广成果奖二等奖。

（程利娟）

【奶山羊种群扩繁与养殖技术示范推广】 该项目由西北农林科技大学等单位罗军等人承担完成。

通过该项目的实施与推广，形成了种群扩繁综合配套技术，奶山羊鲜胚移植后受体妊娠率提高了5%；利用抑制素主动免疫方法可使奶山羊产羔率提高40%。该项目获2008～2009年度陕西省农业技术推广成果奖二等奖。

（程利娟）

【汉中市生猪人工授精网络体系建设与人工授精技术推广应用】 该项目由汉中市畜牧技术推广站闫永刚等人承担完成。项目建成了生猪人工授精网络站150个，生猪良种繁育场6个，扩繁场20个；通过生猪人工授精网络化综合技术的推广应用，使瘦肉型杂交组合模式、人工授精技术、网络建设与利用、科学养猪等多项技术得以集成、组合。该项目获2008～2009年度陕西省农业技术推广成果奖二等奖。

（程利娟）

【陕西省重大动物疫病监测预警技术研究及推广应用】 该项目由陕西省动物疫病预防控制中心张长龙等人承担完成。项目掌握了高致病性禽流感、口蹄疫、猪瘟、高致病性猪蓝耳病、新城疫、布鲁氏菌病、狂犬病等重大动物疫病的流行特点；有效防范了口蹄疫、禽流感等重大动物疫情的传入，稳定控制了鸡新城疫，有效遏制了高致病性猪蓝耳病的发生和流行。该项目获2008～2009年度陕西省农业技术推广成果奖二等奖。

（程利娟）

【优质肉牛杂交改良技术应用研究与示范】 该项目是由陕西秦宝牧业发展有限公司承担的陕西省重大科技创新专项资金计划项目。针对秦川后躯欠发达，胴体小，产肉量低，泌乳量少，生长速度慢等缺点，在开发利用秦川肉牛和杂交改良代肉牛基础上，开展秦川牛，以及秦川牛与安格斯等国外良种肉牛杂交代直线育肥技术的试验研究和示范，以生产优质高档分割牛肉“雪花牛肉”为目标，推动秦川牛扩繁和杂交改良速度，促进肉牛养殖业向规模化、标准化和产业化方向发展，确保屠宰加工企业有充足、高标准的育肥牛。已建立村级肉牛合作社和技术服务站29个，发展肉牛基地村56个，在宝鸡、周至、蓝田等市县区的57个村建立和完善了县乡村三级优质肉牛杂交改良繁育体系。建立了秦川牛、红安格斯和日本和牛的杂交组合模式，优质高档肉牛直线育肥模式，实现了规模化生产。截至2009年1月，项目区杂交改良18.5万头，生产杂交育肥牛6.51万头，企业屠宰加工能力达到3万头。实现累计销售收入46259.52万元、净利润3827.93万元、缴税862.32万元。

（产业处）

【史氏鲟养殖技术引进推广与应用】 该项目由宝鸡市冯家山水库渔场等单位张峰等人承担完成。该项目从东北黑龙江水系引进鲟鱼水花培育驯养成功。同时采用了微流水养殖技术。该项目获2008～2009年度陕西省农业技术推广成果奖二等奖。

（程利娟）

【优质家蚕品种引进推广】 该项目由安康市蚕种场张京国等人承担完成。项目主要引进了中国农科院蚕业所、浙江省蚕研所、陕西省蚕桑丝绸研究所等单位的8对家蚕新品种，在不同季节应用相对应的蚕品种。该项目获2008～2009年度陕西省农业技术推广成果奖二等奖。

（程利娟）

水利水保

【陕西卤泊滩盐碱地综合治理的和谐生态模式研究与实践】 由陕西省地产开发服务总公司等2单位韩霁昌等10人承担完成。项目针对传统治理“以排为主”措施中存在的工程量大、占地多、不利于节水、污染下游等问题，提出并应用了“改排为蓄、水地共处、和谐生态”的综合治理模式。首次将盐碱地治理以“排”为核心改为以“蓄”为核心，采取“人工-自然”二元模式把重度盐碱地改造为高产稳产农田。建立了“以蓄为主”工程设计体系，提出了基于“工程-生物-农业”的农业综合措施。

通过研究水体与相邻土壤的盐分运移，提出了土壤盐分垂直分布的循环压盐机理。研究发现了土壤非饱和层和饱和层之间存在一个10～20cm能有效抑返盐的过渡层。该治理模式有突破，有创新，为盐碱地治理提供了新的理论基础，总体达到国际先进水平。10年来，先后在陕西富平、大荔等地推广，累计改造盐碱地18900多亩，新增耕地16500亩，取得了显著的经济效益、社会效益和生态效益。本成果的推广可为盐碱地治理、节水和建设用地补充节约巨额资金，实现耕地占补平衡。该项目获2009年度陕西省科学技术奖励一等奖。

【细沟土壤侵蚀物理过程模型研究】 该项目由中国科学院水利部水土保持研究所等单位雷廷武等9人承担完成。项目针对土壤侵蚀预报的关键问题，系统提出解决土壤侵蚀预报模型参数获取方法，进而建立了细沟-沟道-流域侵蚀有限元模拟模型。建立了细沟侵蚀数值模拟方法，模拟细沟瞬态演变过程；创造性地系统地提出了确定细沟/沟道侵蚀预报模型参数体系的试验方法和计算方法；指出WEPP模型确定土壤可蚀性参数方法的缺陷，提出了新的试验与计算方法；提出了运用稀土元素示踪细沟侵蚀过程的试验方法和模型参数计算方法；用有限元方法和确定的模型参数体系，实现细沟侵蚀动态过程的准确模拟，模拟结果与实测结果高度吻合，为沟道侵蚀试验与模拟提供基础；将流域划分为坡面和沟道组成的系统，用提出的方法确定模型参数，发展了用于模拟流域产汇流与土壤侵蚀过程的程序-模型。该项目研究为土壤侵蚀的模拟与预报模型发展提供了科学依据，建立的系统确定参数的试验和计算方法体系，为土壤水蚀过程模拟与预报模型的建立探索了新的途径，从而奠定了建立具有广泛适用性的水蚀物理过程模型的基础，获2009年度陕西省科学技术一等奖。

（刘　芳）

【黄土区农业生态系统中水分与养分迁移及其环境效应】 该项目由中国科学院水利部水土保持研究所等单位王全九等6人承担完成。项目主要针对黄土地区农业生产、水土资源高效利用以及生态环境修复中有关理论、方法和生产实际等方面的问题，以土壤中物质迁移基本理论、应用方法及调控措施为研究对象，开展了大量理论分析和试验与模拟研究工作。①建立了将土壤入渗和再分布过程有机结合的简单易行的数学模型，以及该模型与常用Green-Ampt入渗模型间关系，拓宽了Green-Ampt入渗公式内涵；提出了利用一维负压方法确定土壤水分运动参数的新方法；建立了利用热脉冲确定土壤水分通量的新理论关系。②提出了利用土壤水分特征曲线确定土壤溶质穿透曲线的几何模型，为利用土壤水分运动参数预测土壤溶质迁移特征提供了新的理论；通过对三种形式对流弥散方程的分析，阐明了各种模型所包含参数间关系，提出了利用同一土柱同时测定土壤水分和溶质迁移参数方法。③阐明了降雨、坡度坡长、土壤容重和含水量、土壤质地、植被类型与覆盖度、地下供水等各种因素对坡面土壤养分流失的影响机制，建立了适合侵蚀环境条件下土壤养分径流流失过程数学模型，为描述侵蚀环境下土壤养分流失过程和预测环境面污染特征提供了切实可行的方法。④建立了仅利用地面灌溉水流推进确定土壤入渗参数和田面糙率；阐明了成垄压实与土壤养分运移特征、硝态氮淋溶与有效性间关系，以及作物轮作方式、秸秆覆盖、施肥等农业措施对土壤水分利用的影响；揭示了黄土植被耗水特征，提出了预测典型植被耗水特征方法；阐明了生物结皮、地面覆盖等农业措施调控坡地水肥迁移过程内在机制，为黄土地区农业生态环境建设与保护，提供了理论基础和科学依据。获2009年度陕西省科学技术二等奖。

（刘　芳）

【水电站工程滑坡及特殊边坡研究】 该项目由中国水电顾问集团西北勘测设计研究院万宗礼等9人承担完成。项目以黄河上游、白龙江流域、金沙江、澜沧江，新疆及国外等地大中型水电站工程为依托，研究和治理了大量水库区、工程区的滑坡及特殊边坡，并经历了水电站工程运行的考验，取得了丰富的成果和工程技术经验。研究中提出了四项新的水电站工程滑坡分类，提出并定义了特殊边坡及类型。首次进行了滑带土试验研究方法的创新，在归纳和总结现行规范方法的基础上，进行了滑带物理指标与力学指标的相关性研究，并提出了力学参数的取值原则；首次归纳论证了水电站工程不同位置滑坡及特殊边坡所承受的作用力及应重点研究的内容、必须考虑的边界条件等；首次进行了滑坡稳定性前期评价与运行后稳定性现状的对比和复核性研究，证明了前期评价的正确性；首次开展了黄河龙羊峡水库区半岩性土高边坡、黄河公伯峡钢管道古风化岩高边坡、黄河李家峡坝前滑坡促滑试验等水利工程边坡相关研究，取得了代表性的研究成果。该项目获2009年度陕西省科学技术二等奖。

（郝晓静）

【大理河流域水土保持生态工程建设的减沙作用研究】 由黄河水利委员会西峰水土保持科学试验站等4单位冉大川等9人承担完成。该项目从水土保持生态工程建设现状调研入手，对坡面措施减沙能力及其变化过程、坡面措施减沙模数及减蚀作用、沟道坝库工程减沙作用、淤地坝减轻沟蚀的作用等黄河中游水沙变化研究中长期悬而未决的难点问题进行研究，对淤地坝建设的地理信息系统也进行了研究。研究成果在陕西省和甘肃省相关地区水土保持生态建设规划、淤地坝建设规划及生态修复试点中得到了广泛应用；在黄河流域综合规划修编、2007～2009年黄河河情年度咨询及跟踪研究等重大科研业务工作中也得到了正面引用。该成果受到国内外同行的高度评价，总体达到国际先进水平。该项目获2009年度陕西省科学技术奖励二等奖。

【旱地农作物双沟覆膜集雨节水综合配套栽培技术研究】 该项目由榆林市农业技术服务中心朱潮等人承担完成。项目首次将工程、农艺、农机具和生物措施集于一体，形成以高效利用降水为核心的综合技术，降水利用效率是一般大田的1.6～7倍；项目将过去的起垄覆膜和平地覆膜改变为双沟覆膜，覆膜方式的创新，使蓄雨保墒效果得到了充分发挥；研究改变了旱地种植结构，使一些耗水量较大的经济作物，通过节水补灌而能在旱地上种植。该项目获2008～2009年度陕西省农业技术推广成果奖二等奖。

（程利娟）

【节水农业综合技术研究与示范】 由陕西省科技厅组织的国家科技支撑计划项目“节水农业综合技术研究与示范”于2008年12月启动。2008～2009年，项目在粮食作物高效生产、经济作物高效生产、城市绿地高效用水等方面取得了较大进展。在粮食作物高效生产综合节水技术方面，分别在黑龙江省齐齐哈尔市甘南县、内蒙古杭锦后旗、河南省偃师市、山西省太原市阳曲县等半干旱缺水地区以及四川省简阳市季节缺水地区，建立了5个粮食作物高效生产综合节水技术示范区。在经济作物高效生产综合节水技术方面，分别在陕西省米脂县、甘肃省武威市、宁夏盐池县和原州区建立了山地红枣、葡萄、大棚蔬菜3个经济作物综合节水技术示范区。在北京市北小河公园和玉渊潭公园分别建立了2个城市绿地综合节水示范区。截至2009年底，已完成或部分超额完成了所制定阶段性考核指标。共申请专利26个，其中申请发明专利19个，获得专利授权5项，其中发明专利3项；制定技术标准6项，已发布标准6项，其中地方标准6项；研发新产品6个，新材料1个，新工艺5个，新装置4个，新品种2个，开发计算机软件2个；发表论文108篇，其中SCI、EI收录18篇，出版专著1部（2.5万字）；建设各种试验基地17个，生产线1个；技术集成6套，品种筛选28个，技术研制9个；培养研究生71名，其中博士19名；获国家及其省部级以上奖励6项。

（农业处）

【铜川市旱作节水技术集成研究与推广】 该项目由铜川市农业科学研究所张亚建等人承担完成。项目集成总结了14种节水技术模式，形成了15个技术规范或技术要点；研究确定了抗旱专用肥工厂化生产的各种技术参数和生产工艺，建立了抗旱专用肥工厂化生产技术体系。该项目获2008～2009年度陕西省农业技术推广成果奖二等奖。

（程利娟）

【中国主要水蚀区土壤侵蚀过程与调控研究】 该项目由中科院水利部水土保持研究所李锐等人承担。阐明主要水蚀区坡面土壤侵蚀过程的差异性；确定黄土区细沟侵蚀和浅沟侵蚀发生的地形临界。初步揭示坡面-沟谷水力侵蚀和重力侵蚀之间的耦合关系；揭示流域侵蚀产沙对环境因子响应的临界现象的表征方法，初步确定环境因子变化的阈值范围。完成对区域水土流失地形因子尺度变换方法的检验、验证和理论总结；形成比较完善、可运行的水土流失基础信息平台。总结不同侵蚀条件、不同水土保持措施对土壤质量、降雨产流产沙以及营养迁移的影响；初步提出水土流失环境效应评价理论。阐明4个类型区流域侵蚀空间分布特征，初步完成流域和区域土壤侵蚀计算机模型。建立不同水土保持措施适宜性理论，确定水土保持措施的土壤适宜性、区域适宜性和经济的适宜性；建立和完善各类水土保持措施效益的评价指标体系与方法。初步揭示主要类型区的水土流失调控范式的结构和功能，分析水土流失形成的驱动因子，初步构建情景模拟模型。发表学术论文168篇，其中被SCI收录38篇、EI收录17篇；出版学术专著2部。

（刘 芳）

【黄土高原水土流失综合治理工程关键支撑技术研究】 该项目由中科院水利部水土保持研究所刘国彬等人承担。水土流失治理关键支撑技术方面，确定了坡地降雨径流侵蚀分布状况及临界控制指标，探索坡地降雨径流侵蚀调控的工程最佳空间布置形式与方法；筛选出与开发土壤强化入渗、产流及抑蒸型新材料以及相关应用技术；研发了适于丘陵沟壑整治工程的坝系优化配置与建造技术体系；探索了沟壑水土资源的高效利用技术；集成了不同地区天然植被封育及人工促进恢复技术、人工植被改造与天然化培育技术、植被生态系统景观格局优化配置方案，建立了人工林草植被技术集成及试验示范基地；提出了主要水土保持耕作措施的适宜条件及其在各分区的配置，对研发的深松机、免耕播种机和施药机械进行了试验示范，明确了不同机械化保护性耕作模式的土壤肥力变化规律；完成水土综合治理指标与标准的区域适宜性评价、水土流失治理新技术的标准，明确了不同类型区治理模式与关键技术的适宜性；建立水土流失动态监测样点布设方法、监测指标、流失量计算方法、区域流失量汇总的技术途径。综合治理模式与技术示范取得明显进展，建立了21个不同治理类型的水土保持综合开发模式示范基地，为区域综合治理与经济同步发展提供示范样板。发表论文94篇，其中被SCI和EI收录17篇。

（刘 芳）

农业机械

【自动称量装袋机的新型供料接料机构】 陕西省农业机械研究所获国家授权的实用新型专利（专利号：200820029912.1）是一种自动称量装袋机的新型供料接料机构。主要由料罐、供料机构、秤斗、称量传感器及控制系统等组成。为解决动态计量秤称量速度和精度的矛盾，该实用新型提供一种新型供料接料机构，其原动态计量秤各机构基本不变，只在供料机构出料口增加一套接料机构（接料盒），粗给料时接料机构打开，给料器强振，料槽宽度的物料全部落入称量斗内；细给料时接料构件工作，给料器弱振，料槽一少部分宽度的物料落入称量斗内，其余大部分落入接料机构，保证了称量精度。在下一称量循环开始，接料机构将上一循环收集的物料自动倒入秤斗内，实现了快速给料，提高了给料速度。新型供料接料机构高速度下的稳定可控供料，保证了动态计量秤的高速度、高精度计量。2009年获国家知识产权局实用新型专利授权。

（马新利）

【振动给料器称量控制电路】 陕西省农业机械研究所获国家授权的实用新型专利（专利号：200820030031.1）是一种自动称量电子秤用振动给料器称量控制电路，它包括反馈控制模块、粗给继电器、粗给电位器、细给继电器、细给电位器、半波调压模块、电压表、电磁给料振动器。半波调压模块是一种半波可控硅控制电路，其输出电压由CON端给定，反馈模块的反馈信号接振动给料器的输入端，粗、细给料电压由Ug端给定，反馈模块根据Ug给定和uf1和uf2之间的反馈电压（即振动给料器电压），计算出CON控制值输入到调压模块CON端。当进线电源电压波动时，反馈模块检测出uf1和uf2之间电压波动，其CON值随之变化，而保证振动给料器的控制电压不变。该实用新型采用电压负反馈技术，提高振动给料器控制电压的稳定性，达到提高电子秤的稳定性和称量精度的目的。2009年获国家知识产权局实用新型专利授权。

（马新利）

农业气象

【陕南秦巴山区中药材气象服务业务系统及推广应用】 该项目以DELPHI、VB、SQL、Mapobject为基础开发工具，依托气象信息网络，建立陕南中药材气象信息服务业务系统。系统是集主栽中药材区划、关键生育期适宜气象条件及主要气象灾害、中药材气候生态监测、实时气候资源动态监测和高产栽培措施为一体的管理、查询、分析和预警系统。项目针对陕南秦巴山区中药材生产对气象条件的需求，在GIS中完成了20种主栽药材的区划图库及生育期适宜气象条件指标库和灾害指标库，明确了气候、土壤、立地条件、关键生育期适宜气象指标及主要气象灾害指标。开发了“秦巴山区中药材气象服务业务系统”，该系统具有对中药材生长状况监测、农业气象条件评价、气象灾害监测及预警，地理信息、中药材分布、中药材区划图、周年服务方案和中药材气象服务手册查询等功能，实现了中药材生产全程气象服务。项目总体达到国内先进水平。该项目获“2008～2009年度陕西省农业技术推广成果奖”二等奖。

（朱荣增）

“三农”科技

【现代农村科技服务体系建设】 2009年星火计划以加强新型农村科技服务体系建设为核心，一是顺利实现965110热线号码与星火科技12396热线电话的衔接并转，目前省内除25个星火科技12396示范县（市、区）外，其余82个县（市、区）也都开通了星火科技12396热线电话，专家数据库正在建设中，农技“110”大荔模式正在各市选点推广。二是建立6个省级科技特派员创业产业链，其中2个被评认定为国家级科技特派员创业产业链。18名科技特派员、4个单位被科技部授予优秀科技特派员称号和先进集体称号。研究制定了《陕西省科技特派员农村科技创业行动实施方案》（征求意见稿）和《陕西省科技特派员管理办法》（征求意见稿），目前正在征求各市科技局及相关部门意见。三是围绕果业、畜牧业、茶叶、食用菌等产业加强31个省级农业科技专家大院建设。

（农业处）

【陕北科技扶贫】 加强了科技扶贫示范县科技支撑能力建设，加快新技术、新品种引进与示范及实用技术成果转化应用，带动了设施农业、林果业技术改造升级，设施蔬菜质量、效益稳步提高。以应用技术开发、科技示范带动、扶贫产业链建设等为工作重点，开展高效设施养殖、设施蔬菜、无公害果品、区域特色农产品、高效节水技术科技示范，在各示范点进行了多项新品种、新技术引进试验和生产性示范，尤其是在米脂孟岔的山地红枣节水示范基地，采取了土地流转的方式将土地集中连片经营，开创了贫困地区普及科技发展产业的新途径。

（农业处）

【科技特派员农村科技创业行动】 2009年，陕西省科技特派员农村科技创业行动坚持科学发展观，全面贯彻落实“全国科技特派员工作会议暨农村科技创业行动启动仪式”精神，围绕全省农村科技工作总体目标，扎实推进科技特派员农村科技创业行动，推动全省农村科技创业服务体系和现代农业产业发展，促进了农村产业结构调整并形成主导产业链。以创业链培育、科技新成果引进推广、典型示范带动和技术培训等方式为主要手段，推动了科技特派员农村科技创业行动工作在全省的开展。年内全省十市65个县（区、市）共选派科技特派员1986人；开展法人科技特派员试点工作，选派法人科技特派员42个，实施科技项目1026项，年项目总投资52663.7万元，实现利润55692.6万元；形成利益共同体430个，创办企业86个，组建合作经济组织或专业协会639个，会员人数达37955人；推广新技术1106项，引进新品种797个，培训农民56.3万人次，发放科普资料58.7万份，创建创业链6个，增收农户数达17.56万户，安置劳动力就业36.86万人，辐射带动人数150.35万人，比上年人均收入增幅19.06%。

（农业处）

【农业科技创新和推广】 围绕“一村一品”，实施重大农业技术推广。陕西省农业厅全年共安排农业科技推广及科技示范项目98个，资金1640万元，用于农业科学技术的推广及示范。一是支持畜牧、粮食、果业、蔬菜、多种经营等类重大技术的研究、试验、示范与推广；二是支持优质小麦、大豆等新品种的引进、选育、示范与推广；三是支持蔬菜、棉花新品种等示范园、基地的建设；四是支持9个陕西现代农业产业技术体系建设的运转。另外该厅还围绕全省优势产业，广泛向科研院所、技术单位、专家教授征询特色优势产业存在的技术难题和薄弱环节，科学设置科技项目的重点支持方向。注重实施成效，熟化、提炼出一批前沿性、创新性、实用性、高效益的研究成果，作为推广重点技术向全省推开。

（程利娟）

【科技下乡和科技宣传】 2009年，陕西省农业厅首先积极组织厅属单位和农机、果业、畜牧、土肥等方面的有关专家参加全省2009年文化科技卫生“三下乡”示范活动和科技之春宣传月活动。一是围绕当地主导产业，发展一村一品，组织专家开展农业技术咨询。根据关山村的主导产业，对农民有针对性地开展了蔬菜种植、奶牛养殖等方面的技术咨询与指导，面对面解答农民的问题，传授科技知识。现场接受农户咨询5000多人次，发放图书、光盘等科技资料3万多册（张）；二是宣传党的支农惠农政策。现场宣传解读党的各项支农惠农政策，使农民对党的支农惠农政策有了全面深入的了解。发放了中央“一号文件”读本、农民务工读本、《农民专业合作社实施办法》等2万余本；三是现场进行技术培训。组织园艺专家深入地头，对西瓜、甜瓜等的栽培技术进行了现场培训，针对当前的管理要点进行了详细讲解，并对农民提出的一些疑难问题进行了解答。其次，该厅又积极开展科技培训活动。全省各级农技推广部门和农民科技教育培训机构，采取集中办班与巡回培训、技术指导与现场示范相结合的方式开展科技下乡活动，科技宣传活动，围绕全省粮食、果业、畜牧业等生产和多种经营，面对面地向农民群众传授科技知识。先后组织开展了阳光工程、新型农民科技培训工程、十万奶农技术培训等，年培训农民150万人次。

（程利娟）

【陕西现代农业产业技术体系建设】 陕西省农业厅在2008年在全省率先启动了生猪、奶山羊、马铃薯、小麦、玉米5个产业技术体系的基础上，2009年又启动了第二批小杂粮、蔬菜、樱桃、猕猴桃4个产业技术体系，陕西现代农业产业技术体系建设工作取得了显著成效。一是组建了一批专家。9个产业技术体系共涉及7个作物品种、2个畜产品，设立了21个产业专家大院，聘任了10位首席科学家，共吸纳了西北农林科技大学等多个农业科研教学单位的95位农业科研专家和优秀人才参与农业科技的创新与推广，体现了跨部门、跨地区、跨学科的农业科技资源的统筹、协作与联合。二是推广了一批技术。产业体系共培育和引进298个品种（材料），推广重大农业技术成果31项，主推50项技术、29个主推品种，推广种植面积82.5万亩，直接培训3500多人，带动培训256000人，解决了16个重大问题。三是提出了一批建议。生猪、奶山羊、马铃薯、小麦、玉米5个产业技术体系都围绕该产业展开了调查研究，分析产业发展的动态和现状，提出了发展意见，为全省农业产业发展提供了决策参考。四是明确了今后陕西现代农业产业技术体系建设工作将在参谋、推广、破题、组装等方面下工夫，工作结果实行“112”制，即每年至少提出1个产业发展意见，将12项研究成果向基层推广，掌握和吸纳国内外同类产业发展的新技术、新成果，组装成至少12套傻瓜技术向农民推广，解决制约产业发展的重大难题12项，确保全省现代农业产业技术体系建设工作取得实效。

（程利娟）

【陕西省基层农技推广体系改革与建设】 2009年，陕西省农业厅在全省30个县启动了陕西省基层农技推广体系改革与建设示范县项目，示范县创新管理体制，强化公益性职能，合理设置机构，科学核定编制，保障人员经费。截止2009年年底，全省26个部级示范县和4个省级示范县基本完成了基层农技体系改革各项任务，逐项落实了改革的“七项指标”。一是围绕主导产业，做好主导品种和主推技术遴选推介。示范县根据该县主导产业发展要求和农民科技需求，组织推广、科研、教学、企业等涉农部门专家，开展主导品种和主推技术的筛选与集成，形成技术操作规范，制定分区域、分品种、分季节的农技推广计划。全省已确定粮食种植、马铃薯、猕猴桃、设施蔬菜、畜牧、苹果、奶牛、茶叶、苗木花卉、花椒、魔芋、蚕桑、莲藕、西瓜等14个优势产业为主导产业，围绕主导产业确定主导品种105个、主推技术64项，加大示范推广力度，促进示范县主导品种和主推技术入户率和到位率达到95%以上；二是遴选培育科技示范户。每个示范县围绕3～5个主导产业，遴选了1000个具有一定文化程度、种养水平较高的农户作为科技示范户，26个示范县共遴选了26100个科技示范户，并要求每个示范户要带动10～20个普遍户。按照10∶1的比例，每个示范县选聘100名农业技术指导员，全省共选聘2600名技术指导员；三是建设农业科技试验示范基地。按照“一业为主、多种示范”的原则，依托现有的科研、教学、推广以及龙头企业、专业合作社等涉农部门的试验示范基地、良种繁育场、家庭农场，每县建设10个左右示范基地，26个县共确定260个试验示范基地，重点开展新品种、新技术、新机具的引进、试验、示范和技术培训工作；四是加强基层农技人员培训。结合各示范县的主导产业和培训需求，不断完善基层农技人员系统培训体系，并按照“532”式培训机制（即省市县分级培训比例为5：3：2），加强对项目县农技人员培训。

（程利娟）

【陕西省农业专家服务团】 2009年，陕西省农业专家服务团遵循“面向农村实际，加强专业帮扶，实施科学服务，促进科学发展”的服务宗旨，组织协调农业各方面的专家认真做好面向全省的涉农科技服务工作，积极开展技术咨询和培训服务活动，为全省农业产业发展、农民收入增加以及农村经济繁荣提供了强有力的科技支撑与保障。截至2009年11月底，共举办各级农业技术培训班67期，培训农业技术人员12090余人次，培训农民30多万人次，发放相关农业科技资料、挂图、手册、图书、多媒体声像资料等数十万份。

该团一是统一组织专家参与大型政策、技术咨询服务活动。现场进行最新支农惠农政策、实用生产技术以及科技信息等咨询服务；二是引导协调各分团开展不同形式的技术培训和服务活动；三是寻求与各新闻媒体多渠道合作开展技术推广服务。专家服务团自成立以来，始终积极主动与各新闻媒体加强合作，使科技服务更加广泛、迅速及时；四是广泛征集推广农业增产增收技术示范典型模式。专家服务团结合省政府组织实施的促进农民增收“七大工程”的规划要求，围绕全省粮食、油料、蔬菜、果品、畜牧、茶叶、蚕桑、中药材、干杂果经济林等主导产业和区域特色产业，组织开展了农业增产增收技术示范典型模式材料征集活动。

（程利娟）

医药卫生科学技术

概 述

2009年，医药卫生科技在中医中药研究方面，西北大学完成的“药用植物的结构、发育及其与主要药用成分积累关系的研究”，通过对30余种药用植物的药用部分形态结构的发生、发育规律的研究，填补了药用植物在该研究领域的空白；陕西中医学院等单位应用现代制药新技术研制的固肠止泻丸填补了中药治疗慢性非特异性溃疡性结肠炎的空白；陕西健民制药有限公司和平利县百草堂生物科技有限公司承担的省重大科技创新专项中药产业化开发项目，取得显著的经济效益。在基础医学与实验研究方面，西安交通大学等单位完成的“人类基因组多态性和特殊微量物证个体识别关键技术及应用”研究成果达到国际先进水平，获2009年度国家技术进步奖励二等奖；在白血病免疫逃逸机制及逆转研究、核受体PPAR-γ在高血压发病中的作用及分子机制研究、声动力学抗肿瘤效应及其机制研究、黏附因子LFA-3/LFA-2等与慢性乙型肝炎的相关性研究都取得了重大进展。在临床医学方面，第四军医大学完成的“神经病理性痛模型的创建及其在镇痛机制和治疗研究中的应用”将国内慢性痛的研究和治疗提高到一个新的水平，成果达到国际先进水平，获2009年度国家技术进步奖励一等奖；西安交通大学完成的“肾移植治疗慢性肾功能衰竭的临床及基础研究”达到国际先进、国内领先水平；第四军医大学第一附属医院完成的“抗感染活性骨系列实验研究及临床应用”解决了污染或感染性骨损伤治疗领域的世界性难题；第四军医大学口腔医学院完成的“骨性反合及其相关畸形的基础与临床研究”成果，矫治技术达到国际同类先进水平。在帕金森、人工耳蜗植入、胆结石病、脊柱侧凸矫正、臀肌挛缩症、颈椎病的治疗都取得了重要成果并得到推广应用。在医用器械和材料方面，第四军医大学等单位研制的乳腺癌检测仪已在全国17个省市医疗机构推广。

中医中药研究

【药用植物的结构、发育及其与主要药用成分积累关系的研究】 由西北大学胡正海等9人承担完成。该项目应用植物解剖学和组织化学定位技术，研究并首次阐明了30余种药用植物的药用部分形态结构的发生、发育规律，填补了药用植物中该研究领域的空白。首次编著出版了《植物异常结构解剖学》专著。将植物解剖学和植物化学技术相结合，研究了8种和2属药用植物的结构、发育与主要药用植物成分积累的关系。阐明了其主要药用成分在植物体的贮存结构、积累动态及在不同生长发育期中的含量变化规律。总结出两种类型药用成分贮存结构。首创了蒽醌类化合物的细胞化学方法，并首次阐明芦荟叶内芦荟素的合成部位、转运途径和贮存场所。开拓出植物的结构与其次生产物相关性研究的新领域。应用植物解剖学技术研究了以根和根茎类，茎、皮类，叶类和果、籽类入药的200余种药用植物的形态结构特征，补充和修正了此方面记载的缺失和不足，澄清了争议，为其鉴定提供了可靠的形态结构指标。总结出版了《中国药用植物种子的形态鉴别》（共220种）和《栽培中药的种子识别》（83种）2本专著。发表学术论文145篇，被引用464次，SCI收录10篇，出版专著3本。该项目获2009年度陕西省科学技术奖励二等奖。

【固肠止泻丸高新制备技术推广应用研究】 由陕西中医学院等2单位刘力等9人承担完成。项目技术原理：①通过超微粉碎、一次成型、螺旋振动干燥等高新制备技术的应用，使固肠止泻丸质量稳定可控，疗效确切，最大限度节约医药和经济资源；②通过产品策划与市场开发，使该项目实现产业化，产生可观的经济效益和社会效益。该成果具有自主知识产权，填补了中药治疗慢性非特异性溃疡性结肠炎的空白。吸收和应用了现代制药新技术，提高了药物的生物利用度，缩短了治疗周期，降低了治疗费用。仅此一项直接节省2亿元，最大限度地节约了医药资源和经济资源。增加了薄层色谱和含量测定检查项目，使固肠止泻丸疗效确切、质量稳定可控，与化学药相比，治愈率高、毒副作用小、不易反复发作、疗效短、治疗费用低。累计实现销售收入24771.42万元，上交税金3412.47万元，实现利润1945.34万元，为100多万患者解除了病痛，为400多人提供了就业机会。带动中药材种植业实现收入近2亿元，使4000多药材种植户脱贫致富。该项目获2009年度陕西省科学技术奖励二等奖。

【参龙宁心胶囊产业化】 该项目是由陕西健民制药有限公司承担的陕西省重大科技创新专项资金计划项目，主要开展参龙宁心胶囊的产业化生产。参龙心胶囊是国家食品药品监督管理局审批的中药三类新药，组方是在医圣张仲景治疗心悸的古方“炙甘草汤”中加入羌活、葛根、黄连等化裁而成，主要用于治疗冠心病，心律失常。葛根、黄连、羌活均有强心、抗心律失常，缓解心绞痛，改善心肌缺血，降低心肌耗氧量，扩张冠脉血管，增加冠脉流量等良好作用。产品经临床试验证明，疗效确切，安全可靠。项目利用现代工艺技术，采用了β-环糊精包合法，羌活含有挥发油，可用挥发油提取器提出；为使羌活挥发油在制剂中保持稳定达效，应用β-环糊精（β-CD）技术包合后加入，通过X-衍射分析法，证明了挥发油进行β-环糊精包合的可行性，制定了较为合理的工艺参数，生产纯中药。项目新增投资1500万元，其中企业自筹1450万元，重大科技创新专项资金50万元。实现累计销售收入3361万元、净利润521万元、缴税251万元，产品年生产能力达到200万盒。

（产业处）

【绞股蓝四倍体新品种选育及产业化技术开发】 该项目是由平利县百草堂生物科技有限公司承担的陕西省重大科技创新专项资金计划项目，主要大力推进绞股蓝品种优良化、种植规范化、生产标准化、质量品牌化和经营产业化。通过项目的示范扩大和科技创新，带动了平利绞股蓝种植、生产的快速发展，使全县15000亩绞股蓝基地更换新品种，加快了产业化进程3～4年。产品深加工系列化、规模化后，年可实现销售收入8000万元，利税1800万元，解决农村富余劳动力2200人，农民收入人均提高680元。

（产业处）

基础医学与实验研究

【人类基因组多态性和特殊微量物证个体识别关键技术及应用】 由西安交通大学等2单位李生斌等10人承担完成。提出了人类DNA遗传标记多态性基础理论，建立了人类基因组多态性分型的系列新技术，首创了遗骸DNA鉴别新技术和绒毛DNA亲权鉴定新技术，创建了群体DNA网络分析平台和应用数据库，为民事、刑事案件的侦破提供了科学依据，推动了DNA群体遗传学、法医学、生物医学、个体化医疗、人类学等领域的科技进步与发展。获软件著作权1项，授权发明专利1项，实用新型专利1项，发表论文87篇。累计近年在全国31个省市自治区的公检法司、医疗卫生、保险系统应用案例3.5万余件。成果总体达国际先进水平，并获2009年度国家技术进步奖励二等奖。

【白血病免疫逃逸机制及逆转研究】 由西安交通大学张王刚等9人承担完成。本项目主要研究白血病免疫逃逸机制及逆转策略，共刺激分子B7-1和CD137L在白血病细胞上的表达缺陷是急性白血病细胞逃避宿主免疫监视的重要原因；首次发现B7-1和CD137L在M5中的表达显著高于其它类型白血病，这是白血病瘤苗在M5患者中取得较好疗效的分子学基础；首次发现M5疫苗免疫治疗有效后复发的主要机制是免疫治疗引起白血病细胞上B7-H1、IDO表达增高；首次应用SEREX法鉴定出15个新的急性单核细胞白血病相关抗原，鉴定出的这些新抗原可作为M5诊断和免疫治疗的候选靶位；自行研制出灭活的自体白血病疫苗（包含IL-2、IL-6、GM-CSF、IFA），在动物实验和临床中证明其对急性白血病

（尤其是急性单核细胞白血病）是一种有效的免疫治疗策略；联合应用自主创新的灭活白血病细胞疫苗（包含IL-2、IL-6、GM-CSF、IFA）及IDO抑制剂1-MT，可明显延长白血病小鼠的生存期，能有效地逆转免疫治疗相关的免疫逃逸。该研究已发表相关学术论文28篇，其中SCI收录5篇。该项目获2009年度陕西省科学技术奖励二等奖。

【核受体PPAR-γ在高血压发病中的作用及分子机制研究】 由西安交通大学牛小麟等8人承担完成。该课题从血管和心脏两方面入手，对核受体PPAR-γ与高血压的关系进行了系统而深入的探讨，首次发现肥厚心肌组织和高血压病患者血管组织存在PPAR-γ的异常表达；发现激动PPAR-γ可抑制心肌细胞蛋白质合成，抑制动脉血管平滑肌细胞增殖、凋亡和细胞外基质合成，调节血管内皮细胞活性物质的释放，并初步阐明其分子机制；发现激活PPAR-γ通路可改善高血压所致心脏及血管重构。该研究已发表相关学术论文20篇，其中SCI收录5篇，MI收录11篇；其他均为核心期刊收录。经教育部科技查新中心西安工作站检索，截至2009年5月，本研究已发表论文中有16篇共51次被引用，其中SCI源期刊引用14次（最高影响因子17.1，Cell Metabolism）。该项目获2009年度陕西省科学技术奖励二等奖。

【声动力学抗肿瘤效应及其机制研究】 由陕西师范大学刘全宏等9人承担完成。声动力学抗肿瘤是近年来肿瘤治疗研究领域备受国内外学者关注的新理念和方法之一，利用超声和声敏剂独特的理化属性，进行无创伤、定位准确的靶向性肿瘤治疗具有重要的学术意义和临床应用价值。项目在个体、显微、超微和分子水平等不同层次研究了超声结合血卟啉、原卟啉IX等声敏剂对不同肿瘤细胞的杀伤效应，首次发现超声激活声敏剂可诱导肿瘤细胞凋亡，提出声动力学处理引起肿瘤细胞死亡的多种途径和模式，并对其细胞分子生物学机制进行了系统性研究。研究发现不同细胞株对超声频率、强度的敏感性有所差异，不同声敏剂在不同细胞的亚细胞动态分布和代谢具有不同的时间变化规律；筛选出杀伤和诱导肿瘤细胞凋亡的临界阈值和最佳实验参数组合，通过多种现代生物学实验技术对声动力学处理后细胞损伤的形态特征、生化功能和生理机能等方面的变化进行综合分析，探讨不同肿瘤细胞在不同实验条件下死亡模式的差异及其相关分子生物学机制；建立稳定可靠的离体研究系统和在体实验模型，设计并研制的多频聚焦超声处理装置，可显著抑制肿瘤细胞生长，提高荷瘤小鼠的存活期，为声动力学抗癌的临床治疗奠定了理论基础并积累了丰富的研究资料。研究结果在国内外期刊上发表论文40余篇，被引用59次。该项目获2009年度陕西省科学技术奖励二等奖。

【黏附因子LFA-3/LFA-2等与慢性乙型肝炎的相关性研究】 由西安交通大学谢明等8人承担完成。慢性乙型肝炎是由乙型肝炎病毒引起的、危害严重的传染性疾病，确切的发病机制不清，T淋巴细胞功能低下、机体免疫抑制状态及免疫逃逸导致病毒不能彻底清除被认为是其发生的原因之一。该项目以T淋巴细胞活化协同刺激信号LFA-3/LFA-2等作为研究对象，系统的研究其在慢性乙型肝炎发生过程中的表达及与疾病发生的相关关系，从粘附因子的角度探讨慢性乙型肝炎发病机制，为通过改变粘附因子的表达而干扰乙型肝炎慢性化的可能性提供依据并为临床辅助诊断提供新的参考指标。该项目研究的特点是从粘附因子的角度探讨其在发病机制过程中的作用和与疾病严重程度的关系有可能为临床辅助诊断提供新的参考指标，为其治疗提供新思路，对正确评估慢性乙型肝炎病情和预后有重要指导意义。项目发表论文15篇，（其中被SCI收录4篇），论文被他引25次。该项目获2009年度陕西省科学技术奖励二等奖。

临床医学

【神经病理性痛模型的创建及其在镇痛机制和治疗研究中的应用】 由第四军医大学李云庆等15人承担完成。神经病理性痛(如三叉神经痛、坐骨神经痛、椎间盘突出等)是危害人类健康的顽疾。该项目历经30余年的系统研究，创建了两种能够分别模拟神经病理性痛不同临床表现的动物模型，突破了交感神经对外周感受器的调控、下行抑制系统的镇痛环路和盆腔内脏痛觉信息传递中枢等三个慢性痛机理的世界性难题，推动了临床针刺镇痛、交感神经阻滞疗法的开展和镇痛药物的研制，促进了国家疼痛学科的建立，将国内慢性痛的研究和治疗提高到一个新的水平。发表论文SCI收录108篇，他引1027次；获省部级科技进步一等奖5项、授权专利3项，推广了“交感神经阻断治疗顽固性疼痛”专项技术，成果惠及7410名疼痛患者。总体研究成果达到国际先进水平，对推动国内疼痛的基础研究和临床治疗贡献巨大。该项目获2009年度国家技术进步奖励一等奖。

【肾移植治疗慢性肾功能衰竭的临床及基础研究】 由西安交通大学薛武军等11人承担完成。为完善肾脏移植临床技术，提高移植效果，探索新理论和方法，该项目根据国内外研究进展，应用现代科技和医学的新理论、新技术、新方法，进行了30年2529例次肾脏移植的系列临床和基础研究。主要取得以下成果：①国内最早、国际上较早开展传染性肝炎受者肾移植的研究，创新性地对多囊肾受者肾移植不切除原病肾，打破了肝炎为肾移植禁忌的传统，更新了多囊肾行肾移植必须切除原病肾的观念。②国内最早创新性地采用四联合剂等措施促进移植肾功能恢复，取得了显著的效果。③国内率先采用低剂量CsA/FK506与MMF和Pred三联疗法及FK506疗法中小剂量Pred、Aza延迟应用、免疫抑制转换治疗、地尔硫卓的应用及药代动力学研究等，有效预防了排斥，降低了药物毒副作用，保护了肾脏功能，提高了移植效果。④特色性地采用短期、小剂量青霉素及更昔洛韦和氟康唑等措施，有效预防了移植后的继发感染。⑤国内首创“微板法”交叉配型，根据HLA、PRA和交叉配型选择供肾，提高了配型的科学性。⑥在免疫耐受、缺血再灌注损伤、排斥反应机制等基础研究中取得了多项国际先进、国内领先的新发现和新方法。⑦建立了活体供肾移植技术操作规范，确定了供者及供肾的选择原则和标准。肾脏移植的临床研究，促进了移植肾功能恢复和稳定，有效降低和控制了排斥和并发症，改善了移植效果，使人/肾1、5、10年存活率(%)达到96.5/93.2、88.6/81.6和75.7/71.3，AR发生率降到7.6%。对丰富器官移植理论、规范肾脏移植的临床操作、提高技术水平、改善移植效果、促进移植医学发展起到重要作用，具有重要的科学和临床实用价值。达到国际先进、国内领先水平。发表论文308篇，主编出版了《肾移植指南》。在第四军医大学西京医院、陕西省人民医院等西北、华北、中原、山东等地18家医院推广开展了肾脏移植4500余例，培养了100多名专业技术骨干。该项目获2009年度陕西省科学技术奖励一等奖。

【抗感染活性骨系列实验研究及临床应用】 由第四军医大学第一附属医院胡蕴玉等11人承担完成。项目针对污染、感染性骨损伤的治疗难题，课题组在重组合异种骨研发及临床应用获得成功的基础上，历时14年潜心研究，首次将抗生素局部缓释新技术应用于骨移植材料研发领域，将组织工程技术和抗生素局部缓释技术有机结合，建立了抗生素、缓释介质、骨生长因子、材料载体有机结合的技术平台；首创出具有自主产权的、兼具强效抗感染能力和高效成骨活性的新型植骨材料产品——抗感染活性骨。并通过长期、大量系列动物实验的有效性研究、生物相容性检测的安全性研究、临床应用的实践性研究，证明其能突破“二期植骨”的传统观念，实现“抗感染”、“植骨修复”一期同步进行的全新治疗策略，显著缩短疗程，减少医疗成本，提高疗效，降低伤残率，成功解决污染或感染性骨损伤这一治疗领域的世界性难题。发表论著75篇，其中，SCI收录11篇。研究内容已被编入《实用骨科学》《现代骨科基础与临床》《Rehabilitation Medicine Update》等权威专著。举办全国推广应用学习班5期。在省外8家、省内4家三甲医院进行临床推广应用，证实疗效理想。课题组负责人胡蕴玉教授应邀赴美国、法国、日本等国家做专题讲座，赢得国际学术界广泛重视和高度评价。该项目获2009年度陕西省科学技术奖励一等奖。

【骨性反合及其相关畸形的基础与临床研究】 由第四军医大学口腔医学院段银钟等11人承担完成。该项目在基础研究方面，对再生骨、牵张成骨，组织工程骨进行了深入研究，通过组织工程骨的系列研究，探索出了通过组织工程骨材料用于骨缺损的修复，为骨缺损的植骨技术提供了材料来源；开展了组织工程骨正畸牙移动的动物实验，首次证明了组织工程骨正畸牙移动的特点和规律；有关牵张成骨的实验研究，为临床应用提供了依据。在临床方面，重新认识了骨缝的生物学特征，用独创的生物力学体系，对儿童和年轻成人骨性反合实施骨矫形的临床研究中，获得两项重大突破。对乳牙列、混合牙列、恒牙列以及成人的骨性反合，成功治疗3860例反合病例，突破前人的传统观点，对儿童期严重的骨性反合和超过生长发育的年轻成人实施前牵获得临床重大突破。必需实施手术者应用改良手术术式，免去了术后的植骨。研发了一套具有自主知识产权的能预测正颌手术的三维头颅软件系统，模拟颌面部各类手术，在三维诊断预测的情况下施行正畸、正颌联合手术治疗，获得了显著的疗效，矫治技术达到国际同类先进水平，使正颌手术达到科学化和数字化的新时代。对临界病例，将含糊不清的概念总结为有章可循的规范，从而便于操作和实施。口周力和舌体的测量研究，证明颌面软组织对骨性反合的发生、发展和疗效有至关重要的作用；得出舌体大小与吞咽吐舌不良习惯与开合有密切的关系；颌面软组织的行为和特点与骨性反合的发生，发展和矫治预后有直接关系。发表论文72篇，SCI收录10篇，他引160次，主编专著2部。该项目获2009年度陕西省科学技术奖励一等奖。

【帕金森病手术技术研究及个体化治疗】 由第四军医大学唐都医院高国栋等9人承担完成。该课题是以PD的外科手术治疗技术并根据不同患者的病情开展了PD的个体化治疗，为手术治疗PD提供了有效指导。该成果针对PD患者不同遗传背景与治疗预后相关关系的分析研究，建立了手术前基于对Parkin基因外显子突变检测的手术疗效预测的新指标，为术前选择手术适应证及判定手术预后提供了一项标准；通过对PD基底节区核团神经元放电的非线性动力学特征的分析，为手术治疗PD提供了手术靶点选择和定位；针对目前临床所用立体定向手术设备所存在的缺点和不足改良并发明了多项针对PD手术的相关器械及技术，为手术治疗PD提供了精良的相关器械及技术；针对PD患者常伴有的非运动障碍症状（抑郁、嗅觉障碍等），建立了在立体定向手术的基础上，辅以电刺激参数调整、必要的心理康复治疗的个体化综合治疗方案，并针对性地开展了PD外科治疗，为今后手术治疗PD提供了有效的方法。该成果已在国内多家医院得到了广泛的推广，取得了良好的社会和经济效益。该项目获2009年度陕西省科学技术奖励二等奖。

【人工耳蜗植入及感音神经性聋相关机理和防治研究】 由第四军医大学邱建华等9人承担完成。该成果通过感音神经性聋预防的临床研究，发现阿司匹林对庆大霉素所致感音神经性聋有明确的预防作用，为有效防止氨基糖甙类抗生素所引起的感音神经性聋提供了预防措施。在耳聋的基础研究方面，发现听觉神经通路含有神经活性物质（SP），为揭示感音神经性聋发生的病理生理机制奠定了物质基础；发现声刺激可诱导耳蜗核移植神经干细胞的迁移和分化，为干细胞治疗重度感音神经性聋提供了新的思路。该研究已在国内6家三级甲等医院推广应用，临床效果显著。培养了50余名进修医生和研究生。相关研究共发表论文90篇，其中被SCI收录论文16篇。人工耳蜗植入治疗双侧重度以上感音神经性聋的相关研究在国内具有领先水平，手术量愈271台，占到陕西省的99%，占西北地区90%以上，占整个西部地区的70%以上。取得了显著的社会效益，总体达到国际先进水平。该项目获2009年度陕西省科学技术奖励二等奖。

【iMES-I型体内微爆破碎石仪的研制及临床治疗难取性胆道结石的研究】 由陕西省人民医院等2单位杜立学等9人承担完成。该项目成功研制出iMES-I型体内微爆破碎石仪，利用液电产生冲击波并激发空化效应，使结石从表面及内部发生微爆破崩裂，极小能量就可达到安全碎石的目的。采用数字控制电路使输出能量精确连续可调；定向放电电极设计，使碎石能量更加准确集中释放；放电品质自动监测线路和空气放电抑制电路提高了仪器使用的安全性；智能数据库专家系统和液晶显示电路，实现人机对话功能；可以联合ERCP技术碎石等，在整机性能上明显优于目前国内公司的产品。课题组通过研究不同成分、大小和位置的难取性胆道结石的特点，确定了仪器的最佳放电模式和输出能量，确定不同种类胆道结石的治疗适应症及操作方法，有效提高碎石效率，减少电极对胆管壁的损伤。实验组碎石率达100%，结石取净率97.4%，与对照组（结石取净率61.7%）比较具有显著性差异，有效地提高了碎石效率，缩短了手术时间，减少了手术创伤。整个研究过程中未观察到严重并发症。该仪器已经通过国家食品药品监督管理局注册，并已批量生产。目前已在全国22家医院售出，治疗胆道结石1000多例，取得了较好的效果，获得了较大的社会和经济效益。该项目获2009年度陕西省科学技术奖励二等奖。

【钉棒系统与钩棒系统矫正脊柱侧凸的生物力学与临床研究】 由西安市红十字会医院郝定均等9人承担完成。该项目对钉棒系统矫正脊柱侧凸进行了生物力学研究，得出在下胸椎、腰椎，钉-棒固定的力学强度明显高于钉-钩-棒固定，在抗扭转形变能力上，钉-棒固定显著强于钉-钩-棒固定。临床中采用钉棒系统矫正脊柱侧凸，并对钉棒系统、钉钩棒系统和钩棒系统进行对比研究。另外，通过实践自行研制了椎体V形截骨刀和胸椎弹性开路锥，且获得国家专利。该项目撰写论文20篇，在核心期刊发表论文13篇。获得国家实用新型专利2项。项目提出了弹性进钉技术制备胸椎椎弓根螺钉钉道的方法，应用全椎弓根螺钉系统矫正脊柱侧凸，研制出一套胸椎椎弓根弹性开路锥、一套“V”型截骨刀。目前来自全国各地进修生31余名学习了本课题技术，在全省将该技术推广到7家三级甲等医院，应用该技术共植入胸椎椎弓根螺钉1054枚，矫正脊柱侧凸116例。应用V型截骨刀切除半椎体共101例，效果良好。该项目获2009年度陕西省科学技术奖励二等奖。

【臀肌挛缩症病因及分度治疗研究】 由西安交通大学贺西京等5人承担完成。该研究内容：①病因学研究：通过回顾性调查及前瞻性研究发现，苯甲醇作溶媒肌肉注射为臀肌挛缩症发生的最主要因素；其次是肌肉注射次数和局部慢性炎症有一定关系，学龄前儿童为易感人群，尤其是婴幼儿期接受含苯甲醇药物，肌肉注射后更容易发病，同时研究发现"瘢痕体质"的个体，是易发臀肌挛缩症的内在原因。②臀肌挛缩症分度与治疗：根据不同的症状及体征将臀肌挛缩症分为Ⅰ、Ⅱ、Ⅲ度，Ⅰ度采用非手术的物理疗法，Ⅱ度及Ⅲ度患者采用手术治疗。其中Ⅲ度患者手术松解必须深达关节囊，切开关节囊，行关节囊成形术。该课题经过中央电视台、陕西电视台、南方周末等新闻媒体的宣传报道，原国家药监局已采纳本研究的意见，全国禁止婴幼儿以苯甲醇作药物肌注溶媒，儿童慎用苯甲醇作药物肌注溶媒后，明显降低了该病的发生率，取得了良好的社会效益与经济效益。臀肌挛缩症分度治疗对该病疗效评价和选择相应的治疗方法提供了量化指标。该项目获2009年度陕西省科学技术奖励二等奖。

【人乳头瘤病毒基因分型液态芯片的构建与临床应用研究】 由陕西省人民医院等3单位党倩丽等9人承担完成。该研究采用液态芯片技术，建立了13种HPV基因分型液态芯片。该芯片实现了高通量HPV型别检测，在临床普查时可进行同时多板上样（96份/板）；亦可根据临床情况灵活分组，对样品进行选择性的HVP型别检测或一次进行单份/多份样品的检测，降低检测成本；同时该芯片具有灵敏度高、检测准确、操作简便（可在2-3小时内完成实验过程）等优点。研究成果从2005年开始，先后在全国皮肤性病科年会上、陕西省医学会皮肤科年会或学术会议上作专题讲座4次，其技术目前已推广到广东、上海的6家医疗机构应用，收到了满意的效果。HVP基因分型液态芯片的构建，为临床HPV基因分型检测提供了一种先进的检测技术，对皮肤粘膜HPV感染的早期诊断与治疗、HPV疫苗的应用、宫颈癌及癌前病变的筛查均具有重要意义。该项目获2009年度陕西省科学技术奖励二等奖。

【量化定位角度牵引治疗颈椎病的基础及临床研究】 由陕西中医学院附属医院刘智斌等8人承担完成。项目内容：1.量化定位角度牵引的理论及实验研究。(1)生物力学原理研究；(2)牵引角度、重量和时间的动物实验研究，该项目以经典的神经根型颈椎病和椎动脉型颈椎病的动物模型为研究对象，开展了不同角度、重量、时间的颈椎牵引对模型动物肌电图、前庭血液循环、椎基底动脉血流速度、镇痛及减轻炎症反应的机制等全面地的实验研究，为最终确定临床颈椎牵引的角度、重量和时间提供了充实的实验依据。2.量化定位角度牵引技术治疗颈椎病的临床研究。通过对量化定位角度牵引治疗神经根型和椎动脉型颈椎病的临床研究，均得出一致结论：量化定位角度牵引治疗的疗效均优于现行的中立位牵引或单一角度牵引。3.量化定位角度牵引技术操作规范的制定。4.新型颈椎牵引治疗机的研制。该项目共获得各级课题资助3项(其中省部级1项)，研究成果“一种多功能颈椎治疗机”申请实用新型专利一项。项目成果获得2008年度咸阳市科学技术二等奖1项，并成功应用临床近3年，于2006年在陕西省部分医院和咸阳市各级医疗机构推广，获得了一致好评。该项目获2009年度陕西省科学技术奖励二等奖。

医用器械

【AngelPlan-1000型电阻抗扫描成像乳腺癌检测仪】 由第四军医大学等四单位付峰等11人承担完成。项目针对国内乳腺癌发病现状和早期防治的需要，于2002年进行了电阻抗乳腺癌成像检测技术的研究。研究了电阻抗投影乳腺成像原理，在国内首次将平行电场扰动原理引入生物电阻抗成像，从原理上提出并实现了电阻抗扫描投影成像算法，并成功研制专用的乳腺成像检测软件；进行了电极阵列与耦合介质的研究，针对微安级的体表检测电流，首次设计研制了用于体表弱电流探测的镀金隔栅电极阵列，并自主研制了新型的偶合材料与偶合方式，在降低接触阻抗的同时改善了电极接触的均匀性，提高了检测精度；设计研制了乳腺电阻抗检测的弱交变电场激励源，可以同时为电极阵列上的多个电极同时提供均匀、稳定的弱交变电信号，并研制出体表弱交变电流密度检测系统，可同步检测微安的体表电流信号，检测精度达到国际先进水平；研究了图像质量增强的相关技术，提出并实现了用于电阻抗成像的目标团块识别算法，增强了算法软件对乳腺病变区域的识别能力。通过研究，率先研制出了国内首台能用于早期乳腺癌普查的电阻抗扫描成像乳腺诊断仪，是目前世界唯一获得完全市场准入的同类产品。临床应用证实：电阻抗扫描乳腺成像在普查中可发现早期小的乳腺癌（5mm）；可以发现门诊医生未能触及的小乳腺包块；可以发现X线难以检测的质密乳腺组织中的小包块。产品弥补了乳腺癌的早期筛查与普查技术的空白，发表论文76篇，其中，SCI/EI收录17篇。产品面市以来，合作企业实现产值1500余万元。产品已用于全国17个省市医疗机构的乳腺门诊、体检中心。该项目获2009年度陕西省科学技术奖励一等奖。

【微弧氧（碳氮）化生成的新型生物涂层及其高性能化相关机理研究】 由西安交通大学憨勇等8人承担完成。该项目围绕高性能人工关节和牙种植体的开发，采用微弧氧化和电解液等离子碳氮化（又称微弧碳氮化）在钛、锆合金表面合成了新型生物涂层，研究了涂层的组态、形成及活化机理、生物与力学行为。主要内容：①发现钛合金经微弧氧化形成的含钙磷单相氧化钛涂层呈纳米结晶形态、具有低的弹性模量与高的变形能力，揭示了紫外光诱发涂层生物活化和增强涂层-细胞交互作用的机理。②发明了在钛合金表面合成TiO_2-$CaTiO_3$复相涂层、HA/TiO_2-$CaTiO_3$双层涂层等新型生物活性涂层的微弧氧化技术，发现了$CaTiO_3$对复相涂层呈生物活性的关键作用并阐明了其作用机理，揭示了双层涂层中HA形成的等离子电化学过程机制。③发明了在钛合金表面生成Ti(CN)涂层的电解液等离子碳氮化技术，揭示了Ti(CN)涂层的形成机理，阐明了涂层在液态介质环境中高磨损抗力的多孔效应。④建立了在锆合金表面形成四方氧化锆涂层的微弧氧化技术，揭示了表面性态对涂层生物活性、细胞繁殖与附着的作用效应；发明了在锆合金表面形成Al_2O_3-ZrO_2耐磨涂层的微弧氧化技术，阐明了涂层的形成机理及在液态介质环境中高磨损抗力的多孔效应。该项目发表杂志论文46篇：其中，国外英文杂志论文30篇，包括Biomaterials1篇、Electrochem Commun2篇、Nanotechnology2篇、Acta Biomaterialia1篇等。SCI收录38篇、EI收录42篇。相关技术获发明专利4项。成果发表后被欧美、日本等26个国家和地区的267家研究机构及699位作者广泛引用。该项目获2009年度陕西省科学技术奖励二等奖。

能源科学技术

概 述

2009年，能源科学技术在能源资源普查与勘探方面，省煤田地质局针对陕西煤层气资源赋存规律研究，开展韩城煤层气勘探；中国煤炭地质总局组织省煤炭工业局等单位完成的“中国煤炭地质综合勘查技术及工程应用”在理论创新、勘探精度和速度、工程应用上取得重大突破，使中国煤炭地质钻探步入世界先进行列。长庆油田等单位承担的陕北斜坡前侏罗纪古地貌恢复及延长组上部油层分布规律研究丰富了石油成藏理论，达到了国内领先水平；陆相含油盆地烃源岩生烃能力评价研究丰富了石油成藏和陆相生油理论。在煤矿建设与采煤方面，省煤炭工业局对煤矿建设技改项目和资源整合矿井开采设计的审查，坚持把采用机械化和正规采煤方法作为审查的必要条件，技改和整合煤矿全部采用了正规采煤方法；开展陕北浅埋煤层长壁开采研究，编制了国内第一张采煤方法规划图；煤炭科学研究总院西安研究院等单位完成的“煤矿井下千米瓦斯抽放钻孔施工装备及工艺技术开发”，研制出国内第一台煤矿井下一体化履带式定向钻进钻机、开发了国内第一套煤矿井下定向钻进随钻测量系统及群式钻孔数据处理系统，创造了国内煤矿井下定向钻孔施工孔深1046米的新纪录，产品达到国际先进水平，已应用到多省煤矿企业。发电与电网工程方面，陕西省电力公司全面完成了国家电网公司重点项目年度研究任务；西北电网有限公司等单位完成的“负荷模型深化研究及适应性分析”研究成果达到国际先进水平，其中冲击负荷建模研究处于国际领先水平；西安热工研究院有限公司完成的“超（超）临界机组氧化物粒子的形成机理与规律的研究”成果达到国际先进、国内领先水平；西安工程大学等单位完成的“输电线路动态增容理论、关键技术与产品开发”研究成果已应用华东、华北、西北等电网公司，在很大程度上缓解了国内电力供应短缺的问题，社会效益巨大；西安电力机械制造公司参与完成的“特高压交流输电关键技术研究、设备研制及工程应用”研究，研制出世界最高水平的全套特高压交流输电设备，建成目前世界上电压等级最高、技术水平最先进的1000kV晋东南－南阳－荆门特高压交流试验示范工程。石油与天然气方面，西安交通大学完成的“油气集输的节能减排和安全高效关键工艺及装备”项目，开发的产品实现产业化，是石油天然气输运行业技术的重大创新；中国石油集团石油管工程技术研究院完成的“高含H_2S/CO_2气田油套管腐蚀机理及腐蚀防治技术研究”，解决了H_2S/CO_2气田的油套管腐蚀防护控制问题；中国煤炭地质总局航测遥感局利用4G高新技术开发了煤航E鸟巡检系统，实现了巡检管理可视化、精确化、实时化；中国石油集团石油管工程技术研究院研发的油田高温高压井油套管冲刷腐蚀预测预防技术研究及复杂气井油套管柱密封技术成果的应用产生了巨大效益。

能源资源普查与勘探

【陕北斜坡前侏罗纪古地貌恢复及延长组上部油层分布规律研究】 由中国石油天然气股份有限公司长庆油田分公司等二单位张宁生等11人承担完成。该项目综合应用多种方法，研究前侏罗纪古地貌特征；划分古地貌单元，研究不同古地貌单元与石油富集的关系；研究侏罗系富县组、延安组及三叠系延长组上部油层组形成时的古地理环境；研究侏罗系富县组、延安组及延长组上部油层组石油储集体特征；分析侏罗系富县组、延安组及延长组上部油层组石油聚集的主要有利因素；开展有利勘探目标预测。该项目在陕北斜坡前侏罗纪古地貌恢复的过程中，创新应用了地震古沟槽识别技术、三维地质建模技术、成因相分析技术、测井录井综合分析等新技术，结合印模法等地质分析技术，精细刻画了前侏罗纪古地貌特征，拓宽了古地貌恢复研究技术，总结出二种石油运聚模式。目前该项技术已在鄂尔多斯盆地古地貌研究范围内成功推广应用。近三年来，陕北斜坡区应用该技术，新增利润97.31亿元，取得了显著的经济效益和社会效益，该技术成果获2009年度陕西省科学技术奖励一等奖。

【陆相含油盆地烃源岩生烃能力评价】由中国石油天然气股份有限公司长庆油田分公司杨华9人承担完成。主要创新成果：1.获得了一系列的新发现和新进展：①揭示了长7优质烃源岩的岩石组构具有富有机质纹层、富莓状黄铁矿、富胶磷矿、富U、Cu、Mo等微量元素等显著特征；②率先发现了长7早期地震活动的“活化石”－震积岩；③通过长7优质烃源层中纹层凝灰岩的岩石学与沉积特征研究、薄夹层凝灰岩的锆石U－Pb年龄测定，首次厘定了火山喷发活动与优质烃源岩发育之间的时空耦合关系；④提出了长7早期存在湖底热液活动的新认识；⑤首次发现了六种微体（超微）化石、生物体腔原位保存的生烃母质和同种湖生生物的勃发－消亡现象；⑥探索建立了中生界湖相油型油的精细划分与油源对比方法；⑦研究提出了优质烃源岩的生烃增压作用十分强烈，提供了石油初次运移和二次运移的关键动力。2.丰富和拓展了陆相生油理论和低渗透石油地质理论。①系统论述了鄂尔多斯晚三叠世陆相湖泊优质烃源岩的发育机制和主控因素，总结了火山喷发等地质事件－无机营养盐为触发机制的陆相淡水湖泊优质烃源岩发育模式；②首次提出了针对鄂尔多斯盆地大规模低渗透石油富集的“优质烃源岩主控论”。3.首次精细厘定了长7优质烃源岩作为鄂尔多斯中生界大型陆相湖盆的主力烃源岩。①长7优质烃源岩的有机相特征为：a）富含有机质－平均有机碳含量为13.75%，最高可达40%以上；b）生烃母质以湖生藻类为主，有机质类型属倾油的Ⅰ-Ⅱ1型为主；热演化程度处于生油高峰阶段。②生烃能力强，累计烃转化率达40%左右。③排烃能力很强，排烃效率很高－平均达72%左右。④得到了生物标志化合物、稳定碳同位素等各项地球化学指纹指标对比结果的佐证。⑤研究建立了长7优质烃源岩的测井－有机地球化学识别方法，查明了其空间展布范围和发育规模——分布面积约4.2×104平方公里、总体积达8350亿立方米。⑥总生、排烃规模巨大——总生烃量达1040亿吨、总排烃量749亿吨。项目已发表学术论文11篇。该项目获2009年度陕西省科学技术奖励二等奖。

【中国煤炭地质综合勘查关键技术与工程运用】该项目由中国煤炭地质总局组织，省煤炭工业局、中煤航测遥感局、西安科技大学等单位王双明、谭克龙、唐胜利、范立民等人联合攻关，取得重大突破。理论创新方面：系统建立了煤炭地质综合勘查技术体系，科学地划分了4类勘查区类型，并建立了相应的精细勘查模式；建立了国内主要赋煤区煤系高分辨层序地层格架、提出并划分了控煤构造样式类型，为煤炭地质勘查技术创新和深化科技找煤提供了强有力的理论支撑；创建了煤炭地质遥感勘查新模式，实现了复杂地区快速地质填图。建立了大面积的中等分辨率卫星遥感扫面、圈定靶区和目标靶区大比例尺含煤地层的遥感识别标志。总结出了裸露区、隐伏区、植被覆盖区遥感找煤的有效方法；针对西部地区复杂条件，开展了随机观测系统设计、专用成孔设备工艺、层析静校正等煤炭三维地震勘探技术难题攻关并取得突破；系统研究出了针对不同区域复杂地层的多种快速高科技复合钻进技术、工艺和特种钻具，并建立了金刚石钻头和钻进技术专家系统，形成了具有特色的煤炭地质钻探技术体系，使国家煤炭地质钻探步入世界先进行列。勘查精度和速度方面：成功实施三维地震勘探，地质解释精度提高到查明落差大于3m以上的断层，野外记录甲级率达到95%；西部复杂地区，能查明落差大于5m断层和直径大于20m的陷落柱，地质成果准确率由原来的30%～50%提高到80%，野外记录甲级率达到70%；煤层厚度地震解释精度平均绝对误差0.20m，相对误差1.57%。快速精准钻探轨迹控制准确率95%以上，钻探效率平均提高1.5倍以上，甲级钻孔率98%以上，岩煤芯的采取率95%以上；能在海拔4000m以上永冻地区施工2000m深度资源勘查钻孔，采用快速精确钻进技术后相同条件下每米钻进成本降低50%以上。工程应用方面：应用该项目技术，累计新发现煤炭资源量1000多亿吨，新增探明储量近3500多亿吨，潜在经济效益超过万亿元。其快速精准钻探技术在内蒙古骆驼山矿、山西王家岭矿透水，陕西神木、郑州超化煤矿等抢险中，快速打通了“生命通道”，使多名受困矿工成功获救。该项目获2009年度中国煤炭工业科学技术一等奖。

（范立民）

【陕西省陕北侏罗纪煤田榆神矿区大保当井田补充勘探报告】 该项目由陕西省煤田地质局一八五队施工并编制报告。大保当井田位于陕西省神木县。该勘探采用1∶1万地质及水文地质、工程地质及环境地质填图、二维地震、GPS控制测量、钻探、测井、采样测试、抽水试验等手段进行综合勘探。查明了勘查区的水文、环境和工程等地质开采技术条件、煤层的煤类、可采煤层层数、煤质等数据。查明资源量总量265890.8万吨，可将其规划为生产规模15～20Mt/a的煤矿。该报告2009年获中国煤炭协会第十四届优质地质报告一等奖。

（陈培成）

【陕西省黄陇侏罗纪煤田彬长矿区雅店勘查区勘探地质报告】 该项目由陕西省煤田地质局一九四队施工并编制报告。雅店勘查区位于陕西省彬县。该勘探采用1∶1万地质及水文地质、工程地质及环境地质填图、二维地震、GPS控制测量、钻探、测井、采样测试、抽水试验等手段进行综合勘探。查明了勘查区的水文、环境和工程等地质开采技术条件、煤层的煤类、可采煤层层数、煤质等数据。查明资源量总量63674万吨，可将其规划为生产规模4Mt/a的煤矿。该报告2009年获中国煤炭协会第十四届优质地质报告一等奖。

（陈培成）

【宁夏宁东煤田鸳鸯湖矿区麦垛山井田先期开采地段三维地震勘探报告】 该项目是宁夏煤炭勘察工程公司委托陕西省煤田地质局物探测量队施工并提交报告。麦垛山井田位于宁夏回族自治区灵武市。该次地震勘探共完成地震测线束42束，施工面积30.3km^2，完成物理点19616个；Ⅰ＋Ⅱ类剖面占剖面总长的96.3%。该项目查明了先期开采地段内落差等于和大于5m的断点，对小构造的发育程度、分布范围及对开采的影响作出了评述。查明了区内等于和大于5m的断层12条，孔验证符合率达90%；查明了先期开采地段三维区的总体构造格架；查明了区内二煤、六煤和十八煤层的起伏形态。经56个孔的验证深度解释误差在1.5%以内，满足设计和规范要求；解释了区内第四系厚度的变化；对主要可采层煤层厚度变化趋势进行了横向预测。该报告2009年获中国煤炭协会第十四届优质地质报告专业报告一等奖。

（陈培成）

【陕西省陕北侏罗纪煤田榆神矿区西湾井田勘探报告】 该项目是陕西省煤田地质局和安格鲁煤炭公司共同投资的大型中外合作地质勘查项目，由陕西省煤田地质局一八五队施工并提交报告。该井田位于陕西省榆林市神木县及榆阳区。井田采用1∶1万水文地质、工程地质填图、二维地震、磁法勘探、钻探、测井、采样测试、抽水试验、地下水动态长期观察等手段进行综合勘探。查明了勘查区含煤地层的特征及构造特征、煤层层位、厚度、煤质特征及空间分布规律、水文、环境和工程等地质开采技术条件。查明资源量总量145970万吨，可将其规划为生产规模8～12Mt/a的露天煤矿。该勘探工程质量优、效率高、勘测技术手段先进、综合研究成果丰富。该报告2009年获陕西省地质学会第三届优秀地质成果一等奖。

（陈培成）

【陕西省黄陇侏罗纪煤田彬长矿区胡家河井田勘探地质报告】 该项目由陕西省煤田地质局一三一队和物探测量队施工并提交报告。胡家河井田位于陕西省彬县境内。该次勘探采用地质及水文地质填图、二维地震、钻探、煤田地球物理测井、抽水试验和各类样品采集测试等综合勘查手段。查明了该区的地层、接触关系、岩性特征及厚度变化规律、构造形态、可采煤层层数、厚度、煤类、煤岩特征、物理化学性质、水文地质和工程地质开采技术条件。查明煤炭资源总量68038万吨，可建设生产能力3.0Mt/a的矿井。该报告2009年获陕西省地质学会第三届优秀地质成果一等奖。

（陈培成）

【高性能钻杆材料、结构研究及适用性评价系统开发】 该项目是由中国石油集团石油管工程技术研究院冯耀荣、韩礼红、林元华等10人承担完成的中国石油天然气集团公司项目。项目针对西部油气田苛刻钻井环境技术需求，研究了钻具性能、选材技术提升与含缺陷钻柱构件适用性评价方法。项目采用高性能复相组织钻杆材料工艺技术，基于深井钻井对钻杆强韧性及高抗疲劳性能技术需求，采用分级淬火加回火工艺路线，获得了具有优异强韧性匹配及疲劳特性的贝氏体/马氏体复相组织钻杆工艺技术。采用新型钻杆加厚过渡带结构优化设计，从优化应力分布、提高抗疲劳特性，对现行钻杆内加厚过渡带结构进行优化，形成了新型内外加厚过渡带结构，具有抗疲劳性能。项目对含硫化氢油气田用钻杆选材技术进行研究，基于“先漏后破”失效准则，研究了含硫化氢油气田钻杆冲击韧性损失规律和国内外抗硫钻杆（105ksi）氢损伤行为，形成了酸性油气田用钻杆选材技术。项目研究了含缺陷钻柱构件适用性评价方法且开发了应用软件，将疲劳累积损伤理论和失效评估图方法有效结合，研究了钻铤螺纹开裂适用性评价技术，制定了《含缺陷钻杆适用性评价方法》行业标准（SY/T6719-2008），开发了含缺陷钻柱构件适用性评价应用软件。

项目研究成果申报了4件国家发明专利，2件实用新型专利，形成管材研究所企业标准草案，发表21篇学术论文。项目在塔里木、吐哈等油田和中石油渤海能克钻杆制造有限公司等企业获得了广泛应用，提升了钻具质量控制技术，钻具失效频率下降。成果应用累计获得逾3.5亿元的经济效益。该项目2009年获中国石油和化学工业协会科技进步二等奖。

（谢文江）

【瞬变电磁法的探测深度问题】 该论文由煤炭科学研究总院西安研究院闫述、石显新等撰写完成。电法勘探的探测深度一直是地球物理勘探的重要研究内容之一。论文应用时域有限差分（FDTD）、时—频（T-F）分析等手段，直接从因果关系的角度在时间域对瞬变电磁法的探测深度及其影响因素进行了分析讨论，得出了TEM方法的探测深度主要由观测时间决定，激励源发出的瞬态脉冲以有限速度经过一定时间到达地下异常体处，再经由同样的时间返回地面为接收仪器所接收。要探测一定深度处的地质体，至少要有电磁波往返所需的时间；时域“扩散深度”和频域“趋肤深度”形式上相似，但前者表示的是阶跃脉冲在给定时间内传播的距离，两者内涵不同；理论上TEM的最小探测深度没有限制，但实用仪器和装置的响应需要时间，使极短时间内反射回来的电磁波无法被接收，从而对埋深极浅的地质异常体无法分辨。但在一定深度以后，脉冲波中的低频分量受大地的色散作用传播速度较慢，可利用晚时段观测埋深较浅的地质体。要在资料解释时不能按照视电阻率—深度计算公式将某一观测时间与某一深度机械地对应起来。要考虑晚时段信号中包含了探测深度范围内由浅到深的地质信息，考虑位于不同深度、不同电性的地层或异常体对观测数据的不同影响，从而将晚时段信号中的浅部信息提取出来，即要注意TEM方法的体积效应问题；色散现象使在低阻媒质中探测同样的深度需较长的观测时间，当测区存在上覆低阻层时，对深部探测是不利的；激励脉冲的高频分量在传播过程中不断被衰减，其频谱随时间的变化及各频率分量的能量密度可用T-F密度谱观察到，与观测延迟时间相对应的频率，也可由TEM信号的T-F密度谱得到等结论。该论文发表于2009年6月《地球物理学报》第52卷第6期，并被SCI收录，收录号为465WK。

（石显新）

【瞬变电磁法中心回线装置资料解释方法的改进】 该论文由煤炭科学研究总院西安研究院石显新、闫述等撰写完成。论文讨论了回线源内、外场的分布特征，分析了偏离场源中心各观测点感应电动势的变化规律，把大定源回线视电阻率算法引入到中心回线装置的数据处理解释中，消除了边缘效应引起的视电阻率计算误差，提高了瞬变电磁探测中心回线装置的探测精度和分辨率。TEM法的准确、快速为煤矿安全生产提供地质保障的时效性。TEM法的施工效率来源于：第一，每一测点的观测时间短。瞬态场由阶跃脉冲或其他形式的脉冲源激励，包括了大量的频率成分，一次发射、一次接收就完成了所需频段的测量。在煤田水文地质探测中，最短观测时间几毫秒，最长观测时间100ms，比频率域电磁测深一个测点的测量时间加快；第二，观测在发射回线中部1/3且此区域内场的分布基本上是均匀的。如果发射回线边长为600m，那么中部200m×200m区域即为观测区，施工效率很高。但发射回线中心区域的场分布并不是均匀的。对于探测地下较大的构造或目标体，按照近似均匀场的处理方法一般不会淹没地下目标体的电磁响应。当需要探测华北型煤田水文地质等深部较小的地质构造，要在探测深度600～1000m的情况下探测含水陷落柱和导水小断层，观测方法引起的解释误差便不可忽略等两个方面。为考查发射回线中心点与边缘点场值的差异，该文基于大定源回线产生的感应电动势计算分析来研究边缘效应的影响。与中心点相比，观测区边缘处的感应电动势数值偏离达15%～25%，这与存在于华北型煤系中赋存深度为600～1000m的陷落柱、导水小断层等引起的异常相比（与背景相比有时也就在5%～10%之间，一般不会超过15%），已经不可忽略，必须消除边缘效应的影响。

瞬变电磁法中心回线装置观测中的边缘效应，对于精细勘探来说是不可忽略的，应当予以消除。基于大定源回线的视电阻率计算方法能够有效地消除边缘效应对解释结果造成的影响，扩大有效观测区域，使现场施工更为灵活、方便，效率高。在发射回线中部进行观测，以得到高质量的实测数据，可保证有较高的探测精度。该文发表于2009年7月《地球物理学报》第52卷第7期，并被SCI收录，收录号为477ZW。

（石显新）

【陕西省榆林市大保当水源地勘探报告】 该项目是陕西省政府和中国地质调查局共同投资的陕北能源化工基地地下水勘查项目的一部分，由陕西省煤田地质局水文队施工并提交报告。水源地位于陕西省榆林市神木县及榆阳区。该项目开展了水文地质测绘、水文物探、水文钻探和抽水试验、动态监测和分析化验、地下水和地表水的动态监测等勘查工作。查明了水源地范围内地形地貌、地质构造、地层岩性等地质条件；烧变岩的分布范围和特征、第四系潜水含水层的水文地质结构、潜水的补给、径流排泄条件；大保当沙漠滩地区和清水沟、芦沟、香水河沟域松散岩类孔隙潜水和烧变岩裂隙潜水的水化学特征及变化。进行了地下水系统的划分和富水性分区，评价了地下水的水质和水量，提出了水源地地下水开发利用的方案和保护建议，并对不同水位的土壤表层的植被特征及“三水”转化进行了分析。该报告2009年获中国煤炭工业协会第十四届优质地质报告一等奖。

（陈培成）

煤矿建设与采煤

【煤矿井下千米瓦斯抽放钻孔施工装备及工艺技术开发】 由煤炭科学研究总院西安研究院等三单位石智军等11人承担完成。施工瓦斯抽采钻孔进行瓦斯抽采是治理瓦斯灾害的主要途径。该项目研制的千米瓦斯抽采钻孔施工装备和配套工艺技术，为煤矿高效抽采瓦斯和保障安全生产提供了装备和技术支撑。研制出国内第一台煤矿井下一体化履带式定向钻进钻机；采用专有技术方法研制的高强度大通孔中心通缆式钻杆，性能超过进口产品；提出了煤矿井下定向钻孔轨迹描述方法，开发了国内第一套煤矿井下定向钻进随钻测量系统及群式钻孔数据处理系统；创造了国内煤矿井下定向钻孔施工孔深1046m的新记录。该成果已获5项实用新型专利授权，已受理发明专利3项，制定企业技术标准12项。产品达到国际先进水平，已应用到陕西、山西、宁夏、内蒙古、黑龙江等地煤矿企业，市场占有率65%以上，为中国煤矿安全高效生产及瓦斯治理与利用起到了显著的促进作用。该项目获2009年度陕西省科学技术奖励一等奖。

（石显新）

【煤矿井下近水平千米瓦斯抽采孔随钻测量定向钻进技术与装备】 该项目是由煤炭科学研究总院西安研究院、陕西长武亭南煤业有限公司石智军、董书宁、赵庆民等13人承担完成的国家重大产业技术开发专项“煤矿井下千米瓦斯抽放钻孔施工装备及工艺技术研究”的主要成果，并通过了验收。项目完成了千米自行式钻机ZDY6000LD和ZDY6000LD(A)两种机型的研制。研制开发了高强度大通孔钻杆和随钻测量定向钻进系统以及近水平定向钻进钻具及工艺技术的研究。项目率先实现了定向钻进钻机的一体化设计，首次采用了三泵开式循环系统。首次将稳定组合钻具和孔底马达结合进行分支孔施工，创造了国内采用自主知识产权装备进行煤矿井下定向钻孔施工的最高记录，开发了可随钻测量、钻孔设计、系统分析、文件处理等同时具备国内首套的应用软件。研制的高强度大通孔钻杆和中心通缆钻杆既可随钻测量，又能在较复杂工况下大扭矩回转钻进。解决了国内煤矿安全生产装备，为井下瓦斯抽采定向钻孔施工提供了新技术和新装备，改变了传统瓦斯抽放钻孔的布置模式，提高了瓦斯抽采效果和钻孔施工效率，为实现煤与煤层气（瓦斯）协调一体化开采提供了新思路和技术支撑。项目已累计产生经济效益（增收节支总额）23581.68万元，新增利润3399.8万元、税收1874.1万元。该项目获中国煤炭工业科学技术一等奖。

（石显新）

【陕西省系列瓦斯地质图、矿井瓦斯赋存规律及应用】 该项目是2005年陕西省煤炭工业局瓦斯治理项目和2009年国家能源局计划项目，由陕西省煤炭工业局组织实施，2009年11月完成。这是陕西省第一次系统整理全省矿井瓦斯地质成果，并提升到理论高度，进行总结、汇总和专题研究。首次编制了陕西省系列矿井瓦斯地质图，包括85处生产矿井瓦斯地质图、7个矿区的瓦斯地质图和陕西省1∶50万瓦斯地质图，各瓦斯地质图均编写了详细的说明书，涵盖了省内全部高瓦斯矿井、煤与瓦斯突出矿井、高瓦斯区域或瓦斯分布不均一区域的低瓦斯矿井、曾经发生过瓦斯事故的全部煤矿。该瓦斯地质图编收集利用各类钻孔瓦斯测试资料3856个钻孔、9628层次煤层的瓦斯测试资料，收集利用生产过程中的瓦斯监测、测试等数据约60万个，编绘各类分析性图件1673幅，各类附表20种1900余张。形成了1∶2000、1∶5000、1∶10000、1∶100000、1∶50万系列瓦斯地质图编图方法，分别应用于煤矿工作面、矿井、矿区瓦斯地质图和全省瓦斯地质图编图。首次系统研究了韩城、铜川、焦坪、黄陵、彬长等高瓦斯矿区瓦斯地质规律，划分了瓦斯含量分级范围，确定了瓦斯抽采重点区域，为煤矿地面瓦斯抽采工程设计和煤层气利用提供了科学依据。研究了控制煤矿瓦斯赋存的地质因素，提出了瓦斯治理措施，取得了较好的经济、社会效益。该项目获2009年陕西省瓦斯地质成果一等奖。

（范立民）

【榆神府区煤炭资源开发与生态水位保护研究】 陕北侏罗纪煤田榆神府区经过20年的煤炭开采，出现了地下水位下降，泉水、湖淖干涸，河川基流量衰减乃至断流，流域生态变异和生态环境恶化等一系列环境问题。为控制地下水位下降、保护矿区生态环境、建设绿色矿区，陕西省煤炭工业局开展了“榆神府区煤炭资源开发与生态水位保护研究”项目。调查了采煤引起的地下水环境问题及表生生态效应，提出了以控制地下水位为核心的科学开采技术体系，编制了国内第一幅区域性采煤方法规划图，并应用于陕北能源化工基地煤炭规划和生产，促进了大型煤炭基地建设及健康发展。编写了《生态脆弱区煤炭开发与生态水位保护研究》的专著，撰写的《生态脆弱区生态水位保护的采煤方法规划研究》论文获中国地质学会2009年学术年会优秀论文一等奖。

（范立民）

【高产高效煤矿建设的地质保障技术】 陕西省煤炭（煤层气）资源丰富，全省资源总量3800多亿吨，居全国第四位。探明地质储量1800亿吨，居全国第三位。其中灰分小于10%、硫分小于1%的优质煤炭资源占全国同类煤炭资源的50%左右，居全国首位。全省2000m以上浅煤层气资源量13095亿m3，位居全国第四位。2009年全省原煤产量2.96亿吨，位居全国第三位。为推动陕西省煤炭采掘业健康发展，提高煤炭地质工作水平，促进高产高效矿井建设，2009年陕西省煤炭学会召开了“高产高效煤矿建设地质保障技术”学术年会，对相关技术和问题进行了分析、探讨和交流。公开出版了《高产高效煤矿建设的地质保障技术》论文集，收录论文54篇，这是陕西省煤炭学会召开的学术会议首次公开出版文集，评选表彰了优秀论文一等奖12篇，二等奖15篇，三等奖24篇。

（范立民）

发电与电网工程

【超（超）临界机组氧化物粒子的形成机理与规律的研究】 由西安热工研究院有限公司范长信等8人承担完成。该项目主要研究内容：①在丹麦对超超临界试验机组中运行1、3、4、7年的TP347HFG等试验管样进行对比分析，研究了蒸汽侧氧化皮的微观形貌特征、组织成分、生长机理和影响因素，首次揭示了细晶粒奥氏体不锈钢蒸汽侧氧化皮厚薄不均的根本成因。②在国内建立了高温蒸汽氧化试验台，首次对不同表面状态的TP347HFG、Super304H、HR3C等八种材料进行了多个温度下的蒸汽氧化模拟试验，得到了这些材料的氧化动力学规律，并进行了氧化层微观形貌、结构和微区成分分布规律的研究，揭示了蒸汽氧化的机理和规律。确定了金属基体的Cr含量、温度、表层晶粒度、表面状态等因素对材料抗蒸汽氧化性能的影响。③研究并掌握了蒸汽氧化层的剥落行为和规律，对蒸汽氧化层在不同运行工况下的力学行为进行了模拟计算和试验研究。④建立了高温蒸汽氧化实验室，掌握了金属材料的高温蒸汽氧化性能的试验方法。⑤为国内首批10余台超（超）临界机组的选材、在役机组氧化皮问题的解决提供了技术支持，促进了关键材料的国产化。该项目在国内首次研究了超（超）临界锅炉管的蒸汽氧化问题，揭示了氧化物粒子的形成及剥落的规律，研究方法及科研成果均有很高的创新性，研究成果达到了国内领先、国际先进。项目在国内外一级刊物及学术会议上发表5篇论文，其中SCI收录2篇，EI收录3篇。申请专利4项，其中已授权实用新型专利1项，3项发明专利处于公告期。该项目获2009年度陕西省科学技术奖励二等奖。

【负荷模型深化研究及适应性分析】 由西北电网有限公司等五单位范越等11人承担完成。该项目首次在同一个电网同时运用统计综合法、总体测辨法、故障拟合法进行负荷建模。并进一步从负荷建模方法、综合负荷模型（SLM）结构、电动机模型等多个方面对三种负荷建模方法进行了对比；提出了冲击负荷模型和特殊负荷的现场数据启动录波的功率突变量判据；提出了西北电网特殊负荷建模的框架设计方案并建立了负荷建模系统；提出了基于统计调查与PMU测量数据相结合的综合负荷模型参数确定方法；通过调查统计获得综合负荷模型的配电网阻抗比例等参数，根据实测动态响应数据，对电动机比例、定子电抗和初始负荷率等重要参数进行了辨识；采用综合负荷模型参数对西北电网重要断面送电能力影响的灵敏度分析，并提出了适用于西北电网的综合负荷模型参数。该成果总体达到国际先进水平，其中冲击负荷建模研究处于国际领先水平。该研究成果的应用极大改善了西北电网的计算分析水平，充分发挥了电网设备的输送能力，保证电网的电能质量，全面提高了电网运行的稳定性和经济性，使西北电网的运行水平上一个新的台阶，并获2009年度陕西省科学技术奖励一等奖。

【西北主网与新疆电网联网后电网安全稳定问题研究】 由西北电网有限公司等4单位史可琴等9人承担完成。项目研究了联网前后的稳定特性，分析了西北750千伏电网形成初期电网运行面临的主要问题，指出河西电网是联网后电网的最薄弱环节，需要加装串补以提高电网输送能力，提出了运行控制措施和优化2015年河西电网网架规划的建议；对750/330千伏电磁环网、振荡中心、频率/电压特性进行研究，提出了区域安全稳定控制系统、振荡解列、低频/低压减载装置等配置方案；对阻尼特性及电压稳定性进行分析，提出一种研究小干扰电压稳定性的新方法，完成了各种运行方式下PSS优化配置与参数整定及小干扰电压稳定性的分析与计算，指出电网中小干扰电压稳定性的薄弱环节；分析了大规模风电接入对电网稳定性的影响，提出对风电机组并网运行的基本要求以及相关控制策略；进行了750千伏电网内部过电压分析计算，确定750千伏重要线路中性点小电抗配置方案，校核潜供电流和恢复电压以及同塔双回线路在单回停运时的感应电压和环流。提出调整永登—白银和乾县—渭南线路的中性点小电抗和750千伏电网避雷器运行参数的建议。该研究成果达到国际先进水平。成果可指导西北电网的安全稳定运行，为电网配置PSS、消除低频振荡的不良影响、优化配置过电压防护和合理确定设备绝缘水平、建立引入广域量测信息的三道防线工作提供参考。通过电网安全稳定运行水平的提升、优化电网规划和推广采用新型输电技术，产生长远的经济和社会效益。该项目获2009年度陕西省科学技术奖励二等奖。

【输电线路动态增容理论、关键技术与产品开发】 由西安工程大学等3单位黄新波等6人承担完成。电力供应短缺是制约经济发展的主要瓶颈，分析其原因，除了电源紧张带来的“硬缺电”之外，输电线路建设滞后、电网结构薄弱、运行管理落后也是“电荒”的重要根源。课题研发的动态监测增容技术可在确保系统稳定、设备安全、不改变线路现行规程和确保电网安全运行的前提下，实现对输电线路运行状态的实时监控，及时对热稳定限额进行调整，最大限度地发挥输电线路的负载能力，可实现对电网综合运行情况的全景监视并获取辅助决策支持。研发的输电线路动态增容系统是集微量信号传感、电磁兼容、数据信息处理、网络通讯等技术为一体的高新技术产品。系统本身集成了导线温度监测和气象条件监测，利用动态监测增容技术的相关理论基础，对导线输送容量计算、线路暂态运行分析、安全隐性容量计算等数学模型算法进行了研究，并借助联通/移动通信网络进行实时数据传输，结合专家知识库和各种理论修正模型计算出输电线路的实际载流量值和隐性容量，在保证输电安全、不违反技术规程的前提下，可大幅度提高其输送容量，部分解决国内电力供应短缺的问题。该系统已在华东、华北、西北等电网多家公司的110kV及以上输电线路安装运行800余套，产生直接经济效益1.8亿元，2009年销售达到5亿元以上。系统运行良好，在很大程度上缓解了国内电力供应短缺的问题，也为输电线路的设计与运行维护提供了重要数据，动态增容系统已是“智能电网”的有效组成部分，社会效益巨大。该项目获2009年度陕西省科学技术奖励二等奖。

【特高压交流输电关键技术研究、设备研制及工程应用】 该项目由国家电网公司、中国电力科学研究院、国网电力科学研究院、西安电力机械制造公司等单位的刘振亚、舒印彪、郑宝森、孙昕等人承担完成。该项目集国家科技支撑计划、国家重大技术装备研制计划和国家电网公司重大科技攻关计划为一体，涉及系统研究、工程设计、设备研制等多个专业领域。在系统关键技术研究方面，建成了功能完备、综合试验能力世界一流的特高压试验研究体系。攻克了特高压输电系统的无功补偿和过电压限制、外绝缘特性、防雷与绝缘配合、潜供电流抑制以及电磁环境控制等技术难题，获得了大量基础性试验数据，形成了一系列技术标准和规范。在设备研制方面，制定了特高压交流设备技术条件，形成了整套设备设计、制造和试验平台，掌握了设备的核心制造技术，研制出代表世界最高水平的全套特高压交流输变电设备。

项目建成目前世界上电压等级最高、技术水平最先进的1000kV晋东南－南阳－荆门特高压交流试验示范工程，设备综合国产化率达到90%。在工程设计、施工及调试运行方面，研制了施工、运行维护专用工器具及交接试验成套装置，编制了系统调试方案，形成了全套技术标准规范。该工程自2008年12月投运以来，一直保持安全稳定运行，各项技术指标良好。该项目获2009年国家电网公司科技成果特等奖。

（毕鹏翔）

【新农村供电模式研究及综合示范工程建设】 该项目由中国电力科学研究院、国网电力科学研究院、中国农业大学、山东电力集团公司、陕西省电力公司等单位的郑宝森、吕春泉、张莲瑛、刘福义、盛万兴等人承担完成。项目涵盖了电网建设、生产管理、营销服务、降损节能、信息、通讯等16个分项目。项目提出优化农村电网结构新思路。先后实施了35kV小型集成式变电站，采用“单线单变、10千伏环网”、工厂预装式生产的设计思路，可扩展性强。采用了基于双重判据的微机小电流接地选线装置，提高了自动化程度和供电可靠性。10kV集成化封闭式开闭所采用集成化、智能化、全封闭、免维护成套装置，占地面积小、施工周期短、技术先进、自动化程度高，为负荷密集地区配电网建设提供了新模式。在国内首次应用了县级电网“调配集管”自动化系统一体化建设模式，实现了县级电网自动化数据的集成、整合和资源共享。在国内首次建成10kV辐射型架空线路故障诊断及运行监控系统，实现单相接地、相间短路故障诊断、定位，缩短了故障处理时间，提高了供电可靠性，节约了故障处理成本，降低了人身安全风险。

试点EDSL通信技术在变电站视频传输中的应用。满足了视频监控系统图像传输质量要求，建设费用低，运行维护量小，适合在偏远、通信条件较差等地区应用。应用单相变压器、有载调压配电变压器、10千伏馈线自动调压器，解决了偏远地区线路供电半径长、末端电压低和线损高的问题，提高了电压合格水平。首次建立起县级电网无功优化分析系统，实现电压无功优化管理、效益分析。初步实现县级电网的电压无功优化控制。率先完成市、县一体化线损在线分析与管理系统建设，建立市、县两级管理模式，将市县高中低压网络、理论线损和统计线损计算、报表和分析集成在统一平台上，实现线损管理一体化。首次建立了县供电企业信息资源整合平台和企业级数据集成与信息资源整合平台，保证了数据的唯一性、完整性、规范性。该项目获2009年国家电网公司科技成果一等奖。

（毕鹏翔）

【750kV线路及变电站电磁环境实测分析及改善优化技术研究】 该项目由西北电网有限公司、国网电力科学研究院、陕西电力科学研究院朱跃、万保权、吴健等人承担完成。项目实测了国内首个750kV示范工程的工频电场、工频磁场、无线电干扰、可听噪声等值，各参数均符合国家规定的限值，为后续750kV工程通过环保评估提供了可靠的依据。同时结合西北高海拔的实际，根据750kV示范工程线路的实测结果，在国内首次提出了适合西北地区的无线电干扰修正公式的阶段结果。对于电场强度超限值的情况提出了采取架设屏蔽线的方式来降低场强的具体方法。对于线路转角塔跳线电量较大，提出了采用鼠笼式跳线，改善连接方法的措施，形成750kV电磁环境限值标准，规定了750kV输电线路的电磁环境限值。该项目为西北电网安全稳定运行提供了保障，为后续高海拔地区750kV输电线路采用合理的电磁环境限值、降低工程造价提供了技术支持，社会经济效益明显，推广前景广阔。该项目获2009年国家电网公司科技成果二等奖。

（毕鹏翔）

【750kV扩径导线工程应用研究】 该项目由西北电网有限公司、上海电缆研究所、西北电力设计院、陕西送变电工程公司、特变电工股份公司新疆线缆厂衣立东、徐睿、孙强、田子恒、谭金红等人承担完成。项目首次对LGJK-300/50型、LGJK-310/50型、LGJK-400/45型扩径导线进行了设计、制造和施工的总结，为超、特高压扩径导线的应用提供了可靠的技术支持。该类型导线设计、制造和施工的流程环节的完善和改进，在满足输送容量、机械强度、电气标准的前提下，达到环境保护的要求，降低了工程造价。 在2005年750kV示范工程、2008年玛乌750kV输变电工程和2009年兰平乾750kV输变电工程中，分别采用了研究成功的LGJK-300/50型、LGJK-310/50型、LGJK-400/45型扩径导线，运行情况良好。该项目获2009年国家电网公司科技成果二等奖。

（毕鹏翔）

【折坡式消力池研究及其在水利水电工程中的应用】 由陕西汉江投资开发有限公司等4单位乔明秋等9人承担完成。该研究成果首次发现和阐明了折坡水跃的消能机理——从位于坝面上的跃头断面到坝下反弧断面之间的斜坡段是折坡水跃消能的重要区间，该区间是折坡式消能工消力池的一部分，许多时候当水流到达反弧处时已变成缓流，其后的池段和尾坎主要起调整水流和防冲的作用，从而说明了在所研究的条件下通常只需很短的水平池长和适当的尾坎便可解决问题。该研究成果给出了在已知流能比的条件下，求跃头断面的位置和相应的弗汝德数Fr1，继而求得反弧断面的Frc，为折坡消力池的水力设计提供了主要依据，设计应用简捷。利用折坡水跃跃头位于溢流坝溢流面坝坡上，从跃头至坝下反弧末端这一段坝坡作为消力池长度的一部分，从而缩短消力池长度，缩短长度有1/2～2/3。目前，国内外尚未见到有类似的科研成果和应用实例。在北京勘测设计研究院编制的《重力坝宽尾墩台阶溢流面联合消能工设计导则》研究中曾提出宽尾墩联合消能工的适用范围，对于中坝，其单宽流量为$80m^3/s$～$140m^3/s$。该研究所论述的大单宽流量，低弗劳德数、高尾水条件下的折坡水跃消能工，可看作是其补充和发展，从而构成了配套的设计理论和方法。该项目获2009年度陕西省科学技术奖励二等奖。

【SG186工程企业资源计划典型设计研究】 该项目

由陕西省电力公司、福建省电力有限公司、中国电力科学研究院等单位的舒印彪、李向荣、曹海东等人承担完成。该项目主要研究内容为国网公司、省公司和直辖市电力公司三个层面的典型模板设计，对于财务、项目、物资、生产、人力资源和计划等管理六个模块进行调研、总结分析，形成成熟套装软件在国家电网系统内的实施方法论，完成详细业务流程、典型模板、系统集成框架和系统技术架构等典型设计及业务应用模型系统开发。该项目获2009年国家电网公司科技成果一等奖。

（毕鹏翔）

【国家电网公司技术标准《电能计量装置通用设计》制订】 该标准由陕西省电力公司等单位的高舜安、沈建新、丁恒春、黄奇峰、易忠林等共同承担完成。标准规定了220V～750kV电能计量装置的设计原则和技术要求，提供了设计参数的计算、选择方法，给出了各电压等级电能计量装置典型方案，适用于新建、改建、扩建电力工程中各电压等级电能计量装置的设计，也可作为电能计量装置设计审查、验收的依据。该标准已于2009年9月颁布实施。

（毕鹏翔）

石油与天然气

【油气集输的节能减排和安全高效关键工艺及装备】 由西安交通大学郭烈锦等6人承担完成。发明创新油气集输工艺和装备是新、老油气田建设和二次开发中节能减排、提高安全可靠性的关键，课题组经18年的持续研究，与西安交通大学、宁夏三新研究院、长庆油田建立产学研联合体，发明了油气集输的流型在线识别仪、相含率在线测量仪、螺旋管流除砂器和天然气超音速旋流除湿器、油气混输相变加热炉，以及新的油气集输工艺，简化了流程，实现了油气集输的高效、安全和节能减排。开发的加热炉等系列产品已实现产业化。项目获国家发明专利授权8项，软件著作权和实用新型专利6项，制订国家标准2部。是石油天然气输运行业技术的重大创新。该项目获2009年度国家技术发明奖励二等奖。

【高含H_2S/CO_2气田油套管腐蚀机理及腐蚀防治技术研究】 该项目是由中国石油集团石油管工程技术研究院尹成先、白真权、魏斌等9人承担完成的中国石油天然气集团公司项目。项目研究了四川罗家寨、龙岗气田、长庆气田等含H_2S/CO_2气田的井下油套管，对典型油套管材料进行基本腐蚀特征、主要影响因素以及相互间交互作用等腐蚀规律的研究。研究了发生腐蚀的机理，弄清主要类型和影响因素，建立了耐蚀合金高含H_2S/CO_2抗腐蚀性能有效评价方法，确定了适合不同区块气井和气井中不同井段或部位的油套管材料和经济有效的防护措施，编制了高含硫气田材料选用指南。该项目建立了高含硫化氢的动态腐蚀试验装置能进行H_2S分压5MPa、CO_2分压5MPa、含Cl^-以及流速模拟实验，建立并完善了高含H_2S/CO_2实验程序和安全防护保障体系。建立了耐蚀合金的高含H_2S/CO_2抗腐蚀性能有效评价方法，通过对典型油套管的腐蚀评价和腐蚀研究，确定其适用范围和应用门槛值，推荐了高含H_2S/CO_2气田的油套管的主要材料和防护方法；形成高含硫气田选材应用标准和软件各一套。项目还将高温高压模拟设备和高温高压电化学测试技术相结合，对N80、P110和13Cr钢等常用油套管钢在模拟腐蚀环境中的腐蚀行为进行了实时监测，弄清了材料在井下不同环境、不同时间的腐蚀过程，填补了国内在高温高压电化学研究领域的空白，对高酸性气田油套管的选材及防护具有重要指导意义。解决了四川罗家寨高含H_2S/CO_2气田的油套管腐蚀防护控制以及基础理论问题，为油套管的腐蚀控制奠定了基础，减少腐蚀发生，保证气田正常生产。并为国内长庆、华北以及四川等具有类似环境的大型气田的开发利用提供了借鉴。该项目获2009年度陕西省科学技术奖励二等奖。

（谢文江）

【西部油田高温高压含CO_2气井油套管冲刷腐蚀预测预防技术研究】 该项目是由中国石油集团石油管工程技术研究院林冠发、白真权、冯耀荣等10人承担完成的中国石油天然气集团公司项目。项目针对国内西部油田高温高压气井油套管的CO_2冲刷腐蚀问题，通过现场调研、室内研究分析、技术和产品开发、现场应用等研究了西部油气田高温高压气井油套管的CO_2冲刷腐蚀机理与规律、控制技术措施以及防腐效果的跟踪和监测技术，并取得了良好的应用效果。通过研究，搞清了长庆、塔里木、中原等多个高温高压气井油套管发生CO_2腐蚀的环境以及腐蚀状况，确定了CO_2腐蚀的规律和机理以及CO_2腐蚀产物膜的形成规律和损伤机制，建立了CO_2腐蚀产物成膜理论及CO_2腐蚀速率预测模型，运用该模型进行的预测和油田实际良好吻合。项目还将高温高压模拟设备和高温高压电化学测试技术相结合，对N80、P110和13Cr钢等常用油套管钢在模拟腐蚀环境中的腐蚀行为进行了实时监测，弄清了材料在模拟井下不同环境、不同时间的腐蚀过程，填补了国内在高温高压电化学研究领域的空白。形成了油套管CO_2腐蚀的综合治理技术和产品。项目将双金属复合管新型管材引入抗CO_2腐蚀的材料系列，与西安向阳航天材料股份有限公司共同研究开发了抗CO_2腐蚀基管为20G内衬为316L的双金属复合管，并已在塔里木等油田推广应用，同时还研究了13Cr钢在CO_2环境中的腐蚀行为，提出了13Cr的适用环境；研究开发出TG200、TG201型抗CO_2腐蚀缓蚀剂专利产品和井下固体缓蚀剂，酸化缓蚀剂已批量生产和应用，固体缓蚀剂现场效果良好；采用远程无线监测技术，对油套管的CO_2腐蚀问题进行在线实时监测，及时掌握腐蚀动态，为油气田CO_2腐蚀控制提供了防腐决策依据。项目研究成果已在长庆、中原、塔里木等油田应用逐年大幅度提升，为油田带来直接经济效益累计50850万元。目前，国内大庆、辽河油田以及中石化、中海洋所属各油田均存在类似CO_2冲刷腐蚀问题，并已造成巨大经济损失，急需治理。该成果具有良好的推广应用前景。项目2009年获中国石油和化学工业协会科技进步二等奖。

（谢文江）

【复杂气井油套管柱的安全性及优化设计与密封保障技术研究】 该项目是由中国石油集团石油管工程技术研究院王新虎、杨龙、王建东等10人承担完成的中国石油天然气集团公司项目。项目针对复杂气井油套管柱存在的问题，进行了油套管柱结构完整性和密封完整性技术、套管优化设计理论及方法、套管柱安全可靠性等3个方面的研究。进行了全尺寸油套管密封与结构完整性、螺纹上卸扣、螺纹涂层等试验，开展了油套管柱力学及可靠性计算。提出了上扣扭矩图及其构成比例与特殊螺纹油套管的制造质量及接头上扣连接质量的相关性，提出用上扣扭矩图及其构成比例作为评判特殊螺纹密封与结构完整性的方法，提出用复合载荷油套管性能实物试验方法确定最佳上扣扭矩值及其构成比例，研制出了预防油套管粘扣的自润滑涂料及固体涂层。提出了考虑腐蚀因素的复杂气井套管柱断裂力学设计方法；提出了复杂气井套管强度和密封性保障技术，建立了复杂气井套管柱优化设计方法，并开发了软件。建立了在役含缺陷套管安全性评价方法，并形成软件。该研究成果促进了复杂气井油套柱安全保障与管柱设计技术，促进了非API标准特殊螺纹油套管的选择、评价与操作技术，提高了复杂气井的安全性，已在西部油气田得到了应用。该项目2009年获中国石油和化学工业协会科技进步二等奖。

（谢文江）

【X80管线钢管在大口径高压大输量长输天然气管线上的应用研究】 该项目是由中国石油集团石油管工程技术研究院霍春勇、王国丽、吉玲康等10人承担完成的中国石油天然气集团公司项目。项目摸清了国际X80管线钢管在高压气天然气管线的应用现状；对比了国内外X80钢管质量状况，明确了国产X80钢管的制造水平和存在的主要问题。结合国内未来天然气管线的输量和线路情况，对比研究了不同压力、管径、钢级以及单线和双线等工艺方案，阐述并确定了大口径高压天然气管道用X80钢级钢板和钢管有关塑性、强度、韧性等方面的关键技术指标，优化选择了大口径高压力输气管线采用1219mm/12MPa/X80工艺方案。项目首次建立并应用了管线方案的系统综合分析方法。综合考虑费用现值、钢板和钢管生产能力、管材技术要求、运输方案、施工能力以及配套管件的生产能力情况，并结合优化的工艺方案，确定了大口径高压大输量天然气管道压力和钢管规格的合理匹配。系统研究了X80厚壁钢管的强度试验试样形式，首次在规范中明确采用圆棒拉伸试样，提出了基于应变设计地区使用的大变形钢管对应力比的技术指标要求。该项目2009年获中国石油和化学工业协会科技进步二等奖。

（谢文江）

【基于4G一体化技术的煤航E鸟巡检系统】 该项目由中国煤炭地质总局航测遥感局承担完成。项目利用GIS、GPS、GPRS、GE等4G高新技术，借助先进定制的GPSSmartPhone设备，通过嵌入式开发语言WinCE开发的专业巡检系统平台。E鸟巡检仪功能简单实用，操作简便，定位速度快、精度高，推动了巡检管理由粗放式巡检向精细化巡检和由传统巡检向数字化巡检地转变。解决了传统巡检中人员定位难、数据传输难的管理难题，实现了巡检管理可视化、精确化、实时化，受到了巡检行业的好评。煤航E鸟巡检在中石化、中石油、延长油矿等单位的长输管线上进行了推广应用，取得了很好的经济效益。该项目2009年获中国煤炭地质总局科学技术一等奖。

（谢志清）

环境科学技术

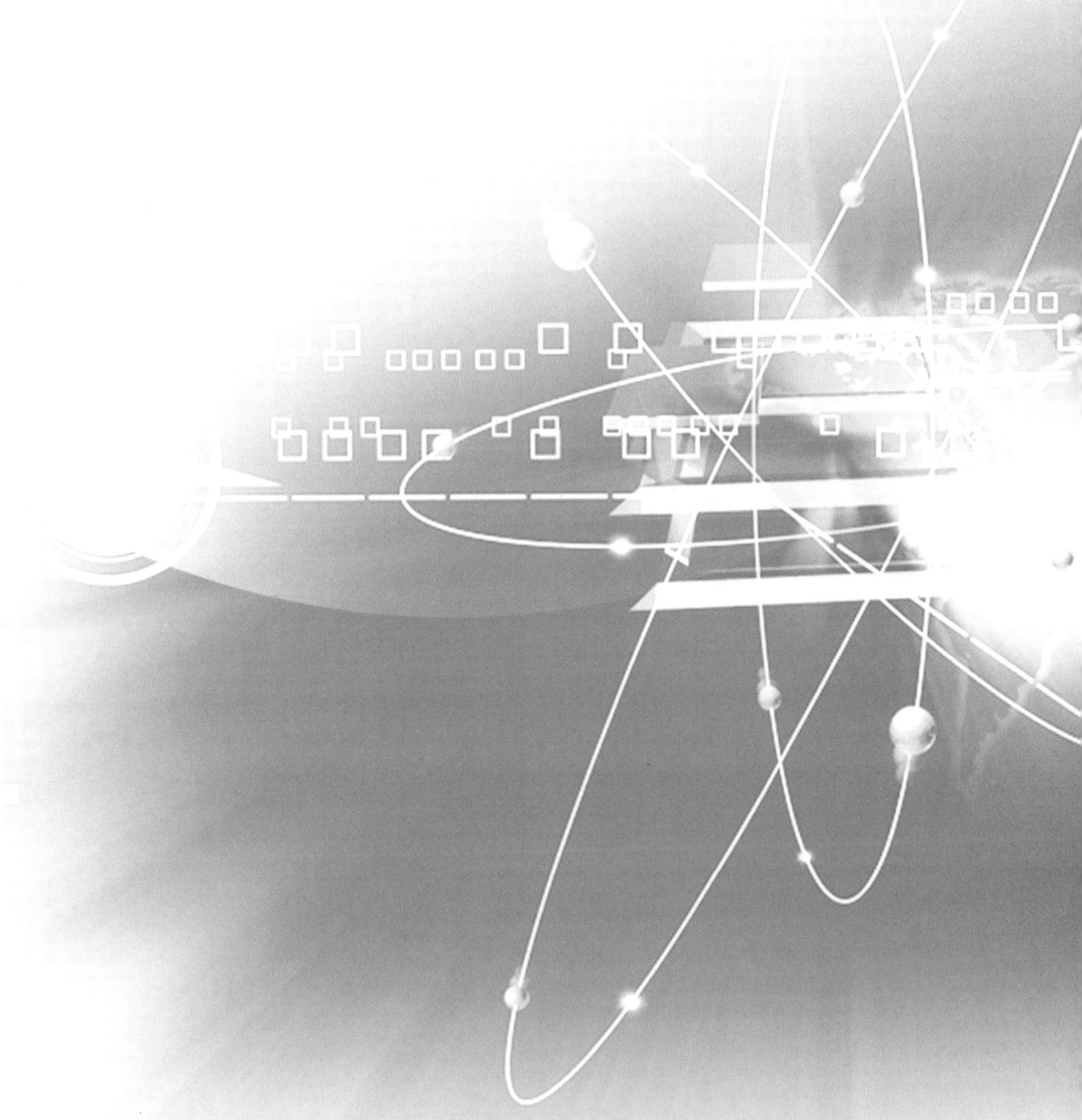

概 述

2009年环境科学技术在气象与气候研究方面，陕西省气象局加快长安大气科学实验基地和现代农业与气象科技创新基地建设，制定《陕西省气象科技创新基地管理办法》等管理制度。陕西省气候中心等单位撰写的“青藏高原大气热源结构对西北地区降水的影响”一文，用REOF方法对西北地区近50年气候进行分型和分区，对西北地区东部和西北地区西部区域气候特征进行了分析研究。该文被SCI收录。在地震监测与防震方面，省测绘局利用全球导航卫星定位、重力测量等测绘高新技术完成了汶川地震引起的地面形变监测与分析。省地震局完成的陕西省数字地震监测系统建设，填补了陕西省强震动观测的空白。环境保护监测与治理方面，西安建筑科技大学完成的西部干旱缺水地区污水再生利用的理论和技术研究，以物化-生化组合为特征的短流程污水再生利用处理技术达到国际领先水平。金堆城钼业集有限团公司等单位完成的高堆尾矿坝稳定控制和环境保护关键技术研究与实践工艺技术先进，达到国际领先水平。陕西省农业遥感信息中心等单位完成的陕西省干旱监测预警评估技术研究，建立了干旱监测预警评估业务平台。

气象与气候

【长安大气科学实验基地建设】 为大力提升陕西省应对气候变化和气象防灾减灾能力，陕西省气象局积极建设长安大气科学实验基地，使之成为西北乃至全国重要的大气科学研究基地。基地依托陕西省气象科学研究所人才和技术的研发优势，以长安区大气探测基地新开展大气探测业务研发和服务为主要任务，成立了陕西省大气环境业务研发创新团队。创新团队聘请著名气象学家马里兰大学李占清教授担任团队负责人。开展边界层气象观测、气溶胶观测、风廓线雷达观测等大气探测业务的科研和应用研究工作，提升陕西省环境气象和气候变化业务服务能力。

（朱荣增）

【现代农业与气象科技创新基地建设】 为提升气象为农服务的科技能力，陕西省气象局与西北农林科技大学联合，在全国唯一的农业高新技术产业示范区杨凌，建立了现代农业与气象创新基地。基地立足于杨凌农业高新技术范区，面向全省农林、气象科研单位，依托西北农林科技大学、科研院所和陕西省气象局的人才和科研优势为现代农业提供全方位的服务。该基地将为农业与气象资料收集和积累、陕西省气象局与有关农业科研单位的合作研究、培养气象与农业研究人才提供高水准的平台。

（朱荣增）

地震监测与防震

【汶川地震地面形变监测与分析】 汶川地震地面形变监测主要利用全球导航卫星定位、重力测量等测绘高新技术，对龙门山断裂带、陕西南部和甘肃陇南等地震受灾严重地区及周边地区的国家卫星大地控制网点进行重新测量，与以往测量成果进行比较，采用统一模式进行数据处理，并对分布在全国的国家导航卫星连续运行基准站地震前后期数据进行分析，最终确定汶川地震所引起的地形变化。该项目获2009年测绘科技进步奖一等奖。

（肖　蓓）

【陕西省数字地震监测系统建设】 该项目为地震应用技术研究项目，主要内容：①新建陕西省数字地震台网中心（包括：测震、前兆、强震动三个台网部）；②新建、改建4个国家测震台，新建13个区域测震台，改建2个区域测震台，升级5个区域测震台，建设1个流动台网中心和7个流动数字测震台；建设前兆观测场地20个，改造和新增测项49项，新建辅助观测项8项（降雨、气温、气压观测）；新建15个国家级强震动台，新建15个区域强震动台。该项目填补了陕西省强震动观测的空白，使陕西省关中地区的强震动台网的布设密度达到国家地震重点监视防御区台站密度要求。项目获得中国地震局2009年度防震减灾优秀成果奖二等奖。

（钟　维）

【海原断裂带库仑应力积累】 该论文由中国地震局第二监测中心的崔笃信、王庆良等5人撰写完成。论文用“中国地壳运动观测网络工程”区域站在海原断裂带附近的所有观测数据及跨断裂GPS剖面观测数据作为约束，用Smith3-D体力模型反演了海原断裂带断层滑动速率和断层闭锁深度，计算了库仑应力积累率和地震矩积累率。从西到东断裂共分为5段，采用遗传算法拟合GPS水平运动速度场，拟合的最后残差均方根为1.2mm/a。反演结果为：第1段—毛毛山断裂左旋走滑运动速率为3.6mm/a，闭锁深度为22km；第2段—老虎山断裂左旋走滑速率为10.5mm/a，闭锁深度为11.4km；第三、四、五段（海原断裂带西段、中段和东段）滑动速率依次为3.5mm/a、5.8mm/a、5.7mm/a，闭锁深度依次为8.5km、3.6km、4.3km。海原断裂带库仑应力积累率为0.48～1.59MPa/100yrs，毛毛山断裂地震矩积累率较大，但库仑应力积累率较小；老虎山断裂库仑应力积累率和地震矩积累率均比较大；海原断裂带（狭义）中西段库仑应力积累率最大。该论文2009年被EI收录。

（凌　晔）

【青藏高原东北缘岩石圈变形及其机理】 该论文由中国地震局第二监测中心的崔笃信、王庆良等5人撰写完成。为了解青藏高原东北缘岩石圈变形特征，研究该地区地壳运动的壳-幔耦合机理，论文通过处理分析该地区多期GPS观测数据、水准测量数据和相对重力测量资料，获得了该区域地壳水平运动速度场、较长时间段的垂直形变场和相对重力变化场。分析发现青藏高原东北缘东西部的变化特征存在明显差异：西部以北东向地壳缩短运动为主，而东部以顺时针旋转为主；东部以地壳隆升为主，速率在2.1mm/a左右，而西部隆升的速率小于1mm/a；相对重力变化则表现为在整体增大的背景下东部升高速率较大，平均为$9.0\times10^{-8}m\cdot s^{-2}\cdot a^{-1}$，而西部较小，平均值为$3.1\times10^{-8}m\cdot s^{-2}\cdot a^{-1}$。另外，地壳不同变形形式的转换不是渐变的，而是发生在较窄的一个转换带内。这个转换带的整体走向为NEE，北部位于金昌与武威之间，中部在祁连山东部、门源以西，南部位于德令哈以东青海湖以西。论文结合前寒武纪构造格架、重力均衡异常资料和地震SKS分裂结果对形成这种运动态势的机理进行了探讨，认为岩石圈物质侧向流动、岩石圈结构及壳-幔耦合方式差异可能是导致东部与西部岩石圈变形差异主要动因。该论文2009年被SCI收录。

（凌　晔）

环境保护监测与治理

【西部干旱缺水地区污水再生利用的理论和技术研究】 由西安建筑科技大学王晓昌等9人承担完成。项目研究了缺水地区污水再生利用的理论与技术，提出将污水再生利用与城市水环境建设相结合的新思路和新模式，建立了系统模型及优化与评价方法，并应用于从小区到城市不同规模水环境系统的规划和建设。针对污水再生利用的生态和健康安全性评价的需求，提出了建立肠道感染病原体综合评价指标的新思路，研究开发了应用分子生物学技术快速检测水中肠道病原菌和肠道病毒的方法，并应用于污水处理与再生技术的优化与评价。将物理化学和生物化学处理方法有机结合，形成了短流程、高效率的污水处理和再生利用新技术，并开展了多项示范工程建设，缩短了污水处理设备的总水力停留时间。该项目总体达到国内领先水平，其中，以物化-生化组合为特征的短流程污水再生利用处理技术，达到国际领先水平。项目在缺水城市水资源再生利用系统优化和生态健康安全性评价的理论与技术成果已推广应用于西安国家民用航天产业基地水环境系统建设等4个省内外项目。开发的短流程、高效率的污水处理和再生利用新技术已推广应用于西安绿地世纪城仕嘉公寓“城市生态小区污水处理与再生利用”等4项工程，处理水质达到环境回用标准，产生了显著的社会、环境和经济效益。出版论著5部，发表论文103篇，其中SCI收录26篇，EI收录28篇，授权国家发明专利7件，1项成果列入国家科技成果重点推广计划，1项成果获得陕西省教育厅科学技术一等奖。该项目获2009年度陕西省科学技术奖励二等奖。

【高堆尾矿坝稳定控制和环境保护关键技术研究与实践】 由金堆城钼业集团有限公司等3单位件彦卿等9人承担完成。项目内容：①提出并实践综合法加高扩容加固坝体技术：将尾矿按一定比例分送至坝前和库后，实现坝前、库后均衡分段分散放矿，提高了尾矿库充填系数，减少坝体上升速度和渗漏量，延长坝体固结时间，提高回水利用率。②根据坝体物理力学参数随埋深、时间变化规律，提出并首次按早、后期分区统计选取渗流计算参数；采用改进排水子结构法建立数学模型拟合大口辐射井-插板-水平孔立体排渗设施，预测、优化排渗布置方式，发展了尾矿坝渗流控制理论研究和坝体降水技术。③分析了尾矿坝排水处淤堵物质，揭示了化学淤堵和渗透系数的变化关系，并建立尾矿坝渗流-化学淤堵耦合数学模型。采用三维渗流模型，分析了排渗体淤堵程度对坝体渗透稳定的影响，提出并实施了淤堵防治措施，发展了排渗体化学淤堵研究。④耦合模型在尾矿坝稳定性分析中大多采用饱和多孔介质理论，没有考虑筑坝过程变饱和介质、变渗透性以及溶质迁移过程对渗流和介质变形的影响。该研究从理论上研究了尾矿坝变形-渗流-离子迁移耦合机理与模型，分析了渗透稳定性和环境保护对策，发展了耦合模型在尾矿坝稳定分析中的应用研究。⑤基于有效应力法EFES-3D计算程序进行稳定性分析，提出三维静动力稳定安全系数计算方法，发展了尾矿坝三维静动力稳定分析。⑥针对排洪隧洞渗透稳定性问题，建立了岩体双重介质渗流模型，分析预测了尾矿坝加高到1300高程时的渗透稳定问题，提出并实施的防渗工程措施，收到很好的效果。该理论有所创新，技术、工艺先进，经济效益显著，达到国际领先水平。综合研究成果已在栗西尾矿库中得到全面应用，某些技术已在有色、冶金、火电等行业推广应用。该项目获2009年度陕西省科学技术奖励二等奖。

【陕西省干旱监测预警评估技术研究】 由陕西省农业遥感信息中心等3单位杜继稳等9人承担完成。该项目规划并建设全省土壤墒情监测综合监测网；建设包括气象资料、农业信息、基础地理数据、当地经济信息和卫星遥感监测产品在内的干旱数据库；系统的分析和揭示了陕西干旱发生规律、特征、成因以及大气环流演变背景；综合气候、植被、水文和地质环境等因素，对陕西省生态农业干旱做区划研究；通过逐日气温变化，分析划分各干旱区自然天气季节；依据国家规定的6种干旱监测指标方法和等级标准，在干旱分区和自然天气季节基础上，进行本地化适用性研究，得出适合于陕西省的干旱监测、评估指标体系；建立基于MODIS遥感资料干旱监测业务化方法和模型，按照生态气候分区，结合GIS技术能得到全省或区域（市、区和县）的干旱精细化遥感监测产品；建立基于中期、延伸期天气预报和月气候预测，气象观测和农作物生长状况等资料的陕西省气象干旱和农业干旱预测预警模型和指标，对未来5～30天不同生态农业干旱区可能发生的气象干旱、农业干旱及其演变进行预测和预警；运用地面气象、卫星遥感、水文和农业资料等，建立集干旱灾前预评估、灾中动态评估和灾后损失评估于一体，能对农业、水文、生态、社会经济等干旱影响进行综合评估的陕西省干旱影响评估模型；建立集干旱监测、预测预警、评估及干旱灾害管理于一体具有数据层、模型和指标层、用户交互层的三层搭建式干旱监测预警评估业务平台。该项目获2009年度陕西省科学技术奖励二等奖。

【生物质（垃圾）资源化项目可行性研究报告】 该项目是由华陆工程科技有限责任公司田基本、王延安、张相平等10人承担完成的黑龙江华本生物能源股份有限责任公司项目。随着城市化进程的加快和人民生活水平的提高，城市有机垃圾量急剧增加，其处理和利用成为一个世界性难题。该项目提出以城市有机垃圾、秸秆、洗煤厂煤泥和少量中煤等为原料，采用新型处理技术和生产工艺，生产符合国家规定的生物质燃料和高效有机肥，实现城市有机垃圾和农村废弃秸秆的无害化和资源化利用。项目在对国内外城乡有机垃圾处理现状和研究进展调研和技术交流的基础上，结合双鸭山市的实际，落实城市有机垃圾、秸秆和煤泥等资源供应，并就生物质液体燃料的市场需求作了调查和预测，对不同垃圾处理技术及其公用工程消耗进行比较，对工艺技术的先进性和设备选用合理性进行了分析，就产品的市场需求、生产规模、厂址选择、投资回报及风险、环境影响、安全生产等方面进行了研究。确定建设年处理城乡有机垃圾64万吨规模装置，年产22万吨生物质液体燃料（甲醇）和8.4万吨生物有机肥，并副产轻油、粗苯、粗酚等化工产品2万多吨。项目采用定性与定量分析相结合、近期与远期相结合、技术与经济分析相结合，为项目建设对城乡有机垃圾资源化利用提供了示范，具有良好的经济、社会效益和推广应用价值。该项目获2009年度陕西省优秀工程咨询成果一等奖。

（方丽珍）

【一种用于PS版生产的废水处理再循环系统】 该实用新型专利（专利号：ZL2009 2 0033688.8）由中国煤炭地质总局航测遥感局承担完成。该专利提供一种PS版生产过程中产生废水的处理方法来处理PS版生产过程中产生的大量废水，使水处理系统能够长期正常运行，降低环保风险及水资源的使用成本。该系统结构简单，处理效果好，减少了活性炭过滤的使用，节约成本。利用该方法处理过的水能够回用，可节约水资源，减少环境污染，其属于一种金属表面处理废水的处理方法，具有可推广性，社会效益显著。

（谢志清）

公用服务科学技术

概　述

2009年在公路科研方面，长安大学完成的“公路半刚性基层材料结构理论、多指标控制设计方法及工程应用”成果，在公路行业推广应用取得显著经济社会效益，获2009年度国家技术进步二等奖。长安大学完成的“道路水泥混凝土组成设计研究”成果，延长了路面寿命，降低了造价，获2009年度陕西省科学技术奖励一等奖。在公路路基、桥梁、大断面隧道、高速公路路面材料等方面的研究成果也取得了显著效果。在铁路科研方面，西安铁路局有25项成果通过鉴定和技术审查，4项产品通过技术鉴定，完成的“客运专线钢轨成套技术开发与应用”达到国际先进水平，替代进口产品，取得巨大经济效益。在测绘科技方面，省测绘局组织承担的“基于DOM的数码调绘系统”和“地理信息空间数据处理与质检软件研发”项目，通过了国家测绘局组织的鉴定，研究成果达到国内领先水平。中国煤炭地质总局航测遥感局完成的“洛阳市市区全数字航空摄影测量”和“铜川市新区数字化地形图测绘”成果分获2009年度国家测绘工程金奖和银奖。在广电科技方面，陕西省获广电总局广播节目技术质量奖（金鹿奖）一等奖1项，二等奖4项；电视节目技术质量奖（金帆奖）二等奖1项。陕西广电网络联合机顶盒芯片厂家、机顶盒厂家共同成立了数字电视联合实验室，开发、完成各类机顶盒技术标准和规范13个，技术成果8个，统一方案产品6个。国家广电总局对陕西广电网企合作的模式给予肯定，并授予“国家广电总局有线数字电视应用技术实验室”。在文体科研方面，西安石油大学完成的“脉冲负载运动装置的电控系统研制”成果，开发的数字式直流调速器通过了“国际电磁、兼容产品安全测试及国际认证实验室”的EMC测试，获得了国际化电子产品出口的CE认证证书，获陕西省科学技术奖励二等奖。文物与考古科研方面，2009年，全省共登记文物点8万余处，收集标本10.3万片（件）。省文物局系统“陕西唐陵大遗址保护”等三项获国家文物局田野考古奖。西安元智系统技术有限公司完成的“文物微环境实时监测系统”全部采用自主知识产权技术，填补了该技术在文物保护领域应用的空白，获2009年度陕西省科学技术奖励二等奖。

公　路

【公路半刚性基层材料结构理论、多指标控制设计方法及工程应用】 由长安大学等4单位沙爱民等10人承担完成。发现了公路半刚性基层材料收缩与冲刷的控制原理；确立了结构类型概念和试验划分方法；研发了室内振动成型、收缩性能测试和冲刷性能测试的设备及方法；提出了多指标综合控制的原则和材料组成设计方法，实现了公路基层高强、少裂、抗冲刷的目标。研究成果被纳入行业规范，在全国实施，提高了公路服务水平，延长了使用寿命，经济、社会效益显著，并获2009年度国家技术进步奖励二等奖。

【道路水泥混凝土组成设计研究】 由长安大学等五单位申爱琴等11人承担完成。项目开展了“道路水泥混凝土路用性能评价指标研究”“原材料技术性质对道路水泥混凝土路用性能的影响研究”“道路水泥混凝土路用性能设计与结构研究”“道路水泥混凝土组成设计方法研究”4个专题研究。针对中国交通与环境特点，构建了基于不同交通等级的道路混凝土耐久性气候分区；对不同分区条件下道路混凝土应具备的施工性能、强度、耐久性和抗裂性提出要求，建立了道路混凝土路用性能评价体系；构建了包括原材料技术性质、路用性能与宏、微观结构设计的组成设计方法体系；自主研发了“路面混凝土环境模拟及性能测试装置”“水泥混凝土表面砂浆含气量测定装置”“水泥混凝土含气量测定装置”。项目引入了系统论思想，建立分层次、分阶段设计的道路混凝土组成设计新理念，提出基于路用性能的多指标、多参数控制的配合比设计方法，为便于成果推广，编制了具有自主知识产权的道路水泥混凝土配合比设计软件。该成果在广西、陕西、广东、吉林等省工程应用表明，按本方法设计的道路水泥混凝土在确保路用性能优良的同时，能够有效减少早期破坏，延长路面寿命20%以上，同时可降低混凝土总造价约11元/方，并获2009年度陕西省科学技术奖励一等奖。

（马　楠）

【低含水量砂、粉土及高含水量粘土压实机理及压实技术研究】 由长安大学等3单位杨人凤等9人承担完成。该项目研究了粉土、低含水量风积沙和高含水量粘土的压实特性；观察了粉土、低含水量风积沙和高含水量粘土分别在静力压实、振动压实、冲击压实和冲击振动复合压实等各种作用力下的响应；借助于压力盒及多路信号实时同步采集仪分析了粉土、低含水量风积沙和高含水量粘土在各种作用力下的压应力分布规律和压应力传递规律；研究出了粉土、低含水量风积沙和高含水量粘土的压实机理；探讨了对于粉土、低含水量风积沙和高含水量粘土进行冲击振动复合压实的可行性，实现了冲击振动复合作用机构的设计。该设计已获得国家发明专利一项，新型实用专利一项，并且研制出了小型冲击振动复合作用的压路机样机。确定了适用于粉土、低含水量风积沙及高含水量粘土压实的小型冲击振动复合压实设备样机的主要性能参数；掌握了冲击振动复合压实设备样机的冲击能量和振动能量的合理匹配关系；总结出了对粉土、低含水量风积沙及高含水量粘土进行大规模现场施工的最佳压实工艺，且较同吨位的振动压路机压实度提高10%以上。首次创立了冲击振动复合压实理论，而且已经在实际工程应用中收到了显著的经济效益。该项目获2009年度陕西省科学技术奖励二等奖。

【黄土地区公路路基设计施工技术研究】 由长安大学等3单位田权良等9人承担完成。该项目的主要研究内容包括了湿陷性黄土地基处治技术研究、填方路基设计施工技术研究、挖方路基设计施工技术研究和半填半挖路基设计施工技术研究；研究得到了基于非饱和土理论的黄土湿陷性评价方法，建立了可行的湿陷沉降量计算模型；总结出路基黄土的入渗规律，再现了黄土路基的变形沉降过程，并建立了路基黄土的流变模型，拟合出地基沉降变形量与路堤高度的关系；提出了黄土地区公路路基的压实标准、施工工艺以及黄土填料CBR值的标准；提出了黄土地区公路路基处置方法的推荐技术；通过静力、振动、冲击三种工况的室内压实模拟试验，提出了黄土压实机械的最佳振动频率；研制开发了大型固结仪，通过室内沉降模拟试验，建立了不同压实条件下路堤沉降量与路堤高度的关系，提出了路堤沉降标准。共有12篇相关研究论文在国内核心期刊上公开发表。该项目获2009年度陕西省科学技术奖励二等奖。

【大跨度独塔斜拉桥钢箱梁与单洞四车道特大断面隧道关键技术研究】 由中交第一公路勘察设计研究院有限公司刘士林等9人承担完成。项目研究内容:①针对钢箱梁关键技术进行试验研究。第一：钢箱梁合理构造和受力特性。钢箱梁扭转受力分析；温度荷载作用下箱梁受力分析；运营阶段箱梁受力分析；钢桥面板局部受力与变形分析；箱梁在吊机荷载作用下的变形；横隔板的局部稳定分析。第二：梁索锚固结构模型试验研究。研究和验证静载工况下锚箱及附近板件特别是与腹板连接焊缝处的应力状态和安全储备，并与设计预期及计算情况进行对照分析；针对索梁锚固结构的具体情况进行锚固结构模型的疲劳试验，其主要目的为研究和检验在脉动荷载作用下锚箱及附近主梁构件的应力和应变分布及变化状态，特别是焊缝及其附近的应力和强度，并与设计预期及计算情况进行对照分析。第三：横隔板稳定性研究。分析影响钢箱梁斜拉桥稳定的因素及主要杆件的稳定性能，对其稳定性进行评价。②特大断面公路隧道设计与施工技术的研究。特大断面隧道荷载规律及围岩压力结构模式研究，荷载及围岩压力计算公式研究，围岩和支护结构的受力与变形性态研究；特大断面隧道不同围岩级别条件下断面型式及支护参数优化研究；特大断面隧道合理施工方法及信息化施工控制技术、结构体系监测技术、洞口偏压及洞身围岩稳定性、施工安全风险与时空效应等方面的研究。提出了基于过程控制理论特大断面隧道荷载及围岩压力计算方法，建立了相应的围岩压力计算公式。该项目获2009年度陕西省科学技术奖励二等奖。

【黄土路基三维固结变形及应用技术研究】 由咸阳市交通局等2单位景宏君等8人承担完成。该项目通过理论分析、室内外试验以及野外试验段验证，提出：①非饱和黄土路基三维固结方程式；②基于统一强度理论的路基三维应力分析数学模型；③通过大型离心模型试验揭示的路基应力分布规律；④有关控制非饱和黄土路堤沉降变形的方法与对策；⑤相应的应用技术指南。以此来提高黄土路基的稳定性，减小路基边坡坡比，基本消除黄土路基不均匀沉陷，提高黄土路基修筑的技术先进性、经济合理性和运营可靠性，最终达到节约投资，显著提高经济效益的目的。该项目研究成果目前已经应用到国道主干线丹东－拉萨高速公路兰州至海石湾段、国道主干线连云港－霍尔果斯高速公路谗口至兰州段、国道主干线青岛－银川高速公路陕西靖边至王圈梁段、西部大通道福州－银川高速公路陕西永寿至咸阳段，以及咸阳市地方公路泾阳至淳化段等高等级公路重点关键路段共300余公里，经过3年来的应用证明，经济效益显著（可节约建设资金累计1.3亿元左右），实用价值较高、推广应用前景良好。该项目获2009年度陕西省科学技术奖励二等奖。

【公路隧道通风网络技术与防灾减灾研究】 由中交第一公路勘察设计研究院有限公司等2单位仇玉良等9人承担完成。该项目在系统分析了公路隧道通风计算的特点和难点的基础上，引入公路隧道通风网络分析计算理论，建立了公路隧道复杂通风网络分析的力学、数学模型，开发编制了公路隧道通风系统网络设计计算程序，通过三维CFD数值仿真和试验测试分析，验证了该通风网络模型的正确性。同时，对通风基础参数进行了大量模型试验和现场测试研究，对国内数座典型公路隧道工程实例进行了多种角度、多种条件下的计算分析，表现了公路隧道通风网络计算程序的实用性和可靠性。该项目研究开发的公路隧道通风网络计算软件功能强大、计算结果稳定、使用便捷，为公路隧道通风防灾设计提供了新的方法和手段，是定量描述多通路公路隧道、特长公路隧道运营通风与防灾救灾系统的一种新途径。该成果对提高中国公路隧道建设及运营管理水平，具有十分重要的意义，也对国际上特长公路隧道通风防灾设计方法提供了指导和示范作用。该项目获2009年度陕西省科学技术奖励二等奖。

【陕西省高速公路SMA路面材料与结构优化研究】 由陕西省交通建设集团公司等2单位的栾自胜等9人承担完成。该项目主要对二灰碎石基层防裂与防冲刷技术及施工关键控制点、基面层及面层层间结合技术、下面层配合比关键控制点设计、混合料的抗疲劳性能、中面层配合比关键控制点设计、重点研究混合料的抗车辙性能、SMA路面组成材料的适应性及其混合料性能、SMA路面施工工艺、施工质量控制指标等方面加以研究。该项目针对国内修筑SMA路面存在的主要问题及技术特征，提出《陕西省高速公路SMA路面材料与结构优化研究总报告》《SMA路面国内外调研分析报告》；编写出《陕西省高速公路SMA路面设计与施工技术指南》；通过该成果的应用，减少10%～20%路面病害的发生，减轻路面养护及维修方面的投入。该项研究既解决了公路建设工程中有关SMA路面的关键技术问题，完善了该领域工程技术成果，为SMA路面的应用提供科学的标准和先进的方法，提高沥青路面长期路用性能；又提高了行业的SMA路面设计和施工技术水平，确保了公路畅通和行车安全，改善了公路沿线的交通运输条件。该项目获2009年度陕西省科学技术奖励二等奖。

【晋焦高速公路丹河大桥】 该项目由中交第一公路勘察设计研究院有限公司承担完成。丹河大桥地处太行山脉南麓，是晋城焦作高速公路的控制性工程，主桥采用净跨径146米的特大石拱桥，单跨跨径居世界同类桥型首位。项目采用四车道高速公路标准建设，桥跨布置2×30+146+5×30m，全长425.6米，桥宽24.8米，高81.6米，主跨净跨径146米，矢跨比1/4.5，净矢高32.444米，设计荷载等级为汽车-超20级，挂-120，人群-3.5kN/m^2。项目通过特大跨径石拱桥设计分析方法、拱上建筑共同作用的影响程度、几何非线性问题对主拱圈受力变形影响、合理拱轴线的选择、主拱圈加载顺序与砌筑工艺以及主拱圈落架技术的研究、施工仿真模拟分析，大型砌体结构力学性能研究，主拱圈大型砌体模型试验，拱上轻质填料试验与施工工艺研究，施工监控技术及桥梁荷载试验的研究，并应用了现代桥梁设计方法与控制理论，总结出了适合大跨径石拱桥可行的设计分析方法和施工工艺。通过分环砌筑特大石拱桥主拱截面应力分布、主拱与拱架联合受力研究，首次发现了分步施工石拱桥拱脚下缘高应力区，取得了大跨径石拱桥设计方法和施工安全控制的创新性成果。该项目处于世界领先水平，总结了一套完整的大跨度石拱桥设计与施工成套技术。该桥的建成通车，打通了山西通往中原及东部沿海的交通瓶颈。该项目2009年获建国六十周年公路交通勘察设计经典工程。

（马　楠）

【国道318川藏公路二郎山隧道】 该项目由中交第一公路勘察设计研究院有限公司承担完成。该隧道位于四川省雅安市天全县与甘孜州泸定县交界处的二郎山地段，是川藏线上第一座大山隘口，其主洞长4.176km，平导长4.155km。是当时国内最长、埋藏最深、海拔最高、地应力最大的特长山岭公路隧道。项目开发了测试和判断地应力的新方法和新技术，建立了新的岩爆和大变形力学机制模型，提出了岩爆烈度分级的RMS新方案及相应的防治措施。确立了以现场跟踪地质调研和现场快速二次应力测试为主要依据的岩爆预测系统，准确预报了岩爆发生的部位和级别。提出了新的海拔高度系数，首次实施了平导送风型半横向式机械通风“自动适应”自然风的通风控制方法，并建立了通风系统一元流数学模型，为公路隧道通风系统设计提供了新的分析手段。项目建立了一套解决深埋长大隧道高地应力与围岩稳定性问题的技术方法体系，开创了高海拔地区公路隧道营运通风的新模式。采用了先进的防排水技术，实现了整座隧道不滴、不漏、不渗，“洞中修涵”法通过了隧道中的地下暗河，避免发生灾害性事故。洞门的藏式建筑风格具有地域性和民族性，与自然环境相协调。该项目2009年获建国六十周年公路交通勘察设计经典工程。

（马　楠）

【京津塘高速公路】 该项目由中交第一公路勘察设计研究院有限公司承担完成。项目是国内提出筹建最早、论证时间最长的第一条跨越京、津、冀且地质情况较复杂的高速公路，是利用世界银行贷款、按国际管理模式组织建设的第一条高速公路。项目采用双向4车道建设标准，路基顶宽26米，全长142.69km，总投资22.7亿元。该项目从技术标准、设计规范的制定，到路线、路基、路面、桥涵、互通式立交、交通工程等各专业完成了大量的科学试验和专题研究，开创了国内公路建设史上诸多项“第一”和首次运用国际通用的“OD”调查与“四阶段法”；将平、纵组合设计纳入公路线形设计的基本范畴；通过沉降速率和稳定性控制施工进度的方法解决了高速公路软土地基上填筑路基的难题；采用钢绞线预应力体系及斜交铰接板理论计算分析；将交通工程研究领域扩大到高速公路的勘察设计中；运用计算机辅助设计新技术；对高速公路结构物抗震设计进行研究等诸多个“首次”。项目形成的一整套先进、实用、经济、可行的勘设技术，既为该公路高水平设计提供了技术保证，也为国内高速公路勘察设计理论、方法和标准体系的建立奠定了基础，并为京、津、冀地区和出海口岸开辟了“黄金通道”，促进了沿线的经济发展。该项目2009年获建国六十周年公路交通勘察设计经典工程。

（马　楠）

【青藏公路】 该项目由中交第一公路勘察设计研究院有限公司承担完成。青藏公路北起青海省经格尔木，南至西藏自治区拉萨市，全长1937公里，于1950年动工修建，1954年正式通车，共投资58.84亿元进行了两次改建、两期整治和建设期、建设后的整治改建完善，现为二级公路，设计速度80公里/小时，路基宽10米，路面宽7米，初期为沿地爬的砂石简易路，改建后为沥青路面公路。青藏公路穿越高海拔多年冻土区630km，1973年起，原交通部依托青藏公路历次改建和整治开展了34年的4期研究，创新集成了多年冻土公路建设和养护技术，形成公路多年冻土工程理论和沥青路面下路基稳定关键技术、公路设计与施工关键技术、公路建设养护体系等三大核心支撑技术，攻克了多年冻土区修筑公路的世界性难题。在多年冻土地区公路建设养护指导思想、原则、系列关键技术、设计施工及研究方法和设备等方面均做出了重大突破和创新，主要技术成果均为国内外首创。该项目获11件专利，纳入10部国家与行业规范，填补了国际该技术领域的空白，推动了冻土学科、寒区工程及高新技术材料的发展，确立了在多年冻土技术领域的国际领先地位，有力地支持了青藏铁路建设。青藏公路承担着西藏85%以上进藏物资和90%以上出藏物资运输任务，在西藏经济发展、社会稳定、国防建设和民族团结中发挥着极其重要的作用。该项目2009年获建国六十周年公路交通勘察设计经典工程。

（马　楠）

【石家庄至太原高速公路】 该项目由中交第一公路勘察设计研究院有限公司承担完成。项目西接山西省东连河北省，横穿太行山脉，是国内第一条山区高速公路，也是晋煤外运的公路交通大动脉。石太高速公路全长208.82km，采用双向4车道和3种不同的设计速度和路基宽度，1993年开工，1996年竣工，总投资约32亿元。该公路的煤系地层分布广泛、存有大量的煤矿采空区，地质条件复杂。项目历时6年，从山区复杂条件下路线走廊选定、方案比选到路线指标的运用，互通立交的选型、桥梁跨径的比选及布置方式，特别是煤矿采空区的勘察与处治等进行了多方面的研究，开创了山区高速公路勘察设计的多项“第一”。该项目首次将钢拉带加筋技术运用于高速公路路基主体工程中，路面设计取得了良好的效果；首次运用压浆灌注技术处理了煤矿采空区对公路路基的危害；在桥梁的设计中探讨了复杂山区条件下的选型、高跨比、布置方式，采用法线布置法使斜、弯、坡桥梁最大限度地做到标准化、系列化及施工工业化，节约工期和成本，提高了功效。形成的一整套先进、实用、经济、可行的勘设技术，既为该公路的高水平设计提供了技术保证，也为全国山区高速公路勘察设计理论、方法和标准体系的完善奠定了基础。公路的建成通车，开辟了晋煤外运的“黄金通道”，促进了沿线的经济发展。该项目2009年获建国六十周年公路交通勘察设计经典工程。

（马　楠）

【山西雁门关隧道】 该项目由中交第一公路勘察设计研究院有限公司承担完成。项目位于大运高速公路新原段恒山山脉，是大同至运城高速公路的咽喉要道。雁门关隧道为双向四车道分离式高速公路隧道，设计行车速度80km/h，单洞净宽10.5m、净高5.0m。隧道左、右线分别长5160米、5235米，是当时国内最长的高速公路隧道。该隧道穿越恒山山脉的21条地质大断层，软弱不良地质的比例占隧道总长度的78%。项目遵循“可持续发展”与“全寿命周期成本”的新理念，运用“新奥法”理论，通过TSP地质超前预报技术，实现了隧道的动态全施工。采用中心深埋水沟解决隧道保温、防冻及排水问题，确保隧道主体结构耐久、不渗不漏；应用CFD技术，建立通风数学模型，采用双井、单井分段纵向通风方式，为特长隧道通风研究提供了技术支撑；采用光纤感温自动检测系统，设置紧急救援系统，将紧急电话和有线广播系统合二为一，采用水成泡沫装置和水幕与电保温消防系统，解决了消防管路的冰冻问题；洞口设计突出地域文化特点，环境协调，景观优美。项目标志着国内长大公路隧道设计及施工跨入了一个新台阶。该项目2009年获建国六十周年公路交通勘察设计经典工程。

（马　楠）

【秦岭终南山公路隧道建设与运营管理关键技术】 该项目是由中交第一公路勘察设计研究院有限公司承担完成的交通部西部交通建设科技项目，并获资金支持。项目结合秦岭终南山公路隧道工程建设和运营管理实际，研究涉及隧道运营通风、照明、监控、防灾救援、系统集成及运营管理等，获得了特长隧道的综合选线及系统集成、可靠节能环保的运营通风、高效安全的综合防灾救援集成体系、超大规模智能先进安全可靠的监控系统、坚硬岩石公路隧道快速掘进施工、超大直径深竖井成套施工、环境保护和节能、特长隧道安全和运营管理等8大技术领域的创新。项目填补了多项国内外空白，为中国特长公路隧道建设管理提供了理论、技术和管理创新，标志着国内特长公路隧道整体修建技术达到世界领先水平。隧道现已安全运营3年多，通行各类车辆500多万辆，是翻越秦岭最便捷、最安全的公路运输通道，取得了显著的社会效益。该项目获2009年度中国公路学会科学技术特等奖。

（马　楠）

【道路水泥混凝土组成设计研究】 该项目由中交第一公路勘察设计研究院有限公司承担完成。项目针对目前道路水泥混凝土在工程应用中存在的诸多问题，对道路水泥混凝土路用性能评价指标、设计与结构，原材料技术性质对道路水泥混凝土路用性能的影响，道路水泥混凝土组成设计方法等方面开展了系统研究并取得多项成果。项目成果适用于国内绝大多数新建和改建水泥路面工程所采用的低塑性、塑性普通（引气）道路水泥混凝土的配合比设计，为水泥路面的设计、施工和养护提供了技术支撑，并为相关规范的修订提供了参考依据。该项目获2009年度中国公路学会科学技术一等奖。

（马　楠）

【公路勘测规范】 该规范由中交第一公路勘察设计研究院有限公司修订完成。修订后的《公路勘测规范》（JTG C10-2007）重点强调了不同勘测内容及勘测手段应遵守的基本原则与强制的精度指标，不禁止勘测新方法或手段的使用，提高了规范的严密性、作业过程的可控制性。其中“控制测量”一章将公路控制测量分为路线控制测量和构造物控制测量，并规定了路线控制测量和构造物控制测量可分两期进行布设的原则与联测方法。提出各级平面与高程控制测量，其最弱点点位中误差、最弱相邻点相对点位中误差的限差，特殊结构的构造物平面控制网的精度应通过计算具体确定。对水准路线的长度作了调整，并对水准路线长度超限时的作业方法作了规定。“地形图测绘”一章，增加了图根GPS RTK测量与水下地形图测绘的要求；“航空摄影测量”一章，航测成图方法只保留了数字测图系统成图部分，并对影像图的适用范围作了调整；“数字地面模型”一章，规定了数字地面模型的精度评定指标、应优先采用的建模方法及每种建模方法对应的地形三维数据采集方法；“初测”一章中，规定在初测阶段一般不布设桥梁、隧道测量控制网，应顾及以后布设专用控制网的某些需要；“定测”一章，规定桥梁、隧道专用控制网应在定测阶段或施工前施测，并对专用控制网的要求作了修改。按标准规范体系要求删繁就简，明确“规范”重在规定“做什么与应达到的合理技术指标”，形成以“规范、细则”为格局的新体系。该规范处于国内公路行业标准规范编制的领先水平，达到国际同等水平。规范自2007年7月起实施以来，在公路工程勘测实际中与《公路勘测细则》（JTG/T C10-2007）配合使用，对公路勘测生产作业有很强的、可操作性的指导作用，使质检、项目审查验收工作也有明确的技术依据。该规范获2009年度中国公路学会科学技术一等奖。

（马　楠）

铁　路

【客运专线钢轨成套技术开发与应用】 该项目结合中国铁路客运专线的实际情况，首次提出了探寻适应中国铁路客运专线特点的钢种及钢轨化学成分；通过引进、消化和自主创新，通过技术攻关，解决了钢轨生产中如何确保钢质纯净化、尺寸高精度、高平直度、无表面缺陷以及长尺化生产等重大技术难题，制造出具有国际先进水平的百米钢轨，实现了铁路客运专线钢轨的国产化；经过计算分析和试验，制定出利用8辆普通平车联挂运输百米定尺钢轨的运输方案，研制出专用座架对百米定尺钢轨实行分层承载，解决了百米定尺钢轨的运输问题；优化了百米定尺钢轨的焊接工艺，提高了钢轨焊接接头的质量；提出中国客运专线钢轨的焊接体系，即采用100米长定尺钢轨、采用固定式基地闪光焊、采用长度为500米的长钢轨、采用移动式闪光焊或铝热焊进行单元轨节和无缝线路锁定焊；参与了轧辊设计和轧制工艺的实施、优化，研制出具有完全知识产权的高速铁路道岔用关键部件——60D40钢轨和60TY轧制特种断面翼轨；制定出与铁路客运专线钢轨生产有关的规章制度，并形成一套质量监督制度。项目研究成果已成功应用于京津城际铁路和合宁、石太等铁路客运专线，取得直接经济效益近2亿元。在替代进口产品方面，已实现节支近28亿元。该项目获国家技术进步二等奖。

（李　彤）

【大断面黄土隧道综合施工技术研究】 由中铁一局集团有限公司等2单位刘旭全等9人承担完成。该项目主要内容：①黄土隧道地质及工程特性研究。②大断面黄土隧道设计参数研究。③大断面黄土隧道掘进技术及机械配套研究。④大断面黄土隧道各种掘进技术各步间的合理步长研究。⑤大断面黄土隧道斜井进入正洞施工的转换研究。⑥大断面黄土隧道不同施工工法的转换技术研究。⑦隧道信息化施工技术研究。⑧隧道控制测量施工技术研究。⑨高性能混凝土及隧道二次衬砌施工技术研究。该项目通过对秦东隧道综合施工技术的深入研究，探索出了一套经济可行、技术先进、保证质量、进度超前、安全可靠的施工方案、方法及工艺，在国内客运专线大断面黄土隧道施工技术方面有所创新和突破，达到领先水平。并可为以后类似工程提供借鉴作用，具有广泛的应用前景。该项目获2009年度陕西省科学技术奖励二等奖。

【新丰镇编组站综合管理信息系统研究及应用】 由中铁第一勘察设计院集团有限公司于志军等9人承担完成。该项目结合铁路编组站现状和通信、信号、运输、车辆、机务等各部门各专业，分析了铁路编组站综合管理信息系统的功能需求，实现了铁路编组站局站一体化、管控一体化和网络一体化，开发了统一的信息接口，自动接收铁路局阶段计划，自动编制本站车列到达、解体、编组和出发信息，自动下发控制系统执行，并将作业完成情况信息实时反馈，形成了安全实时的信息闭环，提高安全性、可靠性和编组站运输生产的效率。该项目首次在国内编组站运用GSM-R无线通信系统，与综合管理信息系统接口联动，实现了平面调车、驼峰调车、调车监控、列检/商检/车号系统、相邻铁路接入、应急通信等功能，取消了以往对讲和站场内通话柱的纯语音通信设备，方便用户使用，提高了作业效率。项目特点：信息管理和控制系统一体化设计，行车指挥人员集中作业，各独立系统集成在统一的网络平台上。该项目成果在新丰镇编组站使用，运行良好，顺利通过验收，达到了预期的减员增效的目的，经济和社会效益显著，得到了铁道部和铁路局等各方的好评。该项目获2009年度陕西省科学技术奖励二等奖。

【时速200公里及以上铁路电气化线缆产品产业项目可研报告】 该项目由中联西北工程设计研究院翟西平、曾树凡、韩文军等5人承担完成。项目技术难度大，生产及辅助系统要求高。项目分析了多年使用国内外设备的运行情况，又对国内、外产品性能指标和铁道部标准指标进行对比，开发了行车调度指挥自动化系统，使用漏泄同轴电缆引进国外先进的物理发泡绝缘技术、外导体自动铣销制造技术，制造的产品在传输衰减、耦合损耗及电压驻波比等主要性能指标达到国际水平，提供了优质产品。该项目进一步扩大时速200公里及以上铁路接触网导线和承力索、牵引供电专用电力电缆、行车调度指挥自动化系统使用漏泄同轴电缆等产品的产能，提高了市场竞争能力和市场占有率，满足了国家铁路电气化发展的需求。该项目获2009年陕西省优秀工程咨询成果二等奖。

（金　涛）

【60kg/m钢轨18号高速铁路单开道岔】 该项目是由中铁宝桥集团有限公司承担的陕西省重大科技创新专项资金计划项目。重点围绕平面线形和尺寸、道岔整体和零部件结构、系统刚度、轨下基础、扣件系统、转换设备、制造精度、组装铺设等关键技术进行攻关和研究。道岔转辙器采用新型60D40钢轨制造。道岔首次设置防跳限位装置并采用世界先进水平的施维格滚轮滑床板及其弹性扣压件，首次采用调高垫板，增强了道岔与岔枕、道岔与路基间的连接弹性，使道岔区刚度均匀，增强了列车通过道岔的平稳性，提高了旅客的舒适度。设计开发了无碴轨道基础及新型扣件系统、新型锁闭装置、弹性垫板、减磨滑床台等，解决了不足位移、电务卡阻等问题。道岔产品性能指标：道岔直向容许通过速度为350km/h，道岔侧向容许通过速度为80km/h。多项新技术、新工艺、新材料的运用，提高了道岔的整体性能，产品达到国际先进水平。2009年道岔年生产能力达到230组，累计上道625组，实现销售收入140735.2万元，净利润32237.9万元，缴税7005.3万元，创造了显著的经济和社会效益。

（产业处）

测　绘

【洛阳市市区全数字航空摄影测量】 该项目由中国煤炭地质总局航测遥感局承担完成。项目涵盖了GPS测量、精密水准测量、数码航空摄影、航空摄影测量、地理信息系统数据建设等领域，使用了GPS、DMC数码航摄仪、SSK全数字摄影测量工作站等先进的测量设备。提交了1∶500、1∶1000、

1：5000、1：10000、1：20000系列比例尺DLG、DEM、DOM等数字测绘产品。具有单体项目大、产品种类全、技术设备先进、工艺流程独特等特点。项目开发了数码航空摄影的像控点布设方案与背景色遮盖与虚拟断线新技术，在像片控制测量中大量应用先进的GPS RTK实时动态测量技术，替代了原有的像片控制测量中经常使用的GPS静态观测技术，制定了相关的技术及操作规范。项目成果得到广泛的应用，产生了较好的经济效益。该项目2009年获国家测绘工程金奖。

（谢志清）

【铜川市新区数字化地形图测绘】 该项目由中国煤炭地质总局航测遥感局承担完成。项目在国内大比例尺航空摄影测量中第一次使用了IMU/DGPS技术，完成了IMU/DGPS直接定向的精度评价；常规空三、GPS辅助空三、IMU/DGPS直接定向、IMU/DGPS辅助空三的精度比较；IMU/DGPS检校场自然地标的选择与精度评价和IMU/DGP辅助空三大比例尺航测成图的像控布点布设方案实验与确认等工作。国内首次应用DMC配合IMU/DGPS技术用于大比例尺航空摄影测量实践。项目成果在后续的延安管线1：1000比例尺成图、黄陵矿区1：2000比例尺成图、山东荣成1：1000比例尺成图等项目生产中得到了广泛的应用和发展，产生了较高的经济效益。该项目2009年获国家测绘工程银奖。

（谢志清）

文 体

【脉冲负载运动装置的电控系统研制】 由西安石油大学李琳等7人承担完成。项目研究并开发出具有基本功能的、开放式的小功率模拟和数字式调速器。针对运动装置的特点，研发了运动物理参数和人体生理参数检测电路、运动控制软件模块，并进行了系统的产品化开发，实现研究成果的转化。针对脉冲式负载特点，研究了运动控制算法，使系统具有快速、平滑调整和响应的特点，实现脉冲式变负载动态系统的控制，获两项实用新型专利“电动跑步机数字控制式PWM驱动器”和“跑步机自适应调速控制装置”。采用阻容、逻辑器件实现传感及检测，并通过软补偿控制，实现防爆冲保护，使产品的装机故障率控制在5‰以内，获实用新型专利“电动跑步机的防爆冲保护装置”。开发了运动物理参数（转速、运动频率、运动时间、里程等）和人体运动生理参数（心率、卡路里、人体内脂肪含量等）的检测电路，获实用新型专利“健身运动器械的光电传感式心率检测装置”。根据运动生理学理论，综合运动物理和生理参数，开发了内嵌式运动专家系统控制模块。开发的运动装置电控系统，其转化为产品的装配合格率达99.5%，与国内同行业产品相比提高了一个百分点，其成降低15%～20%，销售量达94000余套。研发的数字式直流调速器通过了“国际电磁兼容产品安全测试及国际认证实验室”的EMC测试，获得了国际化电子产品出口的CE认证证书。发表论文7篇，EI收录4篇。获得国家实用新型专利4项。获陕西省专利奖励二等奖、陕西高等学校科学技术一等奖、2009年度陕西省科学技术奖励二等奖。

文物与考古

【文物微环境实时监测系统】 由西安元智系统技术有限责任公司邓宏等4人承担完成。该文物微环境实时监控系统可以与现有的设备和网络进行无缝的连接，节省了应用系统的开发时间和周期；与传统技术相比，该系统降低了文物保护部门部署监控系统的成本；同时该系统还可制成便携式的系统，成为文物主管部门现代化的管理监督手段。该系统中主要包括无线传感器模块、无线传感网关、嵌入式软件、应用中间件和应用服务器软件等。该系统的主要特点：①其综合了传感器技术、嵌入式计算技术、无线通信技术、分布式信息处理技术，并结合文物保护的理论及实际，提供了一套适用于馆藏文物微环境监测的无线传感网络系统，是一项集成的创新。②本项目全部采用自主知识产权的技术，并且填补了该技术在文保领域应用的空白。③该项目在硬件上无须再进行二次开发，只需要简单的配置即可接入使用；在应用软件开发上，用户借助中间件和服务器提供的应用框架，可快速实现系统的二次开发。④该项目实施后所建立的“微环境参数历史数据库”，将为有关部门制定文物保护措施提供重要的科学依据，同时为文保专家系统的建设夯实了基础，也为文物管理部门建设统一监控平台提供了经验参考。在国家科技支撑项目——“文物出土现场保护移动实验室”中已装备该产品。该项目获2009年度陕西省科学技术奖励二等奖。

【陕西唐陵大遗址保护】 唐十八陵是指唐朝19位皇帝位于关中地区的18座陵墓。从高祖李渊至哀帝李柷，唐朝共有21位皇帝。除唐末的昭宗李晔葬河南偃师的和陵，哀帝李柷葬山东菏泽的温陵之外，又因武则天与高宗合葬，因此有18座唐陵分布在渭河以北，横跨陕西乾县、礼泉、泾阳、三原、富平、蒲城6县，绵延150公里。经国家文物局批准，陕西省于2006年正式启动唐陵大遗址保护项目的考古调查工作，调查对象包括唐十八座帝陵以及永康陵、兴宁陵两座祖陵，全面了解唐陵陵园的总体布局和范围、陵园建筑的分布与结构、陵园石刻的组合与保存现状以及陵园相关遗存，为保护范围的划定和保护规划的制定提供详实的资料，进一步推进唐代帝陵陵寝制度的研究。对18座唐陵的考古勘探工作目前已完成7座，其中唐睿宗李旦的桥陵遗址项目2009年底被评为“2007-2008年度国家文物局田野考古奖”一等奖。

（周　萍　吴　鹏）

【陕西岐山县凤凰山（周公庙）遗址】 陕西省考古研究院与北京大学考古文博学院联合组成周公庙考古队，自2004年开始以判断周公庙遗址聚落性质为首要学术目标，以厘清聚落结构为主要研究内容，以“大范围调查，大面积钻探，针对性发掘”为总体工作思路，对该遗址进行了大规模的田野考古工作。先后发现了10座带四条墓道的大墓和1000余座中小型商周墓葬，填补了西周墓葬形制的空白。出土了2200多字的西周刻辞，内容涉及王季、周公、召公、毕公等历史人物和祭祀、战争、数字卦、纪日、月相、占梦、卜辞常用语及甲骨修治现象等九个方面，使周公庙遗址成为目前全国发现西周甲骨文字最多的遗址。2009年3月，周公庙遗址被评为“2008年度全国十大考古新发现”。通过考古发掘，建立了该遗址的考古学文化编年，并基本探明其布局情况。根据聚落结构特征、古文献记载以及出土甲骨文等，初步判断岐山县凤凰山(周公庙)遗址为周公采邑(封地)。2009年底，岐山县凤凰山(周公庙)遗址考古发掘工作被评为“2007-2008年度国家文物局田野考古奖”一等奖。

（周　萍　吴　鹏）

【陕西高陵杨官寨遗址】 杨官寨遗址位于高陵县姬家乡杨官寨村四组东侧泾河左岸的一级阶地上，面积约80余万平方米。陕西省考古研究院对其进行了长达4年多的考古发掘，发掘面积逾17278平方米，发现各类房址49座、灰坑896个、壕沟9条、陶窑26个、瓮棺葬32个、墓葬45座、水井5口，出土各类可复原的器物7000余件。

在南发掘区发现了成排分布的半坡四期文化的14座房址和陶窑。房址基本是平面呈“吕”字形的前后室结构，前室一般是地面式，后室则为窑洞式，是目前所知关中地区最早的窑洞式建筑群。在房址和陶窑附近的灰坑中出土了大量的陶器、陶坯残片和疑似制陶用的轮盘等。在北发掘区发现了仰韶文化庙底沟文化时期的聚落环壕。经初步钻探，环壕内面积24.5万平方米。在环壕西部发现门址一处。在其两侧的壕沟堆积中出土了大量陶、骨及石质器物，大多成层分布，保存基本完好。众多的出土器物中，镂空人面覆盆形器、动物纹彩陶盆、涂朱砂的人面塑残陶器等均为国内同时期遗址中所罕见。从目前的发掘资料看，遗址南部为仰韶文化半坡四期文化居民聚居区，而北部则是庙底沟文化的聚居区。在东北段环壕内侧接近沟边的位置发现有疑似墙基的遗存，该聚落可能是一座庙底沟文化的城址。2009年底，高陵杨官寨遗址考古发掘工作被评为“2007-2008年度国家文物局田野考古奖”二等奖。

（周　萍　吴　鹏）

园区科技

概　述

“园区科技”是《陕西科技年鉴》（2010卷）在“关中‘一线两带’开发（示范）区科技”类目的基础上，随着陕西科技的发展新设置的类目。它涵盖关中“一线两带”的关中高新技术产业开发带的西安、宝鸡、杨凌3个国家级高新技术产业开发（示范）区、咸阳、渭南2个省级高新技术产业开发区，关中星火产业带的3个国家级星火技术密集区、25个省级星火技术密集区，2009年经省政府批准的省级安康高新技术产业开发区和近几年蓬勃兴起的大学科技产业园、农业科技示范园、专业科技产业园和县域工业园区等科技园区。陕西省“13115”科技创新工程实施以来，至2009年9月，省政府已先后批准建立了52个重点科技产业园区，其中，2009年启动新建的科技产业园区13个。截至2007年全省已建成县域工业园区187个，这些园区已成为陕西省承接产业转移、吸纳劳动就业、促进土地节约利用和统筹城乡发展的重要载体，在优化经济结构、转变发展模式、推动改革开放、加快县域经济工业化进程等方面发挥着重要作用。科技产业园区已发展成为陕西省自主创新要素的密集区、高新技术产业发展的核心区、国内外研发资源的密集区，园区科技正成为全省经济社会发展的强大引擎和显示科技进步的新亮点。2009年，各类科技园区从自身提升创新管理水平和面向园区产业全方位服务的发展需要，推进改革创新，不断完善规范管理体系、科技创新服务体系、银企结合的金融服务体系，优化园区环境，一个各有所长、特色鲜明的园区科技产业正在崛起。

2009年度高新区经济运行情况表

名　称	总收入（万元）	净利润（万元）	实际上缴税（万元）	工业总产值（万元）	工业增加值（万元）	出口创汇总额（万美元）
西安市高新区	3136.63	147.19	169.72	2016.21	642.10	25.37
宝鸡市高新区	751.22	41.70	49.14	742.21	210.09	4.52
咸阳高新区	50.26	3.87	1.84	46.94	14.68	0.93
渭南高新区	71.50	19.20	2.90	51.20	17.90	0.35
杨凌示范区	73.54	-0.59	1.71	46.34	13.50	0.96
合　计	4083.15	211.37	225.31	2902.90	898.27	32.13

（高新处）

高新技术产业开发（示范）区

国家级西安高新技术产业开发区

【概况】 2009年，国家级西安高新技术产业开发区管委会（以下简称西安高新区）按照科技部和省、市政府的要求，以建设世界一流科技园区为目标，以贯彻落实省市支持西安高新区建设世界一流科技园区的两个《意见》为契机，深入践行科学发展观，坚持以“创新发展理念、提升服务效能、优化投资环境、狠抓任务落实”为主线，立足产业结构调整升级和高新技术产业发展，坚持以科技自主创新为动力，电子信息、先进制造、生物医药和现代服务业为支撑，通讯、集成电路、光伏、电子元器件、创新型服务业等为突破点，大力发展研发及处于价值链高端、具有高附加值的新型制造业，着力打造“两带四区七园（基地）”，全面推进世界一流科技园区建设的各项工作。2009年西安高新区实现营业收入3132亿元，实现增加值804亿元，实现工业增加值640.9亿元，主要经济指标继续保持30%以上的增速；企业实现利润159亿元，同比增长30%；实现大口径财政收入84亿元，同比增长32.72%；财政一般预算收入23.79亿元，同比增长29.92%，提前一个月完成全年财政计划目标任务。全年营业收入过百亿元的总部类企业6家，过50亿元的企业12家，过10亿元的企业43家。累计通过高新技术产业认定企业573家。新注册成立企业2012家，同比增长26%。转化科技成果2000多项。新增各类知识产权12511件，同比增长61.1%。其中专利5836件，发明专利2483件。制订并颁布国际标准2个、国家标准15个、行业标准20个，新增重要技术标准工作组3个。采用国际标准112个单元产品；13家企业的14个产品获得陕西名牌称号，19家企业的19个产品获得西安名牌称号。高新区现有孵化器共19家，其中国家级8家，设立产业联盟组织11家。

【推进世界一流科技园区建设】 西安高新区贯彻落实陕西省政府《关于支持西安高新区建设世界一流科技园区的若干意见》和西安市政府《关于把西安高新区建设成为世界一流科技园区的若干意见》，立足管理、技术、机制、体制、服务等方面的工作创新，为企业“帮困解难”，推进园区创新资源配置和产业发展。一是完善技术创新体系，提升科技创新能力。在体制机制创新方面，坚持推进内部体制机制创新，新建政务大厅，通过业务整合和流程再造，提升园区服务管理水平和效能。在孵化器及产业联盟建设方面，坚持以“市场为导向、企业为主体、孵化器网络为支撑、产学研结合为纽带、产业联盟为平台”的技术创新体系，围绕主导产业建立了生物医药、先进制造、光电子、集成电路、能源技术等8个专业孵化器及科技企业加速器，形成“综合孵化器+专业孵化器+企业加速器”的集群发展模式。同时，以建立“科技服务站点”为突破口，加强孵化服务的延伸和拓展，提升区内中小企业技术成长环境。在金融服务方面，西安高新区出台了促进创业风险投资发展的若干政策，建立了5亿元的高新区创业风险投资母基金。设立1000万元的贷款担保风险补偿专项资金，建立管委会、银行、担保机构贷款风险共担机制，促进金融机构向企业贷款。利用政府和金融机构资源，建立面向区内企业进行集中供应与定向推介的“金融超市”，解决企业融资渠道，完善了投融资服务体系。西安高新区作为国家开展科技保险创新试点工作城市，2009年参与科技保险投保企业35家。在科技部、证监会和深交所等部门支持下，西安高新区代办股份转让试点园区申报工作取得很大进展。西安高新区目前在册登记各类投资机构228家，注册资本总额71.25亿元。18家驻陕商业银行在西安高新区设立了29家分行或支行。以全国总部为代表的30家保险、经纪公司在西安高新区设有分支机构。搭建了企业融资工作平台，促进了金融服务聚集。西安高新区内企业累计获得各创业投资机构投资65.94亿元。截止2009年9月区内商业银行贷款总额275亿元。西安高新区拥有海内外上市企业30家。在知识产权及标准化建设方面，2009年西安高新区通过了“国家知识产权试点园区”验收，形成了集专利、商标、版权于一体的知识产权保护和服务体系。西安高新区作为全国首家“国家高新技术产业标准化示范区”，通过示范区建设，形成了“政府引导、市场推动、企业为主、中介支撑”的标准化创新工作模式，促进“科研—标准—产业”协调发展。目前有2个IEC/TC秘书处，3个国际标准化组织国内技术对口单位，8个标准化技术委员会秘书处单位，5个标准化分技术委员会秘书处单位，成员单位50个，国家重点标准工作成员30个等标准化组织。在技术成果交易和公共服务平台建设方面，西安高新区促进技术产权交易中心建设，采取技术成果交易服务专人专责，实施合同预审，引导企业建立技术贸易长效运行机制。依托各专业孵化器，采取与高校、科研院所、企业联建及自建等方式建设公共技术服务平台。搭建企业产品与技术展示交流平台，开通区内企业信息网，引导企业加强信息交流和产品配套。相继出台了促进项目开工、发展总部经济、促进高新技术企业发展等系列应对金融危机、确保经济增长的优惠政策，对企业提前兑现扶持政策，通过财政资金支持企业的发展。建立企业动态跟踪随访制度，分行业做好重点企业的运行监测，重点企业实行一企一策的解决方案。二是依托和聚集优势科技资源，推进产业结构调整，发展战略性新兴产业。西安高新区创新体系的完善和投资环境的优化，聚集和承载科技创新资源的能力不断增强。2009年，西安高新区重点围绕通讯、光伏、软件与服务外包等领域完善产业链，聚集创新资源，发展特色产业，软件服务外包、光伏、LED、创意等新型产业蓄势待发。国内外100多个知名企业在西安高新区创办高科技企业或设立研发中心。美国应用材料公司投资3亿美元，在西安高新区建设全球最大的太阳能光伏研发中心已投入运行；中兴通讯投资的3.5G-4G产品研发中心、上海龙旗投资建设的3G产品研发生产基地、研祥科技投资的特种计算机、嵌入式CPU项目入驻西安高新区加快发展的后发优势。三是营造聚集高端人才的优良环境，吸引高层次人才入区创业创新发展。制定实施人才优惠政策，设立人才专项基金，利用省市区设立的5000万元高层次人才引进资金的引导作用，为500家重点企业引进1200名高层次人才。2009年被中央人才工作小组授予“海外高层次人才创新创业基地”称号，5人入选国家“千人计划”。四是着眼长远、科学布局、统筹规划、稳步推进、引领科技产业跨越式发展。2009年西安高新区针对自身产业特点，把长远与快速发展相结合，政府引导和市场主导相结合，统筹规划，合理安排科技资源和企业分布，按照重点产业供应链关系，调整产业布局结构，着力打造“两带四区七园（基地）”，启动了草堂科技产业基地和长安通讯产业基地两个跨区合作基地建设，推动专业化聚集。新开工科技产业类项目40个，英华达产业园、比亚迪二期扩建等十多个产业项目建成并部分投产。

【组建产业技术创新战略联盟】 根据科技部《关于推动产业技术创新战略联盟构建与发展的实施办法（试行）》，西安高新区2006年3月由北大方正集团有限公司、大唐微电子技术有限公司、大唐移动通信设备有限公司、西安西电捷通无线网络通信有限公司等25个单位成立了WAPI产业联盟；2006年7月，由西安软件园组织30家对日软件服务外包企业成立了西安·日本软件联盟（西安软件园对日软件出口企业联盟）；2008年3月，由西安诺赛软件有限公司等9家单位发起成立了西安软件外包产业联盟，该联盟是西安高新区高新技术企业协会下属的专业委员会；2008年9月，由西安光电子专业孵化器组织西安地区从事石油服务产业技术研究和产品生产的17家企事业单位成立了西安石油服务产业联盟；2009年3月，在西安市科技局和西安高新区管委会支持下，由西安联创生物医药孵化器有限公司等9家单位共同发起成立了西安生物医药研发产业研发联盟；2009年4月，由西安光电子专业孵化器组织，西安地区包括器件、装置和应用系统在内的部分电力电子相关制造企业、科研院所和高等院校等13个单位发起成立了西安电力电子产业联盟；2009年6月，由西安市质监局高新分局、高新区管委会经济贸易发展局和西安航天恒星空间技术应用有限公司等单位共同发起成立了卫星导航定位服务产业技术创新联盟。这些由企业、大学、科研机构组建的技术创新合作组织，以提升产业技术创新能力，整合产业技术创新资源，促进产业技术集成创新，提高产业技术创新能力，形成产业核心竞争力为目标，对促进高新技术产业建立长效稳定的产学研合作机制，实现创新驱动发展起到积极的推动作用。

【推进国家高新技术产业化基地建设】 按照省委、省政府提出的调整和优化产业结构，打造具有支撑作用的战略性新兴产业的要求，结合相关产业调整振兴规划确定的重点发展方面，推动高新技术产业化基地建设。2009年，科技部认定陕西省西安国家半导体照明工程高新技术产业化基地、西安国家通信高新技术产业化为2009年度国家高新技术产业化基地。西安国家半导体照明工程高新技术产业化基地主要依托国家民用航天产业基地和西安高新区半导体产业园，现有半导体照明研发机构40多个，高级专家30余名，聚集LED产业相关企业40余家，形成了关键设备、LED外延片和管芯、LED光源、应用产品等较为完整的产业体系。西安国家通信高新技术产业化基地主要依托西安高新区长安通讯产业园，规划面积7km^2，已有中兴、华为等一批通讯龙头企业进入基地建设，是陕西省拥有自主知识产权的全球一流通讯设备研发和生产基地。

（胡　燕）

国家级宝鸡高新技术产业开发区

【概况】 2009年，国家级宝鸡高新技术产业开发区管委会（以下简称宝鸡高新区）以建设一流创新型园区为目标，以打造国家新材料高技术产业基地为重点，坚持招商引资、重点项目、基础配套、环境建设不放松，在培育创新主体、加速产业聚集、铸强发展动力上实施新突破，把宝鸡高新区建成全市高新技术密集区、自主创新前沿区、生态工业示范区和现代新城区。全年完成经营收入751.22亿元，同比增长23.33%；工业总产值742.21亿元，同比增长25.07%；工业增加值210.09亿元，同比增长22.97%；区域生产总值240.03亿元，同比增长25.5%；出口创汇4.52亿美元，同比增长3.4%。2009年，宝鸡高新区规模以上工业企业219家，年销售收入过亿元的企业51家，上市企业5家。高新区企业主持或参与289项国际、国家及企业标准制订。2009年底，宝鸡高新区累计认定高新技术企业80家，2009年认定高新技术企业26家。宝鸡高新区被科技部认定为国家钛材料高新技术产业化基地，被科技部火炬中心批准为国家火炬计划宝鸡石油钻采装备制造特色产业基地，被国家商务部、科技部认定为国家科技兴贸创新基地，被科技部火炬中心批准为国家火炬计划宝鸡重型汽车及零部件制造特色产业基地，宝钛集团被科技部国际合作司授予国际科技合作基地。

【推进创建国家创新型科技园区】 宝鸡是国家实施“关中—天水经济区发展规划”战略要地，是关—天经济区的次核心城市。宝鸡高新区大力发展以稀有金属为主的新材料产业，以汽车制造、数控机床、石油钻探设备为主的先进制造业，以通讯设备及器材生产为主的电子信息产业，以生物制品、新型医疗器械为主的生物医药工程产业，以乳畜制品、烟草业为主的现代食品等5大优势产业。宝鸡高新区按照科技部《创新型科技园区建设指南》要求，已编制完成《宝鸡高新区建设创新型科技园区建设方案》（初稿）。2009年宝鸡高新区围绕管理创新、创新服务体系建设、中介服务建设、招商引资、园区基地建设、金融服务体系建设，大力推进国家创新型园区发展。一是在管理创新方面，围绕自主创新能力的提升，宝鸡高新区制定出台了《宝鸡高新技术产业开发区科技创业（孵化）基地管理试行办法》《宝鸡高新区管委会关于引进和鼓励企业建立研发机构的试行办法》《宝鸡高新区管委会关于推进知识产权工作的若干意见》《宝鸡高新区管委会关于中小企业信用担保风险补偿资金资助试行办法》等自主创新的政策体系。形成秦川发展、长岭、宝钛集团、国核宝钛锆业股份等4家国家级企业技术中心及石油钢管、石油机械等17家省级技术开发中心。2009年，宝鸡高新区有187个项目列入国家、省级科技计划，32个项目获国家创新基金立项支持。二是在创新创业服务体系建设方面，宝鸡高新区高技术创业中心坚持“孵化创新，特色发展”的方针，形成了“三级孵化”“三个层次服务”、信息平台、投融资、中介“三位一体”的创新创业服务体系，成为宝鸡高新区创新体系的核心。截止2009年高技术创业中心在孵企业405家，2009年新增孵化企业80家，新增科技创新型企业180家。三是在招商引资方面，2009年，宝鸡高新区围绕新材料制造、石油钻采装备、高速铁路装备、军工电子、中低压输变电、机床工具制造、汽车及零部件等7大优势产业，通过多种途径和形式招商引资签订项目67个，完成合同引资192.74亿元。四是在投融资服务平台建设方面，设立中小企业信用担保有限公司，建立了高新区科技创新基金。2009年，上海浦东发展银行股份有限公司宝鸡支行落户宝鸡高新区。

【推进特色产业基地建设】 宝鸡高新区按照“一区多基地”发展战略已建成全国最大的钛及钛合金生产研发基地，亚洲最大的石油钢管生产基地和石油钻采装备研发生产基地，亚太地区最大的真空断路器生产基地，亚洲最大的纺织电子仪器及设备生产基地，西北最大的专用车辆生产基地。其中科技部认定的基地4个，即：宝鸡国家钛材料高新技术产业化基地，是国家重要的钛及钛合金研发、生产、加工基地，规划面积45km^2，主要依托宝鸡高新区新材料产业基地，现已聚集以宝钛集团为龙头，从事钛金属科研、生产、加工的企业400余家，有各类技术人员1.1万人，形成了完整的钛产业体系；国家火炬计划宝鸡钛产业基地，钛产业已成为宝鸡第一大主导产业，聚集了以钛为主，钨、钼、钽、铌、锆、铪等稀有金属及合金深加工为主体的稀有金属新材料产业科研、生产、加工、贸易和流通企业共400余家，自主开发新产品160余项。

2009年，宝鸡高新区钛材总产量达2.3万吨，占国内高端市场份额的85%以上，占世界钛材总量的22%左右；国家火炬计划宝鸡石油钻采装备制造特色产业基地，规划面积15km²，现有石油装备生产企业152家，关联企业23家；国家火炬计划宝鸡载重汽车及零部件制造特色产业基地。这些基地的建设，使宝鸡高新区成为中国西部地区最具发展潜力的高新区之一。2009年10月，宝鸡高新区经商务部、科技部批准，跻身第三批国家科技兴贸创新基地行列（新材料），成为全国第58家、陕西省第3家科技兴贸出口创新基地。

（王丹娜）

国家级杨凌农业高新技术产业示范区

【概况】 杨凌农业高新技术产业示范区是国家唯一的农业高新技术产业示范区。2009年，国家级杨凌农业高新技术产业示范区管委会（以下简称杨凌示范区）按照“现代农业看杨凌”的目标，全面启动杨凌现代农业示范园区建设。省科技厅多次到科技部汇报加快杨凌示范区建设的有关意见，邀请科技部领导到杨凌视察，并会同杨凌示范区管委会等部门代科技部、省政府起草了《关于继续办好杨凌农业高新技术产业示范区若干政策建议的请示》，编制论证了《杨凌现代农业示范区》总体规划。2009年省级计划支持杨凌示范区项目89项，资助经费1987.5万元，争取科技部项目45项，经费6507万元。建设专业科技示范园区8个，万亩（万头）种植、养殖基地5个，打造现代农业示范的核心区和农业科技交流推广平台，探索现代农业发展新途径，为干旱半干旱地区乃至全国农村改革、农业发展、农民增收做出示范。在示范区现有55km²农用地规划范围内，按照标准化、区域化、专业化全覆盖的要求，整体打造杨凌现代农业架构。现已完成投资7亿多元。2009年，杨凌示范区科技特色产业辐射带动效应实现了新突破，示范区对外科技示范推广面积达2300万亩，辐射带动效益66.2亿元；生产总值39.86亿元，增长15%；技工贸总收入120亿元，增长20%；全社会固定资产投资完成22.26亿元，增长38.7%；财政总收入2.05亿元，增长18.4%。

【推进现代农业示范园区建设】 2009年，杨凌示范区围绕把杨凌建成中国干旱半干旱地区农业可持续发展技术的创新源和辐射源，加快示范区农业科技创新体系建设，打造科技集聚平台，提升创新推广能力，加强自身能力建设，实现规范化和制度化管理，不断完善工作机制，促进示范区建设。一是坚持推动科技资源聚集，增强科技创新能力。示范区依托国家海外高层次人才创新创业基地，吸引国内外高层次人才来杨凌发展创业，引进“千人计划”人才1名、博士学位以上人才42名。启动了杨凌现代农业国际研究院建设、旱区现代农业战略研究中心建设和省杂交油菜中心迁建。中国农科院等一批国内外知名企业和科研机构进入杨凌示范区建立基地。与上海复旦大学协商，在杨凌建立转基因动物工程中心。同加拿大、以色列等国科技合作，共建杨凌国际科技合作园。现建成省部级以上实验室和工程中心46个，成立了陕西省玉米工程技术研究中心等3个省级科技创新平台。二是为示范区企业和科研单位争取申报省级科技计划项目72项，获支持资金3266.5万元。示范区内科研单位和企业到位研发经费近3亿元，支持园区发展。三是举办2009中国杨凌现代农业高端论坛、杨凌国际农业科技论坛、中国—加拿大—以色列农业科技创新合作活动等学术活动，推动科技合作与交流，提高示范区在国内外知名度。四是全面推动“五个万工程”，引进国内外30多家企业和科研机构的粮食、油料、蔬菜、瓜果、花卉、药用植物等27类470多个新优品种。全面推动万亩粮食良种繁育基地、万亩设施农业生产示范基地、万亩经济林果苗木繁育示范基地、20万头良种猪繁育示范基地和万头秦川肉牛良种繁育示范基地等建设，探索现代农业发展新模式。五是探索科技示范推广新模式，建立以市场为主导的产业链推广方式，支持龙头企业在外地建立生产销售基地，促进产业链推广。西北农林科技大学在省内外建成一批永久性“试验示范站”，成为现代农业发展的引领者。杨凌示范区的科研单位和企业已在省内外建成科技示范推广基地11个。选派3名首席专家赴埃及建设小麦、玉米、蔬菜综合示范基地。

（李　琪）

省级咸阳高新技术产业开发区

【概况】 2009年，咸阳高新技术产业开发区管委会（以下简称咸阳高新区）抓住西咸一体化发展机遇，以统筹城乡发展，提升高新区综合实力和核心竞争力为目标，以“三提升”（项目建设、招商引资、基础设施建设）为抓手，以项目建设为载体，全力推进招商引资，不断完善基础设施建设，各项经济社会发展指标取得了突破性发展。咸阳高新区实现生产总值16.28亿元，增长18%；农业总产值1.08亿元，增长3%；工业总产值46.94亿元，增长20.4%；规模以上工业总产值36.85亿元，增长12%；全社会固定资产投资额15.53亿元，增长13%。

【推进“三提升”加快高新区发展】 咸阳高新区将2009年定为项目建设年，确立了工业、基础设施、民生工程三大类共66个重大项目，总投资52亿元。其中22个工业项目，已建成项目5个；咸阳高新区立足区位优势，不断拓宽招商引资渠道，全年共引进西郊粮库食用油储备及加工等15个项目，到位资金29.6亿元；2009年，咸阳高新区共安排基础设施建设及经营性项目23个，完成投资5167.5万元。

（朱金有）

省级渭南高新技术产业开发区

【概况】 2009年，渭南高新技术产业开发区管委会（以下简称渭南高新区）坚持以建设创新性特色产业园区为目标，通过扩大区域经济总量，加大集成创新和引进消化吸收再创新的服务能力，有力地促进了结构优化，提升了核心竞争力。2009年渭南高新区营业总收入实现180亿元，工业总产值实现143.7亿元，工业增加值实现44.5亿元，财政总收入3.67亿元，主要经济指标连续7年保持35%以上的增速，成为加快渭南市发展的核心引擎。

【启动晋升国家级高新技术产业开发区建设】 渭南高新区面临新一轮的国家级高新区升级机遇，在省科技厅的指导下，渭南市政府实施高新区“二次聚焦”战略，举全市之力加快高新区建设，全面启动晋升国家级高新区工作。一是成立加快渭南高新区创建国家级高新区领导小组，制定出台了《关于加快渭南高新技术产业开发区发展的决定》《关于加快渭南高新技术产业园区建设国家级高新区的实施意见》，从管理上给予高新区最优惠的扶持政策，促进人才、技术、资本、产业等优势资源向高新区集聚。二是发展壮大以精细化工、装备制造两大特色产业集群，在精细化工领域，建立了新型煤化工、钼化工、新型化工材料三大产业基地。在装备制造领域，建立了印刷机械、工程机械、纺织机械、电力设备四大产业基地。高新区现有精细化工、装备制造类企业164家。三是促进企业科技创新能力的建设，2009年高新区共有科技型企业160家，企业研发投入3.74亿元，占销售收入的2.62%，企业已成为推动自主创新的主体，现已形成渭化集团等11家科技研发机构，专业科研人员近千人，形成了一批拥有自主知识产权的产品。在精细化工、装备制造领域先后引进6家工程技术中心、企业研发中心以及重大科技项目。四是加快服务体系建设，建立了产学研示范基地、科技成果转化基地、大学生实践基地为科技创新创业提供服务；搭建服务于特色产业的创新网络，加大对专业产业孵化园、公共技术创新服务平台、科技创业投资服务平台的经费投入，构建引导高新技术产业发展的创新体系平台，使产业资本与人力资源、知识资本达到有效配置。五是倾力打造“企业遇到困难，政府无处不在；企业合法经营，政府处处不在”的良好服务环境，为企业发展构筑便捷高效的平台，强化软环境建设。加快制度创新，修订《渭南高新区招商引资优惠政策》《渭南高新区引进生产性投资项目中介奖励办法》和《渭南高新区部门引进生产性投资项目中介奖励办法》等政策，为高新区加快发展提供制度保障和激励机制。

（姜　通）

省级安康高新技术产业开发区

【概况】 安康高新技术产业开发区（以下简称安康高新区）是2009年经省政府批准，在陕西安康工业园区的基础上建设的高新技术产业开发区，享受省级高新区的相关优惠政策，规划面积28平方公里。安康高新区作为省级高新技术产业开发区，享有市级经济管理权，实行充分授权、区域管辖、统一管理、开放运行的管理体制，建立小机构、小政府、大服务、高效率的运行机制，运用一区多园、组团开发、市区共建、市县合作的开发模式，已初步形成基础配套设施完善，水电气供应充沛，投融资、中介机构体系健全，商务办公环境一流，生产力要素市场活跃，人才聚集效应明显，科研、生产、生活功能较为齐全的综合城市新区。市委、市政府"举全市之力建设高新区"的决定为安康高新区的发展提供了强大支撑。

【加快推进高新区主导产业发展】 安康高新区依托资源和区位优势，重点发展富硒食品、生物医药、新型材料、特色服务和环保产业，通过引进一批国内外大型企业集团，培植一批自主创新能力强，成长性好、具有市场竞争力的中小企业，形成高新技术产业集群，实现安康产业结构升级，发挥安康月河川道"一体两翼"核心区的示范带动作用，引领安康经济社会的全面发展。

（唐明鑫）

"13115"科技创新工程重点科技产业园区

【概况】 陕西省"13115"科技创新工程重点科技产业园区按照省委、省政府关于"十一五"期间全省经济社会发展的整体部署和全省中长期科技规划的要求，通过有效整合资源，增强科技产业园区的服务功能，强化园区的成果转化、产业聚集和技术扩散能力，提高入园企业的自主创新能力，培育区域特色优势产业和产业集群。自"13115"科技创新工程实施以来，省科技厅于2007年、2008年、2009年先后审批"13115"科技创新工程重点科技产业园区52个。其中，2007年21个（陕科计发[2007]129号），2008年18个（陕科计发[2008]143号），2009年13个（陕科计发[2009]29号）。

（计划处）

【2009年重点科技产业园区简介】

镇巴石材资源综合利用科技工业园 镇巴县石材资源综合利用科技工业园地处该县观音镇，规划面积9120亩，园区内蕴藏着2700万立方米的天然板岩，是以石材为原材料，集开采、加工、销售为一体的综合产业园区。园区内生产的石材产品以质地细腻、板面光滑、厚薄均匀、花纹似锦及纯天然、无辐射等特点蜚声于国际、国内市场，远销美国、加拿大、日本、澳大利亚等国家和地区，是该县的唯一出口创汇产品。2007年县政府成立了工业园管委会及办公室，办公室设在县科技局，着手园区的建设。几年来，园区企业加大科技投入，依靠科技创新，大力开展新设备、新技术、新工艺的引进和技术人才的培养，推动石材产业整体科技进步，石材产业实现了突破发展。2009年园区生产石材产品55万平方米，实现销售收入5900万元，上缴税金512万元。

园区原有石材企业6户，2009年资源整合，企业进行了兼并重组，现有企业3户，注册资本2140万元，企业逐步向集团化方向迈进。园区以泽丰石业公司和观音板石厂为龙头，企业间相互协作，实现了园区统一生产工艺、统一品牌、统一价格、统一营销和技术、资源、信息共享的目标。实行了园区管委会牵头，协会组织各企业相互协作、相互促进、共同发展的管理模式。园区建立了新产品研发中心，并以焦作恒远石材公司为技术依托，进行新产品研发与试制，各企业每年拿出销售收入的3%以上的资金开展科技创新，使研发队伍日益壮大，新产品、新工艺不断呈现。为打造镇巴锈板品牌，管委会已启动镇巴锈板原产地保护认证申报工作，产品质量标准认定已被受理。园区1户企业申请国际质量体系认证，2户企业已取得自主进出口权，园区95%以上的产品实现了出口。2009年成都、重庆、郑州等城市建设的镇巴板石产品展示厅已全面竣工，将扩大国内市场份额，镇巴锈板整体发展水平已迈入先进行列。

园区科技服务场地建筑面积250平方米，拥有相关仪器设备20件、总价值60万元。县生产力促进中心是园区科技公共服务机构，为企业提供技术咨询、培训、人才引进、信息等无偿服务。为加强科技服务能力建设，管委会为县生产力促进中心配置电脑等办公设备10台（件），配备产品研发人员10人，开展产业调研及市场分析，提供可靠决策依据。并利用网络发布企业及产品信息，扩大镇巴板石知名度。充实、完善公共科技服务中心建设，增强了能力、提高了水平。通过引进新设备、新技术、新工艺和技术人才的培养，增强园区科技服务功能，推动石材产业升级，强力打造“镇巴锈板”品牌。在2009年金融危机中，园区销售收入仍比2008年增长了18%。成功开发了石材画、腰线、文化石、石材工艺品，利用废渣开发了马赛克、拼图板、乱拼版等，产品由过去单一生产规格板向系列化、多样化方向发展。关闭全部小矿点，变放炮开采为机械剥荒、机械切割方式进行生产，提高了资源利用率。园区企业成立了石材协会，协会作为管委会和企业之间的纽带，将政府与企业紧密联系起来，统一了生产工艺、质量标准、销售价格，有效遏制了企业内部恶性竞争，形成了集约化经营、标准化生产、集团化销售和龙头企业带动，其它企业分工合作，共同发展的格局。通过技术培训，变普通工人为技术工人，变临时工为合同制员工，新增就业岗位121个。

西安半导体照明科技产业园　西安半导体照明科技产业园是由原陕西省信息产业厅于2007年6月批准成立的专业性科技产业园区，园区由陕西电子信息集团有限公司承担建设，并成立了西安半导体照明科技产业园管理委员会，具体负责园区重大事项的安排部署、行政管理及组织实施工作。园区管委会主任为集团公司董事长王志荣，副主任由集团公司总经理田盘龙担任，下设办公室、公共服务中心、建设规划部、招商部、园区物业管理部和财务部。

产业园位于西安高新技术产业开发区，四面临路，南临锦业路，北临次干道，西临丈八七路，东临西三环，交通便利、各种市政设施完善。产业园用地面积为174051.25m²，总建筑面积为298618.8m²，占地面积为64563.37m²。其中科研办公区占地面积为6769.27m²，生产区和动力配套区占地面积为48691.69m²，生活配套区占地面积为8985.81m²。半导体照明科技产业园建立起了一个LED产业的集聚地，将LED照明产业集聚到一起，给相关企业提供一个理想的科研、生产基地，快速培育产业集群，构筑产业链，使各企业做强做大专业产品，提升产业的自主创新能力与竞争力，发挥产业集聚效应，带动地区就业，促进全省LED半导体照明行业的发展。

渭南经济技术开发区　渭南经济技术开发区是规划中的渭南中心城市“一河两岸、四大组团”中渭北新区所在地。2009年5月将渭北产业园更名为渭南经济技术开发区，同年8月将经开区调整为市政府派出机构，并赋予经开区市级综合经济管理权限。管委会现有编制30人，内设综合办公室、经济发展与对外合作局、规划建设局、融资办四个机构，另设立了经开土地分局、财政分局，管理体制日趋完善。

园区规划用地83km²，远景规划用地144.5平方公里。已建成区12km²。基础设施建设本着“规划为纲，基础先行，项目支撑”的发展理念，千方百计改变经开区基础设施滞后的现状，快速提升经开区的综合承载能力。经开区有22公里主干道交通路网连接交通要道，建成水厂和排污站各一座，110KV变电站配网到位，电力供应充裕，给排水、电力、通讯设施管网配套完善，协调制定了天然气管网接入方案，开通了至市区的3条公交专线，信息化平台为企业提供一流信息服务，“六通一平”的基础设施基本可满足各类项目入区发展的需要。

该区为关中—天水经济区次核心区，西安国际大都市经济圈的重要组成部分，东南沿海产业转移的首选承接地和西安各大企业集团的产品加工基地。重点发展节能环保装备、现代物流、机械电子和农副产品深加工四大主导产业，初步形成四大产业集群，着力打造渭河北岸与国际接轨的低碳环保工业化新市区。全区入区企业累计签约项目116个，总投资208亿元，投资过亿元项目29个，建成投产企业48家，在建项目32家，2009年工业总产值达21亿元。已初步形成了以北京紫兆环保设备、台湾威奈LED、海浪锅炉为龙头的国家级节能环保装备产业园区，以秦东现代物流、东府汽车城为龙头的现代物流产业园区，以国德电气、安信电子为龙头的机械电子产业园区，以雨润食品集团、天津亚亿集团为龙头的农副产品深加工园区。同时，以五星级酒店、建科城市花园、电信综合信息化大厦、金融大厦为代表的东区行政商务区开发和新区医院、中小学等社会公益事业正在迅速崛起，城市综合承载能力迅速提升，产业聚集效应日益凸显。

清华科技园(陕西)　清华科技园（陕西）创立于1998年，由清华启迪控股股份有限公司、西安蓝溪科技企业集团、西安清华校友会共同组建，包括西安园区和咸阳园区，是清华大学国家大学科技园在中国西部唯一的辐射园区和有机组成部分。2001年5月被科技部、教育部确定为首批22个国家大学科技园之一，2003年10月科技部、教育部认定清华科技园为全国唯一的A类国家大学科技园。

西安园区位于高新技术产业开发区科技二路65号，占地46.5亩，总建筑面积40000㎡，总投资约2.5亿元。园区已建成以蓝港数网大厦、清扬大厦为代表的标志性建筑群组。咸阳园区位于咸阳沣河新区世纪大道中段，规划占地800亩，建筑面积80万㎡，总投资9.6亿元。世纪大道横贯东西，将园区分为两部分，北区为产业区和研发区，南区为服务配套区。园区定位是打造西部最大的数字化先进医疗设备产业孵化基地。清华科技园（陕西）依靠所拥有的科研优势和人才优势，通过“官、产、学、研、金融、中介、贸”的结合，为入园企业提供系列完善的配套服务，营造适宜园区科技型中小企业发展的创业环境。

宝塔星火技术密集区 延安市宝塔区星火技术密集区是于1993年由原陕西省科委批准设立的。主管部门原为密集区建设领导小组，2007年调整为密集区管理委员会，管理委员会主任由分管科技副区长兼任，下设办公室在区科技局，负责日常管理工作，办公室主任由区科技局局长兼任。

密集区位于宝塔区中心及东川地带，总面积740.14平方公里，涉及柳林、桥沟、枣园、李渠、姚店、甘谷驿六个中心集镇，总人口12.6万人。区内基础条件优越，设施达到“七通一平”，立体交通网络初步形成，所有集镇通油路，行政村通砂石路，并形成三级科技创新服务平台。重点产业布局为山地苹果、川道蔬菜、拐沟畜牧三大农村主导产业，石油为龙头、机械加工、纸箱生产等为配套的工业产业集群。农业发展坚持苹果为长效性基础产业、蔬菜为区域性致富产业、畜牧为短期配套产业；工业向油气精细化工、农副产品深加工、先进制造技术、生物药业、轻工等产业集群发展。

阎良星火技术密集区 阎良区星火技术密集区于2004年10月批建，由阎良区科学技术局负责建设、管理，负责人科技局局长郭俊。

区政府按照“发展壮大两大产业、培育星火龙头企业、强化科技示范培训服务，加速科技成果转化”的总体规划，阎良区星火技术密集区是在阎良区城区以东的关山镇、武屯镇、新兴街道办的范围内，沿阎关路、振关路及107省道武屯段，规划面积12万亩。重点发展无公害甜瓜、无公害蔬菜、农副产品加工等特色经济。现已分别建立了千亩早春厚皮甜瓜基地1处，千亩无公害蔬菜基地1处、蔬菜科技示范园2处、甜瓜科技示范园3处，建成工厂化集中育苗中心1处。为围绕主导产业、结合农时抓好培训工作，在区内蔬菜示范园、甜瓜基地、甜瓜示范园及区农技推广站新建远程可视培训监控网络体系4个，完善升级网络体系2个，共建成远程可视培训监控网络体系6处。

西安蓝田工业园 蓝田工业园区于1997年7月成立，2006年5月批准为省级开发区，并由“西安经济技术开发区蓝田工业园区”更名为“西安蓝田工业园”，经过十多年的发展，已成为带动蓝田现代工业发展的活力新区。

西安蓝田工业园作为分布在关中产业带上的省级开发区之一，距西安市22公里，西安——蓝田高速公路直通园区，具有明显的区位优势。园区规划总面积16平方公里，以发展高科技产业、生物制药、新型建材、机械加工、农副产品深加工为主，兼有商业居住、文化娱乐于一体的综合性园区。现有各类入区企事业单位80多家。园区功能分区布局科学合理，供排水、供电、供气设施完备，通讯网络健全，道路绿化完善，公用设施齐全。设在工业园区内的企业，享受省级开发区的优惠政策；享受陕西关中“一线两带”产业园的优惠政策；享受蓝田县政府及蓝田工业园的优惠政策。陕西蓝田工业园区管委会行使县级经济管理权限，对于县经审批权限以内的一切手续，实行一个窗口对外的全方位服务。

富平农业特色产业科技园区 富平农业特色产业科技园区于2005年10月经富平县人民政府批准建设，并成立有园区协调领导小组和园区管理委员会，协调领导小组组长为县长，县科技局局长支进善兼任园区协调领导小组副组长及办公室主任和园区管委会主任。园区占地3平方公里，西禹公路穿园而过。投资上亿元修建S106线连接线、拓宽整修道路、修建变电站，园区水、电、路、通讯等基础设施完全能够满足入园企业的要求。

园区依托富平丰富的自然资源优势，重点发展以优质柿子、优质无公害苹果、高效奶山羊为主的三大农业特色产业。围绕三大农业特色产业，主要发展龙头企业、相关企业配套建设，科技示范基地培育，新品种引进、新技术推广、科技成果转化，人才培训、中介服务和技术服务信息平台建设。园区企业有中鲁果蔬汁有限公司、红星乳业集团公司、秦鲁绿色柿业开发有限公司等，总资产共4.73亿元，年产值共4.2亿元。另有园区相关企业富陶集团、鸿天饲料科技有限公司、渭北农机有限公司和配套企业富平污水处理厂、渭北农机配件城等。

渭城民营科技产业基地 渭城区民营科技产业基地于2000年7月经咸阳市政府批准成立，隶属渭城区政府，事业单位编制，下设规划建设、土地开发、企业管理和招商服务等4个工作部。园区规划面积4.2平方公里。2001年被陕西省科学技术厅认定为“省级民营科技产业园区”，2006年被评为全国科技先进产业园。

基地供排水、路灯、天然气、供电、公交、通讯、绿化、有线电视等基础设施实现了“八通一平”。基础设施按市整体规划已建设完成了多条道路及绿化、亮化工程。基地累计签约项目60余个，签约资金30亿元，已有52家企业建成投产，其中有6家科技型企业拥有专利技术15项，2户企业拥有自主知识产权。具有高级职称的人员120人，本科以上学历340人，中级以下职称及各类技术人员1200多名。每年工业产值以13%速度增长。2009年总产值达16.7亿元，实现利润4900万元，上缴税金5950万元。形成了以能源化工为龙头，电子电器、机械加工、建筑建材、食品医药和三产服务六大产业。基地产业已初具规模，发展势头强劲，并吸纳就业人员7000多人，基地的发展带来了巨大的经济和社会效益。

蒲城农化工业园 蒲城县农化工业园是蒲城县政府2005设置成立的县域工业园区，隶属于县政府直接管理的正科级事业单位，编制人数18人，园区负责人郭鹏程。园区位于县城南5公里，紧邻京昆高速（西禹段）与渭清公路，交通便利，区位优势明显。园区总体规划用地2355亩，已利用地土地1000亩。一期计划发展15～20家大中型农化企业，二期增加约15家的大型农化企业，其中包括2～3家国内外知名企业。园区基础设施已累计投资3000余万元，主要完成了主干道路及电力、供排水、绿化等项目。2008年园区先后被省科技厅评定为全省“13115”百家科技创新园区，被省中小企业局确定为全省中小企业创新示范基地。

园区以“服务现代农业，惠及亿万民众”为宗旨，以“打造中国西部农药航母，创建一流农化工业示范区”为目标，以“高起点规划、高标准要求、高质量服务、高效益运行”为经营理念，以“立足陕西、面向全国、走向世界”为发展方向，充分发挥和利用陕北能源化工基地的原料供应优势，利用8～10年时间建成省内一流、国内先进的大型综合农药生产基地。现已入驻的企业有美邦、美尔果、绿盾、绿桥、韦尔奇、兴盛、兴海、石羊、中燃、蓝深、鑫宝、大奇、唐明、勇奔等公司，总投资达5亿元，其中投资亿元以上的有绿盾公司年产2000吨10%农抗120可湿性粉剂生产线项目；投资5000万元以上的有美邦公司农药制剂、西安蓝深特种树脂、石羊公司饲料等3个生产线项目。全部建成后年产值10亿元，可实现利税7000万元以上，提供就业岗位2000多个。已累计完成投资4亿元，其中美邦、兴盛、兴海、绿桥等10家企业已进入试生产阶段。

秦都国家级星火技术密集区 秦都国家级星火技术密集区覆盖2镇9办125个行政村45个社区居委会，总面积252平方公里，总人口43万，属典型的城郊结合经济地区，区位优势明显，交通发达。辖区内大专院校、科研院所达35所，各类科技人才5000余名，平均每万名农业人口中，有技术人员24人，高于全国、全省平均水平。区内自然条件优越，是全市的农副产品主产区。渭河南岸地区以蔬菜种植、苗木花卉种植、畜禽养殖为主；渭河北岸塬上以杂果种植、大型家畜养殖为主。秦都区于1986年开始创建国家级星火技术密集区，当年即成立了由区政府区长任组长，主管副区长为副组长，科技、财政、计划、农林等相关部门负责人和镇办主管领导组成的星火技术密集区建设工作协调领导小组，把星火技术密集区建设纳入政府的重要议事日程。抓好星火计划项目的组织实施，协调解决出现的困难和问题，并制定了一系列重要文件，为星火产业带的实施提供了强有力的保障。1996年8月秦都区星火技术密集区被国家科技部认定为国家级星火技术密集区。

截止2005年底，该区共组织实施密集区项目79项，总投资1.42亿元，累计实现新增产值7.5亿元，开发新产品18种，特别是开发出以先进机翼形节能低噪声通风机，LWJ-24/7、LWJ-30/7无基础空气压缩机，益果灵，“太丰保”辣椒专用型叶面肥等为代表的一大批技术水平居国内领先、国际先进水平或拥有自主知识产权的名牌产品。已完成项目58个，有25个项目通过技术鉴定，验收和行业认证。实施了农业四大工程：大力发展无公害蔬菜，建立无公害蔬菜示范基地、设施蔬菜规范化技术栽培示范基地，以示范引导产业发展；以发展瘦肉型猪、肉鸡和秦川牛养殖为主，引进繁育畜禽新品种，加快畜牧产业化；大力发展中高档苗木花卉盆景休闲示范园；大力发展时令水果，建设优质时令水果示范园、新特品种栽培示范园。

该区组织实施的国家级星火计划“城郊万亩蔬菜基地建设”项目，已建成无公害蔬菜示范基地2个，蔬菜面积达到3万亩，其中日光温室大棚面积1000亩。并投资1.2亿元，建成西北地区规模最大、功能最全、设施最完善的农副产品交易中心。到2005年底，全区蔬菜种植面积已达6.5万亩，总产量38万吨，总产值1.529亿元，形成了沿3条公路的日光温室开发带。建成设施农业科技示范点2个、大型蔬菜批发市场1个、冷库1座、净菜加工厂1个。形成了3条早酥梨开发带，面积3.5万亩，年实现产值5300万元。已建成农业科技示范基地12个，专业协会22个，拥有省内知名的“莽原红”红薯、“渭兴”生猪、“八里庄”无公害精品蔬菜等5个特色农产品品牌。实施医药保健品开发项目14个，以步长、咸阳利威尔、陕西健民等制药公司为代表的一大批企业迅速发展壮大。截至2005年底，全区从事医药、保健品开发的企业已达40多户，开发新产品八大类40多个品种。医药保健品产值占全区工业总产值的30%，纳税总金额占全区财政收入的20%，提供就业岗位3万多人（次），已成为区内的支柱产业之一。围绕电子、纺织、化工等行业开发出了“PU”型片梭、“多头电脑绣花机导轨”“隔离式安全栅”“机翼型节能臭氧风机系列”等一大批高新技术产品，全区为大工业开发配套产品的企业达300多户，实现年产值2亿多元。区内民营科技企业共承担国家级星火计划项目3项，省级项目13项，全区民营科技企业150户，其产品涉及机械、电子、化工、橡胶、医药、保健、高效设施农业等各个领域，开发新产品120多种，2005年实现产值10.25亿元，上缴税金8000多万元，占区财政收入的三分之一多。涌现出以咸阳坤宁微电子研究所所长张书坤为代表的13名民营企业经理、厂长被评为区级有突出贡献的专业技术拔尖人才和一大批先进民营科技企业。充分发挥了民营科技企业在改革创新、发展等方面的示范作用，使其成为区内经济新的增长点。

丹凤商龙星火技术密集区　丹凤县商龙星火技术密集区是陕西省省科技厅2001年9月批准建立的商洛市唯一的省级星火技术密集区，辖龙驹、商镇、棣花三个乡镇，总人口11.1万人，总面积378.77平方公里，耕地面积8.5万亩。丹凤县商龙星火技术密集区管委会为园区管理机构，县长李吉斌任主任，办公室设在县科技局，具体负责日常事务管理。

园区基础设施良好，水、电、路、通讯等设施完全满足园区需求。312国道、沪陕高速公路及西南铁路贯穿园区，区内行政村100%已通水泥道路或柏油公路。丹江、鱼岭水库为密集区提供用水保障，国家电网、通讯线路在密集区通过，提供了电力和通讯保障。各类产业基地的规模不断壮大，为企业提供可靠稳定的原材料保障。区内规划了水杂果生产、畜禽养殖、中药材种植和农副产品加工四个功能区。引进生产技术22项，示范推广水杂果、中药材新品种52个，鸡、猪新品系20种；转化应用先进适用科技成果36项，申报国家专利32项，孵化高新技术企业4个，已形成了果酒加工、畜禽加工、秸秆利用和饲料生产四类星火龙头企业。园区现有资产15.8亿元，企业的工业总产值12.2亿元、税收1.6亿元、利润2.9亿元、从业人数2.8万人。

武功大庄现代农业科技示范园区　武功大庄现代农业科技示范园区西与杨凌接壤，南隔渭河与周至相望，陇海铁路、西宝中线、西宝高速公路横贯园区东西。该园区是在原大庄万亩苗木花卉基地的基础上于2004年创建的。园区规划面积27000亩，由南、北两区构成。南区包括苗木花卉、设施农业和加工商贸3个小区；北区包括畜牧养殖和优质杂果2个小区。该园区2006年被省科技厅命名为省级农业示范园区，2009年又被省科技厅列为“13115”科技创新工程重点科技产业园区。园区直接由县政府领导，成立了以县委常委、副县长刘辉为组长的“武功大庄现代农业科技园建设领导小组和管委会”，下设办公室在县科技局。

该园区水、电、路、电信基础设施基本到位，“四纵四横”交通网络基本形成，园区内23个行政村实现了村村通水泥路。园区已完成总投资1.3亿元，引进产业化龙头企业10家，建成清水莲菜8000亩、苗木花卉1.5万亩、猕猴桃1.4万亩、设施农业1万亩。建成国家级小麦良种试验示范基地100亩，西农大第三代苹果种苗实验示范基地100

亩。推广农业适用技术26项，引进品种和推广科技成果15项。园区内农民人均收入由2004年的2058元增加到2009年的5200元。

（计划处）

【2008年重点科技产业园区名单】

宝鸡高新区钛科技产业园
西安交通大学国家大学科技园
礼泉县星火技术密集区
西安阎良国家航空高技术产业基地核心区
宁强县生态农业科技产业园
杨凌示范区火炬创业园
西安航天科技产业基地
宝鸡虢阳星火技术密集区
泾阳县泾云吉元星火技术密集区
洛川绿色苹果科技产业园区
眉县省级星火技术密集区
韩城市龙门国家生态工业示范区
榆林沙地林业科技产业园
凤州现代科技产业园区
咸阳现代装备制造工业基地
陕西安康生物科技工业园区
柞水县盘龙生态产业园
铜川市宜君县彭村科技工业园区

（计划处）

【2007年重点科技产业园区名单】

西安光电子基地
西安软件园
西安高新技术产业开发区创业研发园
国家集成电路设计西安产业化基地
凤翔长青科技工业园
扶风科技工业园
勉县冶金循环经济科技工业园
宝鸡市姜谭科技工业园
蔡家坡经济技术开发区
澄城县高新科技产业园区
白水县杜康苹果产业园
陕西安康月河农业科技园区
乾县星火技术密集区
金台星火技术密集区
渭滨区国家级星火技术密集区
陕西省精品农业科技示范园
陕西渭南国家农业科技园区
耀州区城郊星火技术密集区
西安高新区生物医药研发园
陕西九州生物医药科技园
商洛市医药科技产业园

（计划处）

县域工业园区

【概况】 2009年3月，全省县域经济工作会议首次明确推进县域工业化是省中小企业促进局的重要职能，印发了《陕西省加快县域工业化发展纲要》和《陕西县域经济发展白皮书》。并先后出台了《关于加快推进县域工业园区发展的指导意见》《关于印发县域工业园区审查认定暂行办法的通知》《关于做好重点建设县域工业园区有关工作的通知》等政策文件。制定了《陕西省县域工业园区发展规划》，对105个编报了县域工业园区规划的县（区）中确定了74个重点建设园区。下达县域工业园区基础设施建设项目贷款贴息资金7100万元，落实银行贷款12.6亿元。开工建设的74个园区，累计投入基础设施建设资金103.3亿元，部分园区达到“六通一平”。

（乔洪英）

【推进县域工业园区建设】 2009年，省中小企业促进局根据全省县域经济工作会议精神，确立了突破县域经济，是贯彻落实科学发展观、统筹城乡经济社会发展的迫切需要，是破解三农问题、推动扩内需、调结构、保增长的重大举措；农业产业化是县域经济的重要基础，县域工业化是发展壮大县域经济的根本出路，县域城镇化是推动县域经济加快发展的重要载体的指导思想。制定有关推进县域工业园区发展的政策和县域工业园区发展规划，建立发展环境评议制度，提升县域工业园区发展环境。扶持建立创业基地和小企业孵化器53个，建立以省局网站为核心的市县中小企业网站30个，确定31个县为创建“发展中小企业、壮大县域经济示范县”，在64个县（区）建立中小企业远程创业培训基地。与省开发银行等金融机构签订贷款合作协议，与省银监会、中国人民银行西安分行共同搭建了陕西中小企业融资信息服务平台——融资超市，推出了质押监管融资服务链的新型贷款模式。2009年有800余户企业、13户信用担保机构、23家商业银行与其他融资机构通过平台实现了信息对接。研究制定陕西省中小企业预警监测机制，建立了主要由预警监测组织体系、预警监测指标、预警监测制度、应对企业重大风险应急预案和预警监测保障措施等组成的预警监测网，为准确把握企业运行动态和发展趋势，为各级政府决策部署提供科学依据，为企业及时调整经营策略提供参考，帮助企业科学应对重大风险，缓解生产经营中的突出困难和问题。2009年全省有2200家企业已入预警监测网。

（乔洪英）

区域科技

概　述

2009年，全省十市科技局在当地市委、市政府的领导下，在省科技厅的支持下，科技工作取得重大进展，有力地推动了区域科技进步和科技事业的发展。西安市科技局围绕建设创新型城市，紧抓统筹科技资源配置，发展高科技产业，促进科技成果转化，提升区域创新能力，科技工作取得显著成效。宝鸡市科技局以推进创新，服务发展为主线，在特色产业基地和创新体系建设上取得新的进展和成绩。咸阳市科技局发挥西咸一体化的区位优势，以项目为载体，带动区域科技经济发展。铜川市科技局围绕“5523工程”和建设以现代建材业为主导的新型工业城市，区域经济社会发展取得显著成绩。渭南市科技局以科学发展观统领科技工作，围绕实施“722325”科技创新工程，加快促进创新型渭南建设，增强全市科技创新能力。榆林市科技局围绕“61211”科技创新工程，突出区域特色和重点产业，组织实施科技创新基金项目，取得了显著效果。延安市科技局以科技富民强市为目标，以科技创新为主线，科技工作紧扣全市经济社会发展重点，圆满完成了全年目标任务。汉中市科技局以提高全市科技自主创新能力为目标，围绕全市经济社会重点发展领域，强化科技服务与管理，促进地方新兴产业发展，为实现汉中突破发展作出了贡献。安康市科技局以为六大支柱产业和八大民生工程提供科技支撑为中心，推进区域科技进步和创新，加快高新技术产业化，科技工作取得重大进展，为促进全市经济社会突破发展取得了显著成效。商洛市科技局围绕增强科技创新能力和商洛率先突破发展的要求，科技工作在科技创新体系和科技创新环境建设、培育优势特色产业基地、提升区域科技综合实力方面，为全市经济社会发展提供了有力的科技支撑。

西 安 市

【概况】 2009年，西安市科技局在市委、市政府的正确领导下，以党的十七大和十七届四中全会精神为指引，以深入学习实践科学发展观活动为统领，认真贯彻落实中央和省市关于扩内需促增长有关决策和部署，紧紧围绕创新型城市建设和“十一五”科技发展规划目标任务，积极统筹科技资源配置，大力推动高新技术产业发展，加快科技成果转化，推进农业科技创新，加强知识产权创造与保护，加快民生科技进步，全市科技工作取得重大进展，西安市获“全国科技进步先进城市”“全国创新型试点城市”“首届建设创新型国家十强市”荣誉称号；市长陈宝根获“建设创新型国家领袖人才奖”。

全年共实施市级重点科技创新和成果转化项目114项，重点扶持高新技术企业125家，支持高新技术企业规模化发展35家，扶持创新型试点企业10家，实施重大“区县工业园区科技引导项目”11项，培育知识产权优势企业35家，扶持青年科技人才创业项目37个，培育市级农业科技示范园11家，实施科技富民工程项目12项，开展社会发展科技创新与应用示范项目11项，实现高新技术产业产值1110亿元，同比增长20.7%，高新技术产业实现增加值296亿元，占全市生产总值的10.9%，比上一年度增加1.8个百分点；实现技术市场交易额35.6亿元，同比增长44%；专利申请量12772件，同比增长33%，提前一年完成“十一五”规划目标，专利授权4706件，同比增长43%。

【市属自然科学独立科研机构】 2009年，西安市政府部门属科研机构14个，从业人员总数1241，其中：科技活动人员798人（高级职称187人，中级职称256人）。

【县（区）属自然科学独立科研机构】 2009年，西安市县（区）政府部门属科研机构5个，从业人员总数236，其中：科技活动人员186人。

【科技计划管理】 2009年，西安市科技计划集中受理申报1132项，经过专家评审、答辩和现场考察等环节，最终立项310项，其中，基本计划立项270项，专项计划立项40项，投入市级科研经费11141万元。市科技局积极争取省级科技计划立项支持145项，争取省级科研经费5788万元；争取国家科技计划立项217项，争取国家科研经费14716万元。全年共获得各类科研经费31645万元。2009年，西安市高新技术产业发展专项（即第四批高新技术产业发展专项）共立项40项，项目总投入111210万元。共安排市级财政专项资金3800万元，“两区两基地”和区县配套资金4950万元，企业自筹59035万元，贷款44425万元。

【科技成果管理】 西安市共有173个项目获得陕西省科学技术奖励，其中西安西电变压器有限责任公司的“1000KV特高压并联电抗器研究与开发”等32个项目获2009年度陕西省科学技术一等奖；西安电子科技大学的“跳频突发通信传输技术与应用”等73个项目获2009年度陕西省科学技术二等奖；西安未来国际软件有限公司的“信息共享与交换平台”等68个项目获2009年度陕西省科学技术三等奖。2009年，全市共96个项目获西安市科技进步奖，其中，西安飞机工业（集团）有限责任公司的“空客A319机翼总装型架设计与制造的技术研究”等12个项目获西安市科技进步奖一等奖；西安达刚路面机械股份有限公司的“改性乳化沥青稀浆封层车”等33项获西安市科技进步奖二等奖；陕西合容电气电容器有限公司的“电气化铁道密集型并联电容器”等51项获西安市科技进步奖三等奖。

【科技合作与交流】 通过JICA（日本国际事业协力集团）赴日研修是西安国际科技交流的重要渠道，2009年，西安市共派出研修生13人赴日本执行JICA进修项目。协助陕西省植物研究所、西安市农业培训中心、周至种子管理站、西安顺通机电技术应用研究所等分别邀请日本花甲专家进行技术指导。日本专家通过学术报告、答疑指导座谈、技术培训、专题培训等形式进行技术答疑解难，并亲赴田间地头、车间现场与技术人员互动交流，解决生产过程中的实际问题。

7月30日，台湾新竹市市长林政则一行10人到市科技局访问，7月31日，市科技局局长徐可为陪同西安市市长陈宝根会见了台湾客人，向客人介绍了西安的经济社会发展情况，希望双方共享经验与信息，加强科技及产业方面的交流合作。

8月24日，市政府副秘书长郭艳文任团长的国际工业分包考察团一行5人赴欧洲开展科技招商。期间分别访问了相关国际合作机构和企业，还应邀前往联合国工业发展组织（UNIDO）总部进行访问。联合国工发组织投资促进署的负责人对西安市承担的国际工业分包（SPX）项目的完成情况给予了高度的评价，并表示愿意继续支持西安市面向加工制造业开展国际工业分包。

9月21日，第14届国际应用电磁和力学国际学术会议（ISEM2009）在西安国际会议中心开幕，近20个国家250余名专家和学者参会，市科技局徐可为局长出席开幕式并致欢迎辞。10月12～14日由中国机械工程学会、英国工程技术学会和西安市人民政府主办，中国机械工程学会、西安市科技局承办的2009技术与创新国际学术会议(简称ITIC2009)在西安召开，是全国制造领域高规格的专业会议。会议以“低碳和可持续制造”为主题，来自国内外能源和制造业以及工业企业管理领域知名院士、专家学者和业界200多名代表参会。

10月12日，市科技局组团参加了在韩国大田举办的第六届世界科技城市联盟高科技交易会，主要展示了西安科技概况、高新区、经开区、航空基地、航天基地等西安高科技产业基地及部分高技术企业情况，在会议期间共发放西安科技宣传资料及相关企业和项目宣传资料近千份。

10月30日，世界科技城市联盟（WTA）秘书长Deog-Seong Oh吴德成博士（韩国）与执行秘书Insup Yeom廉寅燮先生（韩国）一行访问西安。市政府副秘书长郭艳文代表市政府与WTA代表团举行了会谈。WTA邀请西安市领导参加2010年9月在台湾新竹市举行的第七届世界科技城市联盟大会；寻找双方在高新区和高新技术企业方面的合作方式；邀请西安市的知名大学参与WTA校长论坛。市科技局副局长问向荣参加了会谈。

【科技培训服务】 全年共举办各类农业技术培训

班1730场次，培训农民群众22162人次。举办知识产权相关培训14期，培训人员合计2760人。包括组织市属十三个区县科技局、市知识产权优势培育企业、西安石油服务产业联盟企业、西安医学院师生等参加战略培训；针对西安广大应届大学生，在西安交通大学、陕西科技大学分别举办了西安市专利代理人助理培训班；举办西安市专利代理人高级培训班，邀请国家知识产权局资深审查员授课，分别讲授通信、生物制药方面的专利撰写及审查中的注意事项；在雁塔鱼化工业园、中国轻工业西安设计工程有限责任公司等地举办知识产权实务讲座；组织高新区、经开区企业举办高新技术企业知识产权战略和实务培训班；继续开展“科技创业大讲堂”等系列培训3期，内容涉及SYB创业培训(SYB是“START YOUR BUSINESS”创办你的企业的英文缩写)、企业管理培训、管理技能培训等，培训学员逾600人；开展西安市大学生创业大赛活动。2009年组织了大规模的西安大学生创业大赛高校巡回宣讲。讲座内容包括创业政策、创业技能与技巧、创业辅导与案例讲解。

【专利技术与知识产权保护】 全年专利申请量达到12772件，比2008年（9584件）增长了33.26%，占陕西省申请总量（15570件）的82.03%，其中：发明专利申请5014件，与2008年相比增长66.45%。西安市专利授权共4706件，比2008年（3285件）增长43.26%，占陕西省专利授权量（6086件）的77.33%。其中：发明专利授权1121件，比2008年（749件）增长49.67%。在全市十三区县和高新区、经开区全面开展“雷雨”“天网”知识产权执法专项行动，严厉打击知识产权侵权假冒行为、涉及专利的诈骗行为；注重商品流通领域的专利商品执法检查，先后在西安民生百货商厦等大型商场以及周至县进行了专利商品的执法检查，深入户县、周至等区县指导知识产权执法工作；加大展会知识产权保护力度，对西安市参加“第十三届中国东西部合作与投资贸易洽谈会”“第十八届全国发明展览会”“第十六届中国杨凌农业高新科技成果博览会”“第六届中国国际专利与名牌博览会”等展会的参展项目逐项进行审查，严防利用专利评奖、展销、中介转让等方式欺骗公众、谋取非法利益；在“第62届中国国际医药原材料/中间体/包装/设备春季交易会”期间，市知识产权局还专设了专利权投诉及专利产品咨询工作站。

【促进中小企业发展服务】 2009年，中小企业技术创新项目围绕西安数字旅游、石油测井服务、果蔬物流信息平台和电力电子等产业打造项目集群，进一步强化产业联盟，营造产业发展氛围，按照大项目带动，概念集成的思路，执行国家产业政策导向，重点考虑节能环保、产业结构调整、产学研结合和军民融合等概念，共立项45项，其中电子信息项目14项，光机电一体化项目25项，新材料项目4项，生物医药项目2项。在立项的45个项目中总投入56836万元，其中财政科技经费1400万元，企业自筹55436万元。项目实施完成后预计新增产值98416万元，实现利税21353万元。

2009年，西安市获得国家科技型中小企业创新基金立项216项，比2008年立项的114项增长89.5%；资助金额达到1.4666亿元，比2008年的7370万元增长99%，立项数和获助金额分别为全省的85.7%和89.1%，在副省级城市中名列前茅。获得资助的216个项目，主要集中在光机电一体化、新材料、电子信息、资源与环境、生物医药、服务平台等领域。国家科技型中小企业创新基金设立10年来，西安市共立项899项，获得资金5.6090亿元，其中贷款贴息4365万元、无偿资助5.1725亿元。国家科技型中小企业创新基金，已经成为西安市科技型中小企业创新、创业的重要环境条件，成为西安创新体系中的重要组成部分。

【软科学研究】 全年开展软科学研究计划12项共计42个课题，投入科研经费105万元。重点围绕产业发展与升级、产业园区建设、产业能力提升、城乡统筹发展、农村科技支撑、科技创新发展、城市公共管理和相关政策辅助决策等问题进行研究。全年共有10个软科学研究项目获得年度西安市科学技术进步奖。其中《陕西新农村信息化体系建设与贡献率研究》《振兴西部装备制造业》《不完全信息下的实物期权定价理论与方法研究》等6个课题获西安市科技进步二等奖，《西安阎良国家航空高技术产业基地产业发展政策研究》等4个课题获西安市科技进步三等奖。

【科技宣传服务】 围绕2009年全市科技工作会议的主题，重点宣传报道了西安市“十一五”以来科技战线上取得的成绩。先后在《西安日报》《西安晚报》上刊发了《科技创新“保增长”》《积极发挥科技创新保增长中的支撑作用》等文章，市科技局还联合市级其它部门在《西安日报》整版刊发了以《共话依靠科技促进经济增长》为题的文章14篇。落实市委宣传部工作安排，盘点西安历史上的重大科研成果，通过人物专访、数字解读、图片展览等在《西安日报》集中展示了西安科技创新实力。跟踪拍摄2009年西安科技工作会议、西安·2009高新技术产业与金融暨资本对接推进会、2009年西安市科技计划项目网络评审会、西安市项目评审答辩会、2009年陕西省暨西安市科技活动周启动仪式等一系列重大科技活动，留存了大量影视资料。此外，还编辑制作了“西安市科技局局长徐可为关于《加快科技发展，实现率先发展，以科技创新推进经济平稳较快发展》”专题访谈、《中欧数字信息化社区》项目结题汇报等一系列科技宣传专题片。

科技宣传工作密切围绕西安市科技工作，充分利用电视、报纸、广播等新闻媒体，制作各类电视专题片11部，编发广播电视新闻80余条，在有关报纸发表文章80余篇；编发《西安科技快报》61期，编辑《科技兴市参考》13期，制作《致富金桥》节目24期，拍摄保存了大量科技活动的相关资料，为推动该市科技工作起到了积极作用。组织编印了《西安科技发展报告（2009）》，内容涉及科技投入与产出、科技计划、高新技术产业、农业科技、知识产权工作、科技创新环境、科技宣传与普及、区县科技工作、科技大事记等。市科技局及时把所掌握的最新科技动态和重要科技活动等信息在西安市科技信息网上发布，做到了电视、报纸、网络全程互动，提升了整体宣传效果。全年更新动态信息1278条，图片新闻59条，上网科技视频5期。平均每月上新闻106条，网页访问量270余万次（2008年约180万次）。

【科学普及服务】 2009年，市科协和莲湖区联合主办了题为“节约能源资源、保护生态环境、保障安全健康”的陕西省暨西安市“全国科普日”科普示范活动，向公众普及绿色消费、节约资源、人才交流、环境保护、医疗保健、最新法律法规等方面的知识。举办主题为“繁荣科技事业，为西安经济社会平稳较快发展服务”的西安市第六届学术金秋活动，搭建学术交流、科学普及、决策咨询三大平台。

市科协继续举办“科学大讲堂”活动，举办的西安市第二十四届青少年科技创新大赛，取得了历史最好成绩。利用全市科技下乡活动，开展新技术宣传，向群众发放实用技术资料15000份，开展技术培训50场次。以“一站、一栏、一员”建设为切入点，大力发展农村基础设施建设和组织建设，建设培育市级农村科普示范基地40多个，农村专业技术协会119个，建设“一站、一栏、一员”项目465个，组织各类科技培训170场次，培训农民10万人次。编纂《生命中的科普》《安全科普知识读本》《吃吃喝喝说健康》等科普知识系列读本并免费向群众发放万余册；联合西安教育电视台开办的“科普广角”节目，在其他栏目播出科普内容共计2190分钟；联合西安晚报社开办“科普园地”专栏，继续办好《西安科技报》《西安科协》，向广大市民普及健康、医疗、卫生科普知识。

2009年甲型H1N1流感肆虐，市科技局制作电视科普片《科学防治甲型H1N1流感》，在西安电视台一套和五套播出，并制作1000份节目光盘和三万份“科学防治甲流H1N1流感”宣传画分发至市级各部门、各区县科技局，上传视频至西安科技网，新浪、土豆、优酷等视频网站，并与腾讯大秦网、古城热线协调合作，将视频发布在首页，进一步提高了宣传效果。

【技术市场】 西安市加快建立以企业为主体、市场为导向、产学研相结合的技术创新体系，大力推进自主创新和科技成果转化，全年技术市场合同成交2857项，合同成交总额35.6亿元，比上年增长45.5%。其中，技术开发合同1488项，合同成交金额26.42亿元，比上年增长近一倍，占全部成交合同金额的74.2%，在交易活动中占主导地位；技术服务合同共签订1141项，合同成交金额5.81亿元，占全部成交合同的16.3%；技术转让合同110项，合同成交金额2.8亿元，占全部成交合同的7.9%；技术咨询合同118项，合同成交金额0.57亿元，占全部成交合同的1.6%。2009年，西安技术合同成交项数较上年有所减少，但技术合同成交金额比上年增长了45.5%，重大技术合同逐年增多，平均每项技术合同成交金额首次突破百万元，达到125万元，比2008年增长了68.9%。

【科技政策法规】《西安市科学技术进步条例》的制定从2008年启动以来，几经修改完善，2009年正式进入立法程序。2月5日，市政府副秘书长郭艳文主持会议，征求了市发改委、市财政局、市审计局、市法制局、“两区两基地”管委会等14家市级相关部门的意见。4月20日，市长陈宝根主持市政府常委会审议通过《西安市科学技术进步条例》（草案）；6月25～26日和8月27～28日，《西安市科学技术进步条例》（草案）、（草案修改稿）分别通过西安市十四届人大常委会第十六次和第十七次会议的审议，形成《西安市科学技术进步条例》正式稿。9月22～24日，经省十一届人大常务委员会第十次会议批准，《西安市科学技术进步条例》于11月1日正式颁布实施。

为积极推进科技金融创新合作，市科技局、市政府金融工作办公室、市财政局和中国人民银行西安分行营业管理部联合出台《关于进一步加强科技与金融合作共同促进科技产业发展的指导意见》；为支持高新技术产业骨干企业增强技术创新能力，增强产业发展后劲，制定出台了《关于支持高新技术产业骨干企业加快发展的若干措施》，市科技局对现行《西安市科学技术奖励办法》和《西安市科学技术奖励办法实施细则》等进行修改和完善。

【农业科技】2009年，市科技局继续保持农业科技的稳定投入，争取国家、省科技计划项目和市科技计划农业类项目83项，投入政府科研经费1333多万元。农业应用技术研究项目主要支持围绕全市主导产业开展关键技术研究和试验示范，支持农林牧新品种选育、引进、试验，病虫害综合防治，支持农业新技术研究开发与推广应用；农村科技富民项目重点支持结合区县农业生产实际，具有成熟的“公司+基地+农户”组织模式和良好产业化、规模化前景，示范作用强，能带动农民致富，对促进农业增产增效具有显著作用的项目；农业科技示范项目重点支持结合当地主导产业进行新品种、新设施、新技术的试验示范及新农村建设科技示范村。2009年，阎良区蔬菜科技专家大院、灞桥区葡萄科技专家大院等7家被省科技厅认定为省级农业科技专家大院。

按照西安市委、市政府关于发展都市型现代农业的要求，市科技局与西北农林科技大学开展共建了农业科技成果转化基地，与市农业局、发改委、财政局共同扶持市级农业科技示范园，与市人事局、财政局共同聘请农业科技特派员，与市财政局共同扶持科技示范村镇和科技示范户等。

2009年，投入科研经费515万元支持建设科技示范园11个，投入科研经费225万元，重点建设农业科技示范村镇11个；投入科研经费30万元，培育农业科技示范户100户。选育了芹菜新品种“西育1号”、甜瓜新品种“西蜜3号”、小番茄“西优思香”等多个优良农作物品种。继续选聘了60名来自高校、科研单位及农业生产研究的专家们作为第三批西安市农业科技特派员；对新确定的100户农业科技示范户进行授牌。

【生物医药产业】西安高新区作为西安生物医药产业基地和生物医药产业核心聚集区，有生物医药类企业286家，规模制药企业45家，从业人员2.2万人。2009年，西安高新区生物医药产业技工贸收入154亿元，实现工业总产值128亿元。国家级西安生物医药专业孵化器由西安高新区和西安市科技局共同出资成立，西安联创生物医药孵化器有限公司负责运营管理。

3月，在市科技局和高新区管委会指导下，由西安联创生物医药孵化器有限、西北大学、西安力邦制药有限公司等九家单位共同发起成立西安生物医药产业研发联盟。联盟成立后，通过整合企业、高校、科研机构等多方资源，建立联合开放式研发平台，降低医药企业研发成本，促进自主知识产权的中成药、生物医药及制品的产业化。通过沙龙活动、赴上海张江生物医药科技产业基地进行考察交流等多种形式的活动，促进了企业间的合作与交流。9月，举办了“陕西中药新药研究与产业化发展高层论坛”，邀请中国科学院曾毅、陈凯先院士，中国工程院张伯礼、吴天一院士，法国国家药学科学院林瑞超院士，国家食品药品监督管理局有关部门负责人，国内知名大学资深教授、知名企业家代表围绕“陕西中药新药研究与产业化”，开展了关于世界天然药物发展现状、中药剂型与疗效、中药新药中试研究、中药注册管理、医药技术成果转化等15场专题报告会。10月，举办了主题为“天然产物与人类健康”的“2009天然产物与传统医药国际会议（ICNPTM’09）”，为国内外的研究人员和制药企业提供了良好的合作、交流平台。

【社会发展科技】 科技计划在医学领域着重加大了重点学科和优势专科建设，由西安市科技计划立项支持的西安天隆科技有限公司，研制开发出国内第一台实时荧光定量PCR仪，为“甲流”（甲型H1N1流感病毒）检测诊断提供了可靠保障。6月，市发改委、市科技局、市环保局等16个市级部门联合主办了主题为“推广使用节能产品，促进扩大消费需求”的西安市节能宣传周活动，重点宣传“十大重点节能工程”“节能产品惠民工程”和节能政策法规，还进行了节能知识问答、节能示范产品展示推广、家庭生活节能公益宣传等活动。2009年全市单位GDP能耗降低5.5%，化学需氧量和二氧化硫分别减排1.99万吨和2.15万吨，超额完成省上下达的年度减排任务。

【高新技术】 2009年，西安高新技术产业保持了良好的发展势头。高新技术产业实现产值1110亿元，同比增长20.7%，高新技术产业实现增加值296亿元，占全市生产总值的10.9%，比上年度增加1.8个百分点。市科技局把科技重大项目拉动作为保增长的重要举措，打破传统计划项目组织模式，在第一季度先期投入全年科研经费的50%，应急启动了50项重大科技项目，财政科研投入7150万元，拉动社会融资超过16亿元。继续实施高新技术产业发展专项，2009年高新技术产业发展专项计划投入财政资金3800万元，其中1000万元用于工业企业流动资金贷款贴息，2800万元用于支持高新技术产业化项目；协调“两区两基地”和区县配套资金3350万元，企业自筹36674万元，贷款23890万元。市科技局向国家科技部申报并获批准西安成为“十城万盏”半导体照明试点城市。应用材料全球太阳能研发中心、西安高新区和西安国家民用航天产业基地两个半导体照明产业园区已启动建设。

市科技局联合市财政局、高新区管委会等部门共同举办了“西安2009高新技术产业与金融创业资本对接推进会”；并先后出台了《关于支持高新技术产业骨干企业加快发展的若干措施》《关于进一步加强科技与金融合作共同促进科技产业发展的指导意见》等文件，从政策、资金和人才等方面引领高新技术企业和产业快速脱离金融危机的不利影响。

【集成电路与半导体产业】 2009年，西安已经形成了半导体设备研制与生产、硅材料研制与生产、集成电路设计、加工制造、封装与测试的完整产业链，实现销售收入49.48亿元，其中设计业5.12亿元（含设计服务），制造业8.63亿元，封装测试业11.62亿元，设备与材料业24.11亿元。一批具有自主知识产权的集成电路产品全面进入市场，如华迅的GPS芯片组、龙腾的LCD驱动系列芯片、民展的手机电源管理与移动多媒体SOC芯片、英洛华的LED驱动芯片等。国内集成电路设计企业开始在西安等内地城市布局。上海华虹集团、上海展讯、上海龙旗、深圳长运通、中兴集成等一批企业，已经在西安设立了分支机构。集成电路封装与测试业发展进入快车道。美光项目一期正式投产，骊山微电子公司封装测试一期工程正式投入运营，华天封装与测试项目在经开区破土动工，明泰测试项目正式投入运营，投资3000万美元的韩国SIMMTECH封装配套项目落户高新区。

半导体设备制造业成长迅速。西安应用材料公司独立研发出全球首台32nm PVD设备；西安理工晶体已完成股份制改造，订单已超过6亿元；西北机器厂、创联新能源、百瑞科技等企业也取得了不错的经营业绩。半导体照明与太阳能光伏产业发展迅速，一批对产业发展具有举足轻重作用的重大项目相继动工。在多晶硅方面，除天宏硅业外，年产3000吨、投资15亿元的威斯特硅业在澄城工业园破土动工；在太阳能光伏领域，一期年产200MW的黄河上游水电公司的电池片项目、年产1500吨的隆基硅业的单晶硅加工项目等在航天基地开始建设；在半导体照明领域，中为光电的LED晶圆生产项目正式投产，电子信息产业集团的半导体照明产业园开始建设。

西安集成电路设计专业孵化器正式被认定为国家高新技术创业服务中心，这是继上海集成电路设计创业中心后全国第二家被认定为国家级集成电路类专业孵化器的创业服务中心。西安集成电路设计专业孵化器还被命名为国家引进国外智力示范单位。

【光电子产业】 西安地区光电子产业主要集中在光电子材料、光通信器件和光电测量仪器等领域。截至2009年底，西安光电子产业共有企业230多家，工业总产值60.5亿元，主营收入55.2亿元，利润3.3亿元，出口4.2亿元，呈现平稳增长态势。

2009年，市科技局先后成立了了西安石油服务产业联盟和西安电力电子联盟，西安石油服务产业联盟的成员已由2008年成立时的9家发展到目前的20家，编制了《西安石油产业联盟规划》和宣传册，开通了联盟网站（www.xpea.org）。联盟企业的产值从2008年的3.2亿元增加到2009年6亿元。促成联盟成员间签订合作项目5项，实现了资源共享、优势互补。石油联盟企业全年争取国家、省、市科技计划项目10项，投入政府科技经费500万元。组织西安方诚、春秋视讯以及陕西艾菲特等企业参加了在上海举办的“2009年第四届中国国际机器视觉展览会”。参与筹办“第五届西安机器视觉与工业检测展览会”，来自北京、西安等国内知名机器视觉企业展示了多项最新的机器视觉产品，包括检测设备及系统、光源、镜头、工业相机、板卡、智能传感器、机器视觉软件等。

【软件产业】 根据国家工信部公布的数据，2009年，西安软件产业收入超过200亿元，约占全国的2.30%，软件企业数量达到750家以上，其中446家通过了“双软”认定，软件产品登记达到1000多个。组团参加了在大连举办的第七届“中国国际软件和信息服务交易会”该会是经国务院批准举办的国内唯一的国家级软件交易会，西安代表团由市委常委岳华峰任团长，市科技局、市外经局等部门和“两区两基地”相关人员及多家软件、服务外包企业代表参加。联合西安高新区管委会经发局、西安软件园、西安碑林区科技局等机构，面向企业组织了3次产业政策解读说明会，协助企业积极争取国家、省、市相关计划的支持。联合北京大学、中科方德软件有限公司，完成“软件工程技术”研讨会。在西安协同时光软件有限公司、西安优势铁路新技术公司和西安翔迅科技有限责任公司三家企业进行了软件构件库系统的部署。组织西安承信网络信息技术有限公司和西安协同时光软件有限公司参与了中科方德软件有限公司的基于QOne的质量管理培训。针对西安软件人才培养，开展了软件测试实训、实习指导等工作，参加培训人员达3925人次。开展计算机软件著作权登记的宣传与服务工作，共组织专业培训3次，协助完成计算机软件著作权登记申请232件，占2009年西安申请总量的50%。

【新材料产业】 2009年，西安经济技术开发区内新材料企业共承担包括大飞机项目在内的国家重大课题10项，共获得政府支持资金3662万元；省、市各级主管部门立项25项，累计获得支持1612万元。经开区管委会于2009年设立了工业保增长专项资金，区内新材料企业共获得立项24项，支持资金达823万元，带动企业科技投入累计6.8亿元。截止2009年12月，区内新材料企业共计45家，新增企业6家；2009年申请专利240件，累计申请专利超过1000件；累计工业总产值54.13亿元，累计出口交货值28.28亿元，从业人员总计3210人。其中，工业总产值同比增长22.4%，出口交货值同比增长14.2%，从业人数与去年基本持平。经开区内新材料企业拥有各类研发机构11家，其中包括依托西部超导材料科技有限公司成立的国家级超导材料制备工程实验室、陕西省航空材料工程实验室，依托碧辟普瑞太阳能有限公司成立的太阳能光伏产品工程检测中心以及市级技术中心6家、创新型企业2家。2009年经开区新材料实验测试公共服务平台运行良好，根据经开区管委会出台的《西安经济技术开发区新材料实验测试公共服务平台专项补贴资金管理办法》，平台增设了补贴申报功能，区内相关企业可在线完成新产品研发测试项目申报。平台已整合省内各类大中型检测仪器设备411套，累计总价值逾3.65亿元。11月5日，经开区内24家从事新材料研发、生产、销售的企业，以及本地从事新材料科研、实验测试的6家科研单位组成的“经开区新材料产业联盟”正式挂牌成立。

【航空产业】 2009年，西安阎良国家航空高技术产业基地通过举办“2009中国国际通用航空大会”“西安航空转包生产暨国际合作论坛”等重大活动，全面提升了基地的影响力和知名度，为基地产业发展搭建了广阔的合作交流平台，航空产业集群呈现出良好的发展趋势。航空基地全年实现工业总产值133.85亿元，同比增长6.99%；工业增加值40.15亿元，同比增长7.15%；进出口总额8.31亿美元，同比增长29.04%；出口总额3.53亿美元，同比增长28.83%。

依托中航第一飞机设计研究院、西安飞机工业(集团)有限责任公司等龙头企事业单位，航空产业基地按照“三机并举，带动配套，集群发展”的产业发展思路，积极实施项目带动和产业聚集战略，打造以飞机设计和制造为龙头的航空产业集群。全年新增注册企业87家，其中，外资企业5家，内资企业82家；航空产业基地累计注册企业共计247家。新舟60系列飞机累计取得订单近180架，新舟600飞机完成了型号合格审定试飞，开始疲劳试验；新舟700飞机研制取得重要进展。中航工业以上市公司西飞国际为平台，成功收购奥地利FACC公司，完成了中国航空工业首次海外并购。打造大航空产业集团，整合陕西飞机工业（集团）有限公司、中航飞机起落架有限责任公司、西安航空制动科技有限公司资源，成立中航飞机有限公司。中航工业一飞院、试飞院、西飞公司按计划推进ARJ21飞机研制，适航取证工作取得了重要进展，飞机结构强度试验、机头鸟撞试验稳步推进，ARJ21飞机累计获得240架的确认和意向订单。

推进大型航空模锻液件生产线、飞机飞行模拟器产业化、飞机地面空调车产业化和激光强化设备产业化等一批重点项目建设。2009年，国内最大的400MN重型航空模锻液压机项目完成厂房主体和主设备基础建设及液压机设备设计和总承包委托。引入和培育具有核心竞争力的航空新材料项目，为航空产业提供优质的基础材料。炭/炭刹车盘产业化、轻质高强度镁锂合金复合材料产业化、无机高分子材料及其系列制品生产、高性能聚酰亚胺薄膜产业化等20余个重大项目相继落户基地，陶瓷基超常性能结构复合材料及制品产业化、KHF-Ⅱ型飞机除冰/防冰液产业化、高性能聚丙烯腈基碳纤维及其复合材料产业化等重点项目陆续投产。航空产业基地已聚集航空新材料企业30余家，总投资超过40亿元。初步形成了航空新材料产业聚集区，为大型飞机项目的实施创造了条件。

航空产业基地以引进零部件加工企业为重要抓手，促进资本与市场有效对接。在基地管委会的推动下，西安燎原等一批民营企业承揽了西飞公司、西航公司等国有大企业的零部件加工业务。航空发动机叶片数字化精加工生产线、航空液压零部件及民用液压油缸产业化等大批项目聚集基地。基地全年实现零部件加工收入约40亿元，其中，转包生产业务发展迅速，实现转包生产总额1.7亿美元，约占全国航空转包生产总额的25%。

通用航空是航空产业基地产业布局的重要组成部分，已被《陕西省航空产业发展专项规划（2008～2020）》确定为陕西省航空产业发展的重点领域。2009年，根据通用航空发展的产业特点和实际需要，航空产业基地从机场平台建设、通航市场培育、低空空域开发等方面做了大量工作，为通用航空产业的发展营造了良好的氛围。中国民航局正式批准航空产业基地通用航空产业园为开发区中唯一一家中国民航通用航空产业试点园区。蒲城内府机场建成并取得机场使用许可证，保障了“2009中国国际通用航空大会”飞行表演的举行。

【航天产业】 2009年，是西安国家民用航天基地顺利起步后加速发展的一年，基地被陕西省政府确定为发展大功率半导体照明产业基地，被科技部确定为国家级高新技术创业服务中心。争取国家和省、市专项扶持资金1.53亿元，其中国家发改委航天基地专项支持资金1.14亿元。全年签约项目35项，合同金额158.77亿元。中国空间技术研究院西安分院有效载荷产业化项目、中国煤炭地质总局航测遥感局国家西部3S空间信息产业化项目顺利开工建设，为基地牢固确立卫星及卫星应用产业地位创造了条件。中电投1000MW太阳能电池项目、西安阳光新能源公司1000吨硅片、陕西神光半导体照明园区、基地6万平方米大功率半导体产业标准厂房、企业孵化器大楼等太阳能光伏和半导体照明产业项目开工建设。中国推进技术研究院民品产业化项目、中国兵器206所雷达项目、西安隆基硅材料公司2000吨硅片项目等5大项目竣工投产。其中，西安隆基硅材料公司2000吨硅片项目当年实现销售收入10亿元。

与上海浦东新区陆家嘴功能区管委会签署战略合作框架协议。鼓励陆家嘴功能区内企业来航天基地投资，鼓励航天基地内企业到陆家嘴功能区投融资。双方将实现金融优势和产业优势将的互补，达到共同发展。

创新贷款担保品种，搭建企业融资担保平台。实现银行授信贷款总额30亿元，为西安隆基硅材料公司、西安森舍电子科技公司等企业解决贷款6800万元。推进技术创新机构建设，帮助西安航天华威化工生物工程有限公司、航天九院771所2户企业通过国家、省级高新技术中心认定，基地信用担保公司及孵化器公司先后获得“西安市中小企业特约服务机构”称号。为支持中小企业技术创新，出台了《西安航天基地关于加快太阳能光伏和大功率半导体照明产业发展的鼓励政策》，设立工业发展专项资金，支持促进入区企业进行技术开发和创新。全年新发展科技型孵化企业33家，企业新获知识产权129项。

【统筹科技资源改革示范基地工作】 2009年6月，国务院颁布了《关中—天水经济区发展规划》，从国家战略的高度为西安确立了新的发展定位：建设以西安为中心的统筹科技资源改革示范基地，构建国际化大都市。11月30日，为贯彻落实《关中—天水经济区发展规划》精神，加快推进西安统筹科技资源改革示范基地建设，市政府决定由西安市科技局牵头负责示范基地的建设工作。市科技局投入专项资金，成立了统筹科技资源专项工作办公室和工作领导小组。对西安科技资源和发展现状进行调研，并在此基础上起草了《西安统筹科技资源改革示范基地建设工作方案》（以下简称《工作方案》）。《工作方案》在2009年12月7日的市政府常务会上审议通过，确定了西安统筹科技资源改革示范基地建设的总体思路，明确了重点任务，划分了工作的阶段性任务。按照《工作方案》安排，市科技局开展制定《西安统筹科技资源改革示范基地建设实施方案》前的调研工作。12月23～24日，组织召开高校、科研院所、"两区两基地"、高新企业、国防军工单位、科技中介服务机构座谈会，听取资源统筹中的经验和存在问题；12月25日，组织召开西安地区15所高校科技处长会议，布置安排科技资源调研的具体内容；12月29日，召开西安技术市场与科技中介机构会议，研讨西安技术交易情况、西安的技术需求与产业发展情况和发挥中介机构在技术转移中的作用问题；12月30日，中共西安市委常委、副市长李秋实主持召开在陕两院院士、高校院所主要领导以及行业骨干企业家座谈会，听取对统筹科技资源工作的意见和建议。

【重大科技事项与活动】 3月16～17日，中共中央政治局常委、国务院副总理李克强在陕西考察。在西安考察期间，到西安阎良国家航空产业基地内的西安飞机工业（集团）有限责任公司、西安国家民用航天产业基地内的航天六院7103厂等单位调研。

3月24日，由市科技局、市财政局和西安高新区管委会等单位承办的"西安2009高新技术产业与金融暨资本对接推进会"召开，全国70多家风险投资有限公司及300余名科技型企业代表参加了会议。

3月31日，西安石油服务产业联盟2009年第二次联盟大会召开，省科技厅、市科技局、西安高新区经贸局及17家成员单位代表出席了会议。会议公布了《西安石油服务产业联盟发展规划》。

4月5日，由省商务厅、省科技厅、市科技局等单位承办的"2009·西安国际工业分包大会"召开，副省长景俊海及科技部高新司巡视员耿占修、联合国工业发展组织国别代表处代表出席会议并致辞，来自中国、美国、法国、印度等30多个国家和地区的国际采购商、工业分包机构和政府的代表参加了会议。

4月6日，"2009中国·西安高新技术企业暨科技成果专利技术重点招商项目对接会"召开，市科技局局长徐可为主持，中共西安市委常委、副市长韩森参加会议并致辞。

是日，由市政府和中国汽车工程学会主办，高陵县政府、市科技局和陕汽集团联合承办的"2009中国西部汽车零部件产业基地发展论坛"在西安召开，国家科技部高新司巡视员耿占修等领导出席会议并讲话。

5月19日，"中国微电子发展——纪念集成电路发明50周年"第39次技术科学论坛在西安召开。省委书记赵乐际、副省长吴登昌，市委书记孙清云、市长陈宝根、副市长李秋实等领导及40余名院士、20余名国内外知名专家和本地代表共150余人参加了此次论坛。

5月27日，中欧信息社会项目西安碑林示范项目"数字碑林——社区综合服务平台"成果推广大会召开。中国——欧盟信息社会项目是中国政府与欧盟共同推出的一个合作项目，内容之一是在中国六个地区开展电子政务示范，西安成为继成都、包头、烟台、阳泉、邯郸之后的第六个示范城市。

6月19日，西安电力电子产业联盟成立大会召开，这是继西安石油产业联盟、医药产业联盟后西安市科技局与相关部门联合打造的又一汇聚产学研优势资源的产业技术创新战略联盟。

7月17日，西安市数字旅游产业联盟成立大会召开。该联盟是在市科技局和市旅游局的支持下，由包括西安地区以外的数字地图、景点搜索、酒店管理、网上预订等旅游行业应用软件开发及运营服务企业共同发起成立的。

8月26日，由市政府主办的"西安市暑期高校毕业生就业创业对接洽谈会"召开，省、市有关领导出席。在开幕式后举办的大学生创业贷款发放仪式上，市科技局与相关部门为34名自主创业的大学生、5户劳动密集型企业代表发放了总计1227万元的小额担保贷款。

9月，西安市被列为国家知识产权示范城市创建市，示范创建时间从2009年9月1日起，为期两年。

10月11日，中国电器工业协会电力电子分会成立20周年庆典大会在西安举行，工信部电子信息司副司长丁文武、省科技厅厅长张炜、市科技局局长徐可为等领导、行业专家及会员代表共300多人出席大会。

10月17～19日，“2009中国国际通用航空大会”在西安阎良国家航空高技术产业基地蒲城内府机场开幕，这是经国务院批准、中国首次设立的国家级通用航空专业特色会展，国家、省、市相关领导出席。国家有关部委的相关负责人，德国、英国、法国等9个国家驻华使馆官员，30家海外通用航空企业和国内100多家企业代表及各界群众6万人观看了开幕式后的飞行表演。

11月5日，由市外经贸局、发改委、科技局等单位承办的“2009西安航空转包生产暨国际合作论坛”在西安阎良国家航空高技术产业基地召开，来自国家部委、省市政府部门及国内外航空界166家单位的代表260余人参加了主题论坛。

11月25日，2009年IEEE（美国电气电子工程师学会）电子器件与固体电路国际学术会议（EDSSC 2009）在西安举行。市科技局局长徐可为（兼IEEE EDS副主席、西安交通大学教授）主持开幕式并致辞。来自国内外的研究学者及市科技局、高新区等市级部门相关领导出席了开幕式。

12月2日，国家卫星系统信息服务中心和市科技局主办的“西安市北斗卫星导航民用开发科技创新座谈会”在西安召开，中国卫星发射测控系统部部长、中国北斗卫星导航服务平台管委会主任于国、市科技局等领导参加会议。

（尚新玲）

宝 鸡 市

【概况】 2009年，宝鸡市科技局在市委、市政府的正确领导下，深入开展学习实践科学发展观活动，围绕市委、市政府“坚持四个第一、实现五大突破”的思路目标，以“推进创新、服务发展”为主线，扎实开展工作，在项目建设、产学研合作、特色产业基地和创新体系建设上取得了新的成绩，超额完成了年度目标任务。市科技局被科技部评为2007～2008年度科技进步先进市；被省科技厅评为“全省科技管理工作先进集体”“全省火炬计划统计工作先进集体”；被市委、市政府评为“人民满意的公务员集体”“综治平安工作先进集体”“突破西山包村扶贫先进集体”；被市政府评为“爱国卫生综合目标责任管理优秀部门”“第十三届西洽会先进单位”“财务管理工作先进单位”。

【科技计划管理】 2009年，市科技局在计划项目管理实施方面，以科学性、针对性和引导性，发挥综合平衡职能为指导思想，注重听取局各领导意见和各科室、局各单位的建议，注重加强与市财政、发改委、工交办、高新区等部门的协调。加强项目指南、项目立项、中期检查、项目验收、绩效评估五个关键环节。最大限度发挥科技计划的支撑引领作用，促进经济社会又好又快发展。在充分调研，多次征求有关部门、局各领导各科室意见和建议的基础上，对市科技计划体系进行改革和调整，新增设了科技支撑计划。使计划体系更加“科学规范、结构合理、运行高效”，各计划之间相互补充，形成整体。在支持方向上更加准确，在计划层次上更加清晰。计划体系涵盖了科技创新全过程。全年共争取科技计划项目137项，争取国家和省上资金5967万元。其中，国家项目22项{国家科技部计划21项（科技局推荐立项15项，高新区国家创新基金6项）、国家发改委1项}；省科技厅项目115项（科技局推荐立项67项，高新区立项47项，国资委1项）

针对科技支撑、“6333”创新工程等重大计划项目，精心编制项目指南，在纪检组的全程监督下，制定实地考察、项目评审工作方案，成立评审工作机构。联合市财政局对74个项目进行了实地考察。组织42名市内外专家对61个项目完成了项目答辩评审，根据评审得分，征求局各领导和市财政局意见，提出立项建议。对立项项目及时在科技信息网发布，接受社会监督。

建立了科技项目管理电子台账，对近三年来实施的国家、省和市三级科技计划项目，完成了结构统计分析。市科技局制定了科技项目内部管理办法，使计划管理制度化。加强重大项目实施的中期检查和验收管理，加快推进项目实施进度。2009年，该市“12000米交流变频电驱动钻机研制”“陕西省石油钻采装备工程技术研究中心”等9个“13115”科技创新工程项目通过省上验收。攻克7项关键技术，完成10项技术创新，获得发明专利8项、实用新型专利18项。建成了亚洲首条年产1.5万吨连续管生产线和年产6万根的重型汽车铸造桥生产线。培养技术带头人54人，转化科技成果60项，起草国家标准7项，行业标准18项。新增销售收入6.39亿元，利税8912万元。同时。联合市财政对去年全市“6333”创新工程15个项目开展了中期检查。实施的8个产业化项目，新增实现销售收入34.3亿元，实现利税4078万元。实施的3个工程技术研究中心制订修订企业标准17项，研究开发新产品和新产计63件（项），直接产生效益32740万元。申报国家专利4件。

宝鸡市2009年国家科技计划项目立项及争取资金情况

序号	计　划　类　别	立项数量（项）	争取资金（万元）
1	科技型中小企业创新基金	14（6）	850（370）
2	科技富民强县专项行动计划项目	1	210
3	农业科技成果转化资金项目	2	120
4	科技人员服务企业行动项目	3	120
5	国家发改委项目	1	800
6	特色产业基地项目	1	
	合　　计	22（6）	2100（370）

宝鸡市2009年省科技计划项目立项及争取资金情况

序号	计　划　类　别	立项数量（项）	争取资金（万元）
1	“13115”科技创新工程计划	13（2）	2730（400）
	（1）重大科技专项	2	180
	（2）重大科技产业化	8（2）	1550（400）
	（3）工程技术研究中心	2	800
	（4）平台建设	1	200
2	重大科技创新项目专项资金计划	13（1）	860（100）
3	科学技术研究发展计划（攻关计划）	22（1）	155（5）
4	火 炬 计 划	49（43）	
5	重点新产品计划	2	
6	星 火 计 划	5	

续表

序号	计 划 类 别	立项数量（项）	争取资金（万元）
7	科技成果推广计划	2	10
8	农业科技创新计划	3	35
9	科技富民强县专项行动计划	1	25
10	区域科技综合能力建设专项计划	3	40
11	国际合作计划	1	10
12	软科学研究计划	1（1）	2（2）
	合　计	115（48）	3867（507）

注：括号里的数据是指高新区或国资委推荐立项的数量和争取的资金。

2009年宝鸡市承担国家科技部科技计划项目名单

序号	计划类别	项目编号	项 目 名 称	承 担 单 位	争取资金	备 注
1	创新基金	09C26216102523	三倍增程的FY-50Y防喷器移动装置	宝鸡市工程液压件厂	70万元	
2	创新基金	09C26216102598	污泥制砖真空挤出机生产线	陕西宝深建材机械（集团）有限公司	70万元	
3	创新基金	09C26226102611	石油钻机自动钻井控制系统	宝鸡中发石油机械有限责任公司	80万元	高新区
4	创新基金	09C26226102619	汽车传感器	宝鸡欧亚传感科技发展有限公司	50万元	高新区
5	创新基金	09C26226102626	LCF-1航用分体式数字罗差方位仪	宝鸡市博远信航电子科技有限责任公司	70万元	高新区
6	创新基金	09C26226102640	钛纤维规模化生产工艺研究	宝鸡市晶诚金属材料有限公司	60万元	高新区
7	创新基金	09C26226102641	钛及钛合金异形材料新型轧制技术	宝鸡市钛谷科技发展有限公司	60万元	高新区
8	创新基金	09C26226102660	工业锅炉优化燃烧节能控制新技术的开发项目	宝鸡市元泰电子工程有限公司	50万元	高新区
9	创新基金	09C26116102663	JKY50/40－4.0节能紧凑型多功能真空硬塑挤出机	陕西皇城玉全机械制造（集团）有限公司	50万元（贷款贴息）	
10	创新基金	09C26116102664	JKB50/50-3.0一体化节能环保真空挤出机及光控自动化机组	陕西皇城建材机械（集团）有限公司	70万元（贷款贴息）	
11	创新基金	09C26216105636	智能IC卡能源计量仪表	宝鸡市丰源仪表有限责任公司	75万元	
12	创新基金	09C26216105640	白藜芦醇提取及其脱氢二聚体viniferins的酶促合成	宝鸡市虹源生物科技有限公司	65万元	

2009年宝鸡市承担国家科技部科技计划项目名单

序号	计划类别	项目编号	项 目 名 称	承 担 单 位	争取资金	备 注
13	创新基金	09C26216105650	基于Hi-SimplicWN及GSM/GPRS的无线计控系统	宝鸡海弘电气设备有限公司	30万元	
14	创新基金	09C26246105713	宝鸡石油装备制造产业创新资源共享服务平台	宝鸡市生产力促进中心	50万元	
15	富民强县		金台区无公害葡萄高效技术集成与示范推广	金台区科技局	210万元	
16	农业科技成果转化		秦岭富硒食用菌优质高产栽培新技术及中试与示范	宝鸡华晨食用菌开发有限公司	70万元	
17	农业科技成果转化		彩色甘薯新品种高效集成栽培技术试验与示范	宝鸡市农业科学研究所	50万元	
18	科技人员服务企业行动	2009GJG00003	外贸线辣椒新品种产业化开发	陕西天香食品有限责任公司	40万元	
19	科技人员服务企业行动	2009GJG00031	基于微波探测的烟支重量控制系统	宝鸡市元泰电子工程有限公司	40万元	
20	科技人员服务企业行动	2009GJG00028	高档数字化棉精梳系列产品的产业化	宝鸡恒鑫精密纺织机械有限公司	40万元	
21			新农村综合信息服务平台	宝鸡市生产力促进中心	800万元	国家发改委
22	火炬计划		重型汽车特色产业基地建设	宝鸡市科学技术局		

【科技成果管理】 2009年，全市共有9个项目获得陕西省科学技术奖励，其中，“伪码直扩连续波无线电高度表”等3项科学技术成果获陕西省科学技术奖二等奖，“C738-1/ZF新型铜丝大拉退火机组”等6项科学技术成果获陕西省科学技术奖三等奖。根据《宝鸡市科学技术奖励办法》规定，经专家评审、市科学技术奖励委员会审定，市政府批准，全市共有56个项目获得宝鸡市科学技术奖励，其中，“连续管制造技术及装备研究”等11项成果获2009年度宝鸡市科学技术奖一等奖；“LCD背光源发光体新材料——钼板”等19项成果获2009年度宝鸡市科学技术奖二等奖；“BF8L513LC风冷柴油机研制开发”等26项成果获2009年度宝鸡市科学技术奖三等奖。

【科技信息服务】 为保证全市农业科技“110”信息服务工作的有序开展，该市先后制定下发了《宝鸡市农业科技“110”信息服务体系建设实施方案》《宝鸡市农业科技“110”信息服务专家管理办法》《关于确定我市农业科技“110”信息服务专家通信费补贴暂行标准的通知》和《宝鸡市科学技术局关于表彰星火科技“12396”工作先进集体和优秀专家的决定》等文件和《关于我市农业科技“110”需要强调的几个问题的通知》，各县区也制定了相应的配套文件，按标准将专家通信费补贴及时发放到位。同时，市科技局从科技三项费列支6万元保障市县开展农业科技“110”信息服务工作，并对工作开展好的县区在资金和项目上给予重点支持和奖励，确保了星火科技12396工作的正常开展。星火科技“12396”服务热线较好地解决了全市广大农民群众对农技服务的多样化、个性化需求。星火科技“12396”信息服务热线已在全市12个县区开通，运行情况良好。2009年，太白县中药材科技专家大院、麟游县布尔羊科技专家大院等6家被省科技厅认定为省级农业科技专家大院。

【科技培训服务】 2009年，市科技局组织科技系统相关单位和人员参加了由扶风县承办的陕西省科技、文化、卫生“三下乡”启动仪式、在岐山县蔡家坡举办的宝鸡市第十六届“科技之春”宣传月、全国妇联“送温暖三下乡”、陕西省农村青年“领头雁”培训启动仪式暨第十一届乡村青年文化节、省市民盟及相关部门在凤翔县田家庄镇大塬村开展的“三下乡”等科技宣传系列活动，组织农业专家现场讲授农业科技知识，向广大农民、城镇居民赠送科技部门编写的《农业科技实用技术问答》《全民节能减排技巧汇编》《知识产权奇幻之旅》等手册，发放了星火科技“12396”、专利保护、专家大院工作服务方面的大量资料。特别是以“携手建设创新型城市”为主题，市科技局牵头，会同市委宣传部、市科协联办了2009年科技活动周启动仪式，围绕“节能减排、保护生态环境、保障安全健康”等内容以发放科技资料、展示科技展板、开展专家咨询、声像演示等丰富多彩的宣传形式，向群众发放环保知识普及读本、妇女儿童权益保护法等资料，通过展板展示宣讲了碘防治和地震成因和避震自救等科普知识、实用技术和新农村前景。全年共发放农业科技宣传资料52000余份，接待咨询群众31400多人次，组织科技宣传版面452块，发布科技致富信息130条，专场培训农民15000人次，产生了良好的效果。

【中介服务】 “宝鸡市科技创新资源服务平台”已成为市生产力促进中心服务大企业大集团和装备制造业的重要手段和载体。全年共开展科技文献检索、定题推送、竞争情报调研等服务400多人次，服务企业260多家，开展科技查新46项，企业对中心的依赖度不断增加。2009年，在中心已有镜像资源的基础上，以远程调用方式引进了“超星数字图书馆”“超星读秀知识库 ”“维普中文科技期刊”及清华同方公司“中国知网”等资源。中心与长岭科技公司、石油钢管公司、石油机械公司等10家企业续签了服务合同。

【专利技术服务】 2009年，全市共完成专利申请量560件，较去年增长5.7%（2008年专利申请量530件）；开展执法检查4次，检查商业企业2家，专项检查2次，检查商品2000余件；帮助企业处理专利侵权纠纷案件3起，结案3件；知识产权小分队深入25家企业提供上门服务；举办培训班22期，共培训知识产权方面工作人员1510人次；开展重大知识产权宣传活动5次，发放各种宣传资料30000余份，展出宣传展板90块，横幅26条，宣传拱形门2扇，接待社会咨询群众4800人次；向省局报送各类信息26条；与有关部门就加强专利申请工作联合发文4件；完成专利孵化项目和展示交易项目分别达30件、24件；招商引资合同资金3200万元，其中到位资金1200万元；配合国家统计局陕西调查总队和省局在该市首次开展专利产品产值调查工作。

【促进中小企业发展服务】 2009年，帮助企业审查修改项目，经专家评审推荐到科技部9个项目，获得支持4项，争取项目资金260万元。7月，科技部对去年剩余资金要求补报项目，及时准备了9个项目申报，列入3项，获得项目资金210万，市生产力项目获得50万元支持。市科技局在200万元基金推荐指标受限的情况下，共向科技部推荐18个项目，获得立项8个，争取资金520万元。

【科技宣传服务】 全年制作、播出《农事直通车》专题节目52期，收视观众达230万人次。与市委组织部合作，建立的宝鸡市农村党员现代远程教育资源开发中心，发挥多媒体制作优势，坚持为大企业大集团服务，全年共制作完成《智慧之光》《中国·宝鸡》等专题片18部，为“全市科技工作会议”等提供多媒体服务20次。宝鸡市“强强联合、整合资源、优势互补、共同发展”的做法和经验受到了省委组织部的充分肯定，已在全省推广。

【工业科技】 宝鸡石油钢管有限公司牵头，联合上海宝山钢铁股份有限公司、华北石油钢管厂、中国石油天然气管道局钢管厂等单位共同完成的“西气东输工程用X70卷板、螺旋埋弧焊管、涂敷作业线及涂料的研制与应用”成果，获得国家技术进步二等奖。填补了国内X70大口径螺旋埋弧防腐管的空白，技术水平居国内领先，部分指标达到或超过了国际先进水平，完全满足美国石油学会管线钢管标准及《西气东输工程用螺旋缝埋弧焊管技术条件》的要求，已在西气东输工程中推广使用，新增产值近22亿元，新增利润约5.6亿元，实现税收约3亿元，为国家节约外汇9亿美元，具有显著的社会效益和经济效益。应用该技术成果开发的大口径螺旋埋弧焊管系列产品已大批量出口到国际市场。中铁宝桥股份有限公司自行开发的“长心轨”专利技术，研制的200km/h-60kg/m钢轨系列道岔，成功应用于铁路第六次大提速，赢得了专家及交运部运输局的广泛认可，使公司的国内道岔市场占有率达到50%以上。新增销售额33594万元，新增利润11270万元，年增收金额达到3756.7万元。

【民营科技】 2009年共审批民营科技企业15户。开展关于民营科技企业的调研8次，完成调研报告5篇。对全市民营科技企业进行了重新登记，全市有民营科技企业376余户。重新认定的高新技术企业88户。筹备成立民营科技企业协会工作。

【产学研合作】 2009年，产学研合作启动了“两院院士宝鸡行”活动。11月5日，中国工程院院士、中国科学院金属研究所研究员、博士生导师胡壮麒，中国科学院金属研究所研究员、副所长杨锐两位专家应邀来宝鸡，深入宝钛集团、力兴钛业集团等6户企业和宝鸡钛业协会进行实地考察，详细了解企业的产品研发和生产情况，并进行现场咨询指导。11月19日，市科技局组织了18户钛企业负责人到西安交通大学参观访问，与交大的专家教授进行了交流和洽谈，并参观了交通大学的国家快速成型工程技术中心、国家金属材料强度重点实验室等。11月23日，分别在宝鸡和蔡家坡举办了钛材料、汽车及零部件产业的企业与高校技术需求项目专场对接洽谈会，与会高校与企业代表进行了洽谈。24日，召开了全市产学研项目合作对接会，30多家企业与西安交通大学、哈尔滨工业大学、西南交通大学等国内17所知名高等院校签订了33个产学研项目合作协议。

【重大科技事项与活动】 4月16日，陕西省现代农业科技创业服务体系建设现场会议在宝鸡万利大酒店召开，陕西省副省长朱静芝、陕西省科技厅厅长张炜、副厅长许春霞、宝鸡市委书记唐俊昌出席会议。

（王　健）

咸 阳 市

【概况】 2009年，制定印发了《咸阳市科技“110”专家管理办法》《咸阳市科技中小企业技术创新基金管理办法》两个文件，为用好政府财政科技资金，充分利用财政资金带动全社会科技投入的增加，起到重要作用。开展科技富民强县工程，实施国家、省级科技富民强县专项行动计划，全市共有10个县（区）获得支持。其中：国家级3个县（区）、省级7个县（区）。咸阳市本级以及礼泉、三原等10个县（区）已通过国家2007～2008年度全国县（市）科技进步考核。其中乾县、礼泉两县获得2007～2008年度全国县（市）科技进步先进县（市、区）。礼泉县被列入国家科技进步示范县（市），是第三批国家科技进步示范县（市）中陕西省唯一获得此殊荣的一个县。成立了咸阳发展研究院，以咸阳师范学院为依托，有效利用市内外科教资源，发挥西咸一体化的区位优势，以项目为载体，研究咸阳经济社会发展中的重大问题、寻找有效的解决方案。市科技局命名了48个市级农业科技示范基地并授牌。36家企业获国家高新技术企业认定。彩虹集团公司被科学技术部、国务院国资委、中华全国总工会联合命名为国家级创新型企业；彬县被国家知识产权局批准为首批实施国家知识产权强县工程县。陕西省中医学院教授张学文被国家人力资源和社会保障部、卫生部、国家中医药局授予“国医大师”荣誉称号。

【科技计划管理】 2009年度咸阳市科学技术研究发展计划，按照市委、市政府关于“十一五”期间全市经济社会发展整体部署对科技工作的要求和坚持“自主创新，重点跨越，支撑发展，引领未来”的科技工作方针，以为建设西部强市和西安—天水经济圈的总体目标提供科技支撑为宗旨，遵循“突出重点，加强集成，注重实效”的原则，以全市社会发展中急需开展的科技攻关、科技成果转化和科技示范推广项目为重点，同时适当兼顾社会发展等其它领域和提高科技管理水平、科技服务能力，统筹综合安排市级科技计划147项，其中农业55项，工业80项，社会发展及其它8项，科技管理4项，市级财政科技补助经费579.5万元。安排市科技型中小企业创新基金项目14项，经费200万元。

“多级塔式工程钻头”等6个项目列入陕西省2009年“13115”科技创新工程计划，其中：“13115”科技创新工程重大科技专项4项，“13115”科技创新工程重大科技产业化项目2项；有36个项目列入陕西省2009年科学技术研究发展计划，其中：成果推广2项，富民强县2项，工业攻关6项，能力建设2项，农业攻关12项，中药现代化2项，火炬计划4项，星火计划2项，新产品计划4项。咸阳广通电子科技有限公司等8个重大科技创新项目获国家科技中小企业技术创新基金支持。2个项目列入国家“863”重大攻关计划。

咸阳市列入陕西省2009年“13115”科技创新工程重大科技专项项目

项目名称	承担单位	项目负责人
多级塔式工程钻头	三原石油钻头厂	刘新军
R18高导磁新型软磁铁氧体材料	咸阳金山益昕电子科技有限公司	闫存才
干式威金斯气柜橡胶密封膜开发及推广应用	凯迪西北橡胶有限公司	韩忠民
复方沙棘油栓治疗宫颈癌前病变和宫颈糜烂术后用药的研究	陕西海天制药有限公司	张恩户

咸阳市列入陕西省2009年“13115”科技创新工程重大科技产业化计划项目

项目名称	承担单位	项目负责人
型高压大流量液压陶柱塞泵	咸阳陶瓷研究设计院	康建喜
高塔熔体口造粒法工艺年产万吨硫酸钾复合肥	陕西景盛硫酸钾公司	尹俊东

【科技成果管理】 2009年，全市取得科技成果1000多项，获得省级科学技术奖励14项，其中，一等奖2项，二等奖5项，三等奖7项。获得市级奖励的科技成果55项，其中，一等奖6项，二等奖19项，三等奖30项。全市鉴定验收的科技成果超过15项，其中，陕西金山电器有限公司的“JMP40D软磁铁氧体颗粒料”和“JR500G镁、锌颗粒料”、咸阳天成钛业股份有限公司的“等离子枪旋转电极制球形钛粉”、咸阳文林机电设备制造有限公司的“便携式变频带锯机”、三原石油钻头厂的“阶梯螺旋刀翼式PDC钻头”、陕西同心连铸管业科技有限公司的“近终型铸铁型材连续铸造”、咸阳广通电子科技有限公司的“套筒式宽频带锥面顶负荷中波小天线”等7个项目被省科技厅和市科技局主持验收。

【科技信息服务】 2009年，咸阳市充分利用咸阳科技信息网、《咸阳科技》期刊（每年4期）、“咸阳民营科技企业”（每月1期）、咸阳人民广播电台、咸阳电视台开办“农时科技”专栏。利用全国科技“110”统一号码“12396”和“咸阳市中小企业科技服务平台”等形式，设置科技政策、行业科技动态、科技咨询、难题招标、县域科技、科研院所、科技企业巡礼、科技实践、重大科技活动、科技人物等栏目，开展科技宣传和科技信息服务。

【科技培训服务】 2009年，咸阳市坚持“实际、实用、实效”的科技培训原则，取得了突破性成效。编写了农村科技实用技术资料：《设施蕃茄、黄瓜栽培技术》《设施辣椒、茄子栽培技术》《西葫芦、芹菜栽培技术》《苹果及矮砧管理技术》《奶牛科学饲养技术》《猪的常见病防治技术》一套6种，印刷25000份，作为实用技术培训的教材和生产实际的指导，发放群众。采用大课、入户辅导、赶科技大集、进村放电影等有效形式，请省级专家培训31场次，市县专家培训辅导100余场次，培训农村技术骨干2600人次，群众5万多人次。结合工作实际，先后举办了“科技型中小企业技术创新基金申报”“科技成果管理暨成果申报”“中小企业科技创新财税政策知识”、全市创新方法推广等培训。

【专利技术与知识产权】 2009年，市专利申请量达631件（未含陕西科技大学300件），创历史新高。12月24～25日，由日本太平洋人才交流中心（PREX）主办，省科技厅、省知识产权局、市科技局联合组织，市生产力促进中心具体承办的中日知识产权管理培训在咸阳举行，此次培训，提高了全市中小企业技术创新能力和对知识产权管理、运用、保护的水平，促进了科技对外交流与合作。

【科技宣传服务】 2009年，咸阳市先后举办了“科技之春”宣传月、科技周、科技下乡、普及《科学技术进步法》等科技宣传活动，发放宣传资料25000多份，接待咨询1万多人次，通过宣传，使广大干部群众进一步了解党和政府促进科技进步的政策、法规和措施，普及了科技知识，了解当前科技发展动态，提高科技创新的意识。

【工业科技】 西安理工大学和陕西同心连铸管业科技有限公司首创的“铸铁空心型材连续铸造技术”，以领先世界连续铸造领域的“连续铸造技术”和填补国内外市场空白的铸铁空心型材，已取得国家发明专利1项，实用新型专利2项，拥有自主知识产权，形成国家行业技术标准规范，其总体水平处于国际先进行列，关键技术国际领先。咸阳威迪机电科技有限责任公司承担的“多层线路板真空压合机”和咸阳三精科工贸有限公司承担的“多功能橡塑助剂间苯撑双马来酰亚胺”项目通过省级验收；首批科技型中小企业创新基金立项的陕西彩虹电子玻璃有限公司承担的“TFT-LCD玻璃基板熔解工艺开发及产业化”、陕西华夏粉末冶金有限责任公司承担的“粉末冶金摆线液压马达阀板”等9项创新基金项目通过市级验收。陕西天宏硅材料有限公司2500吨/年多晶硅生产线项目试车成功并正式启动，标志着全国第一条微电子级多晶硅生产线建设取得阶段性成果，填补了国内微电子级多晶硅材料规模化生产和技术的空白。彩虹集团总投资17亿元彩虹液晶玻璃基板二期工程开工建设，建设3条5代液晶玻璃基板生产线，标志着彩虹集团已经成为国内第一家玻璃基板制造商和全球平板显示器件的重要参与者。陕西科技大学、西北有色金属研究院被国家科技部授予国家级“国际科技合作基地”，陕西科技大学、咸阳陶瓷研究设计院分别被授予“高性能无机材料国际科技合作基地”“实用超导材料国际科技合作基地”。

【技术市场】 2009年，技术市场从企业需求出发，通过调研，挖掘企业技术创新需求，组织科研机构、大专院校以及金融、法律等专业服务机构，开展技术信息服务。完成技术交易合同登记71项，合同总额2.3亿元。加快了知识流动和技术扩散，提升了科技资源的流动效率，促进地方技术转移与成果转化，培育企业的技术创新能力，实现科技成果产业化，构建咸阳技术转移与成果转化的服务体系。

【重大科技事项与活动】 1月9日，由市科技局、市城投公司主办，市生产力促进中心、市科技企业协会、市信用担保公司承办的咸阳市科技企业峰会暨银企合作对接会隆重召开，来自科技界、金融界、企业界的200多名企业高层参加了会议，为39家企业争取1.4168亿元贷款。

3月13日，省科技厅高新处领导到咸阳检查生产力促进中心体系建设重点市试点情况，并参观了咸阳市中小企业公共科技服务平台，观看了该平台建设的多媒体幻灯片，听取了市科技局关于生产力促进中心体系建设的专题汇报。

5月19日，省科技资源中心筹建组科技资源整合调研组来咸阳参观考察了咸阳市公共科技服务平台运行情况，广泛征求和听取了市科技局、市生产力促进中心搭建平台的相关建议，并围绕科技中介服务机构设置及工作运行、科技成果及转化、科技服务平台建设及科技示范基地、科研机构资源利用共享、可利用可共享的科技资源等进行调研。

5月20日，省科技厅副厅长邱义路一行先后深入到咸阳天成钛业股份有限公司、清华科技园区（咸阳）数字医疗企业孵化器、陕西西微测控工程公司、咸阳西北医疗器械（集团）有限公司、咸阳移山压缩机有限公司以及兴平区域内的陕西博大石油机械公司、兰德机械公司、陕西秦航橡胶密封件有限责任公司、陕西华特玻璃纤维有限公司等科技企业调研科技创新项目。

5月，咸阳市科技局组织秦都区、渭城区、淳化县、乾县、彬县等科技局赴宁夏学习考察科技特派员工作，考察了宁夏贺兰县大棚甜瓜基地、水产养殖基地、千亩水稻种植基地和永宁县红提葡萄基地、小张果业基地、农村信息工作以及平罗县自动化育苗工作、千亩大棚蔬菜基地等。对咸阳市科技特派员工作起到了很好的促进作用。

6月2～4日，省委科技工委纪检书记郑明玺一行到咸阳市对陕西中医学院药厂承担的“中药维血宁”、咸阳超越评离合器有限公司承担的“装载机减速箱用楔块式大超越离合器”、咸阳陶瓷研究设计院承担的“YB型高压大流量液压陶瓷柱塞泵”等12个项目进行考察。

7月，省科技厅副厅长许春霞先后两次来礼泉县、乾县、秦都区、泾阳县、三原县考察“13115”农业科技产业园区项目进展情况。

9月15日，由市委组织部、市科技局主办，省生产力促进中心、市生产力促进中心承办的陕西省创新方法推广（咸阳）培训会在建行大厦召开，来自全市机关事业单位干部、企业技术负责人及技术骨干、部分大专院校和科研院所从事技术创新等与创新素质教育有关的人员300多人参加了会议。

12月21日，由咸阳市人民政府、省高层次人才开发促进会、省科技厅主办，市科技局、市生产力促进中心、市技术市场具体负责承办的2009年“院士专家咸阳行”企业技术难题对接会隆重召开。市科技局组织40家企业与陕西省五大工业研究院的专家面对面咨询和解答存在难题。

（李小红）

铜川市

【概况】 2009年，铜川市科技工作在市委、市政府的正确领导下，在省科技厅的大力支持下，以深入开展学习实践科学发展观活动为契机，以科技项目建设为载体，以科技成果的引进、消化、吸收、再创新为手段，紧紧围绕“5523工程”和建设以现代建材业为主导的新型工业城市总体发展思路，加强农业科技普及，加快科技创新体系建设，强化科技交流与合作，创新为农服务模式，着力抓好“13115”科技创新工程、科技特派员、科技园区和示范基地建设，各项工作取得了显著成绩，为促进全市经济社会发展提供了有力的科技支撑。

2009年，铜川市科技局在编12人，下属两个事业单位：铜川市科学技术信息研究所和铜川生产力促进中心。全市共有科研机构5个，分别为铜川市农业机械研究所、市科学技术信息研究所、市农业科学研究所，市锅炉研究所和市陶瓷研究所等，科研机构从业人员数45人，其中科技人员27人，高级职称12人，中级职称9人，初级职称6人。

【科技计划管理】 全年共征集各类科技计划项目80余项，申报国家级项目2项，省级科技项目36项。全市5个项目列入省重大科技创新项目专项资金计划，争取资金370万元，2个项目列入省“13115”重大科技创新工程重大科技产业化项目，争取资金350万元，1个项目列入省“13115”重大科技创新工程项目服务平台建设项目，获得资金支持150万元，9个项目列入2009年度省科学技术研究发展计划，争取资金83.5万元，争取到省知识产权局资金支持15万元。全年共争取资金支持968.5万元。市科技局下发了市级《2009年科学技术研究发展计划》，7大类23项，安排经费185万元。为了使科技项目管理规范有序，对科技项目进行跟踪管理，确保项目顺利实施。

【科技成果管理】 科技成果管理一是完善科技奖励制度，加大奖励力度，调动了全市广大科技人员的积极性和主动性。二是注重科技成果的实施和推广应用。全年开发科技成果7项，分别为：宜君县林业开发中心和西北农林科技大学合作完成的“核桃多肽分离及其产品加工技术研究”、铜川市公路管理局与长安大学合作完成的“嵌锁密实水泥混凝土配合比设计方法研究”、铜川市气象台完成的“铜川市风力资源统计与大风预报方法开发”、铜川市气象广告中心完成的“铜川市气象信息公众咨询服务平台建设”、铜川市防雷中心完成的“铜川市防灾减灾气象决策服务系统”、铜川市蔬菜技术推广站完成的“辣椒新品种引进与示范”和“樱桃番茄新品种引进与示范”项目。组织申报2009年度陕西省科学技术奖参评项目3项，陕西铜川铝业有限公司承担完成的“100KA铸锭生产线改造”项目获2009年省科学技术奖三等奖；获第十六届中国杨凌农高会后稷奖6项；市级科技成果推广管理库新增入库项目7项。

【科技合作与交流】 2009年共选派12人参加省赴日奶牛养殖研修生面试，已有6人通过面试赴日研修。按照市政府安排，市科技局领导高度重视科技合作与交流工作，精心组织，广泛联系，在西洽会上与陕西省轻工业研究设计院签订了“冶炼专用新型脱氧脱硫剂的研发技术引进”合同，一期已投资160万元，2010年底建成投产。

【科技信息服务】 以科技服务农民为宗旨，继续开展科技“110”信息服务工作，广大农民通过拨打“12396”热线电话的方式，即时从农技专家获取各类信息，实现科技信息为农民致富的快速反应和零距离服务。市生产力促进中心主办了“铜川现代建材业科技信息网站”，共发布各类信息420条。市科技信息研究所开通了“维普资讯网”和“西安镜像站”等网站，为中小企业和科技人员提供了公共科技信息服务平台。

【科技成果推广与转化服务】 全年推广与转化了“测土配肥技术推广”“旱地小麦新品种推广”“铜川立体大樱桃栽植技术示范推广”“渭北苹果规范化生产技术示范推广”“核桃六大技术推广”“奶牛良种繁育及标准化养殖技术集成与示范”“关中奶山羊标准化养殖及布尔山羊杂交示范推广”“高相容性通用水泥研发及应用”“沥青路面就地冷再生技术推广应用”“大功率LED发光二极管LZ001W—LZ200W开发应用”等10项科技成果，这些项目的实施转化取得了显著的经济社会效益，有力地推动了铜川市科技进步和社会经济全面发展。

【专利技术服务】 2009年，该市利用“4·26”知识产权宣传日及各种宣传活动广泛开展知识产权宣传，设立咨询点6个，散发宣传资料3000多份。积极开展知识产权小分队服务，邀请省知识产权小分队进行一站式服务，为企业申报专利提供方便，全年共服务企业20家。全市共申请专利132件，转化专利5件，资助专利申请费3.9万元。宜君县被省知识产权局确定为首批知识产权试点县。市科技局荣获省知识产权局2009年目标任务完成奖，郭宜川荣获先进个人奖。

【科技宣传和培训】 市科技局积极组织参与了“铜川市第十七届科技之春宣传月”“科技活动周”和“送科技到田间”的“三下乡”活动。共散发科技及知识产权等宣传资料4000多份，接待群众咨询1000余人，举办“科技活动周”活动6项。组织科技下乡60余次，散发科技宣传资料7万多份，组织科技培训、讲座200余期，参训人数达5万多人次。通过科技下乡，提高了农民的科学素质。举办增强科技创新能力培训班，邀请省上有关专家授课，全市科技管理人员及相关企事业单位技术人员共50人参加了培训。

【科技特派员】 市科技局结合实施“一村一品”百村示范工程规划，继续推行科技特派员示范点建设，2009年新增宜君县惠民公司有机核桃和王益区禾田公司养猪科技特派员示范点2个，并在2009年市级科技计划中予以支持，目前全市科技特派员示范点总数已达到9个。各科技特派员示范点主要围绕果业、畜牧业、蔬菜、核桃等优势产业，大力推广实用技术，打造“一村一品”区域经济发展新格局，促进农民增收。2009年，市级科技特派员魏旭被评为全国先进个人。

【科技体制改革】 针对技术创新活动的不同类型，改革与企业技术创新有关的管理制度和政策，制定了《关于进一步加快民营科技企业发展的意见》，鼓励民营科技企业增加科技投入。改革科技计划和项目管理，严格实施《科技项目中性评估暂行办法》《铜川市科技项目管理办法》等，加强项目的实施管理及监督，提高资金的使用效率。建立创新型示范企业，积极支持企业增强创新能力，帮助企业申报省“13115”科技创新工程项目及重大创新项目。建立科技专家库，科技奖励评审会专家组采取随机抽取名单方式，制订了严密的科技奖励评审程序，做到科学、规范、公正、公开。

【民营科技】 2009年认定民营科技企业5家，全市民营科技企业总数达到74家，全年技工贸总收入达3.81亿元。铜川中星材料公司被省上认定为陕西省高新技术企业，成为陕西省耐磨材料中试及生产基地。铜川市兰德尔环保科技有限公司生产的“兰德尔”牌“气力输送系列设备、布袋除尘器、圆顶阀”产品，被全国高科技质量监督促进工作委员会授予“中国名牌”。市科技局荣获省科技厅2009年全省民营科技企业统计先进集体奖，任正华荣获先进个人奖。

【科技示范点建设】 2009年，印台区樱桃科技专家大院、王益区桃科技专家大院被省科技厅认定为省级农业科技专家大院。市科技局确定了印台区肖家堡有机苹果科技示范基地、宜君县惠民公司有机核桃科技示范基地、耀州区瑞丰公司奶牛标准化养殖3个科技示范基地和铜川市摩天电子研究所、铜川市唐宋陶瓷研究所2个专利产业化示范企业。铜川市三联果业公司的铜川大樱桃科技创业示范基地经省科技厅组织专家评审，获得“陕西省现代农业科技创业示范基地”称号。2009年市级科技研究发展计划对科技示范基地给予资金支持，确保其在县域经济发展中发挥辐射示范带动作用。

【星火技术密集区建设】 全市星火产业带已建成耀州区城郊型星火技术密集区和印台区周陵星火技术密集区2个省级星火技术密集区。该密集区共含7个乡镇，总面积205平方公里，人口3.8万人。重点抓好7个产业示范基地，培育6个龙头企业，引进转化新技术、新成果31项，培训骨干实用技术人才1300名，建立乡镇星火培训学校8所，村级星火科技培训点30个，建立科技示范村10个，科技示范点（园）20个，举办各种类型培训班220期，培训人数21000人。耀州区城郊星火技术密集区2009年区内实现产值3.69亿元，利税4610万元。引进、转化科技成果20项，开发新产品11项，一批民营科技企业迅速崛起，成为区域经济新的增长点。已建成4.5万亩苹果基地，1200亩杂果基地，710亩大棚蔬菜基地，8210亩（小丘4500亩、柳林3200亩、关庄510亩）酿酒葡萄基地，2个奶牛养殖示范小区，2个百亩药材种植基地。区内建成4个科技示范基地，3个科技特派员示范点，特派员实地指导引进的辣椒新品种5个，推广200亩，平均亩产干椒210kg，商品率90%以上。印台区周陵星火技术密集区建设按照“发展超前，技术先进，管理创新，经济高效”的原则，以企业、农户投入为主，以农业综合开发土地治理项目和产业化经营项目为主体，整合各类涉农项目，以农业新技术、新品种的示范推广为重点，走“公司＋农户＋基地”的产业化发展之路，累计投入资金1.2亿元。2009年列入省重大科技创新工程项目，获得资金支持50万元。

【重大科技事项与活动】 4月13～14日，市人大视察了耀州区、印台区、宜君县等星火技术密集区和星火项目。

11月16日，由市政府政策研究室主办的“关中—天水经济区暨铜川经济发展”座谈会召开。省社科院学术委员会副主任、研究员，省城市经济文化研究会会长，省决策咨询委员会咨询委员，中国区域经济学会和中国城市经济学会理事张宝通等专家与该市区县及相关部门负责人共商铜川经济发展规划。

（王荣君）

渭 南 市

【概况】 2009年，渭南市科技局在市委、市政府的正确领导下，坚持以科学发展观统领科技工作，以“自主创新、重点跨越、支撑发展、引领未来”为指针，以科技项目建设、农村科技服务新体系建设、国家农业科技园区验收等工作为重点，围绕省“13115”科技创新工程，继续实施市“722325”科技创新工程，优化科技发展环境，加快促进创新型渭南建设，进一步做好科技成果管理及知识产权和科技培训工作，不断增强全市科技创新能力。全年专利申请量达到374件，专利授权量183件。市科技局先后获得“全省科技管理系统先进集体”“全国科技特派员工作先进集体”荣誉称号，临渭区王录俊被评为全国优秀科技特派员。

【科技计划管理】 2009年，全市共申报国家、省级科技计划项目68项（科技部10项，省科技厅58项），立项45项，争取部、省无偿资助资金2013万元。科技部立项的项目有：星火计划1项，农业科技成果转化资金项目2项，科技人员服务企业2项，科技特派员创业链1项。全年列入陕西省“13115”科技创新工程的项目有：重点科技产业园区3项，重大科技产业化1项，科技服务平台建设1项。全年列入陕西省重大科技创新专项资金项目10项。

渭南市2009年列入科技部项目

项目名称	承担单位	项目类别
瘦肉型三元杂交猪标准化生产技术开发与示范	潼关县兴发种猪养殖农民专业合作社	星火计划
羊奶新产品加工技术中试	陕西关中奶山羊专业合作社	农业科技成果转换资金
“赛众28”硅镁钾肥生产实验与中试示范生产项目	陕西赛众生物科技有限公司	农业科技成果转换资金
科技特派员优质花椒产业创业链	韩城市金太阳花椒油脂药料有限责任公司	科技特派员创业链
渭北日光温室袋料香菇栽培技术开发与推广	白水康家绿色有机农业科研开发有限公司	科技人员服务企业
水飞蓟提取工艺优化及综合开发技术研究	陕西天成植物工程有限公司	科技人员服务企业

2009年度共安排渭南市科技计划项目54项，经费225万元。继续实施渭南市“722325”科技创新工程，全年安排“722325”科技创新工程25项，其中，重大科技专项6项，重大科技产业化6项，科技示范基地7项，专利产业化项目6项。

【科技成果管理】 修订了渭南市科学技术奖励办法，新奖励办法增设了渭南市科学技术国际合作奖；将原来的渭南市最高科学技术奖更名为渭南市科学技术最高成就奖，并将此奖的奖金由10万元提高到20万元；将拟奖项目的异议处理时间由一年改为三个月；将市科学技术奖一、二、三等奖的奖金分别提高到5万元、3万元、2万元。根据《渭南市科学技术奖励办法》规定，市政府对获得2008年度科技奖的项目发文进行了表彰奖励。2009年全市共推荐省科学技术奖项目10个，其中AZJ901250（FR300型）无轴传动机组式凹版印刷机等5个项目获得了省科学技术奖。完成了2009年度渭南市科技奖的征集、材料审查、评审及公示等工作，全年征集科技奖项目32项，拟奖项目19项，其中一等奖5项，二等奖7项，三等奖7项，所有拟奖项目已报市政府常务会议审定。完成了“棚室蔬菜土传病防治基础与技术研究”等6个项目的评审，完成了韩城市华龙电子有限责任公司的“负居里点正温度系数PTCR热敏电阻元件”等12个项目的科技成果登记。

【科技合作与交流】 2009年，共组织推荐50余名符合条件的农村青年参加省上组织的赴日研修培训，经选考，渭南市19人被录取。为了进一步做好陕西渭南国家农业科技园区工作，经国家科技部推荐，园区相关工作人员赴重庆渝北、云南红河国家农业科技园区考察交流园区建设经验。

【科技信息服务】 2009年在渭南科技信息网上共发布信息277次（570MB），数据库检索193次（109MB），网络信息检索199次（450MB），从网上获得信息799次（1450MB）。累计在渭南日报、渭南科技信息网等媒体刊发各类科技信息20多篇次，市委办、市政府办信息刊物登载科技信息12篇，及时反映最新的科技动态和成果，通报工作情况，交流工作经验。

2009年，在全市推广大荔模式、星火科技

"12396"信息服务、科技特派员、专家大院及科技示范基地等服务新模式。分别于3月6日、7月21日召开了两次大荔模式推广工作会议，征集龙头企业35家。全市11个县市区均开通了星火科技"12396"信息服务热线，临渭区、蒲城县和大荔县等3个县区列入省信息服务体系建设首批试点县，全市有102名专家进入省级专家库，全年共计现场出诊50余次解决技术难题。新增韩城市科技特派员示范点1个(累计达到5个)，韩城市的油脂花椒产业链被科技部和省科技厅分别认定为第一批科技特派员创业链，临渭核区核桃科技专家大院、大荔县棉花科技专家大院列入省级农业科技专家大院，新建华县江鱼生猪养殖和韩城苹果2个市级专家大院，新建市级农村科技示范村6个。

【科技培训服务】 与市委组织部、市科协联合举办全民科学素质工作暨科协干部培训班，组织市知识产权局、渭南市生产力促进中心、华县科技局、渭南市林学会等单位分别进行了知识产权培训、科技项目申报培训、设施农业实用技术培训、富平尖柿高效栽培技术等科技教育培训40余场次，现场出诊50余次，解决技术问题4000多个，直接受益群众达8000余人。

【专利技术服务】 2009年，起草完成了《渭南市知识产权战略纲要和推进计划（2009～2020）》，对全市今后的知识产权工作进行了规划。组织专利执法人员参加了专利代理人资格考前培训班和执法证件培训班，有5人获得了全省统一的执法证件。按照国家"天网""雷雨"行动方案计划，组织知识产权服务小分队，深入渭通、白杨科工、北人印机、富平压延厂等多家专利试点企业，进行专利政策宣传，帮助企业及时制定知识产权保护战略，在城区主要超市对电器类和医药类商品进行专利执法检查，保障了正常的市场秩序。成立了蒲城县知识产权局，已有韩城、蒲城成立知识产权管理机构。

【科技宣传服务】 2009年，市科技局组织参加了"科技之春""科技活动周"等科技下乡宣传活动。3月4日在蒲城县党睦镇组织参加了"科技之春"宣传月暨科技文化卫生三下乡活动启动仪式，5月中旬组织了以"携手建设创新型渭南"为主题的科技活动周活动，共组织宣传展板20面块，设立专利、实用新技术推广等咨询点16个，印发各类科技宣传资料18000多份，接受群众现场咨询1200多人次。与渭南电视台二套《农家四季》栏目积极协调与沟通，播出专家技术培训讲座2期。

【民营科技】 2009年，全市民营科技企业总数161家，职工总数5337人，其中科技人员1598人。民营科技企业开发新产品21项，获得专利15项，开发非专利技术28项，研究与开发费用7546.8万元。民营科技企业全年技工贸总收入达到363748.7万元，其中技术性收入796.7万元，产品销售收入347397.3万元，全年净利润37949.1万元，上缴税费总额6134.2万元，创汇总额350万美元。年技工贸总收入（或产值）达到1000万元以上的企业17家，5000万元以上的企业5家，1亿元以上的企业7家，5亿元以上的企业1家，10亿元以上的企业1家。

【科技园区建设】 渭南市为强力推进新型工业化进程，把提升产业结构作为工业发展的重要支撑，渭南高新区、卤阳湖、韩城龙门及华县工业园列入省级承载产业集群规划园区，11个工业园区全部列入省重点支持的县域工业园区，入园企业456户，实现产值381.75亿元，占全市工业产值的比重达到54.82%，产值过亿元的企业发展到91户，金钼股份成功上市，龙钢集团成为全市第一家产值过百亿元企业。

2009年5月及7月，科技部等6部委组织专家分别对陕西渭南国家农业科技园区进行现场考察，11月21日通过了在北京举行的答辩，经6部委的验收，园区获正式批复。2009年安排80万元专项资金用于园区养殖小区、冻配改良及专家大院等项目的建设，全年新建秦川牛育肥企业及养殖小区2家、秦川牛冻配改良点2个、奶山羊良种繁育中心1个、畜牧科技专家大院1个。核心区基础道路井字框架已经形成，连接县城的快速干道也已开工建设，道路绿化、亮化、慢车道修建工程正紧张有序开展。

【高新技术企业认定】 根据新的《高新技术企业认定管理办法》（国科发火〔2008〕172号）的要求，组织有条件的企业进行高新技术企业认定，2009年提出认定的企业有渭南科赛机电设备有限责任公司、陕西绿盾生物科技有限公司等。2009年底渭南科赛机电设备有限责任公司已通过认定，截至2009年底，全市共计重新认定高新技术企业3家。2009年渭南市承担的国家、省级火炬计划项目共计完成工业总产值2.12亿元，实现出口创汇45万美元，上缴税金1000万元，利润2500万元。

【县市区科技工作】 根据《关于开展全国2007～2008年度县（市、区）科技进步考核工作的通知》要求，完成了2007～2008年渭南市本级科技进步考核资料收集、数据整理、材料编写及考核资料上报等工作。组织完成了11个县市区科技进步考核资料的上报工作，其中韩城市、富平县、白水县、华县、蒲城县等5个县（市）参加全国科技进步先进县考核，其余6个县市区参加科技进步县市区考核。韩城市、富平县、白水县、华县、蒲城县等5个县（市）均通过国家科技部2007～2008年度县（市、区）科技进步考核，其中韩城市被评为2007～2008年度全国县（市）科技进步先进县（市），韩城市的姚双年、刘莉、薛定国被评为2007～2008年度全国县（市）科技进步先进个人。经专家评审、现场考察、省科技工委、科技厅联席会议审议，韩城、潼关顺利成为首批建设陕西省可持续发展实验区的县市，占全省的九分之二。

【重大科技事项与活动】 4月25日，科技部农村司副司长贾敬敦在省科技厅副厅长许春霞的陪同下来陕西渭南国家农业科技园区检查指导工作。

5月9～10日，国家科技部等六部委专家组一行7人在省科技厅总工程师安西印的陪同下对陕西渭南国家农业科技园区进行了验收。

7月19～20日，省科技厅副厅长许春霞一行3人来该市检查省“13115”重点科技产业园区科技工作及省重大科技创新项目的实施进展情况。

7月21日，市科技局组织全市各县市区科技局及相关企业代表共计100余人，在大荔县荔民公司再次召开了渭南市荔民模式推介会。

8月12日，市人大副主任郗怀亮来陕西渭南国家农业科技园区大荔核心区就市人大《关于加快大荔核心区基础设施建设》37号议案落实情况进行调研考察。

9月15日，陕西省“13115”科技创新工程重点科技产业园区现场会在该市澄城县召开。副省长朱静芝、省科技厅厅长张炜、副市长魏稳柱等领导作了重要讲话，省政府办公厅有关部门领导，西安市、宝鸡市、咸阳等县市科技局局长和各科技技产业园区主要负责人参加了会议。

（党春丽）

榆林市

【概况】 2009年，榆林市科技局在市委、市政府的正确领导下，在省科技厅的关心支持下，以科学发展观为指导，认真贯彻十七届四中全会精神和市委二届四次会议精神，按照解放思想、干事创业、创新转型的要求，突出工作重心，加强科技创新能力建设，在农业科技示范、科技合作交流、科技创新服务体系建设等方面做了大量工作。市科技局围绕“61211”科技创新工程，在能源化工、装备制造、农副产品、药品、畜牧饲料等领域组织实施了37个科技创新基金项目，共安排专项经费690万元，企业自筹资金1.5亿元。目前，大部分项目进展顺利，开发新产品55个，申报专利40多项，制定企业技术标准6项，20多个产品通过了质量体系认证，实现销售收入7000多万元，实现利税1600万元，从业人员2100人。初步形成了一批拥有自主知识产权、自主品牌和持续创新能力的创新型企业，建立起了以企业为主体、市场为导向、产学研相结合的技术创新体系。产业化项目开始带动产业发展，府谷县恒源煤焦电化有限责任公司承担的“煤炭多联产关键技术及资源综合利用产业化”项目，利用自产侏罗纪动力粉煤，配合有粘结性的石炭二叠纪煤，每年生产30万吨特级优质冶金型焦。同时利用洗煤过程中产生的煤矸石、洗中煤、煤泥，炼焦过程中产生的焦炉煤气，经冷却回收煤焦油、粗苯后剩余的煤气，发运焦炭的焦渣等工业废料、废气、废水，全部回收，达到了零排放。整个项目做到了经济、社会和环保三个效益的统一，不仅为走可持续发展的路子树立了典型，也为发展科技创新型、资源节约型、环境友好型经济建立了样板。市委书记、市人大主任李金柱及市政府被中国产学研促进会授予"首届中国产学研合作促进奖"，市科技局被中国地震局授予"全国市（地）防震减灾工作综合评比创新工作先进集体"荣誉称号。市科技局紧紧结合科技工作实际，以"服务创新转型，支撑跨越发展"为载体，细化了科技工作目标责任，拟定了"加强科技工作，发挥支撑作用，推进实施科教引领创新转型战略"的工作方案，该方案获得市委、市政府主要领导的高度肯定。2009年组织各县（区）参加了科技部组织的2007～2008年科技进步考核，定边、靖边、横山、绥德、吴堡5县通过了考核，靖边县连续获得"全国科技进步先进县"称号。

【科技计划管理】 2009年，在项目管理上，坚持按照"发布指南、项目受理、初步审查、专家评审、局务会研究确定"等程序，共安排技术研究与开发计划项目2批，第一批68项，经费480万元，第二批81项，经费500万元；安排"61211"科技创新工程项目31项，经费800万元；安排"125"科技创业工程计划项目14项，经费720万元；安排产学研合作项目49项，经费500万元。全年共安排项目243项，经费3000万元。对列入计划的项目实行"先签合同，后拨付经费"的办法进行管理，合同明确规定项目实施的进度和各阶段应达到的任务指标。对项目进行半年和年度检查，保证项目的实施进度和效果。

【科技成果管理】 2009年市科技局鉴定（评议）、登记科技成果30项，其中科技成果综合水平达到国际先进1项，国内领先7项，国内先进8项，省内领先3项，省内先进9项，市内领先1项，市内先进1项。登记省科技成果12项。评出市科学技术奖36项，其中一等奖8项，二等奖10项，三等奖18项。获省科学技术奖7项，其中一等奖1项，二等奖1项，三等奖5项。

【科技成果推广与转化服务】 2009年，登记科技成果30项，转化率达95%。通过各类科技计划的组织实施，在能源化工、林业生态、农作物新品种和临床医学等领域中的关键技术具有突破性，并形成了一定的规模效益，净增产值2.5亿多元。

【专利技术服务】 2009年，榆林市共申请专利112件，比去年同期增长3%，其中发明专利28件，占总申请量的25%；实用新型46件，占总申请量的41%；外观设计38件，占总申请量的34%。授权专利59件，比去年同期增长18%，创榆林市专利申请量、授权量历史新高。

【科技宣传与培训】 2009年，共出版《科技简报》26期、《榆林科技》6期；向科技信息网站、榆林新闻网、榆林市人民政府网、榆林日报社、省科技厅网站等投稿80余篇，并分别与榆林电视台和榆林日报签订协议，开设科技之窗和榆林科技的专版报道；在"科技之春宣传月"活动中，参与各种大型宣传活动，散发科普资料、专利知识、防震减灾知识、实用农业技术手册等多种宣传资料30000余份；制作科普宣传展板40块，受培训群众达6000多人次。同时在宣传月活动期间，积极推进社区科普宣传，向社区居民发放科普图书4种2000余册，专利、防震减灾、楼宇节能资料等10余种8000余份，接受咨询2000多人次。组织科技系统全体工作人员及下属单位负责人深入神木、府谷县部分农业龙头企业及重点能源化工企业，就如何做强做大科技型企业，提高产品附加值，建立和完善产业化经营模式等方面进行调研，并与当地干部、龙头企业负责人进行座谈。在市中心广场举办了大型"防灾减灾日"宣传活动，筹办了榆林市2009年科技活动周活动。10月23日，在榆林学院举办知识产权管理培训班，邀请陕西省著名知识产权讲师高山行教授来榆林市授课，市直相关企事业单位工作人员、各县区科技局知识产权管理人员、榆林学院和部分中小学教师学生参加了培训。

【科技特派员创业行动】 2009年，全市150名科技特派员分赴12县（区）94个乡镇143个行政村，围绕全市草、羊、枣、薯、果、粮、菜等主导产业开展创业行动，全年共实施科技项目142个，创办、协办和领办经济实体67个，建立示范基地4万多亩，示范户4000多户，引进推广农业新品种137个，先进实用技术379项，举办技术培训227场（次），培训农民7.9万人次，增产幅度达20～60%，增加猪羊出栏量4万多头（只），创直接经济效益1亿多元，项目区农民人均增收900～2300元。

【农业科技】 2009年科技计划在农业方面共安排项目141项，投入经费1502万元。针对农业生产的需求，不断加大农作物和畜禽良种疫病防控、资源节约和污染防治技术的研发、推广。在佳县、清涧、神木三县（各一村）开展的“GHEM生物菌剂防治秋季连阴雨红枣裂果技术示范”项目均获得了有效降低红枣裂果腐烂程度和增产优质的效果，3个示范村的红枣裂果率分别为8.3%、13.8%和23%。开展的“生物法改良盐碱地技术”项目为该市盐碱地的综合治理探索了出了一条新的途径。“仁用杏晚霜冻防治试验研究”项目开展了化学防治试验和物理防治试验，防治取得成功。“水稻新品种试验、示范”项目通过品种试验，筛选出了“820”“秋光”两个适宜该市种植的高产、优质、抗病品种。“栽桑养蚕省力化技术体系研究”项目在绥德、子洲、吴堡、清涧四县建成抗旱节水型示范桑园200亩，嫁接改良低产桑园500亩。“横山县温室蔬菜有机态无土栽培示范”项目试验示范栽培18棚西红柿，配制基质360多方，同时选用滴灌和自动卷帘设备。榆阳区农作物种业科技专家大院、靖边县白绒山羊科技专家大院被省科技厅认定为省级农业科技专家大院。

【农业科技产业示范】 该市与西北农林科技大学合作实施的“山地红枣微灌技术研究与工程示范”重大专项项目，以米脂孟岔为模式，推广到清涧、子洲等县，实施面积达4950亩，平均亩节水60%，取得了显著的经济、生态和社会效益。由马铃薯工程技术中心承担的“马铃薯旱作节水栽培技术研究与集成示范”项目，引进抗旱品种56份，共选出“青薯6号”“宁薯7号”等15个综合性状表现优良的品种，在全市示范推广紫花白、“冀张薯8号”“陇薯3号”“同薯23号”等抗旱品种40万亩，平均亩产达1500公斤以上，增产率达30%以上；生产布尔班克和夏波蒂试管苗760万株，采用试管苗在防虫网棚内炼苗后直接移栽大田生产原种技术，在靖边县海则滩乡高海则村建设大田原种繁育基地380亩；开展了脱毒种薯繁育技术研究，繁育原种1万亩，平均亩产达到2000公斤；建设马铃薯旱地膜侧栽培示范基地200亩，推广蓄水丰产沟栽培、地膜覆盖、滴水灌溉等旱作技术100万亩，平均亩产达到1500公斤，并在子洲县李孝河乡、定边县黄湾乡建设2个万亩高产示范区，平均亩产分别达到1825公斤和1512公斤；在绥德县中角乡、米脂县杜家石沟乡和定边县黄湾乡建设3个千亩高产示范田，平均亩产分别达到3451公斤、2528公斤和1705公斤。

“陕北白绒山羊高效养殖科技示范基地”新增饲草加工企业4个，加工点128个，建羊肉加工点8个，实现了产供销一条龙作业新模式。示范乡镇的10个养殖小区、200个示范户的1万多只存栏羊子，产绒量平均达到500克以上，产羔率提高到130%。2009年被省科技厅命名为省级农业科技创业示范基地。“农作物新品种科技示范基地”继续以大地种业公司为龙头，在榆阳区建立了以玉米、瓜菜为主的新品种选育基地300亩，引进选育玉米、瓜菜新品种5个。在选育出“榆玉4号”“榆单9号”两个具有自主知识产权的玉米新品种之后，又新建了脱毒马铃薯繁育防虫网棚60座，繁育原种800万粒，生产原种64万斤。

【社会发展科技】 2009年共安排社会发展科技项目54项，安排经费496万元。“秦帝国全天星台的认证及全天星象复原”项目，在全面吸收国家测绘成果、广泛听取专家意见的基础上，采取参考历史文献、实地考察、民间走访、全面对比的方法，完成了《秦帝国全天星台的认证及全天星象复原》这一书籍的编辑工作，并由中国科学技术出版社出版发行，社会反映良好。

由榆林市第一医院承担的“榆林市细菌耐药趋势分析及用药对策研究”项目，通过研究以全市5所重点医院2005～2009年间实验室分离的菌株行细菌耐药性分析，经统计学处理，摸清了5年间的细菌变迁及耐药情况，并结合实际提出用药对策，为临床合理使用抗菌药物提供了理论依据。“适合榆林市高血压防治方案的研究”项目，选取400例农村高血压患者，用国产一线降压药物进行治疗，通过随访6个月，收集资料，研究适合该市农村高血压的治疗方案，已发表学术论文2篇。最终将建立一套适合该市农村高血压患者便宜有效的治疗方案。

由市气象局承担的“榆林市光伏发电的气候资源分析”项目，已完成了国内光伏发电的基本状况调研、全省及全市太阳能资源的分布状况调研。整理收集了全市各县区从1971以来的日照时数，并完成了分析报告，为该市今后光伏发电提供气象依据，为该市未来的太阳能发电厂布局提供理论依据。

【民营科技】 2009年底，榆林市共有民营科技企业和科技类民办非企业单位120家，全市民营科技企业资产总额达到11亿元，实现产值8.7亿元，企业技工贸总收入8.2亿元，其中技术性收入2500多万元，实现净利润9200万元，上缴税金3120万元。长期职工4602人，其中：高级专业技术人员167人、中级专业技术人员460人。高、中级专业技术人员占职工总数14%。全年共投入技术开发经费6000多万元，拥有专利31件。总收入在100万元以上的企业64家，占企业总数的50%以上，1000万元以上的企业20家，5000万元以上的企业3家。

【国家可持续发展实验区建设】 根据《科学技术部、陕西省人民政府工作会商制度议定书》，提出榆林要在省级可持续发展试验区建设的基础上，建设国家级可持续发展实验区的要求。市政府成立了以市长胡志强为组长，市政府20多个部门为成员单位的榆林市国家可持续发展实验区建设协调领导小组，积极组织申报国家可持续发展实验区，并与西北大学、西安建筑科技大学组成了专家组联合编制了《榆林市国家可持续发展实验区建设规划》。2009年5月25日至26日，国家可持续发展实验区专家组在国家可持续发展实验区办公室主任、科技部社会发展司司长马燕合带领下，来榆林市考察建设国家可持续发展实验区的工作。9月，市长胡志强亲自带队在北京参加了由科技部会同国家发改委等17个部委组成的“国家可持续发展实验区部门联席评审会”。10月，科技部批准榆林市建设国家可持续发展实验区。榆林市成为陕西省第一个被获准建设国家可持续发展实验区的地级城市。

【科技扶贫】 2009年，共投入政府资金135万元，重点抓了黄河沿岸红枣产业化示范基地建设、陕北白绒山羊科技示范基地建设、高效优质设施蔬菜示范基地建设等项目。清涧、吴堡、佳县围绕红枣主导产业的开发，聘请西北农林科技大学和陕西农勘院的专家教授，通过科技下乡现场培训、办班指导等多种形式推广普及实用技术，提高枣农的管理水平和经营理念。共新建红枣矮化密植枣园10000亩，成活率达到90%；改造低产枣园5000多亩，带动辐射改造30000亩。清涧县依靠科技，狠抓百万亩红枣基地建设，建成省级红枣研发中心，为全县红枣生产起到了典型示范作用。府谷县在高效优质设施蔬菜示范基地建设中，以增加农民收入为目标，共建日光温室大棚500多棚，引进新品种30多个，培训菜农5000多人，使多数农户掌握科学的栽培管理技术。

【参加杨凌农高会】 组织了2000多人的代表团参加了第十六届杨凌农高会，其中农民达到800多人。农高会签约项目12项，其中合同7项、协议5项，签约总金额1.5亿元，签约单位22个。签约项目主要涉及林业生态建设、现代养殖业、农产品开发、科研成果推广等领域的合作。

【科技支撑能源化工基地建设】 为了将榆林建成国家级能源化工基地，实现经济社会跨越式发展，市委、市政府高度重视，在“科教引领、创新转型”战略的指导下，2009年8月20日，在西安召开了“校地产学研合作峰会暨科教引领、创新转型高层论坛”。副省长朱静芝及省科技厅、教育厅、省委组织部人才中心、西安市、榆林市委、市政府等有关部门领导出席了会议。在陕的30多所高校和科研院所参加了会议，共同推动了榆林市“政府引导、高校主导、企业主体、人才主力、项目支撑”的创新体系建设，构建起榆林与高等院校长期“互惠共赢”的交流合作平台。会上榆林市人民政府和西安交通大学、西北大学、陕西科技大学等十一所高校签订了战略合作协议，市科技局也和十九个大学签订项目合作协议，有力推进榆林能源重化工基地建设步伐。会上各高校共拿出160多项科技成果和企业对接，在现代农业、能源化工重大关键技术研究、环境保护、水资源利用、创新体系建设等方面与30多家企业签订了技术合作协议。

【国家兰炭标准制订】 2008年初，市委、市政府召开专门会议，将制定国家兰炭标准列入重要议事日程，确定并委托全国煤炭标准化技术委员会帮助起草制定兰炭国家标准。2009年5月22日，在该市召开了兰炭标准研讨会。国家煤炭标准化技术委员会、煤科总院、陕西省冶金工程技术研究中心等单位的领导、专家以及企业家代表参加会议。兰炭标准起草单位介绍了兰炭用煤、兰炭品种和规模划分、兰炭产品技术条件3个标准的研究方向，与会专家、有关县区负责人、企业代表围绕这3个标准制定进行了认真讨论，献言献策，并拿出初稿。9月14日至16日，榆林市政府、科技局、全国煤炭标准化技术委员会又组织有关专家在西安召开《兰炭用煤技术条件》《兰炭产品品种及等级划分》及《兰炭产品技术条件》三项国家标准技术审查会。来自全国煤炭、冶金、质检、地矿、科研院所、高校等有关单位专家和全国煤炭标准化技术委员共26人参加会议。与会专家听取了起草小组工作汇报，对兰炭三项国家标准进行审查，并提出修订意见。专家们一致同意国家兰炭三项技术标准通过审查，由起草单位按照会议审查意见修订后，正式报国家标准化委员会。

【重大科技事项与活动】 4月21～22日，市科技局联合国家科技部高技术研究中心、中国产学研合作促进会新材料专业委员会，在榆林市举办“国家863新材料领域专家走进榆林科技论坛”。根据会前走访调研的结果，专家们从国家新材料的战略布局和如何应对金融危机的角度出发，作了“新材料技术发展展望和863成果推荐”的报告，并提出的具体存在问题和应对金融危机建议 。

7月30日，陕西红枣工程技术研究中心在清涧县正式落成，建筑面积3024平方米，收集红枣品种500余种，建立试验示范基地1200亩，在建“中国清涧红枣网”。

8月20～21日市科技局与市委组织部、市人事局、市中小企业局共同承办了“榆林市校地产学研合作峰会暨‘科教引领 创新转型’高层论坛”，峰会共邀请了在陕35所高校主要领导、90家企业以及省委组织部、省教育厅、省科技厅、西安市政府领导约300人参会，省政府朱静芝副省长到会并作了重要讲话。峰会期间与4所大学大学签订人才培训协议4个，计划培训1200人；与11所大学签订了市校科技合作协议，并签订科技攻关协议19个，发布企业技术需求项目100项。

11月21日，市委副书记、市长胡志强与省科技工委书记、科技厅厅长张炜在西安正式签订了省市科技创新工作会商制度议定书，确定双方将在国家可持续发展实验区、高新技术开发区、现代农业科技示范区的建设、企业技术难题攻关等方面展开合作，并将共建陕西省科技资源中心榆林分中心。

（霍惠芳）

延安市

【概况】 2009年，延安市科技局在市委、市政府的领导下，以科技富民强市为目标，以科技创新为主线，按照“改革创新、提升效能，技术攻关、注重质量，试验示范、成果转化、合作交流、突破发展，搭建平台、健全体系”的工作思路和年度目标责任制考核指标，紧扣全市经济和社会发展重点，圆满完成了全年的目标任务。2009年，延安市及宝塔、志丹、吴起、子长、安塞、富县、宜川、延川、黄陵县区通过全国市县（区）科技进步考核；其中志丹、吴起、子长、安塞、富县5个县荣获“全国科技进步考核先进县”称号。市科技局被市委、市政府授予“文明单位”荣誉称号，被省科技厅评为“全省科技统计先进集体”、被市直机关工委评为“党建工作先进集体”。2009年，市科技局起草上报了《延安市科技局系统事业单位机构改革工作方案》《延安市科技局机主要职责内设机构和人员编制规定（草案）》，切实推进局系统机构改革工作。2009年，市科技局编制14人，内设政秘科、规划科、社会发展科、成果市场科4个科。直属事业单位7个：市防震减灾办公室、知识产权管理办公室、市科技星火培训中心、局机关后勤服务所、市微生物研究所、市科技情报研究所、市科技器材站。全市科技系统共有科技管理干部职工220名。全市拥有县及县以上国有独立开发机构7个。

【科技计划管理】 2009年，组织申报项目252项，其中国家级科技计划项目5项，省级各类科技计划项目48项，受理市级各类计划项目199项。市科技局按规定程序邀请相关专家进行论证、评审、推荐上报。落实国家级项目3项，支持经费2190万元，其中安塞县政府申报的“国家金太阳示范工程安塞县金太阳示范工程”，支持经费2100万元，安塞县科技开发培训中心申报的“谷子新品种系列及小杂粮生产栽培技术开发与应用”和“蔬菜保鲜、包装技术引进与示范应用”两个国家级星火计划重点项目，支持经费90万元。推荐了省“13115”科技创新工程项目7项，其中，志丹县羊绒精梳厂申报的“陕北羊绒精梳加工”项目、陕西兴银国际贸易有限公司申报的“甘泉红小豆系列产品加工与产业化开发”项目、“延川县红枣深加工产业化”项目、“宝塔区星火密集区建设”4个项目已立项，支持经费550万元；推荐了省级重大科技创新项目18项，其中，黄陵远大果品营销股份有限公司申报的“黄陵县绿色果品科技示范基地建设”等4个项目已经立项，支持经费210万元；推荐安塞县、宜川县申报富民强县工程获准立项，支持经费50万元；推荐延安市科技信息情报所的“能源化工科技服务平台建设”获准立项，支持经费200万元；推荐省级攻关项目23项，落实19个项目，支持经费126.5万元；科技扶贫项目7项，资金32万元。全市共争取科技部、省科技厅批准立项的科技项目38项，共争取经费3358.5万元，是去年争取经费1934万元的1.74倍，创全市科技项目及资金新高。

【科技投入】 认真落实相关科技政策，科技经费投入进一步增加。按照省委、省政府《关于增强自主创新能力提高经济竞争力的决定》（陕发〔2006〕16号）文件中：“省、市、县区财政都要不断增加科技投入，省本级应用技术研究与开发资金（科技三项费）投入要高于去年财政预算支出的2%，市县区级应用技术研究与开发资金（科技三项费）投入要分别高于当年财政预算支出的1.5%和1%。”的要求，加强了市县区科技三项费投入的落实工作，2009年市县区两级科技三项费共11764.01万元，其中，市本级1650万元，13个县区落实科技三项费共10114.01万元，其中吴起1800万元，子长1313.54万元，志丹1280万元，安塞1016.67万元，黄陵869.3万元，宝塔区850万元，富县503万元，延长500万元，甘泉467万元，宜川530万元，延川420万元，洛川415万元，黄龙149.5万元。

【科技成果管理】 2009年，组织召开了2008年度市科学技术奖评审大会和市科学技术奖励委员会全体会议，经市科学技术奖励委员会研究决定，共评出2008年度市科学技术奖励项目68项，其中：一等奖10项，二等奖25项，三等奖33项。推荐申报2009年度省科学技术奖23项，其中有3项获奖。对申报2009年度延安市科学技术奖励的85个项目进行了成果鉴定。2009年市科技局把成果转化应用及推广工作作为一项重要任务，要求各县区各相关单位能从各自的生产工作实际出发，积极引进新技术、新工艺、新品种、新材料，加速科技成果的引用和推广；同时用政策、制度激励和引导延安市各类成果持有人或法人，结合所属领域推广应用成果。全年引进农业新技术新品种11项（个）以上，重点示范推广8项（个）。

【科技合作与交流】 继续强化对外科技合作与交流，组织市、县两级科技管理者和科技人员到上海、西藏、青海、宝鸡、榆林、意大利等国内外、省内外相关地区学习取经10余次，最大限度地利用外部资源提升延安市的科技综合竞争力。积极引导、鼓励该市相关企业与大学、科研院所建立固定的合作关系，经市科技局牵线搭桥，由中科院广州化学研究所牵头承担，延安圆方集团公司等单位参加的“陕北沙棘深加工技术转化”项目和由中国科学院、水利部水土保持研究所承担，延安常泰药业有限责任公司等单位参加的“酸枣规范化基地建设与综合加工利用”项目，对延安市农业产业的提升和农民致富起到了明显的作用，经专家组验收，认为这两项成果分别具有国内领先的水平。组织参加第十六届杨凌农高会，共展出200多个特色品种，征集招商引资项目93项，签约15项，总金额46440万元。吴起县五鑫实业有限公司生产的“五鑫”牌沙棘酸奶饮品、陕西轩辕圣地酒业有限公司生产的轩辕酒、宜川县育兴有机苹果合作社生产的宜苹有机苹果获得后稷特别奖。市代表团再次被农高会组委会授予优秀组织奖、优秀展示奖、优秀成交奖。

【科技服务体系】 2009年，以市政府名义成立了延安市农业科技服务体系建设领导小组，制定了延安市农业科技“110”实施方案。加强了农业专家大院、科技“110”、科技特派员等新型农业科技服务体系建设工作。在全市范围内了征集了科技“110”服务专家110名，全市共有152名专家服务于农业生产一线。加强对科技示范园的管理和服务，修改出台了《延安市农业科技示范园管理办法》，推进了红枣、苹果、酥梨、蔬菜、核桃等21个科技示范园及脱毒马铃薯、小杂粮基地建设步伐，促进区域性特色产业发展。

【科技培训服务】 2009年10月，由中国农村技术开发中心与美国辉瑞动物保健品有限公司联合在延安市举办了“科学养猪技术培训班”，各区县的养猪示范户共100多人参加培训。聘请省、市8名专家深入到13个县区开展设施农业、设施畜牧业和林果业等方面的技术培训及指导，共举办培训班和现场指导30余场次，受训群众达3000余人次。市、县两级科技部门联合有关单位共举办各类科技培训会（班）1597场（次），受训群众达到26.42万多人次，深受广大农民的欢迎。

【专利技术服务】 全面开展专利申请“数量、质量双提升”工程，2009年全市共申请专利215件，较去年增长31.1%。特别是实用新型专利较去年增长59.4%，发明专利增长41.2%，体现了延安市自主创新能力进一步提高。

【科技宣传服务】 2009年，组织开展了“科技之春”“科技活动周”“知识产权保护宣传周”等各类宣传活动。市县区科技局会同有关部门设立询台500个，悬挂横幅280条，展出科普展板600块。累计发放各类科技宣传资料10万多份，解决农民提出的疑难问题2000多例。全年在延安日报发布43条（篇）、延安电视台播放15条、科技网络宣传92条科技工作动态。

【知识产权】 2009年，以加强知识产权保护，提升区域自主创新能力为重点。市科技局协调组织了市公安局、市工商局、市文化局等15个部门在丽融广场举办了以“文化 战略 发展”为主题的大型户外宣传、咨询服务活动。9月份邀请省知识产权局副局长杨行云一行3人在子长县作了“知识产权战略纲要”专题报告。组织开展了“知识产权进校园”活动。组织市级知识产权特派员和小分队成员开展了“知识产权进校园进企业”活动。先后深入到吴起县、志丹县、子长县、宝塔区、甘泉县、安塞县、宜川县及相关企业开展了知识产权特派员服务活动，共服务企业14家。

【科技企业】 2009年，全市民营科技企业59家，其中研究机构9家，技术服务机构10家，技术推广和生产经营性企业40家。全市民营科技企业职工总数3825人，其中科技人员320人，占职工总数的8.4%。开发新产品10项，授予专利5项。全市民营科技企业全年技工贸总收15.5亿元，其中技术性收入1亿元，产品销售收14.5亿元，全年上缴税费总额0.68亿元。全市民营科技企业全年技工贸总收达100万元以上的民营科技企业有41家，1000万元以上的有17家，5000万元以上的有3家，5亿元以上的有1家。

【防震减灾】 2009年，市科技局把防震减灾工作放在重要位置，进一步提高综合防御能力，开展了形式多样的防灾减灾科普活动。5月7～12日会同市民政、规划、国土、经发、环保、农业、水利、教育等部门开展了以“加强防灾减灾，构建平安延安”为主题宣传活动。举办了以普及中小学生地震预防、自救互救知识为主题的科普报告会、以增强中小学生避险能力和自救互救技能为主题的地震应急演练、以实施农村民居地震安全工程、创建平安新农村为主题的赠书活动和以人为本、保障人民生命财产安全防灾减灾工作理念为主题的防震知识竞赛等系列活动。先后深入到8个县区和20个重大工程场地，重点对全市的中小学校舍和新建、改建重点及生命线工程的抗震设防进行了检查，先后发送地震行政执法责令改正通知书21份，行政处罚事先告知书8份。有效遏制了新建改建工程不设防和不进行安评的现象。全年全市共办理抗震设防审批80项。按照省市每个县区至少建设1～2个城市地震安全示范区的要求，全年全市共完成地震安全示范社区11个。全力配合实施中小学校舍安全排查工作。组织市县防震专业人员7人参加了中国地震局举办的防震减灾培训班，进一步提高了市县专业人员对地震灾害预防和地震应急处置管理的能力。

【重大科技事项与活动】 3月召开了全市科技工作会，认真贯彻落实国家和省科技会议精神，总结2008年科技工作，重点安排部署了2009年科技工作。

9月2日，在黄龙县成功举办了陕西省渭北优质核桃科技示范基地建设工作现场会。会上，省委科技工委书记、省科技厅厅长张炜作了《突出科技支撑强化基地建设服务县域经济努力开创我省农业科技工作新局面》的讲话，市科技局局长张宇在会上作了《科技引领示范带动加快核桃产业开发进程》的经验介绍，与会代表还实地参观考察了黄龙县优质核桃标准化生产技术示范基地，此次会议在全省推广了黄龙县依靠科技进步发展核桃产业的经验和做法。

（马润波）

汉中市

【概况】 2009年，汉中市科技工作在市委、市政府的坚强领导和省科技厅的正确指导下，坚持以党的十七大、十七届三中、四中全会和国家、省、市科技工作会议精神为指导，以学习实践科学发展观活动为统领，以提高全市科技自主创新能力为目标，围全市经济社会重点发展领域，求真务实，开拓创新，克难奋进，强化科技服务和管理工作，大力推进企业科技创新，促进地方新兴产业发展和传统产业升级，较好地完成了全年各项工作目标任务，为实现汉中率先突破发展作出了新的贡献。

【科技计划管理】 2009年，共申报国家、省科技计划项目68项，实际立项58项，共争取科技经费2982万元，较上年增加227万元，增长8.2%。其中，获国家科技计划项目15项：中小企业创新基金8项，争取经费505万元，获富民强县项目1项，争取经费210万元，获科技人员服务企业行动计划4项，争取经费160万元，获农业科技成果转化经费项目1项，争取经费70万元，星火计划项目1项，争取经费50万元；获省科技计划项目43项：陕西省“13115”科技创新工程6项，争取经费1060万元，获陕西省重大科技创新项目12项，争取经费700万元，获省科技发展计划项目25项，争取经费227万元。同时，积极组织实施汉中市“55315”科技创新工程和市级科技发展计划，共安排项目53项，由市财政安排科技经费310万元。其中安排“55315”科技创新工程项目32项，支持经费200万元（含重大产业化项目12项，安排经费112万元；科技服务平台项目3项，安排经费16万元；科技研发机构项目7项，安排经费22万元；科技产业园（区）项目10项，安排经费50万元）；安排市级科技发展计划项目19项，支持经费100万元。安排市级专利转化专项项目2项，支持经费10万元。

【科技成果管理】 2009年，进一步充实了市级科技成果评审专家库，加强了全市科技成果的评审、鉴定工作。全年完成了“黄姜皂素提取清洁化生产零排放新工艺”“高效重载双切滚刀”“仿生态西洋参保鲜技术研究”“魔芋加工新工艺”“汉麦五号选育及推广”“铅锌尾矿铵盐活化选硫新工艺技术”“花青苷色素机械化生产”等24项科技成果的鉴定评审，其中工业类6项、农业类9项、医疗卫生类7项、软科学研究2项。其中达到国际先进水平2项，国内领先水平12项，国内先进7项。授予市科学技术奖21项，其中一等奖6项、二等奖12项、三等奖3项；陕西盛华冶化有限公司完成的“30MVA硅钙合金电炉系统工程”、陕西理工学院和留坝县佳仕森中药综合开发公司完成的“仿生态西洋参保鲜技术研究”2项成果获得省科学技术奖三等奖。

【科技信息服务能力建设】 2009年，加大开展实施科技特派员创业示范工程，市县两级共选派科技特派员251人，进驻企业，直接为企业开展服务，协助企业解决有关技术难题，有效地助推了现代农业产业的发展。全面开展农技110（星火热线12396）信息服务，进一步完善了农业科技“12396”信息热线咨询服务网络，满足了农民群众足不出户就能解决生产中遇到的所有难题。全市聘用各级农业科技服务专家145名，先后为10000多人次的农户开展了电话咨询服务或视频咨询服务。启动了农业专家大院建设，建立了汉中植物所食用菌、城固柑橘、西乡茶叶3个省级农业科技专家大院，组织专家30名，开展有针对性的农业科技服务。充分发挥了科技部门的桥梁纽带作用，大力推动科技合作交流，促进了城固县、勉县、宁强县、留坝县人民政府以及汉江药业有限公司、城固振华生物科技有限公司等20多家企业、单位与陕西理工学院、西北农林科技大学、陕西中医学院、陕西师范大学、同济大学等高校、科研院所开展院（校）地、院（校）企合作，推进了产学研结合。

【科技培训服务】 配合市内开展各类适用技术推

汉中市2009年国家科技计划项目立项及争取经费情况

序号	计划类别	项目名称	承担单位	争取资金（万元）
1	中小企业创新基金	SK20FA型高精密小型数控车床	汉中市唯科机械有限公司	60
2		无扩口管路连接件研制	汉中天达航空标准件有限公司	60
3		复合水泥助磨增强剂	勉县环能建材科技发展有限公司	70
4		亚胺培南母核	陕西汉中汉江制药化工公司	60
5		带半自动接头装置的高速转杯纺纱机	汉中华燕纺织机械制造有限公司	60
6		高压输电线路山区施工终端变轨货运索道	汉中天杰电力机具制造厂	65
7		干式永磁辊带式高梯度强磁选矿机	汉中天祥矿业设备有限公司	75
8		森基米尔轧辊中频感应整机穿透淬火新工艺及设备研制	汉中光亚尖端工具有限公司	55
9	农业科技成果转化基金	汉江上游大鲵产业化高效繁育配套技术研究与示范	陕西汉水大鲵开发有限公司	70
10	科技人员服务企业	太阳能吸收式制冷果蔬保鲜设备产品研发	汉中万目仪电有限责任公司	40
11		陕南低品位磷矿生产硝基过磷酸钙工艺研究	陕西裕丰实业有限公司	40
12		电力工具产品及变压器风冷自动测控装置开发	汉中天杰电力机具制造厂	40
13		水泥粉磨过程中利废增产节能综合技术研发与应用	陕西勉县温泉水泥有限责任公司	40
14	科技富民强县	勉县六万亩魔芋规范化种植及产业化开发	勉县人民政府	210
15	科技星火计划	天麻饮片、微粉生产技术开发	陕西汉王略阳中药科技有限公司	50

广和技术创新活动，市、县各部门积极开展各类技术专题培训和技术指导服务。全年共举办各类不同形式的培训班180多期次，参加培训人员25000多人次。开展的培训专业主要有特色种植业及养殖业，如中药材、猪苓人工林地栽培技术，天麻有性繁殖及高产栽培技术，新型高产茶园栽培新技术，大鲵仿生态人工繁养技术，桑蚕栽培及养殖新技术等。

【专利技术服务】 2009年，进一步加大了专利技术服务力度，加强在全市实施知识产权战略，强化贯彻落实《专利法》，深入开展知识产权“四进工程”耀三秦、知识产权宣传月、“4·26”世界知识产权日等宣传活动，广泛开展知识产权宣传培训，组建知识产权小分队和知识产权特派员，主动深入企业面对面开展服务，增强企业的自主创新意识和知识产权保护意识；设立汉中市专利转化基金，选择重点实施专利技术的企业，开展知识产权示范单位试点工作，推进专利转化，培育具有汉中地方特色的专利产品和知名品牌；积极开展知识产权执法，打击假冒专利行为，保护发明人的合法权益。全年全市专利申请量达310件，比上年增加56件，增长幅度达22%。其中发明专利79件、实用新型155件、外观设计76件；个人专利175件、单位专利135件。

【促进中小企业发展服务】 2009年，全市加大了对科技型中小企业服务力度，申报国家、省、市各类科技计划项目均以促进中小企业生产力发展和成长为重点，并给予实际的支持和具体的指导服务。市信息研究所利用科技网络信息，对外开放并发布各类适用信息资料，网上项目查询，对企业进行信息咨询服务，市专利局主动为中小企业宣传专利政策和专利基础知识、启发和帮助企业挖掘自身已具有申报专利条件的创新技术，使企业自主创新研发的技术或新产品获得了国家专利保护；汉中高新生产力促进中心进一步对市内中小企业深入开展科技项目咨询服务和科技创新业务指导及项目材料包装等业务，帮助企业解决了部分难题，协助企业制定产品或工艺技术标准，项目技术查新及申报国家专利，全年直接服务的中小企业共52家，服务80余项次；协助企业申报国家科技型中小企业技术创新基金11项，已被公布立项8项。

【科技宣传服务】 2009年，利用全市“科技活动周”“科技文化卫生三下乡”“科技之春宣传月”等大型科技活动，大力组织科技信息服务和实用技术交流，发放科技资料2500余份，进行各类科技信息咨询4000多人次。并广泛开展适用技术培训，市县两级共举办各类培训班180多期，培训25000多人次。进一步充实完善了“科技汉中”网站、“汉中中药信息网”“中国汉中大鲵网”的建设，全年网站发布信息3000多条。进一步提高《汉中科技》《汉中大鲵研究》《汉中科技工作简报》的技术含量和质量，在《汉中日报》等刊载了新中国成立60周年汉中科技发展成就专版，充分利用报纸、电视、网络等多种媒体和平台，加强科技创新的宣传和科技信息的发布与传递。

【工业科技】 2009年全市完成工业总产值366亿元，规模以上工业企业280余户总产值301亿元，同比增长16.7%，完成工业增加值约150亿元，同比增长15%；完成工业销售产值282.4亿元，产销率达93.7%。同比增长0.4个百分点，实现科技贡献率约58.5%。

陕西盛华冶化有限公司承担完成的30MVA硅钙合金电炉系统工程项目，消化、吸收、借鉴国内外先进环保、高效低耗的硅钙冶炼新工艺技术，采用炉体旋转、标准组合式把持器、大容量低压电容器补偿、新型节能变压器、正压布袋除尘等先进技术及装备，建成单台容量30MVA矿热炉生产线，实现年产优质硅钙合金1.4万吨生产能力。该系统工程所生产的高纯硅钙合金产品质量好，主元素含量高，杂质含量低；节能效果显著，年节电达5000万KWH，相当节约20200吨标准煤；生产线环保设施齐全，固体废渣全部得到回收利用，大幅度降低了资源消耗量。

汉江工具有限责任公司研制完成的高效重载双切滚刀，采用自主研发的软件进行仿真设计，并用自创研制的凸轮技术使刀具设计的精度、切削齿的强度等大大提高，并在刀具的结构设计、材料选择、热处理、涂层技术、加工工艺等方面，进行了不同程度的技术创新。主要应用于水泥、矿山、冶金、建材等机械的重载齿轮生产加工及大型高速滚齿机的减速机生产，有效提高了齿轮加工效率，比普通滚刀提高3至4倍；同时能够有效减小齿轮根部棱度，适用于模数M6-M22的齿轮加工。使双切滚刀切削速度达到60米/分，一次切削率达到80%，并提高了耐用度，可完全替代进口产品。该刀具的成功研制，打破了国外在双切滚刀方面的技术垄断和竞争强势，国内市场占有率达到60%，年产值已达到1000万元以上。

汉中万目仪电有限责任公司自主研制完成的石油管内、外螺纹中径测量仪，改变了传统采用螺纹环规通过紧密距数值来判断螺纹合格与否的方法，实现了现场控制管螺纹加工质量，满足了石油专用管在使用过程中的连接完整性和密封性能要求。可测量23/8″到20″的各种内、外管螺纹和偏梯形螺纹，示值最大允许误差0.02mm，重复性误差0.005mm，回程误差0.01mm，标准杆偏差±0.01mm。

【农业科技】 2009年种植业重点开展了优质水稻、油菜高产技术示范推广，绿色农业标准化技术示范及产业化开发，玉米新品种高产技术试验研究，水稻新品种优选及生产试验基地建设等技术研究项目，其中获市科技成果奖励的“优质稻高产技术集成示范推广”项目，已推广20多万亩，新增直接经济效益200多万元，亩均增收100元左右，达到了国内先进技术水平；选育的玉米新品种“正玉203”，通过陕西省品种审定委员会审定，并申请国家新品种保护，经反复试验研究，又总结出了规范的高产制种配套技术及大田高产栽培技术，并采取育、繁、推、销一条龙模式，加速了“正玉203”的推广。2009年在陕、川部分地区推广100多万亩，增产玉米3600万公斤，新增产值约5000多万元，显著增加了区农业经济效益。

畜牧业重点开展了汉中白猪保种及内三元杂交繁育推广应用，汉江上游大鲵产业化人工高效繁育技术研究与示范，黑河乌鸡提纯选育及产业化开发。其中“汉江上游大鲵产业化人工高效繁育配套研究与示范”项目获汉中市科技成果奖励一等奖。该项目采用仿生态自然繁殖技术，有效促进亲鲵性腺发育自然成熟，使大鲵受精出苗率达到85.4%，繁殖的幼鲵成活率达到95%，建成了年繁殖10万尾大鲵规模化繁养基地。并在人工繁殖大鲵的同时，定期向自然江河放流大鲵种苗，促进了大鲵野生种群数量的逐渐增加并得到恢复，有利于对大鲵资源的有效保护和进一步开展资源综合利用。该项目达到国内领先技术水平。

林业重点开展了西洋参、山茱萸、红豆杉、天麻、猪苓、大黄、茶叶等药用植物的良种选育，快速繁殖及规范化选育技术研究和示范园建设等课题。其中“仿生态西洋参保鲜技术研究”获汉中市科技一等奖，使西洋参加工由原来主要以干制为主，改变为鲜加工为主，可使全年均衡向市场供应鲜参。研制成功的高档“汉中仙毫”茶标准化生产技术，指导和促进了汉中茶产业向高质量档次发展。研制成功的“陕南乌龙茶”，既充分发挥陕南茶区茶树绿叶原料天然富锌硒资源优势和有机栽培技术特色，使传统乌龙茶制作工艺融入了“陕青茶”制作技术，全程采用机械化和标准化生产，利用空调设备改善乌龙茶做青环境，降低做青温度，减弱酶促氧化作用，减慢发酶速度和减轻发酶强度，保香保绿，使青叶内含物充分转化。该产品具有清香型乌龙茶的基本特征，符合有机茶生产要求，其工艺技术和产品质量达到了国内领先水平。

【社会发展科技】 2009年重点开展汉中市常见多发颈椎病的预防及早期治疗技术的临床研究，并开展用温散瘀痰法治疗痰瘀阻滞型胃病临床应用研究，后程立体定向放射治疗中晚肺癌的临床研究。由汉中市植物研究所开展的旱半夏组培脱毒快繁一步成种法及栽培技术研究，研制出旱半夏一步成种繁育新技术，规避了旱半夏组培苗炼苗的环节，解决了人工移栽半夏成活率低的问题，与传统种植方法相比较，亩产达到1000公斤以上，增产达47.4%，增加经济效益近5000元，该项目达国内先进技术水平。

陕西白云制药有限公司与陕西科技大学合作研制开发完成的鬼灯擎中岩白菜素提取新工艺研究，实现了快速半连续提取新工艺，操作方便，工艺流程时间缩短，7h即可完成操作；浓缩量小，能耗降低；有机溶媒耗量低，小于醇回流工艺的1/10，或水提醇沉工艺的1/4；产品收率高，不低于总药材量的3%，药材有效成分提取率不低于90%，比多级错流法提高20%～50%。陕西汉王药业有限公司承担研制的强力定眩片，利用汉中境内优质道地天麻等中药材，在古方“诸晕吊眩、皆属与肝”的中医理论以及古方“芎麻饮”的基础上，进行创新研制而成，为国内首创。该产品已获得国家中药保护品种证书。

【中药现代化】 在连续10年开展汉中道地中药材产业研发的基础上，继续加强对中药现代化科技示范县、基地县、示范园建设的指导，抓好中药材规范化基地建设，建立了陕西省天麻规范化栽培科技示范（汉中）基地。组织中药生产企业积极参加科技部主办的“2009年传统医药国际科技大会”和“陕西省中医药创新高层论坛”，汉王药业被评为国家中药现代化科技产业基地建设优秀企业。进一步加强全市中药产业发展状况的调查研究和总体规划，编制了《汉中中药产业发展规划》（草案）。陕西理工学院、留坝县佳仕森中药综合开发公司、汉中植物研究所共同合作研究完成的仿生态西洋参保鲜技术研究，采用“二段仿生态，双向气调”保鲜技术，实现西洋参保鲜时间达到180天以上，芽头和须根保持新鲜无腐烂，鲜参保好率达98%，失重小于4.5%，总皂苷保持5.1%以上，Rg1、Re、Rb1合计为4.13%，达到药典的质量标准要求和鲜参冷链销售的商品要求。

【民营科技】 按照重点支持、帮扶和培育民营科技型企业的方针，对20多家管理规范、科技研发能力较高、产品市场前景好的民营科技企业和单位进行重点扶持，主动帮助解决发展中有关难题，鼓励和协助企业开展技术创新，以促进企业产业升级和提高市场竞争能力，带动全市民营科技企业发展。汉江药业有限责任公司、汉中万目仪电有限公司、城固振华生物科技有限公司等8家民营企业被认定为高新技术企业，万目仪电的石油管螺纹仪测定系列产品、城固振华的丙酰奋激素类药物等40多种产品被认定为高新技术产品，全市民营科技企业和科研机构已发展到350多家，年产值达8亿多元，利税过亿元，其中年产值500万元以上的科技企业达30多家。

【科技园区建设】 加强科技产业园区和示范基地建设，新建了省级科技产业园区（镇巴石材资源综合利用科技工业园）、陕西省天麻规范化栽培科技示范（汉中）基地和10个市级科技示范园区（基地），全市共建成了3个省级科技产业园区、3个省级科技示范基地、25个市级科技产业园和25个市级科技示范基地。

【参加杨凌农高会】 市科技局组织90多家企业200多个品种参展参会，现场签约项目20个，总投资6.46亿元。陕西东裕茶叶有限公司“东”牌汉中仙毫，西乡县餘香斋清真食品厂“餘香斋”牌酱牛肉干，西乡县信一清真肉制品厂“信一”牌酱卤牛肉，镇巴县牟家坪农业科技有限责任公司“镇巴紫芯红薯”，陕南绿茶有限公司“陕南”牌龙井茶、乌龙茶等6种产品获后稷特别奖；陕西汉源油脂有限公司“汉之源”牌山茶油，汉中市春盛农业产业化有限公司“汉旺”牌榨菜丝，洋县景柱香菇种植专业合作社“朱鹮”牌有机香菇，勉县天元面粉有限责任公司“天元”牌小麦特一粉，陕西省城固酒业有限公司“金色桔韵果酒”，佛坪县晨珑桃果专业合作社“西佛”牌1858核桃苗木等6种产品获后稷奖。代表团获优秀组织奖、优秀展示奖和优秀成交奖。

【机关建设】 以“弘扬抗震精神，推动科学发展，加强科技创新，支撑率先突破”为实践载体，深入开展了学习实践科学发展观活动。认真学习党的十七大、十七届三中、四中全会精神，积极开展机关效能建设活动，加大政务公开力度，改进机关工作作风，提高了工作效率和质量。强化制度建设，修订和完善了机关工作制度和各科室业务工作规范。加强了机关电子政务建设，为各科室配齐了办公用电脑。进一步抓好“联创”工作，创造良好工作环境。

（党明廷）

安 康 市

【概况】 2009年，安康市科技局在市委、市政府的正确领导和上级主管部门的大力支持下，全市科技工作坚持以学习实践科学发展观为指导，以为六大支柱产业和八大民生工程提供科技支撑为中心，积极推进科技进步与创新，加快高新技术产业化，科技工作取得重大进展，为促进全市经济社会突破发展做出了积极的贡献。围绕全市六大支柱产业发展，全面实施了技术研发、技术成果转化、技术支撑平台建设、技术集成、技术合作五大科技创新工程。全市研发推广新技术100多项，试验、示范、推广新品种50多个，开发新产品60多个，组织申报国家、省级各类科技计划项目50项，争取科技资金1500余万元。该市3项科技成果获得省政府科学技术奖励，24项科技成果获市政府表彰奖励。全市专利申请量90余项。建立重点产业技术研发中心、科技专家大院、科技示范园、实验区和专业生产力促进中心等技术创新服务平台30多个，组织1000多名科技人员以六大支柱产业和八大民生工程为重点开展技术创新服务，为全市经济社会突破发展起到重要支撑作用。市科技局被国家科技部评为“全国科技特派员工作先进集体”“国家中药现代化基地建设优秀单位”，安康市被科技部评为“全国科技进步考核合格市”，有8个县区顺利通过2007～2008年度全国科技进步考核，其中旬阳县、白河县被评为全国科技进步先进县。旬阳县马赟、邹俊杰、吴家顶，白河县陈勇、郭德林、金晓荣获“全国县（市）科技进步先进个人”称号。2009年，县区科技三项经费保持了10%的增长速度。

【市属自然科学独立科研机构】 市属自然科学独立研究机构共有4个，分别是：北京大学安康药物研究院、安康市蚕桑研究所、安康市农业科学研究所和安康市林业科学研究所，在职人员244人，其中科技人员222人，高级职称22人，中级职称79人。

【县属自然科学独立科研机构】 县属自然科学独立研究机构共有5个，分别是：平利县绞股蓝研究所、岚皋县生漆研究所、镇坪县农科所、紫阳县茶叶研究所和平利县农业技术推广中心，在职人员74人，其中科技人员54人。

【省级重点试验室】 2006年该市以安康学院为依托，利用陕西省重大科技创新专项资金建成了省级蚕业科技创新平台——陕西省蚕桑重点实验室，主要开展天然彩色茧、抗性基因转育等方面研究，培育出了市场需求的天然彩色茧品种和抗性强的蚕桑新品种，填补了陕西省在蚕桑科技创新平台建设上的空白，为陕西蚕业发展提供了强有力的技术支撑和高水平的人才队伍。

【科技计划管理】 2009年，全市共计实施科技计划项目126项。其中：国家级项目4项，省部级项目46项，市级项目76项。本年度完成项目55项，已验收项目32项，已完成阶段性任务取得阶段性成果项目61项。

【科技成果管理】 2009年，全市获得陕西省科学技术奖励二等奖1项，三等奖2项，科技成果登记22项，科技成果评审验收22项，取得市级科技成果22项，其中一等奖9项，二等奖13项。从授奖类别上看：农业类成果11项，占授奖总数的50%，工业类成果4项，占授奖总数的18.2%，社会发展类成果7项，占授奖总数的31.8%；从创新形式上看，自主创新类成果10项，占授奖总数的45.5%，引进、消化、吸收再创新类成果12项，占授奖总数的54.5%。

【科技合作与交流】 为进一步加强安康与科研院所、高校和各设区市的科技合作和交流，实现资源共享、优势互补、协同发展的目标，2009年安康市科技局积极组织开展了广泛的科技合作与交流，先后与西安市科技局、西安高新区管委会就建立科技信息平台、发展中药材规范化种植、建设加工基地等方面开展合作，与第四军医大学、西北农林科技大学、甘肃农业大学、安康学院等高校建立了以新品种选育、富硒资源开发和科技人才培训等方面为内容的科技合作。

【科技信息与咨询服务】 依托国家科技图书文献中心和陕西省科技图书文献资源共享服务系统，积极开展科技文献检索、原文请求与提供、网络咨询等文献信息服务。2009年提供检索服务290余人次，检索科技文献原文380余篇。

【科技服务体系建设】 农业科技专家大院和星火科技“12396”信息服务体系建设进展良好。围绕主导产业发展，组建了安康市富硒稻米、紫阳县农业（茶叶）、紫阳县富硒茶、平利县绞股蓝、宁陕县食用菌等10余家农业科技专家大院，聘请省内外100多专家教授进驻大院开展多种形式的科技创新服务活动，推动产、学、研的有机结合。积极推行大荔农技“110”模式试点工作，制定了《安康市星火科技“12396”信息服务体系建设实施方案》，组建星火科技“12396”专家服务队伍，印发了《星火科技“12396”信息服务专家管理办法》，农技“965110”与星火科技“12396”实现顺利接转运行。

【科技宣传与培训服务】 2009年，深入开展了“科技三下乡”和“科技活动周”以及专利、防震减灾法制宣传活动。印发《奋进的安康科技》画册，集中展现了近十年安康科技工作的发展实绩。在《安康日报》、安康广播电台开辟了科技宣传专栏，在各类报刊、杂志刊发宣传稿件250多篇，多层次、多角度反映科技工作动态，宣传科技知识。组织开展技术培训200多场次，培训农民10000多人次，发放技术资料3万余份，全民科技意识不断增强。

【中介服务】 市质监局、科技局与安康学院共同组建了“陕西省富硒食品监测检验中心”，对全市及全省土壤、水体、动植物及富硒产品样本开展检验、监测服务。市生产力促进中心积极建立富硒食品产业开发网络服务平台，推进富硒食品产业创新平台建设，被列为省“13115”科技创新平台建设专项。市发改委、科技局与安康学院积极进行“陕西省富硒食品工程实验室”的筹建工作，逐步建立富硒食品产业技术支撑平台，完善富硒食品产业科技创新体系；建立了富硒食品产业发展的中介组织——市富硒食品产业协会。通过协会的工作把富硒食品企业联合起来，共同开展安康富硒品牌建设，对内协调竞争与合作关系，对外诉求和维护共同权益。

【科技成果推广与转化服务】 2009年引进、选育、推广了一批优质、高产、抗逆性强的作物新品种，有效促进了全市农业产业结构优化升级。水稻、蚕桑、玉米等重点农作物，优良品种覆盖率达到90%以上，适用农业新技术应用率达到85%以上。引进和开发了一批新技术和新产品，促进了传统产业改造升级。由安康市志朗生物资源应用研究所完成的“水溶性葛根黄酮工业化生产工艺技术研发”项目针对传统生产工艺中存在的溶剂残留、异味严重、不溶物多的三大问题，通过实验研究，开发出以水为提取溶剂进行纯化分离、膜技术超滤浓缩和低温干燥的生产新工艺，成功解决了传统工艺所带来的一系列问题，具有收率高、产品纯度高、质量稳定、成本低等特点，不仅提高了产品的安全性，拓宽了葛根黄酮的使用剂型范围和市场价值，而且葛根黄酮的收率达到9%，葛根总黄酮含量达到67%，具有显著的经济效益、社会效益和环境效益。由安康市防汛抗旱指挥部办公室完成的“安康市防汛预警系统开发与应用”项目针对山洪灾害成灾快、防范难的特点，采用现代信息技术对山洪灾害及江河洪水预警防御技术措施进行了创新性开发研究，形成了防汛预警系统并经实际应用，取得了良好效果。项目在广泛收集信息，建立防汛数据库基础上开发预警系统，实现了对各类数据进行收集、查询、分级、预警发布等功能，该项目实施一年以来，预警平台已自动发出预警信息283次，共向各级防汛责任人、镇村发出2.5万余条预警信息，为全市挽回经济损失达4300万元，具有显著的社会效益。

通过强化先进技术成果的开发应用扶持重点企业引进推广新技术、新设备，促进了民营科技企业的发展壮大，安康高新技术产业开发区和安康月河农业科技园区内一批科技型民营企业快速发展壮大。阳晨牧业科技有限公司以安康市现代养猪技术研发中心为依托，形成了以企业为主体“产、学、研”相结合的现代农业科学技术推广体系，建立健全了新型的现代养猪技术服务体系，已形成了年产10000头父母代种猪，125000头五系配套商品仔猪的生产能力，年产值2.2亿元，为畜牧产业突破发展起到了积极的推动作用。

【专利技术服务】 2009年广泛开展知识产权宣传活动，加大知识产权培训力度，实行专利申请资助政策，鼓励企事业单位和个人申请专利，及时保护创新成果。市科技局组建了知识产权服务小分队先后深入20余家企业，开展专利服务。平利县被省知识产权局列为首批实施陕西省知识产权强县工程的7个县（市）之一。全市专利申请量达90余件，创历史新高。

【促进中小企业发展服务】 积极开展民营科技企业专技人员职称评定工作，全市新增民营科技企业20余家，总数达110多家。全省生产力体系建设重点市试点行动进展良好，专业生产力促进中心与县区中心协调发展，开展面向中小科技企业的服务。

以市生产力促进中心为服务平台，支持有条件的民营科技企业参与重大科技项目，有效促进了全市民营科技企业的发展。

【科技特派员试点工作】 2009年全市共选派科技特派员1116名，成立科技特派员创业民间服务组织37个，会员发展到7000多人。建立科技示范点270多个，开展技术培训4600场次，培训农民30多万人次，辐射带动3万多农户增收10%以上。汉滨、汉阴、石泉、平利、白河5县积极创建省级科技特派员农村科技创业示范县。“安康科技特派员创业链——生猪产业发展”被确认为第一批国家级和省级科技特派员创业链。安康科技特派员制度已成为全省农业科技发展的三大模式之一。市科技局被科技部授予“全国科技特派员工作先进集体”称号，权群学、李华海、陈子培、陈恒等四名科技特派员荣获“全国优秀科技特派员”称号。

【工业科技】 全年共组织开发工业新产品20余个，组织20余项技术成果申报专利。宁陕、石泉与陕西微生物研究所合作开发了富硒食用菌，陕西天拓化工与西安公路研究院合作开展了年产10万顿FT101沥青填充新材料开发，汉滨区杜氏面业新建了年产20000吨富硒魔芋挂面及富硒生鲜面生产线。扶持富硒食品产业新产品开发，紫阳和平茶厂“富硒茶标准化基地及精加工自动化生产线建设”、紫阳永华农副业有限公司“富硒魔芋规范化种植及深加工”、汉阴新鑫米业公司“3万吨无公害优质富硒大米产业化建设”3个项目，获得省重大科技创新专项资金支持240万元，另有11项富硒专项获市级立项支持。

【农业科技】 2009年，全市围绕六大主导产业引进推广新技术100多项，试验、示范、推广新品种50多个，研发新产品60多个，建立重点产业技术研发中心、农业科技专家大院、科技示范园等技术创新服务平台14个。在畜牧、绞股蓝、魔芋、茶叶、蚕桑、特色种植养殖等产业中有2项科技成果获得省政府表彰、14项获得市政府表彰。

种植业 优质粮油引进、试验、推广了以宜香213、国香、丰优、甜玉米，油研9号、绵新油19、希望98、黑皮花生，美国9号、秦薯4号、豫薯868等为主的优质粮油新品种，红苕普及推广脱毒种苗、高垄栽培、合理密植、配方施肥、增施硼肥等关键技术；设施农业大力推广以水泥骨架大棚蔬菜和瓜果为主的栽培模式及其配套的栽培技术，新建14个集中育苗点。其中，“魔芋健身高产栽培技术研究”项目获陕西省科学技术奖励二等奖；“马铃薯新品种‘秦芋31号’选育”“玉米新品种康农1号选育”“茶园机械剪采技术试验与示范推广”等项目获得市政府科学技术成果一等奖，“富硒茶自动化生产技术研究与应用”“甘薯优良新品种引进及高产栽培技术研究”“1WG-4.8型坡地微耕机研发与应用”“免耕栽培技术研究与推广”等新品种、新技术都获得市政府科学技术成果二等奖，提高了种植业的科技含量，促进了种植业发展。

畜牧业 畜牧业以生猪为重点，新引进原种猪和PIC祖代种猪850头，原种猪达到2400余头，建立生猪二级良繁点120余个，培育万头养猪示范基地18个，建立养猪示范村56个，建立100头以上的示范大户1591户。重点开展了生猪优良品种引进、选育和示范推广及关键技术研发攻关，组织实施了畜产品质量安全研究和示范推广了瘦肉型三元杂交猪人工快繁技术、安全养殖技术规范等。秦巴山区林麝规范化养殖关键技术研究与应用获得市政府科学技术成果二等奖。

林业 利用陕南特色林业资源，开展的“木瓜功能成分分析提取及果酒果醋果脯加工技术研究”“桑树新品种‘农桑14号’引繁与推广”获得市政府科学技术成果一等奖、“油桐基地建设配套技术及柚油加工工艺研究与应用”等项目获得市政府科学技术成果二等奖。

【医药卫生科技】 安康市中医医院开展的“532激光治疗眼底病临床研究”获得省科学技术奖励三等奖；安康市中心医院开展的“经桡动脉介入治疗冠心病的临床应用研究”、安康市人民医院开展的“放射增敏剂在食管癌放疗中的临床应用研究”获得市科学技术奖励一等奖；安康市妇幼保健医院开展的“改良B-Lynch缝合术治疗剖宫产术中产后出血的临床应用研究”、安康市中医医院开展的“PPH手术在痔病中的临床应用研究”、安康市中心医院开展的“鼓膜置管术治疗分泌性中耳炎的临床应用研究”、安康市中医医院开展的“中医辨证结合臭氧消融术治疗腰椎间盘突出症的临床研究”、安康市人民医院开展的“手指末节离断指动脉静脉化再植”获得市科学技术奖励二等奖。

【民营科技】 截至2009年底全市有民营科技企业112家，比上年增加18家，企业中包括集体企业4家、股份合作企业5家、有限责任公司57家，股份有限公司10家，私营企业和个体企业35家，外商及港澳台投资企业1家；从业人员总数5800人，其中，科技人员1500人，具有高级技术职称的120人，具有中级技术职称的400人，管理人员980人；全市民营科技企业年技工贸总收入26.9亿元，年实现利润6.9亿元；年技工贸总收入在1000万元以上的有18家，达到5000万元以上的有3家，1亿元以上的1家。2009年全市民营科技企业开发新产品共46项；截至2009年底共拥有发明专利31项。组织10个重点民营企业申报省市科技项目，5项科技成果获批，新发展市级民营科技企业1家，组织民营企业专技人员申报职称受理初审29人。

【科技园区建设】 组织安康工业园区完成了安康高新技术产业开发区申请报批有关工作。总体规划及配套研究报告顺利通过省科技厅等部门的联合审核，安康高新技术产业开发区已经省政府正式批准建设。陕西安康月河农业科技园区以畜牧、蚕桑、优质粮油、设施农业为主的四大科技产业长足发展，引进试验、示范农业新品种120多个、新技术50余项，研究集成综合配套生产技术体系20多个，建立规范化科技示范基地26个，全面开展技术攻关、技术集成创新和科技成果转化推广，培育壮大了一批产业化龙头企业。园区无公害瘦肉型商品猪饲养量达到83万头，养蚕6.24万张，产茧220万公斤，发展优质粮油30多万亩，设施农业4.5万亩，与去年同比规模、效益和技术水平大幅度提高。成功申报了旬阳县省级可持续发展实验区，对推动地方经济和社会发展具有重要意义；平利县茶叶科技创业示范基地、安康生猪养殖科技创业示范基地被确定为省级现代农业科技创业示范基地。建立了石泉杨柳现代农业科技示范园区和汉滨健民现代农业示范园区2个市级现代农业科技示范园区，推动了现代农业优势产业的集聚发展，发挥了示范带动作用。

【重大科技事项与活动】 1月6～8日，省科技厅原厅长孙海鹰带领的秦巴山区（陕南）可持续发展战略及实验园区建设调研组一行13位专家教授前来该市开展调研活动。副市长巨拴科陪同调研。

3月4日，市政府召开全市科技环保工作会议。

5月，市科技局组织编纂的《奋进的安康科技》画册印发出版。画册图文并茂，以大量的图照辅以简略的文字，集中展现了近十年安康科技工作的发展成就。

5月20～22日，省委科技工委书记、省科技厅厅长张炜一行来安康考察调研科技工作。

6月1～5日，省科技厅副厅长许春霞一行来该市考察2009年度省重大科技创新项目。

6月17～19日，省科技厅副巡视员方贤友一行来安康进行科技资源整合情况调研。

12月7～8日，省科技厅副巡视员方贤友一行四人，对旬阳县申报的省级可持续发展实验区进行现场考察。

（孟　辉）

商 洛 市

【概况】 2009年，商洛市科技局坚持以科学发展观指导推进科技工作，围绕增强科技创新能力和商洛率先突破发展的要求，注重加强科技创新体系和科技创新环境建设，不断强化科技服务，加大科技宣传力度，加速科技成果转化，培育优势特色产业基地，积极实施科技项目带动和惠民科技工程，不断提升科技综合实力，为全市经济社会的发展提供了强有力的科技支撑。

【科技计划管理】 2009年，全市列入省级科技计划项目23项，争取扶持资金1236万元。列入国家农业科技成果转化项目1项，争取资金50万元。下达市级科技计划项目16项，安排资金300万元。组织开展了全市科技进步考核工作调研和科技专项资金项目计划执行情况调查。

【科技成果管理】 2009年，组织科技成果评审（鉴定）16项，其中省级鉴定1项。市科技进步奖评委会评审科技奖21项和突出贡献奖1人。推荐申报省科技奖4项，获奖2项。其中商洛市烟草公司的“陕西省省级烟叶标准化示范基地建设与综合技术推广”项目和陕西香菊药业集团有限公司的“东秦牌香菊片品质提高与品牌保护研究项目”获陕西省科学技术三等奖。征集科技成果转化、新技术新品种引进实施项目40项。

【专利技术服务】 2009年，全市专利申请量达到93件，专利授权量达到44件，分别比上年增长45.3%和84.4%。专利申请量增幅位居全省第二位，受到省知识产权局表彰奖励。召开了全市知识产权工作座谈会，表彰奖励了2008年度工作先进集体、优秀发明企业、优秀发明人和先进工作者。申报省专利产业化孵化项目3项，工作专项3项。培育了2个省级知识产权优势企业，推荐省专利奖2项。制定印发了《商洛市科技局关于鼓励支持专利申请及其产业化的有关规定》。组织3家专利企业参加了西安东西部贸易洽谈会和杨凌农高会，收到了良好的经济效益。

【科技宣传与科学普及】 2009年，举办了主题为“携手建设创新型商洛”科技活动周系列活动，组织健康知识、企业自主创新、农村科技、创建文明城市等专题讲座10余场。组织和安排50名科技人员到企业服务，帮助企业解决技术难题，组织专家培训基层农技干部100余人次。引进新技术7项、新品种12个，示范和推广62万亩；举办了主题为“推动科学发展，促进社会和谐”的商洛市第十七届“科技之春”宣传月活动。发放全民创业科普知识宣传资料800余份。举办公众科普知识有奖竞答活动，25000人踊跃参加答题；利用全市“科技、文化、卫生”三下乡活动，开展新技术宣传，向群众发放实用技术资料1000余份，开展技术培训20场次。组织“科技进社区”“科普大讲堂”等活动5次，并利用“商洛科技网”开展科技法规、科技政策的宣传，提高全社会的科技意识和自主创新能力，加快科技带动战略的实施。

四川汶川大地震一周年纪念日前后，市科技局与市地震局联合开展了“科技与防灾减灾”科普宣传活动，采用防震应急演练、防震减灾知识演讲、专题讲座、发放科普宣传资料、展板宣传等多种形式，向公众普及防灾减灾和避险互救知识。

【科技特派员工作】 2009年，全市选派科技特派员222名，进驻到189个产业基地和26个龙头企业，共建立科技示范基地和示范点166个，发展科技示范户1200多户，创办领办经济实体57个，组建合作经济组织或专业协会39个，实施与科技特派员创业服务相关的科技开发项目135项，引进推广新技术、新品种104个，举办各类技术培训班302期，培训农民骨干1000余人。在6月份召开的“全国科技特派员工作会议暨农村科技创业行动”启动仪式上，该市黄开宏、罗荣丽、王拥军、朱荣文等4名科技特派员被授予“全国优秀科技特派员”荣誉称号，市科技局被授予“全国科技特派员工作先进集体”荣誉称号。

【工业科技】 全市共有省级高新技术企业2家。2009年，通过实施“科技带动”战略，在组织企业新产品开发方面取得成效。商州化工公司自主研发的新型环保发泡剂，具有污染小、产率高、环保的优点；洛南华源钼材料工贸公司的2000吨低品位钼精矿深加工，采用循环提纯法，以钼矿浮选渣及钼化工尾渣等低品位钼料为原料加工生产钼酸钠、钼酸、钼酸铵等产品，有效提高了资源利用率，增加矿产品附加值，延伸了产业链；洛南县飞鹏生态食品公司的年产100吨脱脂核桃粉和10000吨核桃露，商南云田矿的军品配套产品，柞水盘龙公司的灵丹痛风康片、本清微丸、骨胶归珍片等8个新产品的开发，使企业技术创新能力不断增强。全市工业园区已发展到7个，商丹循环工业经济园区被批准为省级工业园区，现已落户高科技产业企业21户，全年实现产值15.88亿元，为该市发展循环经济、发展新型科技产业奠定了基础。2009年，全市规模以上工业实现产值102.79亿元，比上年增长28.7%，实现增加值32.2亿元，比上年增长15.1%。绿色食品加工业实现总产值4.07亿元，同比增长1.01倍，销售收入2.93亿元，同比增长1.1倍。

【农业科技】 2009年重点开展粮食作物增产增效技术研究与应用、设施蔬菜栽培及生产示范基地建设等技术研究，全年推广地膜玉米、地膜马铃薯51.3万亩，较去年增加4.1万亩。小麦、玉米、薯类良种推广率分别达到89%、98%和83%。建立作物高产示范基地15万亩。洛南县万亩马铃薯高产示范基地，平均亩产2126公斤，比全县平均亩单产增产34%。山阳县建立冬播马铃薯－春玉米－秋菜栽培科技示范基地5300亩，带动全县发展3万亩。马铃薯亩产达2600公斤，比露地增长1237公斤，亩产值增加1855元。选派60多名技术人员包点主抓蔬菜大棚建设，已建大棚4500亩，编印蔬菜栽培技术手册1200余册。

【畜牧科技】 2009年重点开展了畜禽标准化养殖技术研究和规模化养殖基地建设，全市建成生猪标准化猪舍385栋和100头高效养牛模式4家，建设发酵床生态养猪场128家，建设畜牧无公害产地52个，农业部认证无公害畜产品4个。全市新增规模养殖场户2107个，累计达到5622个。新建生猪万头场15个和千头场103个，生猪规模养殖场户比去年增加36.21%。新建千只以上规模养鸡场478个，比去年增加25.12%，规模养殖比重达到52.77%。建成生猪良种扩繁场5个，人工授精点32个，畜牧养殖小区30个。全市培育年产值500万元以上畜牧龙头企业达到20家以上，新组建畜牧专业合作社22个，累计达到54个，入社农户3618户，带动农户2.1万户。

【中药现代化】 2009年，全市新发展药源基地17万亩，药源基地面积达到160万亩，其中规范化种植面积60万亩，占总面积的38%。建立中药材规范化种植示范基地4000亩。中药材总产值21亿元，较上年增长14%。启动实施了万亩黄芩规范化栽培基地项目，辐射带动三县（区）10多个乡镇2万多户农民增收。编制了《商洛市中药材产业发展规划》（2008～2012年）。市科技局被科技部评为“国家中药现代科技产业基地建设优秀单位”，天士力植物药业公司总工程师蒋传中被评为“优秀科技工作者，在“全国中药现代化产业基地建设十周年总结大会”上受到表彰奖励。

【民营科技】 2009年，民营科技企业总数48家，其中新增8家。全市民营科技企业开发新产品28项，研究与开发费用500万元。技工贸总收入8.12亿元，其中技术性收入2500万元。产品销售收入2.03亿元，实现净利润3.65亿元，上缴税费总额2.11亿元，创汇560万美元；年技工贸总收入在1000万元以上的企业有10家、5000万元以上的企业5家、1亿元以上的企业有3家。

（王太生）

科技人物

概　述

2009年，陕西省新增选周卫建、王锡凡两位中国科学院院士，新增选董春鹏、张生勇两位中国工程院院士。根据人力资源和社会保障部《关于做好2008年政府特殊津贴有关工作的通知》（人社部发[2009]22号）精神，经陕西省推荐，人力资源和社会保障部组织专家评审，国务院批准，陕西省陈小芬等47名人员享受2008年政府特殊津贴。根据中共陕西省委、陕西省人民政府《关于命名表彰2008年度陕西省有突出贡献专家的决定》（陕字[2009]23号），授予郭烈锦等109位专家2008年度陕西省有突出贡献专家称号，并予以表彰奖励。

科技人物传略

【陕西新当选中国科学院院士】

周卫建　女，1953年生。博士，研究员，博士生导师。现任中国科学院地球环境研究所副所长，中国科学院黄土与第四纪地质国家重点实验室主任和科技部、中科院、教育部共建的“西安加速器质谱中心”主任，国际SCI杂志编委，国家自然科学基金委员会学科评审组评委，中国第四纪研究委员会副主任。2009年12月当选为中国科学院院士。

周卫建长期从事第四纪地质与全球变化研究、宇宙成因核素^{14}C年代学研究以及^{10}Be环境示踪研究。检出了中国距今11-10ka年东亚新仙女木（简称YD）事件的地质生物证据，纠正了东亚YD事件以暖湿气候为特征的认识，指出高中低纬气候相互作用对气候突变事件的影响，为全球变暖过程中可能出现的气候突变事件提供了历史相似型。她在^{14}C年代学的测年手段的建立和测年可靠性方面做了系统工作，主持建立了^{14}C测年方法序列，并建立了不同类型样品的化学前处理方法。主持建设了全国十个“国家大型科学仪器中心”之一的“西安加速器质谱中心”，其中包括用于多核素分析用的加速器质谱仪，为国内^{14}C年代学发展做出了成绩。她提出了把黄土^{10}Be记录中的地磁场影响与气候影响分离开的思路和方法，为解决从黄土^{10}Be记录示踪和重建古地磁场强度变化史和降雨史做出了努力。

周卫建先后负责国家基金委“杰出青年科学基金”“优秀青年科学家群体”“重点项目”“973”计划项目、科技部基础研究的前期专项和中科院重要方向项目等重要课题，作为主持和主要参加者获5项省部级一等奖，1项国家级二等奖、三等奖和1项专利，获“首届全国百篇优秀博士学位论文奖”。此外，还获多项荣誉称号，发表论文近百篇。

王锡凡　1936年5月出生。西安交通大学电气工程学院教授、博士生导师、电力系统研究所所长。1957年7月毕业于西安交通大学并留校任教，曾先后应邀到美国、日本访问和任教。2008年当选为IEEE Fellow。2009年12月当选为中国科学院院士。

王锡凡主要从事电力领域的科学研究，先后完成了国家自然科学基金重点项目“我国电力市场的电价理论、交易机制及其模拟研究”，“973”计划项目“电力市场对电力系统运行可靠性的影响研究”和“分频输电及在可再生能源发电并网中的应用”等课题。完成了三峡系统动能经济论证的20余个大型水电站和抽水蓄能电站的主系统可靠性论证等重大电力建设项目的研究工作。创立了复杂故障的综合阻抗矩阵理论，发展了电力网络线性方程的稀疏矩阵算法，建立了大型电力系统暂态稳定分析模型，为计算机在国内电力系统中的应用和推广做出了奠基性工作。在电力系统规划和可靠性评估研究中，提出了等效电量函数理论和状态空间分析中的“增量频率”概念，以及可靠性分析中元件串并联递归卷积公式，并开发出了多个电力系统规划与可靠性评估软件。

王锡凡以第一获奖者获省部级以上奖励10余项，其中一等奖4项。共出版著作10部（其中英文著作4部）。其中，《电力系统计算》为该领域的经典之作，《电力系统优化规划》填补了国内空白，《现代电力系统分析》被教育部遴选为全国研究生教材，《Modern Power System Planning》一书被12所国外大学指定为研究生教材。在国内外发表论文300余篇，其中第一作者70余篇，其著述被国内外期刊论文引用3500多次。

【陕西新当选中国工程院院士】

董春鹏　男，1942年出生。1966年毕业于中国科技大学，现任中国船舶重工集团公司第七〇五研究所总设计师。一直从事水下装备研究与设计工作，是新中国培养出来的国内水下武器装备行业的专家。2009年12月当选为中国工程院院士。

董春鹏从事科研工作四十多年来，孜孜以求，取得了骄人的业绩。参与和领导的多种重点型号项目，分别获得了国家科技进步一等奖，国防科工委、中国船舶重工集团公司等省部级科技进步特等奖和一、二等奖，为全国海军现代化建设和水下武器装备技术创新做出了重大贡献。

张生勇　男，1939年11月生。第四军医大学教授，博士生导师。先后在复旦大学和第四军医大学任教，获全国优秀科技工作者、国务院特殊津贴专家、国家级教学名师。全军优秀教师、军队院校育才奖金奖、总后勤部优秀共产党员等。现任中国科学院成都有机化学研究所“手性药物国家工程研究中心”客座教授、西北大学兼职教授。2009年12月当选为中国工程院院士。

张生勇是中国著名的有机化学家。作为国内外早期从事手性技术研究的学者之一，45年来始终以手性催化技术的研究为主要方向，一直坚守在教学、科研的第一线，致力于新型手性催化剂的设计、合成和成果转化。在全国率先将手性技术用于工业生产，先后建成了两条用手性催化技术工业生产氨基酸的生产线，并完成了抗癌药紫杉醇和多烯紫杉醇的中试放大实验，为全国精细化学品生产技术的进步做出了贡献。

张生勇先后获得国家科技部创新基金1项、国家自然科学基金10项、陕西省院士基金1项、攻关课题3项等基金的资助。主持完成的研究项目获国家技术发明三等奖1项、军队科技进步一等奖1项和陕西省科技进步一等奖2项。获授权国家发明专利4项。获中国科学技术发展基金会“药物发展奖”和“九五”全军后勤重大科技成果奖，荣立二等功1次。出版专著4部，主编国家“十五”和“十一五”规划教材各1部、其他教材7部，共计560多万字，其中2部教材分别获国家教委优秀教材一等奖和二等奖。共发表论文149篇，其中被SCI和EI收录论文64篇。培养博士、硕士研究生27名。

科技人物名录

【2008年度享受政府特殊津贴人员】

陈小芬 女，1972年9月生。技师。陕西渭河煤化工集团公司，从事化工分析专业。

窦铁成 男，1956年10月生。中共党员。高级技师。陕西省中铁一局电务公司，从事电力内外线施工专业。

张玉和 男，1965年3月生。中共党员。陕西省陕煤化业化工集团公司澄合煤业公司，从事机电专业。

胡新民 男，1965年7月生。一级工艺美术大师。陕西省西府民俗艺术博览园，从事泥塑绘画专业。

杨海生 男，1971年10月生。中共党员。高级工程师。陕西省第六建筑工程公司，从事工程技术专业。

汪汉臣 男，1961年3月生。中共党员。高级工程师。陕西省宝钛集团有限公司，从事稀有金属材料加工专业。

王东耀 男，1959年5月生。中共党员。高级工程师。陕西高速公路建设集团公司，从事公路工程专业。

南浩林 男，1957年9月生。中共党员。高级工程师。陕西省交通厅利用外资项目办公室，从事公路工程专业。

乔怀玉 男，1962年5月生。中共党员。正高级高级工程师。陕西省交通建设集团公司，从事桥梁与隧道专业。

喻德鱼 男，1955年10月生。中共党员。高级经济师。陕西省宝鸡市陕西西凤酒股份有限公司，从事企业经营管理专业。

武景刚 男，1960年7月生。中共党员。高级工程师。陕西省宝鸡合力叉车厂，从事工业车辆设计专业。

董忠级 男，1963年2月生。中共党员。正高级高级工程师。陕西省中国有色金属工业西安勘察设计研究院，从事计算机应用专业。

任富平 男，1962年9月生。中共党员。高级农艺师。陕西省农业技术推广总站，从事植物保护专业。

张长龙 男，1963年2月生。中共党员。高级畜牧师。陕西省动物疫病预防控制中心，从事畜牧兽医专业。

李文祥 男，1962年6月生。中共党员。推广研究员，陕西省土壤肥料工作站，从事土壤肥料专业。

陈志杰 男，1960年8月生。中共党员。研究员，陕西省动物研究所，从事植物保护专业。

刘延虹 女，1956年10月生。中共党员。高级农艺师。陕西省植物保护工作总站，从事农作物病虫预测预报、防治专业。

蔺文琪 男，1957年2月生。中共党员。农业技术推广研究员，陕西省延安市畜牧站，从事畜牧专业。

王华青 男，1959年10月生。中共党员。高级工程师。陕西省林业调查规划院，从事林业专业。

管　薇 女，1963年3月生。中共党员。研究员，陕西省水产研究所，从事淡水渔业专业。

张金山 男，1953年3月生。中共党员。研究员，陕西省延安市畜牧兽医局，从事畜牧兽医技术推广专业。

安英鸽 女，1955年1月生。中共党员。农业技术推广研究员，陕西省咸阳市植物检疫站，从事植物保护专业。

冯耀荣 男，1960年9月生。中共党员。正高级高级工程师。陕西省中国石油天然气集团公司管材研究所，从事石油工业材料科学与工程及石油管工程专业。

赵永庆 男，1966年4月生。中共党员。正高级高级工程师。西北有色金属研究院，从事金属材料专业。

荆仁旺 男，1963年8月生。中共党员。研究员级高级工程师。 陕西省西安微电机研究所，从事微特电机专业。

乔学光 男，1955年5月生。中共党员。教授，西安石油大学，从事光电子学/光纤传感专业。

马建中 男，1960年5月生。中共党员。教授，陕西科技大学，从事皮革化学与工程专业。

耿国华 女，1955年12月生。中共党员。教授，西北大学，从事智能信息处理、模式识别专业。

杨学义 男，1953年12月生。中共党员。研究员，西安财经学院，从事教育管理与经济、国防经济专业。

宋 敏 女，1961年1月生。副教授，西安航空技术高等专科学校，从事机械设计专业。

贾小琴 女，1964年1月生。中学高级教师。陕西省榆林市吴堡县一完小，从事教学教研专业。

王 斌 男，1954年8月生。中共党员。中学高级教师。陕西省铜川市一中，从事物理、数学专业。

曹利平 女，1954年2月生。中共党员。主任医师。陕西省中医医院，从事中医内科专业。

许建秦 男，1963年5月生。中共党员。主任医师。陕西省第二人民医院，从事中医内科专业。

张越林 男，1968年10月生。中共党员。主任医师。陕西省人民医院，从事神经外科专业。

曹绥平 男，1962年7月生。中共党员。副主任医师。陕西省榆阳区社区卫生服务中心，从事肛肠外科专业。

李占魁 男，1958年8月生。中共党员。主任医师。陕西省妇幼保健院，从事新生儿医学专业。

陈 彦 男，1963年6月生。中共党员。艺术一级，陕西省戏曲研究院，从事文学艺术创作专业。

李振平 男，1955年8月生。中共党员。研究员，陕西省发改委经济研究所，从事经济研究专业。

王渭林 男，1957年7月生。中共党员。高级记者，陕西电视台，从事电视传播专业。

芮 青 女，1963年12月生。中共党员。高级教练，陕西省射击射箭运动管理中心，从事射击专业。

张天恩 男，1953年3月生。中共党员。研究员，陕西省考古研究院，从事考古研究专业。

徐来见 男，1955年8月生。中共党员。高级编辑，陕西人民广播电台，从事新闻专业。

杨 芳 女，1973年5月生。中共党员。主任播音员，陕西省电视台，从事播音主持专业。

付 浩 男，1969年11月生。中共党员。高级技师。陕西建工集团设备安装工程有限公司，从事焊接专业。

付立新 男，1951年10月生。中共党员。高级技师。中冶陕压重工设备有限公司，从事机械加工专业。

王红卫 男，1968年7月生。中共党员。高级技师。西安航空发动机（集团）有限公司，从事机械加工专业。

【2008年度陕西省有突出贡献专家】

郭烈锦 男，1963年10月生。中共党员。教授、博导，西安交通大学，从事热能工程专业。

沈 浩 男，1953年4月生。中共党员。高级工程师。陕西延长石油（集团）有限责任公司（延长油矿管理局），从事管理专业。

方红卫 男，1966年8月生。中共党员。高级经济师。陕西汽车集团有限责任公司，从事生产经营专业。

张小可 男，1954年11月生。中共党员。高级经济师。陕西旅游集团公司，从事管理专业。

李延波 男，1957年11月生。中共党员。正高级高级工程师。陕西电子信息集团公司、西京电气总公司，从事经营管理专业。

韦武强 男，1966年12月生。中共党员。高级工程师。陕西龙门钢铁（集团）有限责任公司，从事钢铁冶金专业。

王增强 男，1963年1月生。中共党员。高级工程师。西安煤矿机械有限公司，从事工业自动化和企业管理专业。

李桂明 男，1964年3月生。中共党员。正高级高级工程师。西安铁路局，从事铁路技术管理专业。

白俊光 男，1963年8月生。中共党员。正高级高级工程师。中水顾问集团西北勘测设计研究院，从事技术管理专业。

王仙琴 女，1972年1月生。正高级高级工程师。金堆城钼业集团有限公司，从事钼化工专业。

张卫平 男，1960年7月生。中共党员。正高级高级工程师。陕西省公路局，从事公路养护管理专业。

张宝会 男，1955年11月生。中共党员。高级工程师。陕西长岭电子科技有限责任公司，从事电子工程专业。

陈邦设 男，1966年9月生。中共党员。高级工程师。陕西北人印机公司，从事企业管理专业。

钱嘉斌 男，1957年7月生。中共党员。正高级高级工程师。渭化集团公司，从事技术管理专业。

周　琳　男，1966年1月生。九三学社，高级工程师。中铁电气化局集团宝鸡器材有限公司，从事接触网专业。

范立民　男，1965年9月生。中共党员。正高级工程师。省煤炭工业局，从事地质、煤炭储量管理专业。

王　煜　男，1958年7月生。正高级高级工程师。咸阳市勘察测绘院，从事岩土工程专业。

王争鸣　男，1957年9月生。中共党员。教授级高级工程师。中铁第一勘察设计院集团有限公司，从事铁道运输工程、路网规划专业。

王少辉　男，1970年7月生。高级技师。中冶陕压重工设备有限公司，从事钳工专业。

叱培洲　男，1976年3月生。高级技师。西北电建一公司，从事焊接专业。

杨秀明　男，1950年9月生。中医按摩主治医师。咸阳市高新区杨仁疼痛医院，从事中医按摩专业。

王凤翔　男，1963年2月生。中共党员。高级工程师。省水电开发管理中心，从事水利水电工程管理专业。

路宝忠　男，1954年12月生。中共党员。正高级高级工程师。汉中朱鹮国家级自然保护区管理局，从事野生动物专业。

樊民周　男，1957年3月生。中共党员。农业技术推广研究员，省植物保护工作总站，从事植物保护专业。

霍国琴　女，1961年9月生。中共党员。农业技术推广研究员，商洛市农业科学研究所，从事蔬菜专业。

李恩才　男，1955年4月生。中共党员。农业技术推广研究员，宝鸡市植保站，从事植物保护专业。

黎道云　男，1956年7月生。中共党员。高级农艺师。安康市蚕桑技术推广站，从事农业技术推广专业。

李华海　男，1956年9月生。中共党员。高级农艺师。安康市平利县茶叶管理局，从事茶叶专业。

张明海　男，1957年12月生。中共党员。高级畜牧师。榆林市动物疾病预防控制中心，从事饲料养猪专业。

李生财　男，1949年9月生。中共党员。高级工程师。榆林市榆阳区农机化技术推广服务站，从事农机专业。

庆麦玉　女，1956年5月生。中共党员。农业技术推广研究员，省畜牧兽医总站，从事畜牧技术推广专业。

王荣成　男，1959年11月生。中共党员。高级农艺师。省农业技术推广总站，从事农技推广专业。

刘士义　男，1957年5月生。中共党员。高级畜牧师。榆林市陕北白绒山羊（场）繁育中心，从事养羊专业。

党　兵　男，1959年4月生。中共党员。副研究员，省治沙研究所，从事治沙专业。

张建军　男，1963年9月生。中共党员。农艺师。榆林市蚕桑站，从事果树桑蚕专业。

田建华　男，1963年4月生。中共党员。副研究员，陕西省杂交油菜研究中心，从事作物遗传育种专业。

田张厚　男，1950年9月生。中共党员。高级农技师。富平县农技中心老庙农技站，从事农技推广专业。

刘俊生　男，1957年9月生。中共党员。高级农艺师。省生物防治实验站，从事植物保护专业。

安金海　男，1964年1月生。中共党员。高级农艺师。延安市洛川县果业管理局，从事苹果专业。

张安国　男，1951年10月生。中共党员。研究员，榆林市畜牧兽医研究与技术推广所，从事畜牧专业。

汪登社　男，1956年2月生。中共党员。正高级高级工程师。商洛市飞播站，从事林果专业。

马　建　男，1957年9月生。中共党员。教授，长安大学，从事车辆工程专业。

黄　翔　男，1962年7月生。中共党员。教授，西安工程大学，从事暖通空调专业。

李爱华　男，1966年2月生。教授，第二炮兵工程学院，从事机械电子工程专业。

李　浩　男，1960年6月生。中共党员。教授，西北大学文学院，从事中国古代文学专业。

文　虎　男，1972年11月生。中共党员。教授，西安科技大学，从事安全技术及工程专业。

黄　强　男，1958年8月生。中共党员。教授，西安理工大学，从事水文学及水资源专业。

张宁生　男，1951年3月生。中共党员。教授、博导，西安石油大学，从事石油工程专业。

张朝晖 男，1951年9月生。中共党员。教授，杨凌职业技术学院，从事水利工程专业。

宋笔锋 男，1963年3月生。中共党员。教授、博导，西北工业大学，从事飞行器设计专业。

任天民 男，1960年7月生。中共党员。中学高级教师。渭南市澄城实验学校，从事教育管理专业。

黄　瑾 男，1968年12月生。榆林市神木县第七中学，从事地理教学专业。

仰孝升 男，1962年5月生。中学高级教师。山阳中学，从事物理教学专业。

王建学 男，1968年11月生。中共党员。中学高级教师。渭南高新中学，从事教学及管理专业。

安保仁 男，1953年5月生。中共党员。中学高级教师。西安市高级中学，从事语文教学学校管理专业。

陈　芳 女，1969年4月生。中共党员。中学高级教师。安康市旬阳县城关中学，从事教育教学专业。

张毛帝 男，1968年12月生。中共党员。中学高级教师。延安中学，从事高中物理教学专业。

段平均 男，1960年3月生。中共党员。中学高级教师。咸阳市教研室，从事英语教研专业。

李彦文 女，1967年4月生。中共党员。中学高级教师。汉中市北大街小学，从事语文数学专业。

张越林 男，1968年1月生。中共党员。主任医师。省人民医院，从事神经外科专业。

赵西侠 女，1954年2月生。主任医师、教授，省肿瘤医院，从事妇科肿瘤专业。

蒋传中 男，1963年10月生。中共党员。副主任药师。陕西天士力植物药业有限公司，从事中药专业。

刘智斌 男，1957年12月生。教授，陕西中医学院附属医院，从事针灸推拿专业。

孙秀珍 女，1951年1月生。农工民主党党员。教授，西安交通大学医学院第二附属医院，从事呼吸内科学专业。

辛智科 男，1952年9月生。中共党员。研究员、主任医师。省中医药研究院，从事中医专业。

张恩娣 女，1953年7月生。中共党员。主任医师。省妇幼保健院，从事妇产科专业。

倪黎明 女，1957年生，主任医师。省妇幼保健院，从事新生儿专业。

朱安厚 男，1951年12月生。中共党员。副主任医师。商洛市疾病预防控制中心，从事疾病控制专业。

张玲霞 女，1963年8月生。中共党员。主任医师。西安市中心医院胃肠病科内镜中心。

解晓明 男，1957年1月生。中共党员。副主任医师。西安市第四医院，从事医院管理专业。

汪双杰 男，1962年4月生。中共党员。教授级高级工程师。中交第一公路勘察设计研究院有限公司，从事公路工程专业。

巨建辉 男，1963年4月生。中共党员。教授级高级工程师。西北有色金属研究院，从事稀有及难熔金属专业。

郑化安 男，1965年3月生。中共党员。高级工程师。西北化工研究院，从事煤化工专业。

王建国 男，1952年3月生。中共党员。研究员级高级工程师。中国重型机械研究院，从事技术管理专业。

杨拉道 男，1955年11月生。中共党员。研究员级高级工程师。中国重型机械研究院，从事冶金机械专业。

赵元超 男，1963年7月生。中共党员。教授级高级工程师。中国建筑西北设计研究院有限公司，从事建筑学专业。

刘安麟 男，1958年4月生。中共党员。正高级高级工程师。省农业遥感信息中心，从事遥感业务、科研管理专业。

吴晓民 男，1962年8月生。中共党员。研究员，陕西省动物研究所，从事野生动物保护与利用专业。

梁银丽 女，1957年8月生。中共党员。研究员，中国科学院教育部水土保持与生态环境研究中心，从事农学专业。

程积民 男，1955年2月生。中共党员。研究员，中国科学院教育部水土保持与生态环境研究中心，从事恢复生态学、水土保持专业。

蔡分良 男，1956年8月生。中共党员。教授级高级工程师。陕西省地质调查院，从事地球化学专业。

支录奎 男，1953年12月生。中共党员。正高级高级工程师。宝鸡市公安局交警支队，从事课题研究专业。

刘向宏 男，1967年9月生。中共党员。正高级高级工程师。西部超导材料科技有限公司，从事超导材料专业。

赵　军 男，1966年10月生。中共党员。研究员级高级工程师。彩虹集团研发中心，从事彩管设计专业。

许志安 男，1952年8月生。中共党员。教授级高级工程师。中联西北工程设计研究院，从事工程设计及企业管理专业。

张　琨 男，1957年1月生。中共党员。一级美术师。陕西省雕塑院，从事雕塑专业。

崔炳元 男，1958年4月生。中共党员。一级作曲，陕西省乐团，从事作曲专业。

雷珍民 男，1964年5月生。高级工程师。陕西国画院，从事书法专业。

焦南峰 男，1954年1月生。中共党员。研究员，陕西省考古研究院，从事秦汉考古专业。

徐来见 男，1955年8月生。中共党员。高级编辑，陕西人民广播电台，从事新闻管理专业。

李丽玮 女，1956年7月生。中共党员。编审，太白文艺出版社，从事出版专业。

陶　冶 男，1955年12月生。民进成员中共党员。主任记者，陕西人民出版社文化艺术报社，从事传媒专业。

张若愚 男，1957年11月生。中共党员。高级记者，陕西日报社，从事新闻采编专业。

岳东峰 男，1956年7月生。中共党员。教授，省委党校，从事党的建设专业。

芮　青 女，1963年5月生。中共党员。高级教练，省射击射箭运动管理中心，从事射击专业。

王　真 男，1949年7月生。一级编剧，西安话剧院，从事编剧专业。

武永义 男，1963年7月生。中共党员。所长，陕西省财政科学研究所，从事财政学研究专业。

王　毅 男，1963年1月生。中共党员。主任记者，铜川日报社，从事新闻专业。

（曹　勇）

科技大事记

2009年科技大事记

1 月

6日，陕西省地方志工作会议暨《陕西年鉴》工作会议在西安召开。会上，陕西省地方志编纂委员会对“2008年度全省地方志工作先进单位”进行了表彰，省科技厅科技志编辑室荣获“2008年度全省综合年鉴编纂工作先进单位”。

7日，省长袁纯清主持召开省政府2009年第1次常务会议上，研究审定了2008年度陕西省科学技术奖励拟奖项目。会议决定2008年度全省科学技术奖共奖励203项，其中一等奖28项，二等奖68项，三等奖107项。

9日，党中央、国务院在北京人民大会堂隆重召开2008年度国家科学技术奖励大会。陕西省在本年度有37个项目获得奖励。

16～18日，由中宣部、科技部、陕西省人民政府共同举办的“送科技下乡，促科学发展”主题示范活动在安塞县举办。科技部副部长张来武、中宣部宣教局副局长董俊山等中央和陕西省及延安市领导参加了活动的启动仪式。

19日，陕西省人民政府和中南大学在西安签订合作框架协议。省长袁纯清会见了中南大学党政代表团一行。陕西省人民政府和中南大学签订了《陕西省人民政府中南大学合作框架协议书》。

2 月

1日，副省长朱静芝来到省委科技工委、省科技厅机关，看望慰问机关干部职工。

6日，由省委宣传部、省科技厅、文化厅、卫生厅等14部门共同组织举办的陕西省2009年文化科技卫生“三下乡”示范活动在扶风县拉开帷幕。

12日，省政府副秘书长姚超英率省会展中心负责人到省科技厅，检查第十三届中国东西部合作与投资贸易洽谈会“科技成果专利技术交易馆”筹备工作进展情况。

19～20日，全省科技工作会议在西安召开，副省长朱静芝出席会议并讲话。省委科技工委书记、省科技厅厅长张炜作了工作报告。会议表彰了2008年度科学技术奖获奖人员、全省科技管理系统先进集体和个人。

23～24日，省科技厅在汉中市举办UNDP（联合国开发计划署）“地震灾后恢复重建科技特派员对口帮扶试点工作”能力培训班。通过培训来促进全省地震灾区依靠科技迅速恢复正常的生产生活，推进灾区社会主义新农村建设。宁强、略阳两县科技局、科技特派员及配合UNDP项目实施的乡（镇）、村相关人员40余人参加了培训。

3 月

10日，省科技厅、省财政厅在西安联合召开了“2009年度陕西省重大科技创新项目评审会”，着重从项目的技术创新水平、项目承担单位的实施环境条件及保障能力、项目产品的预期市场前景与经济效益进行评审和评估，评审项目共计300多项。

11日，省科技厅在西安召开了“2008年度全省科普工作统计培训会议”，来自18个省级有关部门、10个设区市和杨凌示范区科技局具体负责科普统计工作的人员参加了培训。

是日，省委科技工委书记、省科技厅厅长张炜、副厅长孙科一行赴韩城市调研科技工作。张炜一行先后到韩城阳山庄水泥有限公司、韩城柳枝花椒示范基地调研。

12日，省科技厅、商洛市人民政府“依靠科技进步，带动商洛突破发展”座谈会在西安召开。

12～15日，天津市科委农村科技处处长宋广平带领的由畜牧、水稻、水产等7位专家组成的天津市科技特派团到陕西省地震重灾区勉县进行对口科技帮扶考察。经现场考察和座谈交流，特派团决定在勉县开展优质杂交粳稻试验示范，推动勉县发展生态养猪项目，在张家河乡共同推动建设大鲵繁育、养殖基地。

13日，省科技厅依据省政府的要求草拟了“陕西省科技新星培育专项实施方案”，邀请在陕部分高校、科研院所和企业科技处负责人座谈讨论。会议就设立专项的目标定位、培育和资助方式、申报受理、实施与管理、跟踪考核等相关问题提出了很好的意见和建议，并希望加快该专项实施步伐。

15～17日，国务院副总理李克强在省委书记赵乐际和省长袁纯清陪同下来到西安阎良西飞公司、中钢集团西安重机有限公司考察。

19～20日，省委科技工委书记、省科技厅厅长张炜，省科技厅副厅长许春霞率陕西科技考察团赴宁夏学习考察科技特派员工作。延安、榆林市科技局以及委厅农业处、宣教处主要负责人陪同学习考察。

24日，省委科技工委、省科技厅召开了深入学习实践科学发展观活动第一批总结暨第二批动员大会。

4 月

2日，省科技厅组织召开陕西省2009年两院院士推荐评审会。由在陕的11位两院院士专家组成的陕西省初选委员会，对陕西省申报的舒德干、王双明、刘加平、奚正平四位候选人进行了评议和推选。

5日，第十三届中国东西部合作与投资贸易洽谈会在西安曲江国际会展中心隆重开幕，首次设立了科技成果专利交易馆，由省科技厅牵头，省知识产权局、省教育厅、省国防科技和航空工业办公室共同负责，设有233个展位，7个展区。

9日，陕西省政府加快推进西安高新区建设世界一流园区动员大会隆重举行。省长袁纯清，常务副省长赵正永，西安市委书记孙清云，副省长朱静芝，西安市市长陈宝根，西安高新区管委会主任岳华峰等省、市领导出席动员大会。

10～13日，在省科技厅的联络下，天津市城市集体经济体联合会考察团一行来陕赴略阳县、勉县开展投资洽谈项目和参观考察活动。略阳县、勉县政府共为代表团推介了各类投资项目近30个，其中有7个项目达成了意向。

13日，省2009年“13115”科技创新工程项目评审会议在西安召开，副省长朱静芝出席会议并讲话。

14日，创新方法工作专项“陕西省企业技术创新方法推广应用”项目启动会在西安召开。中国21世纪议程管理中心副主任周元、陕西省科技厅副巡视员杜克飞出席了会议。

16日，陕西省现代农业科技创业服务体系建设现场会在宝鸡市召开，副省长朱静芝出席会议并讲话。

是日，“甘蓝型油菜特高含油量育种技术研究与资源创新”项目在西安通过了由陕西省科技厅主持的成果鉴定。陕西省杂交油菜研究中心配制的含油量达50.12%的双低优质油菜杂交种“2061”已经进入国家春油菜区域试验。

17～21日，朱静芝副省长带领由省科技厅以及部分高校、科研院所主要负责人组成的调研组，赴云南、贵州两省调研科技工作并出席科技项目合作签约仪式。

25日，科技部农村司副司长贾敬敦在省科技厅副厅长许春霞、渭南市副市长程勉贵等的陪同下，赴陕西渭南国家农业科技园区检查指导工作。

27日，省科技厅组织召开了省软科学研究计划重点项目评审会议，这是陕西省软科学研究第一次实行组织选题、答辩评审开展立项前期工作。

28日，科技部“关于同意开展‘十城万盏’半导体照明应用工程试点工作的复函”（国科发高[2009]189号）正式批准西安市为国家“十城万盏”半导体照明应用工程试点城市。

29日，省委科技工委书记、省科技厅厅长张炜在延安市黄龙县调研考察核桃产业。

29～30日，省科技厅在西安召开“2009年度陕西省科学技术奖推荐工作会议”，全省十个设区市、省级有关单位、中央在陕有关单位共60多个推荐单位和部分高校的近80名科技管理人员参加会议。

5 月

4～6日，陕西省科技厅副厅长许春霞率陕西科技考察团赴重庆学习考察农业科技工作和中药现代化工作。

7日，经省委人才工作领导小组批准，109名专家被批准为2008年度陕西省有突出贡献专家。委、厅系统8人名列其中。

8日，科技部条件财务司副巡视员吴学梯来陕西省指导检查科技基础条件平台建设工作。

9～12日，日本大平畜产工业有限公司川合昭夫、通口健先生一行，来陕西省进行考察访问，开展了肉牛饲养技术的交流及合作活动。

10～13日，以国务院参事石定环为团长的创新基金专家咨询委员一行12人来陕西省调研。调研组针对创新基金如何应对金融危机，加强对科技型中小企业培育体系建设两个课题，重点围绕探索建立国家创新基金与地方创新基金关系互动的运行机制、国家创新基金对地方区域经济促进作用开展了调研。

12日，省委科技工委书记、省科技厅厅长张炜先后到陕西电子信息集团、西安近代化学研究所调研。

14日，2009年陕北科技扶贫专家团出发仪式在西安举行。科技厅副厅长孙科出席仪式并讲话。

16日，2009年陕西省暨西安市科技活动周启动仪式在西安隆重举行。省委宣传部副部长薛保勤、省科技厅厅长张炜、省科协副主席王前进、省地震局副局长刘晨、西安市市长助理黄海清等出席。

19日，省“13115”科技创新工程项目资金预算评估评审会在西安召开，省科技厅副厅长邱义路出席会议并讲话。

20～22日，省委科技工委书记、省科技厅厅长张炜一行，为落实全省第四次陕南突破发展会议精神，检查2008年度“13115”科技创新工程计划以及重大科技创新计划项目的实施情况，赴安康市考察调研科技工作，并对拟列入2009年有关科技计划的项目进行实地考察。

22日，西安高新区草堂科技产业基地开工典礼举行。未来13年内，西安高新区与户县政府将合作共建草堂科技产业基地。

是日，“2009燕麦营养与加工研讨会”在西北农林科技大学举行，国家燕麦产业技术体系首席科学家任长忠以及燕麦产业专家40多人参加会议，会议旨在促进燕麦行业信息交流，建立长远的合作机制。

25～26日，科技部组织专家对榆林市建设国家可持续发展实验区的工作进行了现场考察。科技部社会发展司司长马燕合在陕西省科技厅副厅长孙科陪同下，与专家组深入矿区、工厂、农村，对榆林市煤化工业园区、经济开发区等开展了广泛调查。

26日，陕西省技术市场工作座谈会在西安召开，省委科技工委书记、省科技厅厅长张炜出席会议并作重要讲话。

6 月

4日，国际家兔生物技术学术会议在西安召开，来自9个国家和地区的58位代表在会上交流了的家兔生物技术最新研究成果。陕西省科技厅副厅长孙科、西安交通大学副校长闫剑群等出席了大会开幕式。

10日，陕西省科技资源中心开工奠基仪式在西安高新区举行。省长袁纯清下达开工令，科技部副部长张来武，西安市委书记孙清云，省人大常委会副主任张道宏，副省长朱静芝，省政协副主席周卫健等出席开工仪式并为工程奠基。

是日，中国兵器工业集团公司和西安市人民政府在西安经济技术开发区举行兵器工业科技产业基地奠基暨首批项目开工仪式，陕西省省长袁纯清发布开工令。基地重点发展高新技术应用、信息技术、新材料与新能源、光电、化工及装备制造等产业。

11日，省高新技术企业认定管理工作领导小组办公室在西安召开2009年度第一次高新技术企业认定工作评审会。

是日，国家科技图书文献中心（NSTL）副主任沈仲祺等到省科技信息研究所，就与陕西省科学技术信息研究所合作开发的NSTL军工内网镜像系统的运行情况进行检查、验收。

24～26日，“2009钛发展趋势国际研讨会”在西安举行。会议旨在探讨钛合金研究现状以及世界及中国钛工业的发展现状与趋势。世界钛会国际组委会成员、中国工程院院士周廉担任大会主席。陕西省科技厅厅长张炜出席会议并致辞。

26日，中船重工集团公司派出机构西安船舶公司所属西安船舶科技产业园，在西安高新技术产业开发区开工奠基。

30日，省委科技工委、省科技厅召开纪念建党八十八周年座谈会。省委科技工委书记、省科技厅厅长张炜出席会议并讲话。省委科技工委副书记张书玲主持会议。

7 月

3日，省科技厅宝鸡市政府科技工作座谈会在西安举行。会议围绕落实厅市科技会商工作任务、实施“13115”科技创新工程等内容，展开了热烈讨论。

8日，陕西省黑龙江省科技合作座谈会暨签约仪式在哈尔滨市举行。陕西省副省长朱静芝、黑龙江省副省长孙尧出席签约仪式并讲话。两省共同签订了《陕西省黑龙江省科技合作框架协议》。

15日，省科教领导小组召开会议，听取省科技厅关于陕西省“13115”科技创新工程进展及2009年拟立项项目的情况汇报。省长袁纯清出席会议并作重要讲话。

17日，由日本农林中央金库北京办事处、瑞穗综合研究所株式会社以及日本银行北京代表处组成的代表团赴陕西大荔县考察。此行去大荔主要是了解当前国家大力支援农业发展的政策下，农村改革后新的发展现状。

21日，西安交通大学能动学院教授李连生、束鹏程在碑林区人民法院起诉退休教授陈永江、郁永章及杨绍侃等3人从2008年元月开始在网上发表的李、束二人学术“造假”“剽窃”侵犯了二人的名誉权。对于被起诉一事，3名被告表示，2007年底，发现李连生申报高等学校科学技术奖的项目，存在造假、侵占他人学术成果等严重学术不端问题，并向相关方实名举报递交了反映材料。12月，西安交大免除李连生博士生导师资格。

22日，省委、省政府召开陕西省优秀人才表彰大会，委、厅系统17人受到表彰和奖励。

29日，陕西省可持续发展实验区工作会议在宝鸡召开。省科技厅副长厅孙科做了题为《可持续发展实验区建设及其社会发展科技工作》的报告。

30日，省科技厅在陕西电子信息集团召开太阳能光伏和半导体照明产业科技需求座谈会。

8 月

4日，省科技厅在西安万年饭店召开了陕西省2009年生产力促进中心工作座谈会。省科技厅副厅长邱义路出席会议并讲话。

6日，由西安船舶设备工业公司开发的1.5兆瓦风电机组在陕西柴油机重工有限公司下线。陕西省首套1.5兆瓦大功率风电机组的下线，标志着该军工企业正式进军风电领域。

是日，由科技部政策法规司和日本国际协力机构中国事务所主办、省科技厅承办的“灾后重建及与环境相关的特色产业开发”培训班在宝鸡举行。

8日，国家核级锆材研发及检测中心暨国家核级锆材生产线项目在陕西宝鸡高新区开工建设。

17日，省科技厅、榆林市政府在西安召开座谈会，就建立省市科技创新工作会商制度进行磋商。

20日，榆林市委、市政府在西安举行校地产学研合作峰会暨“科教引领、创新转型”高层论坛，副省长朱静芝出席并讲话。

31日，经省政府同意，陕西省太阳能光伏产业联盟成立大会在西安举行。该联盟为非盈利性的联盟组织，副省长吴登昌任联盟理事长。

9 月

2日，陕西省渭北优质核桃科技示范基地建设工作现场会在延安市黄龙县召开。省委科技工委书记、省科技厅厅长张炜出席会议并作了《突出科技支撑强化基地建设 服务县域经济 努力开创我省农业科技工作新局面》的讲话。会议印发了《陕西省渭北核桃产业科技发展规划》和《关于组成陕西省渭北核桃产业科技专家服务团的通知》。

10日，由陕西省科技厅主办的“陕西中药新药研究与产业化发展高层论坛”在西安举行。中国科学院院士曾毅、陈凯先，中国工程院院士张伯礼、吴天一，法国国家药学科学院院士林瑞超等出席大会。

14日，由国家人力资源社会保障部举办，陕西省人事厅和西北农林科技大学承办的全国农业节水高级研修班在陕西杨凌开班。

15日，陕西省“13115”科技创新工程重点科技产业园区现场会在渭南市澄城县召开。副省长朱静芝出席并讲话。会议讨论了《陕西省“13115”科技创新工程重点科技产业园区考核方案》和《陕西省“13115”科技创新工程重点科技产业园区管理细则》。

18日，省科技厅主办的中国制造业信息化深化应用论坛在西安召开。

10 月

12～14日，由中国机械工程学会、英国工程技术学会和西安市人民政府主办的2009技术与创新国际学术会议（International Technology and Innovation Conference 2009，简称ITIC2009）在西安召开。

13日，省委科技工委、省科技厅召开委厅联席会议，研究和部署“关中-天水经济区”统筹科技资源改革示范基地调研工作。

18日，科技日报社地方记者工作会议在西安召开。科技部党组成员、科技日报社社长张景安，陕西省委宣传部副部长、省广电局局长任贤良，省委科技工委书记、省科技厅厅长张炜与会致辞。

27日，2009中国光伏发电（西安）高峰论坛在陕西西安开幕。

28日，中国技术市场协会年会暨第四届金桥奖颁奖大会在石家庄召开。西安市科学技术局、西安交通大学等7家单位荣获第四届中国技术市场协会金桥奖先进集体。

30日，按照省人大教科文卫委员会年度工作安排，省科技厅向省人大教科文卫委员会就近年来陕西省贯彻执行《科技进步法》的情况进行了专题汇报。

11 月

1日，第十六届中国杨凌农业高新科技成果博览会在陕西杨凌召开。中共中央政治局委员、国务委员刘延东宣布开幕，全国政协副主席、科技部部长万刚出席开幕式并讲话，陕西省省长袁纯清致辞。

5日，由宝鸡市人民政府主办，宝鸡市科技局承办的“院士宝鸡行”活动正式启动。

是日，由中国著名动物胚胎工程专家、西北农林科技大学教授张涌历时10年主持培育的世界首例转入防御素基因克隆奶牛在陕西杨凌科元奶牛场通过剖宫产降生。

是日，省科技厅组织召开了陕北能源化工基地建设科技需求座谈会，延长石油集团、陕西煤业化工集团、西安石油大学等11个单位参加了座谈会。

6日，西安市农业科技特派员暨农村科技示范户工作会议在西安召开。

13日，陕西省公共检测中心、化学品监测中心揭牌授牌仪式在陕西省生产力促进中心举行。

14日，陕西省创新方法研究会在西安成立。

16日，陕西省副省长朱静芝率陕西省代表团参加在深圳召开的第十一届中国国际高新技术成果交易会。

17～19日，副省长朱静芝率团考察了西北农林科技大学海南三亚农作物育种基地和海南省农业科技服务110，看望并慰问了在海南三亚育种基地工作的科教人员。

23日，中国—欧盟科技合作促进办公室张建国主任来陕西杨凌进行考察。

27日，总投资5.58亿元的年产2000吨的单晶硅片建设项目在西安航天基地落成。

12 月

2日，《陕西科技年鉴》（2009卷）编委审定会在省科技信息研究所召开。

8日，西安市科技局一行4人专程到访省科技厅，与省科技厅相关人员进行座谈，共商建设以西安为中心统筹科技资源改革示范基地工作。

11日，省科技厅与榆林市人民政府在西安举行建立科技创新工作会商制度议定书签字仪式。榆林市是继宝鸡市后陕西省第二家建立厅市科技会商制度的城市。

16日，省委科技工委书记、省科技厅厅长张炜带队，专程到科技部汇报关中-天水经济区统筹科技资源改革示范基地建设工作情况。

21日，国家自然科学基金委员会下达了2009年度国家自然科学基金项目批准资助通知。西安交通大学教授单志伟、西北工业大学教授张卫红等5位陕西专家由于在各自研究领域方面取得的突出贡献获得国家杰出青年科学基金资助研究经费960万元。截止2009年，全省共有66名专家获国家杰出青年科学基金资助。

是日，由省长袁纯清主持召开的省政府第31次常务会议审议并原则通过了《陕西省科学技术奖励办法（修订草案）》。

22日，由省政府主办，省科技厅、省商务厅、省发改委等部门共同承办的“陕西省科技成果推介对接活动现场交流会”在西安举办。

23日，陕西省“13115”科技创新工程重点产业园区（专业园区）工作汇报座谈会在西安召开。

24日，由省科技厅主持的全省科技企业孵化器建设发展工作座谈会在西安高新区召开。

29日，陕西省发明协会第二次会员代表大会在西安召开，会议选举产生了新一届协会理事会，省人大原常务副主任范肖梅聘请为协会顾问，省科技工委、省科技厅副巡视员方贤友当选为协会理事长。

政策法规

关于推动产业技术创新战略联盟构建与发展的实施办法（试行）

国科政发[2009]648号 2009年12月1日

为贯彻落实《国家中长期科学和技术发展规划纲要（2006-2020年）》，以及国务院《关于充分发挥科技支撑作用，促进经济平稳较快发展的意见》（国发［2009］9号），加快建立以企业为主体、市场为导向、产学研相结合的技术创新体系，促进经济结构调整和产业优化升级，提升产业核心竞争力，实现创新驱动发展，根据科技部等六部门《关于推动产业技术创新战略联盟构建的指导意见》（国科发政［2008］770号）、《国家技术创新工程总体实施方案》（国科发政［2009］269号），以及《国家科技计划支持产业技术创新战略联盟暂行规定》（国科发计［2008］338号）等文件的规定，现就推动产业技术创新战略联盟的构建与发展制定如下实施办法。

一、总　则

第一条　产业技术创新战略联盟（以下简称联盟）是指由企业、大学、科研机构或其他组织机构，以企业的发展需求和各方的共同利益为基础，以提升产业技术创新能力为目标，以具有法律约束力的契约为保障，形成的联合开发、优势互补、利益共享、风险共担的技术创新合作组织。

第二条　产业技术创新战略联盟是实施国家技术创新工程的重要载体。推动产业技术创新战略联盟构建和发展，是整合产业技术创新资源，引导创新要素向企业集聚的迫切要求，是促进产业技术集成创新，提高产业技术创新能力，提升产业核心竞争力的有效途径。

第三条　联盟的主要任务是组织企业、大学和科研机构等围绕产业技术创新的关键问题，开展技术合作，突破产业发展的核心技术，形成产业技术标准；建立公共技术平台，实现创新资源的有效分工与合理衔接，实行知识产权共享；实施技术转移，加速科技成果的商业化运用，提升产业整体竞争力；联合培养人才，加强人员的交流互动，支撑国家核心竞争力的有效提升。

第四条　鼓励企业、大学和科研机构及其他组织机构根据六部门推动产业技术创新战略联盟构建意见的精神，从产业发展实际需求出发，遵循市场经济规则，积极构建联盟，探索多种长效稳定的产学研合作机制。

第五条　推动联盟构建要有序开展。防止脱离产业发展及产业技术创新内在需求的“拉郎配”；防止不切实际的一哄而上；防止地区分割、封闭发展；防止缺乏联盟成员单位自主投入的形式主义；防止造成各种形式的垄断和对市场竞争的压制。

二、联盟的构建

第六条　联盟的构建，要以国家重点产业和区域支柱产业的技术创新需求为导向，以形成产业核心竞争力为目标，以企业为主体，围绕产业技术创新链，运用市场机制集聚创新资源，实现企业、大学和科研机构等在战略层面有效结合，共同突破产业发展的技术瓶颈。

第七条　推动联盟构建要坚持以下基本原则。

（一）遵循市场经济规则。要立足于企业创新发展的内在要求和合作各方的共同利益，通过平等协商，在一定时期内，建立有法律效力的联盟契约，对联盟成员形成有效的行为约束和利益保护。

（二）体现国家战略目标。要符合《规划纲要》确定的重点领域，符合国家产业政策和节能减排等政策导向，符合提升国家核心竞争力的迫切要求。

（三）满足产业发展需求。要有利于掌握核心技术和自主知识产权，有利于引导创新要素向企业集聚，有利于形成产业技术创新链，有利于促进区域支柱产业的发展。

（四）发挥政府引导作用。要创新政府管理方式，发挥协调引导作用，营造有利的政策和法制环境，围绕经济社会发展的迫切要求推动重点领域联盟的构建。

第八条　联盟成立应当符合以下基本条件。

（一）要由企业、大学和科研机构等多个独立法人组成。企业处于行业骨干地位；大学、科研机构在合作的技术领域具有前沿水平；相关中介机构等可根据联盟技术创新的需要作为成员发挥积极的作用。

（二）要有具有法律约束力的联盟协议，协议中有明确的技术创新目标，落实成员单位之间的任务分工。联盟协议必须由成员单位法定代表人共同签署生效。

（三）要设立决策、咨询和执行等组织机构，建立有效的决策与执行机制，明确联盟对外承担责任的主体。联盟执行机构应配备专职人员，负责有关日常事务。

（四）要健全经费管理制度。对联盟经费要制定相应的内部管理办法，并建立经费使用的内部监督机制。联盟可委托常设机构的依托单位管理联盟经费，政府资助经费的使用要按照相关规定执行，并接受有关部门的监督。

（五）要建立利益保障机制。联盟研发项目产生的成果和知识产权应事先通过协议明确权利归属、许可使用和转化收益分配的办法，要强化违约责任追究，保护联盟成员的合法权益。

（六）要建立开放发展机制。要根据发展需要及时吸收新成员，并积极开展与外部组织的交流与合作。联盟要建立成果扩散机制，对承担政府资助项目形成的成果有向联盟外扩散的义务。

三、联盟试点工作

第九条　根据《关于推进产业技术创新战略联盟构建工作的指导意见》，选择一批产业技术创新战略联盟开展试点工作，积极探索联盟运行及产学研合作的新机制和新模式。

第十条　通过试点工作，支持试点联盟探索建立产学研合作的信用机制、责任机制和利益机制；探索承担国家重大技术创新任务的组织模式和运行机制；探索发挥行业技术创新的引领和带动作用；探索整合资源构建产业技术创新平台，服务广大中小企业；探索率先落实国家自主创新政策等。充分调动和发挥联盟各成员的优势和积极性，使试点联盟为更多联盟的建立和发展积累经验。

第十一条　联盟成立后可自愿申请参加试点。申请试点的联盟，可按其所属领域分工，向科技部相关司局提出审核申请。提出审核申请的联盟须提交材料的有关要求见材料一至材料四。

第十二条　在科技部技术创新工程协调领导小组的指导下，综合司局与专业司局分工合作，专业司局负责对联盟组建的必要性和技术性进行审核；综合司局负责对联盟的组织形式进行审核；并形成审核意见（见材料五）。联盟审核采取成熟一个审核一个的方式进行。

第十三条　专业司局进行必要性与技术审核的内容主要包括：

（一）联盟技术创新目标和任务应体现国家战略目标，符合《国家中长期科学和技术发展规划纲要（2006-2020年）》确定的重点领域，以及国家产业、环保和能源政策等。

（二）联盟开展的技术创新活动应体现所在产业领域的重大技术创新需求，有利于推动相关产业实现重大技术突破，形成产业核心技术标准，支撑和引领产业技术创新。

（三）联盟开展的技术创新活动应具有较强的产业带动作用，有利于集聚创新资源，形成产业技术创新链。

（四）联盟的技术创新任务应有利于解决产业发展的关键和共性技术问题，提升产业核心竞争力，促进产业结构优化升级。

第十四条　在专业司局进行必要性与技术审核后，综合司局组织专家组，对通过必要性与技术审核的联盟进行组织形式审核。主要内容包括：

（一）符合第八条六项条件的规定。

（二）联盟协议应由成员单位法定代表人共同签署，建立的合作关系可受法律保护。联盟协议中应明确技术创新目标和成员单位的任务分工。

第十五条　科技部技术创新工程协调领导小

组办公室组织会商，确认符合条件的联盟。确认的联盟名单向六部门推进产学研结合工作协调指导小组办公室通报。

第十六条 加强对试点工作的指导，建立试点联盟的跟踪调研和评价考核机制。研究建立试点联盟的评价考核体系，及时了解试点工作中出现的情况和问题，开展对试点联盟的定期评估考核工作，建立试点联盟的动态调整机制。总结试点形成的好的机制和做法，充分发挥试点联盟的示范带动作用。

四、对联盟的支持

第十七条 营造有利于联盟发展的政策环境，探索支持联盟构建和发展的有效措施。研究制定支持和规范联盟发展的政策措施，探索总结联盟运行的体制机制和模式。把体制机制创新和资源配置结合起来，加大对联盟的支持力度，引导形成产学研紧密结合的长效机制。

第十八条 在联盟先行投入的基础上，国家科技计划积极探索无偿资助、贷款贴息、后补助等方式支持联盟的发展。经科技部审核并开展试点的联盟，可作为项目组织单位参与国家科技计划项目的组织实施。鼓励联盟向国家科技计划专家咨询库推荐评审专家。国家科技计划根据各自的管理程序反映和征集联盟的科技需求。

第十九条 依托联盟制定产业发展技术路线图，为国家制定科技计划指南提供依据。充分发挥联盟在产业技术创新政策研究和制定中的重要作用。

第二十条 支持有条件的联盟整合相关成员单位优势，围绕产业发展的战略需求，集成产学研各方力量组建国家重点实验室，针对学科发展前沿和国民经济、社会发展及国家安全的重大科技问题，开展科技创新研究。

第二十一条 支持联盟开展国际科技合作，组织联盟成员单位承担国际科技合作计划项目，带动相关企业及高校、科研院所充分利用国际科技资源，在更高起点上提升技术创新能力。

第二十二条 鼓励银行、创业投资机构参与联盟，向联盟企业提供多样化的融资支持和金融服务。创业投资机构对联盟企业的投资符合条件的可在科技型中小企业创业投资引导基金中优先支持。

第二十三条 联盟协议约定的对外承担责任主体单位是联盟承担国家科技计划项目组织管理的责任主体，对项目实施负总责，承担项目组织实施的法律责任。联盟内部应建立相应的责任分担机制，联盟对外承担责任主体单位据此向课题承担单位追究相应责任。

第二十四条 联盟理事会审议联盟的重大事项，联盟根据联盟协议确定的技术创新方向，以及各有关科技计划的定位和支持重点，由理事长单位代表联盟向科技部提出项目建议，获得批准后，依据各有关科技计划和经费的管理办法组织科技项目（课题）。

第二十五条 对联盟组织实施国家科技计划项目建立决策、执行、监督评估三位一体的监管机制。科技部组织或委托第三方科技监督评估机构加强对联盟执行项目的监督检查，联盟内部也要成立相应的监督管理机构，建立自我监督与评估机制。

第二十六条 根据国家科技计划和相关经费管理办法的规定，联盟组织实施的项目或课题在无法按计划正常实施时应及时调整或撤销。如果作为联盟成员的课题承担单位中途退出联盟，应由联盟理事会提出调整或撤销课题的书面意见，报科技部核准后执行。如果作为项目组织单位的联盟解散，科技部可根据实施情况、评估意见等直接进行调整。

第二十七条 联盟承担国家科技计划项目形成的知识产权管理，按照《科学技术进步法》、《关于国家科研计划项目成果知识产权管理的若干规定》（国办发［2002］30号）以及各计划管理办法的有关规定执行，并需遵守以下规定。

（一）联盟承担国家科技计划项目形成的知识产权，由项目（课题）承担单位依法取得。

（二）联盟组织申报国家科技计划项目，应依据联盟协议在项目申请书和任务书中约定成果和知识产权的权利归属、许可实施以及利益分配，以及联盟解散或成员退出的知识产权处理方案。对于知识产权约定不明确的项目不予立项。违反成果和知识产权权益分配约定的项目参与单位，5年内不得参与国家科技计划组织实施。

（三）联盟对承担国家科技计划项目形成的知识产权，有向国内其他单位有偿或无偿许可实施的义务。

（四）联盟承担国家科技计划项目形成的知识产权，向境外转让或许可独占实施的，须报科技部批准。

第二十八条　联盟根据本规定及国家科技计划和相关经费管理办法制定联盟承担国家科技计划项目配套管理办法，报科技部备案。办法应包括项目的组织管理体系、经费的匹配及使用、监督及责任追究、知识产权共享及分割等内容。

五、充分发挥地方和协会在联盟构建中的重要作用

第二十九条　地方可参照本实施办法的规定，研究制定本地区的实施办法，紧紧围绕本地经济发展规划确定的支柱产业，突出区域经济发展和产业特色，运用市场机制推动本地区重点领域联盟的构建。

第三十条　各地方应将联盟的构建和发展作为实施技术创新工程的重要载体，在产业和区域上做出总体布局，加强工作指导，在政策、计划项目、创新平台建设等方面予以重点支持。推动联盟构建和发展可作为省部会商的重要内容。

第三十一条　地方开展试点的联盟，对国家相关产业发展具有重大影响的，可根据自愿的原则，报科技部政策法规司备案，并抄报相关专业司局。

第三十二条　各有关行业协会围绕本行业的重大技术创新需求，充分发挥组织协调、沟通联络、咨询服务等作用，推动本行业重点领域联盟的构建。

第三十三条　本办法由科技部负责解释，自发布之日起实施。

陕西省科学技术奖励办法

陕西省人民政府令　第145号

《陕西省科学技术奖励办法》已经省政府2009年第31次常务会议通过，现予发布，自2010年2月1日起施行。

省长　袁纯清

二〇〇九年十二月二十九日

陕西省科学技术奖励办法

第一条　为了奖励在科学技术进步活动中作出突出贡献的公民和组织，调动科技工作者的积极性和创造性，提升自主创新能力，促进经济和社会发展，根据《国家科学技术奖励条例》，结合本省实际，制定本办法。

第二条　本办法适用于本省科学技术奖的推荐、评审、授予等活动。

第三条　省人民政府设立陕西省科学技术奖（以下简称省科学技术奖）。省科学技术奖分为最高成就奖和一等奖、二等奖、三等奖。

省科学技术奖每年评审、奖励一次。

第四条　省科学技术奖的推荐、评审和授予，贯彻尊重劳动、尊重知识、尊重人才、尊重创造的方针，遵循公开、公平、公正的原则，实行科学的评审制度，不受任何组织或者个人的非法干涉。

第五条　省科学技术行政部门负责省科学技术奖评审的组织和管理工作。

第六条 省科学技术奖最高成就奖授予下列科学技术工作者：

（一）在科学技术创新、科学技术成果转化和高新技术产业化中作出突出贡献，为本省创造巨大经济效益、社会效益的；

（二）在科学技术前沿取得重大突破，对科学技术发展作出卓越贡献，在国际上产生重大影响的。

省科学技术最高成就奖每年授予人数不超过2名，可以空缺。

第七条 省科学技术奖一等奖、二等奖、三等奖，授予下列公民和组织：

（一）在实施技术发明项目中，运用科学技术知识做出产品、工艺、材料及其系统，取得技术发明创造，并拥有专利等知识产权，创造显著经济效益或者社会效益的；

（二）在实施技术开发项目中，完成重大科学技术创新、科学技术成果转化和高新技术产业化，创造显著经济效益和社会效益的；

（三）在实施技术推广项目中，将先进成熟的科学技术成果大规模地推广应用，并有所创新，创造显著经济效益和社会效益的；

（四）在实施社会公益项目中，长期从事科学技术基础性工作和社会公益性科学技术事业，经过实践检验，创造显著社会效益的；

（五）在基础研究和应用基础项目中，阐明自然现象、特征和规律，取得重大科学发现的。

省科学技术奖一等奖、二等奖、三等奖每年奖励项目不超过260项。

第八条 在国际科学技术合作中，为本省科学技术事业发展作出突出贡献的外国人或者外国组织，授予省国际科学技术合作荣誉奖。

第九条 省科学技术奖候选人、候选项目由下列单位或者个人推荐：

（一）设区的市人民政府；

（二）省人民政府有关组成部门、直属机构；

（三）国务院部门驻陕单位；

（四）国家最高科学技术奖获得者、中国科学院院士、中国工程院院士、省科学技术最高成就奖获得者；

（五）经省科学技术行政部门认定的符合所规定资格条件的其他单位。

第十条 推荐单位或者个人应当按规定的限额推荐省科学技术奖候选人和项目，填写统一格式的推荐书，提供真实可靠的评价和证明材料，并提出奖励等级的建议。

第十一条 同一技术内容已经获得国家科学技术奖或者其他省、部级科学技术奖的，不得推荐为省科学技术奖。

第十二条 省人民政府设立陕西省科学技术奖励委员会（以下简称省科技奖励委员会）。省科技奖励委员会由有关专家学者和省政府有关部门负责人组成。省科技奖励委员会主任委员由省科学技术行政部门主要负责人担任。

省科技奖励委员会的主要职责：

（一）聘请有关专家、学者组织评审；

（二）审定专业评审结果；

（三）为完善科学技术奖励工作提供政策性意见和建议；

（四）研究解决省科学技术奖评审工作中的其他重大问题。

省科技奖励委员会下设省科技奖励工作办公室，负责日常工作。省科技奖励工作办公室设在省科学技术行政部门。

第十三条 评审工作根据需要设立若干个专业评审组，各专业评审组负责本专业范围内的省科学技术奖评审工作。

被推荐为省科学技术奖的候选人及利害关系人，不得作为评审人员。

第十四条 参与推荐、评审活动的单位和个人，应当对所涉及的技术内容及评审情况保密，不得以任何方式泄露技术内容和评审情况，剽窃其技术成果。

第十五条 专业评审结束后，由省科技奖励工作办公室将建议拟奖项目在媒体上公告，征求异议，接受社会监督。

任何单位或者个人对所公告的项目、完成单位、完成人持有异议的，应当在公告之日起30日内向省科技奖励工作办公室提出异议，并填写异议登记表，提交必要的证明材料。

第十六条 省科技奖励工作办公室应当在异议受理截止日起30日内完成异议处理工作。有特殊情况，经省科技奖励委员会批准可以适当延长，延长期不得超过30日。

奖励等级不在异议范围之内。

第十七条 省科技奖励工作办公室根据专业

评审结果和异议处理结果，向省科技奖励委员会提出年度省科学技术奖拟奖人选、项目以及奖励等级的建议。

第十八条 省科技奖励委员会对提交的拟奖人选、项目以及奖励等级的建议进行审定，作出拟奖决议。由省科学技术行政部门报省人民政府批准。

第十九条 省科学技术最高成就奖报请省长签署并颁发证书和奖金。奖金为100万元，其中20万元属获奖者个人所得，80万元作为获奖者的科研补助经费。

省科学技术奖一等奖、二等奖、三等奖由省人民政府颁发证书和奖金。一等奖奖金6万元，二等奖奖金3万元，三等奖奖金1万元。

省国际科学技术合作荣誉奖由省人民政府颁发证书。

第二十条 省科学技术奖的奖励经费由省财政列支。

第二十一条 省科学技术奖的奖励证书不作为确定科学技术成果权属的直接依据。

第二十二条 剽窃、侵夺他人的发现、发明和其他科学技术成果，或者以其他不正当手段骗取省科学技术奖的，由省科学技术行政部门报省人民政府批准后撤销奖励，追回证书和奖金。

第二十三条 省科学技术奖推荐单位和个人提供虚假数据、材料，协助他人骗取省科学技术奖的，由省科学技术行政部门通报批评；情节严重的，暂停或者取消其推荐资格；对负有直接责任的主管人员和其他直接责任人员，依法给予行政处分。

第二十四条 参与省科学技术奖评审活动和有关工作的人员在评审活动中弄虚作假、徇私舞弊的，依法给予行政处分。

第二十五条 社会力量在我省设立面向社会的科学技术奖，按照中华人民共和国科学技术部《社会力量设立科学技术奖管理办法》执行。

第二十六条 本办法自2010年2月1日起施行。2002年1月11日省人民政府发布的《陕西省科学技术奖励办法》同时废止。

陕西省技术先进型服务企业认定管理办法

陕科高发[2009]125号　2009年9月11日

第一条 根据《财政部 国家税务总局 商务部 科技部 国家发展改革委关于技术先进型服务企业有关税收政策问题的通知》（财税[2009]63号，以下简称《通知》）的规定，制定本办法。

第二条 本办法适用于我省已列入中国服务外包示范城市--西安市行政辖区内技术先进型服务企业的认定。

第三条 省科技厅会同省财政厅、省国家税务局、省地方税务局、省商务厅、省发展改革委共同组成陕西省技术先进型服务企业认定管理工作办公室。其主要职责为：

1. 负责我省技术先进型服务企业认定工作；

2. 负责对已认定的技术先进型服务企业进行监督检查，受理、核实有关举报，并做出相应处理。接受企业或有关部门提出的技术先进型服务企业资格复核申请，并进行复核；

3. 协调、解决我省技术先进型服务企业认定与管理及相关政策落实中的有关问题；

4. 其它相关工作。

第四条 申请技术先进型服务企业，其从事的业务应属于以下范围：

1. 信息技术外包服务（ITO）：包括软件研发及外包、信息技术研发服务外包和信息系统运营维护外包等。

2. 技术性业务流程外包服务（BPO）：包括企业业务流程设计服务，企业内部管理服务、企业运营服务和企业供应链管理服务等。

3. 技术性知识流程外包服务（KPO）。

上述信息技术外包服务（ITO）、技术性业务流程外包服务（BPO）、技术性知识流程外包服务（KPO）的具体适用范围详见附件。

第五条 申请认定技术先进型服务企业须同

时满足以下条件：

1. 从事本办法第四条规定范围内的一种或多种技术先进型服务业务的企业。

2. 企业的注册地及生产经营地在西安市（含所辖区、县等全部行政区划）内。

3. 企业具有法人资格，近两年在进出口业务管理、财务管理、税收管理、外汇管理、海关管理等方面无违法行为，企业应采用先进技术或具备较强的研发能力。

4. 具有大专以上学历的员工占企业职工总数的50%以上。

5. 从事本办法第四条规定范围内的技术先进型服务业务收入总和占本企业当年总收入的70%以上。

6. 企业应获得有关国际资质认证（包括开发能力和成熟度模型、开发能力和成熟度模型集成、IT服务管理、信息安全管理、服务提供商环境安全、ISO质量体系认证、人力资源能力认证等）并与境外客户签订服务外包合同，且其向境外客户提供的国际（离岸）外包服务业务收入不低于企业当年总收入的50%。

第六条 申请企业需提交以下申报材料：

1. 企业开展技术先进型服务业务论述（1000字以上）。

2. 企业营业执照和税务登记证复印件（加盖公章）。

3. 企业管理章程。

4. 经认定的中介机构鉴证的技术先进服务业务收入专项审计报告。

5. 经审计的上年度企业财务报表。

6. 企业工作场所证明复印件（企业房屋产权证或房屋租赁合同）。

7. 相关资质证书。

8. 企业上年度技术先进服务业务收入以及离岸外包收入表。

9. 企业员工花名册。

10. 其他佐证材料。

第七条 技术先进型服务企业认定程序

1. 凡申请技术先进型服务企业认定的企业，对照本办法规定条件，按照第六条规定准备申报材料，并向西安市科技局提出申请。

2. 西安市科技局会同市财政局、国税局、地税局、外经贸局、发改委等部门对申报企业进行初审，并将符合条件的企业上报陕西省技术先进型服务企业认定管理工作办公室。

3. 陕西省技术先进型服务企业认定管理工作办公室组织相关部门和专家对提交的企业进行评审，对符合条件的企业向社会公示。

4. 公示无异议的，由省科技厅、省商务厅、省财政厅、省国税局、省地税局和省发展改革委联合发文予以认定，并报国家相关部门备案。公示有异议的，由认定办公室对有关问题进行查实处理，属实的不予认定。

第八条 经认定的技术先进型服务企业，持相关认定文件向所在地主管税务机关办理享受《通知》规定的税收优惠政策事宜。享受税收优惠的技术先进型服务企业条件发生变化的，应当自发生变化之日起15日向主管税务机关报告；不再符合享受税收优惠条件的，应当依法履行纳税义务。主管税务机关在执行税收优惠政策过程中，发现企业不具备技术先进型服务企业资格的，应暂停企业享受税收优惠，并提请认定办公室复核。

第九条 西安市科技局、财政局、国税局、地税局、外经贸局、发改委等部门对认定的技术先进型服务企业做好跟踪管理，对变更经营范围、合并、分立、转业、迁移的企业，应及时报告省认定办公室复核，如不符合认定条件的，取消其享受税收优惠政策资格。

第十条 本办法有效期为2009年1月1日至2013年12月31日。

附：服务外包业务范围

一、信息技术外包服务（ITO）

（一）软件研发及外包

类 别	适用范围
软件研发及开发服务	用于金融、政府、教育、制造业、零售、服务、能源、物流和交通、媒体、电信、公共事业和医疗卫生等行业，为用户的运营/生产/供应链/客户关系/人力资源和财务管理、计算机辅助设计/工程等业务进行软件开发，定制软件开发，嵌入式软件、套装软件开发，系统软件开发软件测试等
软件技术服务	软件咨询、维护、培训、测试等技术性服务

（二）信息技术研发服务外包

类 别	适用范围
集成电路设计	集成电路产品设计以及相关技术支持服务等
提供电子商务平台	为电子贸易服务提供信息平台等
测试平台	为软件和集成电路的开发运用提供测试平台

（三）信息系统运营维护外包

类 别	适用范围
信息系统运营和维护服务	客户内部信息系统集成、网络管理、桌面管理与维护服务；信息工程、地理信息系统、远程维护等信息系统应用服务
基础信息技术服务	基础信息技术管理平台整合等基础信息技术服务（IT基础设施管理、数据中心、托管中心、安全服务、通讯服务等）

二、技术性业务流程外包服务（BPO）

类 别	适用范围
企业业务流程设计服务	为客户企业提供内部管理、业务运作等流程设计服务
企业内部管理数据库服务	为客户企业提供后台管理、人力资源管理、财务、审计与税务管理、金融支付服务、医疗数据及其他内部管理业务的数据分析、数据挖掘、数据管理、数据使用的服务；承接客户专业数据处理、分析和整合服务
企业运营数据库服务	为客户企业提供技术研发服务、为企业经营、销售、产品售后服务提供的应用客户分析、数据库管理等服务。主要包括金融服务业务、政务与教育业务、制造业务和生命科学、零售和批发与运输业务、卫生保健业务、通讯与公共事业业务、呼叫中心等
企业供应链管理数据库服务	为客户提供采购、物流的整体方案设计及数据库服务

三、技术性知识流程外包（KPO）

适用范围
知识产权研究、医药和生物技术研发和测试、产品技术研发、工业设计、分析学和数据挖掘、动漫及网游设计研发、教育课件研发、工程设计等领域

陕西省引进高层次人才暂行办法

陕办发[2009]12号 2009年5月9日

第一章 总 则

第一条 为鼓励和吸引高层次人才来陕西创业、工作、服务，根据国家有关规定，组织实施引进高层次人才“百人计划”，特制定本办法。

第二条 “百人计划”围绕我省发展战略目标，从2009年开始，用5—10年时间引进并重点支持200名高层次人才来陕西创新创业。

第三条 实施“百人计划”的基本原则：

（一）突出重点。围绕我省经济和社会发展重点领域的急需开展人才引进工作，重点引进一批国际知名、国内一流的高层次创新创业人才及团队。

（二）使用为本。坚持不求所有、但求所用，创新体制机制，搭建事业平台，营造良好环境，充分发挥高层次人才的作用。

（三）特事特办。针对高层次人才引进和使用的不同特点，采取特殊政策措施，特别优秀和急需的可“因人设岗”、“一人一策”。

（四）统筹兼顾。坚持面向国际国内两个市场引进人才，既重视引进人才的服务工作，也重视做好现有人才的服务工作。

第二章 引才标准

第四条 本办法所指高层次人才，是指经认定具有良好职业道德和真才实学，一般应具有博士学位，年龄一般不超过55岁，国（境）外引进人才每年在我省工作原则上不少于6个月，国内引进人才不少于9个月，并符合下列条件之一：

（一）在国外著名高校、科研机构或国内重点高校、科研单位担任相当于教授职务，近5年在国际核心刊物上发表过高水平学术论文，获得国际、国内重要科技奖励，掌握重要实验方法或科学工程建设关键技术的专家、学者；

（二）在国际知名企业和金融机构担任中高层管理职务，拥有能够促进企业自主创新、技术产品升级的重大科研成果，或熟悉相关领域业务和国际规则，具有丰富的金融管理、资本运作和项目规划管理经验，在业界有较大影响的专业技术人才和良好经营业绩的管理人才；

（三）拥有自主知识产权和发明专利或掌握核心技术，具有海外自主创业经验，承担过相关领域的重大项目，具有较强的产品开发能力，或在相关产业领域能够解决关键技术或工艺性难题，且其技术成果国际先进，能够填补国内空白，具有市场潜力并能进行产业化生产，自有资金（含技术入股）或海外、省外跟进的风险投资占创业投资的30%以上，熟悉相关产业领域和国际规则的创业人才；

（四）我省急需的其他高层次创新创业人才。

第三章 事业平台与生活待遇

第五条 进入“百人计划”的引进人才作为特聘专家，为其提供相应的事业平台与工作条件：

（一）可担任省属高等院校、科研院所、企业和金融机构中级以上的领导职务或高级专业技术职务。

（二）可推荐担任国家重大专项、863、973、自然科学基金等项目负责人；可担任省重大专项负责人。重大专项牵头组织单位和用人单位按照有关政策规定，根据实施重大专项任务的需要，在科研自主权、人事管理权和经费支配权等方面为引进人才开展工作提供保障。担任项目负责人的，在规定的职责范围内，有权按照有关规定对项目研究内容或技术路线进行调整；有权决定科研经费的使用，包括用于人力成本投入；有权决定团队成员的聘任，所聘人员可采取协议工资制。

（三）可申请政府部门的科技资金、产业发

展扶持资金等，用于在本省开展科学研究或生产经营活动。有关部门要简化手续，优先办理。必要时，有关部门应以特别项目形式给予支持。

（四）用人单位应结合引进人才的具体情况，建立与国际接轨的新型科研管理体制和人才工作机制，为引进人才开展工作提供保障。为引进人才提供必需的办公和实验用房、科研仪器设备和科研启动经费，在团队建设、研究生招生、重大科研项目申请等方面给予倾斜支持。

第六条 进入“百人计划”的引进人才作为特聘专家，享受为其提供相应的生活待遇：

（一）引进的外国籍高层次人才由用人单位在省外国专家局为其办理《外国专家证》后，到公安机关出入境管理部门办理本人及其外国籍配偶和未成年子女相关签证/居留许可手续。符合规定的外国籍高层次人才可向公安机关申请办理《外国人永久居留证》。对引进的尚未获得《外国人永久居留证》的外国籍高层次人才及其外国籍配偶和未成年子女，需多次临时出入境的，公安机关出入境管理部门在受理申请5日内，为其办理2—5年有效的多次往返签证。

（二）引进的具有中国国籍（国内）的高层次人才，不受出国、来陕前户籍所在地的限制，可选择在省内任一城市落户。公安机关要简化程序，予以优先办理。对于愿意放弃外国国籍而申请加入或恢复中国国籍的，公安机关要根据《中华人民共和国国籍法》的有关规定优先办理。

（三）引进的海外高层次人才及其配偶、子女，可参加国内各项社会保险，包括基本养老、基本医疗、工伤保险等，缴费年限以实际缴纳各项社会保险费的年限为准。参保缴费办法、在国内办理社会保险关系转移接续、享受各项社会保险待遇的办法等，与中国公民有相同权利。用人单位在引进人才办理各项社会保险的基础上，为引进人才购买商业补充保险。

（四）引进人才单独来陕工作的，用人单位要为其租用100平方米左右的住房或提供相应的租房补贴；引进人才及其配偶子女一同来陕工作的，用人单位要为其租用150平方米左右的住房或提供相应的租房补贴。

（五）引进的海外高层次人才5年内境内工资收入中的住房补贴、伙食补贴、搬迁费、探亲费、子女教育费等，按照国家税收法律法规的有关规定给予优惠。

（六）引进人才的配偶一同来陕并愿意就业的，由用人单位妥善安排其工作；暂时无法安排的，由省人力资源和社会保障厅协调安置。

（七）引进人才的报酬和待遇，应与其能力、贡献挂钩，并随其贡献大小调整。引进的海外高层次人才薪酬，由用人单位参照引进人才回国前的收入水平，一并考虑应为其支付的住房（租房）补贴、子女教育补贴、配偶生活补贴等，协商确定合理薪酬。引进国内高层次人才的薪酬，由用人单位与引进人才协商确定。

（八）引进人才的子女可选择省内公办学校，或选择国际学校就读的，由工作所在地或居住地教育行政部门协调优先办理入、转学手续，合理收取费用。引进的海外高层次人才的中国籍子女参加普通高校招生入学考试的，同等条件下优先录取；其外国籍子女报考高等院校的，按照招收外国留学生的有关规定优先录取。

（九）进入国家“千人计划”的海外引进人才和进入省“百人计划”的引进人才，由省财政分别给予每人100万元和50万元人民币的一次性资助（视同政府奖金），免征个人所得税。用人单位、主管部门和当地政府可配套其他资金，用于改善引进人才的工作生活条件。

第四章 工作体制与程序

第七条 在省委人才工作领导小组指导下，成立陕西省引进高层次人才工作小组（以下简称“工作小组”），负责高层次人才引进工作的组织领导和统筹协调。工作小组由省委组织部、省人力资源和社会保障厅、省教育厅、省科技厅、省发改委、省国资委、省金融办和省委统战部、省公安厅、省财政厅、省商务厅、省外国专家局、团省委、省科协等单位分管领导组成。

在省委组织部设立引进高层次人才工作专项办公室（以下简称“专项办”），作为工作小组的日常办事机构。

第八条 工作小组负责审定人才引进目录和年度工作计划，制定和落实特殊政策措施，协调解决引进人才工作中的重大问题。专项办负责“百人计划”的组织实施工作。

各重点领域的人才引进工作由牵头组织单位

负责组织实施。高等院校人才引进工作由省教育厅牵头；科研机构（含国家和省重点创新项目、重点实验室）人才引进工作由省科技厅牵头；省属国有企业人才引进工作由省国资委牵头；省属金融机构人才引进工作由省金融办牵头；以高新技术产业开发区、经济技术开发区为主的各类园区（含科技企业孵化器、留学人员创业园、大学科技园、工业园）人才引进工作由省科技厅会同省人力资源和社会保障厅牵头；科技成果产业化、陕北能源化工基地、航空航天高技术产业基地和重大建设项目人才引进工作由省发改委牵头；非公有制经济组织中的人才引进工作由省委组织部牵头。

各牵头组织单位要明确专门机构，负责实施人才引进工作。主要职责：组织制定本领域项目、学科、实验室等人才引进目录和年度人才引进计划；组织专家对推荐进入“百人计划”人选进行评审遴选，提出建议名单；协调落实引进人才的项目、经费和配套条件。

第九条 工作小组成员单位和涉及人才引进工作的有关部门，要按照各自职能，做好落实有关政策、建设人才信息库、实施跟踪计划、提供窗口服务等工作。

第十条 用人单位是人才引进和使用的主体，负责人才引进的具体工作，包括提出人才需求、推荐拟引进人选、建设工作平台、安排岗位职务、落实配套政策等。

第十一条 专项办综合有关地区和部门的意见，汇总形成人才引进目录和年度工作计划，报工作小组审定后发布执行。

人才引进目录主要内容为，各领域今后5—10年的人才需求，用于引进人才的重要岗位、重点项目及经费支持计划等。

年度工作计划根据人才引进目录制定。主要内容是，各领域每年的人才引进规模、提供的主要岗位和项目、事业平台建设意见等。

第十二条 推荐进入“百人计划”的人选，按下列程序审批：

（一）用人单位根据需求物色拟引进人选，进行接洽并达成引进意向后，在5个工作日内完成人才引进申报书，报牵头组织单位。

（二）牵头组织单位组织专家对推荐人选进行评审和遴选，在10个工作日内提出引进人才建议名单和综合评审意见报专项办。

（三）专项办在15个工作日内完成审核后，报工作小组审批。经工作小组批准的引进人才名单，由专项办通知有关部门落实相关政策。

（四）用人单位根据批复意见，按照相关法律法规，在30个工作日内与引进人才签订工作合同，协助办理有关手续，落实相关政策和其他配套支持条件，保证引进人才如期到岗工作。

第十三条 符合条件的高层次人才可以自荐或推荐的方式直接向专项办申报。通过自荐、其他渠道推荐，或需要以特殊方式引进的人才，由专项办商有关部门按程序个案处理。

第五章 条件保障与日常服务

第十四条 设立陕西省高层次人才引进专项资金，省财政每年安排不少于5000万元专款，用于高层次人才来陕创业、服务的资助和有关补贴。

第十五条 建立5个省级高层次人才创新创业基地，将其列入省级基本建设投资计划，给予一定支持。鼓励和支持有条件的大中型企业、大学、科研机构和国家级高新技术产业、经济技术开发区建立高层次人才创新创业基地，推进产学研紧密结合，探索实行国际通行的科学研究和科技研发、创业机制，集聚一批高层次人才和科研团队。

入选国家级“海外高层次人才创新创业基地”者，直接纳入省级高层次人才创新创业基地。

第十六条 省人力资源和社会保障厅建立专门服务窗口，为引进人才落实居留和出入境、落户、医疗、保险、住房、子女入学、配偶安置等方面的政策。

第十七条 建立高层次人才引进工作联系会议制度。由专项办牵头，教育、科技、人力资源、发改委、财政、国资委、金融办等相关部门参加，定期召开联席会议，协调解决高层次人才引进工作中的有关问题。

第十八条 建立高层次人才信息库，为人才引进提供支持。专项办协调省科技厅、省教育厅、省国资委、省发改委、省金融办、省人力资源和社会保障厅、省外专局等单位，建立高层次人才信息共建共享机制。

加强与我国驻外使（领）馆、海内外留学人员团体及留学人员的联系，及时推荐优秀人才。

充分发挥有关学会、协会和省海外联谊会、

省留学人员联谊会等社会团体和组织的作用，加强同海外高层次人才的联系，为他们来陕工作、服务牵线搭桥。

第十九条 进入“百人计划”的引进人才列入省委联系的专家范围。专项办为引进人才建立档案，制定日常联系和服务办法，建立跟踪服务和沟通反馈机制，及时掌握引进人才工作和生活的相关信息，促进人才供需双方的沟通联系。每年底，由专项办组织对引进人才工作进行评估，总结年度人才引进工作，向省委人才工作领导小组报告。

第二十条 根据引进人才的工作领域和工作性质，实行弹性考核制度，避免多头评价、重复评价。具体考核工作由牵头组织单位会同用人单位组织实施，并将考核情况报专项办备案。

第二十一条 建立后期评估制度，对做出突出贡献的引进人才：

（一）可实施期权、股权和企业年金等中长期激励方式。

（二）给予本人工资10倍以内的特聘岗位津贴。

（三）省委、省政府予以表彰奖励。

第二十二条 引进人才因个人原因未履行合同，由牵头组织单位提出意见，经工作小组批准，取消其享受的相关待遇。

第六章 附 则

第二十三条 各地要结合经济社会发展和产业结构调整的需要，研究制定实施本地区高层次人才引进计划，有针对性地引进一批海内外高层次人才。有条件的地区要依托经济技术开发区、高新技术产业开发区、留学人员创业园、大学科技园等，推出一批特色项目，大力吸引海内外高层次人才来陕西创业、服务。

第二十四条 省级有关部门、市（区）引进的高层次人才，符合标准的，经有关部门评审后，可纳入“百人计划”，享受相关待遇。

本省进入国家“千人计划”的海外高层次引进人才，享受本办法规定的相关待遇。

对在本办法实施前引进并做出突出贡献的海外高层次人才给予一定的奖励。

第二十五条 本办法由陕西省引进高层次人才工作专项办公室负责解释。

第二十六条 本办法自发布之日起实施。

陕西省青年科技新星管理办法

陕科政发[2009]131号 2009年9月29日

第一章 总 则

第一条 为加速培养我省创新型优秀青年科技人才，建立有利于青年科技人才成长的激励机制，形成结构优化、布局合理的创新人才梯队，确保我省科技人才队伍稳定与可持续发展，省科技厅组织开展陕西省青年科技新星培育工作，并制定本管理办法。

第二条 按照“集成各类资源，对接国家和省级人才工程，联合培养和资助”的原则，每年在全省范围内选拔一批青年科技骨干，认定为陕西省青年科技新星（以下简称科技新星），通过对其开展的科学研究、技术开发、成果转化等活动提供项目资助等方式，培育学科和技术带头人，使其加快进入国家和省级重大人才工程计划，增强我省科学研究和技术开发的后劲，为建设西部强省提供技术和人才储备。

第二章 申报对象及条件

第三条 凡在我省境内从事与我省经济社会发展密切相关的基础研究、应用研究、试验发展、产品或工艺创新、科技成果转化及产业化等科技活动，表现突出的优秀青年科技人才，均可申报科技新星。

第四条 科技新星候选人应当具备以下条件：

（一）拥护中国共产党的领导、热爱社会主义祖国，有强烈的事业心和责任感，专业基础扎实、学术思想活跃，具备良好的科研作风和科研道德；

（二）所从事研究开发领域属于国家优先发展的科学技术领域，并对提高我省科技发展水平以及经济社会发展具有重要影响；

（三）被所在单位列为科技创新方面的重点培养对象；

（四）申报当年不超过35周岁（含35周岁），在企业研究开发或农业技术推广第一线工作、业绩特别突出的，可适当放宽年龄限制；

（五）一般应获博士学位（企业申请者应获硕士以上学位）或具有副高级（含副高级）以上的专业技术职称。有重要科学发现、重大科技成就或做出突出贡献者，可不受学历、职称的限制；

（六）具有较高的科研学术水平和创新能力，发展潜力较大，已经取得重要科研成果，具备下列条件之一：

1.作为主要参加人（前三名）承担“973”、“863”、科技支撑计划、国家自然科学基金等国家级科技计划重大项目，或主持国家级科技计划一般项目、陕西省“13115”科技创新工程、重大科技创新计划等省部级科技计划重大项目；

2.获得国家科学技术奖主要完成人（前七名），获得省科学技术一等奖主要完成人（前五名）、二等奖主要完成人（前三名）、三等奖第一完成人；

3.作为第一作者在国际著名检索系统（如SCI、SSCI、A&HCI、EI等）收录的期刊上发表论文3篇；或在中国科技核心期刊及CSSCI源期刊发表论文8篇；

4.主持或作为主要完成人（前三名）形成的科研成果为提升企业核心竞争力、推动行业技术进步做出突出贡献；

5.在技术转移和推进重大科技成果产业化、创办科技型企业，或引进消化吸收国外先进技术和装备中成效突出，取得重大经济效益和社会效益。

第三章 推荐及评选

第五条 科技新星的推荐、评选和日常管理工作由省科技厅具体负责。科技新星每年评选一次。

第六条 省级各有关部门、杨凌示范区管委会、各设区市科技局和西安、宝鸡、咸阳、渭南高新区管委会负责其归口管理单位科技新星候选人的推荐申报工作；省委科技工委、省科技厅直管协管单位由省科技厅负责其科技新星候选人的推荐申报工作。

第七条 各申请者所在单位根据有关规定在本单位选拔的基础上，优中选优，推荐科技新星候选人。科技新星候选人应如实填写《陕西省青年科技新星申请书》，并提供相关材料。

省级各有关部门、杨凌示范区管委会、各设区市科技局和西安、宝鸡、咸阳、渭南高新区管委会对申报材料的真实性进行审查，并出具具体详实的推荐意见。

第八条 省科技厅对省级各有关部门、杨凌示范区管委会、各设区市科技局和西安、宝鸡、咸阳、渭南高新区管委会提交的被推荐人申报材料进行形式审查，有以下情况的不予受理：

（一）不符合申请条件；

（二）不按规定要求填写申请书；

（三）提供的材料不齐全。

第九条 省科技厅聘请学术威望高、造诣深的科学家、工程技术专家，以及有关部门的科技管理专家组成专业评审组。对通过形式审查的申报材料，根据学科专业、研究领域分组评审。省科技厅根据专家评审结果，研究提出年度科技新星建议名单，通过陕西省科技信息网向社会公示。

第十条 凡无异议或经对异议事项调查后认定仍符合入选条件者，省科技厅确定为年度科技新星，颁发陕西省青年科技新星证书。

第四章 实施与管理

第十一条 科技新星培育周期为3年。培育期内，省科技计划原则上资助一次以上由科技新星主持的科技项目。科技新星申报省级科技计划项目按照相关规定办理，可不受所在单位申报项目数的限制，并在立项审批时予以重点倾斜。

第十二条 科技新星获得省级科技计划资助后，所在单位可给予不低于1比1的专项资金配套。

第十三条　省科技厅会同有关部门及入选科技新星所在单位，对其申报国家各类科技计划项目和科技奖励等优先予以推荐。

第十四条　省科技厅会同有关部门及入选科技新星所在单位，优先安排并资助其参加国际学术会议、开展国际合作研究等科技合作交流活动。

第十五条　省科技厅、归口管理部门和所在单位对科技新星实行动态管理和服务，跟踪掌握其发展和科研工作情况。

科技新星培育3年期满，由所在单位、归口管理部门及省科技厅对其德、能、勤、绩等情况进行初评和综合评价。

在3年培育期间做出重大成绩、取得显著科研成果和经济社会效益的科技新星，省科技厅授予“陕西省优秀青年科技新星”称号，优先在省级科技计划中给予跟踪支持；优先推荐进入国家“百千万人才”工程、陕西省“三五人才”工程；优先推荐享受政府特殊津贴人员和陕西省有突出贡献专家。

第十六条　科技新星在科研诚信等方面出现重大不端行为、造成不良社会影响的，将取消其资格，中止享受相关激励政策。

第五章　附则

第十七条　本办法由陕西省科学技术厅负责解释。

第十八条　本办法自2009年11月1日起施行。

主题词索引

说明：1.主题词提取只涉及有关类目的各学科科研项目和科技成果条目。

2.主题词索引编排按同笔画主题词首字起笔的横、竖、撇、点、折顺序排列。

五画

六画

七画

八画

九画

十画

十一画

十二画

十三画

十四画

图书在版编目（CIP）数据

陕西科技年鉴. 2010 / 陕西省科学技术厅编. --西安：陕西科学技术出版社，2010. 12
ISBN 978-7-5369-4955-3

I. ①陕… II. ①陕… III. ①科学研究事业－陕西省－2010－年鉴 IV. ①G322. 741-54

中国版本图书馆CIP数据核字(2010)第232450号

出 版 者	陕西出版集团　陕西科学技术出版社 西安市北大街131号　　邮编 710003 电话 (029)87211894　　传真 (029)87218236 http://www.snstp.com
发 行 者	陕西出版集团　陕西科学技术出版社 电话 (029)87212206　87260001
印　　刷	西安煤航信息产业有限公司
规　　格	889mm × 1194mm　16开本
印　　张	27　插页33
字　　数	795千字
版　　次	2010年12月第1版 2010年12月第1次印刷
定　　价	260.00元